Perspektivenorientierte Personalwirtschaft

Steffen Hillebrecht

Perspektivenorientierte Personalwirtschaft

Einführung in das Personalmanagement aus Arbeitnehmer- und Arbeitgebersicht

Steffen Hillebrecht
Fakultät Wirtschaftswissenschaften
HAW Würzburg Schweinfurt
Würzburg, Deutschland

ISBN 978-3-658-32093-5   ISBN 978-3-658-32094-2 (eBook)
https://doi.org/10.1007/978-3-658-32094-2

Die Deutsche Nationalbibliothek verzeichnet diese Publikation in der Deutschen Nationalbibliografie; detaillierte bibliografische Daten sind im Internet über http://dnb.d-nb.de abrufbar.

Springer Gabler
© Der/die Herausgeber bzw. der/die Autor(en), exklusiv lizenziert durch Springer Fachmedien Wiesbaden GmbH, ein Teil von Springer Nature 2021
Das Werk einschließlich aller seiner Teile ist urheberrechtlich geschützt. Jede Verwertung, die nicht ausdrücklich vom Urheberrechtsgesetz zugelassen ist, bedarf der vorherigen Zustimmung der Verlage. Das gilt insbesondere für Vervielfältigungen, Bearbeitungen, Übersetzungen, Mikroverfilmungen und die Einspeicherung und Verarbeitung in elektronischen Systemen.
Die Wiedergabe von allgemein beschreibenden Bezeichnungen, Marken, Unternehmensnamen etc. in diesem Werk bedeutet nicht, dass diese frei durch jedermann benutzt werden dürfen. Die Berechtigung zur Benutzung unterliegt, auch ohne gesonderten Hinweis hierzu, den Regeln des Markenrechts. Die Rechte des jeweiligen Zeicheninhabers sind zu beachten.
Der Verlag, die Autoren und die Herausgeber gehen davon aus, dass die Angaben und Informationen in diesem Werk zum Zeitpunkt der Veröffentlichung vollständig und korrekt sind. Weder der Verlag, noch die Autoren oder die Herausgeber übernehmen, ausdrücklich oder implizit, Gewähr für den Inhalt des Werkes, etwaige Fehler oder Äußerungen. Der Verlag bleibt im Hinblick auf geografische Zuordnungen und Gebietsbezeichnungen in veröffentlichten Karten und Institutionsadressen neutral.

Springer Gabler ist ein Imprint der eingetragenen Gesellschaft Springer Fachmedien Wiesbaden GmbH und ist ein Teil von Springer Nature.
Die Anschrift der Gesellschaft ist: Abraham-Lincoln-Str. 46, 65189 Wiesbaden, Germany

Vorwort

Personalwirtschaft ist ein Thema, das jedes Unternehmen berührt. Jede betriebswirtschaftliche Leistung in Produktion und Weiterverarbeitung oder Dienstleistung wird in irgendeiner Form von Menschen gestaltet, angeleitet und überwacht. Arbeit zählt in der Volkswirtschaft zu den Grundproduktionsfaktoren, neben Boden und Kapitel. Die Arbeitskraft bringt ein:

- Ausbildung/Qualifikation
- Know-how aus bisher durchgeführten Tätigkeiten und Kompetenzen
- Arbeitszeit in abhängiger und selbständiger Arbeit

Und auch in der Erweiterung, dass Wissen schon länger als eigenständiger vierter Produktionsfaktor gesehen wird (vgl. z. B. Stewart 1998; Sutter 2018, S. 10 f.), kommt menschliches Know-how zum Tragen, neben der zunehmend bedeutsamer werdenden „künstlichen Intelligenz". Nach wie vor steht der Mensch im Zentrum aller wirtschaftlichen Entscheidungen, und sei es nur als Überwachungsinstanz zum Einsatz von Maschinen und künstlicher Intelligenz.

Der Text thematisiert entsprechend die Bedeutung des Produktionsfaktors Mensch und des Personalmanagements für das Unternehmen und geht auch regelmäßig auf Fragen zum Ausgleich zwischen der humanen Dimension (Arbeit als Grundlage der Existenz, durch Erwirtschaftung von Gehalt und Sinnstiftung) und der wirtschaftlichen Dimension im Sinne von Kostenverursachung und verwertbarer Leistungserbringung ein. Dabei soll verdeutlicht werden:

- Was verbinden Arbeitnehmer mit Arbeitsleistung?
- Welche Aspekte beachten Unternehmen beim Einsatz von Personal?
- In welcher Form greift die Unternehmensführung in die Personalwirtschaft ein?
- Wie wird sich der Einsatz von Personal in Zukunft entwickeln, und was bedeutet dies für die Arbeitnehmer und die Unternehmensleitung?

Der Anspruch des Buches richtet sich dabei an dem Wissen aus, das Wirtschaftsstudierende im Rahmen eines Praktikums bzw. eines Berufseinstiegs nach dem Bachelorstudium wissen sollten, um betriebliche Prozesse der Personalwirtschaft nachzuvollziehen und selbst einzelne operative Schritte ausführen zu können. Ergänzend sollen Wirtschaftsstudierende Anregungen bekommen, ihre eigene Positionierung auf dem Arbeitsmarkt zu evaluieren und geeignete Schritte zur Optimierung gehen zu können. Das Buch stellt dazu die Personalarbeit in 11 verschiedenen Kapiteln vor, die aufeinander aufbauen:

- Zunächst wird Arbeit aus Sicht eines Arbeitnehmers betrachtet, mit den Facetten der Lebensplanung, der Berufswahl und Karriereentscheidungen und der Stellensuche (Kap. 1)
- Sodann werden die Überlegungen des Arbeitgebers skizziert und hierbei die Schnittstellen zu den Arbeitnehmerperspektiven analysiert (Kap. 2, 3, 4, 5, 6, 7, 8 und 9)
- In einem weiteren Schritt wird das Umsystem der Arbeit dargestellt, mit den Teilnehmern Staat, Gesellschaft und Gewerkschaften, die ihre Erwartungen an die Arbeit in Unternehmen haben und in ihren verschiedenen Interessen einen Ausgleich erwarten (Kap. 10)
- Abschließend erfolgt eine Einordnung der Personalwirtschaftlichen Perspektiven in zukünftige Entwicklungen (Kap. 11), um gerade den Personen, die ihre Zukunft in der Personalwirtschaft sehen, einige Entscheidungshilfen zur weiteren Karriereplanung anzubieten

Die folgende Abbildung skizziert diesen Aufbau.

Arbeitswelt der Zukunft:
- Andere Beschäftigungsformen (z. B. Crowdworking)
- Andere Arbeitsweisen
- Folgen für die Führung (Verantwortung, Instrumente,...)
⇨ Kapitel 11

Arbeitnehmer	Arbeitgeber	Umsystem der Arbeit (Staat, Gesellschaft, Gewerkschaften)
- Erwartungen - Motivationen - Beiträge ⇨ Kapitel 1	- Einsatz der Ressource Arbeit (Strategie, Planung, Führung, Personalverwaltung) - Erwartungen an Arbeitnehmer (Einsatz, Führung) - Anreize zur Leistungserbringung (Personalentwicklung, Entlohnung) ⇨ Kapitel 2 - 9	- Erwartungen - Rechtlicher Rahmen - Motivationen - Beiträge ⇨ Kapitel 10

Das Prinzip der Perspektivenorientierten Lehre

Studierende erhalten also die Möglichkeit, für sich selbst zu prüfen, welche Konsequenzen die personalwirtschaftlichen Anforderungen an sie als Mitarbeitende stellen, als potenziell zukünftige Führungskraft. Hier liegen zumeist erste eigene Berufserfahrungen aus Praktika, Nebenjobs oder vielleicht auch aus einer Berufsausbildung vor. Diese Vorerfahrungen gilt es mit dem Verständnis zu verbinden, das von einem Entscheidungsträger, einer Entscheidungsträgerin in einer herausgehobenen Fach- oder ersten Führungsposition erwartet wird.

Übergeordnete Lernziele
- Wissen um personalwirtschaftliche Grundsätze und Grundsätze
- Befähigung, diese für eigene Ziele im Erwerbsleben zu berücksichtigen
- Bewusstsein für personalwirtschaftliche Erfordernisse im Produktions- und im Dienstleistungssektor und deren theoretische Fundierung
- Wissen um Führungstheorien und deren praktischer Anwendbarkeit
- Einsicht in die Notwendigkeit einer eindeutigen und situationsgerechten Führungsarbeit
- Einsicht in die Notwendigkeit wirtschaftlicher Arbeitsweisen und Befähigung, diese mit gängigen Instrumente zu gestalten
- Bewusstsein für die Interessengegensätze zwischen der humanen und der wirtschaftlichen Dimension beim Personaleinsatz und Befähigung zum Überbrücken der Gegensätze
- Befähigung zur Planung und Durchführung personalwirtschaftlicher Maßnahmen
- Befähigung zur Reflektion eigener Handlungen, im Hinblick auf Effizienz, Effektivität, Definition von Lerngewinnen und Ableitung von Handlungsalternativen
- Bereitschaft zur Übernahme eigener Verantwortung, für sich selbst als Arbeitnehmer wie auch als Führungskraft für das Unternehmen und für zugeordnete Mitarbeiter

Hierzu werden verschiedene Übungsaufgaben und Wiederholungsfragen am Ende eines jeden Kapitels der Einübung und Vertiefung des dargebotenen Wissens angeboten. Die Erörterungen werden dabei auf Basis eines fiktiven Musterunternehmens durchgeführt, das als mittelständisches Unternehmen verschiedene Produktions- und Dienstleistungsfunktionen in sich vereint und damit die Möglichkeit bietet, verschiedene Erfordernisse der Personalwirtschaft kennenzulernen. Gerade im Bereich der Personalplanung und des Personaleinsatzes ergeben sich hier teils gravierende Unterschiede.

Beispiel

Das Beispielunternehmen nennt sich J. Weizenfeld-Gruppe und sitzt in Estenfeld, einem ländlichen Vorort von Würzburg, und firmiert als GmbH & Co. KG, einer im

Mittelstand häufig anzufindenden Rechtsform. Generell hat man in solchen Fällen eine Betriebs-GmbH als Komplementärin (die mit ihrem gesamten Vermögen haftet) sowie Familienmitglieder als Kommanditisten (d. h. als Anteilseigner mit einer auf den Anteil begrenzten Haftung). Zudem werden wichtige Vermögenswerte im Rahmen einer Besitz-GmbH gehalten. Zum einen erleichtert dies die rechtliche Veränderung oder Veräußerung der Betriebs-GmbH (z. B. Übertragung im Erbfall oder Veräußerung an neue Eigentümer) deutlich. Zum anderen scheinen damit auch Teile des Vermögens im Falle einer Liquidation der Betriebsgesellschaft (z. B. bei Insolvenz) vor einem Zugriff externer Gläubiger besser geschützt.

Die J. Weizenfeld GmbH & Co. KG beschäftigt derzeit 550 Mitarbeiter in Voll- und Teilzeit (auf Vollzeitäquivalente/VZÄ standardisiert: 450 Mitarbeiter) und basiert auf vier verschiedenen Geschäftsbereichen:

- JoWe-Kindergartenbedarf mit 120 Mitarbeitern am Standort Estenfeld (in Vollzeitäquivalenten: 110)
- JoWe-Holzspielsachen, mit 50 Mitarbeitern am Standort Estenfeld (VZÄ: 45)
- Joker-Z-Versand für Bekleidung und Familienbedarf, mit ca. 300 Mitarbeitern am Standort Estenfeld und ca. 50 Mitarbeitern in vier verschiedenen Outlets in Wertheim, Frankfurt, Nürnberg und Fulda (VZÄ: 200 + 35 = 235)
- Carina-Versandhandel für „Leute von Format" (d. h. ab Konfektionsgröße 44 bzw. 26), mit 80 Mitarbeitern am Standort Estenfeld (VZÄ: 60) ◄

Die Aktivitäten folgen der Unternehmensmission „Wir fördern Kinder in ihrem Aufwachsen und unterstützen ihre Erzieher/innen und Familien mit naturgerechten Produkten". Auch wenn das Unternehmen fiktiv entwickelt wurde anhand eigener Einblicke in verschiedene Unternehmen, werden einzelne Personen möglicherweise ein reales Unternehmen erkennen – eine derartige Inzidenz nimmt der Autor gerne als Kompliment für die realitätsnahe Gestaltung an, wäre aber rein zufällig.

In Abgrenzung zu vielen anderen Personallehrbüchern fokussiert dieses Werk die direkte Anwendbarkeit und verzichtet daher an verschiedenen Stellen auf eine umfassendere Darstellung der jeweiligen Themengenese bzw. der gesamten Facetten eines Themas. Zudem wird das Primat der „perspektivenorientierten Lehre" verfolgt, also der Berücksichtigung, wie ein angehender Verantwortungsträger im Unternehmen mit personalwirtschaftlichen Aspekten konfrontiert wird. Einzelne Aspekte, bei denen Arbeitskräfte konkret betroffen ist, werden bei Bedarf entsprechend gespiegelt.

Der Verbreitungsraum der deutschen Sprache umfasst neben Deutschland auch Österreich, den deutschsprachigen Teil der Schweiz (sozusagen die „D-A-CH"-Region) sowie das Fürstentum Liechtenstein und die deutschsprachigen Gemeinschaften in Südtirol und Ostbelgien, mit ihren Autonomierechten. Jedes der genannten Länder bzw. autonomen Entitäten pflegt seine eigene arbeitsrechtliche und betriebliche Übung, mit durchaus unterschiedlichen Ansätzen und Begründungen. Im Lernen voneinander entwickeln sich neue Denkansätze, neue Lösungen, und gerade kleinere Länder können in bestimmten Fällen sehr unkonventionelle oder pragmatische Ansätze finden, die neue Wege weisen. Von daher greift die Darstellung regelmäßig neben der Situation in Deutschland auch diejenige in anderen Ländern des deutschen Sprachraums auf. Sie, liebe Leserin, lieber Leser, mögen dies als Einladung sehen, eigene Ansätze auf Zweckdienlichkeit und Entwicklungsmöglichkeiten hin zu überprüfen.

Der Autor weiß um den Nutzwert einer divers zusammen gesetzten Belegschaft und sieht seine Darstellungen unabhängig von bestimmten Identitäten oder Orientierungen, soweit nicht berechtigte Tendenzvorstellungen des Arbeitgebers und/oder gesetzliche Formulierungen hier eine entsprechende und gut begründete Eingrenzung vorsehen. Von daher werden – in Anlehnung an eine interne Handreichung der HAW Würzburg-Schweinfurt zum diskriminierungsfreien Sprachgebrauch – nach Möglichkeit neutrale Begriffe (z. B. Abteilungsleitung, Arbeitskraft) verwendet. In bestimmten Fällen, in denen die Verständlichkeit und/oder arbeitsrechtliche Übung auf dem generischen Maskulinum beruht (z. B. Vollzeit-Mitarbeiter, Arbeitgeber, man), wird die herkömmliche Sprachform eingesetzt, um umständliche Sprachfiguren zu vermeiden. Die deutsche Sprache ist eine Sprache, die sich nach meinem Eindruck um Präzision bemüht. Die Alternative sind derzeit Wortungetüme, die kaum einer eingängigen Lektüre dienen, oder eine übermäßige Anglizisierung, die vielleicht Insiderqualitäten besitzt, aber auch zur Unverständlichkeit oder gar Ablehnung außerhalb des Kreises der Eingeweihten führt. Wissenschaft muss sich jederzeit verständlich machen, damit sie gehört und aufgenommen wird.

Widmen möchte ich dieses Werk Herrn Prof. Dr. Hartmut Wächter (1938–2013; Ordinarius für Arbeit-Personal-Organisation an der Universität Trier 1973–2005), der mich als akademischer Lehrer für personalwirtschaftliche Fragen zu begeistern wusste und für mich zur Leitfigur im akademischen Arbeiten wurde.

Feedback aller Art erreicht mich unter steffen.hillebrecht@fhws.de. Vielen Dank dafür!
Stand aller Ausführungen ist, soweit nicht anders vermerkt, 31. Juli 2020.

Literatur

Stewart TA (1998) Der vierte Produktionsfaktor – Wachstum und Wettbewerbsvorteile durch Wissensmanagement. Hanser, München
Sutter A (2018) Wissen, der vierte Produktionsfaktor. Wissensmanagement, Nr. 1, S 10–11

Würzburg, Deutschland   Steffen Hillebrecht

Inhaltsverzeichnis

1 Die Perspektiven des Arbeitnehmers.................................. 1
2 Die Personalstrategie und Personalplanung des Unternehmens 25
3 Die Personalgewinnung und -einstellung 69
4 Die Mitarbeiterbeurteilung und -entwicklung......................... 95
5 Die Mitarbeiterbindung und Motivation 139
6 Personaleinsatz, Verwaltung und Freisetzung 153
7 Internationaler Personaleinsatz – oder: Ru xiang suí sú
  (Mit Betreten des Dorfes, folge den örtlichen Regeln)................. 205
8 Führung... 229
9 Personaldienstleistungen und Personalmanagement................... 251
10 Das gesellschaftliche Umfeld der Arbeit 275
11 Arbeitswelt der Zukunft... 293
12 Lösungshinweise für Arbeitsfragen................................. 315

Stichwortverzeichnis.. 333

Abkürzungsverzeichnis

AB	Aktiebolag (schwedisch: Aktiengesellschaft)
AG	Aktiengesellschaft (A, CH, D)
AGG	Allgemeines Gleichstellungsgesetz (D)
AMFG	Arbeitsmarktförderungsgesetz (A)
AngG	Angestelltengesetz (A)
ArbG	Arbeitsgesetzbuch (CH)
ArbG-VO1	Erste Verordnung zum Arbeitsgesetz (CH)
ArbSchG	Arbeitsschutzgesetz (D), ArbeitnehmerInnenschutzgesetz (A)
ArbVerfG	Arbeitsverfassungsgesetz (A)
ArbVertrAnpG	Arbeitsvertragsanpassungsgesetz (A)
ArbZG	Arbeitszeitgesetz (A)
Art.	Artikel
ASSG	Arbeits- und Sozialgerichtsgesetz (A)
ASVG	Allgemeines Sozialversicherungsgesetz (A)
ATSG	Allgemeiner Teil des Sozialgesetzes (CH)
AU	Arbeitsunfähigkeit
AÜG	Arbeitnehmerüberlassungsgesetz (A, D)
Aufl.	Auflage
AV	Arbeitslosenversicherung
AVG	Arbeitnehmerüberlassungs- und Vermittlungsgesetz (CH)
AVGS	Aktivierungs- und Vermittlungsgutschein (D)
Az.	Aktenzeichen
AZAV	Akkreditierungs- und Zulassunsverordnung (D)
BAG	Berufsausbildungsgesetz (A)
BAG	Bundesarbeitsgericht (D)
BBiG	Berufsbildungsgesetz (D)
BEM	Betriebliches Eingliederungsmanagement
BetrVerfG	Betriebsverfassungsgesetz (D)
BG	Berufsgenossenschaft
BGB	Bürgerliches Gesetzbuch (D)

BGF	Betriebliche Gesundheitsförderung
BGM	Betriebliches Gesundheitsmanagement
BUrlG	Bundesurlaubsgesetz (D)
BVerG	Bundesverfassungsgesetz (A)
Bzw.	beziehungsweise
Co.	Compagnie (frz.: Gesellschaft, im Sachzusammenhang GmbH & Co. KG: Mitgesellschafter)
DACH-Region	Deutschland-Österreich-Schweiz
DGFP	Deutsche Gesellschaft für Personalführung e.V.
eG	eingetragene Genossenschaft
ESC	Europäische Sozialrechtscharta
EMRK	Europäische Konvention zum Schutz der Menschenrechte
FTE	Fulltime Equivalent (dt.: VZÄ/Vollzeit-Äquivalent)
GAAV	Gesamtanstellungsvertrag (CH)
GATT	General Agreements on Trades and Tariffs
GebVO-AVG	Gebührenverordnung zum Arbeitsüberlassungs- und Vermittlungsgesetz (CH)
GewO	Gewerbeordnung (A, D)
GF	Geschäftsführung
GG	Grundgesetz (D)
Ggf.	gegebenenfalls
Ggü.	gegenüber
GlbG	Gleichbehandlungsgesetz (A)
GmbH	Gesellschaft mit beschränkter Haftung
HeimArbG	Heimarbeitsgesetz (A, CH, D)
HwK	Handwerkskammer
HR	Human Resources (engl.: Arbeitskraft, Personalresourcen)
i. e. S.	im engeren Sinne
IHK	Industrie- und Handelskammer
ILO	International Labour Organisation (Internationale Arbeitsorganisation der Vereinten Nationen)
i. V. m.	in Verbindung mit
i. w. S.	im weiteren Sinne
KAPOVAZ	Kapazitätsorientierte Variable Arbeitszeitgestaltung
KG	Kommanditgesellschaft
KGaA	Kommanditgesellschaft auf Aktien
KMU	Kleine und mittelständische Unternehmen
KSchG	Kündigungsschutzgesetz (D)
KV	Kollektivvertrag (A)
KV	Krankenversicherung
Ltd	Corporation with Limited Liability (englisch: GmbH)
MA	Mitarbeiter

MSchG	Mutterschutzgesetz (A, D)
MSchVO	Mutterschutzverordnung (CH)
MSP	Managed Service Providing (Bereitstellung von Personalverwaltungsleistungen)
Nr.	Nummer
N.V.	Naamloze Vernootschap (niederländisch/flämisch: Aktiengesellschaft)
OR	Obligationenrecht (CH)
PLC	Public limited liability Corporation (engl.: Gesellschaft mit beschränkter Haftung)
PV	Pflegeversicherung
RV	Rentenversicherung
s.a.r.l	Societé anonyme de responsibilité limité (frz.: Gesellschaft mit beschränkter Haftung)
SBV	Schweizer Bundesverfassung (CH)
SGB	Sozialgesetzbuch I-XI (D)
SV	Sozialversicherungen
TRIPS	Agreement on Trade Related Aspects on Intellectual Property Rights
tw.	teilweise
TV	Tarifvertrag (D)
TVG	Tarifvertragsgesetz (D)
TzBefrG	Teilzeit- und Befristungsgesetz (D)
UV	Unfallverversicherung
Vgl.	vergleiche
VZ	Vollzeit
VZÄ	Vollzeitäquivalent (engl.: FTE/Full-time equivalent)
WTO	World Trade Organization (engl.: Welthandelsorganisation)
ZPO	Zivilprozessordnung (CH, D)

Über den Autor

Prof. Dr. Steffen Hillebrecht hat die Professur für Medienmanagement und Projektmanagement, Personalwirtschaft/International Human Resources Management an der Fakultät für Wirtschaft der Hochschule für Angewandte Wissenschaften Würzburg-Schweinfurt (FHWS Würzburg) inne. Er verfügt über langjährige Erfahrung als Personalberater und Unternehmensleiter sowie als Mitglied im Aufsichtsrat eines Medienunternehmens.

Würzburg, Deutschland Prof. Dr. Steffen Hillebrecht
Steffen.hillebrecht@fhws.de

Die Perspektiven des Arbeitnehmers

1

Inhaltsverzeichnis

1.1	Was ist ein Studium wert – Ein Arbeitsimpuls zum Einstieg	2
1.2	Die Motivation der Arbeitnehmer	5
	1.2.1 Einige grundlegende Motivationstheorien	5
	1.2.2 Persönlichkeitsmodelle in Wechselwirkung zur Motivation	6
	1.2.3 Die Team-Rolle als Folge einer Persönlichkeit	8
	1.2.4 Die Bedeutung von Arbeit für das Individuum	9
	1.2.5 Die Karriereplanung des Arbeitnehmers	10
1.3	Der Arbeitnehmer und seine Berufsqualifizierung	17
1.4	Arbeits- und Wiederholungsfragen zu Kap. 1	20
Literatur		21

Zusammenfassung

Im Kapitel wird, ausgehend von der Notwendigkeit zur Arbeit, die Motivation der Arbeitnehmer als solche thematisiert und anhand verschiedener Modelle näher untersucht. Dazu sind Aspekte der Karriereplanung, den Möglichkeiten der beruflichen Bildung und Weiterentwicklung sowie den Begleitumständen einer Karriere zu diskutieren

Arbeitnehmer erhalten die Möglichkeit, eigene Karrierewege zu planen und im Hinblick auf die eigenen Erwartungen und geforderten Beiträge zu reflektieren und weitere Karriereschritte zu prüfen. Dazu wird auch ein Ausblick auf die Zukunft des eigenen Qualifikationsprofils und der aktuell ausgeübten Tätigkeit vorgenommen.

© Der/die Autor(en), exklusiv lizenziert durch Springer
Fachmedien Wiesbaden GmbH, ein Teil von Springer Nature 2021
S. Hillebrecht, *Perspektivenorientierte Personalwirtschaft*,
https://doi.org/10.1007/978-3-658-32094-2_1

1.1 Was ist ein Studium wert – Ein Arbeitsimpuls zum Einstieg

Viele Studierende in den wirtschaftswissenschaftlichen Fächern stehen prinzipiell vor Beginn eines Studiums vor der Möglichkeit, statt eines Studiums auch eine betriebliche Ausbildung zu absolvieren. Ein Bachelor-Studiengang erfolgt in der Regel in sechs bis sieben Semestern. In dieser Zeit könnte auch eine Berufsausbildung in einem kaufmännischen Beruf bewältigt werden, mit der entsprechenden Ausbildungsvergütung, und bereits erste Berufserfahrung nach Ausbildungsabschluss gesammelt werden. Sieht man einmal von der Möglichkeit einer verkürzten Berufsausbildung für (Fach-)Abiturienten ab, könnte die Vergleichsrechnung aussehen wie in Tab. 1.1:

Ein Studium bedeutet demzufolge einen Verzicht auf ein Brutto-Einkommen von ca. 42.000 Euro, zuzüglich entgangener Beiträge des Arbeitgebers zur Alters- und Pflegeversicherung. Es bietet für Wirtschaftswissenschaftler aber auch die Perspektive auf ein mittelfristig erzielbares Jahreseinkommen von ca. 60.000 Euro (vgl. (Stocker 2019), womit die Gehaltserwartung durchaus höher liegt, im Vergleich zu nichtakademischen Berufen (vgl. o.V. o. J.).

Diese Vergleichsrechnung ist schematisch, da sie die Verdienstmöglichkeiten einer studienbegleitenden Tätigkeit als Werkstudent außer Acht lässt – manche Kommilitonen erzielen in dieser Zeit, zumeist ab dem dritten oder vierten Semester, Monatsgehälter von einigen hundert, manchmal sogar mehr als 1000 Euro, die auch mit den Kenntnissen begründet werden, die man im Verlaufe von Studium und Praktika erworben hat. Aber selbst diese Einkünfte können den zunächst negativen Saldo nicht ausgleichen. Auf der anderen Seite gewinnen Studierende durch einen erfolgreichen Studienabschluss nach landläufiger Meinung

Tab. 1.1 Vergleichsrechnung der Erträge einer Berufsausbildung und eines Studiums. (Quelle: eigene Erstellung)

Zeitraum	Einkünfte während Berufsausbildung (=> durchschnittliche Ausbildungsvergütung nach Tarifvertrag für kaufmännische Berufsausbildungen) und erster Berufstätigkeit	Entsprechend entgangene Einkünfte während Studium an einer öffentlichen Hochschule ohne Studiengebühren
1. Semester	6 * € 850 = € 5100	–€ 5100
2. Semester	6 * € 850 = € 5100	–€ 5100
3. Semester	6 * € 930 = € 5580	–€ 5580
4. Semester	6 * € 930 = € 5580	–€ 5580
5. Semester	6 * € 990 = € 5940	–€ 5940 ./. 6 * € 400 Praktikumsvergütung = € 2400 ⇒ Effektiv –€ 3540
6. Semester	6 * € 990 = € 5940	–€ 5940
7. Semester	6 * € 1800 = € 11.400	–€ 11.400
In Summa	€ 44.640	Entgangen: € 42.240

1.1 Was ist ein Studium wert – Ein Arbeitsimpuls zum Einstieg

- Langfristig höhere Einkommen aus Erwerbstätigkeit (vgl. Evers 2019; o.V 2019a, kritisch gesehen bei o.V. 2017)
- Höhere Sicherheit vor drohender Arbeitslosigkeit (vgl. Blien 2008, S. 3; Bundesagentur für Arbeit 2019, S. 7 f.; kritisch: DIHK 2018), und damit auch sichere Einkünfte

Gerade für Studierende aus Nicht-Akademiker-Haushalten ist die Bedeutung von Wissen und Netzwerken, die durch den Bildungsaufstieg mit erworben werden, kaum bewusst. In der Soziologie wird hier von der Trias von ökonomischem Kapital, kulturellem Kapital und sozialem Kapital gesprochen (vgl. Bourdieu 2012, S. 229 ff.). Und dies trifft für Abkömmlinge aus Migrantenfamilien umso mehr zu, die sich in ihrem neuen Lebensumfeld doppelt neu positionieren müssen, in der Gesellschaft allgemein – mit ihrer Sprache, ihren Alltagsgepflogenheiten und ihrer Kultur – wie auch in der Arbeitswelt im Besonderen, mit den vorherrschenden Arbeits- und Verhaltensweisen (siehe z. B. Koopmans et al. 2018, S. 20 ff.). Vielleicht erklärt auch dies, warum oftmals Abkömmlinge aus Nichtakademikerfamilien und/oder Familien mit Migrationshintergrund deutlich öfters deutlich unter dem Qualifikationsniveau beschäftigt sind (vgl. Kracke 2016, S. 177 ff.).

Die positiven Auswirkungen eines Studiums hinsichtlich Verdienst, realisiertem Aufstieg und Lebenszufriedenheit zeigen sich erst über den Verlauf von vielen Jahren, genauso aber auch der mögliche Verlust, den man durch den Ausstieg aus dem Herkunftsmilieu erleidet, beispielsweise in Form von Geborgenheit, Familienanschluss etc. – die Herkunft aus einer Handwerkerfamilie kann auch den Zugriff auf solche Dienstleistungen sichern, der Ausstieg möglicherweise von diesen Dienstleistungen ausschließen. Inwiefern ein Studium an einer privaten Hochschule gegenüber demjenigen an einer staatlichen Hochschule finanzielle Vorteile bringt, ist umstritten (vgl. Kunz 2020) – das dürfte vermutlich von der Frage abhängen, an welcher Hochschule man studiert.

Ohne die Diskussion weiter zu führen, ein Studium bedeutet zunächst einmal einen Verzicht, im Hinblick auf eine mögliche wirtschaftlich lukrativere Perspektive, und vielleicht auch im Hinblick auf andere Aspekte. Von daher ist es für Studierende immer gut, sich im Verlauf des Studiums (aber auch im Verlauf des weiteren Berufslebens) immer wieder Gewissheit über die eigenen beruflichen Ziele, die Motivationen und die erforderlichen Ressourcen zu verschaffen. Von daher sollte an dieser Stelle ein Arbeitsimpuls – in Abb. 1.1 – stehen:

Mit einer derartigen Gedankenstütze können Sie für sich als zukünftige(r) Arbeitnehmer(in) sowohl für sich leichter Gedanken machen, was Sie in Zukunft für Ausbildungsschritte gehen sollten, und Sie haben auch ein Argumentationsschema, was Sie in einem Bewerbungsverfahren einem zukünftigen Arbeitgeber über sich erzählen können, anbieten können. Und damit können Sie auch im Gegenzug leichter Forderungen stellen und begründen, die Sie für sich unbedingt erfüllt sehen wollen. Und vielleicht kommt bei diesen Überlegungen auch die Idee, sich über freiberufliche Tätigkeiten als Unternehmer auszuprobieren (vgl. o.V. 2013) – verschiedene Crowdworking-Plattformen wie „Freelance Junior" ermöglichen dies (vgl. Gross 2020, S. 16). Dass private Entscheidungen, z. B. zur Familiengründung (gerade besser ausgebildete Frauen geben anscheinend mit der Ent-

> 1.) Das ist mir im Leben wichtig (drei Punkte benennen)
>
> 2.) Das mache ich in 5 Jahren (beruflich und privat)
>
>   und ich arbeite in _____ (weil: _____)
>
> 3.) Meine Basis:
>   a) Schulbildung
>   b) Berufsausbildung
>   c) Berufserfahrungen in den Bereichen (auch aus Nebenjobs)
>   d) Erfahrungen aus Hobbies, Ehrenamtlichem Engagement etc.
>
> 4.) Meine wichtigsten zwei Motivationen sind:
>
> 5.) Meine drei wichtigsten Kompetenzen sind (z. B. Sprachen, Organisationsfähigkeit, …)
>
> 6.) Am liebsten möchte ich folgender Branche/Funktion arbeiten
>
> 7.) Am liebsten möchte ich in folgendem Unternehmen arbeiten
>
> 8.) Am liebsten möchte in an folgendem Ort arbeiten
>
> 9.) Meine Gehaltsvorstellungen (pro Jahr) liegen bei _____, weil….
>
> 10.) Ein zukünftiger Arbeitgeber sollte mich einstellen, weil … (besonderer Nutzwert)
>
> 11.) Meine rote Linie – worauf möchte ich auf keinen Fall verzichten/was würde für mich den Ausstieg aus der Karriere bzw. aus dem Berufsweg unabdingbar bedeuten?

Abb. 1.1 Arbeitsimpuls zur Reflektion des Studiums (eigene Erstellung)

scheidung für die Mutterschaft erhebliche Verdienstpotenziale auf, vgl. Pennekamp 2020) oder zur Begleitung des Lebenspartners bei Auslandseinsätzen, verschiedene berufliche und zumeist auch finanzielle Konsequenzen nach sich zieht, sei der Vollständigkeit zuliebe erwähnt, hier aber nicht weiterverfolgt.

Einmal jährlich aktualisiert (z. B. in dem in Bayern als „staden Zeit" bekannten Zeitraum zwischen Weihnachten und Neujahr), hilft es jedem, den eigenen Weg zu überprüfen und nachzujustieren, naheliegende Schulungs- und Weiterbildungsmaßnahmen zu planen, das Private mit dem Beruflichen wieder besser abzustimmen und Ziele für die nächste Zeit aufzustellen. Und nicht zuletzt kommen Menschen an diesem Punkt auch auf die Idee, einen „Plan B" zu entwickeln. Dies wird in Abschn. 1.3 mit den Ausführungen zu einer „zweiten Karriere" nochmals aufgegriffen.

Grundsätzlich gilt immer: Der Lebensunterhalt erfordert Geldeinkünfte, und diese können nach wie vor in den meisten Fällen durch Arbeitsleistung erworben werden – ein passives Einkommen durch die Verwertung von Vermögen aller Art oder von Patenten und ähnlichem geistigen Eigentum dürfte bei Studierenden in den wenigsten Fällen vorliegen. Allerdings ist die Einkommenserzielung selten der einzige oder der wichtigste Motivator für einen Arbeitnehmer, arbeiten zu gehen. Von daher soll im nächsten Abschnitt auf Motivationstheorien näher eingegangen werden.

1.2 Die Motivation der Arbeitnehmer

1.2.1 Einige grundlegende Motivationstheorien

Motivationen sind die treibende Kraft, die Menschen dazu bringt, etwas zu tun oder auch zu lassen. Dabei verfolgen Menschen bestimmte Inhalte, wie sie in den gängigen Motivationstheorien erfasst werden. In der Personalwirtschaftslehre haben dabei besonders drei Theorien eine herausragende Bedeutung gewonnen (siehe z. B. Bröckermann 2016, S. 250 ff.; Eichenberg et al. 2019, S. 122 ff.; Jung 2017, S. 367 ff.; Ulich 2011, S. 40 ff.; Wolf 2015, S. 244–261):

- Die Bedürfnispyramide nach Maslow (1943)
- Das divergente Motivationsbündel nach McClelland (1958)
- Die Zwei-Faktoren-Theorie nach Herzberg (1957)

Einige dieser Theorien kennt man aus dem schulischen Unterricht, weil sie zum Allgemeinwissen zählen (sollten) und auch in anderen wirtschaftswissenschaftlichen Feldern zum Einsatz kommen, z. B. wie Maslow und seine Bedürfnishierarchie, die im Marketing immer wieder bemüht werden. Andere sind sehr eng mit dem personalwirtschaftlichen Kontext verbunden. Im Kern geht es bei den einzelnen Theorien um:

- Eine stetige Fortentwicklung von Bedürfnissen, wie sie Maslow unterstellt – wenn wichtige Basisbedürfnisse erfüllt sind, die für die pure Existenzsicherung notwendig sind, sucht der Mensch nach „höherem", insbesondere nach Selbstfindung und -verwirklichung; nach dieser Theorie ist es besonders wichtig, Sinnstiftung in der Arbeit zu finden, wenn die Arbeit grundsätzliche Bedürfnisse nach Gesellschaft, wirtschaftlicher und sozialer Sicherheit etc. abdeckt
- Ein divergentes Motivationsbündel, die – im Sinne von McClelland – sich im Lebensablauf in ihren Prioritäten auch ändern kann: am Anfang mag ein schneller und hoher Verdienst wichtig sein, im späteren Verlauf vielleicht gesellschaftliche Anerkennung und Macht; der Ansatz von McClelland kann damit als Basis für „lebensphasenorientierte Personalkonzepte" dienen, in denen man sich die Lebenssituation der Arbeitnehmer ansieht und mit Arbeitszeitmodellen, Gehaltsstrukturen etc. auf die jeweiligen Bedürfnisse der Arbeitnehmer eingeht
- Eine klare Trennung – im Sinne von Herzberg – in grundsätzlich abzusichernde Bedürfnisse (sichere Arbeitsplätze, funktionierende Infrastruktur etc.) und variabel zu er-

füllende Bedürfnisse (Aufgabenstellungen, Gehaltshöhe); für die Personalwirtschaft ist der Nutzwert dieser Theorie darin zu suchen, dass Arbeitgeber zum einen grundlegende Bedürfnisse kompromisslos befriedigen müssen, sofern sie Arbeitnehmer halten wollen, und zum anderen Möglichkeiten der Variation von Anreizbündeln haben, um damit einen bestimmte Leistungsumfang, ein bestimmtes Arbeitsverhalten positiv oder negativ zu sanktionieren.

Andere Motivationstheorien, wie z. B. die Anreiz-Beitrag-Theorie nach March und Simon (1958), sind in dieser Logik eine Fundierung bzw. Paraphrasierung oder auch Präzisierung der genannten Theorien. Im Kern geht es darum, dass sich Arbeitnehmer etwas davon versprechen, dass sie ihre Arbeitskraft einem Arbeitgeber zur Verfügung stellen, und im Abgleich zwischen dem geleisteten Input (Arbeitszeit, Arbeitsverhalten, weitere Beiträge wie z. B. ein Commitment mit den Zielen und Werten des Arbeitgebers) und dem erhaltenen Output (insbesondere Gehalt, Sozialstatus, Zugang zu Ressourcen wie Online-Zugang oder Dienstwagen) abgleichen und prüfen, ob die angebotenen bzw. erhaltenen Motivatoren tatsächlich ihren Bedürfnissen entsprechen. Arbeitnehmer machen also nichts weiter, als ständig zu prüfen, ob die angebotenen Anreize sie motivieren können und ob die erhaltenen Anreize es wert sind, weiterhin die gewünschte Leistung zu bringen. Sie durchlaufen also Lernprozesse.

1.2.2 Persönlichkeitsmodelle in Wechselwirkung zur Motivation

Um einen derartig abstrakten Prozess näher verstehen zu können, dienen Persönlichkeitsmodelle. Diese Modelle, oftmals aus psychologischen Arbeits- und Beratungsverfahren heraus entwickelt, helfen beim Verständnis, warum sich Menschen so verhalten, wie sie sich verhalten. Die Bedeutung einzelner Motivatoren und die Wirkung einzelner Anreize hängen mit einer Persönlichkeitsstruktur zusammen, die sich aufgrund des bisherigen Lebens ergeben (vgl. Lorber 2015, S. 21 ff.; Schödlbauer 2013, S. 137 ff.). Was uns als Kinder besondere Bestätigung und Freude bringt, gewinnt oftmals für den weiteren Lebensweg große Motivationskraft. Ebenso können erfahrene Strafen für bestimmte Verhaltensweisen eine gewisse Motivationskraft entwickeln. Der eine wird weitere Strafen ausweichen wollen, indem er entsprechende Situationen vermeidet (d. h. entweder gar nicht in eine Situation wieder hineingeraten oder aber durch perfektionierte Arbeit keinen Ansatz für Bestrafung bieten). Der andere wird danach trachten, durch die Beherrschung der Situation Macht aufzubauen, um eine Bestrafung zu verhindern. Folglich wird der eine besonderen Fleiß und Einsatz entwickeln oder auch Ängste, der andere wird mit aller Kraft eine Machtposition anstreben. Besonders bekannte Persönlichkeitstheorien, die auch in der Beratung bzw. im Coaching von Arbeitnehmern immer wieder Eingang finden, sind die folgenden (siehe auch den Überblick bei Simon 2006).

1.2 Die Motivation der Arbeitnehmer

Bekannte Persönlichkeitstheorien
- Der **Myers-Briggs-Typen-Indikator** (MBTI, nach Briggs-Myers- und Briggs 1995), der auf der Typenlehre von C.G. Jung aufbaut und vier grundsätzliche, persönlichkeitsbildende Stile bildet: Introvertierte versus extrovertierte Persönlichkeiten, intuitives oder logisch-nachdenkendes Handeln, emotional-fühlendes oder rationales Kalkül, beurteilende oder wahrnehmende/einfühlende Entscheidungsfindung
- Die **DISG-Typologie** nach Marston (1928/2008), bei der ebenfalls auf vier Dimensionen Dominanz, Bereitschaft zur Initiative, Bereitschaft zur Einordnung und die Gewissenhaftigkeit bewertet werden, und der relativ ähnlich mit der Typologie der Handlungsstile nach Ned Hermann ist (vgl. Hermann 1996, S. 37 ff.; siehe auch Petermann und Petermann (2017))
- Das **Big Five**- bzw. **OCEAN-Modell** nach Allport und Odbert, meist in der Weiterentwicklung durch Costa und McCray verwendet (vgl. Borkenau und Ostendorf 1993), bei dem die fünf Dimensionen Aufgeschlossenheit/Stabilität (Art und Weise, mit Infragestellungen und Rückschlägen umzugehen), Gewissenhaftigkeit (Bereitschaft zum sorgfältig organisierten Arbeiten), Geselligkeit/Extraversion (Reaktionen auf äußere Reize), Verträglichkeit (Priorisierung von eigenen und anderen Bedürfnissen) sowie Neurotizismus (Reaktion auf andere Vorstellungen) in wechselnden Ausprägungen eine Gesamtpersönlichkeit formen und entsprechende Motivationen bewirken
- Die **Reiss-Profile** nach Steven Reiss (2009), bei der 16 verschiedene Eigenschaften (Macht, Unabhängigkeit, Neugier, Anerkennung, Ordnung, Sparsamkeit, Ehre, Idealismus, Beziehungen, Familie, Status, Rache, Eros, Essen, Aktivität, Ruhe) in ihrer Relevanz für das Individuum abgefragt werden und ein Mensch typischerweise bis zu fünf von ihnen in den Vordergrund seiner Aktivitäten stellt; als Ansatz für Führungskräfte, entsprechende Anreize bei ihren Mitarbeitern besonders zu betonen, um ein Maximum an Leistung abrufen zu können

Darüber hinaus wird es sicher noch viele weitere Entwicklungen und Theorien geben, die hier nicht zu erörtern sind. Aber bereits die vier dargestellten Beispiele zeigen die Bandbreite unterschiedlicher Erklärungsansätze zur menschlichen Motivation auf. Welche dieser Persönlichkeitstheorien man auch immer anwendet, dürfte der jeweiligen Situation und auch den eigenen Vorlieben geschuldet sein. Grundsätzlich gilt: jeder Mensch ist anders, in seinen inneren Werten und seiner Situation, seinen Werten und Präferenzen und damit auch in den verhaltensbildenden Motiven, und er entwickelt sich auch im Leben, entsprechend den Erfahrungen (vgl. Simon 2006, S. 9 ff.). Mit dafür verantwortlich sind sicher auch gesellschaftliche Rahmenbedingungen, die man sehr gut in den Wünschen und Erwartungen verschiedener Generationen ablesen kann. Scholz (2014, S. 36 ff.) sieht z. B. in den vier Generationen der Baby-Boomer, der X-, Y- und Z-Generation eine Verschiebung, welche Bedeutung Pflichterfüllung, der Ausgleich zwischen Berufs- und Privatleben und der Bedeutung ökonomischer Anreize haben. Ebenso wird erkennbar, dass die ideale Wochenarbeitszeit bei Frauen mit 24 Stunden sich deutlich von derjenigen der Männer mit 34 Stunden Idealumfang unterscheidet (vgl. Kaiser 2019). Hierfür sind allem Anschein nach sowohl Aufgaben in der Familienarbeit als auch unterschiedliche Prioritäten hinsichtlich Gelderwerb, Freizeit usw. verantwortlich.

Als Arbeitnehmer kann man dies zunächst einmal hinnehmen. Man kann aber auch für sich bewusst werden, was einem im Leben im Moment wichtig ist und was man demzufolge in der Arbeitsleistung sucht. Und sofern es hier Diskrepanzen zwischen den eigenen Vorstellungen und Motiven und dem Angebot bzw. den Erwartungen auf dem Arbeitsmarkt seitens der Arbeitgeber gibt, verfügt man mit jeder der Persönlichkeitstheorien eine Art Checkliste, eigene Einstellungen, eigene Verhaltensweisen kritisch zu hinterfragen und ggf. den Erwartungen der Arbeitgeberseite anzupassen bzw. sich in andere Umstände zu begeben, die einen besseren Ausgleich zwischen der eigenen Persönlichkeitsstruktur und den Arbeitsangeboten ergibt. Verkürzt gesagt, jeder Arbeitnehmer sollte so klug sein, zu überlegen, was man an sich selbst verändern kann und was man nicht verändern kann oder will, was man durch Verhandlungen oder einseitige Vorleistungen zu seinen eigenen Gunsten verändern kann, und was nicht beeinflussbar ist, um darauf aufbauend sich für oder gegen eine bestimmte Arbeitsumgebung zu entscheiden. Und ganz kurz gesagt: „take it, change it or leave it".

1.2.3 Die Team-Rolle als Folge einer Persönlichkeit

Arbeitsleistung wird in der Regel in Teamarbeit erbracht. Dafür sorgen Arbeitsgruppen aller Art. Und sogar eine konkrete Verkaufsleistung bzw. ein Dienstleistungsprozess in 1-zu-1-Interaktion (z. B. Friseur schneidet Kunden die Haare) etabliert ein Team auf Zeit, das aus Dienstleister und Kunde besteht. Von daher gibt es zahlreiche Testverfahren, mit deren Hilfe eine Teamrolle beschrieben werden kann, die zu einem Arbeitnehmer idealerweise passt bzw. die ein Arbeitnehmer aufgrund seiner Persönlichkeitsstruktur bevorzugt sucht.

> **Bekannte Team-Theorien**
> - Das **TMS (Team Management System)** nach Margerison und McCann (vgl. Tscheuschner und Wagner 2009), das acht bevorzugte Handlungsstile definiert, die für eine erfolgreiche Gruppenarbeit erforderlich sind, und die sich über „linking skills" miteinander verbinden können, und die letztendlich auf dem Myers-Briggs-Typenindikator aufbaut
> - Das **Belbin-Rollen-System** nach Belbin (2010), das anhand von bevorzugten Arbeits- und Interaktionsstilen (Handlungs-, Wissens-, kommunikationsorientierte Rollen) neun verschiedene Rollenmodelle definiert, wobei Belbin davon ausgeht, dass jeder immer eine Erst- und eine Zweitrolle einzunehmen versteht und damit auch ein kleineres Team von ca. 4–5 Personen alle erforderlichen Rollen abdecken kann

1.2 Die Motivation der Arbeitnehmer

Über den Nutzwert derartiger Theorien lässt sich trefflich streiten, da sie auf einem idealtypischen Modell aufbauen und den „human factor" außer Acht lassen – wenn sich zwei Menschen, die auf dem Papier gut zusammen passen, aber sich bildhaft gesprochen „nicht riechen" können, stoßen derartige Modelle schnell an ihre Grenzen. Und auch politische Überlegungen (z. B. bestimmte Abteilungen auf der Teilnahme von bestimmten Personen bestehen, um ihren Einfluss zu wahren), können diese Modelle scheitern lassen. Zumindest helfen sie aber einzelnen Personen wie auch Führungskräften, über die eigene Arbeit in einem Team nachzudenken, die Erwartungen und die eigenen Kompetenzen entsprechend einzubringen.

1.2.4 Die Bedeutung von Arbeit für das Individuum

Über die Bedeutung von Arbeit ist schon länger philosophiert worden, nicht zuletzt in religiösen Zusammenhängen. Das Verdikt von Paulus, dass „wer nicht arbeitet, auch nicht essen soll" (2. Brief an die Thessalonicher, Kap. 3, Vers 7 f.) setzt hier Maßstäbe aus christlicher Sicht, die sich auch in anderen Religionen und Philosophien findet. Wer Arbeit als Muss der menschlichen Existenz ansieht und in erfolgreicher Arbeit den Ausdruck göttlicher Segnung, so Max Weber in seiner Ausarbeitung über die protestantische Ethik (Weber 2013), hat die Rolle der Arbeit eindeutig definiert und wird irgendwann möglicherweise den monetären Segen an Stelle der göttlichen Bindung setzen. Unabhängig von solchen Erörterungen ist bei einer x-beliebigen Befragung von Menschen in der unmittelbaren Umgebung schnell erkennbar, dass Arbeit die verschiedensten Funktionen erfüllen kann.

> **Mögliche Funktionen von Arbeit**
> - Lebensunterhalt (durch die erzielten Einkünfte)
> - Anerkennung (für die geleistete Arbeit als solche – jemand ist fleißig, erfolgreich, engagiert …)
> - Sozialer Status (per se durch die Arbeit als solche, aber auch durch die Hierarchieebene und das Sozialprestige bestimmter Berufe)
> - Lebenstaktung (man weiß, wann man zur Arbeit zu gehen hat und wann man frei hat)
> - Soziale Einbindung in die betriebliche Gemeinschaft, Austausch mit den Kollegen

Arbeit hat damit im Leben fast jeder Person einen hohen Stellenwert (siehe auch Promberger 2008, S. 8 ff.), und Arbeitslosigkeit ist mehr als nur Ausbleiben von Erwerbseinkommen, sondern auch oft genug sozialer Makel, Ausschluss von Gemeinschaft und fehlender Zugang zu Ressourcen, kurzum fehlender Selbstwert (vgl. Frese 2008, S. 22 ff.; ähnlich Hagelüken 2020, S. 21), mit gravierenden Folgen für die Gesundheit der Betroffenen (vgl. Förster et al. 2008, S. 35 ff.; Mohr und Richter 2008, S. 26 f.). In alternden Gesellschaften wie z. B. Japan wird daher auch diskutiert, in welcher Form Menschen nach der Pensionierung durch Berufstätigkeit im sozialen Leben gehalten werden können, um damit ihre Leistungsfähigkeit und gesellschaftliche Teilhabe zu erhalten. Und nebenbei kann man dadurch auch Angebote aufrechterhalten, für die sich möglicherweise keine anderen Mitarbeiter mehr finden (siehe Hahn 2020, S. 3).

Die Bedeutung der Arbeit kommt u. a. auch im Recht auf Arbeit zur Geltung, das in den Verfassungen vieler Staaten und nicht zuletzt in der UNO-Erklärung über die Menschenrechte in Art. 23, in Art. 1 der Europäischen Sozialcharta oder in Art. 6 des Internationalen Pakts für wirtschaftliche, soziale und kulturelle Rechte manifestiert wird. Interessanterweise legt das Grundgesetz der Bundesrepublik Deutschland in Art. 12 das Recht auf freie Berufsausübung fest und damit höher als ein Recht auf und die Pflicht zur Arbeit. In Österreich finden sich ähnliche Bestimmungen in Art. 6 I und 18 im Staatsgrundgesetz; und auch die Schweiz formuliert in Art. 41 ihrer Verfassung ein Sozialziel im Sinn von „Arbeit ermöglichen", korrespondierend mit dem Recht auf freie Berufsausübung nach Art. 27. Wer rein auf die Aussagen achtet, findet einen Widerspruch zu den internationalen Erklärungen. Begründet wird das Primat der freien Berufsausübung und dem fehlenden Anrecht auf Arbeit per se mit der Überlegung, dass ein Recht auf Arbeit auch eine Pflicht und damit eine Verpflichtung zu einer Arbeitsleistung bedeuten könne, vielleicht auch zu Tätigkeiten, die man aus guten Gründen ablehnt, und in der Konsequenz also Zwangsarbeit legalisiert. Von daher gilt es abzuwägen, ob und wie es ein Recht auf Arbeit geben kann und wie es sich mit anderen Menschen- bzw. Grundrechten wie dem auf ein Verbot von Zwangsarbeit oder einer Berufsausübung allein auf der Basis eigener Vorstellungen vereinbaren kann. Die richtige Antwort gibt es hier nicht, nur eine kontextuell angemessen zu begründende Stellungnahme.

1.2.5 Die Karriereplanung des Arbeitnehmers

Jeder Arbeitnehmer, jede Arbeitnehmerin hat entsprechend seiner oder ihrer Lebensvorstellungen bestimmte Vorstellungen zum Verlauf des Berufslebens. Manche möchten eine umfangreichere Ausbildung wählen, andere wollen (oder müssen) einen kürzeren Weg in das Berufsleben nehmen. Auch im Berufsleben gibt es verschiedene Wege, die man im allgemeinen Sprachgebrauch als „Karriere" bezeichnet. Ja nach Karriereziel und -möglichkeiten können verschiedene Karrieretypen gesehen werden (ergänzend Hillebrecht 2019, S. 29 ff.).

> **Karrieretypen**
> - **Vertikale Karrieren**, die über verschiedene Stufen in der Hierarchie nach oben führen und damit auch regelmäßig mehr Verantwortung für Menschen und Kapital und meist auch ein höheres Einkommen mit sich bringen, auch als „Kaminkarriere" bezeichnet (z. B. vom Sachbearbeiter zum Gruppenleiter, vom Gruppenleiter zum Abteilungsleiter etc.; Dienstgrade und Laufbahnen bei Polizei und Armee bringen dies augenfällig zum Ausdruck)

- **Horizontale Karrieren**, bei denen die Arbeitnehmer in wechselnden Zusammenhängen eine Aufgabe auf stets der gleichen Verantwortungsebene wahrnehmen (z. B. Sachbearbeitung erst im Einkauf, dann im Verkauf oder im Personalwesen; Sachbearbeitung in Filiale Musterstadt, später in Filiale Beispielort)
- **Gehaltskarrieren**, bei denen trotz gleichbleibender Funktion sich das Gehalt erhöht (z. B. im Verkauf, bei dem über zunehmende Prämien und Provisionen sich das Gehalt erhöhen kann)
- **Titelkarrieren**, bei denen trotz gleichbleibender Arbeit und Verantwortung die zunehmende Erfahrung berücksichtigt wird, teilweise auch in Verbindung mit steigendem Gehalt (z. B. vom Junior-Verkäufer zum Senior-Verkäufer, von der Junior-Beraterin zur Senior-Beraterin)

Daneben gibt es inzwischen neuere Karrieretypen
- **Fachkarrieren**, bei denen ein Arbeitnehmer im Fachgebiet aufsteigt und dabei auch Einkommens- und Verantwortungszuwachs verzeichnet, aber stets – ähnlich wie bei einer Titelkarriere – im Fachgebiet verbleibt (Junior Einkäufer, Einkäufer, Senior-Einkäufer)
- **Projektkarrieren**, die einem Arbeitnehmer die Verantwortung für Projektteams in unterschiedlichen Aufgabenstellungen, Zusammensetzungen und -größen im Unternehmen zuweisen und vor allem für organisationsstarke Personen interessant sein können

Die einzelnen Punkte werden insbesondere in Kap. 4, Abschn. 4.2 nochmals vertieft, unter dem Aspekt der Leistungsevaluation und deren Folgen für die Karriereentwicklung aus Arbeitgebersicht. Die Wahl eines bestimmten Karrieretyps hängt – neben einer entsprechenden Beurteilung durch den Arbeitgeber – von verschiedenen Umständen auf Seiten des Arbeitnehmers ab. Zu nennen sind insbesondere:

- Zugang zu bestimmten Karriereoptionen, aufgrund Qualifikation und Kompetenzen (Führungskarrieren setzen z. B. ausgeprägte persönliche und Sozialkompetenzen voraus, Projektkarrieren ein hohes Maß an Flexibilität und Organisationsvermögen, bestimmte Berufe im öffentlichen Dienst setzen bestimmte Prüfungen wie ein Staatsexamen voraus)
- Unterstützung durch das familiäre Umfeld (z. B. Ermöglichen bestimmter Arbeitszeiten, räumliche Flexibilität bei Versetzungen) bzw. Rücksichtnahme auf familiäre Belange (Arbeitsplatz des Lebenspartners, Fürsorgepflichten gegenüber Kindern oder pflegebedürftigen Eltern)
- Erwartungen an den konkreten Arbeitsplatz (Einbettung in eine soziale Gemeinschaft, konkrete Arbeitsinhalte, Prestige des Arbeitgebers und der Produkte)

- Innere Bereitschaft des Arbeitnehmers, bestimmte Verantwortung zu übernehmen (Ehrgeiz, Selbstbewusstsein und Selbstvertrauen)
- Gesetzte Anreize des Arbeitgebers (Geld, Status etc., aber auch Sicherheit des Arbeitsplatzes oder Sozialeinrichtungen wie z. B. Kinderbetreuung) im Verhältnis zu den eigenen Erwartungen und Beiträgen (z. B. die Bereitschaft, eine bestimmte Arbeitszeit zu erbringen)
- Geäußerte Erwartungen des Arbeitgebers (z. B. ein besonderes Verhalten im Dienst: im öffentlichen Dienst Verfassungstreue, bei Parteien, Religionsgemeinschaften oder Gewerkschaften eine bestimmte Mitgliedschaft und vielleicht darüber hinausgehende Verhaltensweisen oder Lebensführung)
- Einschätzung der eigenen Wettbewerbsfähigkeit im Vergleich zu anderen Arbeitnehmern

Aus diesen Erwägungen heraus und in Anbetracht der eigenen Lebenssituation (z. B. steht eine Scheidung an, treiben Eltern und/oder Lebenspartner den Mitarbeiter an, in welcher Form wird die Sicherheit des aktuellen und des zukünftigen Arbeitsplatzes wahrgenommen?) wird dann eine Karriereentscheidung getroffen. Im Laufe eines Berufslebens können zudem Berufserfahrungen, Netzwerke und weitere Faktoren hinzukommen, die Karriereentscheidungen (Wechsel eines Arbeitgebers, Wechsel auf eine andere Position beim Arbeitgeber, Verbleiben auf der ausgeübten Position) beeinflussen.

Nicht zuletzt wird es bei Arbeitnehmern auch immer wieder vorkommen, dass sie aus unterschiedlichen Gründen das angestammte Arbeitsumfeld verlassen und sich einem komplett neuen Arbeitsumfeld, in anderen organisationalen Zusammenhängen zuwenden. Man spricht hierbei auch von einer „zweiten Karriere" (Hillebrecht 2018). Wenn Journalistinnen mit dem Spezialgebiet Kriegsberichterstattung plötzlich in die psychotherapeutische Hilfe für Traumapatienten wechseln (vgl. o.V. 2020a), sorgt dies sicher für Aufsehen, hat aber durchaus seine innere Berechtigung: Wenn der Sinn an der eigenen Arbeit abhandenkommt, sollte man nach Alternativen suchen, die mit der eigenen Erfahrung, den eigenen Werten und den eigenen Kompetenzen übereinstimmen. Oder aber es kommt zu einem Abbruch jeglicher Berufstätigkeit, also einem Ausstieg.

Die bereits benannten Verschiebungen in Berufsmotivationen führen dazu, dass die neu in den Arbeitsmarkt eintretenden Generationen auch andere Vorstellungen von Karriere entwickeln (vgl. Ballhausen 2019, S. 34 ff.; Guldner et al. 2019, S. 90 ff.; Jacobs 2020). Ein hierarchischer Aufstieg und die damit verbundenen Zuwächse an Einfluss und Einkommen nehmen an Attraktivität ab. In den Vordergrund rücken Arbeitsplatzsicherheit, funktionierende Sozialbeziehungen und vor allem berechenbare Arbeitszeiten. Zusätzliche Leistungen wie Sabbaticals oder ein Betriebliches Gesundheitsmanagement werden gerne genommen. Zudem wird nach dem Sinn der Arbeit gefragt, dem Mehrwert für die Gesellschaft und einem selbst, auf neudeutsch dem „Purpose" (siehe auch Hesener 2019; o.V. 2016 2019b). Man darf gespannt sein, wie Unternehmen darauf reagieren und in welcher Form konjunkturelle Einflussfaktoren eine Umsetzung dieser Vorstellungen zulassen. Zumindest kann man bereits eine Entwicklung erkennen. Führungsebenen und -positionen werden abgebaut, weil sie entweder nicht besetzt werden können oder weil organisatori-

1.2 Die Motivation der Arbeitnehmer

sche und technologische Veränderungen dieses „Un-Bossing" ermöglichen (vgl. Fischer und Guldner 2020, S. 14 ff.). Von daher sind Arbeitnehmer gut beraten, Fähigkeiten der Selbststeuerung und Selbstführung zu entwickeln.

An dieser Stelle soll der Arbeitsimpuls aus Abschn. 1.2 wieder aufgegriffen werden. Sie haben bestimmte Ziele und Wünsche für sich überlegt. Eine systematische Karriereplanung, als Arbeitsplan für die eigene Karriere, baut darauf auf. Die benannten Wünsche und Vorstellungen werden mit einem konkreten Zeit- und Maßnahmenplan unterlegt. Zudem sollte ein Arbeitnehmer auch eine konkrete Vorstellung zu den am Arbeitsmarkt erzielbaren Einkünften haben. Allem Anschein nach sind gerade Hochschulabsolventen hier zumeist unzureichend informiert (vgl. o.V 2020b).

▶ Qualifikationen und Kompetenzen

Ein kurzer Einschub zur Erklärung: „Qualifikationen" und „Kompetenzen" werden nicht synonym verwendet. Generell gilt: Kompetenzen sind alles, was Sie aufgrund eigener Bemühungen beherrschen und ausüben können, Qualifikationen sind das, was Ihnen fremd vermittelt wurde. Ein Schul- oder Berufsausbildungsabschluss ist eine Qualifikation, die Fähigkeit, ein Verkaufsgespräch erfolgreich zu Ende zu bringen, ist eine Kompetenz. Ein Sprachenzertifikat ist eine Qualifikation, weil Ihnen bestimmte Elemente einer Sprache vermittelt wurden und Sie im Rahmen einer Prüfung in der Lage waren, diese Elemente zu demonstrieren. Eine Fremdsprache verhandlungssicher einzusetzen, ist eine Kompetenz.

Der Arbeitnehmer macht sich also Gedanken rund um:

- Wo soll mich mein Leben hinführen? (private Umstände, berufliche Umstände, Einkommen/wirtschaftliche Umstände, …)
- Was macht für mich dieses Ziel attraktiv?
- Was sind meine Kompetenzen und Erfahrungen, die ich einbringen kann?
- Was für Qualifikationen und Erfahrungen muss ich noch erwerben, damit ich mein Ziel erreichen kann?
- Welche Ressourcen muss ich zusätzlich aktivieren?
- Wie werden Arbeitsplätze in dem Bereich vergeben, in den ich will?
- Wie kann ich Informationen erhalten, die mich über die Anforderungen in dem Bereich informieren, der mich interessiert?
- Welches Netzwerk kann ich hierfür aktivieren?

Im englischen Sprachraum hat sich hierfür der Begriff des „career development" eingebürgert. Eine erfolgreiche Karriere ist demzufolge eine Verbindung aus durchdachter Planung, sinnvollen Maßnahmen und deren engagierter Umsetzung. Allerdings wissen die meisten Berufstätigen mit mehr als 10 Jahren Erfahrung, dass hierfür auch immer auch ein gutes Netzwerk und das Gespür für das richtige Timing notwendig sind, um zur richtigen Zeit am richtigen Ort zu sein, sozusagen das notwendige Quäntchen Glück hinzukommen muss. Grundsätzlich ist es aber richtig, sich einen Masterplan für die eigene Zukunft zu entwickeln und dabei auch zu überlegen, ob es die eigene Branche, die angestrebte Funktion so noch in 10 oder 15 Jahren geben wird – die technologische Entwicklung kann hier relativ schnell Arbeitsplätze und deren Anforderungen verändern, vielleicht auch Arbeitsplätze überflüssig machen. Der Hufschmied und der Pferdeknecht waren vor vielen Jahren wichtig für das Funktionieren der Agrarwirtschaft und der Verkehrswirtschaft – inzwischen sind sie seltene Erscheinungen, die sich nur noch im Umfeld der Pferdehöfe finden, die wiederum meistens nur noch der Freizeitgestaltung dienen.

Zu Ihrer Vorbereitung auf das Berufsleben, aber auch als weitere Basis für Ihr „career development", empfiehlt sich an dieser Stelle die Ausarbeitung eines Lebenslaufs (bzw. die Überarbeitung und Aktualisierung, wenn Sie bereits einen haben). Gehen Sie dabei in mehreren Schritten vor:

Erstellen Sie einen tabellarischen Lebenslauf nach dem „deutschen Muster"; d. h. Sie fangen mit Ihrem Namen und Ihren Kontaktdaten bzw. Adresse an, gehen dann über die Schulbildung und die Berufsausbildung hin zu Ihren beruflichen Erfahrungen und schließen mit einigen Informationen ab, z. B. den Besitz von Fahrerlaubnis einer bestimmten Klasse, bestimmte Sachkundenachweise, berufsrelevante Hobbies, Fremdsprachenkenntnisse etc.

Erarbeiten Sie sich jetzt eine zweite Version, nach dem so genannten „US-amerikanischen Muster". Hierzu finden Sie ebenfalls im Internet und in den diversen, im Buchhandel sowie vielen Hochschulbüchereien erhältlichen Ratgeberbüchern zahlreiche Hinweise. Die Abb. 1.2 zeigt Ihnen das Prinzip auf.

Der Hintergrund: In den USA wird man stärker anhand der aktuellen Tätigkeit beurteilt, ob man als Bewerber in Frage kommt, und nimmt die früheren Tätigkeiten als zusätzliche Informationen. In Deutschland war es hingegen lange üblich, die berufliche Ent-

Lebenslauf nach deutschem Muster	Lebenslauf nach US-amerikanischem Muster
• Persönliche Daten: Name, Vorname, Geburtsdatum, Adresse, Kontaktdaten, ggf. Familienstand und Anzahl der Kinder • Schulweg: Zeit der Schulausbildung, mit erzieltem Schulabschluss • Berufsausbildung: Ausbildungs- und Studienzeiten mit erzieltem Abschluss • Berufserfahrungen: Berufserfahrungen (Zeitraum, mit Bezeichnung der Funktion und des Arbeitgebers) • Zusätzliche Angaben: Sachkundenachweise, Fahrerlaubnisklassen, Fremdsprachenkenntnisse, EDV-Kenntnisse, etc. • ggf. auch Gehaltswunsch • Datum der Erstellung und Unterschrift	• Persönliche Daten (in den USA oft auch anonymisiert, ohne Namen, ohne Altersangaben, ohne Lichtbild) • Aktuelle Tätigkeit mit Inhalten und Arbeitgeber • Weitere Tätigkeiten davor mit Inhalten und Arbeitgeber, in zeitlich absteigender Reihenfolge • Angaben von Stärken und Kompetenzen („personal abilities, strengths, …") • Abschließend Schulausbildung

Abb. 1.2 Struktur für Lebensläufe nach deutschem und US-amerikanischem Muster (eigene Erstellung)

wicklung im Hinblick auf eine inhärente Logik zu beurteilen, so dass jeder Karriereschritt sinnvoll erscheinen musste. Nebenbei gesagt: Die inhaltliche Ausgestaltung wird sich auch etwas unterscheiden, weil mit dem Blick auf die aktuelle Tätigkeit an prominenter oder nachgeordneter Stelle wird sich entscheiden, welche Inhalte an welcher Stelle sinnvoll kommen sollten.

Bei der Bearbeitung prüfen Sie sorgfältig, dass die Angaben in Ihrem Lebenslauf und in den vorhandenen Nachweisen auch passen. Zahlreiche, im Buchhandel erhältliche Ratgeber, geben Tipps, wie man mit größeren Lücken umgehen kann. Aber auch hier gilt: es sollte zum Gesamtbild stimmen – wer eine dreimonatige Backpacker-Reise in Australien als Sprachurlaub angibt, sollte auch Zertifikate über Sprachprüfungen vorlegen, weil spätestens im Bewerbungsgespräch hierauf die Sprache kommen wird. Des Weiteren ist es auch gut, wenn man Kenntnisse und Kompetenzen qualifizieren kann. Wer z. B. Sprachkenntnisse erwähnt, ist gut beraten, diese nach einem anerkannten Standard einzustufen. Was früher „flüssig", „in Wort und Schrift" war, wird seit einigen Jahren nach dem „Gemeinsamen Europäischen Referenzrahmen" (GER o. J.) klassifiziert. Damit wird eine Vergleichbarkeit mit den betrieblichen Anforderungen und auch mit dem Leistungsniveau von Mitbewerbern leichter möglich.

Inzwischen haben sich auch „Infografik-Lebensläufe" in vielen Fällen eingebürgert. Damit ist gemeint, dass Sie einen Lebenslauf nach grafischen, selbsterklärenden Grundsätzen aufbauen. Ihre wesentlichen Daten, Kompetenzen, Qualifikationen und Erfahrungen sollen optisch klar gegliedert, leicht erfassbar sein, quasi einen Überblick auf einen Blick ermöglichen. Muster hierfür finden Sie im Internet zuhauf, vom Grundsatz sollte der Aufbau dem goldenen Schnitt folgen, d. h. einer Einteilung des Blatts in neun gleich große Felder und einen Einstieg im Schnittfeld der vier Felder rechts bzw. oben ermöglichen, so wie in Abb. 1.3 skizziert.

Sicher findet man noch viele andere Gestaltungsmöglichkeiten und Vorlagen. Grundsätzlich gilt:

- Die Infografik soll den Empfänger auf einer Seite über die wesentlichen Daten und Fakten informieren
- Die Infografik soll einem selbst zeigen, was man kann und was man damit erreichen möchte
- Und vor allem soll sie ein authentischer „Verkaufsprospekt" sein – eine Bewerbung, ein Lebenslauf ist immer die erste Arbeitsprobe, die ein zukünftiger Arbeitgeber sieht.

Interessanterweise können die „richtigen" Hobbies einen wichtigen Karrierebaustein bilden (vgl. Rau 2020). Sei es als Ausweis zusätzlicher Kompetenzen, als Indikator für ein bestimmtes Persönlichkeitsprofil, als Quelle für Ausgleich, Resilienz und Kraftschöpfung, als Reservoir für hilfreiche Netzwerke oder auch als Ausweichfeld bei einem Wechsel des Berufsfelds in eine so genannte zweite Karriere, Hobbies können vielfältige Funktionen erfüllen. Eine im Frühjahr 2020 veröffentlichte Studie verschiedener Hochschulen kam zum Ergebnis, dass insbesondere sehr ehrgeizig betriebene Hobbies hierzu einen wichti-

Erfahrungen in den Bereichen - Verkaufsberatung - Mitarbeiterführung - Ausbildung - Schwierige Kunden - Einkauf	Angestrebte Position: Praktikum im Bereich Einkauf und Geschäftsentwicklung im Handel	Ausbildungsweg: Schulbesuch 9/ FOS 9/2016-5/2018 Abitur in 5/2018, Note 2,3 Studium BWL auf B.A. seit 10/2018
Stärken und Kompetenzen - Organisationsgeschick - Verhandlungsführung - Bereitschaft zu Führungsaufgaben	Mein Name, ggf. auch Bild	Berufsweg Berufsausbildung als EH-Kaufmann 9/2013-6/2016 bei AlReEdGut-Lebensmittel, Würzburg-Zellerau ans
Zusätzliche Kenntnisse Fahrerlaubnisklassen A1, B Sachkundenachweis: Ausbildereignung Lebensmittelkunde	Fremdsprachenkenntnisse: Englisch: fließend, C1 Französisch: Basiskenntnis B1 Russisch: Basiskenntnis A2	Kontaktdaten (Adresse, E-Mail, Mobil-Telefon, ggf. auch xing-/LinkedIn/experteer-Profil)

Abb. 1.3 Lebenslauf-Gestaltung nach dem Prinzip des Goldenen Schnittss (eigene Erstellung)

gen Indikator bilden können, insbesondere bei aufstiegsorientierten Menschen (vgl. Rau 2020). Auf der anderen Seite muss man aber auch sehen, dass auch weniger extensiv betriebene Freizeitbeschäftigungen eine wichtige Ausgleichsfunktion besitzen können und Menschen mit zu stark ausgeprägten Hobbies womöglich auch den Eindruck erwecken, dass die Berufstätigkeit nur ein notwendiges, von neun bis 17 Uhr ausgeübtes Übel darstellt.

▶ Beschäftigungsfähigkeit
Ein abschließender Hinweis zur „Karriereplanung". Seit einigen Jahren spricht die Personalwirtschaft von „employability", als dem Konzept der Beschäftigungsfähigkeit. Die Beschäftigungsfähigkeit ist dabei zu verstehen als eine Zusammenfassung aller beruflichen Qualifikationen und Kompetenzen und persönlichen Voraussetzungen, um arbeiten zu können und angestellt zu werden. Das bedeutet zum einen, dass man mit seinen beruflichen Qualifikationen und Kenntnissen sich stets auf der Höhe der Zeit befindet – die Fähigkeit, mittlere Datentechnik in Form einer IBM /400 programmieren zu können, war in den 80er-und 90er-Jahren des letzten Jahrhunderts sicher sehr hilfreich, aber wird inzwischen kaum noch gefragt sein. Auch die Fähigkeit, einen Farbfilm in eine Kamera einlegen zu können, dürfte vielleicht noch in Museen gefragt sein, aber ansonsten eher zur Kategorie „vergessen" gehören. Zur Beschäftigungsfähigkeit gehört aber auch eine körperliche und mentale Gesundheit, um Arbeitsleistung erbringen zu können. Im Konzept des „Hauses der Beschäftigungsfähigkeit" nennt der finnische Arbeitswissenschaftler Juhani Ilmarinen Gesundheit als die Basis, um arbeiten zu können (vgl. Ilmarinen und Tempel 2013, S. 42 ff.). Maßnahmen zum Erhalt der Gesundheit (neben Ausgleichssport z. B. angemessene Ernährung und regelmäßige ärztliche Untersuchungen) sind damit fast noch wichtiger als Maßnahmen der beruflichen Fortbildung. Daneben treten aber auch die Einbindung in ein tragendes soziales Netzwerk und angemessen fordernde und fördernde

Arbeitsinhalte und -umstände. Und diese Anforderungen können nur teilweise vom Arbeitgeber allein gewährleistet werden. Ein wesentliches Interesse eines Arbeitnehmers muss daher sein, sich selbst mit sinnvollen Maßnahmen um den Erhalt der eigenen Arbeitsfähigkeit zu kümmern. Zumal man davon ausgehen muss, dass die Altersgrenze für die Regelrente in allen westlichen Ländern in den nächsten Jahren weiterhin angehoben wird, also auch der Zeitraum der Arbeitstätigkeit verlängert wird.

Von daher werden Konzepte der „**Work-Life-Balance**", also einem Ausgleich zwischen den beruflichen und privaten Anforderungen, in Verbindung mit einer nachhaltigen Gesunderhaltung, auch in Zukunft an Bedeutung eher gewinnen. Work-Life-Balance ist damit mehr als nur eine angemessene Freizeit, sie wird zu einem umfassenden Konzept einer wohl austarierten Lebensführung, die Gesundheit, Sinnstiftung, Arbeitsfähigkeit und Arbeitsfreude in Einklang bringt. Sie unterscheidet sich damit deutlich vom Arbeitsethos früherer Jahre, in denen der unbedingte Einsatz für den Arbeitgeber, v. a. auf Seiten der Männer, wesentliches Kriterium der Berufsausübung war, mit entsprechenden gesellschaftlichen Erwartungen (vgl. Schareika und Ochs 2020). Sie ist aber auch nicht die Einladung zu einer Freizeitgesellschaft, in der die private Lebenszeitgestaltung an oberster Stelle steht.

1.3 Der Arbeitnehmer und seine Berufsqualifizierung

Arbeitnehmer haben verschiedene Möglichkeiten, sich für eine Berufstätigkeit zu qualifizieren.

Qualifizierungsmöglichkeiten für einen Beruf
- „**learning by doing**", die Mitarbeit in bestimmten Feldern, um sich so nach und nach wichtige Kompetenzen und Erfahrungen anzueignen (oftmals in kleineren Familienunternehmen üblich, wenn sich die Kinder der Inhaber durch Mitarbeit in die Tätigkeiten einarbeiten; aber auch in den Bereichen von Hobbies oftmals erkennbar, wenn man sich z. B. durch handwerkliche Betätigungen mit), wobei hierbei die Grenzen zum Anlernen fließend sind – wenn ältere Familienangehörige hier Hilfestellungen und Anweisungen geben, ist dies im Prinzip schon Anlernen
- Durch **Anlernen**, in dem wichtige Handlungsschritte von sachkundigen Personen vorgeführt werden und der Arbeitnehmer eine Unterweisung am Arbeitsplatz erhält (z. B. zur Bedienung von Maschinen)
- Durch **Ausbildung**, einem nach vorgegebenen Plänen erfolgende Unterweisung, die von Zertifikatslehrgängen bis hin zu beruflichen Aus- und Fortbildungen reichen kann

> - Und durch **ausbildungsähnliche Studiengänge**, die eine mehr oder weniger standardisierte Vermittlung bestimmter wissenschaftlicher und berufsvorbereitender Qualifikationen beinhaltet (nota bene: Studiengänge sind keine Ausbildungen im Sinne des Berufsbildungsrechts, sie sind aber berufsqualifizierende Bildungsgänge, da sie zum Einstieg in eine Berufstätigkeit im gewählten Fach qualifizieren sollen!)

Nachdem der Begriff der Ausbildung gefallen ist, liegt es nahe, sich mit diesem Bereich ausführlicher zu beschäftigen. Berufsausbildungen sind nach gängiger Definition sowohl in Deutschland wie auch in Österreich, der Schweiz oder Südtirol strukturierte Unterweisungen, die allen Teilnehmern einen einheitlichen Wissens- und Kompetenzenstand vermitteln soll. Der Vorteil für Arbeitgeber wie Arbeitnehmer ist gleichermaßen der Standard – mit der Einstellung einer solchermaßen qualifizierten Person können bestimmte Kenntnisstände und Befähigungen vorausgesetzt und damit bestimmte Aufgaben übertragen werden. Die Anstellungsfähigkeit steigert sich dadurch deutlich, da derartige Qualifikationen in einem größeren Raum gelten, in der Regel einer Region oder einem Land, aber oftmals auch über mehrere Landesgrenzen hinaus, die vergleichbare Systeme haben. Von daher können z. B. Handwerker sich sowohl in Norddeutschland als auch in der Ostschweiz oder im österreichischen Burgenland gleichermaßen bewegen – die Qualifikationsstandards sind ähnlich, Arbeitnehmer finden sich relativ leicht in die Aufgaben, und Arbeitgeber wissen, woraus sie setzen können. Für den Arbeitgeber bringt dies einen weiteren Vorteil: die potenzielle Freizügigkeit im gesamten Raum, in dem seine Qualifikation anerkannt ist. Damit erhöht er seine Handlungsoptionen und damit auch seine Verhandlungsmacht bei der Definition der Arbeitsbedingungen.

Im Bereich der Berufsbildung hat der Gesetzgeber in § 1 Berufsbildungsgesetz in Deutschland folgende Festlegungen getroffen (das österreichische Berufsausbildungsgesetz thematisiert nur die Berufsausbildung; das Schweizerische Berufsbildungsgesetz verwendet andere Begrifflichkeiten).

§ 1 Berufsbildungsgesetz in Deutschland

- Eine **Ausbildung** ist eine erstmalige Vermittlung von berufsqualifizierenden Fähigkeiten und Kompetenzen, verbunden mit einer Prüfung (z. B. Ausbildung zum Personaldienstleistungskaufmann oder zur Mechatronikerin, zur Friseurin oder zum Schreiner); einer Ausbildung sind oftmals Fachschulausbildungen gleichgestellt (z. B. diejenige zum Textiltechniker oder zur Altenpflegerin, zum Gesundheits- und Krankenpfleger oder zur Krankengymnastin), in der Schweiz ist dies berufliche Grundbildung nach Art. 15 BBG)
- Eine **Fortbildung** ist eine Qualifizierung, die auf eine berufliche Erstausbildung aufsetzt und im gleichen Berufsfeld stattfindet, sie kann mit Abschlussprüfung

(z. B. ein Kaufmann lässt sich zum Lohn- und Gehaltsbuchhalter oder zum Marketingfachwirt fortbilden, eine Mechatronikerin lässt sich zur IHK-geprüften Technikerin, eine Schreinerin zur HwK-geprüften Meisterin fortbilden) oder ohne Prüfung stattfinden (letzteres z. B. in Form von EDV-Kursen in einem Unternehmen), in der Schweiz wird dies berufliche Weiterbildung nach Art. 30 ff BBG gesehen
- Eine **Weiterbildung** ist eine Qualifizierung außerhalb des erlernten Berufsfeldes, z. B. ein Schreiner erwirbt die Befähigung zum Weinsommelier, eine kaufmännische Mitarbeiterin lässt sich zur Yoga-Lehrerin weiterbilden, auch hier kann die Qualifizierung mit oder ohne Abschlussprüfung stattfinden
- Darüber hinaus kennt man die **Qualifizierungsmaßnahme der Umschulung** (§ 81 II Drittes Sozialgesetzbuch bzw. § 51 Neuntes Sozialgesetzbuch), bei der ein Teilnehmer eine weitere Qualifizierung außerhalb des bisher ausgeübten Berufsfelds erwirbt, weil er z. B. ein anderes Berufsfeld erlernen will (ein Schreiner lässt sich zum Weinküfer umschulen, um den elterlichen Winzerhof zu übernehmen) oder aufgrund von Unfall oder Erkrankung erlernen muss (z. B. eine Metzgerin muss nach einem Bandscheibenvorfall auf Mediengestalterin umschulen, ein Bäcker aufgrund einer Mehlstauballergie lässt sich zum Berufskraftfahrer umschulen, ein Sanitärhandwerker erleidet bei einem Motorradunfall eine dauerhafte Schädigung des Bewegungsapparates und lässt sich zum Bürokaufmann umschulen), hierbei wird in der Regel in einer verkürzten Ausbildungszeit das neue Berufsbild vermittelt

Eine Nebenbemerkung: Interessanterweise wird diese Begrifflichkeit nicht einmal in Gesetzestexten einheitlich gehandhabt, ganz schweigen von der Vermengung in den einschlägigen Lehrbüchern. Allerdings wäre hier eine einheitliche Verwendung gerade im Hinblick auf die Zulassungs- bzw. Eingangsvoraussetzungen sowie die Anerkennung der jeweils erworbenen Qualifikationen und auch für die Finanzierung der jeweiligen Bildungsaktivitäten sinnvoll. Zu denken ist z. B. an das so genannte „Meister-BAföG" in Deutschland, das Weiterbildungsgeld in Österreich oder die Bildungsbeiträge nach § 56a BBG in der Schweiz – hier sind klare Definitionen für die Feststellung der Anspruchsgrundlage essentiell, und damit auch für Berechenbarkeit der Unterstützung aus Sicht der Arbeitnehmer.

Neben betrieblichen bzw. überbetrieblichen Bildungswegen gibt es noch eine Anzahl weiterer Qualifizierungsmöglichkeiten. Der europäische Referenzrahmen, mit seinen verschiedenen Ausprägungen in den einzelnen EU-Ländern, versucht anhand von acht Stufen, diese unterschiedlichen Bildungsformen anhand ihrer intellektuellen Ansprüche zu ordnen (siehe beispielhaft www.dqr.de). Damit soll eine Vergleichbarkeit der einzelnen Abschlüsse erzielt werden, um eine Einordnung in das Tarifrecht der einzelnen Branchen bzw. Anstellungsträger zu erleichtern. Bedenklich ist dabei aber eine Höherwertung akademischer Werdegänge gegenüber den betrieblichen Bildungswegen. Nun mag es durchaus zutreffen, dass eine Medizinprofessorin deutlich mehr Bildungsanstrengungen durchlaufen musste als ein Handwerksmeister, und sie soll demzufolge auch mehr verdienen können. Allerdings findet eine objektive Abwertung der gewerblichen Berufe gegenüber den intellektuellen Arbeitsfeldern statt und wird möglicherweise auch dazu führen, dass hier mittelfristig eine Fehlallokation von Arbeitskraft stattfindet. Auf Deutsch: Wenn akademische Berufe von vornherein als höherwertig dargestellt werden, im Vergleich zu gewerblichen Berufen, ist es selbstverständlich, dass Schulabgänger eher in die akademischen Berufe streben werden und der Fachkräftemangel im gewerblichen Bereich eher zunimmt. Im Hinblick auf die Zukunft der Arbeit (siehe Kap. 11) wird dies nicht unbedingt sinnvoll sein.

Für den Arbeitnehmer stellen sich an dieser Stelle folgende Fragen:

- Welchen Aus- und Weiterbildungsweg soll ich einschlagen?
- Was kann ich im gewählten Bereich erlernen, dass ich einerseits das Gefühl habe, meine Interessen und Begabungen umsetzen zu können, andererseits aber auch für einen zukünftigen Arbeitgeber ein interessanter Mitarbeiter zu sein?

Mit anderen Worten: Arbeitnehmer sind Marktpartner auf dem Arbeitsmarkt, und es ist ihre Aufgabe, im Gegenzug für ihre Wünsche an die Arbeitgeber auch etwas zu entwickeln, was Arbeitgeber davon überzeugt, den Arbeitnehmer einzustellen und das gewünschte Gehalt sowie weitere Leistungen (z. B. Freistellungen für Familienaufgaben, Sabbaticals) zu gewähren. Auch im Hinblick auf die inzwischen oft genannte „Work-Life-Balance" gilt: Was hat der Arbeitgeber davon, wenn er mir Home-Office, familienfreundliche Arbeitszeiten usw. gewährt? Dies kann durchaus damit beantwortet werden, dass man sich als motiviert, gesund mit weniger Ausfallzeiten und bei der Aufgabenerfüllung als flexible Arbeitskraft präsentiert. Arbeitnehmer sind also stets gehalten, sich mit ihren eigenen Beiträgen für einen beiderseitig lukrativen Arbeitsvertrag einzusetzen und die eigenen Vorteile und Kompetenzen zu pflegen und zu kommunizieren.

1.4 Arbeits- und Wiederholungsfragen zu Kap. 1

1. Definieren Sie, was Arbeitsmotivation ist, stellen Sie zwei Motivationstheorien dar und vergleichen Sie diese hinsichtlich ihrer Eignung, Berufswahl und Karriereentscheidungen zu erklären!
2. Zeigen Sie auf, warum Motivation und Arbeitsleistung keine statischen Größen sind!
3. Gehen Sie auf die Frage ein, warum Menschen unterschiedliche Karriereorientierungen haben und welche Folgen dies nach sich zieht!
4. Zeigen Sie auf, wie das Austauschverhältnis zwischen Arbeitnehmer und Arbeitgeber funktioniert!
5. Was versteht man unter einem lebensphasenorientierten Ausbildungs- und Berufsverhalten?
6. Stellen Sie zwei Karrieremodelle vor, und zeigen Sie auf, welche Voraussetzungen dafür auf Arbeit-geber- und Arbeitnehmerseite erfüllt sein müssen!

7. Nennen Sie drei verschiedene Anlässe, die eine berufliche Neuorientierung erfordern können, und zeigen Sie dazu jeweils eine Konsequenz auf (mit kurzer Beschreibung der Konsequenz)!
8. Zeigen Sie auf, was Crowdworking ist und wie Crowdworking klassische Arbeitnehmerverhältnisse verändert!
9. Gehen Sie auf die Bedeutung von Gesundheit im Arbeitsleben ein, in dem Sie das Ilmarinen-Modell skizzieren und für sich zwei Konsequenzen skizzieren
10. Was versteht man unter „employability"? Und was bedeutet das in Ihrem Fall?

Literatur

Ballhausen H (2019) Modernes Karrieremanagement. DGFP-Personalführung 67(Nr. 10):34–37
Belbin RM (2010) Team roles at work, 2. Aufl. Routledge, London
Blien U (2008) Arbeitslosigkeit als zentrale Dimension sozialer Ungleichheit. Aus Politik und Zeitgeschehen (APuZ), Nr. 40–41 vom 29.09.2008 S 3–6. www.bpb.de/apuz/30936/arbeitslosigkeit-psychosoziale-folgen. Zugegriffen am 30.09.2020
Borkenau P, Ostendorf F (1993) NEO-Fünf-Faktoren-Inventar (NEO-FFI) nach Costa und McCrae. Hogrefe, Göttingen
Bourdieu P (2012) Ökonomisches Kapital, kulturelles Kapital, soziales Kapital. In: Bauer, Ulrich et al (Hrsg) Handbuch Bildungs- und Erziehungssoziologie, Bd 1983. SpringerVS, Wiesbaden, S 229–242
Briggs-Myers I, Myers P (1995) Gifts Differing – Understanding Personality Type. Days-Black, Mountain View CA
Bröckermann R (2016) Personalwirtschaftslehre, 7. Aufl. Schäffer-Poeschel, Stuttgart
Bundesagentur für Arbeit (2019) Blickpunkt Arbeitsmarkt vom April 2019 – Akademikerinnen und Akademiker. Eigenverlag, Nürnberg. https://statistik.arbeitsagentur.de/Statischer-Content/Arbeitsmarktberichte/Berufe/generische-Publikationen/Broschuere-Akademiker.pdf. Zugegriffen am 22.03.2020
DIHK (2018) Akademische versus berufliche Bildung, Pressemitteilung vom August 2018. www.dihk.de/resource/blob/3200/e39b3dd8274917fc17ad8926483a7711/akademische-versus-berufliche-bildung-data.pdf. Zugegriffen am 22.03.2020
Eichenberg T et al (2019) Personalmanagement, Führung und Change Management. de Gruyter, Berlin
Evers, P (2019) Berufswunsch? Reich! Beitrag vom 19.11.2019. www.faz.net/aktuell/karriere-hochschule/hoersaal/gehaltsreport-fuer-absolventen-akademiker-bekommen-hoehere-gehaelter-16492095.html. Zugegriffen am 22.03.2020
Fischer K, Guldner J (2020) In den Trümmern der Macht. In: Wirtschaftswoche Nr. 4 vom 17.01.2020, S 14–21
Förster P et al (2008) Die „Wunde Arbeitslosigkeit" – Junge Ostdeutsche, Jg. 1973. Aus Politik und Zeitgeschehen, Nr. 40–41 vom 29.09.2008 S 33–43. www.bpb.de/apuz/30936/arbeitslosigkeit-psychosoziale-folgen
Frese M (2008) Was wir aus psychologischer Perspektive wissen und was wir tun können. Aus Politik und Zeitgeschehen, Nr. 40–41 vom 29.09.2008, S 22–25. www.bpb.de/apuz/30936/arbeitslosigkeit-psychosoziale-folgen
GER Gemeinsamer Europäischer Referenzrahmen (o. J.) Gemeinsamer Europäischer Referenzrahmen für Sprachen. Beitrag. www.europaeischer-referenzrahmen.de/sprachniveau.php. Zugegriffen am 09.04.2020

Gross, S (2020) Nebenjob gesucht. Süddeutsche Zeitung, Nr. 123 vom 29.05.2020, S 16
Guldner J et al (2019) Firmen vor der Greta-Frage. In: Wirtschaftswoche, Nr. 16 vom 12.04.2019, S 90–93
Hagelüken A (2020) Die Angst ist zurück. In: Süddeutsche Zeitung, Nr. 118 vom 23.05.2020, S 21
Hahn T (2020) Von wegen Ruhestand. In: Süddeutsche Zeitung, Nr. 139 vom 13.07.2020, S 3
Hermann N (1996) Ganzhirn-Konzept für Führungskräfte. Ueberreuther, Wien
Herzberg F et al (1957) The Motivation to Work, 2. Aufl. Wiley, New York
Hesener B (2019) Was Mitarbeiter wirklich wollen, Beitrag vom 17.10.2019. www.impulse.de/management/personalfuehrung/erwartungen-an-arbeitgeber/7446477.html. Zugegriffen am 22.06.2020
Hillebrecht S (2018) Die zweite Karriere. SpringerGabler, Wiesbaden
Hillebrecht S (2019) Das Phänomen der zweiten Karriere. LIT, Münster/Westf
Ilmarinen J, Tempel J (2013) Arbeitsfähigkeit 2025. VSA, Hamburg
Jacobs L (2020) 107 Bewerbungen, keine Zusage. Beitrag vom 08.06.2020. www.zeit.de/arbeit/2020-06/berufseinsteiger-corona-krise-arbeit-ansprueche-bedingungen-millenials. Zugegriffen am 09.06.2020
Jung H (2017) Personalwirtschaft, 10. Aufl. deGruyter Oldenbourg, Berlin/München
Kaiser T (2019) Arbeitsscheu? Jetzt wird ein Generation-Z-Vorurteil entzaubert. Beitrag vom 02.05.2019. www.welt.de/wirtschaft/karriere/bildung/article192748703/Generation-Z-So-ticken-die-nach-1995-Geborenen.html. Zugegriffen am 31.12.2019
Koopmans R et al (2018) Ethnische Hierarchien in der Bewerberauswahl – Ein Feldexperiment zu den Ursachen von Arbeitsmarktdiskriminierungen, WZB Discussion Paper SP VI 2018-104 vom Mai 2018. https://bibliothek.wzb.eu/pdf/2018/vi18-104.pdf. Zugegriffen am 20.04.2020
Kracke N (2016) Unterwertige Beschätigung von AkademikerInnen in Deutschland. Soz Welt 67(2):177–204
Kunz A (2020) Lohnt sich das Studium an einer Privatuni? Beitrag vom 29.05.2020. www.welt.de/wirtschaft/karriere/article208546093/Gehaltsauswertung-Lohnt-sich-das-Studium-an-der-Privatuni.html. Zugegriffen am 30.05.2020
Lorber L (2015) Menschenkenntnis, 2. Aufl. C.H. Beck, München
March JG, Simon HA (1958) Organizations. Blackwell, Malden MA
Marston WM (1928/2008) Emotions of normal people. Cooper, London; reprint
Maslow A (1943) A theory of human motivation. Psychol Rev 50(4):370–396
McClelland DC (1958) Methods of measuring human motivation. In: Atkinson JW (Hrsg) Motives in fantasy, action and society. Van Nostrand, Princeton, NJ, S 7–42
Mohr G, Richter P (2008) Psychosoziale Folgen von Erwerbslosigkeit – Interventionsmöglichkeiten. Aus Politik und Zeitgeschehen, Nr. 40–41 vom 29.09.2008 S 25–32. www.bpb.de/apuz/30936/arbeitslosigkeit-psychosoziale-folgen
o.V. (o. J.) Kaufmännischer Angestellter – Gehälter in Deutschland. Beitrag. www.stepstone.de/gehalt/Kaufmaennischer-Angestellter.html. Zugegriffen am 30.05.2020
o.V. (2013) Bitte gründen Sie jetzt. Beitrag vom 06.10.2013. www.spiegel.de/lebenundlernen/job/student-und-unternehmer-tipps-und-hilfe-fuer-existenzgruender-a-925862.html. Zugegriffen am 09.06.2020
o.V. (2016) Erwartungen der Mitarbeiter verändern sich. Beitrag vom 30.03.2016. www.personalwirtschaft.de/der-job-hr/artikel/erwartungen-der-mitarbeiter-veraendern-sich.html
o.V. (2017) Über's Leben gerechnet verdienen Akademiker nicht immer mehr. Beitrag vom 17.02.2017. www.faz.net/aktuell/karriere-hochschule/buero-co/gehalt-akademiker-verdienen-nicht-immer-mehr-15248678.html. Zugegriffen am 22.03.2020
o.V. (2019a) So viel mehr verdienen Akademiker. Beitrag vom 27.03.2019. www.wiwo.de/erfolg/hochschule/lohnendes-studium-so-viel-mehr-verdienen-akademiker/24149630.html. Zugegriffen am 22.03.2020

Literatur

o.V. (2019b) New Work – Was Arbeitnehmer vom Chef erwarten. Beitrag vom 19.12.2019. www.bitkom.org/Presse/Presseinformation/New-Work-Was-Arbeitnehmer-vom-Chef-erwarten. Zugegriffen am 22.06.2020

o.V. (2020a) Langjährige Kriegsreporterin Petra Ramsauer verlässt den Journalismus. Beitrag vom 29.05.2020. www.derstandard.at/story/2000117792492/langjaehrige-kriegsreporterin-petraramsauer-verlaesst-den-journalismus. Zugegriffen am 30.05.2020

o.V. (2020b) So bescheiden sind junge Akademiker – mit Ausnahme der Juristen. Beitrag vom 22.07.2020. www.faz.net/aktuell/karriere-hochschule/hoersaal/so-bescheiden-sind-junge-akademiker-ausser-den-juristen-16871481.html. Zugegriffen am 23.07.2020

Pennekamp J (2020) Mutter zu werden kostet Frauen ein Vermögen. Beitrag vom 22.06.2020. www.faz.net/aktuell/wirtschaft/studie-mutter-zu-werden-kostet-frauen-ein-vermoegen-16825480.html. Zugegriffen am 23.06.2020

Petermann F, Petermann U (2017) Training mit Jugendlichen. Göttingen, Hogrefe

Promberger M (2008) Arbeit, Arbeitslosigkeit und soziale Integration. Aus Politik und Zeitgeschehen, Nr. 40–41 vom 29.09.2008 S 7–15. www.bpb.de/apuz/30936/arbeitslosigkeit-psychosoziale-folgen

Rau K (2020) Beitrag vom 09.04.2020. www.wiwo.de/erfolg/beruf/psychologie-wie-hobbys-die-karriere-foerdern/25675612.html. Zugegriffen am 10.04.2020

Reiss S (2009) Die Reiss-Profile. Gabal, Offenbach

Schareika N, Ochs E (2020) Viele Männer überlebten kaum ihre Pensionierung. Beitrag vom 26.06.2020. www.wiwo.de/erfolg/beruf/work-life-balance-viele-maenner-ueberlebten-kaum-ihre-pensionierung/25949328.html. Zugegriffen am 27.06.2020

Schödlbauer C (2013) Persönlichkeit – Entwicklung und Selbstmanagement. In: Landes M, Steiner E (Hrsg) Psychologie der Wirtschaft, Bd 2013. SpringerVS, Wiesbaden, S 137–152

Scholz C (2014) Personalmanagement, 6. Aufl. Vahlen, München

Simon W (2006) Persönlichkeitsmodelle und Persönlichkeitstests. Gabal, Offenbach

Stocker F (2019) Hier verdienen Sie mit einem BWL-Studium am meisten. Beitrag vom 30.09.2019. www.welt.de/wirtschaft/karriere/article201155466/BWL-und-VWL-So-viel-verdienen-Sie-mit-einem-Wirtschaftsstudium.html. Zugegriffen am 30.05.2020

Tscheuschner M, Wagner H (2009) TMS – Der Weg zum Hochleistungsteam. Gabal, Offenbach

Ulich E (2011) Arbeitspsychologie, 7. Aufl. Schäffer-Poeschel, Stuttgart

Weber M (2013) Die protestantische Ethik und der Geist des Kapitalismus, 4. Aufl. C.H. Beck, München

Wolf J (2015) Organisation, Management, Unternehmensführung, 5. Aufl. Springer Gabler, Wiesbaden

Die Personalstrategie und Personalplanung des Unternehmens

Inhaltsverzeichnis

2.1	Die strategische Planung	26
2.2	Die Basis der strategischen Personalplanung	28
2.3	Die quantitative Personalplanung	32
	2.3.1 Grundsätzliche Überlegungen zur quantitativen Personalplanung	32
	2.3.2 Die Stellenplanmethode	33
	2.3.3 Die Brutto-/Netto-Personalbedarfs-Rechnung	33
	2.3.4 Die Szenario-Rechnung	36
	2.3.5 Die Personalplanung mit Arbeitsmengenberechnungen	38
	2.3.6 Die Arbeitszeitplanung im bereitschaftsorientierten Service	40
	2.3.7 Die Arbeitseinsatzplanung	44
	2.3.8 Die Erfassung der Arbeitszeit	49
	2.3.9 Variationen klassischer Arbeitszeitmodelle	50
	2.3.10 Die Personalkostenplanung	51
2.4	Qualitative Personalplanung	63
2.5	Arbeits- und Wiederholungsfragen zu Kap. 2	66
	Literatur	66

Zusammenfassung

Personalmanagement beruht stets auf strategischen Überlegungen, welche Märkte mit welchen Produkten und Dienstleistungen angesteuert werden. Dafür sind bestimmte Mitarbeiter notwendig, die für die Erstellung und den Vertrieb dieser Angebote sorgen und bestimmte **Prozesse** im Unternehmen ausführen. Je nach Zielsetzung des Unternehmens wird dabei auf eine bestimmte Anzahl von Mitarbeitern mit bestimmten Qualifikationen gesetzt, und zu ihrer Gewinnung und zu ihrem konkreten Einsatz gelten personalstrategische Grundsätze. So kann es in dem einen Fall um die Gewinnung und langfristige Bindung besonders hochqualifizierter Kräfte gehen, in einem anderen Fall um eine möglichst standardisierte Arbeitsweise, die einen leichten Austausch von Mitarbeitern ermöglicht. Damit einher gehen Überlegungen zum Aufwand, den ein Unternehmen für die Mitarbeitenden bereitstellen will. Die Ausführungen in diesem Text werden anhand eines Musterunternehmens illustriert, der J. Weizenfeld GmbH & Co. KG mit Sitz in Estenfeld, einem ländlichen Vorort von Würzburg. Der derzeitige Umsatz beträgt derzeit ca. 90 Mio. Euro und beschäftigt ca. 550 Mitarbeiter in Voll- und Teilzeit. Umgerechnet auf die so genannten „Vollzeitäquivalente" (VZÄ; im englischen auch FTE/Full Time Employees; eine Standardisierungsgröße zur besseren Vergleichbarkeit verschiedener Unternehmen; zur Bedeutung siehe auch Scholz und Scholz 2019, S. 118 f.) würden sich aus den vereinbarten regelmäßigen Arbeitszeiten 450 Vollzeitstellen ergeben.

2.1 Die strategische Planung

Planung ist der Versuch, einen Entwurf der Zukunft zu erstellen, um darauf aufbauend bestimmte Weichenstellungen vorzunehmen. Weichenstellungen werden in der Regel als Ziel formuliert.

> **Beispiel**
>
> **Formulierungen für Weichenstellungen**
>
> - „Wir sind der führende Hersteller von naturbelassenen Spielwaren und Kindertagesstätten-Einrichtungen. Wir wollen in fünf Jahren weiterhin mindestens 10 % Marktanteil in der D-A-CH-Region besitzen."
> - „Wir entwickeln bis zum Jahr 2022 mindestens drei neue Bausätze aus Holzprodukten, die am Markt Akzeptanz finden."
> - „Wir werden bis zum Jahresende 2025 unseren Umsatz auf 120 Mio. Euro steigern"
> - Etc. ◄

Ziele gelten dabei gemeinhin als objektiv messbare Zustände zu einem bestimmten Zeitpunkt. Objektiv beschreibbar meint „wiegen, zählen, messen", also mit konkreten Messgrößen verbunden, z. B. in Euro oder Dollar oder Schweizer Franken, in Anzahl Mitarbeiter, in Stückzahlen, in Gewichts- oder Rauminhalteinheiten usw. Gemeinhin ist ein messbarer Zustand also quantifizierbar. Eine qualitative Beschreibung wie „Akzeptanz" oder „Marktführer" oder auch „Qualitätsführer" hingegen wäre jetzt näher zu definieren. „Akzeptanz am Markt" könnte z. B. mit „Umsatz in Höhe von 10 Mio. Euro jährlich", „Marktanteil von 5 %" oder „Listung in den zehn führenden Spielwarenunternehmen" bestimmbar sein. Ein bestimmter Zeitpunkt ist kalendarisch bestimmbar. Das Jahresende

2.1 Die strategische Planung

2025 ist demnach der 31.12.2025, „bis zum Jahr 2022" wird man je nach persönlicher Einstellung mit 01.01.2022 oder 31.12.2022 gleichsetzen.

Ziele dienen der Ausrichtung der betrieblichen Aktivitäten auf die Erreichung des Ziels, sie ermöglichen die Zuteilung von Ressourcen (Mitarbeiterzeiten, Sachausstattung, Geld usw.), synchronisieren Handlungen (was muss entwickelt/beschafft/produziert/verkauft werden?) und sie erlauben das Hinterfragen von Handlungen, das so genannte „evaluieren". Die geeignete Formulierung erfolgt oftmals nach der SMART- oder AROMA-Regel, die Prüfsteine für eine motivierende Zielaufstellung anbieten:

- **SMART** heißt
  Spezifisch
  Messbar
  Attraktiv
  Realistisch
  Terminiert
- **AROMA** umfasst:
  Aussagekräftig, d. h. gut verständlich
  Realistisch erreichbar
  Objektiv
  Messbar
  Akzeptabel oder annehmbar für die Beteiligten

Als klassisches Beispiel gilt hierbei die „man on the moon"-Ansprache des US-Präsidenten Jack F. Kennedy, am 12. September an der Rice University in Houston/Texas. Im Angesicht der sowjetischen Erfolge in der Raumfahrt forderte der US-Präsident „...before this decade is out, of landing a man on the Moon and returning him safely to the Earth" (vgl. Gillruth o. J.), wie in allen gängigen Social Media-Nachschlagewerken nachzuvollziehen ist (siehe ergänzend Wikipedia o. J.). In dieser Zielsetzung war ein Zeitlimit enthalten („before this decade is out" – mithin vor dem 31.12.1970, am 20.07.1969 im Rahmen der Apollo 11-Mission tatsächlich erfüllt), mit einem messbaren Zustand (der Landung des „Eagle" im Meer der Stille – „one small step for man – one giant leap for mankind"). Interessant an dieser Zieldefinition sind nicht nur zeitliche Zielsetzung und Messung, sondern auch das „return him safely" – Ziele leben immer davon, dass die Beteiligten das Ziel akzeptieren und positiv unterstützen. Ohne die Rückfahrkarte wäre vermutlich die Suche nach willigen Astronauten deutlich schwerer geworden. Und dass die USA mit der Raumfahrt u. a. die Basisinnovation des Personal Computers quasi im Vorübergehen entwickelten, gehört mit zu den erfreulichen Begleitumständen dieser Bemühungen, was hier aber nicht weiter zu vertiefen ist.

Im Hinblick auf den Zeitraum kann man verschiedene Zielsetzungen unterscheiden in (siehe auch Spengler et al. 2019, S. 39 f., 77 ff.).

> **Beispiel**
>
> **Verschiedene Zielsetzungen**
>
> - Strategische Zielsetzungen: die langfristige Planung mit einem Zeitrahmen über 1–5 Jahre, allgemeine Formulierungen wie z. B. „in 5 Jahren sind wir der führende Automobilhersteller im Bereich Elektromobilität" oder „wir haben 10 % Marktanteil bei Spielwaren" – die Raumfahrt-Zielsetzung durch Kennedy reicht zugegebenermaßen deutlich darüber hinaus
> - Taktische Zielsetzungen: die mittelfristige Planung mit einem Zeitrahmen über mehrere Wochen oder Monate, der bereits mit konkreten Ergebnissen verbunden werden kann, z. B. ein Neuorganisationsprozess für die Vertriebsabteilung, der über verschiedene Informations- und Workshop-Veranstaltungen abgebildet wird: in zwei Wochen erfolgt das Kick-off-Meeting mit allen Abteilungsmitarbeitern, in zwei Monaten wird eine Zwischenbilanz gezogen mit den fünf Gruppenleitungskräften, in sechs Monaten wollen wir den Prozess abschließen mit einer Präsentation vor der Geschäftsleitung und allen Mitarbeitern der Abteilung
> - Operative Zielsetzungen: kurzfristige Planung über die nächsten Stunden und Tage, bei der eine sehr detaillierte Maßnahmenplanung erfolgt, z. B. in dieser Woche am Donnerstag um 9.00 Uhr Abteilungsbesprechung, um 12 Uhr Empfang der Gäste aus dem Ausland, um 14.00 Uhr Betriebsführung für die Gäste und anschließend ein „Fränkischer Abend" in der Gastwirtschaft „Weiße Mühle", am Freitag um 9.00 Uhr Produktpräsentation und Verhandlungen zu den Einkaufs- und Lieferbedingungen, bis ca. 12.00 Uhr, anschließend Mittagessen und um 14.00 Uhr Abfahrt zum Flughafen nach Frankfurt/Main ◄

Im Rahmen der strategischen Planung wie auch der strategischen Personalplanung wird man daher einen Planungszeitraum von ca. 3–5 Jahren ansetzen, Ziele für das Unternehmen definieren (eine bestimmte Marktstellung, bestimmte Produkte oder Dienstleistungen, Wettbewerbsmerkmale etc.) und darauf aufbauend dem Personal genauere Aufgaben zuweisen.

2.2 Die Basis der strategischen Personalplanung

Bei der Ableitung einer Personalstrategie muss wie erwähnt zunächst das Unternehmensziel betrachtet werden, um darauf aufbauend zu überlegen, in welcher Form das Personal und damit die Personalabteilung zur Zielerreichung beitragen kann. Die Festlegungen für die kommenden Jahre bauen auf einer Analyse der aktuellen Situation (eigene Marktentwicklung und, -anteile, Entwicklung und Marktanteile der relevanten Wettbewerber, Technologische Entwicklungen etc.) auf, um realistische Zielrichtungen und Schwerpunkte eigener Tätigkeiten zu bestimmen. Daraus kann man ableiten, welchen Personalstamm mit welchen Qualifikationen vermutlich benötigen wird.

> **Beispiel**
>
> **Das Beispielunternehmen**
>
> Im Beispielunternehmen J. Weizenfeld GmbH & Co. KG würde hier die Leitidee „Wir fördern Kinder in ihrem Aufwachsen und unterstützen ihre Erzieher/innen und Familien" den Ausgangspunkt bilden, in dem man sich überlegt, welche Produkte Kinder bzw. die mit ihrer Erziehung beauftragten Personen benötigen, in Form von Spielwaren, Bekleidung und weiteren Accessoires. Entsprechend der Genese des Unternehmens liegt dabei das Augenmerk auf Naturwaren, in erster Linie Holz und weiteren Öko-zertifizierten Materialien. Gleichzeitig ist die gesellschaftliche Entwicklung im Auge zu behalten: Die Zahl der Kinder, die Art und Weise, wie man sich um Kinder kümmert (z. B. Umfang der Tagesbetreuung in Kindertagesstätten oder daheim in der Familie), kulturelle Überlegungen (welche pädagogischen Ziele verfolgt die Kindererziehung? Was wird demzufolge als wertvolles Spielzeug angesehen?) und wirtschaftliche Rahmenbedingungen (verfügbare Geldmittel in den privaten Haushalten und in den Haushalten der KiTa-Träger, Anteile für Kinderspielwaren und Einrichtungsgegenstände in Kinderzimmern bzw. Kindertagesstätten). Ähnliches lässt sich auf für den Einzelhandel mit Büchern oder die Automobilfabrikation und für alle anderen Branchen aufstellen. ◄

Die daraus abgeleiteten Aufgabenbeschreibungen des Personalmanagements werden am Arbeitsmarkt und in der innerbetrieblichen Beschäftigung umgesetzt. Anders formuliert: Das Personalwesen muss am Arbeitsmarkt prüfen, ob die dafür benötigten Mitarbeiter zahlenmäßig und von ihren Interessen, Qualifikationen und Kompetenzen her in der Lage und Willens sind, diese Aufgaben auszuführen. Analog muss das Personalwesen innerbetrieblich die Leistungsfähigkeit des Faktors Personal sicherstellen, um die vorgegebenen Ziele zu erreichen, durch Führungshilfen, Personalauswahl, Personalqualifikation, eine angemessene Entgeltpolitik usw. Verschiedene Ansätze beschreiben diese Aufgabenstellung, wobei eines der bekanntesten Beispiel sich im so genannten „Michigan-Konzept" (Tichy et al. 1982, S. 47 ff.; ergänzend Berthel und Becker 2017, S: 661 ff.; Rees und Smith 2017, S. 10 f.) findet und in Abb. 2.1 entsprechend schematisiert wird.

Die konkrete Ausgestaltung ist dem Personalmanagement überlassen, wie es das Etikett „HRM als unterstützende Funktion" ausdrückt. Es sichert bildhaft die Basis für die unternehmerischen Aktivitäten ab. Andere Ansätze, namentlich der „Harvard-Ansatz" nach Beer et al. (1985), sehen ebenfalls Planungsprozesse vor, die interne und externe Bezugsgrößen berücksichtigen. Jeder dieser Ansätze hat individuelle Vor- und Nachteile, die hier nicht näher zu diskutieren sind. Deutlich wird in allen Ansätzen die Notwendigkeit, dynamisch zu arbeiten, also die Rückkopplung zwischen innerbetrieblichen und externen Einflussgrößen zu erkennen und entsprechend die Personalplanung und deren Umsetzungsmaßnahmen zu steuern.

Eine idealisierte Ausprägung von Personalstrategien geht auf die beiden Schweizer Managementlehrer Gmürr und Thommen (2019, S. 24 ff.) zurück, die vier Idealtypen definieren, entsprechend der betriebswirtschaftlichen Zielsetzung „Effizienz/Nutzung bestehender Technologien und Prozesse bis zum Maximus vs. Innovationsführer/beständige Neuentwicklung" und der Bereitschaft des Unternehmens, sich an Mitarbeiter zu binden

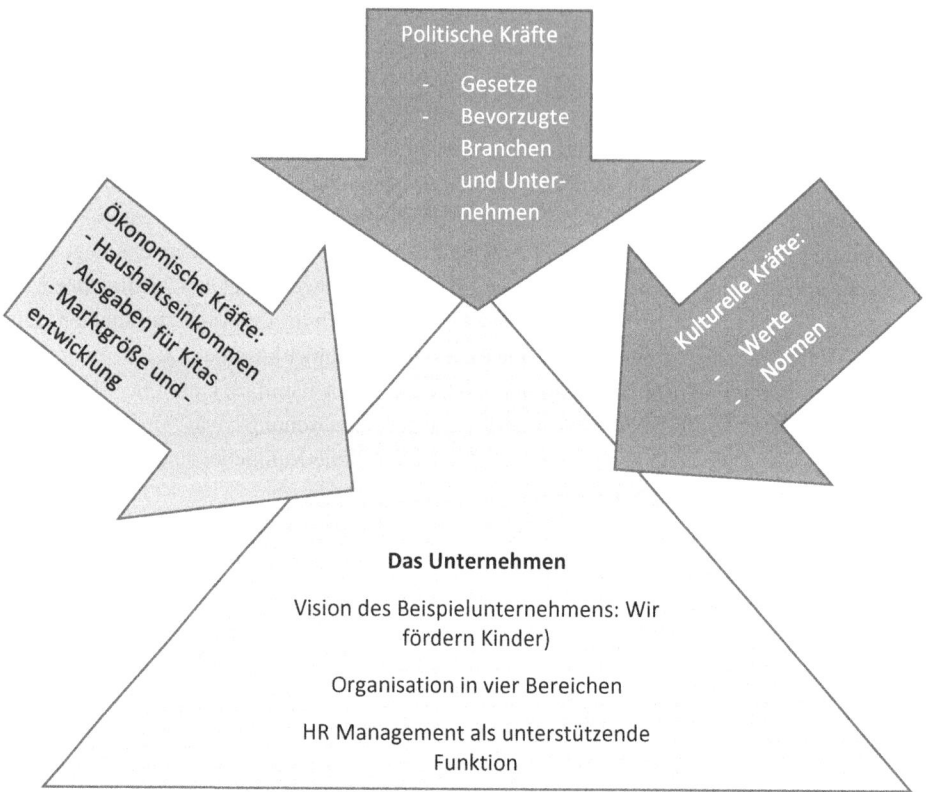

Abb. 2.1 Strategische Personalplanung im Michigan-Modell (eigene Erstellung)

oder nach dem „hire and fire-Prinzip" schnell auszutauschen. Abb. 2.2 zeigt dieses näher auf

Nun wird nicht jedes Unternehmen eine derart eindeutige Positionierung beziehen und möglicherweise auch nur auf eine der Achsen sich deutlich herausheben. Aber unabhängig von der jeweiligen Verortung gilt, dass dies vielfältige Folgen für die Personalstrategie hat, insbesondere in den Bereichen

> **Folgen der Positionierung eines Unternehmens für dessen Personalstrategie**
> - Funktion der Mitarbeiter (ausführende Organe, Erfinder, „Mit-Unternehmer", …)
> - Höhe und Struktur des Personalbudgets (wie hoch werden Entlohnung und Sozialleistungen sein, welcher Aufwand für die Rekrutierung und die Personalentwicklung betrieben?)
> - Wie will man Mitarbeiter gewinnen und an sich binden?
> - Wie wird die Personalentwicklung gestaltet? (nur das Nötigste, umfassende Angebote zur Entwicklung des Human-Kapitals, …)
> - Wie wird die Führungskultur gestaltet (strikte Hierarchie, agile Strukturen, …)

- Wie werden Arbeitsteams zusammengestellt und unterstützt?
- Wie erfolgt die Personalbeurteilung (reine Leistungsbeurteilung, leistungsfördernde Feedbackstrukturen, ...)
- Welche Karrierechancen werden eingeräumt?
- Wie wird die Entlohnung gestaltet (reine Lohnzahlung, ergänzende Zusatzleistungen, variable Bestandteile, ...)
- Wann und wie erfolgen Trennungen? (Personalabbau bei jedem Nachfrageeinbruch oder Halten/Weiterbeschäftigung bis zum nächsten Aufschwung, „bloßer Rauswurf" vs. Begleitung in neue Positionen/Outplacement)
- Wie wird die Personalarbeit organisiert, mit welchen Handlungsfreiräumen etc.?

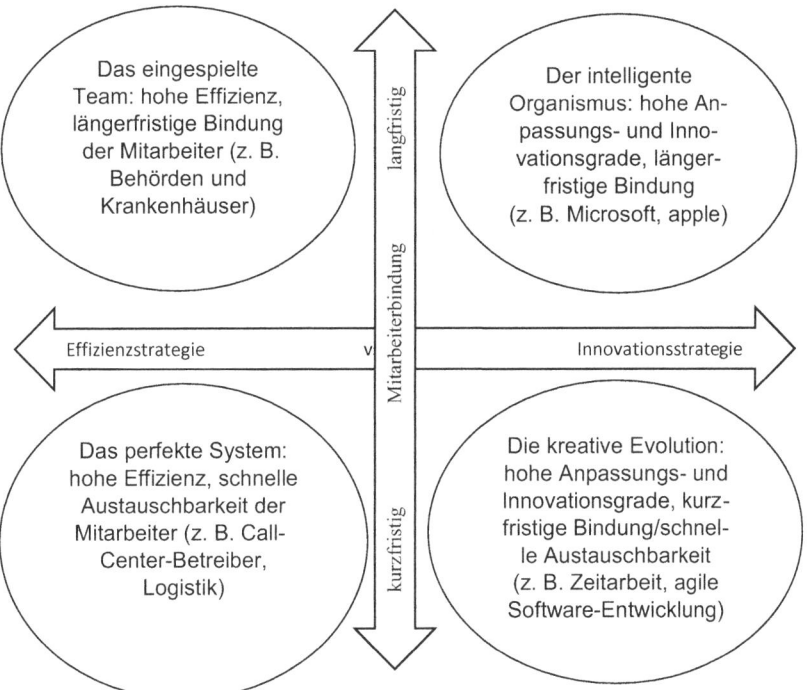

Abb. 2.2 Grundmuster von Personalstrategien (eigene Erstellung auf Basis von Gmürr und Thommen 2019, S. 24 ff.)

Hierzu wird jedes Unternehmen eigene Antworten finden, auf der Basis der Personalstrategie und der Bedeutung, die die Mitarbeiterschaft für das Unternehmen besitzt. Und nebenbei werden diese Überlegungen auch von potenziellen oder aktuellen Arbeitnehmern wahrgenommen – sie beeinflussen die Wettbewerbsposition auf dem Arbeitsmarkt.

2.3 Die quantitative Personalplanung

Im Rahmen der quantitativen Personalplanung werden bestimmte Anzahlen an Mitarbeitern definiert, die für den Vollzug bestimmter Arbeitsprozesse notwendig erscheinen. Hierbei geht man von einem Unterschied zwischen Personalbedarf, Personalausstattung und Personaleinsatz aus (siehe auch Spengler et al. 2019, S. 20 f.).

▶ Personalbedarf
Die rechnerisch bestimmte Anzahl an Mitarbeitern, die für die störungsfreie Leistungserstellung in einem bestimmten Bereich erforderlich erscheint.
Personalausstattung
Die konkret in einem bestimmten Arbeitsbereich verfügbare Anzahl an Mitarbeitern.
Personaleinsatz
Die konkret zum Einsatz kommenden Mitarbeiter, im Vollzug eines bestimmten Arbeitsprozesses.

Entsprechend sind in der Personaleinsatzplanung auch die einzelnen Planungsinstrumente anzusetzen – geht es um eine allgemeine Vorschau oder um eine konkrete Einteilung.

2.3.1 Grundsätzliche Überlegungen zur quantitativen Personalplanung

Im Rahmen der zahlenmäßigen Personalplanung legt ein Unternehmen fest, wie viel Arbeitskraft es beschäftigen will, in der Anzahl der Mitarbeiter und dem Stundenumfang, den es den Mitarbeitern überträgt. Es geht folglich um den Personalbedarf. Dazu prüft man:

- Die Wirtschaftslage (Konjunktur, Auftragslage und geplante Absatzmengen) und das damit verbundene Arbeitsvolumen in Arbeitsstunden bzw. Arbeitskräften.
- Die Arbeitsdauer, die man jeder Arbeitskraft pro Arbeitstag, -woche, -monat oder -jahr vertraglich abverlangt.
- Den Technisierungsgrad, der den Umfang der erforderlichen Arbeitszeiten mitbestimmt.
- Einflussgrößen wie den Krankenstand, die Urlaubsdauer, die einzuplanenden Fortbildungstage und die Fluktuationsraten.
- Die hierarchische Ausgestaltung, die über die Anzahl der überwachenden Arbeitsstunden mitentscheidet (flache Hierarchien bedeuten relativ wenig Führungsarbeit, starke hierarchische Aufgliederungen einen hohen Input an).

Verschiedene Methoden wie die Stellenplanmethode (eine Aufstellung der einzelnen Funktionsstellen) und ihre Ansiedlung in der betrieblichen Hierarchie, die Brutto- und Nettopersonalbedarfsrechnung (diese ist hier noch vorzustellen), Vergleiche mit anderen

2.3 Die quantitative Personalplanung

Unternehmen in der eigenen Branche oder Größenklasse („Benchmarking", um die eigene Personalausstattung auf angemessenen Umfang zu überprüfen) oder auch das Zero-Base-Budgeting (das hier auch noch näher vorgestellt wird) helfen bei der entsprechenden Planung. In der Verbindung von Stellenanzahl und Personalkosten pro Stelle wird man zudem auch Anhaltspunkte für die Erstellung des Personalbudgets erhalten, also jenes Betrags, den man in der betrieblichen Planung für das kommende Geschäftsjahr ansetzen muss.

2.3.2 Die Stellenplanmethode

Die Stellenplanmethode geht davon aus, dass für die Erfüllung von bestimmten betrieblichen Funktionen eine bestimmte Anzahl von Mitarbeitern notwendig ist. So kennt man in den meisten Unternehmen Funktionen wie:

- Geschäftsleitung
- Für jede Abteilung bzw. vergleichbare Bereiche eine Abteilungsleitung
- Ggf. auch noch Stabsstellen, z. B. einen juristischen Mitarbeiter („Stabsstelle Recht") oder jemanden für die Öffentlichkeitsarbeit („Stabsstelle PR"). Im Beispielunternehmen J. Weizenfeld GmbH & Co sieht der Stellenplan wie in Abb. 2.3 aus, wobei aus Gründen der Vereinfachung die einzelnen Stellen in den einzelnen Abteilungen nicht gesondert grafisch gestaltet werden.

In dieser Aufstellung, mit einer klassischen Stab-Linien-Organisation (Bereiche sind in Linie der Geschäftsleitung unterstellt, analog hat die jeweilige Bereichsleitung verschiedene Arbeitsgruppen in Linie unterstellt; die Assistenz der Geschäftsleitung ist als so genannter Stab direkt an die Geschäftsführung angebunden) wird erkennbar, welche Funktionen in den einzelnen Bereichen wahrgenommen werden. Ergänzend wird eine bestimmte Anzahl an Mitarbeitern (in Vollzeitäquivalenten/VZÄ bzw. FTE/Full Time Equivalents angegeben) definiert, die für die Erbringung einer bestimmten Leistung erforderlich erscheinen.

2.3.3 Die Brutto-/Netto-Personalbedarfs-Rechnung

Die im vorhergehenden Abschnitt beschriebene Stellenplanmethode setzt auf den Ausweis einer definierten Anzahl an Arbeitsstellen. Deren Bestimmung kann auf der Basis von „x Vorgänge pro Stunde" oder anderer Verfahren erfolgen, die weiter unten noch vorgestellt werden.

Eine einfache Planungsrechnung kann auf Basis einer so genannten „Brutto-Netto-Personalbedarfsplanung" erfolgen, die von einem gegebenen Soll-Stand anhand des Stellenplans („Brutto-Personalbedarf") und dem Ausgangsstand zu Jahresbeginn (interessanterweise wird hier der Brutto-Personalbedarf eingesetzt, wenn sich keine gravierenden

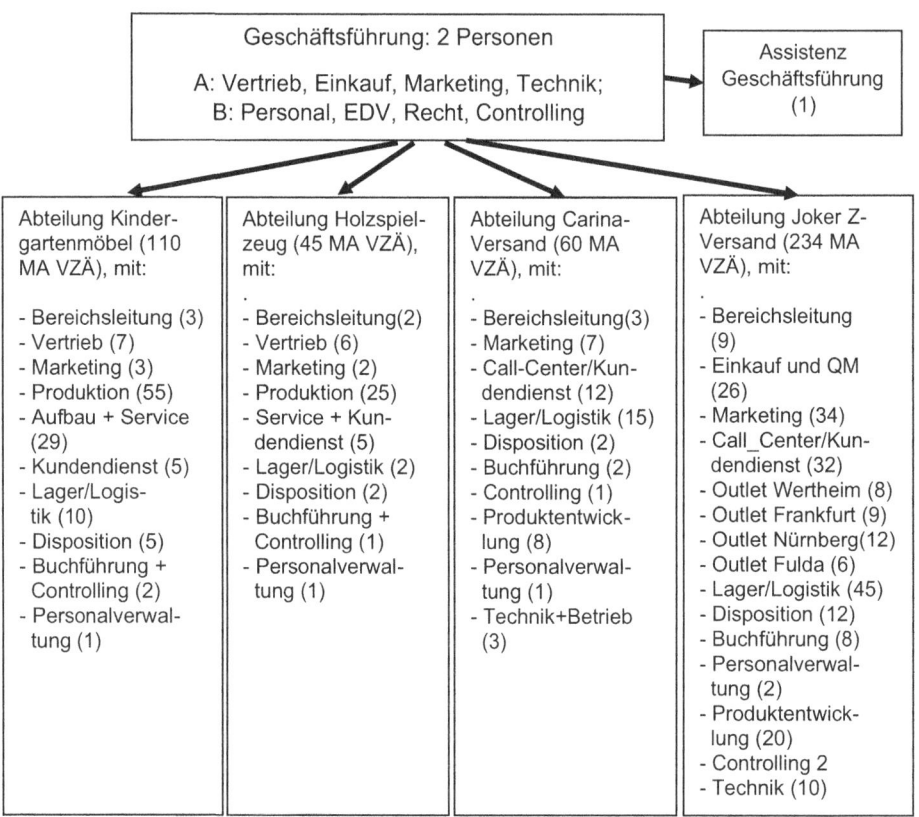

Abb. 2.3 Stellenplan für das Beispielunternehmen (eigene Erstellung)

Unterschiede ergeben) abgeleitet werden. Des Weiteren berücksichtigt man anhand von Erfahrungswerten (Wie viele Mitarbeiter haben uns im Jahresschnitt verlassen, um woanders eine Stelle anzutreten? Wie viele Mitarbeiter sind in Mutterschutz bzw. Elternzeit gegangen, wie viele Mitarbeiter sind durch Erkrankung längerfristig ausgefallen, als Durchschnittswert über die letzten 3–5 Jahre?) und anhand von Altersstrukturdaten (wer wird aufgrund seines Alters in den nächsten zwölf Monaten in den Ruhestand treten) die Abgänge sowie analog anhand von Erfahrungswerten die Zugänge (Rückkehr aus Mutterschutz bzw. Elternzeit bzw. längerfristigen Erkrankungen), um auf einen voraussichtlichen Stand zum Jahresende zu kommen, sofern keine weiteren Einstellungen erfolgen. Im Abgleich zwischen SOLL-Stand laut Stellenplan und voraussichtlichem IST-Stand anhand der Fluktuationsziffern kommt auf einen „Netto-Personalbedarf". Dieser Wert gibt an, wie viele Personen tatsächlich zusätzlich einzustellen (bzw. bei negativem Vorzeichen: freizustellen) sind, um auf den Plan-Wert „Brutto-Personalbedarf" zu kommen. Verkürzt gesagt: Wenn der Stand zum Jahresanfang gleich dem Brutto-Personal-Bedarf ist und die voraussichtlichen Abgänge (durch Entlassung/Arbeitnehmer-Kündigung etc.) sowie Zugänge einen anderen Wert ergeben, als den ausgewiesenen Brutto-Personalbedarf, dann

2.3 Die quantitative Personalplanung

	GF/Assistenz*	Kindergarten	Spielwaren	Joker-Z	Carina-Versand	Gesamt-Unternehmen*
Brutto-Personal-Bedarf	3	110	45	234	60	450
Stand Jahresanfang	3	110	45	234	60	450
Ø-Abgänge pro Jahr (Rente, Kündigung, …)	0	10	5	20	10	45
Ø-Zugänge pro Jahr durch Ende der Elternzeit, Übernahme Auszubildende	0	1	1	3	2	7
Voraussichtlicher Stand zum Jahresende	3	101	41	217	52	412
Netto-Personal-Bedarf zum Jahresende	0	+9	+4	+17	+8	38

*) Anmerkung: Das Unternehmen wurde mit 450 VZÄ geplant, weil die beiden GF-Mitglieder als Organschaftsmitglieder nicht in die Rechnung einfließen

Abb. 2.4 Musterrechnung für Brutto-Netto-Personalbedarfsrechnung (eigene Erstellung)

muss etwas gemacht werden, nämlich eingestellt (bei negativem Vorzeichen: freigesetzt) werden. Abb. 2.4 zeigt dies als tabellarische Darstellung für die Musterfirma J. Weizenfeld GmbH & Co. KG auf.

Bei derartigen Rechnungen muss dabei über zwei Punkte nachgedacht werden:

- Werden Auszubildende mit eingerechnet, oder nicht? (und wenn ja: mit welchem Anteil?) (es liegt nahe, sie anhand ihrer realistisch erwartbaren Arbeitsleistung mit folgenden Werten einzurechnen: Azubis im 1. Lehrjahr 0,25 VZÄ, bei Azubis im 2+3 Lehrjahr 0,5 VZÄ)
- Werden bei Kapitalgesellschaften (AG, KGaA, GmbH, eG) die Mitglieder der Geschäftsführung/des Vorstands mit eingerechnet oder als Organschaftsmitglieder gesondert betrachtet? (es liegt v. a. in vielen kleineren Unternehmen nahe, sie einzurechnen, wenn sie auch operative Arbeiten durchführen – hier aufgrund der Unternehmensgröße der J. Weizenfeld GmbH & Co. KG nicht erfolgt)

Ein weiterer Aspekt: Derartige Rechnungen unterstellen zunächst einmal, dass sich im Jahresablauf keine Veränderungen in der betrieblichen Planung ergeben, z. B. durch Rationalisierungsmaßnahmen (Stellenabbau bzw. Umsetzungen), konjunkturelle Entwicklungen (zusätzlicher Stellenaufbau oder auch -abbau), gesetzliche Vorgaben (erhöhter Stellenbedarf durch zusätzliche gesetzliche Aufgaben wie freizustellende Betriebsratsmitglieder, Bestellung von Datenschutz- oder Gefahrstoffbeauftragten etc.) oder betriebliche Veränderungen (Zusammenlegen mit anderen Unternehmen, Aufkauf durch andere Unternehmen und die sich daraus ergebenden Effekte). Von daher ist es sinnvoll, hierfür eine weitere Planungsebene einzuführen, die sich z. B. über Szenario-Rechnungen einbringen lässt.

2.3.4 Die Szenario-Rechnung

Das Grundprinzip der Szenario-Rechnung im Personalbereich, in Abb. 2.5 dargelegt, basiert darauf, dass ein Unternehmen oder ein bestimmter Unternehmensbereich im Moment eine bestimmte Anzahl an Mitarbeitern beschäftigt und mit ihrer Hilfe einen bestimmten Umsatz generiert (und sich daraus auch ein Umsatz pro Mitarbeiter errechnen lässt!). Auch hier wird ein Personalbedarf auf allgemeiner Ebene definiert. Dazu werden drei verschiedene Entwicklungsszenarien definiert:

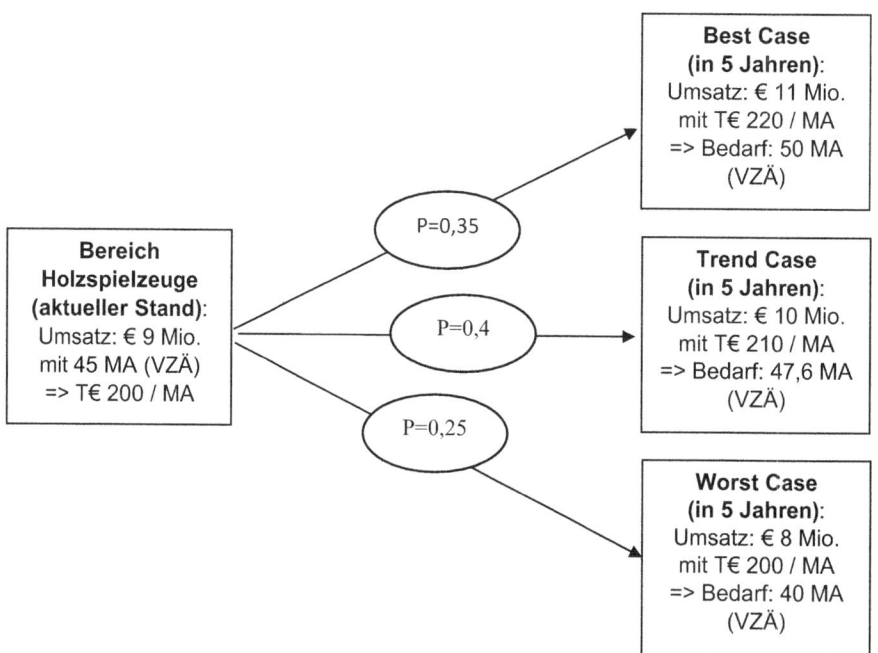

Abb. 2.5 Beispiel für eine Szenario-Rechnung zur Personalplanung (eigene Erstellung)

2.3 Die quantitative Personalplanung

- Ein Best Case, der eine optimale Entwicklung mit stetig steigenden Umsätzen insgesamt und pro VZ-Mitarbeiter unterstellt, damit also auch eine Bestimmung der Anzahl der Mitarbeiter in VZÄ erlaubt
- Einen Trend Case (verschiedentlich auch Normal Case genannt), der die bisherige Entwicklungen im Umsatz insgesamt und im Umsatz pro Mitarbeiter aus den letzten Jahren fortführt, auf dieser Basis können die benötigten Mitarbeiter abgeleitet werden
- Einen Worst Case, der eine denkbare negative Umsatzentwicklung ansetzt und zudem unterstellt, dass auch der Umsatz pro VZ-Mitarbeiter sich nicht weiter entwickelt, womit auch hier ein Betrag an benötigten Mitarbeitern entsteht

Die Bestimmung der Eintrittswahrscheinlichkeiten erfolgt anhand einer Einschätzung, auf Basis bisheriger Erfahrungen. Maßgeblich hierfür sind die allgemeine Branchenentwicklung, die Entwicklung des eigenen Unternehmens in den letzten Jahren, Entwicklungen der Kaufkraft und der Bedarfe bei den Nachfragern, absehbare gesetzliche Änderungen, technologische Entwicklungen und Innovationen, Rationalisierungsmaßnahmen sowie ggf. auch Sondereinflüsse. Die Folgen können sich in einem mittelfristig angestrebten Personalaufbau (wenn der prognostizierte Bedarf über dem aktuellen Stand bewegt) niederschlagen, z. B. durch zusätzliche Ausbildungsplätze und intensiviertes Recruiting. Analog kann ein prognostizierter Personalabbau durch die Nutzung der natürlichen Fluktuation (Kündigungen, Eintritt in den Ruhestand etc.), durch Entlassungen oder andere Maßnahmen aufgefangen werden. Möglicherweise kann man auch indirekt steuern, durch Outsourcing (wenn man das benötigte Personal selbst nicht gewinnen kann) oder durch Insourcing (um nicht ausgelastete Mitarbeiter zu beschäftigen) aufgefangen. Vielleicht wird man auch anhand der Kennwerte überlegen, dass vielleicht eine Senkung der Personalkosten die Situation verändern könnte, durch Standortverlagerungen, Rationalisierungs- und Investitionsmaßnahme etc. Insgesamt erhält man also eine Ausgangsbasis für zukünftige betriebliche Entscheidungen.

Die Auswahl der bevorzugten Handlungslinien sollte anhand der Wahrscheinlichkeiten erfolgen. Sofern ein Handlungsstrahl bereits eine Wahrscheinlichkeit von p = 0,6 (= 60 % Eintrittswahrscheinlichkeit) oder höher gibt. Dies ist in Abb. 2.4 nicht gegeben. Sind alle Handlungsstränge mit weniger als P = ,6 bewertet (wie in Abb. 2.4), sollte man die beiden nebeneinander liegenden Handlungsstränge wählen, die zusammen p = 0,6 oder einen höheren Wert ergeben. Das könnte im Beispiel der Abb. 2.5 sein:

- Best case + trend case: 0,35 + 0,4 = 0,75
- Trend Case + worst case: 0,4 + 0,25 = 0,65

Allerdings ist 0,75 höherwertig als 0,65, so dass man sich in diesem Beispiel auf die Variante Best Case/Trend Case einstellt und mit einem vorsichtigen Personalaufbau beginnt. Es liegt nahe, einen Personalstand von ca. 48 anzustreben, da – für den Eintritt des Trend Case – ein Umfang von 0,4 VZÄ schnell abgebaut werden kann über Teilzeitrege-

	Szenario 2	Szenario 3	Szenario 4	Szenario 5	Szenario 6
Wert für Best Case	0,3	0,4	0,3	0,5	0,4
Wert für Trend Case	0,4	0,3	0,3	0,3	0,2
Wert für Worst Case	0,3	0,3	0,4	0,2	0,4
Entscheidungs-empfehlung	„kommt darauf an" – entsprechend Risikobereit-schaft	Tendenziell in Richtung Best Case / Trend Case vorbereiten	Tendenziell in Richtung Trend Case/ Worst Case vorbereiten	Eindeutig in Richtung Best Case / Trend Case vorbereiten	„kommt darauf an" – entsprechend Risikobereit-schaft

Abb. 2.6 Verschiedene Variationen der Wahrscheinlichkeitsausprägung zu Abb. 2.5

lungen oder „Zufälle", und für den Eintritt des Best Case ein Personalaufbau um 2 VZÄ relativ leicht machbar sein sollte.

Je nach Ausprägung der Wahrscheinlichkeiten ergeben sich also verschiedene Entscheidungsvarianten, wie sie in Abb. 2.6 näher dargelegt werden.

Die Aufstellung zeigt, dass es selten zu einer absolut eindeutigen Einschätzung kommen wird. Für den Fall, dass es dabei mehrere Handlungsrichtungen geben könnte (in Abb. 2.6 in Szenario 2 und Szendario 6 gegeben), wird man die endgültige Entscheidung anhand der eigenen Risikofreude (risikoaffin oder risikoavers) treffen müssen – das ist unternehmerische Verantwortung, und die Richtigkeit der Entscheidung wird sich demzufolge auch erst in einigen Jahren erweisen.

2.3.5 Die Personalplanung mit Arbeitsmengenberechnungen

Eine weitere Form der Personalbedarfsrechnung, die v. a. im Bereich der Güterproduktion oder in artverwandten Dienstleistungsbereichen angewandt wird, ist die Bestimmung von Arbeitsmengen und dem dafür erforderlichen Personalbedarf. Zusätzlich kann auch auf diesem Weg in einer Ex-Post-Betrachtung die konkrete Personalausstattung im Hinblick auf den reibungslosen Prozessvollzug überprüft werden und daraus Rationalisierungs- oder Optimierungspotenzial aufgezeigt werden. Dieses Verfahren soll anhand des Beispiels der Versandabteilung der J. Weizenfeld GmbH & Co. KG aufgezeigt werden, die ausweislich des Stellenplans in Abb. 2.3 einen Personalstand von 15 VZ-Mitarbeitern aufweisen soll.

> **Beispiel**
>
> Bestimmung von Arbeitsmengen und Personalbedarf in der Versandabteilung der J. Weizenfeld GmbH & Co. KG
>
> Die erste Annahme lautet, dass eine Packkraft in der Versandabteilung des Carina-Versands pro Arbeitsstunde ca. 10 Warenpakete zusammenstellt, bestimmt auf der Basis von Beobachtungen während des typischen Betriebsablaufs. Zudem weiß man an-

2.3 Die quantitative Personalplanung

hand der Datenauswertungen, dass pro Tag im Durchschnitt 960 Pakete zu packen sind. Folglich ist die Anzahl der Packkräfte zu bestimmen, die an durchschnittlichen Arbeitstagen benötigt werden:

- Arbeitsleistung pro Mitarbeiter und Arbeitstag: 10 Pakete pro Stunde * 8 Stunden Arbeitszeit: bedeutet 80 Pakete pro VZ-Mitarbeiter
- Bei 960 Paketen pro Tag und 80 Paketen pro Mitarbeiter werden 960/80 = 12 Packer benötigt

Des Weiteren soll jedes Jahr mit ca. 250 Arbeitstagen angesetzt werden, auf der Basis folgender Annahmen:

- jedes Jahr hat 365 Tage,
- davon sind jeweils 52 Sonntage und Samstage abzuziehen (=104 Tage durchschnittlich, da ein Kalenderjahr grob gerechnet 52,14 Wochen umfasst: 365/7 = 52,14), wenn man davon ausgeht, dass die übliche Arbeitszeit 5 Tage pro Woche ist, mithin von Montag bis Freitag gearbeitet wird
- sowie die gesetzlich garantierten 10–11 Feiertage unter der Woche, in Bayern sind dies z. B. Karfreitag, Oster- und Pfingstmontag, oft erster und zweiter Weihnachtsfeiertag, Neujahr und 1. Mai, in Bayern zusätzlich Christi Himmelfahrt und Fronleichnam sowie tw. auch 15. August/Maria Himmelfahrt, ggf. auch 24. und 31. Dezember als „halbe" Feiertage, des Weiteren gibt es regionale Feiertage wie z. B. das Friedensfest in Augsburg am 8. Mai oder die Karnevals-/Faschingstage in verschiedenen Regionen

Mithin kann die Versandabteilung im Jahresdurchschnitt bei einer Leistung von 960 Paketen pro Tag mal 250 Arbeitstagen insgesamt 240.000 Pakete bearbeiten. Allerdings stehen den Arbeitnehmern auch Urlaubstage zur Verfügung (im Beispiel 30 Tage). Sie sind zudem durch Erkrankung an ca. 15 Tagen im Jahr arbeitsunfähig, auf Basis der Durchschnittsangaben verschiedener Krankenkassen für 2019 (die Angaben der Krankenkassen bewegen sich zwischen 12, 9 und 19,8 AU-Tagen: vgl. AOK o. J.; IKK o. J., S. 5; TK 2020, S. 10; .in Österreich kann man von ca. 13,1 AU-Tagen ausgehen, vgl. WIFO 2019, S. 6 ff.; in der Schweiz wird man mit Werten von ca. 20 Urlaubs- und 10 AU-Tagen rechnen, vgl. BfS o. J.), so dass die Arbeitnehmer also faktisch an 250 Tagen weniger 45 Urlaubs- und AU-Tagen = 205 Tagen durchschnittlich zur Verfügung stehen. Wenn also bei 205 Arbeitstagen * 80 Paketen eine Jahresgesamtleistung von 16.400 Stück pro Mitarbeiter zu erwarten steht, wird man demzufolge von 240.000 Pakete geteilt durch 16.400 Pakete pro Mitarbeiter = 14,634 Vollzeitmitarbeiter Gesamtbedarf ausgehen müssen – die 15 eingestellten Vollzeit-Mitarbeiter entsprechen also dem errechneten Planwert. Abb. 2.7 zeigt diesen Rechenweg nochmals auf. ◀

Derartige Rechnungen können relativ gut bei standardisierbaren Prozessen angewandt werden, z. B. der Fertigung bestimmter Werkstücke, der Verpackung von Waren, der Bearbeitung von Vorgängen im Verwaltungsbereich (Aktenbearbeitung, Erledigung von

Position	Pro Mitarbeiter	Gesamte Abteilung
Jahresleistung:	365 Tage	
	./. 104 Samstage und Sonntage	
	./. 11 Feiertage	
Potenzielle Arbeitszeit	= 250 Tage Arbeitsleistung	
Verpackungsleistung Vorgabe: 960 Pakete pro Tag in der Abteilung	10 Pakete pro Stunde 8 Stunden Arbeit/Tag .=> 10 Pakete * 8 h = 80 Pakete	Bei 960 Paketen pro Tag: 960 Pakete / 80 Pakete .= 12 VZÄ-Mitarbeiter Bedarf pro Tag
Erwartung Unternehmens-leitung		960 Pakete *250 Tage jährliche Arbeitszeit .=> 240.000 Pakete pro Jahr
Faktische Arbeitszeit 30 Tage Urlaub 15 Tage Arbeitsunfähigkeit (= „AU-Tage")	250 Tage Arbeitsleistung ./. 30 Urlaub ./. 15 AU-Tage = 205 Tage echte Arbeitszeit	
Faktische Arbeitsleistung	205 Tage *80 Pakete = 16.400 Pakete pro Jahr und VZ-Mitarbeiter	240.000 Pakete gesamt -------------------------------- = 14,634 16.400 Pakete pro VZÄ-MA
Faktischer Bedarf		14,634 VZÄ, d.h. gerundet 14,7 VZÄ

Abb. 2.7 Planrechnung für die Auslastung der Verpackungsstraße (eigene Erstellung)

Kundenanrufen, Buchungen, Ein- bzw. Auschecken bei Hotels usw.) etc. Dies kann bis zu hochwertigen Dienstleistungen gehen, z. B. im Bereich Steuerberatung oder Unternehmensberatung sowie IT-Services, die nach standardisierten Prozessvorgaben erledigt werden. Bei nicht-standardisierbaren Vorgängen wird diese Rechnung kaum Anwendung finden. Hier wird man sich anderer Verfahren bedienen müssen, z. B. auf Basis von sinnvollen Schätzungen, auf Basis einer Umsatzvorgabe. In der Unternehmens- und Steuerberatung oder im Bereich von Wirtschaftsrechtskanzleien kann dies z. B. heißen, dass ein Berater oder Projektleiter 80 Tagewerke zu je Euro 1600 Euro oder 2000 Euro abrechnen muss (siehe auch Hillebrecht 2019, S. 108 f.). Die konkrete Ausgestaltung ist dann der einzelnen, verantwortlichen Person überlassen. Aber auch in Bereichen, in denen z. B. aufgrund der schwankenden Nachfrageverhalten und der Spezifika von Kundeninteraktionen eine Mischung aus Handlungs- und Bereitschaftszeiten gefordert sind (z. B. Einzelhandel, Notaufnahme von Krankenhäusern) wird man mit anderen Verfahren arbeiten, von denen eines im nachfolgenden Abschn. 2.3.6. vorgestellt wird.

2.3.6 Die Arbeitszeitplanung im bereitschaftsorientierten Service

Insbesondere im Dienstleistungssektor zeigt sich in Verbindung mit wesentlichen Gütereigenschaften der Dienstleistung, dass Personal stets „in Leistungsbereitschaft" stehen muss, auch wenn gerade kein Kunde kommt. Dienstleistungen sind immateriell – also in wesentlichen Bestandteilen an das Dienstleistungspersonal gebunden – und damit auch nicht lagefähig, also nicht auf Vorrat produzierbar oder nach Bedarf verschiebbar. Ein Haarschnitt kann nicht vorproduziert werden, ebenso wenig eine polizeiliche Unterstützung bei einer Straftat oder – ganz simpel – ein Beratungsgespräch im Einzelhandel, auch wenn letzteres in Teilen von Social Bots übernommen werden kann. Als kurzer Exkurs: Ganz besonders deutlich wird dies bei therapeutischen Behandlungen, bei denen die menschliche Zuwendung eine wesentliche Leistungskomponente ist, unabhängig davon, ob es sich um eine ergotherapeutische Behandlung, ein Zahnarzttermin, die Notarztbehandlung nach einem Verkehrsunfall oder eine psychologische Gesprächsführung handelt. In allen Fällen muss also ein für einen zufriedenstellenden Service ausreichende Menge an Personal vorgehalten werden, damit bei Bedarf rasch die Erbringung der Dienstleistung erfolgen kann.

Beispiel

Arbeitszeit- und Bedarfsplanung

Anhand eines Beispiels aus dem Einzelhandel kann auf die Arbeitszeitplanung und die Bedarfsplanung im bereitschaftsorientierten Modus eingegangen werden. Angenommen wird hier die Arbeitszeitplanung in einem Outlet der Beispielfirma J. Weizenfeld GmbH & Co KG, bei denen ein Outlet (Outlet Nr. 4 in Fulda) mit insgesamt 6 Mitarbeitern in VZÄ angenommen wurde (siehe die allgemeine Stellenplanung in Abb. 2.4). Hier stellt sich nunmehr die Frage, wie die Geschäftsleitung auf diese 6 VZÄ-Mitarbeiter gekommen ist bzw. ob die eingeplanten 6 VZÄ-Mitarbeiter die richtige, weil wirtschaftlich sinnvolle Planung darstellt. Ein Nebenaspekt: gerade im Facheinzelhandel kommt es darauf an, dass fachkundiges Personal interessierte Kunden in der Form beraten kann, dass eine optimale Erfüllung des Kundenwunsches erzielt wird – ein zentrales Leistungsmerkmal im Wettbewerb mit dem Online-Versandhandel oder Discount-Anbietern aller Art (siehe auch Fisher et al. 2019, S. 73 ff.).

Grundsätzlich kann man bei der Personaleinsatzplanung im stationären Handel von folgenden Überlegungen ausgehen (siehe auch Braun und Hillebrecht 2015, S. 46 ff.), die auch für andere Servicebereiche (z. B. Behörden mit Kundenverkehr wie z. B. Kraftfahrtzulassungs- und Meldestellen, Finanz- und Zollämter etc.):

- An den Arbeitstagen Montag bis Freitag hat man eine Ladenöffnungszeit von 9.30 Uhr bis 20.00 Uhr täglich 10,5 Stunden geöffnet, das entspricht bei 52 Wochen und 5 Arbeitstagen pro Woche mit jeweils 10,5 Stunden Öffnungszeit = 2730 Stunden Öffnungszeit
- Am Arbeitstag Samstag hat man mit einer Ladenöffnungszeit von 9.30 Uhr bis 16 Uhr 6,5 Stunden geöffnet, das entspricht bei 52 Wochen mit jeweils 6,5 Stunden Öffnungszeit = 338 Stunden
- Demzufolge sind 2730 h + 338 h = 3068 h Gesamtöffnungszeit abzudecken
- Ein Mitarbeiter im Einzelhandel eine jährliche Arbeitszeit von 52 Wochen abzüglich 6 Wochen Erholungsurlaub (laut Einzelhandels-Tarifvertrag) erbringen, ergibt dies

bei einer 40-Stunden-Woche für Vollzeit-Mitarbeiter eine Jahresarbeitsleistung von 1840 Stunden
- Nimmt man die 3068 Stunden Gesamtöffnungszeit und die Mitarbeiterleistung von 1840 Stunden, so kann man einen Mindestbedarf von 3068 h geteilt durch 1840 h = 1,67 Vollzeit-Mitarbeitern erkennen, damit ständig eine Person im Laden ist
- Allerdings wird man davon ausgehen müssen, dass Mitarbeiter durch Krankheit ausfallen (durch den hohen Anteil an Eltern mit minderjährigen Kindern wird man hier allein von 20–25 AU-Tagen jährlich ausgehen müssen!), Fortbildung wahrnehmen oder auch Zeit benötigen, um den Laden zur Öffnung vorzubereiten bzw. nach Ladenschluss den Laden nochmals kontrollieren, Außenregale in den Laden bringen, Aufräum- und Sortierarbeiten durchführen und die Kasse abrechnen, wird man einen Zuschlag von 30–50 % vornehmen müssen, wobei hier ein Zuschlagswert von 50 % angenommen wird: 1,67 Vollzeitmitarbeiter * 150 % = 2,505 VZÄ, gerundet 2,5 VZÄ
- Wenn man des Weiteren davon ausgeht, dass Mitarbeiter nur eine bestimmte Ladenfläche bedienen können, um für Kundenberatung, Kassieren, Aufräumarbeiten nach Kundenberatung und Überwachung auf Ladendiebstahl bereit zu stehen, hat man bei einer Ladenfläche von 120 Quadratmetern und der hier angestellten Maßgabe pro Mitarbeiter maximal 60 Quadratmeterfläche einen Bedarf von 2 Mitarbeitern während der Ladenöffnung, mithin 2,5 VZÄ-Grundbedarf * 2 Mitarbeitern Flächenbedarf einen Effektivbedarf von 5 Vollzeitmitarbeitern; der Flächenbedarf ist dabei von der Branche (Servicebedarf) und dem Ladenlayout (je verwinkelter, desto höherer Personalbedarf) abhängig, so kann man bei Juwelieren durchaus einen Flächenbedarf von 15–20 Quadratmetern pro Mitarbeiter ausgehen, im Lebensmitteleinzelhandel hingegen können auch 100 Quadratmeter pro Mitarbeiter oder auch deutlich mehr betragen – bei Baumärkten sind Ansatzwerte von 300–600 Quadratmeter pro Mitarbeiter durchaus gegeben (siehe auch Müller-Hagedorn et al. 2012, S. 896 ff.). ◄

Die nachfolgende Rechnung in Abb. 2.8 zeigt dies näher auf, wobei hier eine branchenübliche Vereinfachung vorgenommen wurde dergestalt, dass ein Jahr aus 52 Wochen besteht – effektiv sind es 365 Tage pro Jahr geteilt durch 7 Tage pro Woche = 52,15 Wochen. Wenn die Ladenfläche des Outlets in Fulda also 120 Quadratmeter groß ist und das Ladenlayout sowie der Sortimentscharakter höchstens 60 Quadratmeter pro Mitarbeiter zulässt, wird man mindestens 5,2 Mitarbeiter benötigen, um dieses Ladenlokal sinnvoll betreiben zu können. Wenn die Musterfirma J. Weizenfeld GmbH & Co. KG 6 Vollzeit-Mitarbeiter ansetzt, so ist dies auf alle Fälle als sehr komfortabel zu werten und wird die Kostenstrukturen erheblich beeinflussen, was im nachfolgenden Abschn. 2.3.7.2. nochmals aufgegriffen wird. Wenn hingegen ein sehr unübersichtliches Ladenlayout (z. B. verwinkelter Altbau unter Denkmalschutz, Ladenfläche über mehrere Stockwerke) vorliegt, wird man möglicherweise auf einen Flächenbedarf von 30–40 qm pro Mitarbeiter übergehen. Bei besonders werthaltigen und/oder beratungsintensiven Waren (z. B. Schmuck und Uhren, Hörgeräte, Sehhilfen) wird man vielleicht auf einen Flächenbedarf von 15–25 qm pro Mitarbeiter gehen, bei Selbstbedienungskonzepten mit schnelldrehenden Waren

2.3 Die quantitative Personalplanung

Position	Ansatzwerte	Ergebniswerte
Anzahl der Öffnungsstunden Mo-Fr (9.30 - 20.00 Uhr): 5 Tage mal 52 Wochen mal 10,5 Öffnungsstunden	2730 h	
Anzahl der Öffnungsstunden Sa (9.30 - 16.00 Uhr): 52 Wochen mal 6,5 Öffnungsstunden	338 h	
= Gesamt-Öffnungsstunden	3068 h	
1 Arbeitskraft Vollzeit arbeitet lautet Tarifvertrag bei 5 Tagen pro Woche mal 8 Arbeitsstunden in 46 Wochen: (Basis: Arbeitszeit laut Manteltarif Einzelhandel mit 6 Wochen Urlaub)	1840 h	
Ergibt als Mindest-Arbeitskräftebedarf über die gesamte Öffnungszeit: 3068 h geteilt durch 1840 h		1,67 VZÄ
Inklusive Zuschlag für AU-Tage, Fortbildung, Tätigkeiten im Backoffice und im Außendienst, Differenz zwischen Arbeits- und Öffnungszeiten, als Basisbedarf	50 %	2,505 VZÄ Gerundet 2,5 VZÄ
Annahme: Bezugswert 1 Mitarbeiter pro 60 qm Ladenfläche Damit Flächenbedarf bei 120 qm Ladenfläche:	120 qm ------- = 2 MA 60 qm	2 VZÄ Flächenbedarf * 2,5 VZÄ Basisbedarf = 5 VZÄ Gesamtbedarf

Abb. 2.8 Musterrechnung für den Personalbedarf im Einzelhandel (eigene Erstellung)

vielleicht auch auf einen Flächenbedarf von 150 oder 200 qm pro Mitarbeiter oder noch höher. Dabei sollte man im Hinterkopf haben, dass neben der Beratung und der Bedienung von Kunden im Laden weitere Aufgaben vom Verkaufspersonal zu erledigen sind, z. B.:

- Kundenberatung und aktives Verkaufen auf weiteren Vertriebskanälen (Außendienst, Online/Social Media)
- Betriebswirtschaftliche Analysen und Planungen (z. B. Warengruppen-Analysen, Einkaufsplanung, Inventuren, …)
- Marktforschung und Konkurrenzbeobachtung
- Waren-/Sortimentspflege und Präsentation
- Werbung, Schaufenstergestaltung, Verkaufsförderaktionen
- Wareneingang/Kommissionierung
- Unterweisung von Auszubildenden und Praktikantinnen

Damit erklärt sich auch die Notwendigkeit der Zuschlagssätze in Abb. 2.8.

In dieser grundsätzlichen Rechnung wurden – im Gegensatz zu den vorher gehenden Rechnungen – nicht die gesetzlichen Feiertage nicht berücksichtigt, die auf Werktage fallen. Man könnte dies dadurch integrieren, dass man die entsprechenden Tage abzieht, also für die Anzahl der Arbeitsstunden an Montagen bis Freitagen den Wert von 250 Tagen statt 260 Tagen einsetzt. Andererseits kann man davon ausgehen, dass in vielen Bundesländern in der Vorweihnachtszeit verlängerte Ladenöffnungszeiten am Samstag gelten und vielleicht auch der eine oder andere offene Sonntag erlaubt ist. Und auch in Österreich und in der Schweiz gelten z. B. für Shopping-Center individuelle Sonder- und Sonntagsöffnungszeiten. Von daher hat man mit der überschlägigen Rechnung einen Puffer für solche Fälle eingebaut. Zudem wird man auch überlegen müssen, ob die Öffnungsfähigkeit mit der Ladenöffnung anfängt bzw. mit dem Ladenschluss endet, oder ob durch Warenannahme und -vorbereitung sowie Ladenvorbereitung bzw. Abschlussfähigkeit mit dem Ladenschluss oder erst mit Nachbereitungszeit (Einräumen, Kassenkontrolle, Raumkontrolle auf vergessene Kunden etc.) endet. Im Einzelfall wird man sich also zwischen einer eher kosten- bzw. Controlling-orientierten und einer eher an der Servicebereitschaft orientierten Lösung entscheiden.

2.3.7 Die Arbeitseinsatzplanung

Neben der Bestimmung der erforderlichen Arbeitsstunden bzw. Arbeitsmengen gilt es auch die Ansiedlung der Arbeitszeit im Betrieb zu bestimmen. Hier spricht man von einer chronologischen Arbeitsplanung (in Abgrenzung zur chronometrischen Arbeitszeitplanung, bei der die konkreten Arbeitsmengen in Stunden bestimmt werden), die im Wesentlichen umfasst:

- Eine Schichtenplanung
- Eine Fix- bzw. Gleitzeitmodellierung
- Kapazitätsorientierte, variable Arbeitszeitplanungen (KAPOVAZ)

Diese drei Bereiche der chronologischen Arbeitszeitplanung werden nun näher vorgestellt.

2.3.7.1 Die Schichtenplanung

In bestimmten Fällen erfordert die Auslastung der betrieblichen Einrichtungen und Maschinen eine Arbeitszeit, die über den klassischen Acht-Stunden-Tag hinausgeht. Hier versucht man über Schichtregelungen, einen wirtschaftlich effizienten Betrieb zu sichern. Relativ einfach ist dies, wenn die Schichten fest definiert sind und die Mitarbeiter mit Zuteilung zu einer bestimmten Zeit ihre Schicht kennen, z. B. bei (siehe auch Hielscher et al. 2019, S. 53 ff.):

- Zwei-Schicht-Modellen mit Früh- und Spätschicht: die Frühschicht von 5 Uhr morgens bis 13 Uhr mittags, die Spätschicht von 13 Uhr mittags bis 21 Uhr morgens (denkbar z. B. im Einzelhandel oder in Werkstattbetrieben)
- Drei-Schicht-Modelle, wenn die Leistungserfordernisse eine „rund-um-die-Uhr-Dienstleistung" erfordern, z. B. in Krankenhäusern und bei Rettungsdiensten, bei Polizei und Justizvollzugsanstalten, Energieversorgung und Verkehrsunternehmen, Montanindustrie (mit durchlaufendem Hochofenbetrieb), bei denen z. B. die Schichteinteilung in Frühschicht (z. B. 6–14 Uhr), Spätschicht (entsprechend 14–22 Uhr) und Nachtschicht (in der Zeit 22 bis 6 Uhr) erfolgen kann

2.3 Die quantitative Personalplanung

Je nach betrieblichen Erfordernissen wird man in den einzelnen Schichten eine gleich hohe Personalausstattung oder auch eine variable Personalausstattung vornehmen. So findet man in Krankenhäusern eine personell relativ stark gefüllte Früh- und Spätschicht, um hier den Operationsbetrieb entsprechend zu unterstützen, und eine eher ausgedünnte Nachtschicht, bei der nur grundlegende Pflege- und Wachdienste erbracht werden.

In einigen Branchen, z. B. im Einzelhandel kann es durchaus auch vorkommen, dass man zur optimalen Ausnutzung der verfügbaren Arbeitskraft und zur Anpassung an unterschiedliches Kundenaufkommen stärker variierende Modelle einführt. Die nachfolgende Abb. 2.9 zeigt ein derartiges Modell auf, das sich auf das Outlet 4/Fulda der J. Weizenfeld GmbH & Co KG bezieht. Hierbei hat die Unternehmensleitung festgelegt, dass immer mindestens zwei Personen im Laden anwesend sein müssen, entsprechend der Auslastungsplanung nach Abschn. 2.3.6., von denen eine anwesende Kraft aus Gründen der Qualitätssicherung in der Kundenberatung eine „Fachkraft" sein soll. Das Unternehmen hat folgende Mitarbeiter im Outlet eingestellt:

- A: gelernte Einzelhandels-Kauffrau, Filialleiterin, 35 Jahre, verh. 1 Kind (7 Jahre), Vollzeit/40 Stunden, Bezahlung nach Tarif
- B: gelernte Kauffrau für Damenoberbekleidung, 45 Jahre, alleinstehend, 1 Kind (11 Jahre), Vollzeit/40 h, Bezahlung nach Tarif
- C: gelernter Einzelhandels-Kaufmann, 43 Jahre, alleinstehend, 1 Kind (9 J.), Teilzeit/30 h, Bezahlung nach Tarif

Zeitfenster	MO	DI	MI	DO	FR	SA
9.30-10.00	A, D	A, F	A, C	A, C		B, D
10.00-11.00	A, D	A, F	A, C	A, C	A, C	B, C, D
11.00-12.00	A, D	A, F	A, C	A, C	A, C	B, C, D
12.00-13.00	A, D	A, B	A, B (mit 0,5)	A, B (mit 0,5), C	A, C	B (mit 0,5)*, C, D
13.00-14.00	A (mit 0,5)*, D (mit 0,5)*, T	A (mit 0,5)*, B, T mit 0,5	A (mit 0,5)*, B, C (mit 0,5)*	A (mit 0,5)*, B, C (mit 0,5)*	A (mit 0,5)*, B, C (mit 0,5)*	B, C (mit 0,5)*, D (mit 0,5)*
14.00-15.00	A, C	A, B (mit 0,5)*, T mit 0,5	A, B (mit 0,5)*, C	A, B (mit 0,5)*, C	A, B (mit 0,5)*, C	B, C, D
15.00-16.00	A, C	A, B	A, B, C	A, B	A, B	B, C, D
16.00-17.00	A, C	A, B	A, B, D	A, B	A, B	--
17.00-18.00	A (mit 0,5), C, E	B, G	A (mit 0,5), B, D	B, D	B, D	--
18.00-19.00	C, E	B, G	B, D	B, D	B, D	--
19.00-20.00	C, E	B, G	B, D	B, D	B, D	--

*) wegen Mittagspause mit 30 Minuten

Abb. 2.9 Muster-Personaleinteilung für das Outlet 4 des Musterunternehmens (eigene Erstellung)

- D: gelernte Textiltechnikerin, 33 Jahre, verh., 2 Kinder (4 und 9 Jahre), Teilzeit/20 h, Bezahlung nach Tarif
- E, F, G: BWL-Studenten im 3. Semester, max. 12 Stunden/Woche, mit einem Stundenlohn von 9,50 Euro/h
- H, I, J: BWL-Studenten im 7. Semester, max. 12 Stunden/Woche, mit einer Bezahlung von 10 Euro/h
- K, L: Aushilfen mit Ausbildung zur Bürokauffrau, 33 Jahre alt, 450-Euro-Jobber, 10 Euro/h
- T: die Schwester der Filialleiterin, 44 Jahre alt, 12 Euro/h

Die Festangestellten A-D ergeben in dieser Aufstellung 3,25 Vollzeitäquivalente, die Aushilfen entsprechend der Vorgabe von maximal 12 Stunden pro Woche ein zusätzlich maximal verfügbares Arbeitsvolumen von 108 Stunden gleich 2,75 Vollzeitäquivalenten.

Für die Einteilung soll gelten:

- Auf alle Fälle eine möglichst kostengünstige Einteilung, Aushilfen werden in der Regel nur angefordert, wenn die Arbeit nicht durch Stammarbeitskräfte erledigt werden kann
- Die tägliche Mindestarbeitszeit soll mindestens vier Stunden bei Stammkräften umfassen, bei Aushilfen mindestens drei Stunden (Ausnahme: T, die Schwester der Filialleiterin, ist bereit, auch einmal für ein oder zwei Stunden zu arbeiten)
- Nach Möglichkeit Berücksichtigung familiäre Belage (Kinder ab 12 Jahren können auch mehrere Stunden daheim ohne Aufsicht bleiben)
- Berücksichtigung der Stunden mit hoher Kundenfrequenz (typischerweise Mittagspausen und Samstage) mit verstärkter Personalbesetzung, wobei auch Möglichkeiten für eine Mittagspause der Mitarbeiter geschaffen werden soll, die bereits seit dem Morgen im Einsatz sind (nach 6 Stunden Arbeit: § 4 ArbZG, in A: § 11 AZG, in CH: Art. 15 ArbG)

Hierfür ist ein möglichst personalkostengünstiger Plan zu entwickeln, der für die nächste Woche gelten soll und arbeitsrechtliche Vorgaben (z. B. nach spätestens 6 Stunden Arbeit eine halbe Stunde Pause, maximal 8 Stunden Arbeit täglich). Abb. 2.9 zeigt dies musterhaft auf.

Entsprechend wird man bei dieser Auslastung die Aushilfskraft T mit 2* 1 Stunde, die Aushilfskräfte E, F und G mit jeweils 3 Stunden beschäftigen. Weitere Kräfte werden nicht berücksichtigt. Von daher wird man also für Ausfallzeiten bei den Festangestellten (Erkrankung des Arbeitnehmers bzw. seines Kindes, Urlaub, Fortbildung) eine ausreichende Puffergröße mit den Aushilfen haben, bei denen man noch aufstocken kann. Und aus Gründen der Motivation der Aushilfen dürfte es auch sinnvoll sein, diese nicht nur bei Ausfall von Festangestellten zu beauftragen, sondern regelmäßig anzufordern. Dazu kann man auch in Betracht ziehen, dass in der Aufstellung von Abb. 2.8 allein die Zeiten der Ladenöffnung berücksichtigt wurden, aber nicht die für Öffnungsvorbereitung bzw. Aufräumarbeiten notwendigen Zeiten. Auch hierfür wird man Mitarbeiter einsetzen müssen, so, dass man die zusätzlichen Aushilfen entsprechend anfordert.

Aller Erfahrung nach ist es v. a. in kleineren Unternehmen und Filialen hilfreich (Anhaltswert nach eigener Erfahrung: maximal ca. 10–12 Mitarbeiter), den Mitarbeitern zunächst einmal die Möglichkeit zu geben, die Arbeitseinteilung untereinander zu organisieren. So können sie selbst nach eigenen Prioritäten (Urlaubsplanung, familiäre Verpflichtungen, sonstige Aktivitäten) eine möglichst breit getragene Lösung entwickeln. Nur bei Streitigkeiten oder einer größeren Mitarbeiterzahl (z. B. Krankenhaus, Filialen größerer Kauf- und Warenhäuser) wird es näherliegen, die Arbeitseinteilung von vornherein festzulegen und ggf. Tauschmöglichkeiten zu erlauben, weil ansonsten der Koordinationsaufwand zu hoch wird und schnell Unzufriedenheit entsteht.

2.3.7.2 Die Fix- bzw. Gleitzeitmodellierung

Bei fixierten Arbeitszeiten sind die definierten Anwesenheitszeiten für alle Mitarbeiter gleich, so dass man eine enge Synchronisation hat. Als nachteilig erweist sich bei fixen Systemen, dass z. B. mögliche Servicekapazitäten vor oder nach der festen Arbeitszeit nicht gegeben sind. Gerade im Kundenkontakt kann es sinnvoll sein, einen breiteren Zeitraum als acht Stunden für Dialog und Service anzubieten. Zudem haben viele Mitarbeiter auch familiäre Verpflichtungen (z. B. Kinder, die in die Schule bzw. in die Kindertagesstätte gebracht bzw. von diesen abgeholt werden sollen) oder persönliche Präferenzen (Biorhythmus, Anfahrtswege mit Stau, Erledigungen bei Ämtern oder Ärzten), die eine Abwandlung nahelegen. Diese Abwandlung ist in Form von Gleitzeitmodellen bekannt. Dabei wird regelmäßig eine Kernarbeitszeit definiert, die sich möglicherweise auch zur Gestaltung der Mittagspause in zwei verschiedene Kernarbeitszeiten vormittags und nachmittags aufteilen lässt. Abb. 2.10 skizziert diese beiden Modelle.

Da Gleitzeitmodelle den Interessen vieler Arbeitnehmer entgegen kommen, finden sie entsprechend auch in vielen Unternehmen Anwendung. Einer Studie der Universität Wien und der Managementberatung Deloitte zufolge, wenden mehr als die Hälfte der österreichischen Unternehmen Gleitzeitmodelle an (vgl. Kellner et al. 2019, S. 3 ff.). In Deutschland bieten sogar drei Viertel aller Arbeitgeber Gleitzeit ab (vgl. Wolter 2019).

Damit Gleitzeitmodelle funktionieren, wird man im Hintergrund mehrere Fragen klären müssen:

Modell 1 mit einer Kernarbeitszeit für die Kundendienstabteilung

Gleitzone 1 (Anlaufzeit)	Kernarbeitszeitzone	Gleitzone 2 (Auslaufzeit)
7.30-9.30 Uhr	9.30-15.00 Uhr (mit Mittagpause 30 Minuten)	15.00-18.30 Uhr

Modell 2 mit zwei Kernarbeitszonen für die Marketingabteilung

Gleitzone 1 (Anlaufzeit)	Kernarbeitszeit I	Gleitzone Mittag	Kernarbeitszeit II	Gleitzone 3 (Auslaufzeit)
7.00-9.00	9.00-12.00 Uhr	12.00-14.00 Uhr	14.00-15.30 Uhr	15.30-18.00 Uhr

Abb. 2.10 Zwei Modelle für Gleitzeitgestaltung (eigene Erstellung)

- In welchen Zeiten ist das Kunden- bzw. Arbeitsaufkommen so hoch, dass möglichst viele Mitarbeiter anwesend sein müssen? Dies sollte man als Kernarbeitszeit definieren
- In welchen Zeiten ist das Kunden- bzw. Arbeitsaufkommen so gestaltet, dass eine gewisse Servicebereitschaft gegeben sein muss, aber nicht die maximale Arbeitskapazität bereitstehen muss? Dies kann man als Gleitzeitzone definieren
- Welche Mindestbesetzung ist in den Gleitzonen erforderlich (keine bzw. eine Anzahl von x Mitarbeitern), und wie stellt man diese sicher?

2.3.7.3 Die Kapazitätsorientierte variable Arbeitszeitplanung

Sofern Unternehmen in Branchen mit spezifischen saisonalen Nachfragezyklen oder auch mit einer hohen kurzfristigen Schwankung konfrontiert sind, haben sich Arbeitszeitmodelle mit kapazitätsorientierter, variabler Arbeitszeitgestaltung (KAPOVAZ) bewährt. Hier wird in der Regel mit einer garantierten Mindestauslastung bzw. Beschäftigung und einem bedarfsabhängigen Zuschlag gearbeitet, der in einem gewissen Rahmen ausgeschöpft werden kann. Beispiele hierfür sind:

- Mobilitätsdienstleister (z. B. Airlines, die auf kurzfristigen Ausfall von Kabinenpersonal oder variablen Einsatz unterschiedlich großer Flugzeuge setzen)
- Kindertagesstätten, bei denen die Eltern in jedem (Halb-)Jahr neu ihren Bedarf buchen und entsprechend mehr oder weniger umfangreiche Beschäftigungszeiten gegeben sind, entsprechend des Betreuungsschlüssels
- Im saisonalen Bereich, z. B. im Tourismus, in saisonalen Produktionsbereichen wie z. B. Bekleidungsproduktion oder der Landwirtschaft
- In der Zeitarbeit
- Teilweise im medizinischen Bereich, mit Bereitschaftsdiensten

Beispiel

Ein Anwendungsfall kann dies illustrieren. Die J. Weizenfeld GmbH & Co KG lässt für ihren Versandhandelsbereich halbjährlich neue Modelle designen und Muster als Vorlage für die Produktion in Portugal, der Ukraine und in der Türkei produzieren. Hierfür greift sie auf mehrere Schneidereifachkräfte zurück, die in Heimarbeit die Modelle produzieren. Conny Vauber, eine dieser Mitarbeiterinnen, hat hierzu einen Arbeitsvertrag unterschrieben, der ihr eine Mindestauslastung von 60 % der vertraglich vereinbarten Vollzeit-Arbeitszeiten garantiert, die bei Bedarf (insbesondere bei den Vorbereitungen der Musterbeschickungen) auf 100 % hochgefahren werden kann. Im Verlauf der letzten neun Monate ergab sich die in Abb. 2.11 beschriebene Auslastung. ◄

Vorteilhaft ist für den Arbeitgeber, dass er hier eine verlässliche Arbeitskraftreserve besitzt, die sich entsprechend der Auslastung anpassen lässt und damit die Kostenstruktur günstig hält. Allerdings muss er sich bei Auslastungseinbrüchen Gedanken über eine sinnvolle Nutzung in den Fällen machen, in denen die Nachfrage deutlich unter der garantier-

2.3 Die quantitative Personalplanung

Monat	Oktober	November	Dezember	Januar	Februar	März	April	Mai	Juni
Auslastung in %	52 %*)	75 %	60 %	100 %	90 %	50 %*)	70 %*)	100 %	80 %

*) vorwiegend mit Kundendienst-Reparaturen

Abb. 2.11 Beispiel für eine KAPOVAZ-Auslastung (eigene Erstellung)

ten Mindestbeschäftigung liegt. Dies kann z. B. in Form von Umsetzung in andere Arbeitsbereiche oder durch Teilnahme an Fortbildungen geschehen.

Für die Arbeitnehmer hat KAPOVAZ den Vorteil, dass in der Regel eine Mindestauftragsmenge und damit ein Mindesteinkommen garantiert wird. Allerdings können die konkreten Auslastungen auch einen hohen Stress bedeuten, insbesondere, wenn sich relativ kurzfristig Änderungen in der Auftragslage ergeben. Insbesondere für Eltern mit kleineren Kindern wird hier die Organisation von Privat- und Berufsleben eine Herausforderung, die relativ oft in Nachtarbeit endet bzw. im Rückgriff auf Verwandte, wenn z. B. Auswärtstätigkeiten (z. B. beim Personal von Transportdienstleistern wie Bahn und Fluglinien) anfallen.

2.3.8 Die Erfassung der Arbeitszeit

Generell ist die zu leistende Arbeitszeit zu erfassen, als Nachweis gegenüber den Vorgesetzten, zur Erfüllung gesetzlicher Pflichten im Rahmen des Arbeitsschutzes und der Arbeitszeitgesetzgebung. Dies kann durch Arbeitszeiterfassungssysteme wie mechanischen Stechuhren oder digitalen Erfassungssystemen im Eingangsbereich, durch individuell ausgefüllte Arbeitszeitnachweise oder andere Nachweismittel erfolgen. Die Einführung oder Veränderung von Systemen der Arbeitszeiterfassung ist dabei mitbestimmungspflichtig nach § 80 I 1 BetrVerfG (in A: nach § 96 ArbVG). Des Weiteren sind datenschutzrechtliche Bedingungen zu wahren.

Alternativ kann für Arbeitnehmer vertraglich auch eine Vertrauensarbeitszeit vereinbart werden. Hierbei ist es dem Arbeitnehmer überlassen, die anfallende Arbeit im Rahmen seiner eigenen Einteilung zu erledigen. Vorteilhaft hieran ist, dass der Arbeitnehmer die Arbeitsleistung stärker an seine eigenen Erfordernisse anpassen kann und auch für den Arbeitgeber sich mehr Flexibilität ergibt, da Vertrauensarbeitszeit auf Auslastungsschwankungen besser einzugehen versteht als feste Schemata (vgl. Schneider-Klein 2007, S. 14). Allerdings führt der soziale Druck bzw. der vom Arbeitnehmer wahrgenommene soziale Druck sehr oft dazu, dass effektiv mehr Arbeitszeit erbracht wird, als bei fest vorgegebenen und kontrollierten Arbeitszeitmodellen (vgl. Schneider-Klein 2007, S. 98) und auch die psychische Belastung höher wird (vgl. Amlinger-Chatterjee 2016, S. 56 f.). Von daher wünschen sich inzwischen relativ viele Arbeitnehmer wieder feste Arbeitszeitvorgaben (vgl. Tichy 2019).

2.3.9 Variationen klassischer Arbeitszeitmodelle

Die steigenden Belastungen in der Arbeitswelt führen dazu, dass Arbeitnehmer wie Arbeitgeber Möglichkeiten suchen, durch Variationen der Arbeitszeitstrukturen eine Entlastung herbei zu führen und damit die Belastung für Arbeitnehmer zu senken. Gewisse Bekanntheit erlangten u. a.

- Die Ablösung der 8-Stunden-Arbeitstage bei der Porsche SE durch 7-Stunden-Arbeitstage (vgl. o.V. 2013) und durch Fünf-Stunden-Arbeitstage bei einer Bielefelder Werbeagentur (vgl. Hartmann 2020; Wilke 2019, S. 36)
- Die Ablösung von Fünf-Tage-Wochen durch Vier-Tage-Arbeitswochen (vgl. Bachmann 2020)

Und vielen Menschen werden noch die Streiks der IG Metall aus dem Jahr 1984 in Erinnerung sein, als die Arbeiterschaft eine 35-Stunden-Woche bei vollem Lohnausgleich durchsetzen wollte, gegenüber der bis dahin üblichen 40-Stunden-Woche (vgl. IG Metall 2019). Auch damals war schon der Gewinn von mehr Freizeit ein wichtiges Thema, und die Ergebnisse der Tarifverhandlungen 2020 mit einem Wahlrecht zwischen Gehaltserhöhung oder arbeitsfreien Tagen mehr (siehe Metall NRW 2020) setzen ein deutliches Zeichen.

Diese Ansätze kontrastieren auffällig zum **„9-9-6"-Ansatz** der chinesischen Online-Händlers AliBaba und vieler anderer chinesischer Unternehmen. Der AliBaba-Gründer und Vorstandsvorsitzende Jack Ma begründet dies mit der Notwendigkeit, dass das Wohl des Unternehmens diesen umfassenden Einsatz erfordere (vgl. o.V. 2019a; Rottwilm 2019). Es macht natürlich auch einen Unterschied, ob man in einer aufstrebenden Volkswirtschaft sich seinen Anteil am steigenden Wohlstand zu sichern wünscht, oder ob man in einer saturierten Volkswirtschaft einen Qualitätswettbewerb zu führen hat.

Grundsätzlich wird man zur Bemessung der Arbeitszeit eine noch größere Vielfalt aktivieren können:

- Neben der bereits benannten Variation der täglichen Arbeitszeit und der wöchentlichen Arbeitszeit
- Die Variation der Jahresarbeitszeit und ggf. ihrer Verteilung über das Jahr (z. B. durch eine Veränderung einer Vorgabe von 1.750 oder 1.840 Stunden jährlicher Arbeitsleistung)
- Die Variation der Lebensarbeitszeit, z. B. durch Heraufsetzen oder Absenken der Ruhestandsgrenze, durch Altersteilzeitmodelle oder durch die Vorgabe einer Lebensarbeitszeit in Arbeitsstunden
- Die Gewährung von Freistellungen wie Bildungsurlaub und Sabbaticals (vgl. Hillebrecht 2018) oder Elternzeiten

Alle diese Maßnahmen beeinflussen die von einem Arbeitnehmer zu leistenden Arbeitsstunden und damit die quantitative Personalplanung, zumal sie in einigen Fällen bei der Einstellung bzw. Beförderung auf eine bestimmte Position nicht unbedingt vorhersehbar sind. Gerade kleinere Unternehmen oder Abteilungen können hier schnell an den Rand der Arbeitsfähigkeit gebracht werden, wenn eine einmal getroffene Planung durch Wünsche des Arbeitnehmers in Frage gestellt werden. Hingegen haben größere Unternehmen in der Regel bessere Möglichkeiten, aus ihrem Personalpool derartige Schwankungen auszugleichen bzw. aufgrund der insgesamt gegebenen Fluktuation einen Ausgleich zu finden.

Daneben können auch Home-Office-Regelungen zur Ausgestaltung von Arbeitszeiten genutzt werden, wobei hier die erfassbare Arbeitszeit variiert wird, da im Home-Office selten Zeiterfassungssysteme angewandt werden. Die Home-Office-Regelungen können dabei von gelegentlicher Arbeit von zuhause aus über feste wöchentliche Arbeitstage daheim bis zu einer hauptsächlichen Verlagerung der Arbeit reichen. Hierbei ist allerdings ein juristisches Graufeld gegeben, das bei der Sicherstellung des Datenschutzes (z. B. Einblick in Unterlagen in der heimatlichen Umgebung durch Dritte, ungesicherter Zugang zu den Datenleitungen zwischen Unternehmen und Privatwohnung) anfängt und über den Arbeitsschutz (ausreichend beleuchteter und belüfteter Arbeitsplatz, ergonomische Gestaltung des Arbeitsplatzes) bis hin zur Kommunikation mit den Kollegen reicht. Vorteilhaft für den Arbeitnehmer ist dabei, dass er sich die Pendelwege und -zeiten erspart und meistens auch familiäre Verpflichtungen besser mit der Arbeit vereinbaren kann. Allerdings ist man auch stärker von den informellen Kommunikationsnetzen des Unternehmens abgeschnitten, womit einem Mitarbeiter wichtige Informationen zu Karriereoptionen oder zu strategischen Mitgestaltungen entgehen können. Der Arbeitgeber wiederum kann auf diese Weise Büroraumkosten einsparen, was durchaus auch interessant sein kann, und den Interessen des Arbeitnehmers entgegenkommen.

2.3.10 Die Personalkostenplanung

2.3.10.1 Grundsätzliche Elemente der Personalkostenplanung

Die Personalkosten sind ein messbarer Tatbestand, der zur quantitativen Personalplanung gerechnet werden kann. Hierbei geht es um die Fragen, welche Personalkosten (und damit welche Gehalts- und weiteren Leistungen für den Arbeitnehmer) wirtschaftlich tragbar sind, in Relation zum erzielten Umsatz, und in welcher Form diese Kosten vom Arbeitgeber beeinflussbar sind. Grundsätzlich muss dabei von folgenden wichtigen Begrifflichkeiten ausgehen:

- Das Arbeitnehmer-Bruttogehalt als der Betrag, der einem Arbeitnehmer im Arbeitsvertrag für die Arbeitsleistung zugesichert wird (dies können alle weiteren Geld- und geldwerten Zahlungen sein, wie z. B. vermögenswirksame Leistungen, Zuschüsse, Prämien usw., soweit hier ein vertraglich vereinbarter Anspruch des Arbeitnehmers be-

steht), und von dem der Arbeitnehmer seine Beiträge zu den Sozialversicherungen sowie eine zu zahlende Steuerleistung abzuziehen hat
- Das Arbeitnehmer-Nettogehalt als der Betrag, der dem Arbeitnehmer zu seiner Verfügung steht, nachdem der Arbeitgeber die Beiträge zu den Sozialversicherungen und die Lohnsteuerlast abgeführt hat, ggf. anfallende Abzüge für Beiträge zu einem Spar- oder Versorgungsplan oder aufgrund von Lohnpfändungen usw. fallen in den Verantwortungsbereich des Arbeitnehmers und sind hier nicht zu berücksichtigen
- Das Arbeitgeber-Bruttogehalt als der Summe der Beträge aus dem Arbeitnehmer-Bruttogehalt und den vom Arbeitgeber zu tragenden Anteilen an den Sozialversicherungsleistungen
- Die Arbeitgebergesamtpersonalkosten als die Summe aller mit dem Personal verbundenen Leistungen, diese bestehen aus dem Arbeitnehmer-Bruttogehalt, den Arbeitgeberanteil an den Sozialversicherungsleistungen („Arbeitgeber-Brutto") und den weiteren mit dem Personal verbundenen Kosten (z. B. Kosten der betrieblichen Sozialeinrichtungen, Kosten des Betriebsrates, Fortbildungsmaßnahmen, Kosten der Personalverwaltung usw., aber auch Umlagen aufgrund der Ausgleichsabgabe zur Beschäftigung von Menschen mit Einschränkungen)

In Deutschland gilt auf Basis der diversen Sozialgesetzbücher (SGB I-XI), dass mit Ausnahme der Beiträge zur Unfallversicherung (diese ist allein vom Arbeitgeber zu tragen, da er allein für die sichere Einrichtung des Betriebs und die Kontrolle der Arbeitssicherheit zuständig ist) alle Beiträge zu den Sozialversicherungen grundsätzlich hälftig von Arbeitnehmer und Arbeitgeber zu tragen sind. Allerdings sieht das Krankenversicherungsrecht vorübergehend einen leicht erhöhten Anteil des Arbeitnehmers um 0,9 Prozentpunkte vor, der inzwischen verändert wurde. Inzwischen können Krankenkassen einen individuell festgelegten Zuschlag zum Beitragssatz festlegen, der ebenfalls hälftig von Arbeitgeber und Arbeitnehmer zu tragen ist. Im Bereich der Pflegeversicherung wird für kinderlose Arbeitnehmer ein um 0,5 Prozentpunkte höherer Beitrag fällig. Zudem gilt im Bundesland Sachsen ebenfalls ein zusätzlicher höherer Arbeitnehmeranteil, da dort der Buß- und Bettag Mitte November nach wie vor Feiertag ist – dieser wurde zur Entlastung der Arbeitgeber in den übrigen 15 Bundesländern abgeschafft.

In Österreich wird die Beitragsverteilung auf Basis des Allgemeinen Sozialversicherungsgesetzes (ASVG) erhoben und auch prinzipiell hälftig von Arbeitnehmern und Arbeitgebern finanziert, wobei sich je nach Branche und Versicherungsart auch andere Anteile ergeben können, z. B. im Bergbau.

In der Schweiz gilt – auf Basis des Allgemeinen Teils des Sozialversicherungsversicherungsgesetzes (ATSG) und der korrespondierenden Bestimmungen – das Prinzip der paritätischen Finanzierung mit der Ausnahme bei der Krankenversicherung, da hier eine Kopfpauschale pro versicherter Person erhoben und als Lohnabzug vom Arbeitnehmer allein zu tragen, aber vom Arbeitgeber direkt abzuführen ist.

In Deutschland und Österreich gibt es zudem „**Bemessungsgrenzen**"; mit denen Bezieher höherer Einkommen vor unverhältnismäßig hohen Beitragssätzen geschützt werden

2.3 Die quantitative Personalplanung

sollen. Sie wirken aber auch im Fall der Renten- und Arbeitslosenversicherung als Kostendeckel vor zu hohen, späteren Auszahlungen. Allerdings sind die Bezieher höherer Einkommen auch gut beraten, sich für die Altersversorgung wie auch für eine qualitativ höherwertige Krankenversorgung mit Zusatzversicherungen abzusichern.

2.3.10.2 Die Bestimmung des Arbeitnehmernetto-Gehalts

Entsprechend der allgemeinen Kostenstrukturen, Erlöspotentiale, der Arbeitsmarktlage sowie der durch die jeweilige Sozialgesetzgebung vorgegeben Beiträge werden Arbeitgeber die Gehaltsanteile bzw. Gehaltshöhe für ihre Mitarbeiter kalkulieren. Die Abb. 2.12 zeigt zunächst das Grundprinzip der Verhältnisse zwischen Arbeitnehmerbrutto- und nettogehalt, wobei als Beispiel ein Mitarbeiter im Einzel- und Versandhandel des Bundeslandes Hessen in Tarifgruppe 2 (Berufseinsteiger nach abgeschlossener Berufsausbildung im kaufmännischen Bereich) herangezogen wird, der ein Monats-Bruttogehalt von gerundet ca. 1800 Euro erhält sowie eine Jahressonderleistung von 50 % eines Monatsgehalts, zahlbar mit dem Novembergehalt. Dies liegt deutlich unter dem Durchschnittsgehalt im Einzelhandel von ca. 2300 Euro monatlich (vgl. Lohnspielge.de o. J.), ist aber als Bezugsgröße für die Studierenden leichter – entsprechend der Überlegungen in Kap. 1 – nachzuvollziehen.

Dieses Schema zeigt, dass ca. 20 % des Brutto-Gehalts für die Beiträge zur Sozialversicherung geleistet werden, wobei die konkrete Höhe von den konjunkturell und demographisch bedingten Entwicklungen abhängen. Der Verfasser kennt auch aus dem Jahr 2002 Rentenversicherungsbeiträge in Höhe von 19,1 %, Arbeitslosenversicherungsbeiträge in Höhe von 6,5 %, Krankenversicherungsbeiträge über 15 % und Pflegeversicherungsbeiträge in Höhe von 1,7 %, so dass in Summe auch damals Abzüge von ca. 21–22 % fällig wurden.

	Pro Monat	Pro Jahr
Arbeitnehmer-Brutto-Gehalt	€ 1800,--	€1800 *12,5 = € 22.500
Abzüge für die Sozialvers.*):		
./. Krankenversicherung: 14,6 %**)	KV (14,6 %/2): = € 131,40	KV (14,6 %/2): = € 1.642,50
./. Pflegeversicherung 3,30 %***)	PV (3,3 %/2): = € 29,70	PV (3,3 %/2): = € 371,25
./. Arbeitslosenversicherung: 2,4 %	AV (2,4 %/2): = € 21,60	AV (2,4 %/2): = € 222,00
./. Rentenversicherung: 18,6 %	RV (18,6 %/2): = € 167,40	RV (18,6 %/2): = € 2.092,50
Abzüge Lohnsteuer****)	Ca. € 216,00	Ca. € 2.700,00
Arbeitnehmer-Netto-Gehalt	= € 1.233,90	= € 15.471,75

*) angesetzt wird immer die Hälfte des angegebenen Beitragssatzes, allerdings ohne Unfallversicherung, diese wird zu 100 % vom Arbeitgeber getragen
**) ggf. mit Zusatzbeitrag, je nach Krankenkasse
***) Beitragssatz grundsätzlich 3,05 %, , Alter + Anzahl der Kinder (kinderlose Arbeitnehmer ab 23 Jahren einen um 0,25 %-Punkte höheren Beitrag, wurde hier eingesetzt), im Bundesland Sachsen ergibt sich ein um 0,5 %-Punkte höherer Beitrag, da Buß- und Bettag weiterhin ein Feiertag ist
****) entsprechend Steuertabelle nach Jahressteuergesetz

Abb. 2.12 Allgemeines Kalkulationsschema für Arbeitnehmer-Brutto- und Nettogehalt, Stand: Juni 2020 (eigene Erstellung)

2.3.10.3 Die Bestimmung des Arbeitgeber-Bruttogehalts und der Personalgesamtkosten

Ähnlich zur Rechnung in Abb. 2.12 wird der Arbeitgeber seine Brutto-Aufwendungen bestimmen, auf Basis der Sozialversicherungsbeiträge. Allerdings wird er dies als Zuschlagskalkulation vornehmen, da er alle entsprechenden Aufwendungen direkt abzuführen hat. Dies zeigt Abb. 2.13 auf.

Das Arbeitgeber-Bruttogehalt ist in der Regel die Basis für die Budgetierung auf Ebene der Abteilung, in der ein Arbeitnehmer eingesetzt wird. Die Kosten sind jedem einzelnen Arbeitnehmer direkt und sicher zuzurechnen, so dass dies für die Abteilungsverantwortlichen auch plausibel zugerechnet werden können. In der Aufstellung der gesamten Beitragssätze Im betrieblichen Alltag hat es sich bewährt, mit einem Zuschlag von 21–22 % zu rechnen, da damit über die Erfahrungen der letzten Jahre alle Arbeitgeberanteile an den Sozialversicherungen sicher abgedeckt sind. Im konkreten Fall der Musterrechnung in Abb. 2.12 setzt sich dies zusammen aus: 7,3 % für Krankenversicherung, 1,65 % für die Pflegeversicherung, 1,2 % für die Arbeitslosenversicherung, 9,3 % für die Rentenversicherung und ca. 3,3 % für die Unfallversicherung ergeben insgesamt 22,75 %.

Neben den Beiträgen zu den Sozialversicherungen ist der Arbeitgeber noch mit weiteren Personalkosten konfrontiert. Diese umfassen neben der Entgeltfortzahlung im Krankheits- und Urlaubsfall auch Kosten für die Personalentwicklung, für betriebliche Sozialeinrichtungen wie Kantinen und Kinderbetreuung bzw. Zuschüsse zur Tagesbetreuung von Kindern, Kosten des Arbeitsschutzes und der betriebs- und werksärztlichen Untersuchungen, Kosten der Personalverwaltung (von der Schaltung von Personalkosten oder Honorare für Personalvermittler über Lohn- und Gehaltsbuchhaltung bis hin zu Kosten für Abfindungen und Arbeitsgerichtsverfahren), für betriebliche Sozialarbeit (v.a. in größeren Unternehmen gegeben) usw. Je nach Branche können diese zwischen 25 und 50 % der

	Pro Monat	Pro Jahr
Arbeitnehmer-Brutto-Gehalt	€ 1800,--	€1800 *12,5 = € 22.500,00
Zuschlagsätze für die Sozialversicherungen*):		
+ Krankenversicherung: 14,6 %**)	KV (14,6 %/2): = € 131,40	KV (14,6 %/2): = € 1.642,50
+ Pflegeversicherung 3,30 %***)	PV (3,3 %/2): = € 29,70	PV (3,3 %/2): = € 371,25
+ Arbeitslosenversicherung: 2,4 %	AV (2,4 %/2): = € 21,60	AV (2,4 %/2): = € 222,00
+ Rentenversicherung: 18,6 %	RV (18,6 %/2): = € 167,40€	RV (18,6 %/2): = € 2.092,50€
+ Unfallversicherung****)	UV-Beitrag € 40,00	504,00
Arbeitgeber-Brutto-Gehalt	= € 2.170,10	= € 27.333,25

*) angesetzt wird immer die Hälfte des angegebenen Beitragssatzes, mit Ausnahme der Unfallversicherung, diese wird zu 100 % vom Arbeitgeber getragen
**) ggf. mit Zusatzbeitrag, je nach Krankenkasse
***) Beitragssatz grundsätzlich 3,05 %, , Alter + Anzahl der Kinder (kinderlose Arbeitnehmer ab 23 Jahren einen um 0,25 %-Punkte höheren Beitrag, wurde hier eingesetzt), im Bundesland Sachsen ergibt sich ein um 0,5 %-Punkte höherer Beitrag, da Buß- und Bettag weiterhin ein Feiertag ist
****) entsprechend Beitragssatz der jeweiligen Berufsgenossenschaft, berechnet auf Basis von Lohnsummen, Gefahrenklassen und Beitragsfüßen, hier der Wert der BGHM (o.D.).

Abb. 2.13 Allgemeines Kalkulationsschema für Arbeitgeber-Brutto, Stand: Juni 2020 (eigene Erstellung)

2.3 Die quantitative Personalplanung

Lohnsummen betragen, in manchen Fällen sogar bis zu 98 % reichen (vgl. Macha 2010, S. 54). In einzelnen Fällen wird sogar die Büroausstattung als Personalnebenkosten gerechnet (vgl. fima.de 2019), was aber aus abgrenzungstechnischer Sicht mehr als nur problematisch ist – dann müssten auch Maschinen in Werkhallen dazu gerechnet werden, die letztendlich auch Arbeitsplatzausstattungen darstellen.

Für die weiteren Betrachtungen sei ein Gesamtzuschlag von 60 % auf das Arbeitnehmer-Bruttogehalt angenommen, der die Pflichtbeiträge des Arbeitgebers zu den Sozialversicherungen mit 22 %-Punkten und den weiteren tariflichen und freiwilligen Sozialleistungen mit 38 %-Punkten abbildet. Dieser Wert entspricht nach eigener Erfahrung den Kostenstrukturen in vielen Klein- und mittelständischen Unternehmen, denen die Beispielfirma J. Weizenfeld GmbH & Co. KG zuzurechnen ist, und die in der Musterkalkulation in Abb. 2.14 eingesetzt wird. Im konkreten Fall sind entsprechend der Branche und Unternehmensgröße andere Werte anzuwenden.

Eine weitere Nebenbemerkung: Die an manchen Stellen erstellte Rechnung, dass die gesetzlich verfügten Sozialkosten nur 17,9 % der gesamten Personalkosten betragen (vgl. Bäcker et al. 2010, S. 154 f.), gewinnen hier ihren Interpretationsrahmen: Bezugspunkt sind bei dieser Rechnung nicht das Arbeitgeber- oder Arbeitnehmerbruttogehalt (hier müsste man wie dargelegt ca. 22 % bzw. 44 % ansetzen!), sondern die Personalgesamtkosten.

Die Personalgesamtkosten sind die Basis für:

- Die jährliche Budgetierung auf Unternehmensebene, verantwortet durch die Personalabteilung
- Die Bestimmung der Umsatzgrößen, die ein einzelner Arbeitnehmer im Durchschnitt zu erbringen hat, damit das Unternehmen rentabel arbeiten kann

Der Unterschied in der **Budgetierung** auf Abteilungs- und Unternehmensebene ergibt sich aus der Tatsache, dass Krankenstände, Kosten der Personalverwaltung oder der Inan-

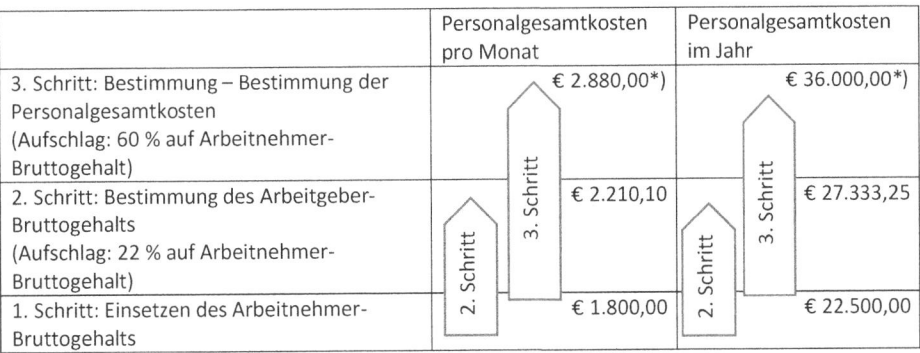

Abb. 2.14 Allgemeines Kalkulationsschema der Personalgesamtkosten (eigene Erstellung)

spruchnahme von sozialen Einrichtungen nicht schon zu Beginn konkret einzelnen Arbeitnehmern zuordbar sind. Zudem kann es im Unternehmensinteresse sein, Personalentwicklung, Ausbildungs- und Traineeprogramme nicht schon a priori einzelnen Abteilungen zuzuordnen, weil diese ansonsten zur Senkung von Kosten auf Personalentwicklung möglicherweise verzichten würden. Auch die Risikozuordnung zu einzelnen Mitarbeitern würde möglicherweise zur Diskriminierung bestimmter Mitarbeitergruppen (z. B. Mütter mit kleinen Kindern haben erfahrungsgemäß eine höhere Anzahl an AU-Tagen) führen.

Die Bestimmung der wirtschaftlichen Tragfähigkeit ist der zweite Einsatzzweck, der im nächsten Abschnitt näher behandelt wird.

2.3.10.4 Die Gehaltskalkulation in Abhängigkeit vom Umsatz

Um eine wirtschaftliche Tragfähigkeit näher zu beleuchten, werden die gesamten Personalkosten in Relation zur Umsatzhöhe gesetzt. Man kann dabei je nach Vorgehen von einem Top-Down-Verfahren oder einem Bottom-up-Verfahren entscheiden.

Beim Top-Down-Verfahren nimmt man die Umsatzvolumina und bestimmt zunächst den „Pro-Kopf-Umsatz", auf Vollzeitarbeitnehmer bezogen. Wenn im vorliegenden Fall das Outlet 4/Fulda einen Umsatz von ca. 1,1 Millionen Euro erzielt und die Kostenstrukturen einen höchstzulässigen Personalkostenanteil von 20 % am gesamten Umsatz zulassen, so wird man bei geplanten 6 Vollzeit-Mitarbeitern (siehe Abb. 2.3) ein maximales Gehalt von 22.500 Euro pro Jahr (bzw. bei 12,5 Gehaltszahlungen) ein maximales Monatsgehalt von 1800 Euro anbieten können. Dies zeigt die Abb. 2.15 auf.

Der Vollständigkeit zuliebe, aber für das Ergebnis unerheblich, könnte man jetzt auch noch das Arbeitgeber-Bruttogehalt angeben, das für die Kalkulation in der Filiale sinnvoll wäre und einen Betrag von € 27.958,74 umfassen würde.

Das Top-Down-Verfahren ist insbesondere dann sinnvoll, wenn man gegebenen Umsatzgrößen (z. B. in einem wettbewerbsintensiven Umfeld) das höchstmögliche Gehaltsniveau bestimmen will, das man einem Arbeitnehmer anbieten kann. Im vorliegenden Fall sieht man, dass die gegebenen Umsatz- und Kostenstrukturen sogar ein leicht höheres Gehalt ermöglichen würden, im Vergleich zum Tarifvertrag, der ein Jahresgehalt von ca. 22.500 Euro bewirkt. Dies kann man z. B. für die Gewährung von Leistungsprämien einsetzen oder zum

Umsatz in der Filiale, im Planungsjahr	Outlet 4 (Fulda): € 1.100.000,00
Personalausstattung laut Stellenplan (Abb. 2-3)	6 VZÄ
Umsatz pro Mitarbeiter VZÄ	€ 1.100.000 / 6 MA VZÄ = € 183.333 pro MA VZÄ
Maximal zulässiger Personalkostensatz, um Gewinn mit gegebenem Umsatz zu erzielen:	20 %
Maximal zulässige Personalgesamtkosten	€ 183.333 * 0,2 =€ 36.666,67
Personalgesamtkosten = 160 % von Arbeitnehmer-Bruttogehalt	Wenn € 36.666,67 = 160 % Dann 1 % = € 229,17 Dann 100 % = € 22.917,00
Maximal anzubietendes Arbeitnehmer-Bruttogehalt	€ 22.917,00

Abb. 2.15 Die Top-Down-Gehaltskalkulation (eigene Erstellung)

2.3 Die quantitative Personalplanung

Ausgleich von Überstunden. Von daher basieren auch die Angebote der Arbeitgeberseite in Tarifverhandlungen auf derartigen Rechnungen – sie kennen die maximal möglichen Beträge, die ihnen eine wirtschaftliche Fortführung des Betriebs ermöglichen.

Beim Bottom-up-Verfahren wird das Arbeitnehmer-Bruttogehalt herangezogen, darauf aufbauend die Personalgesamtkosten und anhand eines Schlüsselwertes der notwendige Umsatz bestimmt, der mindestens erzielt werden muss, damit sich die Beschäftigung des Arbeitnehmers für den Arbeitgeber lohnt. Dieses Verfahren zeigt Abb. 2.16.

Auch hier kann bei Bedarf der Wert „Arbeitgeber-Bruttolohn" berechnet werden, was aber für diese Kalkulation keinen besonderen Vorteil bietet und letztendlich nur für die Budgetierung in der jeweiligen Abteilung benötigt wird.

Der Einsatzzweck der Bottom-up-Rechnung ergibt sich aus der Überlegung, wie auf eine Gehaltsforderung von Arbeitnehmer reagiert werden kann. Wenn Kandidaten im Vorstellungsgespräch eine bestimmte Summe als Erwartung genannt wird, kann man auf diese Weise bestimmen, welchen Umsatz man von diesen Mitarbeitern erwarten muss, damit sich die Forderung für den Arbeitgeber trägt. Gegebenenfalls kann man Variationen im Gehalt anbieten oder muss gleich von Anfang an deutlich machen, dass man sich diese Gehaltsforderung nicht leisten kann.

Eine Beispielrechnung in Abb. 2.17 kann dies verdeutlichen. Unter der Annahme, dass für das Outlet 4 in Fulda eine neue Kraft gesucht wird, und insgesamt drei Bewerber sich vorstellen, die bestimmte Erwartungen nennen, kann überlegt werden, ob sich die Einstellung rechnet. Je nach bisherigen Arbeitsumfeld äußern die drei Kandidaten unterschiedliche Monatsgehälter und Zahlweisen, die ein bestimmtes Jahresgehalt ergeben.

Geht man davon aus, dass der Umsatz pro Vollzeitmitarbeiter mit € 180.000 jährlich geplant wird, kann man zu den einzelnen Bewerbern sagen:

Arbeitsschritt	Errechneter Wert
.3. Schritt: Wenn Personalgesamtkosten maximal 20 % vom Umsatz betragen dürfen, wie hoch ist der mindestens erforderliche Umsatz pro Mitarbeiter?	€ 36.000 / 0,2 = € 180.000,00
.2. Schritt: Personalgesamtkosten bestimmen (hier mit Zuschlagsfaktor 60 %)	€ 22.500* 1,6 = € 36.000,00
.1. Schritt: Arbeitnehmer-Bruttogehalt pro Jahr einsetzen	€ 22.500,00

Abb. 2.16 Die Bottom-Up-Kalkulation der Personalkosten-Umsatz-Relation (eigene Erstellung)

Bewerber/in:	A. Scharr	B. Flach	C. Clemens
Gewünschtes Gehalt:	€ 1700*13	€ 1800 * 12,75	€ 2100 * 12
Damit Jahresgehaltsumme	€ 22.100,00	€ 22.950,00	€ 25.200,00
Damit als Personalgesamtkosten (PGK, hier mit Verrechnungssatz 60 %)	€ 22.100 * 1,6 = € 35.360,00	€ 22.950 * 1,6 = € 36.720,00	€ 25.200* 1,6 = € 40.320,00
Damit erforderlicher Umsatz, wenn PGK maximal 20 % vom Umsatz betragen dürfen	€ 176.800,00	€ 183.500,00	€ 201.600

Abb. 2.17 Wirtschaftlichkeitsrechnungen der Gehaltsforderungen von Bewerbern (eigene Erstellung)

- A. Scharr ist in den Gehaltsvorstellungen und den daraus abgeleiteten Umsatzanforderungen auf alle Fälle innerhalb des Rahmens, vielleicht wird diese Persona sogar erfreut und damit motivierter sein, wenn man ihr die laut Tarifvertrag vorgesehene Gehaltshöhe anbietet
- B. Flach liegt mit den Gehaltserwartungen etwas über den wirtschaftlich tragfähigen Rahmenwerten, hier kann man entweder durch Transparenz („wir zahlen nach Tarif") oder auch durch ein „variables Angebot" („wir zahlen Ihnen zunächst einmal 12,5 * € 1800, würden aber bei einem entsprechenden Einsatz, der einen überdurchschnittlichen Umsatz erbringt, Ihnen eine Erfolgskomponente gewähren, die Ihre Gehaltswartung dann erfüllt oder gar übertrifft") durchaus eine Einigung erzielen
- C. Clemens liegt mit den Gehaltserwartungen deutlich außerhalb des wirtschaftlich darstellbaren Bereichs, hier wird man durch „Runterverhandeln" entweder eine demotivierte Kraft einstellen, die sich womöglich auch noch anderweitig schadlos hält (Ladendiebstahl durch Mitarbeitende ist ein Fakt, der aller Erfahrung nach v. a. bei Mitarbeitenden auftritt, die sich ungerecht behandelt und/oder bezahlt fühlen), oder man wird erst gar keine Einigung erzielen – ein Hinweis durch den Arbeitgeber, dass man aufgrund der Konjunkturlage in der Branche, mit dem gegebenen Alter oder anderen Merkmalen kaum noch andere Chancen haben wird, dürfte ein gedeihliches Miteinander auch nicht gerade fördern

Von daher ist es die Aufgabe der Personalarbeit, bereits im Vorfeld zu definieren, welche maximale Gehaltshöhe erreichbar ist und in welcher Form noch Variationen (z. B. Dienstwagen, dienstliches Laptop oder Mobiltelefon) und variable Elemente (z. B. Umsatzprovisionen, Leistungsprämien etc.) eingebracht werden können.

Eine abschließende Nebenbemerkung zum Punkt „Lohnstückkosten", mit dem gerade Arbeitgeber-Lobbyisten gerne argumentieren (z. B. Schröder 2020; ergänzend o.V. 2019b): Dies ist eine ex-post-Betrachtung, also eine Berechnung im Nachhinein, bei der die Personalgesamtkosten durch die produzierten Warenmengen geteilt werden (was übrigens im Dienstleistungsbereich schon schwieriger zu berechnen ist, da dort in der Regel keine „Stückzahlen" produziert werden). Und da diese von der betrieblichen Auslastung abhängen, kann dieser Wert jedes Jahr durchaus um 20 %-Punkte variieren. Im Durchschnitt mehrerer Jahre hingegen glätten sich solche Ausschläge.

2.3.10.5 Die Vergleichsrechnung bei der Entscheidung zwischen freien und festen Mitarbeitern

Die J. Weizenfeld GmbH & Co. KG hat seit Etablierung der Versandaktivitäten eine feste Kraft beschäftigt, die die jeweiligen Kollektionen für den gedruckten Katalog (Versand zweimal jährlich im März und Oktober) sowie für die Sonderaktionskataloge (Versand monatlich) fotografiert hat. Auch mit Umstellung des gedruckten Katalogs auf Online-Datenbanken wurden regelmäßig Fotos benötigt, zumal nach wie vor Warenpakete und Kundenbriefe auch mit gedruckten Material ergänzt werden. Der bisherige Fotograf,

2.3 Die quantitative Personalplanung

Karl-Josef Schraud, geht zum Jahresende in den Ruhestand. Die Geschäftsleitung überlegt daher gemeinsam mit den Bereichsleitungen für die beiden Versandbereiche, ob man wieder eine feste Kraft einstellen sollte, oder ob es besser sein könnte, sich in Zukunft auf freie Kräfte zu stützen. Hier liegt also eine Variation der bekannten „make-or-buy-Entscheidung" vor (siehe auch Macha 2010, S. 202 ff.). Dazu sind folgende Werte bekannt:

(1) Karl-Josef Schraud erhält derzeit ein monatliches Festgehalt von € 2000, sowie als Leistungsprämie für jedes verwendete Foto € 10 pro Stück
(2) Es liegt ein Alternativangebot von Frank & Ellen Grun Industriefotografie GbR vor, die anbieten, dass sie für jedes verwendete Foto ein Honorar von € 20 haben wollen, und als Ausgleich für ihre Kosten der Technik ein Fixum von € 100 pro Person und Monat haben wollen, mithin € 200 pro Monat für beide
(3) Nachdem das Controlling die aktuelle Auslastung von Karl-Joseph Schraud geprüft hat, werden derzeit ca. 150 Fotos monatlich verwendet. Von daher stellt sich die Frage, ob die externe Auftragsvergabe bei diesem Arbeitsvolumen sinnvoll ist.
(4) Und um eine Entscheidungsvorlage auch bei Veränderungen in der Auftragsvergabe zu haben, sollte der „Gleichgewichtspunkt" bestimmt werden, bei dem sich die Kosten beider Alternativen die Waage halten

Zur Lösung dieser Aufgabenstellung ist zunächst der Punkt (4) vorzuziehen, also die Berechnung des Gleichgewichtspunktes. Dabei ergibt sich die in Abb. 2.18 erstellte Aufstellung:

Der Gleichgewichtspunkt ist demzufolge der Punkt, bei dem die Kosten für beide Seiten gleich hoch sind. Dieser liegt bei 180 Fotos pro Monat.

Damit lässt sich auch der Punkt (3) beantworten: bei 150 Fotos pro Monat wären mit dem festen Mitarbeiter Kosten in Höhe von € 2000 + 150 Fotos * € 10 = € 3500 verbunden, mit den beiden freien Mitarbeitern Kosten in Höhe von 2 * € 100 + 150 * € 20 = € 3200. In diesem Fall wäre also die Alternative der freien Auftragsvergabe die wirtschaftlich sinnvollere. Was aus Gründen der Vereinfachung weggelassen wurde: Zu dieser Rechnung muss auch noch die „Künstlersozialversicherungsabgabe" hinzugerechnet werden, ein Aufschlag in Höhe von derzeit 4,2 %, der aber unabhängig vom Beschäftigungsverhältnis generell auf alle kreativ-künstlerischen Zulieferungen anfällt (vgl. Künstlersozialkasse o. J.), und der gerne in Betrieben vergessen wird, bis eine Betriebsprüfung durch einen Sozialversicherungsträger eine Nachzahlung auf entsprechende Honorarrechnungen über

Rechenschritt	Erläuterung
2000 € Festgehalt + x Fotos * 10 € = 2 * 100 € Fixum + x Fotos * 20€	
2000 € - 200 € = x Fotos * 20€ – x Fotos * 10€	Aufgelöst nach x
1800 € = x Fotos * 10 €	
180 € = x Fotos * €	Dividiert durch 10
180 = x Fotos	„Kürzen" von €

Abb. 2.18 Berechnung des Gleichgewichtspunktes (eigene Erstellung)

die letzten zehn Jahre verursacht. Aus dieser Abgabe können freiberufliche Künstlerinnen und Künstler unter bestimmten Umständen einen Zuschuss zu ihren eigenen Sozialversicherungsbeiträgen beantragen, der ungefähr dem Arbeitgeberanteil bei festangestellten Kräften entspricht.

Neben diesen kalkulatorischen Überlegungen gibt es weitere Gesichtspunkte, die in die Entscheidungsfindung einfließen können. Die entsprechende Vorteils-/Nachteilsdiskussion erfolgt in Abb. 2.19.

Bei einem Arbeitsaufkommen von durchschnittlich 150 Fotos pro Monat würde es naheliegen, in Abwägung der Kostenvorteile und der weiteren Argumente den Auftrag an die freien Mitarbeiter zu vergeben. Sollte das Auftragsvolumen rasant ansteigen, auf z. B. 220–250 Fotos pro Monat, würde sehr viel dafürsprechen, eher den festen Mitarbeiter zu wählen. Allerdings muss man dabei auch beachten, wie hoch das maximal leistbare Arbeitsvolumen des festen Mitarbeiters ist – wenn dieses z. B. bei 200 Fotos pro Monat liegen würde, verbietet sich diese Alternative. Oder man wählt ein „Kombinationsmodell", mit der Auslastung einer fest angestellten Arbeitskraft und der zusätzlichen Beauftragung einer freien Arbeitskraft für die Arbeitsvolumina oberhalb der Leistungskapazität der festen Arbeitskraft.

2.3.10.6 Personalkostenplanung nach dem Target-Costing-Ansatz

Target Costing ist der Ansatz, bei dem man Arbeitsprozesse im Unternehmen auf die unbedingt erforderlich Kosten reduziert, um eine möglichst kostengünstige Arbeitsweise zu bewirken (vgl. Macha 2010, S. 262 ff.). Im Bereich der Personalkostenplanung kann dies z. B. anhand der Dienstleistungen einer bestimmten Abteilung oder Arbeitsgruppe aufgezeigt werden. Nimmt man die Arbeitsgruppe „Disposition" im Bereich Kindergartenmö-

	Feste Mitarbeiter	Freie Mitarbeiter
Vorteile	+ leichter kontrollierbar + höhere Loyalität + repräsentiert das Unternehmen + Verpflichtung zur Verschwiegenheit + im Rahmen des Arbeitsvertrags auch für andere Zwecke einsetzbar + Sozialversicherungsrechtlich unproblematisch	+ höhere Motivation, da Umsatz vom Einsatz abhängt + keine Kosten für Urlaub und Erkrankung + bringen eigene Technik ein + leichter rationalisierbar
Nachteile	- möglicherweise geringere Motivation - höhere Sozialkosten für Urlaub und Erkrankung - muss Technik bereit gestellt bekommen - schwieriger rationalisierbar (Kündigungsschutz)	- schwerer kontrollierbar - geringere Loyalität - repräsentieren sich selbst und arbeiten auch für andere Auftraggeber - möglicherweise Weitergabe von internem Wissen - müssen für jeden Auftrag einzeln gewonnen werden - möglicherweise Problem der Scheinselbständigkeit

Abb. 2.19 Vergleich der Alternativen Festanstellung vs. Freie Mitarbeiter (eigene Erstellung)

2.3 Die quantitative Personalplanung

bel der J. Weizenfeld GmbH & Co. KG (siehe Abb. 2.3), so sieht man eine derzeitige Personalausstattung mit 5 Vollzeitmitarbeitern.

Eine vertiefende Analyse der Arbeitsgruppe sieht folgende Aufgaben, wobei die angegebenen Zahlen den Arbeitgeber-Bruttowert darstellen:

- Leitungsarbeiten, im Umfang mit 1500 Stunden pro Jahr, die mit € 50 pro Stunde (Personalgesamtkosten) budgetiert sind
- Sekretariats-/Assistenztätigkeiten, im Umfang von 1750 Stunden jährlich, mit 35 Euro pro Stunde budgetiert
- Sachbearbeitung im Umfang von ca. 5500 Stunden jährlich, in Höhe von 30 Euro angesetzt

Ein erklärender Hinweis an dieser Stelle: Budgetierungsrechnungen sollten auf der Abteilungsebene zunächst mit den Arbeitgeber-Bruttowerten angesetzt werden, weil diese sicher direkt bestimmbar sind. Sofern Mitarbeiter Fortbildung in Anspruch nehmen sollen, können diese zunächst über andere Kostenstellen (z. B. Personalabteilung) geplant werden, die sich dann je nach Nachfrage den einzelnen Abteilungen (als Kostenstellen) und später in der Unternehmensrechnung auf die gesamten Personalkosten zurechnen lassen.

Das Controlling prüft jetzt nach, wie hoch die Mindestbesetzung sein muss, damit die Abteilung ihre Aufgaben erfüllen kann, auf der Basis von 1750 Stunden Arbeitsleistung jährlich pro Vollzeitmitarbeiter. Des Weiteren ist es in solchen Situationen auch immer ratsam, in der Personalplanung zu prüfen, ob zeitliche Puffer für Unwägbarkeiten (z. B. Ausfallzeiten wegen Erkrankung oder Fortbildung) vorliegen und ob es sinnvoll sein kann, statt Vollzeitmitarbeitern eher Teilzeitmitarbeiter einzustellen, die das Risiko bei Erkrankung deutlich absenken oder auch eine flexiblere Schichtenbildung bei unterschiedlichen Auslastungsverteilungen über die Wochentage ermöglichen – dies kennt man z. B. im Pflegebereich von vielen Krankenhäusern oder im Einzelhandel.

Im ersten Schritt wird man die Leitungsarbeit auf eine Leitungskraft verteilen, die bei einer Gesamtarbeitszeit von 1750 Stunden/Jahr erbringt. Diese kann davon 1500 Stunden für Leistungsarbeit einsetzen und die übrigbleibenden 250 Stunden für Sachbearbeitung, wie in Abb. 2.20 dargestellt. Eine Wahrnehmung von Sekretariats-/Assistenztätigkeiten würde an der Stelle der Idee der Assistenz zuwiderlaufen, nämlich der Entlastung und der Unterstützung einer leitenden Person.

Übrig bleiben auf diesem Stand noch 5250 Stunden Sachbearbeitung (5500 h abzüglich der 250 h, die bereits durch die Leitungskraft abgedeckt werden), sowie 1750 Stunden Sekretariats-/Assistenztätigkeiten.

In einem zweiten Schritt würde man nunmehr die Sekretariats-/Assistenztätigkeit einplanen, in Abb. 2.21 dargestellt.

Nach diesem Schritt verbleiben noch 5250 Stunden Sachbearbeitung, die in Abb. 2.22 auf 3 Kräfte verteilt werden.

Im vorliegenden Beispiel geht der zugewiesene Personalstand also genau auf, um die vorgesehenen Aufgaben zu erfüllen. Damit ist ein kostenminimaler Personaleinsatz gege-

Anzahl der Kräfte	Wahrgenommene Funktionen und Stunden	Damit einher gehender Personal-aufwand (als Arbeitgeberbrutto gerechnet)
1. Kraft	1750 Stunden Potenzial: => 1500 Stunden Leitung für € 50 => Rest: 250 Stunden für Sachbearbeitung zu € 30	1500 h * € 50 = € 75.000,-- 250 h * € 30 = € 7500,-- Summe: € 82.500,--

Abb. 2.20 Musterrechnung für den ersten Schritt in der Target-Costing-Planung im Personaleinsatz

Anzahl der Kräfte	Wahrgenommene Funktionen und Stunden	Damit einher gehender Personal-aufwand (als Arbeitgeberbrutto gerechnet)
1. Kraft	1750 Stunden Potenzial: => 1500 Stunden Leitung für € 50 => Rest: 250 Stunden für Sachbearbeitung zu € 30	1500 h * € 50 = € 75.000,-- 250 h * € 30 = € 7500,-- Summe: € 82.500,--
2. Kraft	1750 Stunden Potenzial => 1750 Stunden Sekretariat/Assistenz für € 35	1750 h * € 35 = € 61.250,-- Summe: € 61.250,--

Abb. 2.21 Musterrechnung für den zweiten Schritt der Target Costing-Planung im Personaleinsatz

Anzahl der Kräfte	Wahrgenommene Funktionen und Stunden	Damit einher gehender Personal-aufwand (als Arbeitgeberbrutto gerechnet)
1. Kraft	1750 Stunden Potenzial: => 1500 Stunden Leitung für € 50 => Rest: 250 Stunden für Sachbearbeitung zu € 30	1500 h * € 50 = € 75.000,-- 250 h * € 30 = € 7.500,-- Summe: € 82.500,--
2. Kraft	1750 Stunden Potenzial => 1750 Stunden Sekretariat/Assistenz für € 35	1750 h * € 35 = € 61.250,-- Summe: € 61.250,--
3. Kraft 4. Kraft 5. Kraft	1750 Stunden Sachbearbeitung für € 30 1750 Stunden Sachbearbeitung für € 30 1750 Stunden Sachbearbeitung für € 30	1750 h * € 30 = € 52.500,-- 1750 h * € 30 = € 52.500,-- 1750 h * € 30 = € 52.500,-- Summe: € 157.500,--
5 Kräfte	Gesamtkosten	€ 82.500,-- + € 61.250,-- + € 157.500,-- = € 301.250,--

Abb. 2.22 Musterrechnung für den dritten Schritt der Target-Costing-Planung im Personaleinsatz

ben, der sich nur noch dadurch verringern lässt, dass die Gehaltshöhe gesenkt wird oder aber dadurch, dass Arbeitsschritte auf Anwendungen der künstlichen Intelligenz verlagert werden. Sollten Mitarbeiter durch Erkrankung ausfallen oder Fortbildung wahrnehmen wollen, wäre kein Zeitpuffer mehr vorhanden bzw. müsste dann durch „unentgeltliche Nacharbeit" wieder hereingeholt werden.

2.3.10.7 Abschließende Hinweise zur Planung der Personalkosten

In den vorher gehenden Abschnitten wurde bereits mehrfach auf die unterschiedlichen Ebenen der Budgetierung und der dabei zu berücksichtigen Kostensätze fokussiert. Generell gilt, dass bei der Budgetierung

- auf der Ebene der Fachabteilung (z. B. Marketing- oder Logistikabteilung) die Personalkosten in Höhe des Arbeitgeber-Bruttogehalts angesetzt werden sollten; diese sind in ihrer Höhe eindeutig bestimmbar und einzelnen Personen bzw. Stellen und deren Inhabern zuzuordnen, sie können relativ sicher geplant werden; sonstige personalrelevante Kosten können in eigenständigen Positionen (z. B. Bedarf für Personalentwicklung, Prämien) ausgewiesen werden
- auf Ebene der Personalabteilung alle Kosten auf Ebene der Personalgesamtkosten bestimmt werden sollten, in dem man neben den Arbeitgeber-Bruttogehältern auch alle anderen personalrelevanten Kosten plant, z. B. den Kosten für Personalsuche, für Personalentwicklung, für Kündigungen und Arbeitsgerichtsverfahren, für betriebliche Sozialeinrichtungen, und dann entsprechend der tatsächlichen Anforderung gezielt einzelnen Stellen oder Abteilungen im Nachgang über eine Kostenstellenrechnung am Ende des Geschäftsjahres zuweist. Bei dieser ex-post-Betrachtung gewinnt man die Bezugsdaten für die Planung der nächsten Jahre; ggf. sind Kosten pauschal nach Köpfen oder VZÄ als „Overhead" zuzuweisen. Auf alle Fälle werden damit die durchschnittlich anfallenden Personalkosten bestimmbar

Die genaue Zuweisung der Kosten wird sich anhand der individuell im Unternehmen angewandten Kostenrechnungssysteme ergeben. Zudem werden auch neue Gehaltsmodelle eine neue Form von Kostenzuweisung bedingen. Zu denken sind an zusätzliche freie Tage oder Sabbaticals etc., bei denen der Arbeitgeber zumindest einen Teil der Sozialabgaben übernimmt, ohne eine konkrete Gegenleistung zu bekommen – hier ist die grundsätzliche Frage zu stellen, ob dies einer Abteilung oder den Personalgesamtkosten zuzurechnen ist. Genauso werden Fragen zur „neuen" Arbeitszeitorganisation im Zeichen von New Work neue Anforderungen stellen (siehe auch Vogelsang 2020, S. 16 f.).

2.4 Qualitative Personalplanung

Neben dem numerischen Personalbedarf ist auch zu definieren, welche Qualifikationen und Kompetenzen die Mitarbeiter aufweisen müssen, um den gestellten Aufgaben und Anforderungen gerecht zu werden. Dabei ist folgende grundlegende Definition maßgeblich:

- Qualifikationen umfassen alle fremdvermittelten Kenntnisse und Wissen, die eine Person prinzipiell beherrschen sollte und die durch geeignete Prüfungen und Dokumente nachgewiesen werden (z. B. Zeugnisse, Abschlussgrade, Teilnahmezertifikate, z. B. über Schul- und Hochschulabschlüsse, Berufsausbildungen oder Sprachtests)

- Kompetenzen stellen alle Kenntnisse und Wissensstände dar, die eine Person aus sich heraus beherrscht und jederzeit abrufen und anwenden kann, z. B. die Fähigkeit, eine Schlagbohrmaschine zu bedienen, einen Bestellvorgang im Internet durchzuführen oder ein Gespräch in einer Fremdsprache zu führen

Zu jeder Stelle im Unternehmen ist eine Analyse durchzuführen, welche Qualifikationen und Kompetenzen erforderlich erscheinen. Neben gesetzlichen Quellen (z. B. die Zugangsdefinitionen im öffentlichen Dienst für bestimmte Positionen oder geforderte Sachkundenachweise in bestimmten Berufsfeldern oder auch Approbationen für Heilberufe) können hierzu verschiedene Quellen nähere Informationen liefern:

Quellen für Qualifikationen und Kompetenzen
- Beobachtung von Arbeitnehmern in vergleichbaren Stellen
- Expertenbefragungen
- Betroffenenbefragungen (z. B. bei Heilberufen: Befragung von Patienten zu ihren Erwartungen an Therapeuten und Pfleger)
- Plausibilitätsüberlegungen (Wenn jemand in der Hotellerie arbeiten möchte, werden vermutlich auch ausländische Gäste kommen, folglich sollten Sprachkenntnisse und interkulturelle Verhaltenskompetenzen vorhanden sein)

Anhand des Genfer Schemas lassen sich die Anforderungen systematisch prüfen und die notwendigen Kompetenzen und Qualifikationen näher definieren. Das von einer internationalen Konferenz der Internationalen Arbeitsorganisation ILO im Jahr 1950 aufgestellte Schema kennt vier Bereiche (siehe Katz und Baitsch 2006, S. 12 f.; Staffelbach 2016, S. 60 ff.):

Vier Bereiche für Qualifikationen und Kompetenzen
- Können (in Form von muskel- und nicht-muskelmäßigen Fähigkeiten, z. B. das Heben und Senken von Gegenständen, das Bearbeiten und Zusammenfügen von Werkstücken, die Befüllung oder Entleerung von Behältern)
- Verantwortung, im Sinne einer Bereitschaft, sich für Aufgaben zuständig zu fühlen, und diese dann auch im Sinne der Aufgabenstellung durchzuführen bzw. deren Ausführung zu überwachen sowie die Leistungsqualität zu überwachen
- Belastung, als Fähigkeit, körperliche und mentale Anstrengungen auszuhalten, auch über einen längeren Zeitraum
- Arbeitsbedingungen, die in irgendeiner Form auf die Ausübung der Arbeit zusätzlichen Einfluss nehmen, z. B. Lärm, Schmutz, Feuchtigkeit, in unterschiedlicher Intensität, Dauerhaftigkeit bzw. Wechselweisen

2.4 Qualitative Personalplanung

Das Genfer Schema hat in den Lehrbüchern weite Verbreitung gefunden, ist aber nicht der einzige Zugang. Andere Ansätze wie z. B. das Fleishman Job-Analyse System (vgl. Kleinmann et al. 2010) setzen auf fünf Anforderungsbereiche: Kognitive Anforderungen, psychomotorische Anforderungen, physische Anforderungen, Anforderungen an die Sensorik und Wahrnehmung sowie soziale Anforderungen. Welchen Ansatz man wählt, wird von verschiedenen Überlegungen ab, die jedes Unternehmen für sich trifft. Die Wahl eines bekannten Ansatzes hat den Vorteil, dass man sich z. B. mit den Aufsichtsstellen für den Arbeitsschutz (z. B. Berufsgenossenschaft bzw. Unfallversicherungsträger, Gewerbeaufsichtsamt) schneller über die notwendigen Schutzvorkehrungen und deren Einhaltung einigen kann.

Entsprechend können Anforderungsprofile entwickelt werden (vgl. Wilk 2018, S. 63 ff.) und in eine Stellenbeschreibung überführt werden, die als Basis für eine Stellenausschreibung und für die Auswahl geeigneter Kandidaten dient. Dabei findet man in der Praxis oft, dass insbesondere kleine und mittlere Unternehmen die Anforderungen über bestimmte Ausbildungsabschlüsse und spezifische Berufserfahrungen pauschal abbilden, weniger über konkrete, genau ausdifferenzierte Anforderungsprofile. In Großunternehmen hingegen sind ausführliche Anforderungskataloge durchaus üblich.

Eine Stellenbeschreibung ist zunächst einmal ein organisatorisches Hilfsmittel, um die einzelnen Aufgaben einer Stelle mit entsprechenden Anforderungsprofilen zu verbinden. Am Beispiel Marketingleitung des Carina-Versands der J. Weizenfeld GmbH & Co KG. könnte dies folgende Punkte umfassen:

Beispiel

Beispiel für eine Stellenbeschreibung mit Anforderungsprofil

- Bezeichnung der Stelle (z. B. Marketingleitung Carina-Versand)
- Inhaltliche Beschreibung der Aufgaben (z. B. Pflege und Ausbau der Marktstellung des Carina-Versands, durch Entwicklung von Marketing-Konzepten, Durchführung und Auswertung von Marktforschungen, Auswertung der Reklamationen, Mitwirkung bei Innovationen, Planung und Durchführung von Werbung und Sonderaktionen, Marketing-Controlling), ggf. auch mit Führungsaufgaben (Anleitung und Überwachung der Mitarbeiter im Marketing, Ausbildungsmaßnahmen für Auszubildende während ihrer Ausbildungsstufe Marketingabteilung) und mit Budgetverantwortung (Aufstellung und Ausgabe des genehmigten Budgets, Kosten-Nutzen-Evaluation)
- Zuordnung der Stelle (berichtet an die Geschäftsführung Markt und Vertrieb)
- Ggf. auch zugeordnete Stellen (Marketingassistenz, Mitarbeiter Marketingabteilung)
- Stellvertretungsregelungen (vertritt die Geschäftsführung Markt und Vertrieb, bei Abwesenheit von mehr als fünf Tagen, gemeinsam mit der Geschäftsführung Technik und Personal; wird bei Abwesenheit von mehr als fünf Tagen vertreten durch die Teamleitung Vertrieb)
- Anforderungen (z. B. Fachwirtausbildung oder Marketingstudium, mindestens sechs Jahre Berufserfahrung im Konsumgüterhandel, davon mindestens zwei Jahre mit mit Führungs-/Budgetverantwortung, idealerweise Ausbildereignung)

- Vertretungs-/Handlungsrahmen (erhält Vertretungsvollmacht gemeinsam mit einem Geschäftsführer oder Prokuristen, kann allein Ausgaben bis Euro 10.000 oder Dauerverpflichtungen über 25.000 Euro pro Geschäftsjahr allein eingehen)
- Besonderheiten (z. B. Gehaltseinstufung AT/ca. 90–110.000 Euro pro Jahr, Zuweisung eines Dienstwagens der Klasse Audi A4) ◄

Aus arbeitsrechtlicher Sicht interessant ist die Frage, inwiefern man eine Stellenbeschreibung allein als organisatorisches Hilfsmittel betrachtet oder als Anlage zum Arbeitsvertrag. Ist sie allein organisatorisches Hilfsmittel, kann sie relativ leicht den jeweiligen Erfordernissen angepasst werden. Im Gegensatz dazu stellt – bei einer Anlage zum Arbeitsvertrag – jede materielle Änderung gleich eine Änderungskündigung dar und bedarf der Zustimmung des betroffenen Arbeitnehmers, mit den entsprechenden formellen Anforderungen. Allerdings hat diese Konstruktion den Vorteil, dass man im Zweifelsfall sehr konkrete Anforderungen mit einer tatsächlich gezeigten Arbeitsleistung vergleichen kann und eine entsprechende Handhabe für Abmahnungen und Kündigungen hat. Insofern gilt es sorgfältig abzuwägen.

2.5 Arbeits- und Wiederholungsfragen zu Kap. 2

1. Grenzen Sie strategische, taktische und operative Planung voneinander ab!
2. Stellen Sie dar, was man unter Brutto- und Nettopersonalbedarf versteht und wie man beide Werte bestimmt!
3. Was versteht man unter quantitativer bzw. qualitativer Personalplanung?
4. Was ist eine Szenario-Analyse, und in welcher Form dient sie der Personalplanung?
5. Was versteht man unter Arbeitnehmer-Brutto, Arbeitgeber-Brutto und Personalgesamtkosten?
6. Worin begründet sich die Unterscheidung zwischen Arbeitgeber-Brutto und Personalgesamtkosten?
7. Was versteht man unter chronologischen und chronometrischen Arbeitszeitmodellen, und in welcher Form beeinflussen sie die Personalplanung?
8. Was ist das Genfer Schema zur Analyse der Anforderungen, und auf welche Anforderungen stellt es ab?
9. Was ist eine Stellenbeschreibung?

Literatur

Amlinger-Chatterjee M (2016) Atypische Arbeitszeiten. Bundesanstalt für Arbeitsschutz und Arbeitssicherheit, Dortmund. www.baua.de/DE/Angebote/Publikationen/Berichte/F2353-3a.pdf?__blob=publicationFile. Zugegriffen am 12.06.2020

AOK (o. J.) Länderübergreifender. Gesundheitsbericht 2019, Beitrag. www.aok.de/pk/nordost/inhalt/fuer-ein-mehr-an-gesundheit-und-lebensqualitaet/. Zugegriffen am 31.05.2020

Literatur

Bachmann C (2020) Vier Tage sind genug. Beitrag vom 27.05.2020.https://hrtoday.ch/de/article/work-life-balance-vier-arbeitstage-sind-genug. Zugegriffen am 12.06.2020

Bäcker G et al (2010) Sozialpolitik und soziale Lage in Deutschland, 1, 5. Wiesbaden: SpringerVS

Beer M et al (1985) Human resource management, New York/London: Free Press

Berthel J, Becker FG (2017) Personal-management, 11. Aufl. Schäffer Poeschel, Stuttgart

BFS Bundesamt für Statistik (o. J.) Absenzen, Beitrag. www.bfs.admin.ch/bfs/de/home/statistiken/arbeit-erwerb/erwerbstaetigkeit-arbeitszeit/arbeitszeit/absenzen.html. Zugegriffen am 31.05.2020

Braun E, Hillebrecht S (2015) Personalplanung im Buchhandel. Bramann, Frankfurt am Main

Firma.de (2019) Personalkosten – was kosten Arbeitnehmer wirklich? Beitrag vom 19.08.2019. www.firma.de/unternehmensfuehrung/personalkosten-was-kostet-ein-arbeitnehmer-wirklich/. Zugegriffen am 15.06.2020

Fisher M et al (2019) Retailers are squandering their most potent weapons. Harv Bus Rev 97(1):73–79

Gillruth RR (o. J.) I believe we should go to the moon. Beitrag. https://history.nasa.gov/SP-350/ch-2-1.html. Zugegriffen am 14.09.2020

Gmürr M, Thommen JP (2019) Human Resources Management, 5. Aufl. Versus, Zürich ZH

Hartmann GM (2020) Das ständige Checken von Emails fällt bei uns weg. Beitrag vom 19.02.2019. www.welt.de/regionales/nrw/article189004609/Fuenf-Stunden-Tag-Fuer-Bielefelder-Agentur-geht-Arbeitszeit-auch-anders.html. Zugegriffen am 12.06.2020

Hillebrecht S (2018) Sabbaticals für die Personalentwicklung. Springer Gabler, Wiesbaden

Hillebrecht S (2019) Führung von Personaldienstleistungsunternehmen, 3. Aufl. Springer Gabler, Wiesbaden

IG Metall (2019) Vor 35 Jahren begann der Streik um die 35-Stunden-Woche. Beitrag vom 19.05.2019. www.igmetall.de/ueber-uns/geschichte/der-kampf-um-die-35-stunden-woche. Zugegriffen am 12.06.2020

IKK (o. J.) Gesundheit im Handwerk, Kurzbericht Gesundheit 2019, als PDF. www.ikk-classic.de/assets/3587_ikkc_web_pdf.pdf. Zugegriffen am 31.05.2020

Jung H (2017) Personalwirtschaft, 10. Aufl. de Gruyter Oldenbourg, Berlin und München

Katz CP, Baitsch C (2006) Arbeit bewerten, Personal beurteilen. VDF Hochschulverlag, Zürich ZH

Kellner B et al (2019) Flexible Working Studie 2019, Wien. www2.deloitte.com/content/dam/Deloitte/at/Documents/human-capital/at-flexible-working-2019.pdf. Zugegriffen am 12.06.2020

Kleinmann M et al (2010) Fleishman Job Analyse-System für eigenschaftsbezogene Anforderungsanalysen, Göttingen: Hogrefe

Künstlersozialkasse (o. J.) Künstlersozialabgabe, Beitrag. www.kuenstlersozialkasse.de/unternehmen-und-verwerter/kuenstlersozialabgabe.html. Zugegriffen am 15.06.2020

Lohnspiegel.de. (o. J.) Einzelhandelskaufleute, Beitrag. www.lohnspiegel.de/einzelhandelskaufleute-13914.htm. Zugegriffen am 15.06.2020

Macha R (2010) Grundlagen der Kosten- und Leistungsrechnung, 5. Aufl. Vahlen, München

Metall NRW (2020) M+E-Tarifrunde 2020. Beitrag vom 20.03.2020. https://metall.nrw/tarif/m-e-tarifrunde-2020/news/metall-tarifvertragsparteien-in-nordrhein-westfalen-erzielen-einigung-fuer-tarifrunde-2020/. Zugegriffen am 15.06.2020

Müller-Hagedorn L et al (2012) Der Handel, 2. Aufl. Kohlhammer, Stuttgart

o.V. (2013) Porsche-Mitarbeiter müssen weniger arbeiten. Beitrag vom 19.10.2013. www.handelsblatt.com/unternehmen/industrie/34-stunden-woche-porsche-mitarbeiter-muessen-weniger-arbeiten/8957306.html?ticket=ST-2636840-7dtcyeHKX35cvcaW5oeg-ap4. Zugegriffen am 12.06.2020

o.V. (2019a) Für AliBaba-Chef Jack Ma ist die Überstundenkultur ein Segen. Beitrag vom 12.04.2019. www.spiegel.de/wirtschaft/unternehmen/alibaba-chef-jack-ma-verteidigt-chinesische-ueberstundenkultur-996-a-1262627.html. Zugegriffen am 12.06.2020 o.V. (2019b) Arbeitskosten in Deutschland deutlich über EU-Schnitt, Beitrag vom 29.04.2019. https://www.zeit.de/wirtschaft/2019-04/arbeitskosten-industrie-dienstleistungen-deutschland-eu-statistisches-bundesamt. Zugegriffen am 15.06.2020

Rees G, Smith PE (2017) Strategic Human Resources Management, 2. Aufl. London, Cengage

Rottwilm C (2019) Karriere bei AliBaba? Nur, wer 72 Stunden die Woche arbeitet. Beitrag vom 18.04.2019. www.manager-magazin.de/unternehmen/artikel/alibaba-chef-jack-ma-karriere-nur-bei-72-stunden-arbeit-pro-woche-a-1263291.html. Zugegriffen am 12.06.2020

Hielscher V et al (2019) Schichtarbeit der Zukunft, Baden-Baden: Nomos

Schneider-Klein H (2007) Flexible Arbeitszeit – Vertrauensarbeitszeit. Bund, Frankfurt am Main

Scholz C, Scholz T (2019) Grundzüge des Personalmanagements, 3. Aufl. Vahlen, München

Schröder C (2020) IW-Trends I/2020 – Lohnstückkosten im internationalen Vergleich, als PDF am 19.03.2020 veröffentlicht. www.iwkoeln.de/fileadmin/user_upload/Studien/IW-Trends/PDF/2020/IW-Trends_2020-01-03_Schr%C3%B6der_LSK.pdf. Zugegriffen am 15.06.2020

Spengler T et al (2019) Moderne Personalplanung, Wiesbaden: Springer Gabler

Staffelbach B (2016) HRM basics. Vahlen, München

Tichy N (2019) Klare Verhältnisse gewünscht. Beitrag vom 11.07.2019. www.personalwirtschaft.de/arbeitsrecht/urteile/artikel/studie-zur-arbeitszeiterfassung.html. Zugegriffen am 12.06.2020

Tichy NM et al (1982) Strategic human resource management. Sloan Manag Rev 26(2):47–60

TK Technikerkasse (2020) Gesundheitsreport Arbeitsunfähigkeiten 2019, Hamburg: 2020. www.tk.de/resource/blob/2060908/b719879a6b6ca54c1f2ec600985fb616/gesundheitsreport-au-2019-data.pdf. Zugegriffen am 31.05.2020

Vogelsang T (2020) New Work = New Pay? Spotboni in Form von Freizeit. DGFP Personalführ 68(6):16–21

Wifo Österreichisches Institut für Wirtschaftsforschung (2019) Fehlzeitenreport 2019, als PDF im Dezember 2019 veröffentlicht. www.wifo.ac.at/jart/prj3/wifo/resources/person_dokument/person_dokument.jart?publikationsid=62103&mime_type=application/pdf. Zugegriffen am 31.05.2020

Wikipedia (o. J.) Apollo 11, Beitrag. https://en.wikipedia.org/wiki/Apollo_11. Zugegriffen am 14.04.2020

Wilk G (2018) Stellenbeschreibungen und Anforderungsprofile, 2. Aufl. Freiburg/Brsg

Wilke F (2019): Zack, zack, zack. Süddeutsche Zeitung, Nr. 201, vom 31.08.2019, S 36

Wolter U (2019) Flexibles Arbeiten – Für Deutsche v.a. Gleitzeit, Beitrag vom 02.10.2019. www.personalwirtschaft.de/hr-organisation/arbeitsgestaltung/artikel/gleitzeit-ist-in-deutschland-die-haeufigste-form-flexiblen-arbeitens.html. Zugegriffen am 12.06.2020

Die Personalgewinnung und -einstellung 3

Inhaltsverzeichnis

3.1	Das Personalmarketing	70
	3.1.1 Das Prinzip des Personalmarketings	70
	3.1.2 Einige Ansatzpunkte zu einem Personalmarketing-Controlling	73
3.2	Die Stellenbewertung und Stellenbeschreibung	74
3.3	Die Stellenausschreibung	75
3.4	Die Stufen der Bewerberauswahl	80
3.5	Die Vertragsgestaltung	83
	3.5.1 Die Elemente eines Arbeitsvertrags	83
	3.5.2 Die Gehaltsfindung im Arbeitsvertrag	85
	3.5.3 Die Handlungsmöglichkeiten des Arbeitnehmers bei der Gehaltsfindung	87
3.6	Die erfolgreiche Integration am neuen Arbeitsplatz	88
3.7	Das Outsourcing der Bewerberauswahl	89
3.8	Die Evaluierung der Bewerberauswahl	90
3.9	Die Handlungsparameter der Arbeitnehmer	91
3.10	Arbeits- und Wiederholungsfragen zu Kap. 3	91
Literatur		92

Zusammenfassung

Dieses Kapitel beschreibt die Grundsätze und Verfahrensweisen strukturierter Personalauswahl und Personaleinstellung, bis hin zum erfolgreichen „Onboarding" – dem neudeutschen Buzzword für die Integration am neuen Arbeitsplatz. Ausgangspunkt ist die Frage, wie sich die Beziehungen zwischen potenziellen Mitarbeitern und dem Unternehmen grundsätzlich gestalten lassen, um stets als attraktiver Arbeitgeber zu gelten und die Bewerber zu bekommen, die am besten zum Unternehmen passen. Im operativen Bereich werden die Instrumente dargestellt, mit deren Hilfe ein Unternehmen die idealen Bewerber identifizieren und gleichzeitig einen Eindruck davon vermitteln kann, was Mitarbeiter im Unternehmen erwartet. Ein erfolgreicher Auswahlprozess wird durch angemessene Begleitung bei der Einarbeitung am neuen Arbeitsplatz ergänzt und abgeschlossen. Zudem wird man sich immer Fragen zur Effizienz und Effektivität der Auswahlprozesse stellen müssen.

3.1 Das Personalmarketing

3.1.1 Das Prinzip des Personalmarketings

Wenn die Marketinglehre die bewusste Gestaltung von Austauschbeziehungen zwischen Anbietern und Nachfragern thematisiert, zum beiderseitigen und dauerhaften Vorteil (siehe z. B. Kotler et al. 2019, S. 43 ff.), kann man Personalmarketing als die bewusste Gestaltung von Austauschbeziehungen zwischen einem Arbeitgeber und potenziellen oder aktuellen Mitarbeitern definieren, bei dem beide Seiten für sich selbst mehr Vorteile sehen, als sie an Eigenleistungen in das Verhältnis einbringen. Dies wird in Abb. 3.1 schematisiert. Nebenbei ist dies auch eine Prämisse des Anreiz-Beitrags-Schemas nach March und Simon (1958, S. 103 ff.). Der Vollständigkeit zuliebe: Im Englischen wird diese Theorie als „Barnard-Simon Theory of Organizational Equilibrium" geführt (siehe hierzu Barnard 1974, S. xviif.), ohne dies nun näher vertiefen zu wollen.

In diesem Austauschverhältnis wird sich der Arbeitgeber durchsetzen, der in seinem Gesamtangebot die für die gewünschten Arbeitnehmer beste Bündelung anbietet, zusammengesetzt aus:

- Attraktivem Gehaltspaket (Monats-/Jahresgehalt, Zusatzleistungen, Möglichkeiten zur Variation/Erhöhung)
- Interessanten Aufgaben

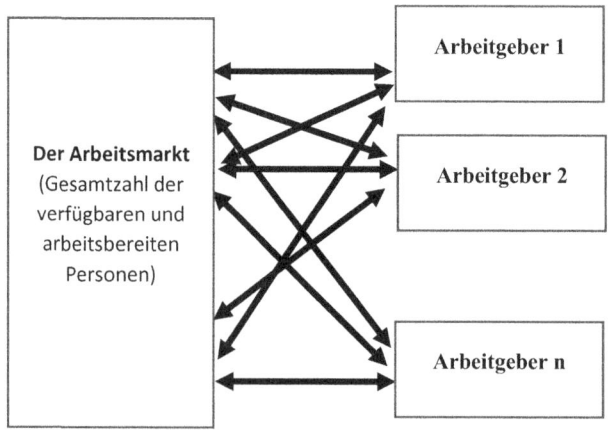

Abb. 3.1 Das Beziehungsgeflecht im Personalmarketing (eigene Erstellung)

- Attraktivem Standort
- Karrieremöglichkeiten
- Sicherheit des Arbeitsplatzes
- Image der produzierten Güter
- Zugang zu besonderen Ressourcen (z. B. Reisemöglichkeiten, als Anreiz beim fliegenden Personal von Luftfahrtunternehmen)
- Usw.

Dass sich das Angebot betriebswirtschaftlich rechnen muss (mit anderen Worten: die Kosten für den Arbeitnehmer dürfen nicht Höhen erreichen, die einen branchen- und standortüblichen Gewinn gefährden), wurde bereits in Kap. 2 näher erörtert. Von daher wird auch nicht alles, was sich Arbeitnehmer wünschen oder was theoretisch denkbar ist, auch realisieren lassen. Entsprechend des jeweiligen Interessensbündels und den Motivationen eines Arbeitnehmers, die bereits in Kap. 1 angesprochen und nochmals in Kap. 4 aufgegriffen werden, wird dieses Angebot von Arbeitnehmern geprüft und in eine Bewerbung, eine Mitarbeit oder auch einen Ausstieg mit Wechsel zu einem Arbeitgeber beantwortet.

In der Zusammensetzung des Leistungsbündels und dessen Kommunikation am Arbeitsmarkt entsteht etwas, was man als Arbeitgebermarke bzw. „employer branding" bezeichnen kann (siehe auch Brast und Hendriks 2013, S. 36 ff.; Kriegler 2018, S. 23 ff.). Unternehmen wie die Robert Bosch GmbH, die sich bereits im 19. Jahrhundert als sozial verantwortungsbewusster Arbeitgeber mit einer Vielzahl an Leistungen für ihre Arbeitnehmer profiliert haben. Der schwäbische Ausspruch „halt die Gosch, i schaff beim Bosch" (Schmid 2001) ist hierzu ein sehr augenfälliges Beispiel. Ebenso zu nennen sind Unternehmen, die bis vor kurzem als besonders attraktive Arbeitgeber galten, z. B. große Autohersteller (vgl. Sommer 2019; zur schwindenden Attraktivität der Automobilhersteller siehe Guldner 2020a). Die Studie „Employer Branding 2019" der Universitäten Bamberg und Erlangen stellt demzufolge Personalabteilungen nicht mehr nur als reine HR-Verwaltungsbereiche dar, sondern stellen die Personalverantwortlichen in eine Reihe mit Produktmanagern, die für ein umfassendes Leistungs- oder Austauschbündel verantwortlich sind (vgl. Weitzel et al. 2019, S. 10 f.).

Analog zur „Customer Journey" (siehe z. B. Keller und Ott 2019) bietet es sich deshalb an, den Weg der Mitarbeiter im Rahmen einer „**employee journey**" (HRinstruments o. J.) nachzuvollziehen und Ansatzpunkte („touchpoints") zu definieren, die Zufriedenheit mit dem Arbeitgeber, mit dem Arbeitsplatz und mit den arbeitnehmerorientierten Leistungen kreieren. Dies können wertschätzende Bewerbungsprozesse sein, faires Kommunikationsverhalten bei Anliegen des Arbeitnehmers wie auch bei notwendigen Maßnahmen des Arbeitgebers, durchdachte Personalentwicklung am Lebenszyklus des Arbeitnehmers orientierte Arbeitszeitmodelle bis hin zu einem fairen Trennungsmanagement (siehe hierzu Abschn. 6.7).

Personalmarketing geht dabei auf drei verschiedene Zielgruppen ein (siehe Abb. 3.2) (siehe auch Kirchgeorg und Müller 2013, S. 77).

Nimmt man diese drei Zielgruppen als Bezugsrahmen für das Personalmarketing, kann man analog zur Gestaltung der marketingpolitischen Parameter auch für die Gewinnung

	Potenzielle Mitarbeiter	Aktuelle Mitarbeiter	Frühere Mitarbeiter
Informations-notwendig-keiten	• Bedeutung von Vergütung etc. • Motivation • Bereitschaft zur Bewerbung	• Bedeutung von Vertragsbestandteilen • Motivation • Arbeitszufriedenheit • Bindung an das Unternehmen (Commitment) • Wechselbereitschaft	• Gründe für das Ausscheiden/-Wechsel zu anderen Arbeitgebern • (Un-)Zufriedenheit mit dem ehemaligen Arbeitgeber • Bereitschaft, ehemaligen Arbeitgeber weiterzuempfehlen
Informationen gewinnen über	• Soziodemographische Merkmale • Erreichbarkeit	• Qualifikationsprofile • 90°-360°-Beurteilungen • Stellenprofile • Mitarbeiterumfragen • Social Media-Beiträge	• Erreichbar-keit • Informationsverhalten • Äußerungen über das Unternehmen • Gründe des Ausscheidens
Wie kann man das erkennen?	• Sekundärquellen wie Arbeitgeber-Rankings und Umfragen zur Motivation • Primärquellen wie Befragungen, Äußerungen in Vorstellungsgesprächen etc.	• Sekundärquellen wie Auswertungen, Social Media-Bewertungen • Primärquellen wie Führungsgespräche, Beurteilungsgespräche Mitarbeiterumfragen	• Primärquellen wie Entlassungsgespräche, Social Media-Monitoring • Sekundärquellen wie Umfragen

Abb. 3.2 Informationsgrundlagen im Personalmarketing (eigene Erstellung auf Basis von Kirchgeorg und Müller 2013, S. 77)

und die Bindung des Personals einen Marketing-Mix definieren, der sich aus der Bestimmung von Angebot, Geld und geldwerten Leistungen, örtlichen Arbeitsplatzangeboten usw. zusammen setzt (vgl. Kirchgeorg und Müller 2013, S. 86). Dies kann bis zum Namenspatronat für Haltestellen des öffentlichen Nahverkehrs reichen, wenn Einsteigestellen nach bestimmten Firmen benannt werden (vgl. o.V. 2020a). Diese Idee ist allerdings nicht neu, schon im 20. Jahrhundert gab es in Rüsselsheim einen Eisenbahnhalt Opelwerke, in Bochum einen Zughalt namens Bochum-Graetzwerke bzw. später Bochum-Nokia (seit 2009 mit der Werksverlagerung von Nokia nach Rumänien in Bochum-Riemke umbenannt), in Berlin und München U- bzw. S-Bahnhöfe mit dem Namen Siemenswerke bzw. Siemensstadt mit der entsprechenden Namenspatenschaft.

Ebenso bietet sich die Digitalisierung an, über die allgemein üblichen Instrumente wie Internet-Videos oder Arbeitgeberbewertungsportale hinaus neue Wege im Personalmarketing zu gehen (siehe Verhoeven 2020, S. 51 ff.). So bieten z. B. „Rekrutierungs-Abendessen" die Möglichkeit, mit potenziellen Kandidaten ins Gespräch zu kommen, sie unverbindlich näher kennenzulernen und auf diese Weise auch ein eigenständiges Profil am Arbeitsmarkt zu entwickeln (vgl. Guldner 2020b).

Neben diesen eher instrumentellen Ansätzen gewinnen aber auch Aspekte rund um die besondere Stellung des Unternehmens im Wirtschaftsgefüge höhere Bedeutung. Marketingfachleute sprechen hier vom „**Purpose**" (z. B. Bilount und Leinwand 2020, S. 20 ff.; Hägele 2020, S. 25; Höhmann und Meynhardt 2020, S. 28 ff.), also einem tieferen Sinn oder Nutzwert. Gemeint ist damit, dass Unternehmen einen bestimmten Mehrwert für ihre jeweilige Gesellschaft, für ihre Arbeitnehmer bieten sollten, der der Arbeitsleistung neben der Möglichkeit von Lohn und Geselligkeit auch einen höheren Sinn vermittelt, was wiederum auf die Attraktivität des Arbeitsplatzes ausstrahlt. Dieser kann z. B. in einer besonderen Technologieführerschaft begründet liegen oder einem besonders umweltfreundlichen Sortiment bzw. Produktionsprozess oder aber auch in einer besonderen Eigentümerstruktur.

3.1.2 Einige Ansatzpunkte zu einem Personalmarketing-Controlling

Ein fortlaufender Prozess bietet immer wieder Möglichkeiten der Verbesserung und Optimierung, zumal auch die Wettbewerber und gute Mitarbeiter regelmäßig ihren Auftritt am Arbeitsmarkt überprüfen und anpassen. Wer sich in dieser Austauschbeziehung erfolgreich am Arbeitsmarkt etabliert, wird sowohl die Bewerber bekommen, die am besten zum Unternehmen passen, als auch die Mitarbeiter halten, die man für den eigenen Erfolg benötigt. Zudem wird man darauf setzen können, dass sich relativ viele ehemalige Mitarbeiter gerne an das Unternehmen erinnern. Schlüsselwerte für eine Überprüfung dieser Marktstellung sind:

- Anzahl an Bewerbungen pro Ausschreibung
- Anteil der qualifizierten Bewerbungen am gesamten Bewerberaufkommen
- Platzierungen in Umfragen zur Arbeitgeberattraktivität
- Ungestützte Fragen nach attraktiven Arbeitgebern in der Region
- Befragungen zum „Arbeitgebermarken-Bild" – „Was verbinden Sie mit der Firma xy?"

Derartige Daten sollten aber nicht isoliert betrachtet werden, sondern im Gesamtzusammenhang mit dem Recruiting-Controlling gesehen werden, wie es in Abschn. 3.8 dargestellt wird. Auf diese Weise etabliert sich ein permanenter Kreislauf.

3.2 Die Stellenbewertung und Stellenbeschreibung

Ansatzpunkt jeder Stellenausschreibung ist eine sorgfältige Analyse eines zu besetzenden Arbeitsplatzes (vgl. Wilk 2018, S. 111 ff.). Dazu zählen insbesondere:

> **Analyse eines Arbeitsplatzes für eine Stellenausschreibung**
> - Die Inhalte der Arbeitsstelle und die zur Aufgabenbewältigung erforderlichen Qualifikationen und Kompetenzen
> - Die besonderen Umstände und Belastungen (z. B. Arbeitszeiten, wechselnde Arbeitsorte, besondere körperliche und mentale Belastungen)
> - Die organisatorische Einbindung (Unter- und Überordnung gegenüber anderen Mitarbeitern, Verantwortungsbereich und damit einhergehend der Handlungsfreiraum)
> - Typische Arbeitsabläufe und Prozesse
> - Binnen- und Außenwirkung der Stelle und die damit verbundenen Wirkungen des Stelleninhabers (z. B. als Führungskraft: die Verkörperung der Unternehmenskultur und die Durchsetzung von Führungsentscheidungen; oder für eine Kraft im Verkauf: das Gesicht zum Kunden)

In Ableitung dieser Aufgaben ist zu klären, was ein Unternehmen von einem neuen Mitarbeiter fordert, und was es im Gegenzug hierfür bietet. Derartige Aufstellungen finden sich regelmäßig in einer Stellenbeschreibung, einem internen Dokument, das der Vereinheitlichung einer derartigen Bestandsaufnahme dient. Dazu beinhalten Stellenausschreibungen zumeist folgende Punkte:

- Bezeichnung der Stelle
- Organisatorisch Einordnung
- Vertretungsregelungen
- Führungszuständigkeiten
- Ziele der Stelle, als wesentliche Arbeitsinhalte
- Entscheidungsbefugnisse
- Erforderliche Qualifikation und Erfahrungen
- Ggf. auch die Definition des Gehaltsrahmens (nach Tarifvertrag bzw. als „außertariflicher Angestellter mit einer Bandbreite") und weiterer Bedingungen (z. B. Dienstwagen-Regelung)

Diese Aufstellung soll anhand eines Musters in Abb. 3.3 illustriert werden, wozu die Stelle der Marketingleitung im Bereich Carina-Versand der J. Weizenfeld GmbH & Co. KG herangezogen wird.

Bei derartigen Stellenbeschreibungen ist zu klären, ob diese als Anlage zum Arbeitsvertrag gelten oder als organisatorisches Hilfsmittel gesehen werden. Bei einer Anlage zum Arbeitsvertrag kann leichter eine bestimmte Leistung verlangt und kontrolliert wer-

3.3 Die Stellenausschreibung

> - Bezeichnung der Stelle: Marketing-Leitung Carina-Versand
> - Organisatorisch Einordnung: Berichtet an Geschäftsführung Markt
> - Vertretungsregelungen: wird bei Verhinderung von mehr als 3 Tagen durch stellvertretende Marketingleitung vertreten
> - Führungszuständigkeiten: Führt die Mitarbeiter im Bereich Marketing
> - Ziele der Stelle, als wesentliche Arbeitsinhalte:
>   - Pflege und Ausbau der Marktstellung
>   - durch regelmäßige Marktforschung und deren Aufbereitung für alle Entscheidungsträger
>   - Initiierung von Sonderaktionen mit Vertriebsleitung
>   - allgemeine Auswertung von Kundenbeschwerden und Ableitung von Maßnahmen zur Steigerung der Kundenzufriedenheit
> - Entscheidungsbefugnisse: entscheidet im Rahmen des genehmigten Budgets allein pro Einzelfall bis € 10.000 oder € 25.000 jährliche Dauerverpflichtung, ansonsten gemeinsam mit Geschäftsführer
>   - Handlungsvollmacht im bezeichneten Rahmen, zeichnet mit „i.V."
> - Erforderliche Qualifikation und Erfahrungen: nach Studium BWL o.ä. mindestens 6 Jahre Erfahrung im Handel, davon 2 Jahre mit Führungs-/Budgetverantwortung, Kenntnisse im Umgang mit gängiger Statistik-Software (z. B. R, SPSS)
> - Ggf. auch die Definition des Gehaltsrahmen: AT, mit Festgehalt T€ 90-110, ggf. zusätzlich Leistungsprämien nach interner Aufstellung, zusätzlich Dienstwagen der Klasse VW Passat/Ford Mondeo, mit Tankkarte, 10 % private Eigennutzung zugelassen

Abb. 3.3 Muster einer Stellenausschreibung, am Beispiel Marketing-Leitung Carina-Versand

den, was sich insbesondere im Bereich von Tarifbeschäftigten anbietet. Allerdings ist jede Änderung in der Stellenbeschreibung mit Schwierigkeiten versehen, weil sie Änderungskündigungen darstellen und demzufolge die Zustimmung der Arbeitnehmer erfordern. Dies kann z. B. bei der Neuzuweisung bestimmter Arbeitsinhalte der Fall sein, oder auch bei einer neuen Dienstwagenregelung. Hier zeigen sich die Vorteile, wenn man Stellenbeschreibungen als organisatorisches Hilfsmittel sieht: Änderungen können leichter von der Geschäftsführung bzw. den übergeordneten Führungskräften vorgenommen werden. Allerdings sind dann wiederum auch Schwierigkeiten vorprogrammiert, wenn man bestimmte Arbeitsinhalte und Leistungen vom Arbeitnehmer einfordern will.

Unabhängig von einer arbeitsrechtlichen Betrachtung gilt immer, dass eine sorgfältig erstellte Stellenbeschreibung eine hilfreiche Unterlage für die Erstellung einer Stellenausschreibung ist.

3.3 Die Stellenausschreibung

Zur Bekanntgabe einer Stellenvakanz wird eine Stellenausschreibung verwendet. Die Stellenausschreibung hat drei verschiedene Funktionen:

- Die Bekanntgabe der Vakanz als solcher
- Die Aktivierung von Arbeitnehmern, eine Bewerbung zu prüfen und möglichst auch vorzunehmen
- Eine allgemeine Imagefunktion, bei der sich Arbeitgeber als attraktiver und zukunftsorientierter Ort zum Arbeiten profilieren können

Um diesen Anforderungen gerecht zu werden, kommt es darauf an, alle wichtigen Informationen zu verarbeiten, die potenzielle Bewerber suchen und aktivieren können. Entsprechend werden Stellenausschreibungen generell nach einem bestimmten Muster erstellt:

- Wer sucht (Angabe zum Arbeitgeber, ggf. mit zusätzlichen Informationen zum Unternehmen),
- Wer wird gesucht? D. h. eine bestimmte Personen-/Funktionsbeschreibung, die diskriminierungsfrei erfolgen sollte, sofern kein gerechtfertigter Sachgrund vorliegt; Basis hierfür ist in Deutschland das Allgemeine Gleichstellungsgesetz, in Österreich das Gleichbehandlungsgesetz und in der Schweiz das Gleichstellungsgesetz und weitere Bestimmungen
- Was wird erwartet? Gemeint sind Qualifikationen und Kompetenzen, Erfahrungen etc., die für die Aufgabenerfüllung erforderlich sind.
- Was wird geboten? D. h. das Arbeitsumfeld (auch hier ggf. diskriminierende Angaben wie „ein junges Team" u. ä. vermeiden), die Konditionen benennen (eine Angabe des Mindestgehalts ist in Österreich aufgrund § 9 II GlBG zwingend erforderlich; ähnliche Regelungen existieren in den Niederlanden oder im Vereinigten Königreich!) oder zumindest – in Deutschland – mit geeigneten Begriffen wie „Gehalt der Stelle entspricht den Anforderungen" oder „leistungsgerecht" umschreiben
- Wie gestaltet sich das weitere Verfahren? (welche Unterlagen sind bis zu welchem Datum an wen zu senden?
- Ggf. auch Kontaktmöglichkeiten für Rückfragen zur Bewerbung

Dass bestimmte Variationen im Aufbau und in der Abfolge, wie diese Punkte abgearbeitet werden, möglich sind, muss nicht weiter vertieft werden. Allerdings verlangen Social Media-Ausschreibungen auch gewisse Anpassungen an die Funktionalität, wie man in den TikTok-Bemühungen der beiden Lebensmittel-Discounter Aldi und Lidl erkennen kann, die auf diesem Weg um neue Auszubildende werben (vgl. Will 2020).

Des Weiteren kann es im Zeichen von agilem Management und New Work auch schon mal vorkommen, dass Unternehmen nicht mehr hierarchisch und funktional definierte Positionen ausschreiben, sondern ein bestimmtes Kompetenzenprofil veröffentlichen, und sich die konkrete Ausgestaltung dann von der Persönlichkeit des ausgewählten Kandidaten her definiert.

Zur Ausschreibung der Vakanz existieren diverse Möglichkeiten, die sich in vier verschiedene Bereiche unterscheiden lassen:

3.3 Die Stellenausschreibung

- Firmeninterne Medien, wie das Intranet oder ggf. auch noch ein vorhandenes „Schwarzes Brett" (eine zunächst firmeninterne Ausschreibung kann in Deutschland vom Betriebsrat auf Basis § 93 BetrVerfG verlangt werden, in Österreich auf Basis der §§ 90, 99 ArbVG angeregt werden) auf der Firmen-Website, anhand von Mitarbeiter-Empfehlungen, Verteilmedien wie Flyer und Broschüren des Unternehmens, öffentlichkeitswirksame Veranstaltungen („Tag der offenen Tür", Mitarbeiterauftritte in Schulen und Hochschulen etc.), dem Durchsehen von Bewerberdatenbanken, der Prüfung von Initiativbewerbungen etc.)
- Firmenexterne Medien, in erster Linie Stellenanzeigen in Print- und Digitalmedien, Informationsständen bei Berufsmessen, PR-Berichterstattung etc.
- Dem Active Sourcing in professionell ausgerichteten Social Media-Anwendungen (insbesondere xing, LinkedIn, Experteer etc.), bei Kongressen und Fachveranstaltungen usw. (siehe hierzu den Überblick bei Dannhäuser 2017)
- Die Beauftragung von Personaldienstleistern aller Art (Zeitarbeit, Personalvermittlung, Personalberatung, Interim Management, Industrie- und Ingenieurdienstleister usw.)

Welchen Weg (bzw. welche Wege man miteinander kombiniert), hängt von verschiedenen Faktoren ab, z. B. der Dringlichkeit der Vakanz, die mit dem jeweiligen Weg einhergehenden Kosten, der Zeitaufwand, die Imagewirkung, die Fähigkeit, bestimmte Bewerbergruppen anzusprechen usw. Die konkrete Umsetzung wird dann in einen so genannten „Media-Plan" überführt, eine Aufstellung von (siehe auch Hillebrecht und Peiniger 2018, S. 99 f.):

- Verfügbaren Medien
- Die Zielgruppen, die man mit diesen Medien erreicht
- Die damit einhergehenden Kosten
- Der Zeitrahmen (Dauer zwischen Bereitstellung der Ausschreibung und der konkreten Veröffentlichung)

Generell wird man mit einem Budget zwischen 2000 und 5000 Euro für eine Stellenausschreibung auf den üblichen Social Media- und Online-Plattformen rechnen müssen. Werden weitere Medien wie z. B. Rundfunkspots (insbesondere bei der Suche nach Auszubildenden interessant), Printmedien (v. a. bei Helfertätigkeiten sollte man die regionalen Anzeigenblätter nach wie vor berücksichtigen; bei der Suche nach älteren, berufserfahrenen Fach- und Führungskräften können auch Fachmagazine und die Wochenendausgaben von Qualitätszeitungen immer noch interessant sein), wird das Budget sich auch schon mal in fünfstelligen Höhen bewegen.

Allein die Überlegung, intern und/oder extern auszuschreiben, kann von verschiedenen Überlegungen abhängen, wie Abb. 3.4 dargestellt.

Ein Arbeitsbeispiel, anhand der Vakanz aus Abb. 3.2, kann die Gestaltung einer Stellenausschreibung verdeutlichen, wie sie in Abb. 3.5 gezeigt wird.

	Interne Ausschreibung	Externe Ausschreibung
Vorteile	• Geringere Kosten • Meist schneller • Bewerber/innen sind bekannt • Mitarbeiterförderung – höhere Motivation • „Diskretion": Vakanz wird nicht außerhalb bekannt	• Neuer Input (Ideen, Verfahrensweisen, …) • Zugriff auf neue Netzwerke • Bestehende Strukturen werden nicht stabilisiert/verkrustete Strukturen werden durchbrochen • Vielfältigere Gestaltung der Personalstruktur
Nachteile	• Kein neuer Input • Kein Zugriff auf neue Netzwerke • Bestehende Strukturen werden verfestigt • Personalstruktur bleibt, wie sie ist	• Höhere Kosten • Meist langsamer • Bewerber/innen sind nicht unbedingt bekannt • Mitarbeiter werden enttäuscht, weil jemand externes vorgezogen wird • Vakanz wird außerhalb bekannt

Abb. 3.4 Vor- und Nachteile einer internen Ausschreibung (eigene Erstellung)

Beim Stichwort „diskriminierungsfrei" wird zunächst einmal an eine mögliche Benachteiligung anhand des Geschlechts gedacht. Allerdings bestehen im europäischen Rahmenrecht (EU-Richtlinien 2000/43/EG und 2000/78/EG) und den entsprechenden Gesetzen der EU-Mitglieder insgesamt sechs Diskriminierungstatbestände (siehe auch Janetz 2018, S. 23 ff.), wie sie auch § 1 des deutschen AGG (in Österreich über §§ 2–6 GlBG ähnlich geregelt; in der Schweiz über eine Anzahl Einzelregelungen normiert) festhält, nämlich aufgrund von:

- Ethnischer Herkunft bzw. Rasse
- Geschlecht
- Religion bzw. Weltanschauung
- Behinderung
- Alter
- Sexueller Identität

Ausnahmen sind nur zulässig, soweit es einen sachlich gerechtfertigten Grund gibt, der in der besonderen Charakteristik des Arbeitgebers liegt. So können weltanschauliche Gemeinschaften (§ 9 AGG) bzw. Parteien und Gewerkschaften (§ 20 AGG) eine Zugehörigkeit zu ihren Organisationen (die **„Tendenzunternehmen"** nach § 118 BetrVerfG) verlangen, ebenso wie berufliche Zugangserfordernisse (§ 8 AGG) oder anderweitige Erfordernisse (z. B. ein bestimmtes Höchstalter, § 10 AGG) dies nahelegen.

Ein beispielgebender Fall zu den Chancen der Beschäftigungspflichten von Menschen mit Einschränkungen (nach § 154 SGB IX) zeigt sich anhand eines querschnittsgelähmten Baggerfahrers. Durch entsprechende Einrichtung des Arbeitsgeräts mit einem Lift kann

3.3 Die Stellenausschreibung

> Sie sind ein/e aufstrebende Marketing-Kraft und wollen bei uns den nächsten Karriereschritt gehen? Dann sind Sie bei uns, der J. Weizenfeld-Gruppe in Estenfeld, genau richtig! 550 engagierte und motivierte Mitarbeiter/innen bringen jeden Tag ihr Bestes, um die Welt der Kinder und Familien zu bereichern. Wir stellen Einrichtungen für Kindertagesstätten und hochwertige Holzspielwaren her und liefern Eltern naturnahe, umweltfreundliche Bekleidung und alles rund um eine glückliche Kindheit. Wir suchen die neue
>
> **Marketingleitung (m/w/d)**
>
> Die mit ihren Ideen, ihrer Durchsetzungskraft und ihrer Beständigkeit die Marktstellung des Carina-Versands nachhaltig entwickelt. Dazu analysieren Sie sicher die relevanten Marktdaten, überwachen das Retouren- und Reklamationsmanagement und decken neue Umsatzpotenziale auf. Unser Package entspricht der Aufgabenstellung und punktet insbesondere mit Elementen der Familienfreundlichkeit.
>
> Ideale Kandidat(inn)en überzeugen uns durch:
> - Eine solide Ausbildung (BWL-Studium mit Marketingschwerpunkt o.ä.)
> - Berufserfahrung im Consumer-Markt/Retail (bevorzugt Bekleidungshandel) und erste Führungsverantwortung mit Budgetverantwortung
> - Nachweisbaren Erfolgen im Marketing
> - Idealerweise sicheren Anwenderkenntnissen in einer Statistik-Anwendung (z. B. R, SPSS)
>
> Ihre Bewerbung mit Lebenslauf, Zeugniskopien und Gehaltserwartungen bzw. derzeitigem Gehalt senden Sie bitte in den nächsten vier Wochen an employerbranding@jweizenfeld.com. Und für Rückfragen stehen wir Ihnen unter 09333-999-24 gerne zur Verfügung.

Abb. 3.5 Arbeitsbeispiel für eine Stellenausschreibung Marketingleitung (eigene Erstellung)

dieser von seinem Rollstuhl mühelos in die Fahrerkabine wechseln und zurück und damit eine solide Arbeitsleistung erbringen (vgl. Stahl 2011). Von daher wird eine körperliche Einschränkung hier keinen Ablehnungsgrund bei entsprechenden Bewerbungen darstellen dürfen.

Dieses Bewerberpotenzial erschließen sich Unternehmen allerdings nicht allein aus Gründen der sozialen Verantwortung. Vielmehr kann es auch darum gehen, im Zeichen des Fachkräftemangels ein neues Mitarbeiterpotenzial zu erschließen (vgl. Schumacher 2020, S. 90 ff.). So setzt die Softwareschmiede SAP AG schon seit längerem auf Personen mit einer so genannten „**Inselbegabung**", da diese für die Überprüfung von Softwareanwendungen auf Fehler besondere Fähigkeiten wie Geduld und Fokussierung mitbringen (vgl. Cloer 2013). Folglich gilt es immer, die verschiedenen Chancen eines entsprechenden Vorgehens zu prüfen und nicht allein die gesetzlichen Vorgaben zu berücksichtigen.

3.4 Die Stufen der Bewerberauswahl

Personalauswahlverfahren laufen in mehreren Stufen ab, nachdem die Ausschreibung publiziert wurde und eine bestimmte Anzahl an Bewerbungen eingetroffen sind. Diese sind (siehe ausführlicher Hillebrecht und Peiniger 2018, S. 117 ff.; Scholz und Scholz, 2019, S. 170 ff.):

> **Ablauf eines Personalauswahlverfahrens**
> - Eingangsbestätigung, mit einem Ausblick auf den vermutlichen Zeitablauf (z. B. „wir melden uns in den nächsten ein/zwei Wochen")
> - Erste Auswahlstufe, mit der Analyse der eingegangenen Bewerbungen hinsichtlich der formalen Kriterien (Vollständigkeit, formale Passung der Qualifikationen, Kompetenzen und Erfahrungen mit dem Stellenprofil)
> - Ggf. eine Zwischenstufe mit einem Telefon-Interview, Online-Tests etc.
> - Zweite Auswahlstufe mit einem ausführlichen Job-Interview
> - Dritte Auswahlstufe mit vertiefenden Verfahren, z. B. Arbeitsproben (insbesondere in kreativen Berufen wie Mediengestalter und Grafiker üblich), Assessment-Center-Verfahren usw., bei höherrangigen Positionen ggf. auch die Prüfung von Referenzen oder auch ein zweites Gespräch, um ausführlicher über die Basis der gemeinsamen Zusammenarbeit zu sprechen (z. B. strategische Planungen auf der Ebene der Geschäftsführung und den individuellen Ansichten der Bewerber zu diesen Zielsetzungen)
> - Vierte Auswahlstufe mit einem abschließenden Gespräch zur Vertragsgestaltung

Die erste Auswahlstufe fokussiert die erste Arbeitsprobe des potenziellen Mitarbeiters, den nichts anderes ist eine Bewerbungsunterlage. Es geht um die Frage, wie sorgfältig jemand arbeiten kann, wie eingängig die Darstellung ist, ob die wesentlichen Fragen beantwortet werden u. ä. Die meisten Personalverantwortlichen, die noch klassische bzw. digitale Bewerbungsmappen auswerten, nehmen sich zunächst einmal 5–10 Minuten Zeit, um die formale Eignung grundsätzlich zu beurteilen, und entsprechend sollte die Aufbereitung auch erfolgen, z. B. durch eine Gestaltung des Lebenslaufs als so genannte „Info-Grafik" oder eine kurze, präzise Formulierung des Anschreibens (eine Seite, mit Eingehen auf drei, vier zentrale Elemente der Stellenausschreibung). Etwas salopp formuliert, ist eine Bewerbungsmappe eine Art Verkaufsprospekt, in dem sich Bewerber von ihren positiven Seiten darstellen und ihre Eigenschaften darlegen, mit denen sie die Aufgaben der Vakanz ausfüllen wollen. Je nach erstem Eindruck wird man dann eine Einteilung in „geeignet", „Reserve" und „ungeeignet" vornehmen bzw. anhand von Auswahlrastern oder Scoring-Modellen näher einsortieren (siehe auch Hillebrecht und Peiniger 2018, S. 117 ff.). Sofern Arbeitsproben erwünscht sind (z. B. in kreativen Berufen wie Architektur, Produktdesign, Mediendesign, Journalismus/PR-Arbeit, Werbegestaltung usw. durchaus üblich und verlangt), werden auch diese geprüft. Bewerbervideos, von einigen Firmen derzeit als Ausdruck von Innovation und Modernität eingefordert (vgl. Kanning und Bruns 2020, S. 52 f.), können eine derartige Arbeitsprobe sein, wenngleich sie sich auch in anderen Berufsfeldern anbieten.

Die Zwischenstufe wird vor allem dann eingelegt, wenn Bewerber zu einem Kennenlerngespräch eine längere Anfahrt in Kauf nehmen müssten bzw. das Bewerberaufkommen und/oder die Bewerberstruktur einen entsprechenden Zwischenschritt nahelegen. Dabei wird man einen Telefontermin von ca. 15–30 Minuten Dauer vereinbaren, bei dem erste allgemeine Fragen zum Hintergrund der Bewerber und zu den Erwartungen der Bewerber gestellt werden. Anhand der Informationen wird man ernsthaft interessierte und besonders geeignete Bewerber näher bestimmen können. In gewissen Fällen können auch Online-Tests die Funktion einer Vorauswahl erfüllen, z. B. bei Einstiegspositionen für Hochschulabsolventen.

In der zweiten Auswahlstufe geht es um das gegenseitige persönliche Kennenlernen. Bewerber sollen einen persönlichen Augenschein von der zukünftigen Arbeitsumgebung bekommen, Arbeitgeber werden den guten Eindruck aus den Unterlagen bestätigt bekommen wollen, offene Fragen klären und Eckpunkte einer möglichen Zusammenarbeit (d. h. die Vertragsbestandteile) diskutieren wollen. Unausgesprochen steht die „**persönliche Chemie**" im Raum, denn neben der formalen Eignung wird für beide Seiten ebenso relevant sein, ob man als Person zueinander passt, inwiefern ein Bewerber sich in ein bestimmtes Arbeitsteam integrieren lässt bzw. ein Bewerber sich in der zukünftigen Umgebung willkommen fühlt. Inwiefern die immer häufiger gewählte Form eines digitalisierten Bewerbungsgesprächs über Chatbots gleichwertige Erkenntnisse bringt, sei hier mangels belastbarer Forschungsdaten zunächst einmal dahingestellt.

Die dritte Auswahlstufe ist ein Schritt, der nicht immer gegangen wird, aber dennoch seine eigene Berechtigung besitzt. In bestimmten Fällen kann man durch Probearbeiten und Arbeitsproben prüfen, ob Kandidaten die behaupteten Qualifikationen und Kompetenzen besitzen und ob Arbeitsweisen und Prozesse den Vorstellungen der Bewerber entsprechen. In einigen Fällen können Assessment-Center-Verfahren, Persönlichkeits- und Intelligenztests u. ä. Verfahren durchgeführt werden, wobei deren Akzeptanz in Mitteleuropa nicht durchgängig gegeben sind (siehe auch Blickle 2011, S. 220; Kanning 2019; o.V. 2020b), im Gegensatz z. B. zu den USA oder Großbritannien. Bei einer Personalauswahl auf Ebene von besonderen leitenden Angestellten i. S. d. § 5 BetrVerfG wird man hier umfassendere Auskünfte einholen, z. B. durch die Befragung von Referenzen, den Einblick in polizeilichen Führungszeugnissen oder Berichten von Auskunfteien (z. B. Creditreform, Auskunftei Bürgel) u. ä. Hier geht man davon aus, dass der Einfluss auf das Unternehmensgeschehen so gravierend ist, dass besondere, auch aufwändigere Verfahren zu wählen sind.

Im vierten Auswahlschritt wird man die Bedingungen der gemeinsamen Arbeit fixieren, in Gestalt des Arbeitsvertrags und der darin definierten Bedingungen wie Gehaltshöhe und -zusammensetzung, Sonderleistungen (Prämienregelungen, Dienstwagen, Mitarbeiterdeputate usw.), Arbeitszeiten, Urlaubsregelungen, Dauer der Probezeit, Pflichten zu einer arbeitsmedizinischen Untersuchung, besondere Vereinbarungen wie die Beachtung einer Tendenz oder die Behandlung von Arbeitnehmererfindungen und -urheberrechten,

Kündigungsfristen und weiteres. In einigen Fällen wird man eine Stellenbeschreibung dem Arbeitsvertrag anfügen oder vielleicht auch Mitarbeiterfragebögen als Bestandteil ansehen. Dies wird im nachfolgenden Abschn. 3.5.2 noch aufgegriffen. Im Prinzip gibt es hier eine außerordentliche Bandbreite an Punkten, die zu klären sind, und je höher die organisatorische Einbettung der Stelle, desto umfangreicher dürfte der Regelungsbedarf sein (siehe auch Göbbels und Schmidt 2016).

Anstand und Fairness legen nahe, den Kandidaten auch auf jeder Stufe ein Feedback zum Eindruck zu geben, als Gegenleistung für die Bereitschaft der Kandidaten, sich derart umfassend zu präsentieren. Zwar muss man auch immer im Hinterkopf haben, dass jede Form von Feedback im Zweifelsfall auch den Anlass zu einer Diskriminierungsklage bieten kann. Grundsätzlich sollte man dabei immer Kopf haben, dass sich nicht nur Arbeitnehmer bei einem zukünftigen Arbeitgeber bewerben. Auch ein Arbeitgeber bewirbt sich bei einem Arbeitnehmer – so ist der Grundsatz des Personalmarketings richtig verstanden. Auswahlverfahren und -instrumente sagen immer etwas über die Unternehmenskultur aus, und das ist den meisten Kandidaten bewusst oder wird zumindest unbewusst verarbeitet. Alle Auswahlverfahren wie auch der Prozess insgesamt sind daher ein Ausweis zu der Art und Weise, wie man miteinander in Zukunft umgehen möchte, was man von der jeweils anderen Seite aus erwartet und was man selbst einzubringen gewillt ist. Gegenseitiger Respekt, gegenseitige Wertschätzung sollte also auch dadurch zum Ausdruck kommen, dass die Vertreter des Arbeitgebers regelmäßig das Einverständnis des Arbeitnehmers einholen, z. B. sollte der Termin für ein Vorstellungsgespräch auch vom Arbeitnehmer aus bestätigt werden, ebenso wie nach einem Vorstellungstermin nicht nur der Arbeitgeber sich vorbehält, sich zu melden („don't call us – we call you"). Es ist zumindest ein Ausdruck von Höflichkeit und auch eine unabdingbare Rückversicherung für die Personalabteilung, wenn man die Kandidaten bittet, sich das Gespräch auf dem Rückweg durch den Kopf gehen zu lassen und ggf. mit der Familie zu diskutieren, um danach innerhalb der nächsten drei bis fünf Tage ein weiteres Interesse zu signalisieren. Es ist schon manche Führungskraft sprichwörtlich auf die Nase gefallen, wenn der angebotene Arbeitsvertrag nie zurückgeschickt wurde, weil die favorisierte Arbeitskraft sich auf dem Heimweg gegen das Stellenangebot entschieden hat, dies aber niemals formal mitteilte.

Besonders interessant ist für Personalabteilungen immer das Kriterium „**Persönlichkeit**". Neben fachlichen Fragen rund um Qualifikation und Kompetenzen muss die Personalarbeit sicherstellen, dass die Kandidaten von ihrem Gesamtbild her in der Lage sind, sich in die Arbeitsumgebung einzufügen. Ihre Arbeitsmotivation und Arbeitshaltung, ihre Bereitschaft zum Einfügen in eine Sozialstruktur und das Zurücknehmen in bestimmten Situationen, ihre eigenen Erfahrungen und Prioritäten, ihre Selbstorganisation, ihr Kommunikationsverhalten usw. formt das, was man gemeinhin als Persönlichkeit bezeichnet und was sich letztendlich niemals sicher messen lässt. Und dennoch scheint das Einfügen der Persönlichkeit in das betriebliche Miteinander ein äußerst wichtiges Element zu sein, das die erfolgreiche Stellenbesetzung bestimmt, und mit zunehmender Hierarchiestufe auch an Bedeutung für den Arbeitserfolg wird. Personaler sprechen hier gerne von der „Chemie", die stimmen muss, und die sich nicht nur nicht sicher operationalisieren lässt, sondern auch einer juristischen Diskussion bei späteren Arbeitsgerichtsverfahren zugänglich ist. An dieser Stelle leitet sich nach wie vor die besondere Bedeutung der menschlichen Personalarbeit ab, die sicher stellen muss, dass Kandidaten in ihre neue Arbeitsumgebung passen, sich mit ihren neuen Vorgesetzten und Kollegen auch wirklich vertragen und zusammen ein leistungsstarkes Team formieren können. Und was auch erklärt, warum nur selten die formal am besten qualifizierte Person den Arbeitsvertrag bekommt, sondern oftmals die Person, die von Anfang an den Eindruck erweckt, sich in das Team reibungsarm integrieren zu wollen.

Auffällig ist gerade in diesem Zusammenhang, dass in den letzten Jahren verschiedene Auswahlschritte von „künstlichen Assistenten" übernommen wurde, quasi eine Art Robotized Recruiting entstanden ist. Dazu zählt eine KI-gestützte Analyse von Bewerberdaten hinsichtlich der Passung mit der ausgeschriebenen Stelle, ebenso wie zur inneren Logik des Lebenslaufs und der eingereichten Zeugnisse. Hinzu kommen auch Chatbots, die inzwischen Vorgespräche mit Kandidaten übernehmen und anhand der Antworten nicht nur die Stimme und das Verhalten analysieren, sondern ebenfalls die Antworten mit dem Lebenslauf vergleichen können (siehe vertiefend Barsch und Trachsel 2018, S. 51 ff.; Dudler 2020, S. 101 ff.; Hustedt und Müller-Eisert 2019). Zu den Vorteilen gehören Rationalisierungseffekte und die Möglichkeit, diskriminierungsärmer die Auswahl durchführen zu können (vgl. Schareika 2018). Zu den Nachteilen wird auf alle Fälle die nur begrenzte Fähigkeit zum Erspüren des „personal fit" gehören, der Stimmung zwischen der jeweiligen Fachabteilung und den neuen Mitarbeitern. Eine weitere Überlegung trifft auf den Punkt, auf welcher Basis die Künstliche Intelligenz ihre Beurteilung vornimmt, also wirklich objektiv und unabhängig urteilt oder nicht doch auch nur die vorher eingegebene verzerrte Wahrnehmung widerspiegelt (vgl. Bös und Marx 2019).

3.5 Die Vertragsgestaltung

3.5.1 Die Elemente eines Arbeitsvertrags

Sofern die Personalauswahl für beide Seiten zufriedenstellend verläuft, wird ein Arbeitsvertrag (in Deutschland eigentlich ein Dienstvertrag nach § 611 ff BGB, in Österreich ein Anstellungsvertrag nach § 6 AngG i. V. m. ArbVertrAnpG, in der Schweiz ein Arbeitsvertrag nach Art. 361 f. OR) geschlossen. Dieser beinhaltet regelmäßig (siehe auch Göbbels und Schmidt 2016; Hemmerich und Reufels 2019; Preis et al. 2015)

> **Inhalte eines Arbeitsvertrages**
> - In einigen Fällen eine Präambel, die Grundsätze und Ziele einer Zusammenarbeit benennt
> - Den Eintrittstermin
> - Regelmäßig eine Definition einer so genannten Probezeit (kann in Deutschland bis zu sechs Monate betragen, indirekt festgelegt auf Basis des § 1 I KSchG; in

Österreich ein Monat nach § 1158 ABGB, in der Schweiz regelmäßig ein Monat, bis maximal 3 Monate verlängerbar nach Art. 335b OR)
- Eine Aufgabenbeschreibung bzw. die Definition der Pflichten des Arbeitnehmers (z. B. Verschwiegenheit über betrieblich erlangte Kenntnisse, aber auch die Voraussetzung, sich vor Dienstantritt einer arbeitsmedizinischen Untersuchung zu unterziehen, wenn es die Gesetze und/oder die Natur der Sache erfordern)
- Der Arbeitszeitumfang und ggf. Regelungen zur konkreten Erbringung der Arbeitszeiten (z. B. im Schichtdienst, auf Abruf etc.) und zur Messung der Arbeitszeiten (Erfassung mit Zeiterfassungssystemen bestimmter Art), ggf. ergänzt um eine Überstundenregelung (grundsätzlicher Ausgleich in Freizeit, bei höherrangigen Mitarbeitern auch als Abgeltungsformel: „mit dem Gehalt sind bis zu 10 Überstunden wöchentlich abgegolten")
- Regelungen zum Urlaub
- Regelungen zur Vergütung (tarifliche Eingruppierung bzw. außertarifliche Einstufung, Zusatzleistungen, Zahlweise, Mitarbeiterdeputate, Vergünstigungen, Übernahme von Fahrkosten, Kinderbetreuung etc.)
- Oftmals Hinweise auf den Umgang mit Arbeitnehmererfindungen, der Teilung von zusätzlichen Erlösen aus der Tätigkeit des Angestellten
- Ggf. weitere Pflichten des Arbeitgebers (z. B. zu einer Freistellung, zum Ersatz von dienstlich veranlassten Aufwendungen für Dienstreisen etc.)
- Den Hinweis auf Anlagen (z. B. Stellenbeschreibung, in der Schweiz Hinweise auf den Gesamtarbeitsvertrag, bei Tendenzunternehmen ein Hinweis auf entsprechende Regularien, die Bestandteil des Arbeitsvertrags sind, bei Personen mit herausragender Bedeutung im Kundenverkehr ggf. Hinweise auf Dienstbekleidung und Pflege des Erscheinungsbildes)
- Zumeist eine „salvatorische Klausel", also eine Bestimmung, dass bei Unwirksamkeit oder arbeitsrechtlichen Änderungen die Unwirksamkeit dieser einen Klausel nicht den gesamten Vertrag betrifft und an Stelle der unwirksamen Klausel eine andere Klausel zu treten hat, die der Intention der unwirksamen Klausel am nächsten kommt
- Kündigungsfristen und ggf. auch ein Konkurrenzausschluss
- Oftmals auch ein Hinweis darauf, dass bei Eintritt in das gesetzliche Rentenalter der Vertrag automatisch erlischt (andernfalls könnte rein hypothetisch der Arbeitnehmer auf einer Fortsetzung des Arbeitsverhältnisses bestehen; siehe Urteil des Bundesarbeitsgerichts vom 05.03.2013, Az.: 1 AZR 417/12)
- Bei einer Befristung: Den Grund für die Befristung
- Hinweis auf die (Un-)Wirksamkeit von Nebenabreden und deren Formerfordernis
- Zusätzlich noch Anlagen (z. B. Stellenbeschreibung, Personalfragebogen, Unfallverhütungsvorschriften, etc.)
- Anzahl der Ausfertigungen (zumeist zwei: jeweils für Arbeitgeber und Arbeitnehmer)
- Abschließend die Originalunterschriften beider Seiten

3.5 Die Vertragsgestaltung

In bestimmten Fällen können in Deutschland so genannte „Tendenzunternehmen" nach § 118 BetrVerfG eine ansonsten diskriminierende Bedingung zum Gegenstand des Anstellungsvertrags machen. Parteien und Gewerkschaften, aber auch Kirchen und ihre Wohlfahrtsverbände sowie Medienunternehmen dürfen dabei ihren Arbeitnehmern das Einhalten bestimmter Verhaltensweisen als Dienstpflicht auferlegen, z. B. die Mitgliedschaft in einer bestimmten Organisation (oder auch das Verbot der Mitgliedschaft in bestimmten Organisationen), die Zurückhaltung bei öffentlichen Äußerungen bzw. die Maßgabe, sich nur in einer Form inner- und außerhalb der Arbeitstätigkeit zu verhalten, die nicht im Widerspruch zur Tendenz des Dienstgebers steht. In Österreich können Kirchen und deren Einrichtung auf Basis der §§ 20 I; 45 II GlBG ähnliche Privilegien in Anspruch nehmen. Dies muss allerdings sowohl in Deutschland als auch in Österreich inhaltlich begründet und im Arbeitsvertrag eindeutig geregelt werden.

Juristen kennen des weiteren „nebenvertragliche Pflichten" (siehe Hanreich o. J.; Janetz 2018, S. 53 ff.), die nicht unbedingt expressis verbis im Vertrag erwähnt sein müssen, um zu gelten. Dies sind all jene Pflichten, die eine reibungslose Diensterfüllung gewähren und z. B. ein bestimmtes rücksichtsvolles Verhalten im Betrieb oder die Beachtung von Sicherheitsregelungen, Parkordnungen auf einem Firmenparkplatz, Meldepflichten über Veränderungen im Lebensumfeld des Arbeitnehmers (neue Wohnanschriften, Schwangerschaften, Familienstandsänderungen) u. ä. beinhalten. Der genaue Umfang ist dabei von der ausgefüllten Dienstaufgabe und der öffentlichen Wirkung der Stelle abhängig und variiert auch in der Rechtsprechung, so dass hierauf nicht näher eingegangen werden soll.

3.5.2 Die Gehaltsfindung im Arbeitsvertrag

Die Höhe des Gehalts ist grundsätzlich ein bestimmter Monats- oder Jahresbetrag, den der Arbeitgeber in einem bestimmten Rhythmus zu überweisen hat. Allerdings stehen im Hintergrund verschiedene komplexe Überlegungen, die in Kap. 2 bereits erläutert wurden, und in Zusammenhang mit einer wirtschaftlichen Tätigkeit des Arbeitnehmers steht. Darüber hinaus gilt, dass ein Gehalt sich anhand weiterer Überlegungen konkretisieren lässt, nämlich als Summe Geld im Verhältnis zu der zu leistenden Arbeitszeit. In Ableitung der Preis-Gleichung nach Müller-Hagedorn (1990, S. 169) kann demzufolge das Gehalt als Ergebnis der Gehaltsgleichung wie in Abb. 3.6 schematisiert werden:

Wer also ein Gehalt in Höhe von 3000 Euro monatlich für 150 Stunden monatliche Arbeitszeit vertraglich vereinbart, zahlt damit ein Gehalt von 20 Euro pro Stunde. Die

$$\text{Gehalt} := \frac{\text{Geld + geldwerte Leistung}}{\text{Vereinbarte Arbeitszeit}} \quad \text{im Beispiel:} \quad \frac{€\ 3.000,\text{--}}{150\ \text{Stunden}} = €\ 20,\text{--/h}$$

Abb. 3.6 Die Gehalts-Arbeitszeitgleichung (eigene Erstellung auf Basis von Müller-Hagedorn 1990, S. 169)

Gleichung wirkt auf den ersten Blick unspektakulär, kann aber bestimmte Handlungsmöglichkeiten näher aufzeigen. Gehaltserhöhungen sind möglich über eine Erhöhung der Geldsumme im Zähler (d. h. eine „direkte Gehaltserhöhung", im Beispiel: statt 3000 Euro 3500 Euro monatlich, ergibt ein Gehalt von 23,33 Euro) oder aber bei gleichbleibender Gehaltssumme eine Senkung der zu erbringenden Arbeitszeit („indirekte Gehaltserhöhung", im Beispiel bei 3000 Euro Monatsgehalt eine Senkung der Arbeitszeit von 150 auf 129 Stunden pro Monat, d. h. ein Gehalt von 23,26 Euro pro Stunde). In beiden Fällen bewegt sich das neue Gehalt pro Stunde auf einem Niveau von ca. 23,30 Euro. Die direkte Gehaltserhöhung ist für den Arbeitgeber mit einer deutlichen Erhöhung der Personalkosten verbunden, für den Arbeitnehmer mit steigenden Einnahmen. Die indirekte Gehaltserhöhung hat den Vorteil für den Arbeitgeber, dass seine Personalkosten nicht steigen. Wenn die Arbeit so rationalisiert wird, dass sie sich auch in 129 Stunden monatlich erbringen lässt, kann er damit eine Gehaltserhöhung ohne Kostensteigerung anbieten und der Arbeitnehmer kann sich daran erfreuen, dass sich seine Einnahmen nicht verändern, trotz einer verkürzten Arbeitszeit. Gerade im Hinblick auf die verstärkte Freizeitorientierung erklären sich damit bestimmte Tarifabschlüsse in der letzten Zeit, die statt einer Gehaltserhöhung mehr freie Tage pro Quartal erlauben (vgl. IG Metall 2020). Wie auch immer: Die jeweils gewählte Version muss sich für den Arbeitgeber rechnen und für den Arbeitnehmer ein angemessenes Gehalt darstellen.

Gehaltssenkungen lassen sich ähnlich illustrieren. Wenn aufgrund einer zurückgehenden Umsatzlage ein Arbeitgeber die Personalkosten senken möchte, kann er die Gehaltshöhe im Zähler senken. Wenn er also statt 3000 Euro nur noch 2500 Euro zahlen will, wird damit ein Gehalt von 2500 Euro geteilt durch 150 Stunden Arbeitsleistung = 16,67 Euro anfallen. Er kann aber auch mit dem Arbeitnehmer vereinbaren, in Zukunft statt der 150 Stunden ab sofort 180 Stunden monatlich zu arbeiten, wenn er weiterhin 3000 Euro monatlich als Gehalt bezieht. Auch damit würde ein Salär von 16,67 Euro pro Monat erreichen. Die direkte Gehaltssenkung wird für den Arbeitgeber direkt wirksam werden und dürfte seine bevorzugte Handlungsweise sein, wie man z. B. an den Sanierungsverträgen rund um die Übernahme der Kaufhausketten Karstadt und Kaufhaus durch die österreichische Signum-Gruppe erkennt (vgl. Gassmann 2019; Onecken et al. 2016; o.V. 2009; ergänzend Kolf und Fanderl 2019). Ein Arbeitnehmer wird dies v. a. dann akzeptieren, wenn er keine Ausweichmöglichkeit hat. Zudem dürfte auch die Phantasie des Arbeitnehmers angeregt werden, wie er seine Arbeitsleistung im Verhältnis zur neuen Bezahlung anpasst, durch ein anderes Arbeitsverhalten oder möglicherweise auch durch eine Mitnahme von Artikeln ohne Entgelt. Im Gegensatz hierzu sind Regelungen, bei denen Mitarbeiter mehr arbeiten, um ihr Gehalt in alter Höhe weiterhin zu beziehen, die auf Arbeitnehmerseite deutlich beliebteren Alternativen. Damit sind sie weiterhin in der Lage, ihren monatlichen Verpflichtungen (Miete, Lebenshaltung, Ratenzahlungen) nachzukommen. Dies setzt aber voraus, dass der Arbeitgeber dies kompensieren kann, z. B. durch vermehrte Auslastung, durch Abbau von befristeten Arbeitsverhältnissen und Zeitarbeit, Insourcing von Arbeitsschritten etc.

Wie man auch immer die Gehaltsbestimmung und die Veränderung der Gehaltshöhe im konkreten Fall vornimmt, bleibt ein Grundsatz bestehen: Die Gesamthöhe des Gehalts

3.5 Die Vertragsgestaltung

	Formel-Darstellung	Quantifizierung im Beispiel	
Direkte Gehaltserhöhung	Nominelle Gehaltshöhe steigt, Stundenzahl bleibt gleich	$\dfrac{3000€}{150\,h} = 20€/h$ =>	$\dfrac{3500€}{150\,h} = 23{,}33€/h$
Indirekte Gehaltserhöhung	Nominelle Gehaltshöhe bleibt gleich, Stundenzahl sinkt	$\dfrac{3000€}{150\,h} = 20€/h$ =>	$\dfrac{3000€}{129\,h} = 23{,}26€/h$
Direkte Gehaltssenkung	Nominelle Gehaltshöhe sinkt, Stundenzahl bleibt gleich	$\dfrac{3000€}{150\,h} = 20€/h$ =>	$\dfrac{2500€}{150\,h} = 16{,}67€/h$
Indirekte Gehaltssenkung	Nominelle Gehaltshöhe bleibt gleich Stundenzahl erhöht sich	$\dfrac{3000€}{150\,h} = 20€/h$ =>	$\dfrac{3000€}{180\,h} = 16{,}67€/h$

Abb. 3.7 Die Möglichkeiten der Gehaltsvariation (eigene Erstellung)

muss in einer Höhe bleiben, die für den Arbeitgeber wirtschaftlich tragfähig bleibt und für den Arbeitnehmer eine attraktive Zusammenstellung bietet, um seine geforderte Arbeitsleistung zu erbringen.

Die Abb. 3.7 schematisiert diese Handlungsmöglichkeiten.

Die konkrete Anwendung ist dabei innerbetrieblichen Überlegungen überlassen. Sofern man vor der Notwendigkeit einer effektiven Gehaltssenkung steht, wird von den Arbeitnehmern die Möglichkeit einer erhöhten Stundenzahl bei gleichbleibender Gehaltshöhe zumeist bevorzugt, da sie damit leichter ihren alltäglichen Verpflichtungen rund um die Lebenshaltung (Miete, Lebensmittel, ggf. Rückzahlung von Raten für Verbraucherkredite) leichter erfüllen können. Diese Variante ist aber nur denkbar, wenn der Arbeitgeber auch tatsächlich einen Bedarf an Mehrarbeit hat.

Und genauso stellt man inzwischen fest, dass einige Arbeitnehmer statt einer Gehaltserhöhung lieber mehr freie Zeit haben wollen. Sofern genug Arbeitskraft zur Verfügung steht, wird also der Arbeitgeber diese Variante bevorzugt einsetzen sollen. Andererseits gilt gerade in Zeiten des Fachkräftemangels, dass die Arbeitgeber lieber mehr Geld für eine zumindest gleichbleibende Anzahl an verfügbaren Arbeitsstunden aufwenden wollen.

Zudem werden in Zeichen der Projektarbeit bzw. des agilen Managements auch neue Formen von Leistungsprämien notwendig. So können Spotboni ein Anreiz sein, auf Zeit zusätzliche Verantwortung als Projektleitung zu übernehmen oder Kollegen zu vertreten, die mehrere Monate ausfallen (vgl. Vogelsang 2020, S. 18 ff.).

3.5.3 Die Handlungsmöglichkeiten des Arbeitnehmers bei der Gehaltsfindung

Arbeitnehmer scheinen allem Anschein nach nicht immer über die Möglichkeiten einer marktgerechten Entlohnung informiert zu sein. Damit vergeben sie zum Teil erhebliche Verdienstchancen (siehe auch Bärschneider 2020; Maas und Chaikevitch 2020). Zu den Voraussetzungen einer erfolgreichen Gehaltsverhandlung gehören dabei:

> **Voraussetzungen für eine erfolgreiche Gehaltsverhandlung**
> - Eine Orientierung über marktübliche Vergütungsstrukturen, z. B. durch Online-Recherche, Tarifverträge etc.
> - Eine Aufstellung eigener Kompetenzen, Qualifikationen, Erfahrungen und weiterer Leistungsparameter, ggf. ergänzt um nachweisliche Erfolge in den letzten Monaten und deren betriebswirtschaftlichen Nutzwert
> - Einen Einblick über die Handlungsparameter des Arbeitgebers (neben der Gehaltshöhe auch die Nebenleistungen wie Sachleistungen, Mitarbeiterrabatte, Sozialeinrichtungen, Zuschuss-Angebote für Kinderbetreuung oder Personalentwicklung, variable Vergütungselemente)
> - Die Akzeptanz für die Kalkulation des Arbeitgebers, und deren Nutzung für die eigene Argumentation („Ich bringe x Umsatz, von daher habe ich y als Gehalt verdient"; „mein Konzept abc wird ein Umsatzpotenzial von xyz bieten, damit wäre eine Gehaltserhöhung um den Betrag az angemessen")

Es gilt generell, dass vorbereitete Mitarbeiter in der Regel bessere Gehaltsvereinbarungen erzielen.

3.6 Die erfolgreiche Integration am neuen Arbeitsplatz

Der Einstieg des neuen Mitarbeiters am neuen Arbeitsplatz ist der Abschluss der Stellenbesetzung. Um die Investition – man kann von einem Aufwand im unteren bis mittleren fünfstelligen Bereich ausgehen – abzusichern, empfiehlt es sich, das Onboarding systematisch und mitarbeiterzentriert zu organisieren. Eine ungenügende Einarbeitung würde sowohl in der Fachabteilung als auch beim Mitarbeiter für Reibungsverluste, Frustration und möglicherweise auch zu einer schnellen Kündigung in der Probezeit führen. Hierfür gilt es verschiedene Schritte auszuführen:

> **Schritte für ein erfolgreiches Onboarding**
> - Vorbereitung des neuen Mitarbeiters, durch Zusendung einer Checkliste, was mitzubringen ist (Krankenversicherungsnachweis, Sozialversicherungsausweis, Zugangsdaten zur elektronischen Lohnsteuerkarte, ggf. Personalfragebogen, Nachweise zu Einstellungsuntersuchungen, fehlende Dokumente für die Personalakte) und Hinweisen zum ersten Arbeitstag (wann und wo erscheinen? Wer ist Ansprechpartner? Ggf. auch Ratschläge für den sinnvollen Kleidungsstil)
> - Vorbereitung der Fachabteilung/des Einsatzortes, durch Zusendung einer Checkliste (wann soll der neue Mitarbeiter erscheinen? Wer übernimmt Patenrolle? Welche betrieblichen Einrichtungen sollte man am ersten Tag kennenlernen? Ist der Arbeitsplatz für den neuen Mitarbeiter eingerichtet, inklusive E-Mail-Adresse? Wird ein Einarbeitungsplan erstellt?)

- Einstiegstermin, mit Abholung am Empfang und Betriebs-/Abteilungsrundgang, Vorstellung bei den Kollegen, ggf. auch Sicherheits- und Datenschutzerklärungen etc. unterzeichnen lassen, Aushändigung Betriebsausweis/Zugangsschlüssel bzw. -chips
- Begleitung in der Probezeit, z. B. durch regelmäßige Feedbackgespräche mit Vorgesetzten und Personalabteilung (zumindest nach einem, nach drei und nach fünf Monaten) und durch Personalentwicklung (z. B. verpflichtende Kurse zur Corporate Governance/Compliance-Regelungen, zur Kommunikation im Unternehmen, zur Bedienung standardmäßig verwendeter Software etc.)

Digitale Arbeitsweisen, z. B. mit Home-Office oder auch in Zeiten von Pandemien mit entsprechenden Erfordernissen, verlangen bei Bedarf, zu einer digitalen Variante des Onboarding zu wechseln, die durchaus ihre eigenen Gesetzmäßigkeiten kennt (siehe auch Bauer 2020).

Natürlich ist ein derartiges Vorgehen aufwändig. Zu den Kosten für die Stellenausschreibung und die Personalarbeit rund um die Auswahl kommen Einarbeitungskosten in der Fachabteilung sowie ein Produktivitätsdelta zwischen bereits eingearbeiteten Mitarbeitern und neuen Mitarbeitern – aller Erfahrung nach können Mitarbeiter erst nach mehreren Wochen oder gar Monaten die volle Leistung entwickeln, und im Managementbereich wird eine Leitungskraft vielleicht sogar ein Jahr benötigen, um wirklich die erwartete Leistung zu zeigen.

Allerdings muss man auch die Kosten eines Scheiterns sehen. Wenn Mitarbeiter schon in der Probezeit aussteigen bzw. gekündigt werden, muss das nicht unbedingt mit dem Auswahlverfahren zusammenhängen. Es kann auch auf ungenügender Aufmerksamkeit in der Einarbeitung zurückzuführen sein, weil Arbeitsaufträge und Ziele der Stelle nicht deutlich genug werden, weil der neue Mitarbeiter nicht den Eindruck hat, willkommen zu sein oder vielleicht sogar eingefahrene Prozesse zu stören. Unternehmens- und Personalberater beziffern die direkten Kosten einer fehlgeschlagenen Personalbesetzung mit Beträgen von 30.000–50.000 Euro und mehr (vgl. Dahmen 2017). Und im Hinblick auf das Störpotenzial, das z. B. unqualifizierte Mitarbeiter im EDV-Bereich oder im Vertrieb entwickeln können, wird man von potenziell noch deutlich höheren Folgekosten einer Fehlbesetzung ausgehen müssen (siehe auch May und Wehrs o. J.). Von daher ist man als Arbeitgeber allgemein, als Personalverantwortlicher im speziellen gut beraten, den gesamten Auswahlprozess nicht durch eine eher nachlässige Einarbeitung zu gefährden.

3.7 Das Outsourcing der Bewerberauswahl

Seit einigen Jahren geraten externe Dienstleister für Recruiting verstärkt in den Fokus der Personalarbeit. Neben den klassischen Adressen der Arbeitsverwaltung und der Personalvermittlung bzw. Personalberatung (siehe hierzu Kap. 9) kommen neue Dienstleistungsangebote unter der Bezeichnung „Recruitment Process Outsorucing" auf den Markt, die als

„Vollservice" auftreten (vgl. Pesch 2020, S. 14 ff.). Im Kern geht es darum, dass sie als spezialisierte Unternehmen die gesamten Auswahlstufen und die Vertragsausfertigung übernehmen und sich dazu insbesondere digitaler Hilfsmittel bedienen. Chatbots ersetzen das klassische Vorstellungsgespräch. Gleichzeitig wird mit den Vergleichsdaten aus zahlreichen anderen Besetzungsverfahren der Auftritt der Bewerber hinsichtlich Authentizität und Motivation geprüft. Verschiedene Testverfahren zur Eignung für bestimmte Berufsfelder werden ebenfalls aufgrund der Größenskalierung wirtschaftlich attraktiver. Allerdings scheint bisher die Verlässlichkeit der zugrundeliegenden Vergleichsdaten noch nicht hinreichend geklärt zu sein (vgl. Pesch 2020, S. 16).

3.8 Die Evaluierung der Bewerberauswahl

Als Instrument zum Hinterfragen des Recruitings haben sich bestimmte Kennziffern im Personal-Controlling etabliert. Diese rekurrieren insbesondere auf:

Kennziffern zur Bewertung des Recruitings
- Den Gesamtaufwand für Personalsuche und -auswahl
- Die Anzahl der pro Ausschreibung erzielten Bewerbungen
- Die Anzahl der formal qualifizierten Bewerbungen (meistens anhand der Anzahl der zu einem Vorstellungstermin eingeladenen Kandidaten quantifiziert)
- Anzahl der Einstellungen nach den Auswahlverfahren, im Verhältnis zu den Bewerbern und im Verhältnis zu den Bewerbern, die man zu einem Auswahlverfahren eingeladen hat
- Zufriedenheit der neuen Mitarbeiter mit der Arbeitsstelle und dem Unternehmen
- Zufriedenheit der jeweiligen Fachabteilung mit der erfolgten Neueinstellung
- Verbleibequote, sprich das Verhältnis der Mitarbeiter, die nach Ende der Probezeit noch im Unternehmen sind, zur Gesamtzahl aller Neueinstellung
- Anzahl der Mitarbeiter, die in der Probezeit von sich aus kündigen, und genannte Kündigungsgründe (fachlich, persönlich)
- Anzahl der Mitarbeiter, die von der Fachabteilung in der Probezeit gekündigt werden, und deren Gründe (fachlich, persönlich/sozial)
- Zeit für die Einstellung („time to employment"), gerechnet ab Freigabe der Stellenausschreibung bis hin zur Unterschrift unter den Arbeitsvertrag
- Kosten pro Neueinstellung

Die Erfassung derartige Kenndaten ist aufwändig und bedarf auch in ihrer Interpretation einer gewissen Abstraktionsfähigkeit. Zudem muss man auch die Erfahrungen der Bewerber beachten, die aus ihrer Perspektive eine „candidate journey" erlebt haben und je nach Erfahrungen über die Begegnung mit dem Unternehmen positive oder negative Eindrücke mitnehmen (siehe auch Bauer 2020).

3.9 Die Handlungsparameter der Arbeitnehmer

In Anbetracht dieser Prozessschritte können Arbeitnehmer sich vorbereiten und den Prozess aktiv mitgestalten. Zu den Vorbereitungsmaßnahmen gehören:

> **Mögliche Vorbereitungsschritte des Arbeitnehmers für eine Bewerbung**
> – Aktuelle Bewerbungsunterlagen, ggf. in verschiedenen Aufbereitungsformen, je nach Anforderungsschema (Lebenslauf nach US-amerikanischem und deutschem Muster, ggf. auch als Infografik, weitere Unterlagen, z. B. Übersicht über Schulungsmaßnahmen und Qualifikationen)
> – Ständige Marktbeobachtung, welche Berufserfahrungen, Kompetenzen und Qualifikationen am Arbeitsmarkt gefragt sind, und entsprechende Personalentwicklung
> – Eine regelmäßige Evaluation der eigenen Beschäftigungsfähigkeit am Arbeitsmarkt
> – Und nicht zuletzt einer regelmäßig aktualisierten Karriereplanung („career development")

Verschiedene Bewerbungsratgeber und Info-Portale im Internet helfen bei der Orientierung zu den aktuellen Anforderungen. Bei Bedarf können auch Coaches bei der Überprüfung der eigenen Interessen und nächsten Karriereschritte helfen.

Während eines Personalauswahlprozesses bietet es sich an, die einzelnen Auswahlschritte auszuwerten hinsichtlich der erhaltenen Informationen und der Passung mit den eigenen Vorstellungen. Nicht zuletzt sollte auch das eigene Gefühl beachtet werden, das durchaus ein wichtiger Indikator ist – nicht nur der Arbeitnehmer bewirbt sich bei einem Unternehmen, auch der Arbeitgeber bewirbt sich beim Arbeitnehmer, und je gefragter das eigene Erfahrungs- und Kompetenzenprofil ist, desto besser die Verhandlungsbasis.

3.10 Arbeits- und Wiederholungsfragen zu Kap. 3

1. Was ist das Grundprinzip des Personalmarketings?
2. Was stellt eine „employer brand" dar, und welchen besonderen Nutzwert hat diese?
3. Was ist die Funktion einer Stellenbeschreibung?
4. Nennen Sie je 2 Vorteile der internen und der externen Stellenbesetzung!
5. Welche Inhalte sollte eine aussagekräftige Stellenausschreibung beinhalten?

6. Nennen Sie je drei sinnvolle Beschaffungswege für Management-Nach-wuchs, mittlere Führungsebene (Abteilungsleitung u. ä.) und AG-Vorstände!
7. Warum sollten Bewerber/innen ihre Bewerbungsunterlagen sorgfältig gestalten?
8. Skizzieren Sie einen idealen Verlauf eines Vorstellungsgesprächs!
9. Inwiefern können Arbeitsproben bei der Personalauswahl hilfreich sein?
10. Skizzieren Sie die betriebswirtschaftlichen Folgen einer Fehlbesetzung!
11. Nennen Sie zwei Beispiele, wie man den Erfolg einer Stellenausschreibung beurteilen kann, und zeigen Sie die Grenzen des jeweiligen Kriteriums auf!

Literatur

Barnard CI (1974) The functions of the executive, 18. Aufl. Harvard University Press, Cambridge, MA

Barsch P, Trachsel G (2018) Chefsache Fachkräftesicherung. Springer Gabler, Wiesbaden

Bärschneider N (2020) Mit der Drei-Stufen-Taktik sichern Sie sich Ihr Wunschgehalt, Beitrag vom 19.06.2020. www.welt.de/wirtschaft/karriere/article202066486/Gehaltsvorstellung-Mit-dieser-Taktik-kommen-Sie-zum-Wunschgehalt.html. Zugegriffen am 24.07.2020

Bauer K (2020) Das sind jetzt die Trends im Personalwesen, Beitrag vom 12.05.2020. www.derstandard.at/story/2000117373321/das-sind-jetzt-die-trends-im-personalwesen?ref=article. Zugegriffen am 15.05.2020

Bilount S, Leinwand P (2020) Warum sind wir hier? Harv Bus Manager (Nr 2):20–27

Blickle G (2011) Personalmarketing. In: Nerdinger F et al (Hrsg) Handbuch Arbeits- und Organisationspsychologie, 2. Aufl. Springer, Wiesbaden, S 209–223

Bös N, Marx U (2019) Wenn Computer Bewerber auswählen, Beitrag vom 04.12.2019. www.faz.net/aktuell/karriere-hochschule/buero-co/vorstellungsgespraech-mit-ki-wenn-computer-bewerber-aussuchen-16507199.html. Zugegriffen am 11.05.2020

Brast C, Hendriks J (2013) „… wie ein Ei dem Anderen" – ein Vergleich von Arbeitgeberversprechen. Pers Q 65(4):36–41

Cloer T (2013) SAP will Behinderte starker integrieren, Beitrag vom 29.07.2013. www.computerwoche.de/a/sap-will-behinderte-staerker-integrieren,2543336. Zugegriffen am 10.05.2020

Dahmen Personalservice (2017) So viel kosten Fehl- und Nichtbesetzungen 2017, Beitrag vom 23.10.2017. https://dahmen-personal.de/so-viel-kosten-nicht-und-fehlbesetzungen-2017/. Zugegriffen am 11.05.2020

Dannhäuser R (2017) Handbuch Social Media Recruiting, 3. Aufl. SpringerGabler, Wiesbaden

Dudler L (2020) Wenn Chatbots übernehmen. In: Verhoeven T (Hrsg) Digitalisierung im Recruiting. Springer Gabler, Wiesbaden, S 101–111

Gassmann M (2019) Rettungsaktion für Kaufhof kostet Tausende Jobs, Beitrag vom 25.01.2019. www.welt.de/wirtschaft/article187702122/Galeria-Kaufhof-4000-Stellen-fallen-weg-Gehaltsverzicht-droht.html. Zugegriffen am 11.05.2020

Göbbels F, Schmidt K (2016) Arbeitsverträge in Textbausteinen, 4. Aufl. Haufe, Freiburg/Brsg.

Guldner J (2020a) Warum Absolventen die Autobranche meiden, Beitrag vom 21.06.2020. www.wiwo.de/erfolg/beruf/arbeitgeberranking-2020-warum-absolventen-die-autobranche-meiden/25922028.html. Zugegriffen am 22.06.2020

Guldner J (2020b) Wie Beratungen in der Krise Nachwuchs suchen, Beitrag vom 26.06.2020. www.wiwo.de/erfolg/beruf/arbeitgeberranking-wie-beratungen-in-der-krise-nachwuchs-suchen/25938514.html. Zugegriffen am 29.06.2020

Literatur

Hägele J (2020) Auf der Suche nach dem Sinn. Süddeutsche Zeitung, Nr 205 vom 05.09.2020, S 25

Hanreich G (o. J.) Arbeitsvertrag – Rechte und Pflichten der Vertragsparteien, Beitrag. www.haufe.de/personal/haufe-personal-office-platin/arbeitsvertrag-rechte-und-pflichten-der-vertragsparteien-121-nebenpflichten-des-arbeitnehmers_idesk_PI42323_HI940738.html. Zugegriffen am 12.05.2020

Hemmerich K, Reufels M (2019) Gestaltung von Arbeitsverträgen und Dienstverträgen für Geschäftsführer und Vorstände, 4. Aufl. Nomos, Baden-Baden

Hillebrecht S, Peiniger AA (2018) Grundkurs Personalberatung, 6. Aufl. Springer, Wiesbaden

Höhmann I, Meynhardt T (2020) Purpose ist kein Gutmenschentum. Harv Bus Manager (Nr 2):28–33.

HRinstruments (o. J.) Employee journey messbar machen mittels eines Feedbackinstruments, Beitrag. www.hr-instruments.com/2019/08/02/employee-journey-kontinuierlich-messen/. Zugegriffen am 13.05.2020

Hustedt C, Müller-Eiselt R (2019) Robo Recruiting – dank Algorithmen bessere Mitarbeiter:innen finden? Policy Paper vom 24.06.2019. www.bertelsmann-stiftung.de/de/unsere-projekte/ethik-der-algorithmen/projektnachrichten/robo-recruiting-dank-algorithmen-bessere-mitarbeiterinnen-finden. Zugegriffen am 10.05.2020

IG Metall (2020) Tarifliches Zusatzgeld oder acht freie Tage, Beitrag aus 2020. www.igmetall.de/tarif/tarifrunden/metall-und-elektro/tarifliches-zusatzgeld-oder-acht-freie-tage. Zugegriffen am 11.05.2020

Janetz UP (2018) Chefsache Arbeitsrecht. Springer Gabler, Wiesbaden

Kanning UP (2019) Warum Manager intelligent sein sollten, Beitrag vom 03.04.2019. www.haufe.de/personal/hr-management/auswahl-von-managern-mit-intelligenztest_80_487472.html. Zugegriffen am 12.05.2020

Kanning U-P, Bruns M (2020) Bewerbung, Klappe die erste. Personalwirtschaft 5:52–53

Keller B, Ott CS (2019) Touchpoint Management, 2. Aufl. Haufe, Freiburg/Brsg.

Kirchgeorg M, Müller J (2013) Personalmarketing. In: Stock-Homburg R (Hrsg) Handbuch Strategisches Personalmanagement. Springer Gabler, Wiesbaden, S 73–90

Kolf F, Fanderl S (2019) Fusion mit Kaufhof zieht Karstadt in die roten Zahlen, Beitrag vom 19.12.2019. www.handelsblatt.com/unternehmen/handel-konsumgueter/stephan-fanderl-warenhaus-chef-fanderl-fusion-mit-kaufhof-zieht-karstadt-in-die-roten-zahlen/25351320.html?ticket=ST-777765-In1aZX2yEdbMNcR67OeL-ap3. Zugegriffen am 11.05.2020

Kotler P et al (2019) Grundlagen des Marketing, 6. Aufl. Pearson Education, München

Kriegler WD (2018) Praxishandbuch Employer Branding, 3. Aufl. Haufe, Freiburg/Brsg.

Maas MC, Chaikevitch L (2020) „Viele Frauen wissen nicht, dass sie mehr Gehalt erzielen können", Beitrag vom 23.07.2020. www.zeit.de/arbeit/2020-07/gehaltsverhandlung-frauen-gender-pay-gap-selbstbewusstsein-diskriminierung?wt_zmc=sm.ext.zonaudev.mail.ref.zeitde.share.link.x. Zugegriffen am 24.07.2020

March JG, Simon HA (1958) Organizations, 2. Aufl. Blackwell, Cambridge, MA

May R, Wehrs T (o. J.) So werden Fehlbesetzungen vermieden! Broschüre des BPM Bundes der Personalmanager. www.bpm.de/sites/default/files/bpm_service_fehlbesetzung.pdf. Zugegriffen am 11.05.2020

Müller-Hagedorn L (1990) Einführung in das Marketing. wbg, Darmstadt

o.V. (2009) Gehaltsverzicht vereinbart, Beitrag vom 08.01.2009. www.manager-magazin.de/unternehmen/artikel/a-660032.html. Zugegriffen am 11.05.2020

o.V. (2020a) Meine Firma, meine Fabrik, meine Haltestelle, Beitrag vom 08.05.2020. www.spiegel.de/auto/haltestellen-mit-firmennamen-nischengeschaeft-mit-werbeeffekt-a-425b2210-deb9-44a1-b9b8-c7bd1916bf39. Zugegriffen am 09.05.2020

o.V. (2020b) Persönlichkeitstests, Beitrag vom 15.04.2020. www.absolventa.de/karriereguide/persoenlichkeitsprofil/persoenlichkeitstest. Zugegriffen am 18.06.2020

Onecken P et al (2016) Gewinne für Geschäftemacher – Lohnverzicht für Angestellte, Beitrag vom 14.04.2016. www1.wdr.de/daserste/monitor/sendungen/karstadt-114.html. Zugegriffen am 11.05.2020

Pesch U (2020) Der andere Weg zur Fachkraft. Personalwirtschaft, Nr 4, S 14–16

Preis U et al (2015) Der Arbeitsvertrag, 5. Aufl. Otto Schmidt, Köln

Schareika N (2018) Auswahl per Computer statt Bewerbungsmappe, Beitrag vom 30.04.2020. www.wiwo.de/unternehmen/mittelstand/hannovermesse/personalrekrutierung-auswahl-per-roboter-statt-bewerbungsmappe/21222640.html. Zugegriffen am 11.05.2020

Schmid H (2001) Halt dei Gosch, i schaff beim BOSCH. V.U.S., Stuttgart

Schumacher H (2020) Umparken im Kopf. Wirtschaftswoche Nr 3 vom 10.01.2020, S 90–93

Sommer H-T (2019) Studie Attraktive Arbeitgeber 2018, Manuskript von 2019. www.berufsstart.de/karriere/attraktive-arbeitgeber/Studie-Attraktive-Arbeitgeber.pdf. Zugegriffen am10.05.2020

Stahl D (2011) Ein Baggerfahrer stiehlt allen die Show, Beitrag vom 04.05.2011. www.stimme.de/hohenlohe/nachrichten/kuenzelsau/Ein-Baggerfahrer-stiehlt-allen-die-Show;art1912,2128883. Zugegriffen am 10.05.2020

Verhoeven T (2020) Digital Candidate Experience. In: Verhoeven T (Hrsg) Digitalisierung im Recruiting. Springer Gabler, Wiesbaden, S 51–66

Vogelsang T (2020) New Work = New Pay? – Spotboni in Form von Freizeit. DGFP-Personalführ 68(6):17–21

Weitzel T et al (2019) Employer Branding 2019.www.uni-bamberg.de/fileadmin/uni/fakultaeten/wiai_lehrstuehle/isdl/Studien_2019_03_Employer_Branding_Web.pdf. Zugegriffen am 10.05.2020

Wilk G (2018) Stellenbeschreibung und Anforderungsprofile. Haufe, Freiburg

Will S (2020) So sinnvoll ist der TikTok-Plan von Lidl und Aldi, Beitrag vom 04.07.2020. www.welt.de/wirtschaft/karriere/bildung/article210866409/Talentsuche-So-sinnvoll-ist-der-Tiktok-Plan-von-Lidl-und-Aldi.html. Zugegriffen am07.07.2020

Die Mitarbeiterbeurteilung und -entwicklung

4

Inhaltsverzeichnis

4.1	Die Mitarbeiterbeurteilung	96
	4.1.1 Die Grundsätze der Mitarbeiterbeurteilung	96
	4.1.2 Ausgewählte Beurteilungsmethoden	97
	4.1.3 Die Voraussetzungen bei den Beurteilenden	100
	4.1.4 Die Konsequenzen einer Beurteilung	101
	4.1.5 Eine Fallstudie zur Verteilung von Leistungszulagen und Prämien	103
	4.1.6 Feedback und Beurteilung	105
	4.1.7 Zielvorgaben und Zielvereinbarungen	107
	4.1.8 Das Arbeitszeugnis als Anlass für eine Beurteilung	110
4.2	Die Karriere und ihr Kontext zur Mitarbeiterbeurteilung	111
	4.2.1 Der Begriff der Karriere	111
	4.2.2 Die Grundmuster der Karriere	113
	4.2.3 Die Karriereentwicklung als Aufgabe für den Arbeitnehmer	117
4.3	Die Personalentwicklung	118
	4.3.1 Die Grundsätze der Personalentwicklung	118
	4.3.2 Die Beschäftigungsfähigkeit als Ziel der Personalentwicklung	119
4.4	Strategien zur Personalentwicklung	120
	4.4.1 Die Rolle von Kompetenzen und Qualifikationen	120
	4.4.2 Der Lebenszyklus von Wissen und Fertigkeiten und die Konsequenzen	123
	4.4.3 Die Möglichkeiten der Personalentwicklung	123
	4.4.4 Zentrale Begriffe der Personalentwicklung	125
	4.4.5 Das Arbeitsraster in der Personalentwicklung	127
	4.4.6 Ein Exkurs zum European Framework of Qualifications	127
	4.4.7 Konsequenzen auf betrieblicher Ebene	128
4.5	Die Operative Personalentwicklung	130
4.6	Eine Fallstudie zur Personalentwicklung	133
4.7	Einige Konsequenzen für Arbeitnehmer	134
4.8	Arbeits- und Wiederholungsfragen zu Kapitel 4	134
Literatur		135

© Der/die Autor(en), exklusiv lizenziert durch Springer
Fachmedien Wiesbaden GmbH, ein Teil von Springer Nature 2021
S. Hillebrecht, *Perspektivenorientierte Personalwirtschaft*,
https://doi.org/10.1007/978-3-658-32094-2_4

> **Zusammenfassung**
>
> Eine Mitarbeiterbeurteilung, oder besser: eine Beurteilung der Arbeitsleistung von Arbeitnehmern, ist ein zentraler Bestandteil des Arbeitseinsatzes. Mitarbeiter bedürfen zur Steuerung ihrer eigenen Arbeit regelmäßigen Feedbacks, um einen Eindruck zu erhalten, in welcher Form sie den Erwartungen des Arbeitgebers entsprechen und wo sie Entwicklungsmöglichkeiten besitzen. Dazu stehen verschiedene Ansatzpunkte zur Verfügung. Erkannte Handlungspotenziale können durch Personalentwicklung konsequent genutzt und zur beiderseitigen Zufriedenheit umgesetzt werden. Im Ergebnis entstehen Arbeitszufriedenheit und eine Bindung an das Unternehmen, die sich nicht zuletzt in einer bestimmten Karriere manifestieren.

4.1 Die Mitarbeiterbeurteilung

4.1.1 Die Grundsätze der Mitarbeiterbeurteilung

Mitarbeiterbeurteilung lässt sich definieren als die umfassende Bewertung des Arbeitsverhaltens eines Arbeitnehmers in seiner Gesamtheit (fachlich, sozial, persönlich), hinsichtlich seines Leistungsvermögen und seiner Leistungsbereitschaft. Der Zweck ist ein Abgleich von Soll-Anforderungen aus der Stelle und Ist-Leistung (vgl. Becker 2013, S. 583 ff.; Berthel und Becker 2017, S. 280 ff.; Müller 2017b, S. 11 ff.; Stöwe und Beenen 2012, S. 15 f.), um:

- notwendige Personalentwicklung (Schulungen, Beförderungen bzw. Umsetzungen, zusätzliche Unterstützung) zu erlauben
- Entwicklungspotenziale zu bestimmen, z. B. in Form von mehr oder anspruchsvolleren Aufgaben, einer höheren Ansiedlung, einer anderweitigen Verwendung oder auch ggf. zu einer Freisetzung
- Anhaltspunkte für die Gehaltsfindung bzw. die Überprüfung zu finden

Als Ziele gelten dabei:

- Objektivierung der Personalarbeit (weg von subjektiven, situativen Eindrücken, hin zu einer umfassenden Erfassung nach rationalen Kriterien)
- Eine Steigerung der Leistung
- Eine Vereinheitlichung des Führungsverhaltens anhand von eindeutigen, allgemein verbindlichen Führungs- und Leistungsvorgaben
- Und damit insgesamt eine Verbesserung der Arbeits- und Führungsqualität, also eine – optimale Potenzialnutzung

Mitarbeiterbeurteilung ist damit sowohl Diagnose gezeigter Verhaltensweisen als auch Hinweis zur Modifikation von Verhaltensweisen. Die Problematik ergibt sich bei näherem Hinsehen: es wird eine vergangenheitsorientierte Analyse für die Prognose zukünftiger Verhaltensweisen herangezogen. Allerdings stehen derzeit keine besseren Alternativen zur Verfügung, so dass man diese Einschränkungen nolens volens akzeptieren muss. Zudem muss man die Mehrdimensionalität der Arbeitsweise betrachten, da sie die zu beurteilende Person, die über sie urteilende Person, die angewandten Maßstäbe und deren Eignung für die Erfassung der gesuchten Kriterien sowie die allgemeine Passung von Beurteilungsmaßstäben zu den Unternehmenszielen betrifft. Anders gesagt: Jede dieser Adressen hat eigene Wirkungsmechanismen, die teilweise in Konkurrenz zueinander treten können. Wenn das Musterunternehmen J. Weizenfeld GmbH als Anwendungsbeispiel Wert darauf legt, dass gelieferte Kindertagesstätten auch noch nach 30 Jahren repariert werden können, müssen demzufolge Ersatzteile entsprechend lieferbar sein, unabhängig von den Kosten der jeweiligen Produktion und unabhängig von der Qualifikation der einzelnen Mitarbeiter. Ein guter Kundendienst kann im Fall eines älteren Mitarbeiters, der mit damals üblichen Arbeitsverfahren vertraut ist, bedeuten, dass er alle anderen Aufträge zur Seite schiebt und das Einzelteil herstellt. Ein Vorgesetzter, der vielleicht erst zwei oder drei Jahre im Unternehmen ist und mit diesem Verfahren nicht vertraut ist, aber den Druck zu einer optimalen Ausnutzung der Produktionsstraße sieht und vielleicht auch die Produktionsprozesse nicht für Einzelteilfertigung unterbrechen wird, um eine Lieferung einer neuen Einrichtung pünktlich zu erledigen, wird also anders entscheiden, als der betreffende Mitarbeiter. Aber beide werden sich als am Ziel „Kundenzufriedenheit" ausgerichtet sehen.

4.1.2 Ausgewählte Beurteilungsmethoden

Zu den Beurteilungsmethoden gibt es vielzählige Vorschläge (siehe vertiefend Becker 2013, S. 585 ff.; Jung 2011, S. 740 ff.; Stöwe und Beenen 2012, S. 29 ff.; Stracke 2015, S. 155 ff.; Becker und Spöttl 2015, S. 11 ff.). Besondere Beachtung finden insbesondere:

> **Mögliche Mitarbeiter-Beurteilungsmethoden**
> - Schematische Aufstellungen (z. B. anhand von Kriterien wie geistige Anlagen, Arbeitsverhalten, soziales Verhalten, persönliches Verhalten und ggf. auch Führungsverhalten, mit entsprechenden Bewertungskriterien)
> - Checklisten
> - Umfangreichere Persönlichkeitstests und psychologische Testverfahren (siehe z. B. den Überblick bei Eisele 2010, S. 32 ff.), wie z. B. das Bochumer Persönlichkeitsinventar (vgl. Hossiep und Mühlhaus 2005), das Persolog-Personlichkeitsprofil, auch als DISG-Modell bekannt (vgl. Gay und Karsch 2019) oder die Lüscher-Farben (vgl. Lüscher 2005)

Die relevanten Kriterien können aus verschiedenen Quellen stammen:

- Auf Basis von Expertenbefragungen („Sie als Arbeitspsychologin geben mir bitte Auskunft auf folgende Frage: Was muss eine Marketingleitung in einem mittelständischen Produktions-/Handelsunternehmen an Anforderungen erfüllen?")

- Auf Basis von Betroffenenbefragungen („Sie sind seit 10 Jahren Marketingleitung in einem Produktionsunternehmen mit 550 Mitarbeitern – was sind Ihrer Meinung nach die relevanten Anforderungen an einen Marketingleiter?")
- Durch Beobachtungen
- Durch Leistungstests und andere psychologisch validierte Verfahren

Die entsprechenden Anforderungen können in eine Stellenbeschreibung integriert werden und durch Beurteilungsbögen aller Art überprüft werden. Fraglich ist dabei, ob die definierten Kriterien gleichrangig nebeneinanderstehen oder mit einer bestimmten Priorisierung zu versehen sind oder gar eine besonders hohe Bedeutung haben, die man mit prozentualen Zuweisungen versehen kann.

Ein einfacher Beurteilungsbogen kann nach folgendem Muster in Abb. 4.1 aufgebaut werden, wobei hier die alltägliche, leicht verständliche Anwendbarkeit im Vordergrund steht, weniger ein abschließendes, wissenschaftlich validiertes Beurteilungsraster. Die Wahl der Beurteilungskriterien hängt dabei von der Unternehmenskultur ab, welche Werte als besonders wichtig für die Leistungserbringung angesehen werden. Eine v. a. auf den kommerziellen Leistungserfolg abgestellte Unternehmenskultur wird v. a. auf quantitative Erfolgskriterien wie Umsatz, Deckungsbeitrag, Marktanteil und Marktwachstum abstellen, wie man es oft in der Finanzindustrie sieht, wenngleich auch dort der Faktor Menschlichkeit immer wieder erwähnt wird (vgl. Hasebrook und Kring 2016, S. 3 ff.). Eine v. a.

	Sehr gut	Gut	Durchschnitt	ausreichend	Ungenügend
Fleiß	Arbeitet 15 Aufträge pro Stunde ab, stets Überstundenbereitschaft	Arbeitet 13 Aufträge pro Stunde ab, leistet häufig Überstunden	Arbeitet 11 Aufträge pro Stunde ab, gelegentlich Überstunden (z. B. bei Inventur)	Arbeitet 10 Aufträge pro Stunde ab, selten Überstunden (nur mit Nachdruck)	Arbeitet weniger als 10 Aufträge pro Stunde ab, keine Überstundenbereitschaft
Sorgfalt	99 % fehlerfreie Vorgänge	97 % fehlerfreie Vorgänge	95 % fehlerfreie Vorgänge	93 % fehlerfreie Vorgänge	Weniger als 93 % fehlerfrei
Freundlichkeit	Stets freundlich gegenüber Kunden	Zumeist freundlich gegenüber Kunden	Regelmäßig, aber nicht immer freundlich gegenüber Kunden	Gelegentlich Unfreundlichkeiten gegenüber Kunden	Immer mal wieder Unfreundlichkeiten
Reinlichkeit	Stets aufgeräumter Arbeitsplatz	Zumeist aufgeräumter Arbeitsplatz	Regelmäßig aufgeräumter Arbeitsplatz	Immer mal wieder einige nicht aufgeräumte Sachen am Arbeitsplatz	Häufiger nicht aufgeräumter Arbeitsplatz

Abb. 4.1 Einfacher Beurteilungsbogen für Mitarbeiter in der Lagerlogistik

auf soziale Komponenten abgestellte Organisationskultur, wie sie für den Wohlfahrtssektor üblich ist, wird hingegen auf die Interaktionsqualität mit Kunden bzw. Klienten sowie auf die Fähigkeit der Mitarbeiter zu einer menschenorientierten Arbeitsweise Wert legen. Dies kann im Zweifel auch dazu führen, dass wirtschaftliche Überlegungen und Konflikte ausgeblendet werden und Kompetenzen zur betriebswirtschaftlichen Arbeit oder zur Konfliktlösung weniger bedeutsam sind (siehe auch Helmig et al. 2005, S. 7 f.; Hillebrecht 2004, S. 60 f.).

Derartige Beurteilungstabellen können grafisch weiterentwickelt werden, durch Kurven (SOLL- und IST-Stand), durch Beurteilungspunktwerte und weitere Elemente, die sich mit einer kurzen Recherche im Internet beispielhaft zeigen lassen.

Neben den Beurteilungskriterien ist zu klären, wer die Beurteilung vornimmt:

- Durch den Vorgesetzten allein (die klassische „90-Grad-Beurteilung")
- Wechselseitig durch Vorgesetzte und zugeordnete Mitarbeiter (die „180-Grad-Beurteilung"), die ihrerseits auch die Führungsarbeit ihres Vorgesetzten bewerten können aus der Perspektive der Betroffenen
- Ergänzend auch durch Kollegen auf gleicher Funktionsebene, z. B. eine Marketingleitung durch Leitungskräfte aus dem Controlling, der Personalarbeit oder der Vertriebs- bzw. Produktionsabteilung („270-Grad-Beurteilung"), die aus kollegialer Perspektive die Führungsarbeit analysieren
- Nicht zuletzt die Beurteilung von externen Partnern („360-Grad-Analyse"), bei der auch Lieferanten, Kunden und weitere Personen ihre Sicht wahrnehmen, einem sehr aufwändigen Verfahren, das man sich vermutlich nur auf höheren Funktionsebenen unterziehen wird

Jedes Verfahren hat seine eigenen Merkmale und Vorteile. Daher ist zu überlegen, zu welchem Anlass und bei welcher Position ein bestimmtes Verfahren besonders sinnvoll oder eher wenig zielführend, vielleicht sogar kontraproduktiv ist. Bei einer „Kuschelatmosphäre" wird eine 180-Grad- oder 270-Grad-Beurteilung vermutlich dazu führen, dass man sich wechselseitig Komplimente unterbreitet, ohne wirkliche Problempunkte anzusprechen. Bei 360-Grad-Verfahren wird man sehr stark auf die Kooperationsbereitschaft der externen Partner setzen müssen, die aufgrund der hohen Arbeitsverdichtung kaum noch gegeben ist.

Nicht zuletzt gilt: Bei allen Beurteilungsverfahren muss man sich darüber im Klaren sein, dass Beurteilungskriterien stets hypothetische Konstrukte sind. Es gibt keine objektiven Zustandsbeschreibungen, die gutes oder weniger gutes Verhalten per se beschreiben können. Vielmehr hängt die Beurteilung bestimmter Verhaltensweisen vom jeweiligen Sachzusammenhang (Arbeitsauftrag und -ziele) und der Einschätzung der Beurteilenden ab. Man bildet damit künstliche Steuerungsgrößen, die auf bestimmte Annahmen zu mehr oder weniger angemessenen, zielführenden Verhaltensweisen abstellen. Und auch dieses kann je nach Situation variieren. Wenn ein Bankmitarbeiter im Kundenkontakt steht, erwartet man Freundlichkeit und zuvorkommenden Service, z. B. die Bereitschaft, zusätzliche Angebote zu unterbreiten. Bei einem Banküberfall wird man als Vorgesetzter aber kaum auf Zusatzangebote Wert legen („Liebe Frau Bankräuberin, schön, dass Sie uns beehren – nachdem Sie bereits das gesamte Bargeld an sich genommen haben, darf ich Ihnen vielleicht noch einige ausgewählte Goldmünzen zeigen, für die Sie sich interessieren könnten?"). Dies wäre dieser Situation nicht angemessen, unabhängig von allen Verhaltensgrundsätzen im Kundenkontakt.

4.1.3 Die Voraussetzungen bei den Beurteilenden

Eine sinnvolle, umfassende und sachgerechte Beurteilung der Leistung und des Arbeitsverhaltens setzt bei den beurteilenden Personen folgendes voraus (siehe auch Müller 2017b, S. 24 ff.; Stracke 2015, S. 22ff.):

- Menschenkenntnis, um Verhaltensweisen einordnen und konstruktiv Feedback geben zu können
- Fachkenntnis von der Tätigkeit des zu Beurteilenden, um die Arbeitsvollzüge und Arbeitsergebnisse sicher einordnen zu können
- Eine angemessene Einweisung in die Beurteilungsmethodik, um Verzerrungen durch subjektive Wahrnehmungen, Sympathie- bzw. Antipathieeffekte, zu kurz greifende Beurteilungszeiträume etc. zu vermeiden
- Kenntnis der zur Beurteilung relevanten Kriterien, abgeleitet aus den Zielen des Unternehmens und der jeweiligen betrieblichen Organisationseinheit, die sich zumeist aus den Bereichen der geistigen Anlage, des Arbeitsverhaltens und des sozialen Verhaltens gegenüber Kunden, Kollegen und anderen Bezugspersonen zusammensetzt, bei Personen mit Führungsaufgaben zusätzlich auch die Dimension des Führungsverhaltens
- Und nicht zuletzt eine ausreichende Selbstsicherheit der beurteilenden Person – wer über seine eigene Rolle unsicher ist, wird auch keine souveräne Beurteilung vornehmen können

Nur wenn diese Anforderungen erfüllt werden, kann eine Beurteilung anhand objektiver Leistungs- und Anforderungskriterien erfolgen. Eine Missachtung hingegen führt zu Beurteilungsfehlern (siehe auch Wien und Franzke 2013, S. 74 ff.), die verschiedene Ursachen haben, z. B.:

- Der Halo-Effekt (erste Wahrnehmung am Anfang überstrahlt alle weitere Handlungen)
- Einseitigkeitseffekt (ein einzelner Effekt überstrahlt alles, z. B. ein bestimmtes Ärgernis)
- Übernahmefehler (übernommene Daten werden nicht hinterfragt)
- Kontakt-Effekt (je häufiger jemand mit jemandem anderen in Kontakt steht, desto besser fällt die Bewertung aus)
- Nikolaus-Effekt (Leistungssteigerung kurz vor Beurteilungszeitpunkt)

4.1 Die Mitarbeiterbeurteilung

- Sympathie/Antipathie, die sachliche Leistungen überstrahlen
- Hierarchie-Effekt (einfachere Mitarbeiter werden kritischer beurteilt als höher gestellte Mitarbeiter, da ihre Leistung leichter messbar ist)
- Kleber-Effekt (wer lange auf einer Position ist, wird kritischer beurteilt – bei guter Leistung wäre er schon befördert worden)
- Tendenzfehler (aus Angst vor Rechtfertigung werden Beurteilungen nicht ganz stark erfolgen, in anderen Fällen als Zeichen von Entschlossenheit noch stärker ausfallen, als sachlich gerechtfertigt)

Wenn man bedenkt, dass insbesondere bei fehlerhaften Beurteilungen im Führungskreis schnell wirtschaftliche Schäden in fünf- oder sechsstelligen oder noch höheren Bereichen entstehen kann (siehe auch Becker und Spöttl 2015), wird man gut beraten sein, mit Sorgfalt und v. a. guter fachlicher Unterweisung bzw. Begleitung an die Personalbeurteilung heranzugehen.

4.1.4 Die Konsequenzen einer Beurteilung

Beurteilungen sind ex definitionem dazu da, neben einem Feedback zu dem bisher gezeigten Verhalten auch eine Orientierung für das zukünftige Verhalten und wünschenswerte Veränderungen zu geben. Für die Einforderung der Konsequenzen sind regelmäßig die Führungskräfte verantwortlich. Verschiedene Theorien versuchen, Führungskräfte eine Hilfestellung zu den Konsequenzen aus einer Beurteilung zu geben. Am bekanntesten sind einfache Beurteilungsraster, wie die aus der BCG-Matrix für strategische Produkt- oder Markenführung abgeleitete Erfüllungsgrad-Potenziale-Matrix in Abb. 4.2. Dabei werden die Mitarbeiter nach dem Erfüllungsgrad in ihren bisherigen Aufgaben und dem Potenzial für weiterführende Aufgaben bzw. höherwertige Hierarchiestufen eingeteilt, was man auch mit dem Begriff der „**Performanz**" (Becker 2013, S. 5) bezeichnen kann.

In der Konsequenz wird man den Leistungsträgern gute Karrierechancen und vielseitige Förderung angedeihen lassen und sie auf alle Fälle im Unternehmen halten wollen.

Hohes Potenzial im Mitarbeiter	Mitarbeiter mit Entfaltungspotenzial („Talente") = suboptimale Performanz mit Verbesserungspotenzial	Leistungsträger mit Karrierepotenzial („helle Sterne") = höchste Performanz
Niedriges Potenzial im Mitarbeiter	Mitarbeiter mit unbefriedigendem Leistungsgrad und ohne Potenzial („totes Holz" bzw. „Problemfälle") = unbefriedigende Performanz, die sich nicht mehr entwickeln lässt	Leistungsträger („Arbeitspferde") = hohe Output-Performanz ohne qualitative Entwicklungsmöglichkeit
	Niedriger Erfüllungsgrad bei aktuellen Aufgaben	*Hoher Erfüllungsgrad bei aktuellen Aufgaben*

Abb. 4.2 Erfüllungsgrad-Poetenzial.Matrix (eigene Erstellung)

Arbeitspferde wird man auf ihrer Position belassen und ggf. über Frühverrentungen oder Standortschließungen beim nächsten Technologiesprung entlassen, wenn sie diesen Schritt nicht mehr mitgehen können oder wollen. Talente sind Mitarbeitergruppen, die viel versprechen, aber auf ihrer derzeitigen Position noch nicht ihr volles Potenzial entwickeln können. Hier können Versetzungen und ergänzende Personalentwicklungsmaßnahmen hilfreich sein. Scheitern diese, wird man sich trennen. Bei den Mitarbeitenden, die als Problemfälle oder noch abschätziger als „totes Holz" bezeichnet werden, wird man den nächst möglichen Zeitpunkt nutzen, ihnen eine Kündigung auszusprechen, ggf. auch durch Versetzungen in unbeliebte Positionen klar zu machen, dass sie falsch am Platz sind. Ein Standardfall ist die Versetzung eines alleinverdienenden Familienvaters mit Wohnsitz in München in eine Vertriebsregion in Schleswig-Holstein oder in die Steiermark. Ebenso gerne wird nach Unregelmäßigkeiten in Reisekostenabrechnungen oder in der Arbeitszeiterfassung gesucht, um auf diese Weise die schnelle Trennung unter Umgehung einer Abfindung durchsetzen zu können. Daneben gibt es zahlreichere komplexere, differenzierende Verfahren (siehe auch Treier 2019, S. 213 ff.), bis hin zu Gelegenheiten, die sich im Zeichen von Konjunktureinbrüchen aller Art anbieten, wie man vermutlich in der aktuellen Corona-Entlassungswelle erfahren wird – hier kann man betriebsbedingte Gründe vorschieben.

Bei derartigen Beurteilungsverfahren gilt, dass sie eine Bewertungsnorm (was ist erwünscht oder nicht erwünscht?) und eine Handlungsnorm (wenn Mitarbeiter x in folgendes Raster passt, dann muss y mit ihm passieren) vorgeben. Inwiefern die zugrundeliegenden Kriterien transparent für die Mitarbeitenden sind und die Beurteilungsverfahren (de-)motivierend wirken, ist damit nicht geklärt (siehe auch Schließmann 2014, S. 147 ff.). Als gesichert darf aber gelten: je klarer die Zielvorgaben für die Mitarbeitenden und die damit verbundenen Erwartungen und Belohnungen sind, desto eher werden gute Arbeitsleistungen gezeigt.

An zusätzlicher Komplexität gewinnen Beurteilungsverfahren, die eine Teamarbeit bewerten sollen. Viele Aufgaben werden inzwischen in Arbeitsteams erfüllt (siehe auch Gramkow et al. 2020, S. 14 ff.). Außendienstmitarbeitende vertrauen auf die Zuarbeit durch einen Innendienst, Projektteams sind naturgemäß Teams, und auch Abteilungen oder Arbeitsgruppen funktionieren zumeist nach den Gesetzmäßigkeiten von sozialen Gebilden. Hierbei zeigt sich oft, ähnlich wie in einem Wolfsrudel, einer Delfinschule oder einer Affenherde, dass jedes Gruppenmitglied verschiedene Aufgaben und Funktionen für die Gruppe wahrnimmt. Es gibt im Tierreich Kundschafter, Jäger, Sammler, Wächter usf., und vergleichbar gibt es in Arbeitsteams kreative Mitglieder ebenso wie Perfektionisten, die auf eine bestimmte Qualität in den Prozessen achten, oder Teamarbeiter, die sich v. a. auf den sozialen Zusammenhalt konzentrieren. Einzelne Aufgaben werden sie mit unterschiedlichen Erfolgen und Leistungsstufen erfüllen (z. B. das Abarbeiten von Telefonanrufen oder Mails, die Zusammenstellung von Paketen, die Korrektur von Texten), aber erst in der Konvergenz der einzelnen Beiträge ergibt sich eine mehr oder weniger erfolgreiche Teamarbeit, da jedes Mitglied v. a. seine Stärken und Kompetenzen zu entfalten sucht (vgl. Berthel und Becker 2017, S. 121 ff.; siehe auch die Theorie zu den Belbin- und

TMS-Rollen-Modellen; Belbin 2010; Tscheuschner und Wagner 2008). Bei der Beurteilung von Teamarbeit kann es daher sinnvoll sein, wenn eine Führungskraft zum einen Einzelleistungen ansieht, zum anderen aber auch die Beiträge der einzelnen Mitarbeiter zum gesamten Teamerfolg (vgl. Gramkow et al. 2020, S. 15 f.). Hilfreich ist es hierzu auch, die einzelnen Teammitglieder zu befragen, welche Leistungen anderer Teammitglieder in der letzten Zeit für die Gruppe besonders wichtig waren. Noch besser dürfte es sein, wenn Teams für sich zu Beginn einer bestimmten Periode die Arbeitsaufgaben des Gesamtteams definieren und daraus die einzelnen Erwartungen und Erfolgskriterien ableiten. Hierzu könnten sich in der nachfolgenden Fallstudie interessante Überlegungen ergeben.

4.1.5 Eine Fallstudie zur Verteilung von Leistungszulagen und Prämien

Viele Unternehmen vertrauen auf die motivierende Wirkung von Prämien und Leistungszulagen, wenngleich deren Wirkung eher nur kurzfristig wirken und schnell ein Gewöhnungseffekt eintritt (siehe z. B. Franken 2019, S. 89 ff.; Hinz 2018). Demzufolge spricht der Management-Denker Reinhold K. Sprenger von einem Mythos, dass sich über extrinsische Belohnungssysteme tatsächlich Motivation erzeugen lässt (drs., 2014, S. 37 ff.). Nach seiner Ansicht sind alle Mitarbeitenden per se motiviert, und die Vorgesetzten haben es in der Hand, durch ihre Führungsarbeit den Motivationsraum zu öffnen oder einzuengen.

Wenn ein Unternehmen allerdings trotz der durchaus schlüssigen Kritik an einem derartigen System der Anerkennung festhält, sollte eine Zuteilung nach transparenten Kriterien erfolgen, die für die Arbeitnehmer nachvollziehbar und relevant sind, d. h. für sie selbst auch beeinflussbar. Und es muss auch klar sein, in welcher Form Einzelleistungen oder auch Beiträge für das gesamte Team honoriert werden. Gedacht sei an ein Arbeitsteam im Kundendienst des Carina-Versands in der Musterfirma J. Weizenfeld GmbH & Co. KG, das aus sechs Personen besteht:

- Der Abteilungsleiterin Carina Volpert
- Clara Bella, einer leistungsorientierten Person, die Ziele in den letzten drei Jahren mit 110–120 % übererfüllt, aber auch mit dem Team immer wieder unsanft („ruppig" nach Aussage ihrer Chefin) umgeht
- Peter Silie, der die Leistungsvorgaben in der Regel nur zu 80–90 % erfüllt, aber als der „gute Geist" der Abteilung geduldig bei Kummer zuhört, regelmäßig Kuchen backt und auch mal nach schwierigen Kundengesprächen die Kollegen wieder aufbaut
- Kathinka Kaballo, sie erfüllt regelmäßig die Leistungsvorgaben zu 100 % und springt zumeist als erste bei Krankheitsvertretungen ein
- Konrad Kunibert, der die Vorgaben zumeist mit 110 % oder mehr erfüllt, aber in den letzten 3 Monaten ausgefallen ist, seine Arbeit musste von den anderen Kolleginnen und Kollegen übernommen werden

- Hanni Nanny, die ihre Leistungsvorgaben durchweg mit 100 % erfüllt und zudem in den vergangenen Monaten ein Konzept für eine verbesserte Kundenbetreuung entwickelt hat, dieses Konzept wird gerade in der Geschäftsführung geprüft und hat schon das Signal „interessant" bekommen

Die Abteilungsleiterin Carina Volpert darf nunmehr im Rahmen der jährlichen Erfolgsrunden ein Prämienvolumen von 10.000 Euro an ihre Mitarbeiterinnen und Mitarbeiter ausschütten. Inwiefern sie sich selbst mit bedenkt, ist ihr überlassen. Dazu überlegt sie folgende Handlungsmöglichkeiten

- Pauschal jedem Teammitglied 2000 Euro, wobei sie selbst nichts bekommt
- Sich selbst eine Leistungsprämie von 5000 Euro auszahlen und für jedes Teammitglied 1000 Euro
- Jedem Teammitglied nach nachgewiesener Leistung, wobei Normal- oder Minderleistung wegfällt, womit Clara Bella eine Prämie von 3000 Euro bekommen könnte, Konrad Kunibert 2000 Euro (er war ein Viertel des Jahres erkrankt) und sie sich selbst 5000 Euro zubilligen könnte
- für die Krankheitsvertretung von Konrad Kunibert die anderen vier Mitarbeitern 5000 Euro nach Köpfen (d. h. Clara Bella, Peter Silie, Kathinka Kaballo und Hanni Nanni würden jeweils 1250 Euro bekommen), die anderen 5000 Euro an die beiden Top-Performer Clara Bella und Konrad Kunibert geben

Allerdings besteht bei diesen Verteilungsmodalitäten die Gefahr, dass sich einzelne Teammitglieder benachteiligt fühlen, weil die von ihnen für das Team gezeigte Leistung nicht oder nicht ausreichend abgebildet wird. Im vorliegenden Beispiel hat daher die Abteilungsleiterin Carina Volpert drei Leistungskriterien definiert:

- Erfüllung der allgemeinen Arbeitsaufgaben,
- Eigeninitiative/Verbesserungsvorschläge
- -Stärkung des sozialen Zusammenhalts

Zu klären wäre außerdem, ob auch die Abteilungsleitung selbst an der Prämienausschüttung teilnimmt oder ob sie sich auf eine Leistungsprämie stützen wird, die von der Geschäftsleitung gesondert für Führungskräfte gewährt werden könnte (was aber im vorliegenden Beispiel nicht vorgesehen ist). Die genaue Verteilung der fraglichen Prämie ergibt sich aus Abb. 4.3:

Natürlich lassen sich auch andere Verteilungen vorstellen, wie bereits erwähnt. Vielleicht ist es dieses Mal klug, für die gleichmäßige Übernahme der Krankheitsvertretung von Konrad Kunibert die entsprechende Zuteilung zu erhöhen – zu viert zw. Zu fünft einen Kollegen aufzufangen bedeutet letztendlich ein zusätzliches Arbeitsaufkommen von 20–25 % für jeden Beteiligten. Von daher kann man nur darauf verweisen, dass es hier mehr als eine sinnvolle Lösung gibt. Die Aufgabe der Führungskraft wird es immer sein,

4.1 Die Mitarbeiterbeurteilung

	Leistungskriterien allgemeine Leistung: ständig deutlich mehr als 100 %	Besondere Leistungen, z. B. Innovationen, Einsatz bei Einzelfällen	Soziale Leistungen – für besonderen Gruppenzusammenhalt
Vorgesehener Anteil von € 10.000	€ 5000	€ 3000	€ 2000
Carina Volpert	€ 1500 für Gruppenleistung		€ 1000 für Steuerung des Gruppenprozesses
Clara Bella	€ 2500 für Leistung mit 110-120 %	€ 500 für Vertretung Konrad Kunibert	
Peter Silie		€ 500 für Vertretung Konrad Kunibert	€ 500 für Kümmern um die Gruppe
Kathinka Kaballo		€ 500 für Vertretung Konrad Kunibert	€ 500 für Krankheitsvertretungen allgemein
Konrad Kunibert	€ 1000 für beständig überdurchschnittliche Leistung		
Hanni Nanni		€ 1000 für neues Kundenkonzept € 500 für Vertretung Konrad Kunibert	

Abb. 4.3 Beispiel für die Verteillung von Leistungsprämien (eigene Erstellung)

die Verteilung so zu gestalten, dass eine möglichst faire Verteilung gegeben ist, nach transparenten Kriterien. Diese lässt sich ggf. auch durch die Gruppe selbst vornehmen, die darüber auch die geltenden Leistungsziele (neu) festlegt. Und über diese Diskussion wird auch klar, was als Leistung im Team gesehen wird und welche Erwartungen die Kollegen gegenseitig haben. Und mehr als einmal wird die Konsequenz der Diskussion sein, dass sich einzelne Teammitglieder über kurz oder lang einen neuen Arbeitsplatz suchen, weil sie sich mit ihren Erwartungen nicht oder nicht mehr im Team finden.

4.1.6 Feedback und Beurteilung

Neben finanziellen Vorteilen gibt es viele andere Möglichkeiten, Mitarbeitern ein Feedback zur gezeigten Leistung zu geben (siehe auch Jung 2011, S. 459 f.; Wien und Franzke 2013, S. 72 ff.). Grundsätzlich gibt positives und negatives Feedback. Bei einem positiven Feedback soll gezeigt werden, dass die Leistung gesehen wird, und der Mitarbeiter soll ermutigt werden, weiterhin diese Leistung zu bringen, vielleicht auch als Vorbild zu sehen ist. Bei negativem Feedback geht es zunächst um die Korrektur eines Verhaltens und die Möglichkeit, bisher nicht genutzte Potenziale besser zu entfalten. Des Weiteren soll der Mitarbeiter wie auch die Kollegenschaft an die Einhaltung der Regeln erinnert werden – unterbleibt eine Sanktion eines Fehlverhaltens, gilt es irgendwann als vereinbart, dass auch dieses Fehlverhalten zulässig ist.

	Positives Feedback	Negatives Feedback
Zweck	• Bestärkung von Verhalten • Förderung von Leistung • Hinweis auf „Leistung wurde gesehen" • Ggf. Ansporn, Vorbild zu sein	• Korrektur eines Verhaltens • Androhung von Sanktionen • Hinweis auf geltende Regeln, damit Einfordern, diese Regeln zu beachten, auch gegenüber Dritten
Stufen	• Lob („Aktion x war gut, weil...) • Anerkennung („Ihre Arbeit in den letzten Monaten hat....") • Finanzielle Belohnungen (Prämien, Gehaltserhöhungen, Zulagen, Incentives) • Nicht-finanzielle Belohnungen (Freistellung für andere Aufgaben, zusätzliche Aufgaben übertragen bekommen, ...) • Status-Belohnungen: Titel, Beförderungen	• Konfrontation mit abweichendem Verhalten („Sie sollen normalerweise....") • Tadel („Das war nicht in Ordnung, weil....") • Kritikgespräch („Ich habe in den letzten Wochen mehrfach festgestellt....") • Abmahnung • Entzug von Zulagen, Prämien • Sofern dienstrechtlich zulässig: finanzielle Strafen • Rücknahme von Freistellungen für Kongresse u.ä. • Entbindung von Aufgaben • Versetzung • Kündigung

Abb. 4.4 Zweck und Formen von Feedback (eigene Erstellung)

In der Ausgestaltung von Feedback können gewisse Steigerungsstufen stattfinden, die eine bestimmte Wirkung unterstützen. Die Abb. 4.4 zeigt diese Steigerungsstufen auf.
Wichtig ist auf alle Fälle:

- Feedback immer an Sachverhalten ausrichten, die mit den Unternehmens-/Abteilungszielen korrespondieren, nicht an Personen (statt „Sie sind super/gut/hübsch/schlecht/unfähig/hässlich/…" „Diese Aktion war schlecht durchdacht, weil …/jene Aktion hat mir geholfen, folgendes erfolgreich durchzubringen/mit diesem Vorgehen haben Sie 5000 Euro Kosten gespart/…"), da persönliche Bezüge schnell übergriffig wirken können
- Detailliertes positives Feedback wie negatives Feedback für einzelne Personen immer unter vier Augen geben, da negatives Feedback vor anderen eine Person demontiert, positives Feedback auch eine Ausstrahlung auf die anderen Teammitglieder hat, die zu einer gewissen Wahrnehmung („uns traut er das nicht zu/das ist als das Schätzchen vom Boss/…") führt
- Positives und negatives Feedback für eine Gesamtgruppe immer in der Gegenwart aller, da ansonsten einzelne Mitarbeiter einen „Feedback-Vorsprung" haben, mit allen Konsequenzen

Die Kunst des Feedbacks ist also die, einem Mitarbeiter ein leicht verständliches, möglichst akzeptables Signal zu geben, damit dieser auch in Zukunft eine Orientierung für sein

Verhalten hat. Feedback ist damit der Abschluss eines Beurteilungsprozesses und zugleich der Startpunkt eines neuen Beurteilungsprozesses: an den mit dem Feedback bestärkten oder veränderten Zielen wird das weitere Verhalten, die weitere Leistung erneut gemessen und bewertet. Und nicht zuletzt ist eine Beurteilung auch immer der Ausgangspunkt für die allfällige Zeugniserstellung, wenn ein Mitarbeiter ausscheidet.

4.1.7 Zielvorgaben und Zielvereinbarungen

Führungskräfte haben naturgemäß die Aufgabe, Ziele der Unternehmensleitung für ihren Verantwortungsbereich zu erfüllen. Grundsätzlich kennt man dazu zwei verschiedene Verfahren:

- Die Zielvorgabe, meistens anhand messbarer Erfahrungen aus vorherigen Zeiträumen
- Die Zielvereinbarung, bei der Führungskraft und Mitarbeiter auf Basis von Zielvorgaben der Unternehmensleitung und den eigenen Erfahrungen und Einschätzungen zu einer gemeinsamen Arbeitsgrundlage kommen

In beiden Fällen gilt es, messbare Ziele zu finden, also Möglichkeiten, eine Handlungsabfolge auf konkrete, nachvollziehbare Ergebnisse auszurichten. Quantifizierbare Ziele sind in Zahlengrößen messbar (z. B. Umsatz, Gewinn oder Deckungsbeitrag in Euro bzw. Schweizer Franken; Umsatz- oder Marktanteile oder Umsatzwachstum in Prozentzahlen, Produktionswerte in Stückzahlen etc.)

Eine Zielvorgabe wird ihrer Natur entsprechend von der Führungskraft dem Mitarbeiter vorgelegt, zumeist um Hinweise ergänzt, wie diese Zielvorgabe zu verstehen ist, welche Ressourcen hierfür bereitgestellt werden und wie realistisch die Zielerreichung im Hinblick auf frühere Leistungswerte ist. Sie hat also eine einseitige Wirkungsrichtung.

Eine Zielvereinbarung wird, wie bereits angeführt, gemeinsam im Gespräch zwischen Führungskraft und Mitarbeiter diskutiert (vgl. Becker 2013, S. 570 ff.; Gurol 2014). Die Ausgangsbasis bieten die Unternehmens- und Bereichsziele, die in einzelne Arbeitspakete für die involvierten Mitarbeiter zerlegt werden. Mitarbeiter haben die Möglichkeit, anhand ihrer eigenen Erfahrungen die Realisierbarkeit der jeweiligen Ziele einzuschätzen, ihrerseits Vorschläge zu machen und v. a. die für die Zielerreichung benötigten Ressourcen zu benennen, z. B. die Bereitstellung eines Budgets, die Genehmigung von Personalentwicklung usw. In diesem Dialog entsteht im Idealfall eine für beide Seiten akzeptable und für den Mitarbeiter attraktive Arbeitsgrundlage, die er eigenverantwortlich nutzen kann (vgl. Müller 2017a). Zur Illustration dient eine Zielvereinbarung in Abb. 4.5, die zwischen der Unternehmensleitung der Beispielfirma J. Weizenfeld GmbH & Co. KG und der Marketingleitung getroffen wurde.

Im vorliegenden Beispiel wurden drei quantitative und ein qualitatives Ziel vereinbart. Bei qualitativen Zielen ist die Messbarkeit zugegebenermaßen schwieriger, weil es sich auch hier um „**hypothetische Konstrukte**" handelt – ein „gutes" Marketingkonzept ist

Ziel	Operationalisiert (SOLL-Zustand)	Wichtigkeit (gesamt:	IST-Zustand (ein Jahr später)	Bemerkungen
Marktstellung Holzspielzeug	10 % Marktanteil im Fach-Einzelhandel	30 %		Werbebudget € 300.000
Marktstellung Bekleidung	500.000 Besteller mit Ø-Einkaufswert von € 100	35 %		Werbebudget € 150.000
Image	Bekanntheit in der Zielgruppe: 90 % gestützt, 50 % ungestützt	20 %		Werbebudget € 200.000
Neues Konzept Online-Vertrieb	Konzept für e-Commerce ist in der Geschäftsführung akzeptiert	10 %		3 Tage Zeit + Seminar zu eCommerce (max. € 3000 Kosten)

Abb. 4.5 Beispiel für eine Zielvereinbarung für eine Marketingleitung (eigene Erstellung)

immer mit sinnvollen Elementen genauer zu beschreiben. Im vorliegenden Beispiel könnte man neben der Akzeptanz durch die Geschäftsführung auch noch weitere Messgrößen einführen, z. B. eine bestimmte Umsatzrendite in den ersten zwei oder drei Geschäftsjahren nach Umsetzung.

Damit eine derartige Zielvereinbarung funktionieren kann, sollten Führungskraft und Mitarbeiter sich ausreichend darauf vorbereiten können. Sinnvollerweise gibt man sich hierzu ein bis zwei Wochen Zeit, so dass auch der Mitarbeiter seinerseits Ideen entwickeln und vortragen kann und auch seine eigene Leistung in der zurückliegenden Zeit evaluieren kann. Des Weiteren sollte man im Blick behalten, dass zu viele Ziele die Fokussierung und Motivation in Frage stellen können. Es ist auf alle Fälle angeraten, hier sich auf drei bis fünf Ziele zu beschränken und diese auch mit einer Priorität anzugeben, im Beispiel mit Prozentzahlen. Aus arbeitsrechtlicher Basis ist dabei immer wichtig zu wissen, dass Arbeitskräfte nicht per se Spitzenleistungen schulden, sondern eine „gute Normalleistung", mit anderen Worten: eine durchschnittliche Anstrengung mit durchschnittlichen Ergebnissen (vgl. Winkel 2010). Dass Vorgesetzte hier mehr als einmal andere Erwartungen haben und auch Karrieresprünge auf höheren Leistungen aufbauen, steht auf einem anderen Blatt.

Zielvereinbarungen leben von einer regelmäßigen Überprüfung, hier anhand des nächsten Jahresgesprächs. Unter der Annahme, dass ein Jahr später ein bestimmtes Ergebnis wie in Abb. 4.6 gezeigt, lassen sich im darauffolgenden Zeitraum auch weitere Konsequenzen für den Mitarbeiter besprechen, z. B. die Übernahme zusätzlicher Aufgaben, bestimmte Personalentwicklungsmaßnahmen, oder auch die Entbindung von Aufgaben bis hin zur kompletten Freistellung, bei dauerhafter und deutlicher Minder- bzw. Nichterfüllung.

Anhand dieser Zielerfüllung ergeben sich natürlich für die Geschäftsführung nunmehr einige Fragen. Insbesondere die Tatsache, dass mit Ausnahme der Marktstellung im Holzspielzeugmarkt keines der Ziele tatsächlich erfüllt wurde und zudem im ersten Ziel auch noch das Werbebudget deutlich überzogen wurde. Im Evaluierungsgespräch können nun

4.1 Die Mitarbeiterbeurteilung

Ziel	Operationalisiert (SOLL-Zustand)	Wichtigkeit (gesamt:	IST-Zustand (ein Jahr später)	Bemerkungen
Marktstellung Holzspielzeug	10 % Marktanteil im Fach-Einzelhandel	30 %	11 % Anteil, Werbeinvest €350.000	Werbebudget € 300.000
Marktstellung Bekleidung	500.000 Besteller mit Ø-Einkaufswert von € 100	35 %	480.000 Bestellungen, mit einem Ø-Einkaufswert von €95, Werbeinvest. €150.000	Werbebudget € 150.000
Image	Bekanntheit in der Zielgruppe: 90 % gestützt, 50 % ungestützt	20 %	84 % gestützte Bekanntheit, 40 % ungestützte Bekanntheit	Werbebudget € 200.000
Neues Konzept Online-Vertrieb	Konzept für e-Commerce ist in der Geschäfts-führung akzeptiert	10 %	Konzept liegt seit gestern in der Geschäftsführung, Seminar wurde vor 6 Monaten besucht (€ 2800 Kosten)	3 Tage Zeit + Seminar zum eCommerce (max. € 3000 Kosten)

Abb. 4.6 Beispiel für eine überprüfte Zielvereinbarung für eine Marketingleitung

beide Seiten ihre Standpunkte darlegen und die sich daraus ergebenden Folgen diskutieren. Die Geschäftsleitung könnte die Budgetüberschreitungen im ersten Ziel und die verfehlte Zielverfolgung aufbringen, die Marketingleitung könnte auf die Umstände (z. B. härterer Konkurrenzkampf als erwartet, neue Wettbewerber, zurückgehende Marktvolumina, ungeplante Kostensteigerungen bei den Werbemitteln) verweisen. Sofern diese Einwände berechtigt und nachvollziehbar sind, wird in der nächsten Zielvereinbarung dieses zur Planungsgrundlage werden. Vielleicht hat auch die Geschäftsleitung zum Ansporn die Ziele so hoch als möglich angesetzt. Sofern man sich bei den Einschätzungen nicht einig wird, könnte dies unangenehme Folgen für den Stelleninhaber haben, z. B. der Hinweis auf eine mögliche Trennung oder auch eine faktische Trennung. Wäre hingegen eine Zielerreichung oder gar Übererfüllung zu verzeichnen gewesen, wäre dies für die Marketingleitung sicher ein guter Grund, eine entsprechende Anerkennung (Gehaltserhöhung, variable Leistungen, Incentives) vorzuschlagen.

Trotz einer langen Erfahrung mit Zielvereinbarungen (oder vielleicht genau deswegen?) werden Zielvereinbarungen aber kritisch zu hinterfragen sein. Zum einen kommt man bei Teamarbeit an Grenzen einer individuellen Zielerreichung und -vereinbarung. Teamziele können durch unnötige Egoismen in Gefahr geraten. Genauso wird man im Hinblick auf agile Arbeitsweisen in Zukunft auch konkrete Zielvereinbarungen kaum noch treffen können – wenn der Zielzustand nicht mit Einzelgrößen, sondern nur mit einem allgemeinen Globalziel (eine IT-Anwendung, die eCommerce im Bereich Spielzeughandel ermöglicht) beschrieben wird, kann man hier auch keine spezifischen Ziele mehr ansetzen. Vielmehr wird man zu gröberen Leistungsgrößen (z. B. „ein IT-System innerhalb von 3 Monaten entwickeln, das mit maximal 1 % Fehlerquote einen Umsatz von ca. 20 Mio. Euro erlaubt, auf Basis einer Kundendatenbank von ca. 100.000 Adressen") übergehen, was auch die Frage nach der Basis für variable Vergütungsbestandteile stellen wird.

4.1.8 Das Arbeitszeugnis als Anlass für eine Beurteilung

Nach § 630 BGB hat ein Arbeitnehmer Anspruch auf ein Arbeitszeugnis (in Österreich ein Dienstzeugnis nach § 39 AngG, in der Schweiz nach Art. 330a OR), das auf sein Verlangen hin auch nähere Beschreibungen zur Tätigkeit und zu den Ergebnissen enthalten muss. Für Auszubildende gilt eine entsprechende Regelung nach § 16 BBiG (in Österreich ein „Lehrzeugnis" nach § 16 BAG; in der Schweiz ebenfalls ein „Lehrzeugnis" nach Art. 33ff BBG i. V. m. Art. 330b OR). Interessanterweise wird der Zeugnisanspruch auch in § 109 GewO-D formuliert, hier aber mit der Feststellung, dass es das Fortkommen des Arbeitnehmers nicht behindern darf, vulgo „wohlwollend" formuliert ist. Mit anderen Worten: Der Arbeitgeber sollte dem Arbeitnehmer zumindest – in Schulnoten gesprochen – eine „3" attestieren (in der Schweiz wäre dies aufgrund einer anderen Schlüsselung eine „4"). Dies entspricht auch der arbeitsrechtlich erwartbaren Arbeitsleistung (siehe hierzu Winkel 2010). Will der Arbeitnehmer eine bessere Bewertung erhalten, muss er das nach Rechtsprechung des Bundesarbeitsgerichts (Urteile vom 18.11.2017, Az. 9AZR 584/13 und vom 15.04.2003, 9AZR12/03) im Zweifelsfall beweisen. Und umgekehrt gilt: will der Arbeitgeber eine schlechtere Bewertung beweisen können. Zweifelsfrei sollten folgende Elemente in einem Arbeitszeugnis enthalten sein:

- Die fachlichen Tätigkeiten, einschließlich einer Bewertung der dabei erzielten Ergebnisse
- Das Verhalten im Unternehmen, gegenüber Kunden, Vorgesetzten, Kollegen und zugeordneten Mitarbeitern
- Besonders zu erwähnende persönliche Merkmale im Zusammenhang mit der Arbeitsleistung, wie z. B. eine besondere Stressresistenz, Innovationsbereitschaft, Überstundenbereitschaft, Pünktlichkeit, Zuverlässigkeit, Termintreue usw.
- Ggf. auch zusätzliches Engagement im Interesse des Unternehmens, z. B. die Mitarbeit in Branchenverbänden und Standesorganisationen

Das gezielte Weglassen wichtiger Elemente bzw. das unnötige Betonen von Nebensächlichkeiten kann dabei gezielt eingesetzt werden, um etwas „zwischen den Zeilen" zu vermitteln, wobei es hier sicher auch mehr als eine Ursache gibt, vom konkreten Fehlverhalten des Arbeitnehmers oder einem „Nachtreten" des Arbeitgebers, weil die Kündigung des Arbeitnehmers etwas unvermittelt kam, über unbeabsichtigtes oder unbedachtes Weglassen bis hin zur blanken Unkenntnis auf Seiten des Zeugnisschreibers, so dass hier auch immer Anlass für Fehlinterpretationen entsteht. Unabhängig davon ist davon auszugehen, dass eine Vielzahl von Arbeitszeugnissen inzwischen von Arbeitnehmern entworfen und ihren Vorgesetzten zur Ergänzung und Ausfertigung vorbereitet werden. Insider lassen daher den Gesamteindruck auf sich wirken und sehen sich z. B. die Schlussformeln näher an, die in der Regel von den Vorgesetzten eigenständig ergänzt werden.

Zu den Formulierungen und ihrer Bedeutung gibt es im Buchhandel diverse Ratgeberliteratur und auch Gerichtsurteile, die aber an bestimmten Merkmalen nicht rütteln:

- Arbeits- bzw. Dienstzeugnisse müssen die arbeitsvertraglichen Eckdaten enthalten, insbesondere den Tag des Arbeitsbeginns, bei Beförderungen und Versetzungen auch die Daten dieser Avancements, sowie die konkrete Stellenbezeichnung
- Der Arbeitnehmer soll eine umfassende, möglichst wertschätzende Beurteilung seiner beruflichen Tätigkeit und der dabei erzielten Ergebnisse erhalten
- Ein zukünftiger Arbeitgeber sollte sich anhand der Beurteilung ein ausreichendes Bild von der Leistungsfähigkeit und Diensthaltung des Arbeitnehmers machen können
- Zeugnisse sollten einer allfälligen gerichtlichen Überprüfung in Inhalt und Form standhalten können, also kein wahrheitswidriges Bild vom Arbeitnehmer entwerfen

Von daher sollten Zeugnisse stets auf einer regelmäßigen Beurteilung beruhen, z. B. den Leistungsbeurteilungen im Rahmen der Jahresgespräche.

4.2 Die Karriere und ihr Kontext zur Mitarbeiterbeurteilung

4.2.1 Der Begriff der Karriere

Karrieren sind Ausdruck einer bestimmten Entwicklung im Berufsleben, gleichsam als Anerkennung für gezeigte Leistungen und als Vertrauensvorschuss dafür, dass der Arbeitnehmer auch in Zukunft die erwarteten Leistungen erbringen wird. Etymologisch stammt der Begriff Karriere vom Weg des Esels- oder Pferdekarren („carrus") bzw. dem eingefahrenen Weg (lat. „carraria") ab. Er ist also eine Umschreibung für einen nachvollziehbaren Weg (vgl. Kels et al. 2014, S. 32). Im allgemeinen Verständnis hat sich inzwischen eine Beschreibung mit Merkmalen wie „Aufstieg", „Anerkennung" und „monetäre Besserstellung" (Von Richthofen et al. 2013, S. 14; ähnlich Gasteiger 2007, S. 22 ff.; Hillebrecht 2017, S. 5 f.) eingebürgert. Der Verlauf kann dabei zunächst einmal horizontal erfolgen, beziehen aber immer bestimmte Fixpunkte mit ein:

- Eine mehrjährige Tätigkeit im erlernten Tätigkeitsfeld
- Mit einer inhärenten fachlichen und/oder hierarchischen Logik, die auf einen Zuwachs an Verantwortung in irgendeiner Richtung verbunden sind, und damit auch mit einem Zuwachs an Gehalt oder anderweitigen Gratifikationen
- Und die entsprechend der erzielten Karriereerfolge auch Zufriedenheit mit dem erreichten Status bewirken kann

Damit sind auch bestimmte Rollenerwartungen an den Inhaber der erreichten Person gebunden, z. B. bestimmte Verantwortungsbereiche wahrzunehmen, Verhaltensweisen zu zeigen etc. (vgl. Von Richthofen et al. 2013, S. 15 ff.; Schein 1971, S. 401 ff.; ähnlich Campbell et al. 1993, S. 35 ff.; Gasteiger 2007, S. 27 ff.).

Eine arbeitgeberorientierte Sichtweise rekurriert primär auf den Karriereweg innerhalb der eigenen Organisation und wird mit der Personalentwicklung ebenso wie mit dem Workforce Management verbunden. Konkret geht es um

- den Einsatz von Mitarbeitern
- entsprechend ihrer Fähigkeiten, Kompetenzen und Qualifikationen im Sinne des Unternehmens – als optimale Nutzung einer Ressource
- als Anerkennung bestimmter Leistungen
- im Rahmen der Personalentwicklung zur Vermittlung bestimmter Kompetenzen und Erfahrungen (Bewährung in bestimmten Aufgaben als Vorbereitung auf neue Aufgaben und als Test, ob jemand das Potenzial für weitere Aufgaben aufweist)
- damit als Ausdruck einer bestimmten Zukunftserwartung – unter Beachtung der Organisation und ihrer Möglichkeiten
- letztendlich auch als „Problemlösung" – es gibt eine Aufgabe, die muss von der am besten geeignet erscheinenden Person auch wahrgenommen werden

Hierzu beziehen sich Unternehmen auf die Möglichkeit attraktiver Berufsverläufe, die sie entsprechend der Potenziale der Arbeitnehmer und den gegebenen Möglichkeiten in der Organisation verfolgen. Implizit sind Karriereoptionen ein Instrument des Personalmarketings – wer seinen Mitarbeitern attraktive Entwicklungswege offeriert, wird für Bewerber wie auch für Mitarbeiter entsprechend interessant sein und kann die gewünschten Talente besser an sich binden. Stichworte wie „Talent Management" (Ritz und Thon 2018) bzw. „High Potential Management" (Weinert 2018) und „Retention Management" (Wucknitz und Heyse 2008) sind hier die relevanten Etiketten, wobei in der Literatur und Praxis Uneinigkeit gegeben ist, welche Mitarbeiter als Talent zu betrachten sind (bestimmte Schlüsselkräfte, die fünf oder zehn Prozent high performer oder alle Mitarbeiter) und was geeignete Bindungsinstrumente sein können. Auch Nachfolge-Planungen für ausscheidende Kräfte (z. B. aufgrund Altersruhestand oder Elternzeit) sind hier zu nennen. In diesen Ansätzen erkennt man verschiedene Aspekte der Mitarbeiterbeurteilung, insbesondere im Hinblick darauf, wer von den ausgewählten oder potenziell geeigneten Mitarbeitern aufgrund der bisherigen Leistung und weiterer Kriterien (z. B. Qualifikationen) für die Zukunft des Unternehmens besonders wichtig erscheint und demzufolge eine besondere Aufmerksamkeit verdient hat.

Arbeitnehmerorientierte Varianten beziehen sich auf den Karriereverlauf der einzelnen Person in toto, was bereits in Kap. 1 angesprochen wurde. Die Karriereplanung ist eine Vorstellung davon, was man im Berufsleben an Zielen erreichen möchte, z. B. eine bestimmte Gehaltshöhe, ein hierarchischer Aufstieg, Freiraum für eigene Entscheidungen, bestimmte Funktionen oder örtliche Stationen wie ein Auslandsaufenthalt, Machtausübung. Entsprechend gelten auch individuelle Erfolgsmaßstäbe (vgl. Kels et al. 2014, S. 17 f.; ergänzend Hillebrecht 2017, S. 5 ff.), einschließlich ihrer Bildungswege und der Wechsel zwischen verschiedenen Unternehmen bzw. Selbständigkeit. Die berufstätige Person beeinflusst ihren eigenen Karriereweg mit dem Erwerb von Kompetenzen und deren Einsatz im Berufsleben sowie der regen Beteiligung am Arbeitsmarkt. Ohne „psychologische Mobilität" (Verbruggen 2012, S. 287 ff.) wird man einen Aufstieg oder auch den Wechsel zwischen verschiedenen Funktionen und/oder Arbeitgebern kaum schaffen. Und sicher wird auch immer wieder der Zufall, eine bestimmte Gelegenheit, ein bestimmtes Zusammentreffen den Ausschlag für eine bestimmte Karriereentwicklung geben. Allerdings sind positive Bewertungen immer auch Basis und Ansporn für weitere Karriereschritte und Karriereplanungen, ebenso wie negative Beurteilungen zu einem Stopp von Karriereverläufen oder gar zu einem Ausstieg eines Arbeitnehmers aus einem Unternehmen führen können. Auch hier liegt eine Form der Beurteilung vor, aus der Perspektive des Mitarbeiters. Er überlegt, in welcher Form er seine eigenen Beiträge, Interessen, Begabungen und Ziele in diesem Unternehmen, in der angebotenen Verwendung, mit den angebotenen Arbeitsbedingungen angemessen entfalten kann. Im Falle einer positiven Bewertung wird er weiterhin im Unternehmen bleiben und die geforderte Leistung erbringen. Im Falle einer dauerhaft negativen Bewertung kann er entweder seine eigenen Beiträge auf ein Niveau zurückfahren, das den angebotenen Leistungen entspricht, oder aber eine neue Herausforderung an einem neuen Ort suchen.

4.2.2 Die Grundmuster der Karriere

Ohne jetzt spezielle Karrieretypen näher definieren zu wollen, wird weiterhin unterstellt, dass sich eine Karriere grundsätzlich in zwei verschiedenen Ausprägungen erfolgen kann:

- als **Aufstiegskarriere** oder auch „Kaminkarriere" in einem Unternehmen mit einem hierarchischen Aufstieg, also der klassischen Führungskarriere mit stetem Zuwachs an Verantwortung und steigendem Gehalt, im Rahmen des Beispielunternehmens J. Weizenfeld GmbH & Co. KG wäre dies der Aufstieg von einer Sachbearbeitung zu einer Gruppenleitung hin zur Abteilungsleitung
- als **Fachkarriere** mit einer Entwicklung am Arbeitsplatz mit zunehmender Kompetenz und entsprechendem Expertenstatus (z. B. vom Personalsachbearbeiter zum Personalreferenten oder vom Junior-Verkäufer zum Fachverkäufer für bestimmte Sortimentsbereiche, womit auch oft genug „Titelkarrieren" verbunden sind), die den Mitarbeiter in seinem Status als Experten wachsen lässt und z. B. auch einem fehlenden Interesse an Führungsaufgaben gerecht wird; beim Beispielunternehmen könnte man also eine Karriere von der Junior-Einkaufsleitung für Holz zur Senior-Einkaufsleitung für Holz nehmen

Klassische Karrieremodelle beziehen sich regelmäßig auf einen mehr oder weniger umfangreichen Aufstieg. Dazu werden je nach Hierarchiestufe bestimmte Einstiegsanforderungen definiert und bei der Personalauswahl auch angewandt. Ein Aufstieg ist zumeist nur möglich, wenn bestimmte Anforderungen der nächsthöheren Stufe (Bildungs- und Qualifikationsniveau, Sachkundenachweise, Berufserfahrung etc.) erfüllt werden. Insbesondere Organisationen mit relativ stark ausgeprägten Hierarchien (z. B. öffentlicher Dienst, Kirchen und Wohlfahrtsverbände, traditionelle Industrie- und Dienstleistungsunternehmen). Ein Aufstieg ist in der Regel verbunden mit:

- Umfangreicherem Verantwortungsgebiet (Anzahl der zu führenden Mitarbeiter bzw. des zu verantwortenden Budgets)
- Höheren Gehaltsstufen
- Neuen Dienstbezeichnungen bzw. Titel (Gruppenleitung, Abteilungsleitung, Hauptabteilungsleitung, Bereichsleitung etc.)
- Ggf. bestimmten Zusatzleistungen (Zum Beispiel, ein – noch größerer – Dienstwagen, größere Büros, aufwändigere Büroausstattung)
- Oft genug einem höheren Aufwand in der Arbeitszeit
- Und nicht zuletzt mit einer Veränderung der Struktur in der Arbeitszeit – der Anteil an Koordinations- und Kommunikationsaufwand dominiert immer stärker den Arbeitstag, der Anteil an Sacharbeit geht deutlich zurück

Vorteilhaft an den klassischen Karrieremodellen ist die relativ hohe Berechenbarkeit des Systems. Arbeitnehmer wie auch Vorgesetze kennen zumeist die Regeln und können sich in ihren Verhaltensweisen entsprechend einstellen. Wer aus Gründen der Förderung bestimmter diskriminierter Gruppen deren Anteile erhöhen will, kann die Kriterien entsprechend ändern und damit Minderheitenförderung betreiben. Längeres Verweilen in der Organisation ist oft mit einem Aufstieg verbunden – das berühmte „Senioritätsprinzip", Treue zur Organisation wird also belohnt, erfordert aber auch, dass die Organisation selbst eine stabile Größe darstellt. Nachteilig ist die Tatsache, dass Innovationen und Kreativität nicht unbedingt belohnt werden und insbesondere ungewöhnliche Lebenswege in diesen Systemen eher hinderlich sind. Zudem unterstellt das System, dass alle Mitarbeiter einen Aufstieg anstreben – wer kein Interesse an einem Aufstieg hat, wird nicht unbedingt zur Leistung animiert. Im Zeichen veränderter Berufsinteressen (siehe z. B. Ewinger et al. 2016, S. 13 ff.) wird man sich daher neuen Karrieremodellen widmen müssen.

Die veränderten Vorstellungen von der Bedeutung des Arbeitslebens, den Wünschen an das Berufsleben und den damit verbundenen Zielen sowie dem Ausgleich zwischen Berufs- und Nicht-Berufsleben (siehe z. B. Klaffke 2014, S. 57 ff.; Riederle 2017, S. 10 ff., 74 ff.) führt dazu, dass Karrieremodelle neu zu entwickeln sind. Wenn Mitarbeiter es zunehmend zurückweisen, Führungsverantwortung zu übernehmen, weil der damit verbundene Gehaltszuwachs aus ihrer Sicht nicht den zusätzlichen Aufwand rechtfertigt, oder weil inhaltliche Ziele wichtiger werden als Aufstiegs- und Gestaltungsziele (bzw. besser gesagt: Gestaltungsziele lassen sich wohl eher als inhaltliche Gestaltung denn als soziale Gestaltung verstehen), dann können neue Karriereformen hier eine sinnvolle Antwort sein:

- **Projektkarriere**, bei der Mitarbeiter in wechselnden Zusammenhängen und sozialen Zusammensetzungen für bestimmte Aufgaben zeitlich befristet engagiert sind, z. B. als Projektteammitglied für ein IT-Projekt sechs Monate, danach als Projektleitung für ein Internationalisierungsprojekt im Einkauf neun Monate, sodann für ein Personalprojekt für drei Monate eingeteilt usw.; allerdings schwingt hier die Erwartung mit, dass man sich nach einer gewissen Zeit für eine feste Aufgabenstellung im Unternehmen interessiert
- **Mosaikkarriere** (vgl. Hockling und Schwierz 2015; Sadigh et al. 2014), bei der man z. B. in der Einkaufsabteilung anfängt, nach einer bestimmten Zeit in die Sachbearbeitung Personal wechselt, und nach einer weiteren Zeit z. B. Verantwortung im Vertrieb übernimmt oder auch mit wechselnden fachlichen und hierarchischen Zuständigkeiten, im Beispielunternehmen: (von der Einkaufssachbearbeitung Damenbekleidung zur Sachbearbeitung Personal) oder auch nach Unternehmenswechseln

Der Darmstädter Chemie- und Pharmakonzern Merck KGaA hat dazu drei mögliche Karrieremodelle definiert (vgl. Merck o. J.):

- Experte für bestimmte Fachthemen
- Managementkraft, als Führungskraft mit der Chance eines hierarchischen Aufstiegs
- Projektmanager, für die Durchführung verschiedener Projekte

Entsprechend werden Erwartungen an die Stelleninhaber definiert, aber auch verschiedene Unterstützungsmaßnahmen angeboten. Karriere wird demzufolge nicht mehr allein nach Qualifikationen und Erfahrungen definiert, sondern stärker anhand von Kompetenzen wie der Fähigkeit zur Organisation von Prozessen, zur Mitarbeiterführung in wechselnden Zusammensetzungen usw. Eine Definition von „Jobfamilien" (Von Kettler 2017), die die entsprechenden Kompetenzen in den Mittelpunkt stellt, kann für diese Ansätze hilfreich sein. Damit kommen Unternehmen übrigens auch dem Trend hin zu agilen Arbeitsweisen entgegen, die Hierarchien neu gestaltet bzw. komplette Hierarchiestufen überflüssig werden lässt (siehe auch Oestereich und Schröder 2019, S. 8 f., 80 ff.; ergänzend Obmann et al. 2020, S. 55).

Ein derartiges Karrierekonzept setzt allerdings regelmäßige Kontakte zwischen Führungskräften und Mitarbeitern voraus, in denen die Leistungen ebenso thematisiert werden wie die Erwartungen auf beiden Seiten und die Möglichkeiten, wie Arbeitgeber auf die Wünsche der Arbeitnehmer eingehen können und vice versa die Vorstellungen der Vorgesetzten sich am besten von den Arbeitnehmern umsetzen lassen. Zudem wird man davon ausgehen müssen, dass in vielen Fällen die Bindung an das Unternehmen abnimmt und Arbeitnehmer schneller bereit sind, andere Herausforderungen zu suchen bzw. auch flexible Arbeitszeit- und Entlohnungsmodelle wünschen (vgl. Obmann et al. 2020, S. 55).

Mit den entsprechenden Karrieremodellen lassen sich verschiedene Charakteristika verbinden, wie sie Abb. 4.7 aufzeigt.

	Vertikale Karriere („Führungskarriere")	Fachkarriere („Experte")	Projektkarriere („Organisator")
Charakte-ristika	• Aufstieg über mehrere Hierarchie-ebenen, mit steigender Verantwortung für Mitarbeiter und Budgets	• Vertiefung im jeweiligen Fachbereich • Ggf. Zunahme an fachlicher Verantwortung • Kein oder kaum hierarchischer Aufstieg möglich	• Wechselnde Aufgaben-stellungen in verschiedenen Zusammenhängen • Suche nach Anschluss-verwendung im Unternehmen oft intendiert
Folgen aus Arbeit-nehmersicht	• Zunehmender Arbeitseinsatz • Steigende Entlohnung • Mehr Einfluss auf Unternehmens-entscheidungen • Ggf. hohe räum-liche Mobilität erforderlich	• Ausbau und Vertiefung von Fachkenntnissen • Sicherheit einer ausgewiesenen Kompetenz-stellung • Begrenzte Gehaltsentwicklung	• Vertiefende Ein-blicke in viele Unternehmens-bereiche • Keine feste Ver-ortung im Unternehmen • Hohe persönliche Mobilität und Stressresistenz notwendig
Folgen aus Arbeitgeber-sicht	• Umfassende Förderung, leistungsfördernde Gehaltsstrukturen • Gewinnung eigener Führungskräfte	• Verlassen auf Experten • Umfassende fachliche Förderung • Ggf. nur eingeschränkte Verwendbarkeit • Ggf. höhere Attraktivität durch „Titelkarriere"	• Auswahl von Per-sonen mit hoher Organisations-kompetenz

Abb. 4.7 Charakteristika der wesentlichen Karrieremodelle (eigene Erstellung)

Neben diesen klassischen Karrieremodellen haben sich auch weitere Karrieremuster heraus gebildet, z. B. der „Ausstieg" (ein komplettes Verlassen der Berufslaufbahn) oder die „zweite Karriere" (Hillebrecht 2017) als Muster für den vollständigen Bruch im Arbeitsfeld und der organisatorischen Einbettung. Viele Unternehmen bieten hierzu im Betrieb inzwischen Beratung sowohl zu den Perspektiven des Aufstiegs als auch zu Umstiegs- und Ausstiegsmöglichkeiten, sowie den damit verbundenen Entwicklungsnotwendigkeiten. Insgesamt erkennt man dabei die Bereitschaft, den Mitarbeitern durch umfassende Förderung, Begleitung und Beratung eine „employee experience" zu bieten, die die Bindung an das Unternehmen und die Leistungsbereitschaft deutlich beeinflusst (vgl. Ballhausen 2019, S. 34 ff.).

4.2.3 Die Karriereentwicklung als Aufgabe für den Arbeitnehmer

Grundsätzlich gilt: Arbeitnehmer können sich für den nachhaltigen Karriereerfolg mit „systematischer Karriereentwicklung" bzw. „Career Development" (siehe auch z. B. Clark et al. 2015; Kötter und Kursawe 2015) beschäftigen. Dieser Ansatz kommt ursprünglich aus den USA.

> **Abfolge einer systematischen Karriereentwicklung**
> - Der Definition bzw. Überprüfung eigener Karrierevorstellungen (Position, Gehalt, Inhalte und Aufgaben, Funktionsebene, Branche etc.)
> - regelmäßiger Evaluierung der eigenen Stärken sowie Kompetenzen einerseits, eigener Grenzen und hemmender Faktoren andererseits (z. B. bestimmte gesetzlich geforderte oder von Unternehmen erwartete Qualifikationen, Altersgrenzen, Berufserfahrungen, eigene psychologische Barrieren und ethische Vorstellungen)
> - Abgleich der eigenen Kompetenzen und Qualifikationen mit den geforderten Kompetenzen und Qualifikationen,
> - Bei Bedarf entsprechend gezielte Personalentwicklung, durch Fortbildungsmaßnahmen aller Art und geeignete Berufserfahrungen
> - Und vor allem einer nachhaltigen Pflege eigener Kompetenzen und Ressourcen, wie z. B. Netzwerke im Familien-, Freundes- und Kollegenkreis (z. B. auch Verbandsmitgliedschaften und Teilnahme an deren Veranstaltungen) – gerade das soziale Kapital erscheint ein wesentlicher Einflussfaktor auf Karriereerfolge darzustellen (siehe z. B. Wanhoff 2011, S. 175 ff.), zumal Personaler immer wieder darauf verweisen, dass ein Großteil der Stellenvakanzen nicht über öffentliche Ausschreibungen, sondern über persönliche Kontakte und Netzwerkbeziehungen vergeben werden.

Von daher lohnt sich die bereits in Kap. 1 beschriebene regelmäßige Bestandsaufnahme, um Ausgangspunkte für das Vorantreiben der eigenen Karriere zu finden. Dies soll aber nicht missverstanden werden, dass nur eine Kaminkarriere mit mindestens fünf erfolgreich absolvierten Stufen eine wirkliche Karriere darstellt. Eine Karriere gehört zur individuellen Person, und Karriereerfolg ist immer eine subjektive Bewertung anhand eigener Vorstellungen und erreichter Erfolge, in Verbindung mit der damit realisierten Karrierezufriedenheit. Mit anderen Worten, es geht um die Bereitschaft, bewusst Entscheidungen zu treffen und die die Konsequenzen der jeweiligen Entscheidung anzunehmen (vgl. Forßbach 2014).

Bei der Bestandsaufnahme und bei der Entwicklung geeigneter Schritte stehen eine Vielzahl an Karriereberatern hilfreich zur Seite. Die dafür erforderlichen Stundensätze bewegen sich zwischen 60 und 200 Euro pro Arbeitsstunde, im high-level-Bereich auch gerne darüber (vgl. Hillebrecht und Peiniger 2018, S. 224 ff.).

4.3 Die Personalentwicklung

4.3.1 Die Grundsätze der Personalentwicklung

Personalentwicklung wird gemeinhin als Summe aller Aktivitäten gesehen (vgl. Jung 2011, S. 250 ff.; Wegerich 2015, S. 6 ff.), die:

- nach einem einheitlichen, systematisch aufgebauten Konzept erfolgen
- auf alle Mitarbeiter, auf allen Hierarchieebenen und in allen Funktionsbereichen bezogen
- um ihre Qualifikationen und Leistungen an die aktuellen und zukünftigen beruflichen Anforderungen anzupassen

Diese Aktivitäten sollte sowohl in längerfristig wirkende Perspektiven („strategische Personalentwicklung") als auch in sinnvoll verzahnte operative Maßnahmen eingebunden werden, um eine maximale Wirksamkeit zu entfalten. Strategisch ausgerichtete Personalentwicklung ist, wie der Name es nahelegt, längerfristig konzipiert

- Um Wettbewerbsvorteile zu generieren (z. B. durch besonderes Know-how, Stärkung der Innovationsfähigkeit, steigende Attraktivität als Arbeitgeber)
- Um erfolgskritische Mitarbeiter dauerhaft an sich zu binden (neben dem Personalmarketing auch aus kostenrechnerischen Aspekten wichtig, zur Amortisation der Investitionen in die Mitarbeiter)

Operative Personalentwicklung hingegen rekurriert auf

- Konkrete Maßnahmenplanung für bestimmte Personen oder Mitarbeitergruppen (z. B. auf Funktions- oder Abteilungsbereiche bezogen)
- Durchführung und Erfolgsevaluation der durchgeführten Maßnahmen

Von besonderem Interesse ist dabei das Stichwort „**Humankapital**", einer Beschreibung des Wertes, den ein Mitarbeiter mit seinem Wissen, seiner Erfahrung, seinen Kompetenzen für das Unternehmen darstellt (siehe Scholz 2018). Das Humankapital ist nichts anderes als die Fähigkeit, Erlöspotenziale für das Unternehmen zu generieren, und wird in eine Reihe mit dem Strukturkapital (der Bewertung der Fähigkeiten, Probleme zu erkennen und für die Lösung zu strukturieren) und dem Beziehungskapital (dem Wert des Netzwerkes, das ein Mitarbeiter hat) gestellt. Das Humankapital eines Mitarbeiters wird dabei positiv oder negativ von verschiedenen Faktoren beeinflusst:

- Der Mitarbeiterqualifikation, durch innerbetriebliche und externe Aus- und Fortbildungsaktivitäten, als formaler Rahmen für den Wert der Leistung
- Der Mitarbeitermotivation, als Rahmen für die Bereitschaft des Mitarbeiters, sein Wissen und seine Fähigkeiten auch tatsächlich für das Unternehmen einzusetzen

- Der Mitarbeiterbindung, durch die entsprechenden Maßnahmen, als Rahmen für die längerfristige Leistungserbringung im Unternehmen
- Der Unternehmenskultur, die je nach Ausgestaltung zur Leistungserbringung, zur Übernahme von Verantwortung und zu proaktiven Verhaltensweisen (z. B. Innovation, sorgfältiger Umgang mit betrieblichen Ressourcen) anhält oder auch diese einschränkt
- Nicht zuletzt der Attraktivität auf dem Arbeitsmarkt, die für eine marktgerechte Bewertung und Entlohnung der individuellen Fähigkeiten und Fertigkeiten sorgt, als formaler Ausdruck dessen, was ein Mitarbeiter wert ist

Von daher ist eine systematische Personalentwicklung ein wichtiger Handlungsparameter der Personalarbeit.

4.3.2 Die Beschäftigungsfähigkeit als Ziel der Personalentwicklung

Im engen Konnex zum Humankapital steht die Beschäftigungsfähigkeit oder „employability" eines Mitarbeiters (vgl. Rump und Eilers 2016, S. 225 ff.). Damit ist die Fähigkeit eines Mitarbeiters gemeint, von einem Arbeitgeber angestellt und mit Arbeitsaufgaben betraut zu werden. Sie besitzt zwei Dimensionen, diejenige des Arbeitgebers (welche Arbeitsleistung wird benötigt?) und diejenige des Arbeitnehmers (welche Arbeitsleistung kann mit welcher Qualifikation und Kompetenz angeboten werden?) und setzt sich aus den drei Eckpunkte Kompetenzen/Qualifikationen, Identifikation/Motivation und Gesundheit/Wohlbefinden voraus. Abb. 4.8 gliedert dies näher auf.

Entsprechend dieser Aufgaben können sowohl Arbeitgeber als auch Arbeitnehmer für sich Strategien entwickeln, um die Beschäftigungsfähigkeit zu sichern. Für die Arbeitgeber wird dabei die Überlegung im Vordergrund stehen, welche Bedeutung die Mitarbeiterschaft insgesamt wie auch einzelne Mitarbeiter für die Zukunft des Unternehmens haben. Dies führt u. a. zum Faktum, dass ältere Arbeitnehmer von Fortbildungsmaßnahmen ausgeschlossen werden, wenn Unternehmen vermuten, dass aufgrund der verbleibenden **Lebensarbeitszeit** diese Maßnahmen nicht mehr rentabel erscheinen (siehe auch Pagel und Savioli 2013, S. 69 ff.). Zudem wird auch nie ganz klar sein, in welcher Form Mitarbeiter bereit sind, die von einem Unternehmen bereit gestellten Fortbildungen auch dauerhaft im Unternehmen zu belassen oder nicht vielleicht doch bei einem anstehenden Stellenwechsel zu einem neuen Arbeitgeber mitzunehmen, sozusagen in die Wettbewerbsfähigkeit eines Konkurrenten zu investieren. Kofinanzierungen bei aufwändigeren Bildungsmaßnahmen (z. B. berufsbegleitende Master-Studiengänge oder Fachausbildungen) sind daher durchaus üblich.

Arbeitnehmer ihrerseits können für sich überlegen, welche Karriereschritte für sie wichtig sind und welche Qualifikationen und Kompetenzen hierfür notwendig werden, ggf. um auch die Möglichkeit zu haben, aus Karrieregründen oder nach einer betriebsbedingten Entlassung bei anderen Arbeitgebern ihre Arbeitsmarktchancen zu wahren.

	Arbeitnehmersicht	Arbeitgebersicht
Kompetenzen und Qualifikationen	• Umfassende Ausbildung, aufgabengerechte Fortbildungsbemühungen • Bereitschaft zur Aktualisierung und zum Ausbau von berufsbezogenen Kompetenzen • Ggf. auch Teilnahme an Weiterbildungs- und Umschulungsmaßnahmen • Bereitschaft, veraltete Arbeitsweisen und Wissen zu „vergessen"	• Regelmäßige Mitarbeiterbewertung und Fördergespräche • Angebote zur Aus- und Fortbildung • Bereitstellung von PE-Budgets
Identifikation und Motivation	• Pflege der eigenen Bildungsbereitschaft und zur Teilnahme • Anerkennung der Bemühungen des Arbeitgebers/proaktive Suche nach Bildungsmöglichkeiten	• Angebot von Sinnstiftenden Tätigkeiten • Wertschätzende Unternehmens- und Führungskultur
Gesundheit und Wohlbefinden	• Pflege der eigenen körperlichen und mentalen Gesundheit durch Ausgleich (Urlaub, Sport/Gymnastik, Ernährung, soziales Umfeld, …)	• Erholungsurlaub • Ausgleich von Berufs- und Privatleben ermöglichen • Ernährungs- und Gesundheitsmaßnahmen am Arbeitsplatz / Betriebliches Gesundheitsmanagement • Wertschätzende Führungs- und Unternehmenskultur

Abb. 4.8 Employability-Bestandteile aus Arbeitnehmer- und Arbeitgebersicht (eigene Erstellung)

4.4 Strategien zur Personalentwicklung

4.4.1 Die Rolle von Kompetenzen und Qualifikationen

Kompetenzen und Qualifikationen sind oft, aber nicht immer eindeutig oder überschneidungsfrei verwendete Begriffe. Für diese Ausarbeitung soll folgende Abgrenzung gelten (siehe auch Becker 2013, S. 5 ff.; Erpenbeck et al. 2017, S. XVIf.; Schörner und Würfl 2011):

- **Qualifikationen** sind das Ergebnis von fremdvermittelten Kenntnissen und Fertigkeiten, die zumeist im Rahmen einer Abschlussprüfung überprüft und mit Zeugnissen, Teilnahmebescheinigungen oder in anderer Form dokumentiert werden; z. B. bestimmte Schulabschlüsse, Fremdsprachenzeugnisse oder Sachkundenachweise („Staplerschein", Fahrerlaubnis, Schweißerschein, Ausbildereignung, Berufsausbildungsabschluss, Hochschulabschluss, Fortbildungszeugnis)

4.4 Strategien zur Personalentwicklung

- **Kompetenzen** sind Kenntnisse und Fertigkeiten, die eine Person aus sich heraus beherrscht und bei Bedarf abrufen kann, z. B. der sichere Umgang mit einer Fremdsprache, die Fähigkeit zur Präsentation von Arbeitsergebnissen oder der Umgang mit EDV-Anwendungen, die Fähigkeit, anderen Personen Aufgaben zu übertragen
- **Performanz** ist die gezeigte Leistung, also die Entfaltung der Qualifikationen und Kompetenzen im zugewiesenen Arbeitsfeld

Man kann dabei generell in allgemeine und in berufliche Qualifikationen und Kompetenzen unterscheiden. Allgemeine Kompetenzen wären z. B. generelle Kenntnisse in einer Fremdsprache, berufliche Kompetenzen die Fähigkeit, eine Fremdsprache bei einer Verkaufsverhandlung einzusetzen und dabei auch spezifisches Vokabular einzusetzen. Des Weiteren kann eine Aufgliederung anhand von Bezugspunkten gesehen werden:

- Persönliche Kompetenzen und Qualifikationen betreffen die Handlungsfähigkeit einer Person für sich, z. B. Selbstmotivation, Selbstorganisation oder Selbstreflektion
- Soziale Kompetenzen und Qualifikationen betreffen den Bereich des Umgangs mit anderen Personen, z. B. die Fähigkeit, sich in andere hineinzuversetzen („Empathie"), die Befähigung, eine Arbeitsrunde zu moderieren, ein Konfliktgespräch zu führen, oder auch Führungsanweisungen zu erteilen
- Fachspezifische Kompetenzen und Qualifikationen decken die Fähigkeiten und Fertigkeiten ab, die in einer bestimmten Funktion (z. B. im Marketing, im Controlling, in einer Ingenieurarbeit oder einer handwerklichen Tätigkeit) gefordert werden
- Übergeordnete fachliche bzw. methodische Kompetenzen und Qualifikationen richten sich an die Aufgabenstellung, die Zusammenhänge zwischen dem eigenen Fach und weiteren beruflichen Aufgaben herstellt, wie z. B. die Fähigkeit, berufspädagogisch zu wirken oder in der Fertigungsplanung die Interessen verschiedene Abteilungen aufzugreifen und in einen Fertigungsplan zu bringen

Entsprechend der Aufgabenstellung werden hierzu vorab Anforderungen definiert (z. B. bei Ärzten eine Approbation, bei Steuerberatern die Steuerberaterprüfung, bei der Übertragung von Ausbildungsaufgaben die Ausbildereignung, bei einer FH- bzw. HAW-Professur die wissenschaftliche Qualifikation plus eine bestimmte Anzahl an Berufsjahren nach dem ersten Hochschulabschluss) und im Rahmen von Auswahlverfahren auch überprüft sowie durch die allfällige Personalentwicklung vertieft und weiterentwickelt. Was vielen Menschen, gerade zu Beginn eines Hochschulstudiums kaum bewusst ist, dass sie bereits über eine Reihe von Qualifikationen und Kompetenzen verfügen und auch im Rahmen von Nebentätigkeiten ausbauen. Von daher sind die geneigten Leserinnen und Leser an dieser Stelle eingeladen, anhand einer Checkliste in Abb. 4.9 eine eigene Wissens- und Kompetenzenbilanz zu erstellen, als Basis für anstehende Bewerbungen wie auch als Einladung, sich über die weiteren Berufsziele und die dafür erforderliche Personalentwicklung Gedanken zu machen

	Qualifikationen und Wissen	Kompetenzen
Aus der Schule	• Qualifikation mit Mittlerer Reife/Fachgebundenem oder Allgemeinen Abitur • Allgemeinbildung • Sprachliche Fähigkeiten (z. B. Englisch auf Niveau B1/B2) • MINT-Kenntnisse	• Fähigkeit zur Bearbeitung von Aufgabenstellungen • Reflektion von Aussagen • Anwendung von Fremdsprachen • Anwendung von Mathematik auf ausgewählte Fragestellungen
Aus einer Berufsausbildung	• Z. B. Berufsausbildung als Kauffrau/mann im Groß und Einzelhandel	• Fähigkeit zur Vollzeittätigkeit • Kenntnisse betrieblicher Abläufe • Branchenkenntnisse (z. B. Sanitär) • Fremdsprachenkenntnisse kaufmännisches Englisch • …
Aus Nebenjobs	• Formal keine Qualifikation	• Z. B. Nebenjob in der Gastronomie: Selbstorganisation, stete Freundlichkeit auch unter Stress, ordentlicher Umgang mit Geld
Aus ehrenamtlichen Engagement	• Z. B. aus Sportverein: Übungsleiterschein	• Fähigkeit, Kenntnisse zu vermitteln • Bereitschaft zur Verantwortungsübernahme
Aus Hobbies	• Z. B. aus Sport/Basketball: Regeln für Teamsport und Teamzusammenhalt	• Bereitschaft zu Engagement und Einsatz/ Ehrgeiz • Bereitschaft zur Einordnung in ein Team • Bereitschaft zur Übernahme von Führungsverantwortung
Aus weiteren Aktivitäten	• Z. B. längere Auslandsreisen	• Z. B. aus einem Work-and-travel-Programm: Anwendung von Sprachen, Fähigkeit zur Improvisation, interkulturelles Verständnis für ein bestimmtes Land

Abb. 4.9 Eine persönliche Wissens- und Kompetenzenbilanz mit Beispielen (eigene Erstellung)

Wer anhand dieses Musters eine eigene Bilanz erstellt, wird mit etwas Nachdenken erkennen, dass er oder sie durchaus einige beachtenswerte Merkmale mitbringt, auf die man auf den ersten Blick nicht kommen wird. Wer z. B. sein Studium als Gästeführer für Flusskreuzfahrten finanziert, wird folgendes lernen:

- Geduldiger und beständig freundlicher Umgang, insbesondere mit etwas älteren Personen
- Fähigkeit, sich in einer Fremdsprache auszudrücken (zumeist Englisch) und sich auf Menschen aus anderen Kulturkreisen einzustellen

4.4 Strategien zur Personalentwicklung

- Umgang mit unerwarteten Situationen (angefangen von Personen, die plötzlich in der Gruppe fehlen, über die Erfüllung „ungewöhnlicher Wünsche" bis hin zur Reaktion bei medizinischen Notfällen)

Wer hingegen als Handwerker daheim Holzausbauten vornimmt oder sich seine Bekleidung selbst schneidert, zeigt eine gewisse kreative Ader und entwickelt die Bereitschaft, sich mit technischen Anforderungen und Gegebenheiten auseinanderzusetzen und Qualitätsstandards in der Produktion anzuwenden. Von daher lohnt sich durchaus, einmal in Ruhe über das nachzudenken, was man in bisherigen Tätigkeiten alles an Kompetenzen erworben hat, und in welcher Form damit in einem Bewerbungsverfahren oder auch später im beruflichen Alltag punkten kann. Zudem hilft eine derartige Bestandsaufnahme, die im Betrieb angebotenen Entwicklungsmöglichkeiten in hohe Übereinstimmung mit den eigenen Potenzialen und Vorstellungen zu bringen.

4.4.2 Der Lebenszyklus von Wissen und Fertigkeiten und die Konsequenzen

Wissen, Fertigkeiten und Fähigkeiten unterliegen einem gewissen Lebenszyklus bzw. einer „Halbwertszeit" (Bergmann 2013, S. 112, ergänzend BMBF 2016, S. 9 ff.). Wer lange in der Medienbranche gearbeitet hat, weiß noch, dass die Vorbereitung des Zeitungsdrucks mit verschiedenen technischen Zwischenschritten wie dem Setzen verbunden war. Inzwischen wird diese Fertigkeit nicht mehr erwartet, da dies die entsprechende Redaktionstechnik übernommen hat. Auch Sattler und Hufschmiede wird man kaum noch antreffen, da Pferde als grundsätzliches Mobilitätsmittel durch Automobile verdrängt wurden. Im Büro haben Computer schon lange Schreibmaschinen verdrängt und damit komplette Berufsbilder wie das der Stenotypistin verdrängt.

Die so genannte „VUCA-Welt" setzt hier Rahmenbedingungen, die eine rasche Anpassung an die Effekte der Digitalisierung und der damit neu zu gestaltenden Arbeitsprozesse und Berufsanforderungen erfordern (vgl. Speidel 2019, S. 6 ff.). Es geht dabei nicht allein um die Fähigkeit, neue Applikationen und Social Media-Anwendungen bedienen zu können, sondern insbesondere um die Fähigkeit, auf Basis der neuen Technologien neue Geschäftsfelder zu erkennen, mit neuen Wettbewerbern umzugehen und neue Geschäftsmodelle zu entwickeln bzw. innerbetriebliche Arbeitsprozesse neu zu denken. Klassische Arbeitsweisen werden nicht komplett verschwinden, aber in ihrer Bedeutung deutlich zurückgehen, und damit auch das Angebot an Arbeitsplätzen für Menschen, die nur in traditionellen Arbeitsweisen denken können.

4.4.3 Die Möglichkeiten der Personalentwicklung

Für die Personalentwicklung stehen eine Vielzahl an Angeboten zur Verfügung, die von Unterweisungen am Arbeitsplatz (z. B. Lehrgespräche) über firmeninterne Seminare,

Webinare und externe Kongresse bis hin zu öffentlich-rechtlich geprüften Ausbildungsgängen reicht (siehe auch Jung 2011, S. 258 ff.; Wegerich 2015, S. 37 ff.). Noch so umfangreiche Aufzählungen werden niemals abschließend sein können, da die Dynamik in der Bildungslandschaft ständig neue Angebote hervorbringt. Interessant ist die Frage, in welcher Form die Teilnahme und der Bildungserfolg festgestellt und damit für Dritte nachvollziehbar werden. Denn ein Bildungsnachweis ist bei Bewerbungen um eine neue Stelle oder bei Beförderungen und Umsetzungen oftmals eine wichtige Unterlage, um die Eignung der jeweiligen Person besser einschätzen zu können und nicht zuletzt bei bestimmten, gesetzlich normierten Fällen eine unabdingbare Voraussetzung. Man denke an die „Kammerberufe" wie die des Arztes, der Steuerberaterin, der Apothekerin, des Rechtsanwaltes oder der Architektin, die zur Ausübung einer staatlichen Prüfung (z. B. Steuerberaterexamen, 2. Juristisches Examen, ärztliche Approbation) bedürfen. Andernfalls würde es sich um illegale Berufsausübung handeln. Von daher schematisiert Abb. 4.10 Beispiele für Personalentwicklungsmaßnahmen anhand der Arten des Teilnahmenachweises.

Entsprechend der Vorortung der jeweiligen Bildungsmaßnahme kennen wir (siehe auch Wien und Franzke 2013, S. 15 ff.)

	Bildungsmaßnahmen im Unternehmen	Bildungsmaßnahmen außerhalb des Unternehmens
Bildungsmaßnahmen ohne Nachweis	<ul><li>Unterweisung am Arbeitsplatz</li><li>Lehrgespräche am Arbeitsplatz</li><li>Job Rotation</li><li>Interne Schulungen aller Art</li><li>Auslandsentsendungen</li></ul>	<ul><li>Seminare</li><li>Praktika und Hospitationen</li><li>Kongresse</li><li>Fachmessen mit Vortragsprogramm</li></ul>
Bildungsmaßnahmen mit zertifizierter Teilnahme	<ul><li>Interne Lehrgänge mit Zertifikat (z. B. im IT Bereich Microsoft-, SAP- oder Navision-Testat)</li></ul>	<ul><li>Unterweisungen mit Zertifikat (z. B. Sprachkurse bei einem Bildungsanbieter, Moderationsausbildungen nach moderatio® oder Metaplan®), Coaching-Ausbildungen mit einem Verbandszertifikat von externen Bildungsanbietern</li></ul>
Bildungsmaßnahmen mit extern geprüfter Teilnahme	<ul><li>Interne Lehrgänge mit öffentlich-rechtlichen bzw. Verbands-Prüfungen (z. B. Sachkundenachweise)</li><li>Berufsausbildungen</li></ul>	<ul><li>Lehrgänge mit öffentlich-rechtlicher Zertifizierung (z. B. Ausbildereignung)</li><li>Fachausbildungen (z. B. Fachwirt-Ausbildungen)</li><li>Studienabschlüsse</li></ul>

Abb. 4.10 Möglichkeiten der Personalentwicklung (eigene Erstellung)

4.4 Strategien zur Personalentwicklung

- Training for the Job (berufsvorbereitende Bildungsmaßnahmen, z. B. Berufsqualifizierungskurse, Fachschulausbildungen, Hochschulausbildungen)
- Training in the Job (arbeitsvorbereitende Bildungsmaßnahmen eines Unternehmens für Einsteiger bzw. im Unternehmen umgesetzte Personen, insbesondere Anlernen an bestimmten Maschinen)
- Training on the Job (direkte Unterweisung am Arbeitsplatz, z. B. zu neuen Produktionsweisen, neuen EDV-Anwendungen)
- Training near the Job (z. B. Expertenrunden, Qualitätszirkel, Projektarbeiten für Aufgaben in der Organisationsentwicklung, Supervision bei ärztlichen und seelsorgerlichen Berufen, kollegiale Beratung nach Braun 2008, S. 27 ff.)
- Training off the Job (z. B. Seminare bei der IHK oder bei freien Bildungsträgern)
- Training out of the Job – eine bisher kaum geübte Vorbereitung von Personen, die in den Ruhestand eintreten und für diese Anforderungen vorbereitet werden (z. B. selbstbestimmte Zeitgestaltung, Suche nach Hobbies und anderweitigen Tätigkeiten)

Entsprechend der Zielstellung wird der Aufbau neuer Kenntnisse und Fähigkeiten oder die Pflege und Weiterentwicklung bestehender Kenntnisse und Fähigkeiten betrieben. Interessant ist dabei die Frage der Sozialform (Einzeltraining oder Maßnahmen in Klein- bzw. Großgruppen), da diese durch die inhärente Dynamik bestimmte Lernerfolge unterstützen kann – wer sich mit vergleichbaren Personen in einer vergleichbaren Position befindet, kann sich zumeist leichter öffnen und vom anderen lernen bzw. den anderen in seinen Bemühungen auch anspornen. Allerdings können bestimmte Sozialformen für manche Arbeitnehmer auch Stress ausüben, da ihr eigenes Lerntempo nicht dem der Gruppe entspricht oder Angst vor einer Blamage besteht. Nicht zuletzt muss auch die Frage der Hilfestellung bei Problemen in der Stoffaneignung und der Kontrolle des Lernerfolgs betrachtet werden – wer in Gesellschaft lernt, hat hier vielfältigere Möglichkeiten im Vergleich zu denjenigen, die alleine lernen. Im zweiten Fall müssen dann zumindest Musterlösungen und Arbeitshilfen angeboten werden.

4.4.4 Zentrale Begriffe der Personalentwicklung

Neben einer Festlegung, was Gegenstand der Personalentwicklung ist (wir verweisen auf die Abgrenzung von Kompetenzen und Qualifikationen) sind genaue Definitionen wichtig, wie bestimmte Ansätze zu verstehen sind. Ausgehend von der Definition im deutschen Berufsbildungsgesetz (das Berufsausbildungsgesetz in Österreich und das Berufsbildungsgesetz in der Schweiz finden ähnliche Definitionen) soll in Anlehnung an § 1 III BBiG bzw. § 66 HwO gelten (siehe auch Becker 2013, S. 265 ff.):

Begriffe der Personalentwicklung

Ausbildung ist die erstmalige berufsqualifizierende Berufsbildung, bei der die wesentlichen Inhalte eines Berufsbildes in der Form vermittelt werden,

	dass eine eigenständige Berufstätigkeit möglich wird, z. B. als Bürokaufmann oder Personaldienstleistungskauffrau, als Schreiner oder als Mechatronikerin (entsprechend der Berufsbilder in der Anlage zum BBiG)
Fortbildung	ist eine auf den ausgeübten Beruf aufbauende Bildung, zur Fortentwicklung, Vertiefung und Erweiterung der entsprechenden Kenntnisse (im kaufmännischen Bereich z. B. Unterweisungen am Arbeitsplatz in der Anwendung von neuen Software-Programmen, bis hin zum IHK-geprüften Bilanzbuchhalter, der Personalfachwirtin oder Marketingfachwirtin oder die Meisterprüfung in einem gewerblichen Bereich; entsprechend §§ 53 f. BBiG bzw. §§ 42, 42a HwO), sie dient in der Regel als Anpassungs- oder Aufstiegsbildung
Weiterbildung	ist die berufliche Bildung in einem anderen als dem aktuell ausgeübten Beruf (z. B. ein Personalfachkaufmann lässt sich zum Yoga-Lehrer ausbilden bzw. absolviert beim Sportbund den Übungsleiterschein, eine Mechatronikerin erwirbt Kenntnisse als Imkerin oder den Anglerschein), unabhängig von der Frage, ob diese mit einem formellen Abschluss verbunden sind; hierbei geht es oft um die Eröffnung eines umfangreicheren Hobbies oder einer anderweitigen Nebentätigkeit
Umschulung	ist das Erlernen eines neuen Berufs, fest verbunden mit einer eigenständigen Abschlussprüfung (§§ 59, 66 BBiG; §§ 42f, 45 HwO), um aufgrund einer längeren Arbeitslosigkeit oder einer erkrankungs- bzw. verletzungsbedingten Arbeitsunfähigkeit wieder in eine neue berufliche Perspektive zu kommen (z. B. kann ein Sanitär-Handwerker nach einem Motorradunfall nicht mehr handwerklich arbeiten und schult zum Bürokaufmann um; eine Bäckerin kann aufgrund einer Mehlstauballergie nicht mehr arbeiten und wird zur Mediengestalterin umgeschult)

Allerdings fällt in der Literatur wie auch in der Praxis immer wieder auf, dass gerade die Begriffe der Fortbildung und der Weiterbildung nicht immer trennscharf verwendet werden. Vielmehr steht oft Weiterbildung, wo Fortbildung gemeint ist. Nun mag der Unterschied auf den ersten Blick kaum wichtig erscheinen. Für die gesetzliche Anerkennung von Abschlüssen (z. B. im Rahmen der Bildungsförderung bzw. der Umschulung, aber auch für die Finanzierung von Bildungsmaßnahmen oder die Berücksichtigung bei öffentlich-rechtlichen Dienstverhältnissen) wie auch für die Behandlung in der Bildungsforschung und Wissenschaft und nicht zuletzt in der steuerlichen Berücksichtigung von Fortbildungsaufwand wird aber genau diese trennscharfe Begriffsverwendung essenziell sein. Nicht zuletzt kann man mit der Begrifflichkeit auch die Interessen der Beteiligten deutlich machen – Fortbildung wird das Unternehmen in der direkten beruflichen Verwendung des Arbeitnehmers gewinnbringend einsetzen und damit auch umfassend fördern können. Weiterbildung ist in erster Linie etwas für die Person des Arbeitnehmers selbst, und hier stellt sich die Frage, in welcher Form der Arbeitgeber hier unterstützend tätig sein sollte, durch Zuschüsse, Freistellung und innerbetriebliche Beförderung.

4.4.5 Das Arbeitsraster in der Personalentwicklung

Der Prozess der Personalentwicklung arbeitet auf einer Abfolge von verschiedenen Schritten (vgl. Berthel und Becker 2017, S. 485 ff.; Jung 2011, S. 285 ff.) auf, die im Prinzip bestimmte Elemente abdecken

- Die Analyse der Stelle und ihrer aktuellen und konkreten Anforderungen, in fachlicher, sozialer und persönlicher Hinsicht (SOLL-Analyse)
- Der Abgleich mit den Kompetenzen und Qualifikationen, die der aktuelle Stelleninhaber aufweist (SOLL-IST-Analyse, z. B. anhand des Genfer Schemas, einer Stellenbeschreibung oder Checklisten oder auch anhand umfangreicherer Persönlichkeitsdiagnostik)
- Die Definition eines Entwicklungsplanes, mit Zeithorizont, einzelnen Maßnahmen und einem Budget
- Die Integration der neu erworbenen Kenntnisse und Fertigkeiten am Arbeitsplatz und die Evaluierung des Bildungserfolgs

Im Hintergrund stehen aber auch immer Fragen, die sich mit der konkreten Person verbinden, z. B.

- Die Wahrscheinlichkeit, dass sich der Arbeitnehmer auf die Bildungsmaßnahme einlässt und die gelernten Fähigkeiten und Fertigkeiten tatsächlich umsetzen wird
- Körperliche, mentale oder anderweitige Einschränkungen (z. B. Behinderungen, mangelnde Flexibilität, Versorgungspflichten gegenüber Familienangehörigen)
- Die Bereitstellung von Budgets, bis hin zur Wahrscheinlichkeit, Zuschüsse von Dritten für diese Maßnahme zu bekommen (z. B. Bildungsgutscheine, Zuschüsse der Arbeitsverwaltung, Kostenbeteiligung des Arbeitnehmers selbst)
- Die Perspektive für die Person im Unternehmen (vermutliche restliche Verweildauer, Entwicklungspotenzial für höhere Verantwortung, Beherrschen erfolgskritischen Wissens, etc.)
- Die Wahrscheinlichkeit eines Bildungserfolgs in toto

Entsprechend dieser Einschätzung kommen die Verantwortlichen zu einer Entscheidung, ob und welche Maßnahmen im Einzelfall tatsächlich angeboten werden.

4.4.6 Ein Exkurs zum European Framework of Qualifications

Die Europäische Union hat mit dem European Framework for Qualifications ein Beurteilungsraster bereitgestellt, mit dem die unterschiedlichen allgemein- und berufsbildenden

Abschlüsse in den einzelnen EU-Mitgliedern miteinander vergleichbar werden. Das Rahmenwerk ist in Deutschland (vgl. BMBF/KMK o. J.) und Österreich (vgl. BMBWF o. J.) entsprechend in nationales Recht umgesetzt worden. Im Kern umfasst es acht Stufen.

> **Die acht Stufen des European Framework for Qualifications**
> - Stufe 8: Promotion
> - Stufe 7: Master-Studienabschluss oder hochwertige, nachweisbare Berufspraxis (z. B. strategischer IT-Professional)
> - Stufe 6: abgeschlossene Bachelor-Studiengänge oder gleichwertige Ausbildungen, wie Handwerks- und industriemeister, Fachwirt-Ausbildungen etc.
> - Stufe 5: höherwertiger Beruf, z. B. zertifizierter IT-Spezialist, geprüfter Service-Techniker
> - Stufe 4: 3- und 3,5jährige Ausbildungsberufe (z. B. Kfz-Mechatroniker, Holzmechaniker, Personaldienstleistungskaufmann)
> - Stufe 3: Absolvierte zweijährige Ausbildungsberufe (z. B. Asphaltbauer, Altenpfleger, Änderungsschneider)
> - Stufe 2: Einstiegsqualifizierung, z. B. das Berufsgrundbildungsjahr an deutschen Berufsschulen
> - Stufe 1: Berufsausbildungsvorbereitung (z. B. der qualifizierende Hauptschulabschluss)

Positiv ist an diesem Ansatz eine bessere Vergleichbarkeit, was die Minimalanforderungen an bestimmte Berufseinstiegsmöglichkeiten sowie Einstufung von Arbeitnehmern nach Tarifverträgen betrifft und in bestimmten Bereichen auch eine Gleichwertigkeit von Bildungskarrieren ausdrückt (z. B. der Meister wird vergleichbar mit einem Bachelor-Absolventen). Fraglich sind zum einen der praktische Nutzwert im Betrieb selbst, bei der Planung von Personalentwicklungsmaßnahmen, zum anderen auch die gesamtgesellschaftliche Perspektive. Der Qualifikationsrahmen insinuiert nämlich, dass ein Hochschulabschluss als höherwertig angesehen wird, im Vergleich mit einem Berufsbildungsabschluss, und demzufolge auch als erstrebenswerter. Im Hinblick auf eine relativ hohe Jugendarbeitslosigkeit in südeuropäischen Ländern, die auch und gerade Personen mit Hochschulabschluss trifft (vgl. o.V. 2016), und den Fachkräftemangel im gewerblichen Bereich in vielen europäischen Ländern wird damit eine Fehlallokation von Arbeitskraft regelrecht unterstützt. Auch die Anerkennungspraxis ist nicht immer konform mit der Intention, wie man an der Einstufung von Fachwirtsabschlüssen an deutschen Hochschulen ablesen kann.

4.4.7 Konsequenzen auf betrieblicher Ebene

Eine tragfähige Strategie zur Personalentwicklung wird im Unternehmen von drei Fragen ausgehen können:

4.4 Strategien zur Personalentwicklung

1. Welchen Stellenwert hat das Wissen und das Können der Mitarbeiter?
2. Wie umfangreich wollen, wollen und dürfen wir den Erwerb bzw. die Weiterentwicklung von Wissen und Können fördern?
3. Welches Wissen und Können müssen wir fördern, und warum? Mit welchen Konsequenzen (z. B. Personalentwicklungs-Budget, Freistellungen, Anreize für Arbeitnehmer etc.)

Daraus leiten sich verschiedene Aufgabenstellungen ab, die z. B. im Personalentwicklungszyklus nach Becker (2013, S. 823 ff.) gut zum Ausdruck kommen und in Abschn. 4.5. nochmals aufgegriffen werden:

1. Die Bedarfsermittlung
2. Definition von Zielen
3. Kreative Gestaltung, im Sinne eines individuellen, sachgerechten Maßnahmenplans
4. Umsetzung der Maßnahmenplanung
5. Erfolgskontrolle
6. Transfersicherung

Gerade die Punkte 5 und 6 sind ein Thema, das in den einschlägigen Lehrwerken eher pauschal und appellativ behandelt wird, da hier pädagogische Elemente angesprochen sind, die als hypothetische Konstrukte auftreten. An Lernzielen kennt man generell (siehe auch Bachmann 2018, S. 5 ff.):

- Allgemeine Lernziele (z. B. Rechnen, Schreiben und Lesen, sprachliches Ausdrucksvermögen, Fremdsprachenkenntnisse)
- Fachliche Lernziele (z. B. das Beherrschen von EXCEL als kaufmännisches Arbeitsinstrument)
- Überfachliche Lernziele (z. B. Führungsverhalten, Moderationsfähigkeit in Teamarbeit)

Entsprechend der Verankerung im Menschen unterscheidet man dabei in (siehe auch Hillebrecht 2016):

- Kognitive Lernziele (Wissen, Anwendung von Wissen), z. B. i Form von Kenntnissen, Verständnis, Analyse, Synthese
- Affektive Lernziele (Einstellungen): Aufmerksamkeit für Sachverhalte, Aufnahmefähigkeit und -bereitschaft, Reaktionsbereitschaft, Charakterisierung von Sachverhalten
- Soziale Lernziele wie Empathie, Einbringen in Gruppenarbeiten, Abstimmung mit anderen
- Psychomotorische Lernziele, im Sinne von handwerklichen Fertigkeiten, Bewegungsabläufen und Techniken, z. B. im kaufmännischen Bereich die Fähigkeit, im 10-Finger-Blindtippen die Tastatur eines PCs zu bedienen

Je nach Umfang der Inhaltevermittlung kann man zudem drei Stufen erkennen:

- Die einfache Vermittlungsstufe, bei der es um Einblicke und Grundlagenwissen geht
- Die mittlere Vermittlungsstufe, die selbständiges Ausführen bestimmter Handlungen adressiert
- Die höhere Vermittlungsstufe, die selbständigen Transfer auf andere Fragestellungen und Weiterentwicklung von Inhalten adressiert, also einen entsprechend komplexen Lernerfolg darstellt

Transfererfolge haben eine inhaltliche Komponente, entsprechend des jeweiligen Lernziels, und eine Zeitkomponente, nämlich im Hinblick auf

- Kurzfristige Betrachtung (Zufriedenheit des Teilnehmers mit der Maßnahme, Anschaulichkeit der Inhalte, Anregungen für eigene Tätigkeiten)
- Mittelfristige Betrachtung (Möglichkeit des Transfers über einen kurzen Zeitraum hinaus, Akzeptanz der neuen Arbeitsweisen durch Kollegen, Vorgesetzte, Kunden bzw. Lieferanten)
- Langfristige Betrachtungen (Karriereerfolg des Mitarbeiters, durch dauerhafte Internalisierung und damit erlebten Arbeitserfolg)

Von daher ist eine umfassende Perspektive notwendig, kann aber auch nur teilweise auf bestimmte, einzelne Personalentwicklungsmaßnahmen zurückgeführt werden.

4.5 Die Operative Personalentwicklung

Wie bereits im Funktionszyklus nach Becker (2013, S. 823 ff.) gilt es in der Durchführung der Personalentwicklung verschiedene Schritte zu gehen, die sich zu drei Themengruppen zusammenfassen lassen: Der Definition des Entwicklungsziels und die Verbindung mit dem konkreten Bedarf, die Umsetzung und die Evaluation der durchgeführten Personalentwicklung.

Der Definition des Entwicklungsziels adressiert Überlegungen wie z. B. die Vorbereitung auf die Übernahme einer neuen Aufgabe oder die Anpassung an neue technologische Entwicklungen. Dabei ist ein Arbeitsplatz im Mittelpunkt mit seinen Anforderungen, weniger die konkrete Person. Von daher ist ergänzend die Erhebung eines konkreten Bedarfs notwendig (siehe auch Becker 2013, S. 825 ff.). Ein einfacher Ansatz kann in Form einer Arbeitstabelle erfolgen, wie sie in Abb. 4.11 aufgezeichnet ist, anhand des Beispiels einer Marketingleitung bei der Musterfirma J. Weizenfeld GmbH & Co. KG.

Daneben gibt es weitere Möglichkeiten, die von Checklisten bis hin zu komplexen eignungspsychologischen Verfahren reichen. Zu klären ist zu diesem Zeitpunkt auch der Zeitrahmen und das Budget, die für die Entwicklungsmaßnahmen bereitstehen.

Nach der Durchführung stehen eine Vielzahl von Evaluierungsmöglichkeiten zur Verfügung. Auf kurzfristiger Ebene können dies Rückfragen zur Zufriedenheit mit den Maß-

4.5 Die Operative Personalentwicklung

Kompetenzen	Erforderlich als	Zukünftige Bedeutung	Mögliche Maßnahmen	Bemerkungen
Fachliche Kompetenzen: .- Marktforschung .- Marketingplanung .- Statistikprogramme	Sichere Beherrschung Sichere Beherrschung Sichere Beherrschung	Steigend Gleich bleibend abnehmend	Regelmäßige Teilnahme an Fachveranstaltungen des örtlichen Marketingclubs	Fa. J. Weizenfeld übernimmt Mitgliedsgebühren in Höhe von max. 750 Euro jährlich
Soziale Kompetenzen .- Führungstechniken .- Moderation .- Durchsetzungsfähigkeiten	Grundwissen Alltägliche Beherrschung	Steigend Gleich bleibend Gleich bleibend	Coaching Fortbildungsveranstaltung zur Persönlichkeitsbildung	4 jährliche Coaching-Gespräche, Budget von € 750 Seminar mit max. € 1500 Kosten
Persönliche Kompetenzen .- Selbstorganisation .- Stressresistenz	Alltägliche Beherrschung Alltägliche Beherrschung		Fortbildung zur Stärkung der eigenen Person	Sollte im Coaching mit behandelt werden

Abb. 4.11 Muster für eine einfache Personalentwicklungsbedarfserhebung

nahmen („Würden Sie den Coach weiterempfehlen?") und den Erkenntnissen („welche zwei guten Ideen hat die gestrige Veranstaltung im Marketing-Club für Sie eingebracht?" „Wie lassen sich diese Ideen in unserer Firma umsetzen?" – die berühmten „Happiness-Sheets") sein. Auf mittelfristiger Ebene wird man den Führungserfolg anhand der Zufriedenheit der zugeordneten Mitarbeiter mit den fachlichen und sozialen Fähigkeiten ihrer Abteilungsleitung ebenso zugrunde legen können wie auch Kennziffern (Fluktuationsquote und Krankenstand in der Abteilung als zentrale Indikatoren), oder auch die Entwicklung der Marktstellung. Und ebenso wird man auf langfristiger Ebene die Zufriedenheit der Mitarbeitenden ebenso zugrunde legen können wie den Markterfolg des Unternehmens.

Mit anderen Worten: nachhaltige Lernerfolge basieren auf einer umfassenden Betrachtung von Lernprozessen, die sowohl auf die inneren Prozesse in der einzelnen Persona wie auch auf die sozialen und fachlichen Prozesse im Arbeitsteam der Person rekurrieren. Modelle wie dasjenige der „**Transferstärke**" nach Koch (2018) definieren entsprechend als die drei relevanten Ebenen:

- Die teilnehmende Person mit ihrer Transfermotivation und ihrem Transferkönnen
- Die trainierende Person, inklusive des Lerndesigns, mit dem bedarfsgerechten Eingehen auf die lernende Person, einer motivierenden und einladenden Lernumgebung, aktivierenden Lernmethoden und Möglichkeiten zu einem raschen Transfer auf die Situation des Teilnehmers, d. h. eine realitätsnahe Gestaltung

- Ein unterstützendes Umfeld am Arbeitsplatz, in Form von aufgeschlossenen Vorgesetzten und Kollegen, ausreichend Freiraum zum Ausprobieren des neu erworbenen Wissens und damit einer positiven Lernkultur

Ein Ausblenden eines dieser drei Ebenen gefährdet demzufolge einen dauerhaften Lernerfolg – wenn z. B. ein motivierter Teilnehmer an den Arbeitsweisen des Trainers scheitert oder auch, wenn die Lerninhalte aufgrund von hindernden Faktoren am Arbeitsplatz nicht dauerhaft umgesetzt werden können.

Personalentwicklung ist oft genug mit hohen finanziellen und zeitlichen Aufwendungen verbunden. Von daher wird man auch Rationalisierungsmaßnahmen prüfen. Zu den wesentlichen Veränderungen in der Fortbildungslandschaft zählt dabei der Umschwung zu digitalen Lernangeboten (siehe auch Seufert et al. 2019, S. 10 ff.), die Präsenzlernen (in Seminaren, Lehrgesprächen, Kongressen etc.) zu einem gewissen Teil und das Lernen mit Printmedien (Fachbücher, Fachzeitschriften) sehr deutlich ablöst. Dazu sind insbesondere folgende Instrumente im Einsatz:

- Online-gestützte Seminare (der Begriff „Webinar" ist nach derzeitiger Rechtslage ein geschützter Markenbegriff, vgl. Kuntz 2020) und Social Media-Foren
- Digitale Stoffangebote in Form von Wikis und Blogs sowie Erklärvideos, aber auch komplexere Angebote wie Gamebased Learning, auch als „Serious Play" bekannt
- Online-Kurse („MOOC" – Massive Open Online Course)

Insbesondere die Nutzung von digitalen Stoffangeboten und Online-Kursen verändert das Lernen deutlich. Stoff kann zu einem selbstbestimmten Zeitpunkt (z. B. am Nachmittag am Arbeitsplatz, am Abend daheim) an einem individuell gewählten Nutzungsort abgerufen werden. Zudem werden Kosten deutlich gesenkt, da die Anwesenheit eines Trainers in einer Präsenzveranstaltung nicht mehr notwendig wird. Andererseits kommt die zunehmende Vertrautheit vieler Mitarbeiter mit digitalen Arbeitsweisen auch diesen Lernformen entgegen. Nebenbei: Diese veränderte Arbeitsweise findet auch in einer veränderten Stellung der Personalentwickler seinen Niederschlag, sie führt weg von einer „Trainer-Rolle" mit operativen, didaktischen Aufgaben hin zu einer ermutigenden Aufgabe, zu einem „Transformer" (vgl. Lundberg und Westerman 2020, S. 48 ff.).

Sofern man das Lernen mit digitalen Medien mit dem Lernen in Präsenzveranstaltungen und mit Printmedien verbindet, spricht man vom „blended learning". Nebenbei bemerkt, auch die Rolle der Personalentwicklung verändert sich, vom Trainer hin zum Lernmoderator, der ausgewählte Inhalte bereitstellt und die Teilnehmerschaft mit den neuen Lehr-Lern-Methoden vertraut macht. So können z. B. „spielerische Simulationen" (Stichwort „Gamification", siehe Lau und Borchert 2020, S. 5 f.) die Beurteilung von Leistung und Verhalten ebenso erleichtern wie das Aneignen neuer Inhalte und Kompetenzen.

4.6 Eine Fallstudie zur Personalentwicklung

Die Musterfirma J. Weizenfeld GmbH & Co. KG überlegt, innerhalb der Mitarbeiterschaft des Retail-Bereichs eine Entwicklungsmöglichkeit zur Filialleitung zu übernehmen. Dies soll der Motivation und Bindung der Mitarbeiter dienen und auch Kosten sparen, da eine überschlägige Rechnung – in Abb. 4.12 – erhebliche Einsparmöglichkeiten offengelegt hat.

In dieser Vergleichsrechnung erkennt man, dass die interne Personalentwicklung die deutlich kostengünstigere Variante ist und zudem den Vorteil hat, dass man die Personen kennt und die interne Förderung eine Motivationswirkung entfaltet. Zudem sind die externen Besetzungen ebenfalls mit Personalentwicklungskosten verbunden. Allerdings muss man bei den höheren Kosten der externen Personalbesetzung auch die Vorteile sehen, die der Wissenstransfer durch die neuen Arbeitskräfte bedeutet, was man bei einer internen Besetzung eventuell mit Unternehmensberatung wettmachen müsste. Und diese ist auch mit nicht unerheblichen Kosten verbunden. Von daher wird man in dieser Situation die Für und Wider sorgfältig abwägen müssen.

Alternative 1: neue Filialleitung extern suchen (Bedarf: für 4 Filialen)	Alternative 2: eigene Mitarbeiter qualifizieren
<ul><li>Suchkosten: ca. € 12.000 pro Stelle (für Anzeige, Auswahlverfahren etc.)</li><li>Einarbeitungszeit: 3-4 Monate (dabei verminderte Leistung, mit unklaren Kosten, kalkulatorisch: € 10.000 pro Stelle)</li><li>Im Schnitt wird jede/r 3. Bewerber/in in der Probezeit entlassen oder geht selbst => es müssen eigentlich 5 Personen gesucht werden!</li></ul> d.h. effektive Such- und Einarbeitungskosten bei vier erfolgreichen Stellenbesetzungen: € 12.000 * 5 Bewerber plus Einarbeitungskosten von € 10.000 * 5 Bewerber =€ 110.000, bei vier erfolgreichen Einstellungen bzw. € 27.500/Person	Anspracheosten hausintern (ca. € 8000): - Vorbereitung Führungskräfte - Screening - Risiko Ablehnung durch Mitarbeiter oder Frustration wegen Nichtberücksichtigung Personalentwicklungsmaßnahmen und deren Aufwand - höheres Gehalt in der Qualifikation (ca. € 300 pro Monat, mal 18 Monaten, mal 4 Filialen, * 1,6 für Personalgesamtkosten!) = € 8640 pro Filiale - begleitende Schulungsmaßnahmen (€ 6000 pro Teilnehmer/in) - Kosten der Personalnachbesetzung auf Mitarbeiterebene (ca. € 3000 pro Person) d.h. effektive Kosten: = € 86.000 bei vier erfolgreichen Fördermaßnahmen bzw. € 21.500 pro Stellenbesetzung

Abb. 4.12 Überschlägige Vergleichsrechnung zur Personalentwicklung (Quelle: eigene Erstellung)

4.7 Einige Konsequenzen für Arbeitnehmer

Auch wenn die Sichtweise des Arbeitgebers die vorherrschende Perspektive dieses Kapitels ist, sollten Arbeitnehmer sich an bestimmten Stellen auf diese Anforderungen und Sichtweisen vorbereiten. Dazu gehört eine regelmäßige Analyse eigener Stärken und Grenzen, eigener Kompetenzen und Qualifikationen und einem Abgleich mit den absehbaren beruflichen Anforderungen. Wenn die zurückliegenden Monate gezeigt haben, dass bestimmte neue Technologien entwickelt werden, ist es Zeit zu fragen, wie man mit diesen neuen Entwicklungen mithalten kann (siehe auch Speidel 2019, S. 3 ff.), durch eigenständige Aneignung im privaten Bereich ebenso wie durch eine mit dem Arbeitgeber vereinbarte Fortbildung. Idealerweise hierfür sind einige ruhige Tage, z. B. in der Zeit zwischen Weihnachten und Neujahr, die in Bayern als die „stade Zeit" bezeichnet wird, in anderen Landesteilen als „Zeit zwischen den Jahren". Die meisten Arbeitnehmer haben in diesen Tagen zumeist Urlaub und damit auch etwas Abstand zum Arbeitsplatz, um für sich oder auch gemeinsam mit Lebenspartnern bzw. Freunden über die eigene Position und die zukünftigen Entwicklungen nachzudenken, über unerfüllte Wünsche an das Leben und mögliche Veränderungen oder Verschiebungen in den Prioritäten des Lebens (siehe auch Hasebrook et al. 2018, S. 1–18). Von daher ist es sinnvoll für sich eine Bestandsaufnahme zu machen, z. B. anhand der in Kap. 1 und in diesem Kapitel vorgestellten Arbeitsschemata. Eine profunde Personalbeurteilung, eine durchdachte Karriereplanung und die dazu passende Personalentwicklung ergeben eine Trias, die aller Erfahrung nach zu mehr Zufriedenheit mit den Erfolgen im Arbeitsleben führt.

4.8 Arbeits- und Wiederholungsfragen zu Kapitel 4

1. Nennen Sie die Funktion und mindestens zwei Anlässe für eine Mitarbeiterbeurteilung!
2. Zeigen Sie auf, was Employability ist und wer alles Interesse an Employability hat!
3. Welcher Problematik unterliegt die Personalbeurteilung?
4. Zeigen Sie zwei Ansätze für Personalbeurteilung auf!
5. Was ist Karriere, und stellen Sie zwei Karrieremodelle kurz vor!
6. Nennen Sie drei Karrieremodelle mit je einem Vorteil, und wie kann ein Unternehmen diese zur Mitarbeiterbindung einsetzen?
7. Wie können Karrieremodelle auf die Lebensphasen der Mitarbeiter abgestellt werden?
8. Was versteht man unter strategischer Personalentwicklung?
9. Definieren Sie, was Humankapital ist und begründen Sie die Notwendigkeit, das Humankapital zu bestimmen!
10. Wozu dient Personalentwicklung?
11. Wie muss Personalentwicklung in Teamentwicklung und Organisationsentwicklung eingebettet werden?
12. Nennen Sie drei Anlässe für Personalentwicklung!

13. Personalentwicklung kann an verschiedenen Orten stattfinden. Nennen Sie drei mit jeweils zwei Beispielen!
14. Wie kann man den Erfolg von Personalentwicklung evaluieren?
15. Was sind Kompetenzen, und wie kann man Kompetenzen erheben?
16. Was versteht man unter dem Personalentwicklungszyklus nach Becker?
17. Nach welchen Kriterien kann man Instrumente der Personalentwicklung untergliedern, und nennen Sie jeweils ein Beispiel dazu!

Literatur

Bachmann H (2018) Kompetenzorientierte Hochschullehre, 3. Aufl. hep, Bern
Ballhausen K (2019) Modernes Karrieremanagement. DGFP-Personalführung 67(10):34–41
Becker M (2013) Personalentwicklung, 7. Aufl. Schäffer-Poeschel, Stuttgart
Becker M, Spöttl G (2015) Berufliche (Handlungs-)Kompetenzen auf der Grundlage arbeitsprozessbasierter Standards messe. BWP-Wirtschaftspädagogik online, Nr. 28 vom Juni 2015. http://www.bwpat.de/ausgabe28/becker_spoettl_bwpat28.pdf. Zugegriffen am 30.06.2020
Belbin RM (2010) Management Teams. Routledge, New York
Bergmann B (2013) Arbeitsimmanente Kompetenzentwicklung. In: Wieland R, Scherrmann K (Hrsg) Arbeitswelten von Morgen. wdv, Opladen, S 109–117
Berthel J, Becker FG (2017) Personal-Management, 11. Aufl. Schäffer-Poeschel, Stuttgart
BMBF Bundesministerium für Bildung und Forschung (2016) Zukunft der Arbeit, Berlin: BMBF 2016; PDF vom Juni 2016. www.bmbf.de/upload_filestore/pub/Zukunft_der_Arbeit.pdf. Zugegriffen am 23.05.2020
BMBF Bundesministerium für Bildung und Forschung/KMK Konferenz der Kultusministerien (o. J.) Deutscher Qualifikationsrahmen für lebenslanges Lernen, Beitrag ohne Datum. www.dqr.de/. Zugegriffen am 26.05.2020
BMBWF Bundesministerium für Bildung, Wissenschaft und Forschung (o. J.) Nationaler Qualifikationsrahmen (NQR)/Europäischer Qualifikationsrahmen (EQR), Beitrag ohne Datum. www.bmbwf.gv.at/Themen/Hochschule-und-Universit%C3%A4t/Studium/NQR.html. Zugegriffen am 26.05.2020
Braun E (2008) Kollegiale Beratung als Instrument der Führungskräfteentwicklung. Der Betriebswirt 49(1):27–32
Campbell JP et al (1993) A theory of performance. In: Schmitt N, Borman WC (Hrsg) Personnel selection in organizations. Jossey-Bass, San Francisco, S 35–70
Clark T et al (2015) Business model you. Campus, Frankfurt am Main
Eisele D (2010) Persönlichkeitstests unter der Lupe. DGFP-Personalführung 57(10):32–41
Erpenbeck J et al (2017) Handbuch Kompetenzmessung, 3. Aufl. Schäffer-Poeschel, Stuttgart
Ewinger D et al (2016) Arbeitswelt im Zeitalter der Individualisierung. SpringerGabler, Wiesbaden
Forßbach D (2014) Berufswahl als Entscheidung, in: BWP Berufs- und Wirtschaftspädagogik Online, Nr. 27, Beitrag. www.bwpat.de/ausgabe27/forssbohm_bwpat27.pdf. Zugegriffen am 23.05.2020
Franken S (2019) Verhaltensorientierte Führung, 2. Aufl. SpringerGabler, Wiesbaden
Gasteiger RM (2007) Selbstverantwortliches Laufbahnmanagement. Hogrefe, Göttingen
Gay F, Karsch S (2019) Das Persolog®-Persönlichkeitsprofil. Gabal, Offenbach
Gramkow V et al (2020) Den internationalen Kulturwandel erfolgreich managen. Personalwirtschaft 3:14–17

Gurol J (2014) Wie Sie eine gute Zielvereinbarung treffen, Beitrag vom 19.02.2014. www.wiwo.de/erfolg/beruf/mitarbeitergespraeche-wie-sie-eine-gute-zielvereinbarung-treffen/9506020.html. Zugegriffen am 26.05.2020

Hasebrook J et al (2018) Lebensphasen und Kompetenzmanagement. Gabler, Wiesbaden

Hasebrook JP, Kring T (2016) Erfolgsfaktor Personal in Banken und Sparkassen. F. Knapp zeb, Frankfurt am Main

Helmig B et al (2005) Nonprofit-Management. Gabler, Wiesbaden

Hillebrecht S (2004) Effektiv dienen – Führungsstrukturen in Nonprofit-Organisationen. Personal 56(12):60–63

Hillebrecht S (2016) Tutorien und Seminare vorbereiten und moderieren. SpringerGabler, Wiesbaden

Hillebrecht S (2017) Die zweite Karriere. SpringerGabler, Wiesbaden

Hillebrecht S, Peiniger A-A (2018) Grundkurs Personalberatung, 6. Aufl. SpringerGabler, Wiesbaden

Hinz O (2018) Was motiviert Mitarbeiter am stärksten? Beitrag vom 21.03.2018. www.business-wissen.de/artikel/anreizsysteme-was-motiviert-mitarbeiter-am-staerksten/. Zugegriffen am 22.05.2020

Hockling S, Schwierz C (2015) Der Chef hilft als Karrierecoach, Beitrag vom 01.06.2015. www.zeit.de/karriere/beruf/2015-05/karrieremanagement-talentmanagement-chef-mitarbeiter. Zugegriffen am 23.05.2020

Hossiep R, Mühlhaus O (2005) Personalauswahl und -entwicklung mit Persönlichkeitstests. Hogrefe, Göttingen

Jung H (2011) Personalwirtschaft, 9. Aufl. Oldenbourg, München

Kels P et al (2014) Karrieremanagement in wissensbasierten Unternehmen. SpringerGabler, Wiesbaden

Klaffke M (2014) Millenniels und Generation Z – die Vorstellungen der nachrückenden Arbeitnehmer-Generationen. In: Klaffke M (Hrsg) Generationen-Management. SpringerGabler, Wiesbaden, S 57–83

Koch A (2018) Die Transferstärke-Methode. Beltz, Weinheim

Kötter R, Kursawe M (2015) Design your life. Campus, Frankfurt am Main

Kuntz B (2020) Der Begriff „webinar" – ein geschützter Begriff? Beitrag vom 06.07.2020. www.bildungsspiegel.de/news/standpunkte/4309-der-begriff-webinar-ein-geschuetzter-begriff. Zugegriffen am 27.07.2020

Lau A, Borchert M (2020) Gamification – Ein Ansatz zur Motivation und Leistungssteigerung von Mitarbeitern. WiSt Wirtschaftswissenschaftliche Studium 49(5):4–9

Lundberg A, Westerman G (2020) Vom Trainer zum Transformer. Harv Bus Mngr 5:48–57

Lüscher M (2005) Der Vier-Farben-Mensch, 7. Aufl. Ullstein, München

Merck (o. J.) Drei Rollen – und unendlich viele Möglichkeiten, Beitrag. https://pro-archive.merckgroup.com/de/menschen/drei-rollen-und-unendlich-viele-moeglichkeiten/. Zugegriffen am 06.07.2020

Müller J (2017a) Mitarbeitern Ziele setzen – aber richtig. Beitrag vom 12.10.2017. www.impulse.de/management/personalfuehrung/zielvereinbarungen/2179161.html. Zugegriffen am 26.05.2020

Müller R (2017b) Systematische Mitarbeiterbeurteilungen und Zielvereinbarungen. Praxium, Zürich

o.V. (2016) Jugendarbeitslosigkeit in Europa, Beitrag vom 21.04.2016. www.bpb.de/politik/hintergrund-aktuell/225124/jugendarbeitslosigkeit-in-europa. Zugegriffen am 23.05.2020

Obmann C et al (2020) Digitaler, traditioneller, grüner. In: Handelsblatt, Nr. 103 vom 29.05.2020, S 54–55

Oestereich B, Schröder M (2019) Agile Organisationsentwicklung. Vahlen, München

Pagel N, Savioli B (2013) Herstellung von Chancengleichheit und Abbau von Diskriminierung in KMU, Arbeitsbericht Berlin: Antidiskriminierungsstelle des Bundes 2013, als PDF. www.antidiskriminierungsstelle.de/SharedDocs/Downloads/DE/publikationen/Expertisen/Expertise_Benachteiligung_aufgrund_Lebensalter_in_KMU.pdf?__blob=publicationFile. Zugegriffen am 23.05.2020

Riederle P (2017) Wie wir arbeiten und was wir fordern. Droemer, München

Ritz A, Thon N (2018) Talent management, 3. Aufl. SpringerGabler, Wiesbaden

Rump J, Eilers S (2016) Employability-Management. In: Müller-Vorbrüggen M, Radel J (Hrsg) Handbuch Personalentwicklung, 4. Aufl. Schäffer-Poeschel, Stuttgart, S 225–240

Sadigh P et al (2014) Mosaik-Karriere statt Karriereleiter, Beitrag vom 27.05.2014. www.zeit.de/gesellschaft/familie/2014-05/arbeitszeit-vaeter-teilzeit. Zugegriffen am 23.05.2020

Schein EH (1971) The individual, the organization and the career – a conceptual scheme. J Appl Behav Sci 6(7):401–426

Schließmann C (2014) Leistungspotenziale im Fadenkreuz. SpringerGabler, Wiesbaden

Scholz C (2018) Faszination Humankapital. Rainer Hampp, Mering

Schörner B, Würfl C (2011) Aufgaben- und Kompetenzprofil von Schulsozialarbeit: Abgrenzung und Synergie mit schulischen Unterstützungssystemen. BM für Unterricht, Kunst und Kultur, Wien

Seufert S et al (2019) Digitale Kompetenzen bei Personalentwicklern, DGFP-Praxispapier Nr. 10/2019, als PDF. www.dgfp.de/fileadmin/user_upload/DGFP_e.V/Medien/Publikationen/Studien/FINAL_DGFP_Studie2019_DigiKomp_PE.pdf. Zugegriffen am 26.05.2019

Speidel V (2019) Zukünftige Ausrichtung der Personalentwicklung, DGFP-Praxispapier Nr.1/2019, als PDF. www.dgfp.de/fileadmin/user_upload/DGFP_e.V/Medien/Publikationen/Praxispapiere/201901_Praxispapier_Zukunft.pdf. Zugegriffen am 26.05.2020

Sprenger RK (2014) Mythos motivation, 20. Aufl. Campus, Frankfurt am Main

Stöwe C, Beenen A (2012) Mitarbeiterbeurteilungen und Zielvereinbarung, 4. Aufl. Haufe, Freiburg/Brsg

Stracke F (2015) Mitarbeiter verstehen – Potenziale entfalten, 4. Aufl. SpringerGabler, Wiesbaden

Treier M (2019) Wirtschaftspsychologische Grundlagen des Personalmanagements. Springer, Wiesbaden

Tscheuschner M, Wagner H (2008) TMS – Der Weg zum Hochleistungsteam. Gabal, Offenbach

Verbruggen M (2012) Psychological mobility and career success in the ‚New' career climate. J Vocat Behav 81(2):287–295

Von Kettler B (2017) Jobfamilien einordnen, Beitrag vom 26.04.2017. www.haufe.de/personal/hr-management/agile-strategische-personalplanung/agile-strategische-personalplanung-jobfamilien-einordnen_80_409194.html. Zugegriffen am 06.07.2020

Von Richthofen C et al (2013) Handbuch Karriereberatung. Beltz, Weinheim

Wanhoff T (2011) Wa(h)re Freunde. Spektrum, Heidelberg

Wegerich C (2015) Strategische Personalentwicklung, 3. Aufl. SpringerGabler, Wiesbaden

Weinert S (2018) Das Highpotential-Management. SpringerGabler, Wiesbaden

Weinert S, Stulle KP (2015) Executive assessment. SpringerGabler, Wiesbaden

Wien A, Franzke N (2013) Systematische Personalentwicklung. SpringerGabler, Wiesbaden

Winkel R (2010) Die guten Vorsätze, Beitrag vom 10.05.2010. www.sueddeutsche.de/karriere/zielvereinbarungen-die-guten-vorsaetze-1.494107. Zugegriffen am 26.05.2020

Wucknitz UD, Heyse V (2008) Retention Management. Waxmann, Münster/Westf

Die Mitarbeiterbindung und Motivation 5

Inhaltsverzeichnis

5.1	Die Motivation des Arbeitnehmers und ihre Wirkung im Arbeitsleben	140
5.2	Ein Überblick über ausgewählte Motivationstheorien	141
5.3	Das Konstrukt der Arbeitszufriedenheit	143
5.4	Das Konstrukt des Organizational Commitments	144
	5.4.1 Grundüberlegung zur Bindung an einen Arbeitgeber	144
	5.4.2 Konsequenzen aus Arbeitgebersicht	145
5.5	Eine Gegenüberstellung von Arbeitszufriedenheit und Commitment	146
5.6	Das Arbeitsverhalten der Arbeitnehmer	146
	5.6.1 Die Leistung im Kontext von Arbeitszufriedenheit und Commitment	146
	5.6.2 Das Phänomen Absentismus	147
	5.6.3 Das Phänomen Präsentismus	148
	5.6.4 Die Fluktuation	148
	5.6.5 Die soziale Umgebung am Arbeitsplatz	149
5.7	Einige Maßnahmen zur Förderung von Arbeitszufriedenheit und Commitment im Unternehmen	149
5.8	Arbeits- und Wiederholungsfragen zu Kapitel 5	150
Literatur		150

> **Zusammenfassung**
>
> Mitarbeiterbindung, Arbeitszufriedenheit und Motivation sind drei zentrale Begriffe der Personalwirtschaft, über die viele Annahmen und Theorien bestehen. Wesentlich für Personalverantwortliche dürfte das Verständnis für die Beurteilung einer Arbeitssituation durch die Mitarbeitenden sein, im Hinblick auf die Bereitschaft, auch in Zukunft die vereinbarten und erwarteten Beiträge zum Unternehmenserfolg zu liefern. Dazu werden verschiedene Einfluss- und Steuergrößen benannt, die Vorgesetzte und

Personalabteilung ansprechen können. Als Rahmen hierfür gilt eine spezifische Organisations- oder Unternehmenskultur, die Leistung und Motivation beeinflusst.

5.1 Die Motivation des Arbeitnehmers und ihre Wirkung im Arbeitsleben

Die Fallstudie zum Einstieg: Zum Jahresbeginn 2019 geriet der nach Mitgliederzahlen größte deutsche Automobilclub in die Schlagzeilen, weil eine interne Mitarbeiterbefragung eine sehr schlechte Stimmung unter der Belegschaft identifizierte. Einige Antworten zeigten (vgl. Iwersen et al. 2019; o.V. 2019a, b), dass

- Die Motivation im Haus sinkt, viele wirken als hätten sie längst innerlich gekündigt
- Ein erschreckender Umgang mit Mitarbeitern herrscht
- Vorgesetzte einen Führungsstil auf Basis von Angstmachen praktizieren und sogar nach Einsicht des damaligen Clubpräsidenten permanenten Zwist praktizierten und Machtspiele vollführen, die das Klima vergiften
- Nahezu zwei Drittel der Mitarbeiter der Stimmung in der Zentrale die Schulnote 5 oder 6 geben würden

Nun mag diese Momentaufnahme nicht auf Dauer gelten, und es ist auch nicht bekannt, in welcher Form die unzufriedenen Mitarbeiter daraus Konsequenzen zogen. Aber sie macht zumindest eines deutlich, dass die Zufriedenheit mit der Unternehmenskultur ein wesentlicher Kontextfaktor für eine zufriedenstellende Arbeit ist. Weitere Kontextfaktoren sind Motivation der einzelnen Mitarbeiter, die Zufriedenheit mit der eigenen Arbeit und die Bindung eines Mitarbeiters an das Unternehmen. Diese gilt es im nachfolgenden Kapitel näher zu untersuchen. Die Vorüberlegungen sollen aber mit einem kleinen Arbeitsschritt für Sie und durch Sie abgeschlossen werden. Stellen Sie bitte in der Arbeitstabelle in Abb. 5.1 auf (wenn Sie aktuell eine Tätigkeit neben dem Studium ausüben, ansonsten

	An meiner jetzigen Arbeitsstelle hält mich	Bei meinem jetzigen Unternehmen hält mich
Erster Grund		
Zweiter Grund		
Dritter Grund		

Abb. 5.1 Arbeitsimpuls zur Arbeitszufriedenheit und Unternehmensbindung (eigene Erstellung)

denken Sie bitte an die letzte Arbeitsstelle, die Sie besaßen), was Sie an Ihrer aktuellen Arbeitsstelle und an diesem Unternehmen hält, bei dem Sie derzeit tätig sind – maximal drei Punkte jeweils.

Die Sichtweise des Arbeitgebers auf diese Themen ist etwas anders gelagert, auch wenn sie auf den gleichen Theorien wie die in Kap. 1 vorgestellten Motivationstheorien des Arbeitnehmers aufbaut. Aus dessen Sicht sind im Kontext von Mitarbeiterbindung, Motivation und Einsatz zunächst einmal einige andere Fragen maßgeblich, nämlich:

- Wenn ich Personen einstelle und sie bezahle und ihnen betriebliches Eigentum anvertraue, was machen sie damit?
- Was für ein Interesse haben Mitarbeiter überhaupt an der Mitarbeit in meinem Unternehmen?
- Wie kann ich bei den Leuten, denen ich Arbeit gebe, das Interesse pflegen und erhöhen, damit sie (noch mehr) arbeiten, (noch bessere) Qualität abliefern, (noch mehr) Umsatz generieren, …?
- Werden sich die Investitionen in meine Mitarbeiter (Kosten der Personalsuche und -anstellung, Einweisung am Arbeitsplatz, Schulungen, Übergabe von persönlicher Schutzausstattung und anderer Arbeitsmaterialien, Übertragung von Know-how, Teilhabe an den Netzwerken des Unternehmens usw.) rechnen?
- Stellen die Mitarbeiter ihre gesamte Arbeitszeit, ihre Leistungsfähigkeit und ihr Können allein in den Dienst meines Unternehmens, oder nutzen sie die Arbeitszeit auch für eigene, private Tätigkeiten oder für andere Unternehmungen?

Im Kern ist dies die Prinzipal-Agent-Theorie, die auf das Informationsungleichgewicht zwischen einem Auftraggeber und einem Auftragnehmer abstellt und dazu verschiedene Überlegungen anstellt, die z. B. auf klare Signale beider Seiten und eine ausreichende Vertragsgestaltung abhebt (siehe Coase 1937, S. 386 ff.; ergänzend Hitt 2019, S. 312 ff.). In Ermangelung vollumfänglicher Informationen und Garantien seitens der Mitarbeiter setzen Arbeitgeber daher u. a. auf die Überlegung, dass Menschen von sich aus mehr oder weniger motiviert sind und Arbeitsleistung erbringen wollen und müssen, um ihren Lebensunterhalt zu verdienen und darüber hinaus auch verschiedene weitere Ziele zu verfolgen.

5.2 Ein Überblick über ausgewählte Motivationstheorien

In der Vielzahl der Motivationstheorien haben insbesondere die folgenden Theorien in der Personalwirtschaft eine herausragende Bedeutung gewonnen (siehe z. B. Holtbrügge 2017, S. 15 ff.; Jung 2017a, b, S. 381 ff.; Stock-Homburg und Groß 2019, S. 89 ff.):

Motivationstheorien mit besonderer Bedeutung in der Personalwirtschaft
- Die Motivationspyramide nach Maslow (1943), der von einer Bedürfnishierarchie ausgeht, die bei der Erfüllung grundlegendster Bedürfnisse ansetzt und bei der Erfüllung einer Bedürfnisstufe den Menschen die nächste Stufe besteigen lässt, bis hin zum Wunsch nach Selbsterfüllung und Selbstverwirklichung, damit eine Art monodirektionales Entwicklungsmodell.
- Das divergente Motivationsbündel nach McClelland (1951), das von einem sich dynamisch verändernden Gemenge aus dem Wunsch nach Macht, nach Erfolg und nach Zugehörigkeit zu einer sozialen Gruppe ein individuelles Gepräge erzeugt.
- Die Zwei-Faktoren der Motivation nach Herzberg (1957), die von einem motivierenden Faktor (z. B. höhere Bezahlung, Aufstiegsmöglichkeiten und andere Formen von Anerkennung, zunehmende Verantwortung und Übertragung von zusätzlichen Arbeitsinhalten) sowie einem Hygienefaktor (z. B. Tatsache der Bezahlung als solche, saubere Arbeitsplätze und Infrastruktur als solche, Einfluss auf das Privatleben) ausgeht, der Motivationsfaktor sorgt bei zunehmender Erfüllung für (noch mehr) Motivation, der Hygienefaktor wird bei „Nichterfüllung" zu einem Abbruch der Arbeitsleistung (innere Kündigung, Kündigung/Stellenwechsel) führen, im Kern ein beständiger Vergleich von Erwartungen und deren Erfüllung durch den Arbeitgeber, wobei hier eine Prioritätensetzung erfolgt ist (unbedingt zu erfüllende Basis und darauf aufbauender zusätzlicher Nutzwert).
- Die „Equity"-Theorie von Adams (1965), ebenfalls als eine Art beständiger Evaluationsprozess gedacht, derzufolge ein Arbeitnehmer (wie auch der Arbeitgeber analog!) seine Leistung als einen Austausch von Arbeitszeit und Anstrengung (= Output) mit dem dafür erzielten Input vergleicht und bei Zufriedenheit am Austauschverhältnis fest hält, bei einem wahrgenommen Ungleichgewicht aber Unzufriedenheit entwickelt, quasi ein zu lösenden. Spannungsverhältnis aufbaut (Kündigung, weniger Arbeitsleistungen oder Engagement, etc.)
- Darauf aufbauend die dynamische Theorie von Bruggemann (1974; ergänzend Büssing 1991), der die Konsequenzen aus dem Soll-Ist-Vergleich näher beschreibt, in Abhängigkeit von den Reaktionsmöglichkeiten des Arbeitnehmers, mit dem Ergebnis einer stabilisierenden Arbeitszufriedenheit (bei umfänglicher Erfüllung), einer progressiven oder resignativen Zufriedenheit (wenn bestimmte Erwartungen nicht erfüllt werden) oder auch anderen Formen der Unzufriedenheit entstehen, die zu bestimmten Konsequenzen (nachlassender Arbeitseinsatz, vermehrte Anstrengungen, „deviantes Verhalten" wie Diebstahl am Arbeitsplatz oder auch Arbeitsplatzwechsel) führen können.
- Und die ähnlich gelagerte Theorie von Hackman und Oldham (1975, S. 159 ff.), die auf die Motivationsmerkmale einer Arbeitsaufgabe abstellen, derzufolge eine

> gewisse Anforderungsvielfalt (abwechslungsreiche und herausfordernde Aufgabengestaltung), eine transparente und überschaubare Gestaltung/Strukturierung der Arbeitsaufgabe (klare Strukturierung mit Anfang, Mittelteil und Ende, als Bestätigung einer konkreten Leistung), eine Bedeutung der Aufgabe (Relevanz aus Mitarbeitersicht für das Unternehmen bzw. die Gesellschaft, eine Autonomie/Freiheitsgrade in den Entscheidungen) und eine Feedbackkultur (regelmäßige Hinweise zur Leistung) gegeben sein sollen.

Diese Theorien und ihre Auswirkungen werden in der einschlägigen Literatur (z. B. Bröckermann 2016, S. 250 ff.; Eichenberg et al. 2019, S. 122 ff.; Ferreira 2019, S. 32 ff.; Jung 2017a, S. 367 ff.; Ulich 2011, S. 45 ff.; Wolf 2020, S. 244–261) hinreichend erläutert. Zur Sichtweise des Arbeitgebers gehört an dieser Stelle die Überlegung, wie er diese Motivations- und Zufriedenheitstheorien für sich nutzen kann. Die Antwort liegt v. a. in Herzbergs Forschungen begründet: durch Einsatz angemessener Motivatoren und durch Vermeidung von Unzufriedenheit erzeugenden Einflüssen. Denn Arbeitszufriedenheit ist immer, in der Zusammenschau fast aller Theorien, das emotionale Ergebnis auf die jeweilige Arbeitssituation – wenn der Arbeitnehmer einverstanden ist, wird er weiterhin seine Leistung erbringen, wenn er dauerhaft unzufrieden ist, wird er seine eigenen Einflussmöglichkeiten prüfen und für sich das Beste daraus machen, was z. B. auch das „Job Characteristics Model" nach Hackman und Oldham (1980) skizziert. Von daher sollten Arbeitgeber sich überlegen, wie sie Arbeitszufriedenheit messen und im konkreten Einzelfall beeinflussen können. Wesentlich hierbei ist, dass es kein für immer geltendes System gibt, sondern aufgrund der Lebensphasen der Arbeitskräfte und ihrer entsprechenden Bedürfnisse immer wieder Anpassungen notwendig werden.

5.3 Das Konstrukt der Arbeitszufriedenheit

Wenn Arbeitsmotivation die Bereitschaft zur Arbeit und zur Erbringung einer bestimmten Arbeitsleistung ist, kann Arbeitszufriedenheit sich am besten als den Zustand beschreiben lassen, den ein Arbeitnehmer im Anblick seiner eigenen Leistung und der damit erzielten Ergebnisse erreicht. Arbeitszufriedenheit ist also das Ergebnis des Abgleichs zwischen der dank der Arbeitsmotivation eingebrachten Beiträge und der damit erzielten Ergebnisse (monetärer und nichtmonetärer Art). Wer dies rein statisch, auf einen bestimmten Zeitpunkt bezieht, greift zu kurz. Es kann durchaus sein, das eine kurzfristige Unzufriedenheit (z. B. aufgrund eines negativen Feedbacks von Kollegen oder Kunden) nicht eine insgesamt anhaltende Zufriedenheit in Mitleidenschaft zieht. Insbesondere wenn das Gehalt so hoch ist, dass man damit kurzfristige negative Empfindungen kompensieren kann, wird dieser Ansatz gelten, was u. a. auch im Job-Characteristic-Modell von Hackman und Oldham enthalten ist. Jedoch können eine Vielzahl an negativen Erfahrungen (negatives Feedback von Vorgesetzten und Kollegen, eigene Unzufriedenheit mit dem hergestellten Arbeitsprodukt) zu einer manifesten, massiven Unzufriedenheit führen, insbesondere dann, wenn dies in Zusammenhang mit fehlenden Perspektiven (Wechsel auf einen anderen Arbeitsplatz/in ein anderes Unternehmen etc.) steht. Gerade die Fähigkeit des Arbeitnehmers, mit Rückschlägen umzugehen und negative Einflüsse zu begrenzen, scheint entscheidend für die Arbeitszufriedenheit zu sein (siehe auch Berthel und Becker 2017, S. 112 ff.; Ferreira 2019, S. 32 ff.; Roedenbeck 2008, S. 8 ff.).

Entsprechend dieser Komplexität ist es auch durchaus sinnvoll, Arbeitszufriedenheit nicht nur mit eindimensionalen Instrumenten („Wie zufrieden sind Sie derzeit mit Ihrer Arbeitssituation?") zu erheben, sondern auf die verschiedenen Einflussgrößen abzustellen, z. B. die konkreten Arbeitsinhalte, die Ausstattung des Arbeitsplatzes, das Verhältnis zu Vorgesetzten und Kollegen, der Umgang mit externen Partnern wie Kunden oder Lieferanten, Karriereperspektiven, Angeboten der Fortbildung, Workshops, Befragung von Betriebsräten usw. Erheben lässt sich dies wie in jeder anderen Form von Sozialforschung mit qualitativen und quantitativen Fragebögen (siehe hierzu die Übersicht bei Ferreira 2019, S. 67 ff.), Interviews und Beobachtungen, aber auch mit indirekten Indikatoren wie Fluktuations- und Krankenstandskennzahlen (je schlechter das Klima am Arbeitsplatz, desto höher sind diese Werte), der Beteiligung am betrieblichen Vorschlagswesen und an betrieblichen Veranstaltungen wie Ausflügen (je höher die Arbeitszufriedenheit, desto höher dürfte auch hier die Beteiligung ausfallen) usw. Wichtig dabei ist, dass die Verwendung dieser Daten transparent gegenüber den Mitarbeitern erfolgen sollte und keinen Selbstzweck darstellt. Vielmehr ist es hilfreich, aus den Ergebnissen konkrete Maßnahmen abzuleiten.

Besonders wichtig ist die Überlegung, dass die Arbeitszufriedenheit allem Anschein nach auf die Zufriedenheit mit dem konkret ausgeübten Beruf ausgerichtet ist. Gerade im Hinblick auf die Genese des Konstrukts Arbeitszufriedenheit (vgl. Ferreira 2019, S. 12 ff.) kann man unterstellen, dass hier um die Übereinstimmung zwischen dem bewusst ergriffenen (z. B. durch Ausbildung und Bewerbung auf die konkrete Stelle) und über längere Zeit ausgeübten Beruf mit den Vorstellungen des Arbeitnehmers geht. Davon abzugrenzen ist der Begriff des „Organizational Commitment" bzw. der Bindung des Arbeitnehmers an eine Organisation, was im nächsten Abschnitt zu erörtern ist.

5.4 Das Konstrukt des Organizational Commitments

5.4.1 Grundüberlegung zur Bindung an einen Arbeitgeber

Das „Organizational Commitment" beschreibt die Stärke der Bindung eines Mitarbeiters an ein Unternehmen als Arbeitgeber, das von verschiedenen Faktoren wie der Attraktivität des Arbeitsplatzes, den Karriere- und Entwicklungsmöglichkeiten, dem kollegialen Umfeld und vielen weiteren Gründen abhängen können. Es ist im Prinzip ein „psychologisches Band" zwischen dem Unternehmen und dem Mitarbeiter und rekurriert nicht zuletzt auf die Fähigkeit, einen Mitarbeiter im Unternehmen zu halten, auch wenn er neue Arbeitsinhalte oder Aufgaben sucht (siehe auch Ferreira 2019, S. 103 ff.).

5.4 Das Konstrukt des Organizational Commitments

Grundsätzlich kann man überlegen, ob diese Bindungsbereitschaft eher auf einer Einstellung oder eher auf konkreten Verhaltensweisen beruht. Einstellungsbezogene Ansätze wie der von Mowday et al. (1979, S. 226 ff.) heben auf:

- Die Akzeptanz der Ziele und Werte des Unternehmens, im Sinne von Identifikation
- Die Bereitschaft, sich für das Unternehmen zu engagieren (Anstrengungsbereitschaft)
- Den starken Wunsch, noch länger Mitglied des Unternehmens zu bleiben, quasi eine geringe Fluktuationsneigung

Je nach konkreter Fundierung kann man eine affektive, eine rationale und eine normative Komponente erkennen (vgl. Allen und Meyer 1990):

- Bei einem **affektiven Commitment** verbleibt man im Unternehmen, aufgrund guter Erfahrungen und interessanter Perspektiven,
- Bei einem **abwägenden Commitment** erscheinen die Alternativen weniger attraktiv (z. B. Verlust von Sozialleistungen oder Kündigungsschutz, längere Pendelstrecken), und daher bestehen Wechselbarrieren
- Bei einem **normativen Commitment** wird man aufgrund der Rücksichtnahme auf die Umgebung (Angst vor Statusverlust, Erwartungen der eigenen Familie) das Unternehmen nicht verlassen

Insgesamt findet man also einen psychologischen Zustand, der die Beziehung zwischen Arbeitnehmer und Arbeitgeber bestimmt und Einfluss nimmt. Die in manchen Publikationen auftauchenden Unterteilungen in ein emotionales und ein einstellungsbezogenes Commitment werden an dieser Stelle nicht nachvollzogen, da sie aus Sicht des Verfassers nicht ausreichend trennscharf sind.

Bei konkreten Verhaltensweisen hingegen wird man als Arbeitgeber überlegen, mit welchen Angeboten eine bestimmte Bindung erzeugt werden kann. Es geht hier also um ein rationales Kalkül (Salancik 1977, S. 62 ff.), das sich damit mit dem abwägenden Commitment überschneiden wird. So können z. B. die Aussichten auf Gehaltserhöhungen, das Angebot von Personalentwicklung oder die Übertragung von zusätzlichen Aufgaben für Arbeitnehmer so interessant sein, dass sie von einem Wechselwunsch absehen. Inwiefern dieser „Bestechungsversuch" aber wirklich sinnvoll ist, ist nicht ganz klar – wer als Arbeitnehmer erfolgreich mit einem Unternehmenswechsel zu drohen versteht, wird den Arbeitgeber irgendwann auch in die Position bringen, sich nach weniger riskanten Alternativen umzusehen.

5.4.2 Konsequenzen aus Arbeitgebersicht

Unabhängig vom gewählten Ansatz gilt, dass das individuell gegebene Commitment durch eine Vielzahl an Faktoren beeinflusst wird, wie z. B.

- der ausgeübte Beruf und seine Bedeutung im Unternehmen
- das derzeitige Beschäftigungsunternehmen mit seinem Image und seinen Möglichkeiten
- der Zusammensetzung und den Verhaltensweisen der jeweiligen Arbeitsgruppe
- dem Verhalten der Vorgesetzten,

Dabei sind auch Widersprüche möglich, im Sinne von „toller Chef, aber weniger tolles Unternehmen" usw., was auch die Motivationstheorien von Hackman und Oldham unterstützt. In Umfragen wird erkennbar, dass insbesondere gute und transparente Karriereaussichten, Möglichkeiten zur Gehaltssteigerung und Maßnahmen einer verbesserten Personalführung die Bindung an einen Arbeitgeber stärken. Hingegen sind Maßnahmen zu einem verbesserten Verhältnis der Kollegen untereinander, zu einem verbesserten Image des Unternehmens in der Öffentlichkeit oder zur Übertragung von (noch) mehr Budgetverantwortung eher ungeeignet (vgl. Weitzel 2015, S. 12 ff.).

5.5 Eine Gegenüberstellung von Arbeitszufriedenheit und Commitment

Commitment und Arbeitszufriedenheit sind als „hypothetische Konstrukte" das Ergebnis aus der Überlegung, dass sie nicht direkt messbar sind, sondern auf verschiedene Einflussfaktoren zurückgehen, und diese auch individuell von jedem Arbeitgeber zusammengestellt werden. Der Ansatz der Arbeitszufriedenheit geht stärker auf die Inhalte einer spezifischen Arbeit und die Veränderungswünsche hinsichtlich des direkten Arbeitsplatzes ein. Commitment ist stärker auf eine allgemeine Übereinstimmung mit dem Unternehmen per se und den Möglichkeiten ausgerichtet, wie man sich in das Unternehmen einbringen kann, unabhängig von einem spezifischen Arbeitsplatz. Dieses schließt also auch die Wahl eines inhaltlich völlig anders ausgerichteten Arbeitsplatzes mit ein, was die Arbeitszufriedenheit so prima vista nicht zulassen würde – hier würde der Arbeitnehmer bei einer manifesten Unzufriedenheit eher eine gleichartige Tätigkeit in einem anderen Unternehmen anstreben. In beiden Fällen werden aber die Qualität der Führung, die offerierten Arbeitsinhalte und entsprechende Merkmale der Organisation sowie individuelle Personenmerkmale (z. B. Arbeitsmotivationen) in der Beurteilung relevant sein.

5.6 Das Arbeitsverhalten der Arbeitnehmer

5.6.1 Die Leistung im Kontext von Arbeitszufriedenheit und Commitment

In der betrieblichen Situation ergibt sich durch die unterschiedliche Wirkung von Arbeitszufriedenheit und Commitment jeweils ein spezifischer Ansatz. Bei Arbeitszufriedenheit wird die Unternehmensleitung bzw. die jeweiligen Vorgesetzten nach dem Motto „glückliche Kühe geben mehr Milch" eine Steigerung der Arbeitszufriedenheit intendieren und damit auch die Leistung zu steigern oder zumindest auf dem gegebenen Niveau zu halten versuchen. Allerdings ist bis heute die Wechselwirkung zwischen Leistung und Arbeitszufriedenheit nicht aufgeklärt – sowohl kann gute Leistung beim Arbeitnehmer auch Arbeitszufriedenheit erzeugen, wie auch Arbeitszufriedenheit gute Leistung bewirken. Das Commitment setzt in seiner affektiven Ausprägung ebenso auf eine gute Leistung aufgrund der emotionalen Anbindung. Fortsetzungs- bzw. Normatives Commitment hingegen dürfte eher negativ mit der Arbeitsleistung korreliert sein. Insgesamt liegt nahe, dem Commitment einen geringeren Einfluss auf die konkrete Arbeitsleistung einzuräumen, im Vergleich mit der Arbeitszufriedenheit. Allerdings werden Investitionen in Arbeitnehmer, insbesondere aufwändigere Schulungen, eher bei einem hohen Commitment als bei einer hohen Arbeitszufriedenheit sinnvoll sein.

5.6.2 Das Phänomen Absentismus

Absentismus wird definiert als Fehlzeiten, die aufgrund motivationaler Ursachen oder gar auf planmäßiges Fernbleiben zurückzuführen sind (siehe auch Rahn 2018, S. 9 ff.; Schnabel 2019, S. 404 ff.). Erleichtert wird insbesondere durch eine Lohnfortzahlung im Krankheitsfall und durch eine fehlende Notwendigkeit, sich in den ersten Tagen der Erkrankung ohne ärztliches Attest krank zu melden. Nach derzeitigem Stand gibt es

- Einen negativen Zusammenhang zwischen Arbeitszufriedenheit und (freiwilligen) Fehlzeiten, d. h. je höher die Arbeitszufriedenheit, desto geringer die Fehlzeiten
- Einen negativen Zusammenhang zwischen affektivem Commitment und Fehlzeiten (je stärker jemand emotional an das Unternehmen gebunden ist, desto geringer ist die Neigung zu Fehlzeiten, z. B. um das Team nicht im Stich zu lassen)
- Einen Einfluss weiterer Faktoren wie familiären Belastungen (Scheidungen, gravierende Erkrankungen oder Arbeitslosigkeit bei nahen Angehörigen)

Aus Managementsicht sollte dennoch der Ansatz, durch gesteigertes Commitment bzw. höhere Arbeitszufriedenheit die Fehlzeiten zu reduzieren, nicht zu direkt verfolgt werden. Die konkreten Einflüsse sind insgesamt zu komplex für eine monokausale und monodirektionale Gestaltung. Allem Anschein nach haben veränderte Führungsstile hier eine höhere Bedeutung (vgl. Mildenberger 2018, S. 9 ff.; Rahn 2018, S. 52 ff.). Ein betriebswirtschaftliches Problem wird dies insbesondere durch die hohen Folgekosten für den Arbeitgeber: neben der Lohnfortzahlung ohne Gegenleistung entfällt in dieser Zeit auch Produktion und damit Umsatz. Messbar ist dies durch eine Aufrechnung von Personal- oder Gehaltskosten für die Ausfallzeiten und ggf. auch durch eine Aufrechnung der entfallenen Produktion (siehe auch Boelcke et al. 2018, S. 19 ff.)

5.6.3 Das Phänomen Präsentismus

Mit Präsentismus wird die Tatsache bezeichnet, dass Arbeitnehmer auch dann zur Arbeit erscheinen, wenn sie aufgrund bestimmter Umstände wie Erkrankung oder mentaler Einschränkung (z. B. aufgrund von persönlichen oder familiären Lebensproblemen) nicht die gewohnte und arbeitsvertraglich vereinbarte Leistung erbringen, sondern deutlich unter diesem Leistungsniveau bleibt (siehe auch Jansen 2011, S. 23 ff.; Lohaus und Habermann 2018, S. 9 ff.; Schnabel 2019, S. 404 ff.). Hintergrund für das Erscheinen trotz Leistungsminderung kann die Angst um das Ansehen bei den Kollegen oder Kunden sein, die Angst um den Arbeitsplatz oder auch der Wunsch, am Arbeitsplatz fern von privaten Problemen zu sein. Genauso muss man Führungsfehler (unklare Aufgaben-/Zielstellungen, Mobbing-Situationen, fehlende Karriereperspektiven) als Grund annehmen. Als gesichert kann gelten, dass

- Es einen positiven Zusammenhang zwischen Arbeitsunzufriedenheit und Minderleistung gibt
- Mitarbeiter mit hohem kalkulatorischen Commitment und/oder moralischem Commitment zu Präsentismus neigen
- Auch weitere Einflussfaktoren wie übermäßiger Leistungsdruck (unabhängig davon, ob dieser tatsächlich existiert oder nur vom Arbeitnehmer angenommen wird) zu Präsentismus führen kann

Ebenso wie bei beim Absentismus entstehen den Unternehmen erhebliche Kosten, durch die entgangene Produktion (siehe auch Lohaus und Habermann 2018, S. 133 ff.; ergänzend Jansen 2011, S. 49 ff.). Aus Managementsicht bedeutet dies, dass man mit guter Kommunikation im Unternehmen oder auch ein sinnvolles Betriebliches Gesundheitsmanagement hier sehr gut ansetzen können (vgl. Jung 2017b; siehe auch Lohaus und Habermann 2018, S. 161 ff.; ergänzend Jansen 2011, S. 95 ff.).

5.6.4 Die Fluktuation

Fluktuation wird generell als der vom einzelnen Arbeitnehmer induzierte und freiwillig vollzogene Wechsel zu einem anderen Arbeitgeber bezeichnet. Dieser Wechsel ist mit erheblichen Kosten (Neubesetzung der Stelle, Know-how-Verlust, etc.) und – bei zu hohen Ziffern – auch mit einem gewissen Imageschaden für den Arbeitgeber verbunden. Aus Arbeitnehmersicht ist die Fluktuation immer der Ausweg aus einer als unbefriedigend empfundenen Situation, z. B. wegen zu geringem Gehaltsangebot, fehlender Gehalts- oder Karriereperspektiven oder zu belastenden Arbeitsumständen bzw. unangenehmen sozialen Umfeld. Allerdings werden auch das Alter des Arbeitnehmers sowie die Lage am Arbeitsmarkt wesentlichen Einfluss auf die Fluktuationsbereitschaft ausüben, und genauso können auch Überlegungen zur Dauer der Betriebszugehörigkeit und dem damit verbundenen Verlust einer Altersversorgung, die Entfernung zu einem neuen Arbeitsplatz oder unsichere soziale Umstände an einem neuen Arbeitsplatz relevant werden.

Als gesichert kann gelten, dass insbesondere ein hohes Commitment im Sinne von Loyalität und persönlicher Identifikation zum Verbleib führt, und damit auch vor den damit verbundenen Kosten. Arbeitszufriedenheit hingegen dürfte, wie erwähnt, hier kein Kriterium sein, wenn beim neuen Arbeitgeber ein ähnlicher Arbeitsplatz in Aussicht steht.

5.6.5 Die soziale Umgebung am Arbeitsplatz

Viele Studien befassen sich mit der Bedeutung von Arbeitsteams für den Arbeitserfolg. Darin kommt auch immer wieder der Aspekt zum Tragen, dass das soziale Umfeld für das Wohlbefinden und die Leistungsfähigkeit mit verantwortlich sind (siehe auch Belbin 2010). Allem Anschein nach wird individuelle Leistung und Gemeinschaftsleitung in vielen Fällen Hand in Hand gehen. Von daher dürfte es naheliegen, der Zusammensetzung und dem Arbeitsklima im Arbeitsteam vermehrt Rechnung zu tragen. Mit anderen Worten: Die Teamsolidarität – als Umschreibung des Zusammenhalts – ist hier ebenso wichtig wie die Fähigkeit, sich gegenseitig im Team in der Leistungserbringung zu unterstützen und zu ergänzen.

5.7 Einige Maßnahmen zur Förderung von Arbeitszufriedenheit und Commitment im Unternehmen

Unternehmensleitung und Managementkräfte stehen in Anbetracht der Bedeutung von Arbeitszufriedenheit und Commitment vor der Herausforderung, geeignete Anreizsysteme zu schaffen. Generell kann man unterteilen in:

- **Direkt monetäre Anreizsysteme**: Entlohnung und Gehaltssysteme, Gewährung von Zulagen, Prämien und Provisionen, Gewinn- und Umsatzbeteiligungen und geldwerte Sachleistungen (z. B. Bezugsrechte und Mitarbeiterdeputate)
- **Indirekt monetäre Systeme**: Betriebsrenten (an eine bestimmte Verweildauer von z. B. 5 oder 10 Jahren gekoppelt), Kostenübernahme von Personalentwicklungsmaßnahmen, Sozialeinrichtungen, Gewährung von Sabbaticals, lebensphasenbezogene Unterstützung (z. B. Kindertageseinrichtung), Unternehmensbeteiligungen aller Art (Mitarbeiteraktien, …)
- **Nicht-Monetäre Anreizsysteme**, wie z. B. eine bestimmte Unternehmenskultur mit Freiraum, eine wertschätzende Führungskultur, Personalentwicklung und Karriereförderung, Anerkennung, Diversity Management, Talent Management, Retention Management, Auslandsentsendungen

In der individuellen Zusammenstellung, entsprechend der Motivationsstruktur der jeweiligen Arbeitnehmer, können diese Instrumente eine relativ hohe Wirkung entfalten. Insbesondere die Gestaltung der Arbeitssituation ist hierbei von Belang, da sie angemessen anspruchsvoll und entsprechend der psychischen und physischen Bedürfnissen ausgerichtet sein sollte, angemessen Arbeitserfolge vermitteln sollte und dazu auf die Interessen und Fähigkeiten der Arbeitnehmer eingeht, Vorgesetzten das Aussprechen von Achtung und Wertschätzung aufgibt und damit die Selbstwertschätzung steigert. Zusammen mit einer sinnvollen Gehaltsstruktur entsteht insgesamt also eine Belohnungs- und Führungskultur, die Leistung ermöglicht. Allerdings muss man auch immer im Hinterkopf behalten, dass eine nicht unerhebliche Anzahl an Mitarbeitern auch die Erwartung hat, keine Unsicherheiten am Arbeitsplatz zu erfahren. Diese Arbeitnehmer wünschen sich demzufolge nur begrenzt neue Herausforderungen sowie eine verlässliche Arbeitszeit- und Aufgabenstruktur. Inwiefern derartige Aufgaben allerdings im Zeichen der Digitalisierung in den nächsten Jahren noch existieren werden, sei dahingestellt.

5.8 Arbeits- und Wiederholungsfragen zu Kapitel 5

1. Beschreiben Sie, was man unter Motivation, Zufriedenheit und Bindung versteht und wie diese im beruflichen Kontext voneinander abgegrenzt werden können!
2. Welche Elemente kennzeichnen die Motivationsmodelle von Adams und Herzberg und vergleichen Sie beide entsprechend!
3. Zeigen Sie anhand des Modells von Hackman und Oldham auf, wie Aufgabenstellung, eigenes Erleben der Aufgabenstellung und Arbeitsergebnisse zusammenhängen können!
4. Stellen Sie dar, was Arbeitszufriedenheit und Commitment sind, welche Gemeinsamkeiten sie haben und welchen wesentlichen Unterschied!
5. Gehen Sie auf die Frage ein, wie Absentismus, Präsentismus und Fluktuation mit Commitment verbunden sind und die Führung auf die damit verbundenen Probleme eingehen kann!

Literatur

Adams JS (1965) Inequality in social exchange. Adv Exp Psychol 62:335–343
Allen NJ, Meyer JP (1990) The measurement and antecedents of affective, continuance, and normative commitment to the organization. J Occup Psychol 63(1):1–18
Belbin RM (2010) Managementteams, 2. Aufl. Routledge, London
Berthel FG, Becker J (2017) Personalwirtschaft, 10. Aufl. Schäffer-Poeschel, Stuttgart
Boelcke U et al (2018) Wie lohnend sind Investitionen in die Gesundheit der Mitarbeiter? Der Betriebswirt 59(4):17–22
Bröckermann R (2016) Personalwirtschaft, 6. Aufl. Schäffer-Poeschel, Stuttgart

Bruggemann A (1974) Zur Unterscheidung verschiedener Formen von „Arbeitszufriedenheit". Arbeit und Leistung 28:281–284

Büssing A (1991) Struktur und Dynamik von Arbeitszufriedenheit: Konzeptuelle und methodische Überlegungen zu einer Untersuchung verschiedener Formen von Arbeitszufriedenheit. In: Fischer L (Hrsg) Arbeitszufriedenheit. Verlag für angewandte Psychologie, Stuttgart, S 85–113

Coase RH (1937) The nature of the firm. Economia 4:386–403

Eichenberg T et al (2019) Personalmanagement, Führung und Change Management. de Gruyter, Berlin

Ferreira Y (2019) Arbeitszufriedenheit. Kohlhammer, Stuttgart

Hackman JR, Oldham GR (1980) Work Redesign – Organization Development. Prentice Hall, Upper Saddle River

Hackman R, Oldham GR (1975) Development of the job diagnostic survey. J Appl Psychol 60(2):159–170

Herzberg F et al (1957) The motivation to work. Wiley, New York

Hitt MA (2019) Strategic management, 12. Aufl. Cengage, New York

Holtbrügge D (2017) Personalmanagement, 7. Aufl. SpringerGabler, Wiesbaden

Iwersen S et al (2019) „Das ist nicht mehr mein ADAC" – Mitarbeiter rechnen mit Automobilclub ab, Beitrag vom 15.01.2019. www.handelsblatt.com/unternehmen/dienstleister/mitarbeiterbefragung-das-ist-nicht-mehr-mein-adac-mitarbeiter-rechnen-mit-automobilclub-ab/23863316.html?ticket=ST-545013-enxZOmpHsCZKl9LsPSbv-ap3. Zugegriffen am 26.05.2020

Jansen M (2011) Krank arbeiten statt gesund pflegen. Hans Huber, Bern BE

Jung H (2017a) Personalwirtschaft, 10. Aufl. Vahlen, München

Jung T (2017b) Präsentismus Baden-Baden: Tectum, zgl. Univ.d.Bw Hamburg 2016

Lohaus D, Habermann W (2018) Präsentismus im Handlungsfeld von Personalführung und Betrieblichem Gesundheitsmanagement. Springer, Wiesbaden

Maslow A (1943) A theory of human motivation. Psychol Rev 50(4):370–396

McClelland DA (1951) Personality. William Sloane Associates, New York

Mildenberger F (2018) Krankenquote und Absentismus verringern, 2. Aufl. Books on Demand, Hamburg

Mowday RT et al (1979) The measurement of organizational commitment. J Vocat Behav 14:224–247

o.V. (2019a) Mitarbeiter stellen ADAC schlechtes Zeugnis aus, Beitrag vom 15.01.2019. www.turi2.de/aktuell/pannenbericht-mitarbeiter-stellen-adac-schlechtes-zeugnis-aus/. Zugegriffen am 26.05.2020

o.V. (2019b) ADAC-Mitarbeiter stellen Führungsspitze schlechtes Zeugnis aus, Beitrag vom 15.09.2019. www.wallstreet-online.de/nachricht/11168336-handel-adac-mitarbeiter-stellen-fuehrungsspitze-schlechtes-zeugnis. Zugegriffen am 26.05.2020

Rahn E (2018) Absentismus – Wenn Mitarbeiter krank feiern. StudyLab, München

Roedenbeck MRZ (2008) Theoretische Grundlagen eines komplexen Modells der Arbeitszufriedenheit. Journal für Psychologie 16(1):1–19. www.journal-fuer-psychologie.de/index.php/jfp/article/view/197. Zugegriffen am 28.05.2020

Salancik G (1977) Commitment and the Control of Organizational Behavior and Belief. In: Staw B, Salancik G (Hrsg) New directions in organizational behavior. St. Clair Press, Chicago, S 1–54

Schnabel C (2019) Absentismus und Präsentismus von Arbeitnehmern – zwei Seiten einer Medaille? Wirtschaftsdienst 99(6):404–412. www.wirtschaftsdienst.eu/inhalt/jahr/2019/heft/6/beitrag/praesentismus-und-absentismus-von-arbeitnehmern-zwei-seiten-derselben-medaille.html. Zugegriffen am 28.05.2020

Stock-Homburg R, Groß M (2019) Personalmanagement, 4. Aufl. SpringerGabler, Wiesbaden

Ulich E (2011) Arbeitspsychologie, 7. Aufl. Schäffer-Poeschel, Stuttgart

Weitzel T (2015) Bewerbungspraxis 2015. Eigenverlag, Bamberg/Frankfurt am Main. www.uni-bamberg.de/fileadmin/uni/fakultaeten/wiai_lehrstuehle/isdl/Bewerbungspraxis_2015.pdf. Zugegriffen am 28.05.2020

Wolf J (2020) Organisation, Management, Unternehmensführung, 6. Aufl. SpringerGabler, Wiesbaden

Personaleinsatz, Verwaltung und Freisetzung 6

Inhaltsverzeichnis

6.1	Die Grundsätze der Personalverwaltung	154
	6.1.1 Die Bedeutung des Personals in der betrieblichen Leistungserstellung	154
	6.1.2 Die volkswirtschaftliche Betrachtung von Arbeit	155
	6.1.3 Die betriebswirtschaftliche Betrachtung von Arbeit	155
6.2	Arbeitszeit und Arbeitsmodelle	157
	6.2.1 Grundsätzliche Definition der Arbeitszeit	157
	6.2.2 Die chronometrische Arbeitszeitbestimmung	157
	6.2.3 Chronologische Arbeitszeitbestimmung	159
	6.2.4 Mischformen	160
	6.2.5 Arbeitszeitvereinbarungen außerhalb des Büros	160
	6.2.6 Eine Zusammenschau zur Arbeitszeitgestaltung aus Sicht der Personalverwaltung	161
6.3	Entlohnungsmodelle und Personalverwaltung	163
	6.3.1 Das Grundprinzip der Entlohnung	163
	6.3.2 Die Gehaltsformen	163
	6.3.3 Weitere Gestaltungsparameter der Gehaltszahlung	164
	6.3.4 Tarifverträge als Rahmenbedingung	166
	6.3.5 Außertarifliche Gehaltsvereinbarungen	167
	6.3.6 Variable Entlohnungsmodelle	168
6.4	Karrieremodelle und Personalverwaltung	169
6.5	Personalcontrolling – der kosten- und nutzenorientierte Einsatz der Arbeitskraft	170
	6.5.1 Die Aufgaben des Personal-Controllings	170
	6.5.2 Das quantitative Personal-Controlling	171
	6.5.3 Das quantitative Personalcontrolling	174
	6.5.4 Eine Vertiefung zur Fluktuationsquote	177
	6.5.5 HR Analytics als Controlling-Instrument	179
6.6	Personalverwaltung und Personalakten	180
	6.6.1 Grundsätzliche Aspekte der Personalverwaltung	180

© Der/die Autor(en), exklusiv lizenziert durch Springer Fachmedien Wiesbaden GmbH, ein Teil von Springer Nature 2021
S. Hillebrecht, *Perspektivenorientierte Personalwirtschaft*,
https://doi.org/10.1007/978-3-658-32094-2_6

	6.6.2	Der Prozess der Personalverwaltung	181
	6.6.3	Die Gefährdungsbeurteilung als Aufgabe der Personalverwaltung	182
	6.6.4	Der Mutterschutz als Aufgabe der Personalverwaltung	182
	6.6.5	Das Betriebliche Gesundheitsmanagement	184
6.7	Personalfreisetzung und Alternativen		186
	6.7.1	Die Grundlagen der Personalfreisetzung	186
	6.7.2	Die Anlässe einer Kündigung	188
	6.7.3	Die Änderungskündigung	189
	6.7.4	Die Durchführung eines Kündigungsgesprächs	190
	6.7.5	Die Mitwirkung der Arbeitnehmervertretung in der Personalfreisetzung	191
	6.7.6	Ausgewählte Abfindungsregelungen	192
	6.7.7	Das Outplacement	193
6.8	Die Organisation des Personalwesens		193
	6.8.1	Die Grundüberlegungen der Organisation des Personalwesens	193
	6.8.2	Das HR Business Partner-Konzept	195
	6.8.3	Externe Personalverwaltung	196
	6.8.4	Die Berufsfelder im Personalwesen	196
6.9	Digitalisierung in der Personalverwaltung		197
6.10	Arbeits- und Wiederholungsfragen zu Kapitel 6		198
Literatur			199

Zusammenfassung

Die operative Personalarbeit, auch als Personalverwaltung bezeichnet, ist mit der Umsetzung der Neben der Personalbeschaffung, in Kap. 3 behandelt, geht es um den Einsatz der Ressource Personal, in Gestalt von Arbeitszeitbestimmung und -modellen, um die leistungsgerechte Entlohnung und die Kontrolle der verwendeten Ressourcen, bis hin zur Freisetzung von Arbeitskraft. Der Begriff des Workforce Management kennzeichnet dieses Verständnis. Dahinter stehen verschiedene Organisationsformen der Personalbetreuung, die sich im Zeichen der Digitalisierung derzeit gravierend verändert und demzufolge auch Einfluss nimmt auf mögliche Arbeitsperspektiven in der Personalverwaltung.

6.1 Die Grundsätze der Personalverwaltung

6.1.1 Die Bedeutung des Personals in der betrieblichen Leistungserstellung

Der Produktionsfaktor Personal erscheint in der betrieblichen Organisation in Gestalt von

- Arbeitszeit (Anwesenheit der Arbeitskräfte, die dem Weisungsrecht des Arbeitgebers unterliegen und somit für die Produktion eingesetzt werden können)
- dem konkreten Arbeitseinsatz bzw. der -leistung, als der konkreten Ergebniserbringung
- dem dabei eingebrachten Wissen

6.1 Die Grundsätze der Personalverwaltung

Damit wird ein sehr umfassender Bereich betrachtet, der Gegenstand der Personalverwaltung ist, nämlich der Steuerung der im Personal abgebildeten Ressourcen, mit deren Hilfe ein Unternehmen Güter produzieren und damit Umsatz und möglichst auch Gewinn generieren kann. In dieser Sichtweise laufen die beiden Betrachtungsweisen der Volkswirtschaftslehre und der Betriebswirtschaftslehre zusammen, die hier kurz angerissen werden sollen.

6.1.2 Die volkswirtschaftliche Betrachtung von Arbeit

In der volkswirtschaftlichen Sichtweise kennt man zunächst einmal die drei Produktionsfaktoren Arbeit, Boden und Kapital (siehe bspw. Samuelson und Nordhaus 2016, S. 351 ff.). In weiter gefassten Definitionen sieht man Arbeit und Boden als „ursprüngliche Produktionsfaktoren" und Kapital und Bildung (in Form von Berufsausbildung bzw. -weiterbildung, Erfahrungen und Wissen) als „abgeleitete Produktionsfaktoren" (siehe z. B. Bontrup 2004, S. 49 f.). Bildung wird damit „Intellektuelles Kapital", aus dem Arbeitnehmer den Wert ihrer Arbeitsleistung gestalten können. In dieser Sichtweise ist Arbeitskraft doppelt angesprochen, als Arbeit per se und als die über Wissen, Erfahrung und Know-how („Bildung") abgedeckte Wertsteigerung der Arbeitsleistung. Gerade wissensbasierte Volkswirtschaften in der westlichen Welt oder in Asien wird die Wirtschaftsleistung sehr stark vom Wert des Produktionsfaktors Arbeit in Verbindung mit seinem erworbenen Wissen, seinen Erfahrungen und seiner Qualifikation geprägt. Diesen gilt es im Sinne einer wertmaximierenden Produktionsweise einzusetzen, sowohl auf gesamtwirtschaftlicher als auch auf Unternehmensebene (siehe Bontrup 2004, S. 39 ff.).

Die Arbeitsleistung lässt sich gemäß der beiden wirtschaftlichen Prinzipien in zwei Richtungen steuern. Zum einen kann mit einem gegebenen Input an Arbeitsleistung die Produktionsmenge erhöht und damit auch über die verkaufte Menge die Wertschöpfung im Unternehmen gesteigert werden (Maximalprinzip). Bewerkstelligen lässt sich dies durch Unterstützung durch Technik (Mechanisierung, Automatisierung, Digitalisierung) und durch Unterweisung der Arbeitskräfte, wie sie mit einem höheren Qualifikationsniveau den Wert ihrer Arbeitsleistung erhöhen können. Zum anderen können auch Rationalisierungsmaßnahmen dazu führen, dass für die Erzeugung bestimmter Güter weniger Arbeitskraft notwendig wird (Minimalprinzip).

6.1.3 Die betriebswirtschaftliche Betrachtung von Arbeit

Ähnlich wie in der Volkswirtschaftslehre, aber mit einem anderen Bezugspunkt, wird Arbeit in der Betriebswirtschaftslehre als Faktor der Wertschöpfung betrachtet. Erich Gutenberg definierte zunächst die drei betrieblichen Elementarfaktoren Beschaffung, Produktion und Absatz (drs., 1970, S. 2 ff.), die von einem dispositiven Faktor gesteuert werden. Der dispositive Faktor wiederum besteht aus Leitung, Planung, Organisation und

Überwachung (vgl. Gutenberg 1970, S. 131 ff.), die in wesentlichen Teilen ebenfalls auf menschlicher (Management-)Arbeit beruhen. Von daher ist Arbeit ein wesentlicher Faktor für betriebliche Leistungserstellung, auf allen Ebenen der betrieblichen Leistung. Der in der Volkswirtschaftslehre gültige Grundsatz, dass man das Minimal- und das Maximalprinzip nicht vermischen kann, findet in der Betriebswirtschaftslehre nur bedingt Anerkennung. So können durch Rationalisierungsmaßnahmen (z. B. verbesserte betriebliche Logistikprozesse, veränderte Arbeitsweisen des Arbeitnehmers, vermehrter Einsatz von Technik) die Gewinne erhöht werden. Sie verlangen in der Regel aber auch Qualifizierungsmaßnahmen, damit die Arbeitnehmer mit diesen neuen Arbeitsweisen zurechtkommen und fügen damit ihrerseits den produzierten Gütern auch einen höheren Wert zu. Ohne diese Grundsatzdiskussion zu weit führen zu wollen: betriebswirtschaftlicher Einsatz von Arbeit geht unter dem Stichwort „Workforce Management" sowohl in Richtung der Minimierung von Arbeitskosten als auch zur Maximierung der mit der Arbeit erstellten Werte. **Workforce Management** versucht also (siehe auch Bröckermann 2016, S. 123 ff.):

- Das Bereitstellen der Arbeitskraft zu dem Zeitpunkt, zu dem sie benötigt wird
- In dem Qualifikationsniveau, das für das Erreichen des Produktionsziels erforderlich ist
- Unter Minimierung von „Nichtnutzungszeiten", also einer möglichst 100 prozentigen Auslastung
- Möglichst unter Berücksichtigung der Interessen und Begabungen der einzelnen Mitarbeiter

Dazu gehören langfristige Personalbedarfsrechnungen ebenso wie kurz- und mittelfristig orientierte Einsatzpläne und Anpassungen. Im Hintergrund stehen oftmals Ideen, die eine ganze Spannbreite umfassen von einer maschinenähnlichen Betrachtung der menschlichen Arbeitskraft, die entsprechend mit sorgfältiger Beobachtung und entsprechenden Belegungs- und Optimierungsplänen zu einem Maximum ihrer Leistungskraft geführt werden können, bis hin zu Überlegungen, die natürliche intrinsische Motivation auszunutzen. Als Beispiel für die erste Sichtweise gilt das „Scientific Managements" nach Frederick Taylor (1911), für letzteres die Einstellung, die „Mitarbeiter als Mit-Unternehmer" (Gaugler 2008, S. 227 ff.) zu sehen. In der logischen Weiterentwicklung werden Unternehmen virtuell in „Microunternehmen" zerlegt, bei denen Produktmanager ihren Verantwortungsbereich wie kleine Unternehmen in einem Unternehmen führen, mit geringen festen Organisationsstrukturen, wie sie Hamel und Zanini am Beispiel des chinesischen Mischkonzerns Haier erkennen (vgl. Hamel und Zanini 2019, S. 22; ergänzend Mattheis und Ruimin 2015). Dabei sorgen die Mitarbeiter selbst dafür, dass sie ihre Arbeitskraft optimal ausnutzen und selbständig die dazu notwendigen Entscheidungen treffen.

Wie man menschliche Arbeitskraft auch immer eingesetzt wird, es gilt einige grundsätzliche Überlegungen im personalwirtschaftlichen Tagesgeschäft zu berücksichtigen, die im nachfolgenden Kapitel näher betrachtet werden.

6.2 Arbeitszeit und Arbeitsmodelle

6.2.1 Grundsätzliche Definition der Arbeitszeit

Als Arbeitszeit gilt die Zeit, die ein Arbeitnehmer einem Arbeitgeber vertraglich bereit stellt und über die der Arbeitgeber im Rahmen der arbeitsvertraglichen Festlegung verfügen kann, u. a. mit Anweisungen zur konkreten Ausführung der Arbeitsleistung, zur Erbringungen bestimmter Verhaltensweisen etc. Letzteres wird als Direktions- bzw. Weisungsrecht des Arbeitgebers angesehen (vgl. Peters 2019, S. 4 ff.).

Die Arbeitsleistung selbst kann an einem wie auch immer definierten Arbeitsplatz erfolgen, neben dem Büro- bzw. Werkstattplatz in Gebäuden des Arbeitgebers bzw. an dritten Orten, die mit der Ausübung der Tätigkeit ursächlich verbunden sind (z. B. bei Wartungs- und Instandsetzungstätigkeiten, bei Transporttätigkeiten und im Außendienst auch ein mobiler Arbeitsplatz bzw. ein Arbeitsplatz bei Kunden) bzw. im Rahmen von Fortbildungsmaßnahmen aufzusuchen sind (externe Bildungsstätten) bis hin zur Tätigkeit in den Privaträumen des Arbeitnehmers, bei so genanntem „Home-Office" bzw. Heimarbeitsverträgen.

Die Festlegung des Arbeitsplatzes hat u. a. Auswirkungen auf die Sicherstellung der Arbeitssicherheit und die Übernahme von Krankheitskosten bei Arbeitsunfällen, aber auch bei Fragen rund um den Datenschutz, wenn z. B. vertrauliche Personal- oder Kundendaten am heimatlichen Arbeitsplatz bearbeitet werden.

6.2.2 Die chronometrische Arbeitszeitbestimmung

Als Arbeitszeit wird in der Regel eine bestimmte Anzahl an Tagen oder Stunden pro Woche oder pro Monat definiert, wobei auch andere Modelle zum Tragen kommen können, z. B.:

> **Verschiedene Modelle zur Arbeitszeitbestimmung**
> - Jahresarbeitszeiten (z. B. im Jahr sind 1750 oder 1840 Arbeitsstunden zu erbringen, die je nach Arbeitsanfall in 6–10 Stunden pro Arbeitstag zu erbringen sind)
> - Lebensarbeitszeitkonten, bei denen eine für die gesamte Arbeitsdauer im Unternehmen festgelegte Stundenzahl definiert wird (z. B. 25.000 Stunden), die der Arbeitnehmer in gewissem Rahmen selbstbestimmt erbringen kann
> - Aushilfstätigkeiten (geringfügig Beschäftigungen, vulgo „450 Euro-Jobs")
> - Zeitlich begrenzte Veränderungen von Arbeitszeiten, durch unbezahlte Freistellung („unbezahlter Urlaub") oder bezahlte Freistellung („Bildungsurlaub", Sabbaticals), in denen Arbeitnehmer sich privaten Interessen oder Verpflichtungen widmen können, z. B. einer umfangreicheren Bildungsmaßnahme, der Pflege von Angehörigen (Elternzeit, elder care), längeren Erholungsmaßnahmen oder Selbstfindung (vgl. Hillebrecht 2018, S. 3 ff.); die Berliner Volksbank als Beispiel hat

> eine Sabbatical-Regelung, bei der Mitarbeiter bis zu 6 Monate frei gestellt werden, unter Fortzahlung von 30 % des Gehalts (vgl. Meifert 2019, S. 60 ff.).
> - Indirekt über den Umfang der Urlaubstage (z. B. gesetzlicher Mindesturlaubsanspruch, in Deutschland nach § 3 I BUrlG 24 Werktage; in Österreich nach § 2 I UrlG für Arbeitnehmer bis 25 Jahre 30 Werktage, über 25 Jahre 35 Werktage; in der Schweiz besteht ein „Ferienrecht" von vier Wochen nach Art. 329a OR, wobei Personen unter 20 Jahren Anspruch auf 5 Wochen haben)

Bezugsbasis ist zumeist eine tarifvertraglich vereinbarte Regelarbeitszeit (z. B. 35, 38,5 oder 40 Stunden pro Woche, oder 165, 170 oder 175 Stunden pro Monat), die auch als Vollarbeitszeit definiert ist. In der Musterfirma J. Weizenfeld GmbH & Co KG stellt man hierzu fest, dass zwei verschiedene **Regelarbeitszeiten** gelten:

- Am Unternehmenssitz in Estenfeld wird eine Wochenarbeitszeit von 39 Stunden zugrunde gelegt, was bei 30 Urlaubstagen (= 6 Wochen) einer durchschnittlichen Jahresarbeitszeit von ca. 1800 Stunden pro Jahr entspricht (Berechnung: , d. h. bei 52 Wochen pro Jahr abzüglich 6 Wochen Urlaub ergibt dies 46 Wochen Arbeitszeit, 46 Wochen mal 39 Stunden pro Woche ergibt 1798 Stunden jährlich, gerundet 1800 Stunden), bei einer Senkung auf 38 Stunden pro Woche würde man eine durchschnittliche Jahresarbeitszeit von 1750 Stunden erhalten (Berechnung: 52 Wochen abzüglich 6 Wochen Urlaub ergibt 46 Wochen, 46 Wochen mal 38 Stunden pro Woche ergibt dies 1748 Stunden jährlich, gerundet 1750 Stunden)
- In den Outlets des Handelsbereichs wird die Arbeitszeitregelung des Einzelhandels mit einer 40 Stunden-Woche bei Vollzeitbeschäftigten übernommen, bei sechs Wochen Urlaub jährlich, die damit einer Jahresarbeitszeit von durchschnittlich 1840 Stunden entspricht, dies ist den Belangen des Einzelhandels mit Öffnungszeiten von Montag bis Samstag geschuldet

Sofern betriebliche Erfordernisse oder die Wünsche der Arbeitnehmer dies nahe legen, können auch geringere Regelarbeitszeiten vereinbart werden, die dann als Teilzeitarbeit (= jede Arbeitszeitregelung, die weniger Stunden als die Vollarbeitszeit umfasst) definiert ist. Teilzeitarbeit unterliegt bestimmten gesetzlichen Rahmenbedingungen (in Deutschland: TzBefrG, in Österreich § 19d ArbZG; in der Schweiz Art. 319 II OR). Gründe für Teilzeitarbeit können sein:

- Vereinbarung mit familiären Aufgaben (Kinder, elder care, Nebenerwerbsbetriebe)
- Wunsch nach mehr Freizeit, ggf. auch zur Vereinbarung mit aufwändigeren Fortbildungsmaßnahmen
- Aber auch die schlichte Notwendigkeit, ein Teilzeitarbeitsverhältnis zu akzeptieren, das der Arbeitgeber offeriert, weil er sich damit flexiblere Personaleinteilungen erhofft (v. a. in der Krankenpflege und im Einzelhandel oft anzutreffen)

6.2 Arbeitszeit und Arbeitsmodelle

Tendenziell arbeiten mehr weibliche als männliche Arbeitnehmer in Teilzeit und machen dabei auch sehr oft die Erfahrung, dass berufliches Aufsteigen deutlich schwieriger ist, im Vergleich zu Vollzeitbeschäftigten (vgl. Lott 2019, S. 1 ff.).

Nicht zuletzt ist auch die Frage zu überlegen, in welcher Form bei Konjunktureinbrüchen die Möglichkeit der Arbeitszeitverkürzung zur Rettung von Arbeitsplätzen beiträgt. Im Hintergrund steht die Überlegung, dass eine bestimmte Menge an Arbeitsstunden durch die rückgehende Nachfrage nicht mehr benötigt wird. Wenn z. B. von insgesamt im Unternehmen zu leistenden 20.000 Arbeitsstunden jährlich 20 % entfallen, so könnte man dies mit der Entlassung von 20 % der Mitarbeiter oder auch mit einer Reduktion der Arbeitszeit von z. B. 40 Stunden pro Woche auf 32 Stunden wöchentlich auffangen. Vorteilhaft an dieser Variante ist, dass keine Entlassungen vorgenommen werden müssen und Fachkräfte gehalten werden können, die man bei einem mittelfristig anstehenden Aufschwung bereitstehen. Ebenso entfällt der Imageverlust, der mit einer größeren Kündigungswelle einhergeht. So gehen z. B. Unternehmen wie die ZF AG oder die Robert Bosch GmbH diesen Weg, um die Einbußen der Corona-Pandemie 2020 auszugleichen (vgl. Buchenau und Tyborski 2020; Reimann 2020). Allerdings werden damit in aller Regel auch Gehaltseinbußen verbunden sein, so dass bei entsprechenden Angeboten insbesondere herausragende Arbeitskräfte dennoch einen neuen Arbeitgeber suchen werden.

6.2.3 Chronologische Arbeitszeitbestimmung

Neben der Länge der Arbeitszeit kann auch die Lage der Arbeitszeit ein wichtiger Gestaltungsparameter sein. Grundsätzlich kennt man:

- **Feste Arbeitszeitmodelle** (z. B. bei einem 8-Stunden-Tag mit einer Arbeitszeit von 7:30 Uhr bis 12 Uhr und von 13 bis 16:30 Uhr)
- **Schichten-Modelle**, mit einer Einteilung in zwei Schichten (Frühschicht, Spätschicht) oder drei Schichten (Frühschicht, Spätschicht, Nachtschicht)
- **Gleitzeitmodelle** (z. B. mit einer Kernarbeitszeit von 9 bis 15 Uhr und Gleitzonen von 7 bis 9 bzw. von 15 bis 18 Uhr), bei denen Arbeitnehmer selbst entscheiden können, wann sie in der Gleitzone zur Arbeit erscheinen, indirekt wird damit auf ihren Lebensrhythmus (Frühaufsteher oder Langschläfer), auf familiäre Bedürfnisse (Kinder, die zur Kindertagesstätte bzw. Schule gebracht oder von dort abgeholt werden müssen) oder auf sonstige Erwägungen (z. B. Vermeidung von Rush hour/Stau auf dem Arbeitsweg; Länge und Unsicherheit des Arbeitswegs) Rücksicht genommen

Mit der Lage der Arbeitszeit können z. B. betriebliche Erfordernisse (z. B. rund-um-die-Uhr-Betrieb bei öffentlicher Infrastruktur, Sicherheit oder bei bestimmten Anlagen wie Hochöfen und Energieversorgung; bessere Auslastung von Produktionsbetrieben) mit den Arbeitszeitregelungen für die einzelnen Arbeitnehmer in Einklang gebracht werden. Für das Musterunternehmen J. Weizenfeld kann es beispielsweise interessant sein, im

Kundendienst und in der Lagerlogistik ein Zweischichtmodell einzuführen, da Kunden oftmals vor Arbeitsbeginn oder nach Arbeitsende in Kontakt mit dem Bestell-Center treten wollen und damit eine umfassende Bearbeitung der Kundenbestellungen gewährleistet wird. Allerdings können Schichtmodelle auch zu hohen Belastungen bei den Mitarbeitern führen (vgl. Landschek und Brenscheidt 2020; Langhoff und Satzer 2017), insbesondere wenn die Lage der Schicht zu schnell variiert wird, was aktuell am Beispiel der Nespresso-Fabrik im Schweizerischen Romont diskutiert wird (vgl. Hirschi 2020).

6.2.4 Mischformen

Einzelne Arbeitszeitmodelle verbinden sowohl eine chronometrische Arbeitszeitbestimmung als auch eine chronologische Arbeitszeitanordnung. Die kapazitätsorientierte variable Arbeitszeitregelung (KAPOVAZ) basiert auf dem Prinzip, dass Arbeitnehmer einen bestimmten Sockel an Arbeitsstunden garantiert bekommen (z. B. 60 % der Normalarbeitszeit), damit sie mit den entsprechenden Einkünften rechnen können, und je nach Bedarf zusätzliche Arbeitszeiten zu leisten bereit sind. Dieses findet man z. B. bei Flugbegleitern (je nach Auslastung der Passagiermaschinen und aufgrund von kurzfristigen Erkrankungen), in der Zeitarbeit und in der Betreuung von Kindern, entsprechend der sich halbjährlich verändernden Buchungen der Eltern. Im Einzelhandel oder auch in personaldominierten Dienstleistungen findet sich das Vergleichsmodell FREQUAVAZ – die Frequenzbasierte Quantitative Arbeitszeitregelung. Von der rechtlichen Seite her sind Arbeitnehmer in der Regel mindestens vier Tage vor Bedarf über die veränderten Arbeitszeiten zu informieren. Faktisch können durch kurzfristigen Bedarf aber auch freiwillige Einsätze erfolgen.

6.2.5 Arbeitszeitvereinbarungen außerhalb des Büros

Das Stichwort Home-Office (engl. ursprünglich für „Innenministerium", in der deutschsprachigen Bedeutung aber als „Heimarbeitsplatz", v. a. in Abgrenzung zur klassischen „Heimarbeit" gedacht, bei der handwerklich Tätige eine Produktionsmaschine daheim bedienen und unter die Bestimmungen des Heimarbeitsgesetzes fallen) hat durch die Corona-Pandemie im Frühjahr 2020 eine erhöhte Aufmerksamkeit gewonnen (vgl. o.V. 2020a), war aber als Thema schon einige Jahre präsent (siehe z. B. Dämon 2015; Lott 2020; o.V. 2014). Grundsätzlich sind dabei drei verschiedene Ausprägungen zu sehen:

- **Heimarbeit** im rechtlichen Sinne nach Heimarbeitsgesetz (sowohl Deutschland als auch Österreich als auch die Schweiz haben materiell ähnliche Bestimmungen), bei der z. B. eine Werkstatt im privaten Bereich des Arbeitnehmers eingerichtet wird und das Arbeitsmaterial vom Arbeitgeber bereitgestellt wird (z. B. eine Schneiderfachkraft übernimmt bestimmte Näh- und Schneiderarbeiten für die Firma J. Weizenfeld GmbH & Co. KG und führt diese daheim aus, in einer entsprechend ausgestatteten Werkstatt)

- **Home-Office**, als Verlagerung des Arbeitsplatzes in die private Wohnung, um sich z. B. den Arbeitsweg zu ersparen oder um parallel familiären Verpflichtungen nachzukommen
- **Mobile Office**, als Sammelausdruck für alle Formen des „Arbeitens von unterwegs", z. B. auf einer Dienstreise im Verkehrsmittel bzw. im Hotel am Dienstreiseort, oder auch als Möglichkeit, den Arbeitsplatz vorübergehend in den Außenbereich zu verlegen (z. B. in einem Wohnmobil, um Erholung und – zumeist kreative – Arbeit besser verbinden zu können)

Jede dieser Varianten des Arbeitens außerhalb der Betriebsstätte hat individuelle Vorgaben bezüglich der Ausstattung, der Arbeitszeiterfassung und der Pflichten von Arbeitgeber und Arbeitnehmer. Prinzipiell sind dabei Arbeitgeber in der Verpflichtung, für einen Arbeitsplatz zu sorgen, der dem geltenden Arbeitsschutz entspricht (Belichtung und Belüftung, Schutz vor Lärm, sichere und ergonomisch angepasste Technik). Der Arbeitnehmer benötigt ein deutlich höheres Maß an Selbstdisziplin, um sich nicht unnötig ablenken zu lassen und ist zudem vom Sozialsystem des Betriebs weitgehend abgeschnitten, so dass ein gewisses Maß an Kontaktwegen (z. B. persönliche Teilnahme an Besprechungen im Betrieb) gepflegt werden sollte. Nicht zuletzt sollte man darauf achten, dass die Vorgaben des Datenschutzes eingehalten werden, z. B. durch Verwendung von gesicherten Datennetzwerken.

Aktuelle Studien zur Home-Office-Nutzung während der Corona-Pandemie zeigen aber, dass die meisten Arbeitnehmer die Vorteile deutlicher sehen als die Nachteile, insbesondere durch die Möglichkeit, konzentrierter arbeiten zu können und familiäre Aufgaben bzw. Sportaktivitäten besser mit der Arbeit verbinden zu können (vgl. Lott 2020, S. 3 f.; o.V. 2020b; Reccius 2019). Auch andere Studien zeigen, dass die Produktivität zunehmen soll (vgl. Amerland 2018), ebenso aber auch die mentale und physische Belastung und damit die Erkrankungshäufigkeit (vgl. o.V. 2019a). Nicht zuletzt scheint sich Home-Office hinderlich auf die Karriere auszuwirken (vgl. Cristea und Leonardi 2019). Inwiefern sich Home-Office-Regelungen auch Einsparpotenzial eröffnen (siehe hierzu Kontio 2017; Kunz 2020; kritisch hingegen Schellig und Brehme 2020), dürfte von der örtlichen Ansiedlung des Arbeitgebers abhängen. Ein Bürokomplex in Großstädten wie München, Wien, Zürich oder Hamburg dürfte deutlich höhere Mietkosten verursachen, als ein Bürogebäude in einer ländlichen Lage, wie sie das Beispielunternehmen J. Weizenfeld GmbH & Co. KG aufweist, zumal in ländlichen Regionen auch die Weitergabe an Untermieter zur Kostenbeteiligung deutlich seltener relevant sein dürfte.

6.2.6 Eine Zusammenschau zur Arbeitszeitgestaltung aus Sicht der Personalverwaltung

In Anbetracht der Vielzahl an Gestaltungsmöglichkeiten von Arbeitszeitmodellen wird jedes Unternehmen die wirtschaftlich sinnvollen Varianten unter folgenden Aspekten prüfen

- Organisatorische Darstellbarkeit (d. h. können sowohl die innerbetrieblichen Verwaltungsressourcen mit dem jeweiligen Modell umgehen als auch der Ausgleich zwischen betrieblichen Erfordernissen und Arbeitnehmerinteressen angemessen gestaltet werden?)

- Finanzielle Darstellbarkeit (der optimale Einsatz wird davon abhängen, ob die betrieblichen Erfordernisse angemessen berücksichtigt wurden, aber nicht ein zu hoher Personalstand aufgebaut wird, mit den entsprechenden Kosten und der Gefahr einer suboptimalen Nutzung der Arbeitskraft)
- Bedingungen am Arbeitsmarkt (können ausreichend Arbeitskräfte für bestimmte Arbeitszeiten gefunden werden?) und technische Substituierbarkeit von Arbeit (gibt es Möglichkeiten, durch den Einsatz von Technologie, die prinzipiell permanent verfügbar ist, die Arbeitskraft mit ihren gesetzlichen und physiologischen Begrenzungen zu ersetzen?)

Im Falle der J. Weizenfeld GmbH & Co. KG kann dies z. B. bedeuten, dass der reibungslose Betrieb in der Warenannahme und im Warenversand einen Zweischichtbetrieb erfordert und verschiedene Verwaltungsaufgaben bzw. einfachere Tätigkeiten in der Sachbearbeitung vorrangig mit Teilzeitbeschäftigten ausgefüllt werden, um kurzfristigen Ausfall durch Erkrankung leichter kompensieren zu können. Dies wird insbesondere den Angestellten entgegenkommen, die gleichzeitig Aufgaben in der Kindererziehung bzw. in der Pflege von älteren Angehörigen wahrnehmen. Ebenso kann man an die Personen denken, die eine Nebenerwerbslandwirtschaft (z. B. einen kleineren Weinberg oder die Zucht von Tieren, z. B. einen Pferdehof) betreiben. Gerade bei diesem Personenkreis stellt man häufiger fest, dass es ihnen weniger um konkrete Berufstätigkeiten bzw. Branchen geht, sondern vielmehr um die Möglichkeit, diese Nebentätigkeit mit einer Berufsausübung in räumlicher Nähe und mit entsprechenden zeitlichen Fenstern zu verbinden.

Herausgehobene Fachtätigkeiten oder Leitungsaufgaben werden tendenziell von einzelnen, in Vollzeit beschäftigten Mitarbeitern wahrgenommen werden, die mit ihrem höheren Gehalt auch bereit sein werden, ein gewisses Maß an Überstunden bei Bedarf zu leisten. Hinzu kommt die weit verbreitete Ansicht, dass Führungsverantwortung selten mit Teilzeittätigkeiten zu verbinden ist (siehe auch Abrell 2015, S. 5 ff.; Fauth-Herkner o. J.; Ladwig und Domsch 2017, S. 116 ff.). Zum Ausgleich wird man hier andere Möglichkeiten der Arbeitszeitflexibilisierung anbieten müssen, insbesondere Gleitzeitmodelle, Home-Office und Sabbaticals. Arbeitgeber in ländlichen Regionen werden diesem Personenkreis, der teilweise lieber in einer Großstadt wohnt oder deren Familie nicht umzuziehen bereit ist, im Zweifel auch zugestehen, von Montag bis Donnerstag vor Ort zu arbeiten, damit diese die verlängerten Wochenenden für Familienheimfahrten nutzen kann.

Mittelfristig wird sich die innerbetriebliche Logistik durch weitgehend automatisierte Sortier- und Verpackungsanlagen rationalisieren lassen, womit auch der Arbeitskräftebedarf deutlich sinken wird. Ebenso können **Chatbots** Aufgaben im Kundendienst übernehmen (Annahme von telefonischen Bestellungen, Kundenanfragen zu Lieferterminen und Beschwerden) oder digitalisierte Anwendungen Routineprozesse in verschiedenen Verwaltungsaufgaben übernehmen. Im Bereich verschiedener einfacher Tätigkeiten (z. B. im Bereich der Warenverpackung) könnten Personaldienstleister (siehe Kap. 9) es übernehmen, Bedarfsspitzen zu bestimmten Anlässen (z. B. Weihnachtsgeschäft) auszugleichen, so dass auch hier der Bedarf an eigenen, festangestellten Kräften sinken könnte und damit auch die Notwendigkeit, komplexere Arbeitszeitmodelle zu offerieren. Hingegen dürfte es

6.3 Entlohnungsmodelle und Personalverwaltung

6.3.1 Das Grundprinzip der Entlohnung

In Abschn. 3.5.2. wurde bereits die grundsätzliche Bedeutung des Themas Gehaltsbestimmung dargelegt. Als Gehalt gilt dabei in Anlehnung an die Preis-Mengen-Gleichung nach Müller-Hagedorn (1990, S. 169) als eine bestimmte Summe Geldes im Verhältnis zu der zu leistenden Arbeitszeit. Die Abb. 6.1 stellt dieses Prinzip nochmals dar.

Grundsätzlich sei auch noch mal auf die vier Varianten verwiesen, die Gehaltshöhe zu variieren:

- Direkte Gehaltserhöhung, durch Erhöhung der Geldleistung bei gleichbleibender Arbeitszeit
- Indirekte Gehaltserhöhung, durch Absenkung der zu erbringenden Arbeitszeit (geringere Stundenzahl, mehr Urlaubstage etc.) bei gleichbleibender Geldleistung
- Direkte Gehaltssenkung, durch Absenkung der Geldleistung bei gleichbleibender Arbeitszeit
- Indirekte Gehaltssenkung, durch Erhöhung der vereinbarten Arbeitszeit bei gleichbleibender Geldleistung

Jedes Beschäftigungsverhältnis erfordert entsprechend den Inhalten und Leistungsanforderungen eine eigene Ausgestaltung, die nun näher zu untersuchen ist. Gerade bei einer vielfältigen Beschäftigungsstruktur, wie sie bei der Musterfirma J. Weizenfeld GmbH & Co. KG gegeben ist, mit Produktions-, Lager- und Verwaltungstätigkeiten sowie mit Handelsaktivitäten in räumlicher Distanz zum Firmensitz wird es sich nicht vermeiden lassen, dass die Angestellten unterschiedliche Prioritäten setzen und unterschiedliche Erwartungen äußern.

6.3.2 Die Gehaltsformen

Zunächst einmal können verschiedene Grundformen der Gehaltszahlung erkannt werden (siehe auch Bröckermann 2016, S. 201 ff.):

$$\text{Gehalt} := \frac{\text{Geld + geldwerte Leistung}}{\text{Vereinbarte Arbeitszeit}} \quad \text{im Beispiel:} \quad \frac{€\ 3000{,}\text{--}}{150\ \text{Stunden}} = €\ 20{,}\text{--}/h$$

Abb. 6.1 Die Gehalts-Arbeitszeit-Gleichung (eigene Erstellung auf Basis von Müller-Hagedorn 1990, S. 169)

> **Grundformen der Gehaltszahlung**
> - Zeitlohn: ein Lohn auf Basis einer bestimmten Zeiteinheit (z. B. pro Stunde, pro Arbeitsschicht, Arbeitstag oder Arbeitswoche)
> - Stücklohn bzw. Leistungslohn: ein Lohn auf Basis einer bestimmten produzierten Menge (z. B. Akkordlohn), der an einzelne Arbeitnehmer oder auch eine Arbeitsgruppe gezahlt werden kann und auf Basis einer Normalleistung berechnet wird
> - Zeitraum-Gehalt: ein Gehalt für einen bestimmten, längeren Zeitraum, z. B. ein Monatsgehalt oder Jahresgehalt, bei dem die globale Leistung in diesem Zeitraum vergütet wird
> - Potentiallohn, bei der Arbeitnehmer für eine in Zukunft potentielle Leistung und die Vermittlung der dafür notwendigen Kenntnisse bezahlt wird (insbesondere Ausbildungsvergütung, Gehalt für Trainees)
> - Deferred Compensation (= „verschobene Vergütung"): ein Gehaltsanteil, den der Arbeitgeber in eine bestimmte Vermögensbildende Maßnahme (z. B. Lebensversicherung, freiwillige Altersversorgungsbeiträge) einzahlt, um dem Arbeitnehmer eine spätere, steuerlich günstigere Auszahlung zu ermöglichen
> - Honorar für bestimmte, zumeist durch intellektuelle Inhalte geprägte Leistung, z. B. das Planungshonorar für Architekten, das Künstlerhonorar (Grafik, Fotografien etc. für Werbematerialien), das Honorar für Heilberufe und Steuerberater etc.

Innerhalb dieser grundsätzlichen Formen gilt es, für jeden Mitarbeiter eine geeignete, motivationsfördernde Gehaltsvereinbarung zu finden. Zudem können noch weitere Gestaltungsparameter Anwendung finden.

6.3.3 Weitere Gestaltungsparameter der Gehaltszahlung

Aufgrund innerbetrieblicher Ressourcen und bestimmten Branchenübungen können weitere Gehaltsvariationen und zusätzliche Leistungen definiert werden. Diese unterscheiden sich in Geldleistungen (Zulagen, Beteiligungen, Gewinnbeteiligungen etc.), Sachleistungen (Warenbezug aus der Produktionspalette) und indirekte Leistungen (z. B. Zugang zu bestimmten Einrichtungen, z. B. Fitness-Clubs). Die dafür denkbaren Parameter sind insbesondere (siehe auch Aebischer 2010, S. 12 ff.; Redmann 2019, S. 5 ff.):

- Zusätzliche allgemeine Geldleistungen (z. B. Zuschuss zum Mittagessen, Zuschuss zur Berufsbekleidung oder zum öffentlichen Nahverkehr oder zur Mitgliedschaft in einem Fitness-Club) und spezifische Zuschüsse, z. B. zur Mitgliedschaft in Vereinen, bei denen insbesondere Führungskräften die Mitgliedsgebühren in bestimmten beruflichen

6.3 Entlohnungsmodelle und Personalverwaltung

Netzwerken oder im sozialen Leben erstattet bekommen, zu nennen ist der berühmte Golfclub oder Karnevalsverein, bei dem sich bestimmte Geschäftskontakte anbahnen lassen
- Zusätzliche Geldleistungen beim Erreichen bestimmter Leistungsziele (z. B. Umsatz- oder Deckungsbeitragsprovisionen, Vergütung von Arbeitnehmererfindungen und Rationalisierungsvorschlägen, Leistungsprämien für Übernahme zusätzlicher Funktionen)
- Mitarbeiterbeteiligungen bzw. Mitarbeiteraktien, die nach einer bestimmten Verweildauer im Unternehmen (zur Mitarbeiterbindung) oder auch generell gewährt werden
- Betrieblich organisierte monetäre Sozialleistungen (z. B. Gehaltsumwandlung der Jahressonderleistung, durch Einzahlung in eine zusätzliche Altersversorgung, Zuschüsse zur Kinderbetreuung, vergünstigte Mitarbeiterkredite) und nonmonetäre Sozialleistungen (z. B. Ferieneinrichtungen des Unternehmens)
- Bezugsrechte der Mitarbeiter zum Bezug vergünstigter Waren (z. B. Mitarbeitereinkauf zu Einkaufskonditionen)
- Gewährung von Sachleistungen (Mitarbeiterdeputate wie der „Haustrunk" der Brauereien)
- Gewährung von Sachleistungen (private Nutzung von dienstlich bereit gestellter Technik, z. B. Laptop, Mobiltelefon)
- Mitgliedschaft in einem Arbeitnehmerverein zur vergünstigten Beschaffung hochwertiger Konsumgüter aus eigener oder fremder Produktion (z. B. im Automobilbau: Arbeitnehmer können einmal jährlich deutlich vergünstigte PKW erwerben und nach kurzer Nutzungszeit mit Gewinn weiterverkaufen)

Grundsätzlich wird es sinnvoll sein, die Ausgestaltung auf wenige, leicht zu handhabende Instrumente zu beschränken. Damit kann man den Verwaltungsaufwand niedrig halten und zudem leicht Transparenz zur Gewährung einzelner Elemente herstellen. Andererseits muss man sehen, dass Mitarbeiter entsprechend ihrer Motivationslage und ihrer Lebensphase sehr differenzierte Vorstellungen äußern. Folglich wird man ein gewisses Instrumentarium offerieren müssen, was schon länger als **„Cafeteria-System"** (Kolb 2010, S. 370 f.) bezeichnet wird. Im Rahmen gewisser Budgetvorgaben, zumeist nach Gehaltsgruppe oder Hierarchieebene ein bestimmtes Niveau festgelegt, wird der Mitarbeiter ein Wahlrecht haben und so betriebliche Bindung und Leistungsmotivation erhalten wollen. Insbesondere auf der Ebene der außertariflich vereinbarten Vergütungen sieht man einen engen Zusammenhang zwischen Vergütungsmodellen und Leistungsanreizen (siehe Weißenrieder 2019, S. 25 ff.). Zudem zeigt sich, dass neue Bedürfnisse der Mitarbeiter entstehen, die auch in neue Entlohnungsmodelle Eingang finden. Ein Beispiel hierfür sind so genannte „Spotboni" (Vogelsang 2020, S. 18 ff.), bei denen es um eine unmittelbare Belohnung guter Arbeit geht. Dies kann eine erfolgreich durchgeführte Rationalisierung sein, ein Innovationsprojekt oder auch das Überstehen von ungeplanten Ausfällen von Kollegen oder überraschenden Auslastungsspitzen.

6.3.4 Tarifverträge als Rahmenbedingung

Im Rahmen der **Koalitionsfreiheit** nach Art. 9 Grundgesetz (in Österreich Art. 18 V BVerfG i. V. m. mit Art. 11 EMRK, in der Schweiz Art. 28 I SBV, ergänzend Art. 5 der ESC) können Arbeitnehmer zur Durchsetzung ihrer Interessen sich zu Gewerkschaften zusammenschließen und dazu auch Bestimmungen zur Gehaltshöhe und weiterer Arbeitsbedingungen in so genannten Tarifverträgen (in Österreich und Südtirol „Kollektivvertrag", in der Schweiz „Gesamtarbeitsvertrag") vereinbaren. Interessanterweise sind Arbeitgeber nur dann an die Einhaltung von Tarifverträgen gebunden, wenn sie selbst Mitglied in einem tarifgebundenen Arbeitgeberverband sind bzw. einen Haustarif vereinbart haben und sie sich Mitgliedern einer Gewerkschaft gegenübersehen, die Vertragspartei eines Tarifvertrags sind. Allerdings zeigt sich in der Praxis, dass Unternehmen bei Anwendung eines Tarifvertrags nicht nach Mitgliedschaft bzw. Nicht-Mitgliedschaft unterscheiden. Auch wenn die verfassungsrechtlich garantierte Tarifautonomie den beiden Tarifparteien weitreichende Freiheiten einräumt, können durch Allgemeinverbindlichkeitserklärung nach § 5 TVG oder auch durch andere Gesetze (allgemein durch den gesetzlichen Mindestlohn, in bestimmten Branchen z. B. in der Arbeitnehmerüberlassung) bestimmte Lohnstandards vom Gesetzgeber vorgegeben werden. Dies ist insbesondere dann der Fall, wenn auf Seiten der Arbeitgeber zu wenige Unternehmen der Tarifbindung unterliegen.

Generell kennt man drei verschiedene Arten von Tarifverträgen.

- **Haustarifvertrag**, v. a. bei größeren Unternehmen wie der Volkswagen SE üblich, ggf. in Form eines „Spezialvertrags", wenn z. B. bei wirtschaftlichen Schwierigkeiten ein Sanierungstarifvertrag abgeschlossen wird
- **Branchentarifvertrag** (z. B. für die Zeitarbeit, für Redaktionsangehörige in Medienunternehmen etc.)
- **Flächentarifvertrag** (z. B. für den Einzelhandel oder die Metallindustrie in einem bestimmten Tarifbezirk: Tarifvertrag Metall Küste, Metall Südwest etc.)

Auch in der Struktur der Tarifverträge gibt es unterschiedliche Arten:

- **Manteltarifvertrag**, der die allgemeinen Anstellungsbedingungen wie Arbeitszeit, Urlaubsanspruch etc. definiert und sich zumeist in größeren Zeiträumen ändert
- Der **Rahmentarifvertrag**, der entsprechend berufs- bzw. funktionsbezogenen Anforderungen verschiedene Gehaltsgruppen definiert
- Der **Gehaltstarifvertrag**, in dem konkrete Gehaltssätze den einzelnen Gehaltsgruppen zugeordnet werden
- Ggf. auch einen **Ausbildungstarifvertrag** (z. B. für Volontäre an Tageszeitungsredaktionen oder für Auszubildende in der Metallindustrie oder im Öffentlichen Dienst), in denen neben der Höhe der Ausbildungsvergütung auch weitere Elemente der Ausbildung (Dauer und Inhalte der Ausbildung, ggf. auch Grundsätze der Verkürzung von Ausbildungszeiten) festgehalten werden

6.3 Entlohnungsmodelle und Personalverwaltung

Wesentliche Effekte von Tarifverträgen sind die Transparenz in der Lohnfindung sowie eine Lohn- und Wettbewerbsgerechtigkeit. Arbeitnehmer wie Arbeitgeber haben eine sichere Kalkulationsbasis.

Zusätzlich können Tarifverträge auch durch Betriebsvereinbarungen ergänzt werden. So wird es in der J. Weizenfeld GmbH & Co. KG nahe liegen, die Nutzung der vergünstigten Bezugsrechte („Mitarbeiterrabatte") auf Spielwaren, Bekleidung usw. durch eine Betriebsvereinbarung dahingehend zu regeln, dass Mitarbeiter nur ein bestimmtes Quantum an Waren vergünstigt einkaufen können, um eine lohnsteuerneutralen Behandlung zu sichern (der maximale Vorteil liegt derzeit bei 1080 Euro jährlich; siehe Telle 2019) und um einen „Nebenhandel" zu unterbinden. Die Betriebsvereinbarung kann zudem vorsehen, dass die Einkäufe anhand der Personalnummer oder eines speziellen Einkaufsausweises direkt mit der Gehaltszahlung verrechnet werden, um eine direkte Zuordnung zu erleichtern. Entsprechend sind auch datenschutzrechtliche Aspekte festzuhalten. Ggf. kann das Unternehmen auch bestimmte Waren in den Fokus rücken, z. B. Retouren, die ansonsten nicht mehr verkäuflich sind. Nicht zuletzt können Sanktionen bei einem Missbrauch (Verfahren zur Leistung von Schadenersatz, disziplinar-/arbeitsrechtliche Folgen) definiert werden.

6.3.5 Außertarifliche Gehaltsvereinbarungen

Neben einer tarifvertraglichen Eingruppierung mit einer entsprechenden Gehaltshöhe haben Arbeitgeber auch die Möglichkeit, eine Gehaltsvereinbarung „außer Tarif" (abgekürzt AT) mit dem Arbeitnehmer vorzunehmen. Dies ist insbesondere dann der Fall, wenn die jeweilige Arbeitskraft hierarchisch so hoch angesiedelt ist, dass sie vom Tarifwerk nicht mehr erfasst wird oder besondere Fachkenntnisse aufweist, die ebenfalls vom Tarifwerk nicht erfasst wird. Hier wird in der Regel eine „runde Summe" als Monats- oder Jahresgehalt vereinbart (z. B. 7500 Euro monatlich; 120.000 Euro jährlich) und oft genug auch höherwertige Zusatzleistungen (z. B. Dienstwagen) oder variable Vergütungsbestandteile (z. B. Leistungs- und Erfolgsprovisionen) vereinbart.

Ein wichtiges Kriterium ist dabei die Bezeichnung als „leitender Angestellter" im Sinne des § 5 BetrVerfG (in Österreich nach § 36 II 3 ArbVG; in der Schweiz Art. 3 ArbG i. V. m. Art. 9 ArbG-VO1, dort auch als „höherer leitender Angestellter" oder „höherer Kader" bezeichnet), die auf eine herausragende Bedeutung für den Unternehmenserfolg abstellt, z. B. die selbständige Einstellung und Entlassung von Personal oder eine bestimmte Form von Handlungsvollmacht (Prokura, Einzelvertretungsvollmacht). Zu den Feinheiten der Definition, insbesondere in der Abgrenzung zwischen § 5 BetrVerfG und § 14 KSchG, sei auf die relevante Literatur (z. B. Kasten 2019, S. 2 ff.) und die allfällige Rechtsprechung verwiesen. Ein wesentlicher Nebeneffekt ist die Tatsache, dass leitende Angestellte von einigen Arbeitsschutzregelungen wie z. B. der Beachtung gesetzlicher Arbeitszeiten ausgenommen sind – sie sind quasi für sich selbst und ihre eigene Gesunderhaltung selbst verantwortlich.

6.3.6 Variable Entlohnungsmodelle

Zur Leistungssteigerung und verbesserten Motivation dienen oft variable Gehaltsbestandteile. Diese können auf bestimmte Kriterien abstellen, z. B.:

- **Leistungsabhängige Vergütung** (z. B. Entgelt für zusätzliche Arbeitsstunden, für eine überdurchschnittliche Produktionsmenge bzw. überdurchschnittliche Verkaufsabschlüsse oder für kostensenkende Maßnahmen)
- **Erfolgsabhängige Vergütung** (als Beteiligung an bestimmten Umsatzerlösen oder erzielten Deckungsbeiträgen mit bestimmten Kunden)

Kritisch ist die Frage zu sehen, welcher der Erfolge bzw. Leistungen eine Einzelleistung oder die Leistung einer Gruppe (z. B. Abteilung) oder des gesamten Unternehmens (z. B. Jahresgewinn) ist. Dies hat konkrete Folgen für die Auszahlung an die berechtigten Personen, wenn die Höhe der variablen Vergütung festzulegen ist. Zudem muss man bedenken, dass individuelle Erfolgsprämien auch Egoismus und Alleingänge unterstützen und damit sich auf den Gesamterfolg des Unternehmens möglicherweise schädlich auswirken. Von daher ist es ratsam, die Gestaltung variabler Gehaltsbestandteile in einer Mischung aus individuellen, abteilungsbezogenen und für die Gesamtbelegschaft relevanten Kriterien vorzunehmen.

Generell kann man festhalten, dass:

- Die Kriterien zur Bestimmung der variablen Gehaltsbestandteile übersichtlich, transparent und plausibel gestaltet sein sollten
- Die meisten Menschen sich auf zwei bis drei Leistungskriterien besonders gut konzentrieren können – eine größere Anzahl an Leistungskriterien hingegen entweder zur Überforderung führt oder eher selektiv genutzt wird, in dem Sinne, dass sich die betroffenen auf die zwei bis drei Kriterien ausrichten werden, die sie am leichtesten verstehen
- Individuelle variable Gehaltsbestandteile nur dann sinnvoll sind, wenn der einzelne Mitarbeiter einen messbaren Gestaltungsrahmen hat, um einen bestimmbaren Erfolg zu generieren (v. a. im Außendienst bzw. im Vertrieb denkbar; ggf. auch in der Produktion einsetzbar, in Verwaltungsfunktionen eher nicht denkbar)
- Die Höhe der variablen Gehaltsbestandteile an der Gesamtvergütung mit der Hierarchiestufe steigt

Unnötig komplexe Systeme hingegen wirken in der Regel kontraproduktiv. Zudem ist das Prinzip der leistungsorientierten Erfolgsvergütung nicht unumstritten. Reinhard K. Sprenger als einer der bekanntesten Kritiker verweist darauf, dass Menschen an sich von sich heraus motiviert sind und durch derartige „Bestechungsmaßnahmen" zu letztendlich erfolgsschädlichen Verhaltensweisen animiert werden. Es sei daher besser, von vornherein eine faire Vergütung zu gewähren und diese regelmäßig zu evaluieren (vgl. Sprenger 2014, S. 37 ff.). Von daher wird man in jedem Unternehmen überlegen müssen, welche Gehaltsmodelle geeignet sind, motivierende Wirkung zu entfalten und auf die Bedürfnisse der Arbeitnehmer wie auf betriebswirtschaftliche Erfordernisse optimal eingehen zu können. Dazu können, gerade in „jungen Unternehmen", auch Modelle einer kollektiv vereinbarten Gehaltsmodellierung zählen. Wenn in einem Unternehmen bzw. in einer Abteilung die für die Gehaltszahlung verfügbaren Mittel transparent dargelegt und nach allgemein akzeptierten Regeln verteilt werden, bieten sich neben einer leistungsgerechten Gehaltsstruktur auch vielfältige Möglichkeiten, über die Ziele des Unternehmens bzw. der Abteilung zu diskutieren und einen gemeinsamen Standard der Leistungsdefinition festzulegen (vgl. Rau 2020).

6.4 Karrieremodelle und Personalverwaltung

Der Begriff der Karriere und ihre verschiedenen Aspekte wurde bereits in Abschn. 4.2. näher beleuchtet. Die Personalverwaltung nimmt im Rahmen der Karriereplanung und -durchführung verschiedene Aufgaben wahr:

Aufgaben der Personalverwaltung bei der Karriereplanung
- Quantitative und qualitative Personalplanung und deren Verbindung mit dem Workforce Management
- Personalbeurteilung und Potenzialeinschätzung
- Vereinbarung bestimmter Karrierewege und der dazu gehörigen Personalentwicklungsmaßnahmen
- Durchführung der vereinbarten Unterstützungsmaßnahmen
- Gewährung der vereinbarten Vergütungen und weiterer Leistungsbestandteile
- Evaluierung der erreichten Karriereschritte, im Hinblick auf die Berufszufriedenheit der Mitarbeiter selbst wie auch im Hinblick auf den Fit zwischen den Vorstellungen des Unternehmens sowie der Vorgesetzten und der tatsächlichen Leistungsentfaltung auf dem wahrgenommenen Arbeitsplatz

Entsprechend der Personalstrategie im Unternehmen einerseits und der Unternehmensgröße und der damit verbundenen Vielfalt an Einsatzmöglichkeiten andererseits sollte die Personalverwaltung attraktive Karrieremodelle entwickeln, die für beide Seiten attraktiv sind. Arbeitnehmer werden sich damit als wichtige Teile des betrieblichen Erfolgs erfahren und Bindung an das Unternehmen entwickeln. Aus ihrer Sicht kommen dabei auch hybride Angebote unter dem Stichwort „Job Crafting" (Baker 2020, S. 41 ff.) zum Tragen – es geht um die Frage, welche Tätigkeiten Arbeitnehmer im Unternehmen im Laufe ihrer Organisationszugehörigkeit ausüben wollen, um ihren Interessen und Lebensphasen optimal gerecht zu werden. Ihre eigene Aufgabe wird es demzufolge sein, sich durch regelmäßige Beschäftigung mit den eigenen Qualifikationen und Kompetenzen und dem Abgleich mit der eigenen Lebenssituation und den am Arbeitsmarkt gegebenen Möglichkeiten zu orientieren und dem Arbeitgeber bzw. den Vorgesetzten gegenüber geeignete Signale zu geben.

Die Personalverwaltung wird gerade im Bereich des Retention Management bzw. des Talent Managements den Arbeitskräften besonders entgegenkommen, die für den Unternehmenserfolg essentiell wichtig erscheinen und/oder deren Abgang mit erheblichen finanziellen Folgen für die Organisation verbunden wäre. Arbeitgeber ihrerseits können sich davon überzeugen, dass sie die Beschäftigten optimal im Sinne der Unternehmensziele einsetzen.

Zugegebenermaßen werden sich Großunternehmen mit ihrer entsprechenden Infrastruktur und einer größeren Vielfalt an Einsatzmöglichkeiten bei neuen Karriereformen leichter tun, als ein mittelständisches Unternehmen wie das Beispielunternehmen J. Weizenfeld GmbH & Co. KG. Hier sind in der Regel eine kleine Anzahl an Mitarbeitern in der Personalverwaltung v. a. mit operativen Aufgaben (Lohn- und Gehaltsbuchhaltung, Stammdatenpflege etc.) beschäftigt, so dass für die Umsetzung derartiger Konzepte der Weg über eine Mischung aus externer Beratung und sachgerechter Adaption führen wird. Wenn die Firma J. Weizenfeld ca. 550 Mitarbeiter beschäftigt, bietet sich durchaus eine gewisse Bandbreite an unterschiedlichen Aufgaben und Karrierewegen an, die v. a. auf informellen Kontakten und ad hoc anberaumten Gesprächen zwischen Vorgesetzten und Mitarbeitern beruht. Ein Grundgerüst (z. B. wir bieten den klassischen Aufstieg an, über Bewährung in bestimmten Funktionen zusammen mit geeigneten Schulungen oder über nachgewiesene Projekterfolge; ebenso wie die Fachkarriere im Unternehmen, anhand von internen Stellenausschreibungen) kann bewährte Konzepte der Großindustrie sachgerecht adaptieren. Man muss sich zudem vor Augen halten, dass es eine eindeutige Aussage ist, wenn sogar Großunternehmen wie Merck KGaA „nur" drei Karrieremodelle offeriert – alles andere würde vermutlich auch aus Arbeitnehmersicht eine gewisse Überforderung darstellen, neben den hohen administrativen Anforderungen. Und nicht zuletzt wird der Trend zum „**Unbossing**" – der deutlichen Reduktion im Mittelmanagement (siehe Bruch et al. 2020, S. 159 ff.; Fischer und Guldner 2020) – auch dafür sorgen, dass weniger Führungspositionen auf mittlerer Ebene zu vergeben sind und Führung stärker in befristeten Zeiträumen, z. B. in Projekten, wahrgenommen werden muss. Damit fehlt allerdings auch den Fachkräften eine Art Instanz der Qualitätskontrolle und des Coachings. Fachkräfte werden damit zu selbstverantwortlichen Führungskräften.

6.5 Personalcontrolling – der kosten- und nutzenorientierte Einsatz der Arbeitskraft

6.5.1 Die Aufgaben des Personal-Controllings

Wenn Controlling als die Planung, Information, Kontrolle und Steuerung des Unternehmens definiert wird, lässt sich Personal-Controlling entsprechend der Definition des Branchenverbands DGFP Planung, Koordination, Integration, Information, Kontrolle und Steuerung der Personalarbeit eines Unternehmens bestimmen (vgl. Nasca 2019; ergänzend Bröckermann 2016, S. 389 ff.; Schulte 2011, S. 3 ff.). Damit verbunden sind die Fragen:

> **Aufgaben des Personal-Controlling**
> - Für welche Aufgaben benötigen wir Mitarbeiter, und in welchem Umfang?
> - Setzen wir die vorhandenen Arbeitnehmer richtig ein, oder könnten sie in anderen Funktionen (noch) mehr leisten?
> - Setzen wir die richtigen Arbeitnehmer ein, im Sinne von Qualifikation und Kompetenzen?
> - Entsprechen die Beiträge der Arbeitnehmer den Anreizen, die wir setzen (im Sinne von wirtschaftlicher Tragfähigkeit der Entlohnung und sonstigen Leistungen)?
> - Wo besteht Optimierungspotenzial?

Entsprechend dienen die Daten des Personal-Controllings der Personalplanung, der Bestimmung und Gestaltung von Personalkosten, der Überprüfung von Personalstrukturdaten, der Erhebung von Leistungsdaten des Personals usw. Verkürzt gesagt: Personal-Controlling muss die Daten erheben, die für den optimalen Einsatz des Personals im Sinne des „Workforce Managements" benötigt werden. Dabei können sowohl quantitative als auch qualitative Daten erhoben werden. Im Idealfall entsteht eine datenbasierte Personalsteuerung („HR Analytics"/„People Analytics"), mit der Personalverantwortliche proaktiv auf absehbare Personalengpässe oder -überbestände reagieren können (siehe auch Wickel-Kirsch und Petry 2019, S. 12 ff.).

6.5.2 Das quantitative Personal-Controlling

Als quantitatives Personal-Controlling lässt sich das Arbeiten mit Kennziffern bezeichnen, die die Leistung des Personals mit verschiedenen Beurteilungskriterien zur wirtschaftlichen Leistungsfähigkeit verbindet (siehe auch Zdrowomyslaw 2007, S. 5 ff.). Dies umfasst:

- Kosten gesamt pro Mitarbeiter
- Personalkosten pro Mitarbeiter/Lohnkosten pro Mitarbeiter
- Anteil der Personalkosten an den Gesamtkosten
- Arbeitsunfähigkeitstage pro Mitarbeiter
- Personalentwicklungsaufwand pro Mitarbeiter
- Umsatz pro Mitarbeiter

- Gewinn pro Mitarbeiter
- Produktionsmengen pro Mitarbeiter
- Personalstruktur, nach soziodemographischen Merkmalen sortiert (z. B. nach Geschlecht, nach Altersgruppen)
- Personalstruktur nach Bereichen (kaufmännisch, gewerblich, technisch)
- Struktur des Krankenstands (Kurzzeit-, mittelfristige und langfristige Erkrankungen, ggf. aufgegliedert nach Abteilungen und Funktionen)

Derartige Daten lassen sich als Vergleichsbasis für Daten aus früheren Jahren oder im Vergleich mit anderen Unternehmen ähnlicher Größe anwenden, um Verbesserungspotenziale zu diskutieren. Aus Gründen der Vergleichbarkeit wird bei den Mitarbeiterbezogenen Daten zumeist mit „Vollzeitäquivalenten" (VZÄ) bzw. „Fulltime Equivalents" (FTE) gearbeitet – der Einsatz der absoluten Mitarbeiterzahlen könnte bei den unterschiedlichen Arbeitszeitmodellen schnell für Fehldeutungen sorgen.

Die meisten der Personal-Controlling-Kennziffern lassen sich einem von fünf Bereichen zuordnen:

- Personalstruktur (Alter, Durchschnittsdauer der Betriebszugehörigkeit, Anteil weiblicher Beschäftigter, Anteil der Mitarbeiter mit SGB IX-Schutzrechten, Teilzeitquoten, Lohnformenstruktur, Qualifikationsstruktur)
- Ausscheiden (Fluktuationsquote, Abfindungsaufwand, Kündigungen mit anschließendem Kündigungsschutzverfahren, Sozialplankosten)
- Einstellung (Bewerberzahlen pro Arbeitsplatz, pro Ausschreibung, Einstellungsquote, Übernahmequote Auszubildende, …)
- Kostensätze (Personalkosten pro Mitarbeiter, Personalkosten am Umsatz, Weiterbildungskosten gesamt und pro Mitarbeiter, Weiterbildungszeit, Arbeitsunfähigkeitstage, Arbeitsunfallkosten, Arbeitsmengenproduktivität, …)
- Sonstige (z. B. Auslandentsendungsquote, Brutto-/Netto-Personalbedarf, Überstundenquote, Unfallquote und Unfallschweregrad, Anzahl der Verbesserungsvorschläge pro Mitarbeiter bzw. Abteilung, Realisierungsquote von Verbesserungsvorschlägen)

Ein Teil dieser Kennziffern wird man auch zur Beurteilung der Personalprozesse im Unternehmen heranziehen, z. B.:

- Kosten pro Stellenbesetzung
- Zeit von der Vakanz bis zur Wiederbesetzung
- Anzahl an Bewerbungen, ggf. unterteilt nach formal ungeeigneten und geeigneten Bewerbungen
- Anzahl der Mitarbeiter gesamt pro Mitarbeiter im Personalwesen
- Kosten der Personalverwaltung pro Mitarbeiter

Damit erhält man Hinweise, um die Wirtschaftlichkeit der Personalarbeit zu hinterfragen. Zwei Anwendungsbeispiele können dies skizzieren. In Beispiel 1 geht in Abb. 6.2

6.5 Personalcontrolling – der kosten- und nutzenorientierte Einsatz der Arbeitskraft

geht es um die Entwicklung der Produktivität. Die J. Weizenfeld GmbH & Co. KG hat festgestellt, dass die Vergleichsunternehmen der Branche jedes Jahr einen Produktivitätsfortschritt von ca. 5 % erzielen, ausgedrückt als „Umsatz pro Mitarbeiter".

Vertiefend könnten nun weitere Kennziffern wie die maximal zulässigen Personalgesamtkosten und die maximal zulässige Gehaltshöhe für Mitarbeiter bestimmt werden. Diese Rechnung gilt unter der Maßgabe, dass die Anzahl der Mitarbeiter gleichbleibt, also genügend Arbeit für den vorhandenen Mitarbeiterstamm existiert. Wird hingegen auch vorgesehen, neben dem Produktivitätsfortschritt gleichzeitig eine Einsparung bei der Personalhöhe von 3 % pro Jahr zu erzielen, würde sich eine Rechnung in zwei Schritten ergeben (siehe Abb. 6.3).

Gegenüber der Rechnung in Abb. 6.2 sieht man eine deutlich höhere Umsatzvorgabe pro Mitarbeiter, was sich letztendlich nur durch den verstärkten Einsatz von Automatisierungs- und Digitalisierungstechnik erzielen lässt. Die konkreten Maßnahmen wird man bei einem Blick auf die Arbeitsprozesse definieren, ggf. unter dem Aspekt, in welcher Form Prozess verändert oder auch auf eine preiswertere Outsourcing-Lösung verlagert werden können.

Ein zweites Anwendungsbeispiel kann ebenso auf typische Aufgaben des Personal-Controllings verweisen. In Abb. 6.4 wird anhand einer Vergleichsrechnung zu den AU-Tagen (AZ = Arbeitsunfähigkeit) verdeutlicht. Dabei werden die Kosten pro Ausfalltag auf folgendem Weg bestimmt:

- Gesamtpersonalkosten pro VZÄ pro Jahr
- Geteilt durch die Zahl der durchschnittlichen Arbeitstage pro Jahr (hier: 221 Tage, auf Basis der Überlegung: 21 Arbeitstage pro Monat = 12 * 21 = 252 Tage, abzüglich 1 Tag als Ausgleich für Februar, abzüglich 30 Tage Urlaub => 221 Arbeitstage effektiv pro Jahr)
- = Personalkosten pro Arbeitstag

Die verschiedenen Angaben in den Spalten wurden als Durchschnittwerte aus der Auswertung der Personalabteilung entnommen.

Jahr:	2020	2021	2022
Umsatz pro Jahr	€ 90.000.000	+ 5 % ggü. 2020 = € 94.500.000	+ 5 % ggü. 2021 = € 99.200.000
Mitarbeiter (in VZÄ)	450 MA	Wie 2020: 450 MA	Wie 2020 und 2021: 450 MA
Umsatz pro VZÄ-Mitarbeiter	€ 200.000	€ 210.000	€ 220.500

Abb. 6.2 Planrechnung des Musterunternehmens zum Produktivitätsfortschritt (eigene Erstellung)

Jahr:	2020	2021	2022
Umsatz pro Jahr	€ 90.000.000	+ 5 % ggü. 2020 ⇨ € 94.500.000	+ 5 % ggü. 2021 € 99.200.000
Mitarbeiter (in VZÄ)	450 MA	./. 3 % ggü. 2020 436,5 MA	./. 3 % ggü. 2021 423,4 MA
Umsatz pro VZÄ-Mitarbeiter	€ 200.000	€ 216.495	€ 234.294

Abb. 6.3 Planrechnung des Musterunternehmens zum Produktivitätsfortschritt bei gleichzeitiger Personalrationalisierung (eigene Erstellung)

Abteilung	Ø-AU-Tage	Ø-Gehalt pro Jahr und VZÄ-MA inkl. Zulagen	Ø-Gesamtpersonal-kosten pro VZÄ-MA	Ausfallkosten
Kindergarten-Möbel	21,4	Ø-Gehalt pro Monat: € 3400 * 12,5 => € 42.500	€ 42.500 * 1,6 = € 68.000	€ 68.000 / 221 Tage = € 307,70/Tag => € 6.584,78 pro MA und Jahr
Holzspiel-waren-Produktion	17,6	Ø-Gehalt pro Monat: € 2800 * 12,5 => € 35.000	€ 35.000 * 1,6 = € 56.000	€ 56.000 / 221 Tage = € 253,40/Tag => € 4.459,40 pro MA und Jahr
Unternehmen gesamt	15,8	Ø-Gehalt pro Monat: € 3300 * 12,5 => € 41.250	€ 41.250 * 1,6 = € 66.000	€ 66.000 / 221 Tage = € 298,64/Tag => € 4.718,51 pro MA und Jahr

Abb. 6.4 Vergleichsrechnung zu den AU-Tagen in verschiedenen Abteilungen des Musterunternehmens

Anhand dieser Aufstellung wird deutlich, dass die Abteilung Kindergartenmöbel die im Verhältnis zum Unternehmensdurchschnitt und zur zweiten produzierenden Abteilung Holzwaren-Produktion ein deutlich höheres Aufkommen an AU-Tagen hat. Aus Sicht des Personal-Controllings liegen jetzt folgende Fragen nahe:

- Sind die hohen AU-Tage-Zahlen in der Abteilung Kindergartenmöbel allein auf die generell gefährlicheren Produktionsbedingungen zurückzuführen, oder gibt es auch andere Gründe? (z. B. Personalführung, Zusammensetzung und Wertestruktur der Mitarbeiterschaft, ...?)
- Wenn die im Betrieb am häufigsten vertretene Krankenkasse in ihren jährlichen Auswertungsberichten für Vergleichsbetriebe der Holzverarbeitung einen durchschnittlichen Krankenstand von 18,2 Tagen ausweist – was bedeutet das für das Beispielunternehmen J. Weizenfeld GmbH & Co. KG?
- Wenn es dem Unternehmen gelingen würde, den durchschnittlichen Krankenstand in der Abteilung Kindergartenmöbel-Produktion auf den Branchenschnitt zu senken, welchen wirtschaftlichen Vorteil hätte das Unternehmen davon, und wie viel könnte das Unternehmen in die Verbesserung investieren, um diesen Vorteil zu generieren?

Man stellt bei derartigen Fragen häufig fest, dass die dargestellten Ziffern und Kennwerte für sich genommen keine ausreichende Entscheidungsbasis liefern, so dass man gut beraten ist, auch Kennwerte für die Qualität der Personalarbeit zu entwickeln.

6.5.3 Das quantitative Personalcontrolling

Neben der nummerischen Leistungsfähigkeit können auch Qualitätsmaßstäbe in der Personalarbeit hinterfragt werden. Dies sind z. B.:

6.5 Personalcontrolling – der kosten- und nutzenorientierte Einsatz der Arbeitskraft

- Die Mitarbeiterzufriedenheit in toto, und nach Abteilungen aufgegliedert bzw. nach bestimmten Items (z. B. Arbeitsplatzausstattung, Führungsarbeit, Unternehmenskultur)
- Die Mitarbeiterbindung, ausgedrückt als durchschnittliche Verweildauer im Unternehmen
- Die Zufriedenheit der Fachabteilung mit den geleisteten Services
- Die Bleibequote neu eingestellter Mitarbeiter
- Die Beteiligungsquote an betrieblichen Sozialveranstaltungen (Betriebsausflug, betriebliche Weihnachtsfeier, …)

In Verbindung mit den quantitativen Daten entsteht so ein umfassenderes Bild zum Zustand der Personalarbeit. Darüber hinaus wird man immer wieder entdecken, dass Personalverantwortliche ergänzende Kriterien entwickeln, die man zwar nicht in Managementbüchern sieht, die aber ihre eigene Aussagekraft besitzen, z. B.

- Pflegezustand der Toiletten (Graffiti u. a.) und weiterer Gemeinschaftsräume (Wände und Mobiliar in Aufenthaltsräumen etc.)
- Gestaltung der individuellen Arbeitsplätze (Sauberkeit, Verzierung mit Büropflanzen und persönlichen Fotos)
- Aussagen auf privaten Kaffeetassen in der Mitarbeiterküche
- Bestimmte Verhaltensweisen von Mitarbeitern, auch und gerade im Kontext von privaten und beruflichen Verhältnissen (z. B. im Rahmen von Scheidungen oder bei der Übernahme von elder care-Verpflichtungen) sowie bei „informellen Anlässen" (z. B. die Beteiligung an Sammlungen für runde Geburtstage der Kollegen)
- Und manches andere mehr

Hier wird v. a. das erfahrende Personalmanagement oder auch externe Beratungskräfte ihren eigenen Blick auf das Unternehmen bekommen können. Die Komplexität lässt sich anhand eines Fallbeispiels aus dem Beratungskontext des Autors verdeutlichen. Dazu sei eine Mustermitarbeitern namens Franziska Knittrig verwiesen. Franziska Knittrig ist in der Abteilung Kindergartenmöbel als Entwicklungsingenieurin beschäftigt und erhält ein Gehalt von derzeit 5400 Euro monatlich bzw. mit der Sonderzahlung ein Jahresgehalt von 68.500 Euro. Diese Funktion übt sie seit drei Jahren aus, im Unternehmen J. Weizenfeld GmbH & Co. KG ist sie seit acht Jahren beschäftigt, direkt nach dem Abschluss ihres Studiums der Architektur, Fachrichtung Holzbau. Franziska Knittrig ist 37 Jahre alt, verheiratet mit einem Außendienstmitarbeiter einer Brauerei und hat zwei Kinder im Alter von 3 und 7 Jahren. Außerdem ist bekannt, dass sie nach dem Schulabschluss zunächst eine Ausbildung zur Schreinerin mit einer Fortbildung zur Holztechnikerin (HwK) absolviert und insgesamt acht Jahre im elterlichen Betrieb gearbeitet hat, bevor ihr Bruder den Betrieb übernahm.

Arbeitskollegen gegenüber erwähnte Franziska Knittrig, dass ihre Mutter seit ungefähr neun Monaten ein Pflegefall ist und der Vater vor einem Jahr verstarb. Seit einigen Wochen zeigt Franziska Knittrig zunehmend Anzeichen von Erschöpfung, hält versprochene Termine teilweise nicht mehr ein und ändert den vormals als sehr freundlich eingeschätzten Umgangston in rauhere Tonarten. Die dahinter stehende Problemdisposition wird hier nicht weiter zu erörtern sein, dürfte aber vielen Personen vertraut sein, da aller Erfahrung nach eher die (Schwieger-)Töchter als die Söhne mit familären Aufgaben zusätzlich befrachtet werden und damit in eine unerfreuliche Situation geraten.

Ein proaktives Personal-Controlling würde nunmehr an mehreren Stellen ansetzen, in Zusammenarbeit mit den zuständigen Vorgesetzten:

- Besteht die Gefahr, dass Franziska Knittrig durch ihr Arbeitsverhalten nachhaltig Kollegen oder Kunden verstört, mit den entsprechenden wirtschaftlichen und zwischenmenschlichen Folgen
- Wenn Franziska Knittrig länger ausfallen würde, welche wirtschaftlichen Folgen hätte dies?
- Welche Hilfestellung kann das Unternehmen, kann der Vorgesetzte Franziska Knittrig an dieser Stelle anbieten, damit sie die Gesamtsituation positiv verändern kann?
- Wie kann generell aus der Situation gelernt werden, dass andere Mitarbeiter in einer vergleichbaren Situation erst gar nicht in die geschilderte Situation hineinrutschen?

Ein umfassendes Personal-Controlling arbeitet folglich auch mit den Führungskräften zusammen und fokussiert die Gesamtsituation der Person. Es ist gut möglich, dass sich hier ein Burnout anbahnt, mit monatelangen Ausfallzeiten bei den betroffenen Arbeitnehmern. Allem Anschein nach sind insbesondere Personen hiervon betroffen, die:

- Sich im Zwiespalt zwischen hohen privaten/familiären Erfordernissen und beruflichen Aufgaben befinden (typischerweise eher Mitarbeiterinnen mit Aufgaben in der Kinderbetreuung bzw. elder care, ohne ausreichendes familiäres Unterstützungssystem)
- Sich in einer Sinnkrise befinden (Arbeitskräfte, die im Altersbereich von 45 bis 55 erkennen, dass ihre Karriereoptionen erschöpft sind und der Arbeitsmarkt in ihrer Altersklasse deutlich enger wird)
- Personen mit einer beruflichen Problemsituation in Verbindung mit erheblichen privaten Einflussgrößen (Tod von Kindern oder Lebenspartnern, Trennung von Lebenspartnern, ggf. auch wirtschaftliche Überforderung durch den Erwerb einer Immobilie, wenn z. B. einer der beiden Lebenspartner die Arbeit verliert)

Die Würzburger Burnout-Studie zeigte auf, dass gerade in vielen mittelständischen Unternehmen zwischen einer und drei Arbeitskräften jährlich betroffen sein können, mit einem Ausfall von sechs bis neun Monaten und teilweise noch länger (vgl. Braun und Hillebrecht 2016, S. 36 ff.). Die Folgen für die Unternehmen sind damit gravierend, und auch wenn ein Teil der Problemkonstellation im privaten Raum zu suchen ist, wird jedes Unternehmen klug beraten sein, sich Gedanken zum angemessenen Umgang mit übermäßigen Belastungssituationen zu machen. Zu groß ist die Gefahr, erfolgskritische Arbeitskräfte längerfristig zu verlieren. Zum konkreten Beispiel sind daher auf die gestellten Fragen folgende Antworten zu geben:

- Diese Gefahr ist naturgemäß gegeben, gerade weil die bekannten privaten Umstände eine längerfristige Belastung von Franziska Knittrig erwarten lassen, und sich Frauen generell noch stärker in familiäre Pflichten nehmen lassen als Männer
- Die wirtschaftlichen Folgen lassen sich in einem ersten Schritt mit einem unteren bis mittleren fünfstelligen Betrag beziffern, der sich aus den Kosten der Lohnfortzahlung für die ersten sechs Wochen der Erkrankung (ca. 8400 Euro), ggf. das Personalleasing für eine Ersatzkraft oder eine Prämierung der Kollegen für die Übernahme der anfallenden Arbeiten und die möglicherweise entstehenden Umsatzausfälle beziffern lässt (siehe auch Boelcke et al. 2018, S. 19 f.)
- Das Unternehmen kann über seine Führungskräfte der Betroffenen verschiedene Möglichkeiten der Unterstützung anbieten, z. B. befristete unentgeltliche Freistellung oder eine Teilzeitvereinbarung für die Dauer der Pflege, ggf. mit Möglichkeit zur Rückkehr auf eine Vollzeitstelle, Coaching-Angebote usw., was allerdings voraussetzt, dass das Unternehmen sich mit dieser Thematik bereits auseinandergesetzt hat und entsprechende Kontakte besitzt, mit anderen Worten eine entsprechende Unternehmens- und Führungskultur ausgebildet hat, die Mitarbeitern in Problemsituation Hilfe anzubieten bereit ist
- Zu lernen ist, dass aufgrund solcher Problemdispositionen zum einen die Führungskräfte in der Wahrnehmung der entsprechenden Problemsignale geschult werden und zum anderen ein Musterablauf für den Umgang mit solchen Problemdispositionen entwickelt wird.

Generell gilt, dass Unternehmen seit der Novelle des Arbeitsschutzrechts in 2013 gesetzlich verpflichtet sind, geeignete Gefährdungsbeurteilungen vorzunehmen und hier die gesetzlichen Anforderungen mit den Möglichkeiten eines sorgfältigen Personal-Controllings zu einem insgesamt für alle Beteiligten gewinnbringenden Verhalten verbinden können. Inwiefern dies in der Praxis geschieht, hängt von verschiedenen Umständen ab. Dazu zählen u. a. eine spezifische Unternehmenskultur, die für entsprechende Belastungssituationen sensibel ist, ebenso wie die Bereitschaft von Vorgesetzten und Kollegen, füreinander Verantwortung wahrzunehmen.

6.5.4 Eine Vertiefung zur Fluktuationsquote

Fluktuationsquoten sind für Personalverantwortliche eine sehr wichtige Kennzahl. Zu unterscheiden ist dabei in eine Brutto-Fluktuationsquote, in der alle Abgänge erfasst werden, und eine bereinigte Fluktuationsquote, in der nur die arbeitnehmerinduzierten Fluktuationen (Kündigung durch Arbeitnehmer, oft als „Fluktuationsquote BDA – bedingt durch Arbeitnehmer") erfasst werden, also Kündigungen durch den Arbeitgeber, Ruhestandsregelungen und das Auslaufen befristeter Arbeitsverhältnisse herausgerechnet werden (vgl. Karle 2019).

Nun ist Fluktuation per se nicht schlecht. Sie dient zum Ausgleich von unterschiedlichen Bedarfslagen am Arbeitsmarkt, sorgt für Wissenstransfer und neue Impulse und hat nicht unerheblichen Einfluss auf Innovationen.

Ein gewisses Maß an Fluktuation ist daher sowohl betriebs- und volkswirtschaftlich sinnvoll und wünschenswert. Für Deutschland lag die Fluktuationsrate in den letzten Jahren bei 13–15 % (vgl. Statistisches Bundesamt 2018, S. 30), für Österreich bei 11 % (vgl. Deloitte 2019, S. 3). Für die Schweiz lassen sich derzeit keine branchenübergreifenden Vergleichszahlen recherchieren, auch wenn dieses Thema eine gewisse Brisanz unter den HR-Verantwortlichen besitzt (o. V. 2019b).

Allerdings können – in Abhängigkeit von Branchen und Berufsbildern gesehen – bestimmte Ausprägungen auf Probleme bei einzelnen Unternehmen oder Abteilungen hinweisen. Eine geringe Fluktuationsziffer zeigt nicht unbedingt eine hohe Zufriedenheit mit dem Unternehmen, sondern kann auch bedeuten, dass die Mitarbeiter keine Chance mehr auf dem Arbeitsmarkt sehen, weil z. B. die Wechselbarrieren zu hoch sind (Verlust von Altersversorgung, mangelnde Anerkennung von Berufserfahrung und Ausbildungen) oder aber die Berufstätigkeit keine Relevanz mehr auf dem Arbeitsmarkt mehr besitzt. Eine sehr hohe Ziffer hingegen ist in der Regel ein Indikator für eine hohe Unzufriedenheit, kann aber auch bedeuten, dass man ein im Wettbewerb gesehen zu niedriges Gehalt zahlt oder auch sehr gut ausbildet und viele Talente hat, die von den Mitbewerbern gerne abgeworben wird. Wenn z. B. einzelne Abteilungen in einem Unternehmen eine deutlich höhere Fluktuationskennziffer haben als andere Abteilungen, kann dies auch mit Führungsproblemen in der Abteilung, unattraktiven Arbeitsbedingungen oder einer falschen Bewerberauswahl zusammenhängen, wie das nachfolgende Beispiel in Abb. 6.5 aufzeigt. Soviel schon einmal vorab: Die Fluktuationsziffer ist branchenabhängig verschieden (z. B. in der Zeitarbeit, bei Verkehrsbetrieben oder im Einzelhandel deutlich höher als bei Finanzdienstleistern oder in der Automotive-Industrie) und kann auch zwischen verschiedenen Funktionen deutlich variieren (siehe auch Deloitte 2019).

In dieser Aufstellung fallen bei der Brutto-Fluktuationsquote v. a. die relativ hohen Zahlen im Bereich des Carina-Versands auf, die deutlich über dem Unternehmensschnitt liegen. Ein näherer Blick auf die bereinigten Zahlen zeigt, dass diese aber unter dem Un-

Abteilung	Anzahl MA	Austritte ges.	FQ_{brutto}	Arbeitnehmer-bedingt	FQ_{BDA}
Gesamtuntern.	502	74	14,8 %	60	11,9 %
Geschäftsführung	2	0	0,0 %	0	0,0 %
Kindergarten	120	15	12,5 %	12	10,0 %
Spielwaren	50	5	10,0 %	5	10,0 %
Joker-Z-Versand	300	40	13,3 %	35	11,7 %
Carina-Versand	80	14	17,5 %	8	10,0 %

Abb. 6.5 Fluktuationsquote im Musterunternehmen

ternehmensschnitt zu liegen scheinen, folglich also die Fluktuation v. a. durch Kündigung seitens des Arbeitgebers oder durch Auslaufen befristeter Verträge bzw. durch Eintritt in den Ruhestand induziert wird. An dieser Stelle muss eine vertiefende Analyse einsetzen: Wenn die befristeten Verträge und der Eintritt in den Ruhestand die Hauptursache sind, sollte über die Verjüngung der Personalstruktur und ggf. auch über ein Abrücken von befristeten Verträgen nachgedacht wird. Sind hingegen die Kündigungen durch den Arbeitgeber das Problem, wird man die Einstellungspraxis und -instrumente überdenken müssen – anscheinend werden die falschen Mitarbeiter ausgewählt oder auch unattraktive Anstellungsbedingungen angeboten. Mit solchen Fragen im Hintergrund kann die Fluktuationsquote in ihren beiden Ausprägungen als Brutto-Quote und als arbeitnehmerbedingte Quote zu einer wertvollen Basis für personalwirtschaftliche Entscheidungen werden.

Ihre volle Aussagekraft gewinnt die Fluktuationsquote zum einen im Vergleich mehrerer aufeinander folgender Jahre, zum anderen im Vergleich mit Kennzahlen aus anderen Unternehmen ähnlicher Größe und/oder der gleichen Branche. Im Rahmen eines kollegialen Austauschs können Personalverantwortliche ihre Ansatzpunkte und Rahmenbedingungen in die Diskussion einbringen und daraus Handlungsvorschläge entwickeln, wie man das eigene Erscheinungsbild verbessert. Aus methodischer Sicht ein wichtiger Hinweis: Bei Fluktuationsquoten ist es sinnvoll, mit der absoluten Anzahl der Mitarbeiter zu rechnen, nicht mit dem standardisierten Maß des Vollzeitäquivalents.

6.5.5 HR Analytics als Controlling-Instrument

Mit HR Analytics, oft auch als People Analytics oder Predictive Analytics bezeichnet (vgl. Edwards und Edwards 2019, S. 2; Reindl 2018; siehe auch Wickel-Kirsch und Petry 2019, S. 12 ff.), setzen Unternehmen die im Rahmen ihrer Personalverwaltung gewonnenen Daten für strategische Personalentscheidungen und die Personalplanung ein. Die Datenanalyse kann dabei sowohl auf Basis des Gesamtunternehmens als auch auf Basis einzelner Abteilungen erfolgen. Konkret geht es um (siehe auch Edwards und Edwards 2019, S. 37 ff.):

- Zusammenhänge bei Fehlzeiten und entsprechende Anpassungsmaßnahmen
- Vorhersage von Personalengpässen
- Kostenentwicklungen im Personalbereich
- Notwendiger Bedarf an Personalentwicklung
- Nicht zuletzt strukturelle Ungleichheiten, im Rahmen von Diversity-Konzepten

Durch erkennbare Gesetzmäßigkeiten können Personalengpässe oder andere problematische Ereignisse mit einem gewissen Wahrscheinlichkeitswert vorhergesagt werden. Die Unternehmensleitung kann auf dieser Basis entsprechende Vorbereitungsmaßnahmen treffen (z. B. im kurzfristigen Bereich Urlaubssperren verhängen, im mittel- bis langfristigen Bereich strategische Entscheidungen zur Personalstruktur) treffen und entsprechende

Anpassungen auf ihre Wirksamkeit hin überprüfen (vgl. Wirges et al. 2020, S. 2 ff.). Die Wirksamkeit ist eng an solide, aktuell gepflegte Daten und eine „Beurteilungskompetenz" geknüpft – Personal-Controlling wird in Zukunft mehr denn je davon abhängen, wie die Verantwortlichen die Daten des Personal-Controllings hinsichtlich ihrer Zusammenhänge und Konsequenzen durchdenken können. Ein rein an Zahlen ausgerichtetes Controllingwesen wird demzufolge eher kurzfristig Erfolge zeitigen, aber auf längere Sicht kaum Gestaltungsimpulse liefern.

6.6 Personalverwaltung und Personalakten

6.6.1 Grundsätzliche Aspekte der Personalverwaltung

Ordnungsgemäße Personalverwaltung beruht auf einer vollständigen, stets aktuellen Datenpflege, um den involvierten Führungskräften sowie ggf. weiteren Beteiligten (z. B. Betriebsrat, Arbeitnehmer selbst, Personalentwicklung) stets verlässliche Informationsgrundlagen bereitzustellen. Dies erfordert von der Personalverwaltung, alle Vorgänge sicher, zeitnah und fehlerfrei durchzuführen, z. B. die Erfassung der geleisteten Arbeitszeit und der Urlaubstage, Krankmeldungen wie auch die Meldung der Rückkehr an den Arbeitsplatz, die Abwicklung der Gehaltszahlungen und der Sonderzahlungen, das Abführen der Sozialabgaben und Steuern, die Verbuchung von Urlaubstagen, Überstunden und deren Ausgleich, die vereinbarten und durchgeführten Fortbildungsmaßnahmen etc. Auch Disziplinarmaßnahmen (aktenkundige Verweise, Abmahnungen) oder „besondere Vorkommnisse" (z. B. Gehaltspfändung) sind zu hinterlegen. Personalverwaltung wird also die gesamte Zusammenarbeit zwischen Arbeitgeber und Arbeitnehmer betreffen und beständig Bearbeitungsprozesse auslösen.

Der Arbeitnehmer ist seinerseits verpflichtet, bei der Erfassung der Arbeitszeit und von Tagen der Arbeitsunfähigkeit mitzuwirken sowie weitere relevante Daten unverzüglich zu übermitteln, z. B. Änderungen in der Wohnanschrift, der Kontoverbindung oder der Steuerklasse, womit Arbeitsprozesse der Personalverwaltung ausgelöst werden. Ergebnisse eignungsdiagnostischer Verfahren können ebenso Eingang finden, als Basis für die Personalentwicklung. Nicht zuletzt werden sich Bewerbungsunterlagen in einer Personalakte finden.

Eine ordnungsgemäße Aktenführung hilft, verlässliche Planungs- und Steuerungsdaten bereitzustellen und konkrete personelle Maßnahmen zu treffen, z. B. Gewährung von Fortbildungsmaßnahmen oder Zulagen für bestimmte Maßnahmen oder auch Beförderungen und Versetzungen. Es dürfte außerdem naheliegen, dass Vorgesetzte sich im Rahmen von Personalbeurteilung und Führungsgesprächen eigene Notizen machen, die zu einer Art „Nebenakte" führen können.

Jede Form von Datenverarbeitung unterliegt den Bestimmungen des Datenschutzes. Insofern sind die mit der Bearbeitung betrauten Personen auf die Beachtung des Datenschutzes zu verpflichten und regelmäßig zu unterweisen. Das Einverständnis des Arbeitnehmers zur Datenverarbeitung ist zwingend einzuhalten. Allerdings scheint dies eine pro-forma-Pflicht zu sein, denn ohne Datenverarbeitung wird sich die Beschäftigung kaum durchführen lassen. Nicht zuletzt ist im Rahmen des Datenschutzes festzulegen, welche Berechtigungskreise welche Aktenteile einsehen dürfen – Vorgesetzte sollten sich z. B. durchaus über die Ergebnisse der Eignungsdiagnostik oder über absolvierte Fortbildungen informieren können. Ob sie aber auch Kenntnis zu einer Gehaltspfändung erhalten sollten, darf angezweifelt werden.

6.6.2 Der Prozess der Personalverwaltung

Der Prozess der Personalverwaltung basiert zumeist auf genau definierten Arbeitsschritten, um Fehler auszuschließen und um gesetzlichen und betrieblichen Anforderungen zu genügen. Neben strategischen Elementen wie der Personalplanung oder allgemeinen operativen Arbeitsschritten wie der Zusammenarbeit mit dem Betriebsrat oder der Organisation betrieblicher Sozialleistungen und -einrichtungen (z. B. Betrieb einer Kantine) bewirken verschiedene Berührungspunkte Arbeitsprozesse in der Personalverwaltung:

- Stellenausschreibung und Stellenbesetzungen: Erstellen der Stellenausschreibung, Sichtung und Beurteilung von Bewerbungsunterlagen, verschiedene Auswahlverfahren, Vertragsabschluss
- Einstieg von Arbeitnehmern, auch „Onboarding" genannt: Aufnahme von persönlichen, Steuer- und Sozialversicherungsdaten, ggf. einen Gesundheits-Check (insb. bei minderjährigen Mitarbeitern sowie bei Mitarbeitern mit besonderen Belastungsdispositionen vorgeschrieben), Einarbeitungsplanungen, Ausstellen eines Betriebsausweises, ggf. Aushändigung von betrieblichen Unterlagen und persönlicher Schutzausstattung oder Durchführen einer Sicherheitsunterweisung usw.
- „laufende Vorgänge", z. B. Zeiterfassung und -auswertung, Erfassung von AU-Tagen, Auszahlung von Gehalt und Sonderleistungen, Erfassung von Urlaubstagen und Fortbildungsmaßnahmen, Gewährung von Freistellungen bzw. Sabbaticals oder Elternzeiten, personelle Einzelmaßnahmen (z. B. Abmahnungen, Wiedereingliederung nach längerfristigen Erkrankungen im Rahmen des Betrieblichen Eingliederungsmanagements), Versetzungen und Beförderungen, Erfassen besonderer Schutzrechte (z. B. Mutterschutz, Schutz bei Einschränkungen nach SGB IX, Schutzrechte aus Mitgliedschaft im Betriebsrat bzw. in der Jugend- und Auszubildendenvertretung usw.)
- Freisetzung: Abmeldung bei Sozialversicherungen und Finanzamt, Erstellen eines Zeugnisses, Auszahlung von Abfindungen und Ausgleichszahlungen für nicht genommene Überstunden/Urlaubstage

Wie bereits erwähnt, laufen im Hintergrund weitere personalwirtschaftliche Prozesse. Diese umfassen strategische Entscheidungen (Planung mit einem bestimmten Personalstand, Notwendigkeiten zu Fortbildungen aufgrund neuer Arbeitstechnik oder Produktionslinien), die Erstellung und das Nachverfolgen des Personalbudgets, Entscheidungen über die Unterstützung durch bestimmte Informationstechnik, Ausgestaltung von betrieblichen Sozialleistungen und -einrichtungen (Kantine, Kinderbetreuung, ...), Einsatz von externen Personaldienstleistern usw. Entsprechend des Umfangs an Mitarbeitern und den Eigenarten der Beschäftigung wird dafür eine bestimmte Organisation der Personalverwaltung und eine bestimmte Anzahl an Mitarbeitern in der Personalverwaltung benötigt, was in Abschn. 6.8 noch vertieft wird. Dabei entsteht durch die Digitalisierung vieler Arbeitsprozesse („workflow") auch die Möglichkeit erheblicher Einsparungen, was in Abschn. 6.9. aufzugreifen ist.

6.6.3 Die Gefährdungsbeurteilung als Aufgabe der Personalverwaltung

Arbeitsplätze sind je nach ihrer Einrichtung und ihren Arbeitsabläufen mit bestimmten Gefahrenquellen verbunden, die sich auf die Gesundheit und das Leben des Arbeitnehmers auswirken können. Im Rahmen der Fürsorgepflichten des Arbeitgebers obliegt es dem Unternehmen, hier eine angemessene Gefährdungsbeurteilung vorzunehmen und sinnvolle Maßnahmen zur Gefahrenabwehr zu betreiben (§§ 3–5 ArbSchG, in Österreich § 3 ff. ArbSchuG, in der Schweiz Art. 6, 35, 36a ArbG). Der Gesundheitsschutz bezieht sich dabei sowohl auf akute Gefährdung (z. B. durch ungesicherte Arbeitsmaterialien, Unfallgefahrenstellen oder austretende Gefahrstoffe) als auch auf längerfristige Gefährdungen (z. B. aufgrund erhöhter Lärm-, Staub- oder Wasserbelastung, ungünstiger Lichtverhältnisse oder anderweitiger latenter Gefährdungen). Gefährdungen der Gesundheit können dabei sowohl die körperliche Unversehrtheit (Verletzungen, Herz-Kreislauferkrankungen, Erkrankungen des Gehörs oder des Atmungsapparates) als auch die mentale Gesundheit betreffen, die sich in Suchverhalten, Depressionen, dysfunktionalen Verhaltensweisen u. ä. niederschlägt (vgl. Gruber et al. 2018, S. 5 ff.; Neuner 2019, S. 22 ff.; Schneider 2017, S. 5 ff.).

Als weitere Instanzen im Hintergrund dienen die Unfallversicherungsträger (in Deutschland oft als „Berufsgenossenschaften" bekannt) sowie weitere Aufsichtsbehörden. Dies kann im Rahmen der Hygieneaufsicht eine Landesbehörde sein. Von daher sind Unternehmen gehalten, die gegebenen Vorschriften einzuhalten und ihre Mitarbeiter auf die Einhaltung der Arbeitsschutzvorgaben zu verpflichten.

6.6.4 Der Mutterschutz als Aufgabe der Personalverwaltung

Bei jährlich ca. 170.000 Meldungen nach dem Mutterschutzgesetz allein in Deutschland (vgl. Statistisches Bundesamt 2013, S. 5) ist die Erfüllung der Schutz- und Informationspflichten eine alltägliche Aufgabe in der Personalverwaltung. Die Darstellung folgt dem deutschen Recht, wobei in Österreich MSchG) und in der Schweiz (MuSchVO i. V. m. mit Art. 62 f. ArbG vergleichbare Regelungen vorliegen.

6.6 Personalverwaltung und Personalakten

Die Pflicht zur Information obliegt nach § 15 i. V. m. § 27 MSchG zunächst einmal der schwangeren Person selbst, da ansonsten der Arbeitgeber keine Schutzmaßnahmen ergreifen und seinerseits die gesetzlich vorgesehenen Stellen informieren kann. Die Schwangere hat hierbei insbesondere über den voraussichtlichen Termin der Entbindung sowie sonstige relevante Umstände (z. B. ärztliche Anordnungen über besondere Vorsichtsmaßnahmen, § 16 MSchG) zu informieren. Daraufhin hat der Arbeitgeber zum einen Aufsichtsbehörden zu informieren und zum anderen die Arbeitsbedingungen entsprechend der Situation anzupassen, z. B. die Schwangere nicht mehr in der Nacht bzw. sonn- und feiertags zu beschäftigen (§ 4 ff. MSchG). Beim Umgang mit Biostoffen (d. h. menschlichen und tierischen Ausscheidungen und Produkten, nach Biostoffverordnung) oder Gefahrstoffen oder anderweitig gefährlichen Umständen ist die betroffene Arbeitnehmerin sofort vom Dienst freizustellen bzw. in andere Arbeitsbereiche zu versetzen, die keine relevante Gefährdung beinhalten. Hier hat der Arbeitgeber die Möglichkeit, nach § 4 MSchG ein generelles Beschäftigungsverbot auszusprechen. Zudem sind Räume zum Rückzug für zusätzlichen Erholungsbedarf zu ermöglichen. Inwiefern diese Regeln auch von Betroffenen als zu starr und wenig sinnvoll eingeschätzt werden (siehe Statistisches Bundesamt 2013, S. 11 f.), ist an dieser Stelle nicht zu diskutieren.

Die Mitteilungspflichten des Arbeitgebers wiederum umfassen:

- Information an den Betriebsarzt, zur Stellungnahme (sofern vorhanden)
- Definition der Freistellungszeit
- Der Umgang mit den Schutzmaßnahmen und vor allem die Organisation von Ersatzkräften für die ausfallende Zeit stellt Unternehmen vor einen nicht unerheblichen Aufwand (vgl. Statistisches Bundesamt 2013).

Auch nach Rückkehr an den Arbeitsplatz können Mütter besondere Rechte wahrnehmen, z. B. eine angemessene Freistellung zum Stillen (§ 7 MSchG) oder aber eine Freistellung für einen gewissen Zeitraum, im Rahmen der Elternzeit (gemäß Bundeselternzeit- und Erziehungsgeldgesetz).

In der Praxis zeigen sich verschiedene Formen des Umgangs mit diesen besonderen Schutzrechten. In einigen Fällen finden die Betroffenen weitreichende Unterstützung, die auch im Hinblick auf die besonderen Belastungen in dieser Zeit gerechtfertigt ist. Handelt es sich bei der Arbeitnehmerin um hochqualifizierte oder anderweitig besonders wichtige Personen, finden sich auch immer wieder kreative Lösungen im Umgang mit der Situation, die von selbstverständlichen Home-Office-Regelungen über die Vermittlung von Kindertagesstätten bis hin zu „Mutter-und-Kind-Arbeitsplätzen" oder der Kinderbetreuung durch studentische Aushilfen reichen. In anderen Unternehmen wird die Unternehmensführung bzw. werden die Vorgesetzten und Kollegen insbesondere die zusätzlichen Belastungen für die betrieblichen Abläufe sehen, die aus der Rücksichtnahme entstehen. Von daher kann es in diesen Fällen auch dazu kommen, dass berufstätigen Müttern Arbeitsmodelle angeboten werden, die Karriereoptionen von vornherein begrenzen (siehe vertiefend Dembowski 2018; Lott und Eulgem 2019) oder aber eine Beendigung der Mitarbeit anstreben. Hier steht das Funktionieren im Sinne der aktuellen Prozesse im Vordergrund. Ob dies sozial sinnvoll ist, sei einmal dahingestellt. In volkswirtschaftlicher Hinsicht erscheint dies eher als kurzsichtig.

Jedenfalls lässt sich an dieser Stelle festhalten, dass insbesondere qualifizierte Mitarbeiterinnen mit einer herausragenden Stellung am Arbeitsmarkt dieses vermutlich sehr genau beobachten werden und daraus auch ihre Schlüsse ziehen, bezüglich der Wahl der Arbeitgeber oder auch hinsichtlich der Neigung, überhaupt eine Mutterschaft in Betracht zu ziehen (siehe auch o.V. 2020c). Jedenfalls scheinen Unterstützungsangebote, in erster Linie eine verlässliche Kinderbetreuung, durchaus Wirksamkeit zu entfalten, was die Verbindung von Berufstätigkeit und Karrierebereitschaft mit einer Elternschaft betrifft (vgl. Buchhorn 2014; Budras 2020). Zudem sollte auch überlegt werden, welche Erwartungen und Beitragsmöglichkeiten an dieser Stelle Väter haben (siehe BMFSFJ 2018, S. 11 ff.), was nach Dafürhalten des Autors in der bisherigen Diskussion eine deutlich zu geringe Rolle spielt. Auch dies wird Konsequenzen für die betriebliche Personalwirtschaft haben.

6.6.5 Das Betriebliche Gesundheitsmanagement

Als Betriebliches Gesundheitsmanagement – gerne mit BGM abgekürzt – werden alle Maßnahmen verstanden, die auf die Gesunderhaltung der Mitarbeiter im Betrieb und für die Arbeitsfähigkeit allgemein abstellen. Im Kern geht es um die Erhaltung und möglichst auch Steigerung der Beschäftigungsfähigkeit des Arbeitnehmers (siehe auch Rowold 2015, S. 111 ff.). Es beruht auf drei Säulen (vgl. Uhle und Treier 2019, S. 35 ff.):

- Dem Arbeitsschutz, einer gesetzlichen Pflicht sowohl für Arbeitgeber als auch Arbeitnehmer (im Sinne einer betrieblichen Einrichtung und Ausstattung, die keine übermäßige Gefährdung von Arbeitnehmern ausübt, z. B. durch Schutzeinrichtungen bei gefährlichen Tätigkeiten, Unterstützungstechnik bei körperlich anspruchsvollen Tätigkeiten, Schutz vor übermäßiger Belastung durch Lärm, Staub, Kälte bzw. Hitze und Nässe)
- Dem Betrieblichen Eingliederungsmanagement („BEM"), einem für Arbeitgeber verpflichtenden Angebot an Arbeitnehmer, die längere Zeit arbeitsunfähig waren und entsprechend ihrer Belastbarkeit mit geeigneten Arbeitszeitmodellen, Arbeitsorten und weiteren Elementen schrittweise wieder an die reguläre Arbeitsleistung hingeführt werden sollen; der Arbeitnehmer kann daran teilnehmen, ist aber prinzipiell nicht verpflichtet, riskiert aber auch bei einem erfolglosen Eingliederungsverhalten eine personenbedingte Kündigung
- Der betrieblichen Gesundheitsförderung („BGF"), die alle freiwilligen und zusätzlichen Angebote des Arbeitgebers umfasst, um die Gesunderhaltung der Arbeitnehmer zu unterstützen

Diese drei Säulen werden in der Abb. 6.6 skizziert.

	Arbeitsschutz	Betriebliches Eingliederungsmanagement (BEM)	Betriebliche Gesundheitsförderung (BGF)
Verbindlichkeit	• Pflicht für Arbeitgeber und für Arbeitnehmer • Überwachung durch Unfallversicherung	• Pflicht für Arbeitgeber • Beteiligung des Arbeitnehmers ist freiwillig, Arbeitnehmer kann Betriebsrat hinzuziehen	• Freiwilliges Angebot durch den Arbeitgeber • Ergänzende Angebote von Krankenkassen und freien Beratern
Strukturelle Voraussetzungen	• Arbeitsschutzgesetz • Verhältnisse müssen „sicher" sein • Verhalten des Arbeitnehmers entscheidet über Wirksamkeit • Überwachung durch betrieblich Beauftragte und Unfallversicherungsträger	• Verhalten des Arbeitgebers: Vorgesetzte müssen BEM anbieten • Verhalten des Arbeitnehmers: kann Angebot wahrnehmen und ggf. auch Betriebsrat hinzuziehen • Missachtung kann personenbedingte Kündigung nach sich ziehen	• Führung basiert auf „gesundem Verhalten am Arbeitsplatz und ggf. auch außer Haus" • Angebote im Haus oder bei Partnern, die auch bekannt sind und akzeptiert werden • Mitarbeiter müssen die Angebote wahrnehmen und Verhaltensweisen umsetzen
Finanzierung	• Durch Arbeitgeber	• Durch Arbeitgeber	• Kann durch Beiträge des Arbeitgebers, der Arbeitnehmer und von Krankenkassen finanziert werden
Prozesse	• Regelmäßige Prüfungen • Anlassbezogene Prüfungen (z. B. nach Arbeitsunfällen) • Sicherheitsunterweisungen der Arbeitnehmer • Vorgesetzte fordern Beachten der Unfallverhütungsvorschriften ein	• Rückkehrgespräche, ggf. auf Basis eines Leitfadens • Unterstützungsangebote, ggf. auch Angebot eines anderen Arbeitsplatzes im Unternehmen, im Rahmen der Möglichkeiten	• Angebote im Unternehmen zur Gesundheitsförderung • Verhaltensweisen entsprechend der Gesundheitsförderung • Führungskultur lebt „gesundes Arbeiten" vor
Ergebnisse	• Unfallzahlen, Arbeits-/Berufsunfähigkeit	• Wiedereingliederungsquoten • Anzahl personenbedingter Kündigungen nach Erkrankungen	• Mitarbeiterbindung • Mitarbeiterzufriedenheit • Anzahl der Arbeitsunfähigkeits-Tage • Dauerhafte Arbeitsfähigkeit

Abb. 6.6 Die drei Säulen des betrieblichen Gesundheitsmanagements (eigene Erstellung)

Beispiele für besonders belastende Faktoren sind:

- Arbeitsplatz und Arbeitsumgebung, die nicht ausreichend ausgestattet sind, mit technisch fehlerhaften oder ergonomisch ungünstigen Mitteln ausgestattet sind oder auch besondere Belastungselemente wie Lärm, Staub, Schmutz, Feuchtigkeit, Hitze oder Kälte beinhalten
- Arbeitsaufgaben, die unvollständig übertragen oder mangelhaft erklärt werden, keinen ausreichenden Handlungsspielraum beinhalten oder auch eine emotionale Überbeanspruchung darstellen (z. B. häufiger Kontakt mit unzufriedenen Kunden, Anhalten zu moralisch fragwürdigen Verhaltensweisen)
- Arbeitsorganisation mit umständlichen, redundanten Arbeitsweisen, erheblichem Zeitdruck, permanenten Störungen, fehlender Kommunikation bzw. Kooperation mit Kollegen und Vorgesetzten, ständig wechselnde Arbeitszeiten und Arbeitsorte; insbesondere durch eine Vielzahl digitaler Arbeitsinstrumente, die Arbeitnehmer einer übermäßigen Informations- und Entscheidungsflut aussetzen (vgl. Ivanov 2020)
- Soziale Aspekte generell, wie fehlende Kommunikation und Kooperation, inadäquates Führungsverhalten, fehlende Sozialkontakte, ungenügende Kultur und Anerkennung durch Kunden bzw. Vorgesetzte

Diese Gefährdungsfaktoren können nicht immer abgeschafft werden, sollten aber aufgabengerecht analysiert und mit geeigneten Maßnahmen bearbeitet werden. Entsprechend der Hinweise in der Abb. 6.6 wird deutlich, dass Betriebliches Gesundheitsmanagement auf einer entsprechenden Unternehmens- und Führungskultur beruht, die einen angemessenen Ausgleich zwischen Leistung, Einsatz und Erholung bzw. Ausgleich sucht. Neben verschiedenen Angeboten, die sich an den Interessen der Arbeitnehmer ausrichten sollten, zählt auch der Wille der Unternehmensleitung, das Thema Gesundheit als essentiell für die Mitarbeiterbindung und -motivation anzusehen. Genauso ist aber auch die Bereitschaft und Selbstdisziplin der Belegschaft ein wichtiger Erfolgsfaktor – weder die verpflichtenden noch die freiwilligen Angebote entfalten ihre Wirkung, wenn die Arbeitnehmer nicht zur Mitwirkung bereit sind. Die Folgen einer ungenügenden Beachtung sind immens, die entsprechenden Studien gehen von einem volkswirtschaftlichen Schaden in zweistelliger Milliardenhöhe aus (vgl. Meyer et al. 2019, S. 413 ff.).

6.7 Personalfreisetzung und Alternativen

6.7.1 Die Grundlagen der Personalfreisetzung

Als Personalfreisetzung wird jede Art der Freistellung von Arbeitnehmern bezeichnet, wenn der Arbeitgeber im Rahmen einer unternehmerischen Entscheidung beschließt, sich von Personen zu trennen bzw. für eine gewisse Zeit auf die Mitarbeit zu verzichten. Generell gilt: Die Freistellung kann betriebliche Gründe haben (Rationalisierung, nachlassende

6.7 Personalfreisetzung und Alternativen

Nachfrage, Stilllegung von Betriebsteilen), aber auch Gründe, die mit der Leistungsfähigkeit bzw. mit bestimmten Verhaltensweisen des Arbeitnehmers zu tun haben. Selbstredend kann ein Arbeitnehmer auch seinerseits das Arbeitsverhältnis beenden, wenn er mit den Anstellungsbedingungen nicht zufrieden ist oder anderweitige Dispositionen getroffen hat.

Für die Freistellung kann der Betrieb auf verschiedene Optionen zugreifen:

- Abbau von Arbeitszeit (arbeitsvertragliche Kürzung von Arbeitszeit, Vereinbarung von Teilzeitarbeit, Anmelden von Kurzarbeit, Anordnung von bezahltem Urlaub, Gewährung von unbezahltem Urlaub; Altersteilzeitregelungen)
- Abbau von Arbeitsplätzen ohne Kündigung (Einstellungsstopp, Auslaufenlassen von befristeten Arbeitsverträgen, Abbau von Zeitarbeit, Aufhebungsverträge und Veräußerung von Unternehmensteilen)
- Abbau von Arbeitsplätzen mit Kündigung (betriebsbedingte Kündigungen)

Zentrale Fragen aus Arbeitgebersicht sind dabei immer:

- Wie schnell wirken die einzelnen Maßnahmen?
- Welche Kosten sind damit verbunden (z. B. für Abfindungen)?
- Wie gut wird die Maßnahme von den Betroffenen und der Gesellschaft akzeptiert?
- Gibt es ggf. auch staatliche Unterstützungsleistungen, z. B. im Rahmen einer Transfer- und Qualifizierungsgesellschaft nach § 110 f. SGB III?

Generell wird der Frieden im Unternehmen eher erhalten werden, wenn der Abbau von Arbeitszeit bzw. der Abbau von Arbeitsplätzen ohne Kündigung gewählt wird. Auch dürften Kurzarbeit und Teilzeitregelungen sinnvoll sein, wenn man hochqualifizierte Kräfte halten will, um für einen möglichen Wiederaufschwung nicht mühsam Personal rekrutieren und qualifizieren zu müssen, wie es z. B. der Triebwerkshersteller MTU GmbH in der Corona-Krise bevorzugt (vgl. Koenen 2020, S. 23). Andererseits können wirtschaftliche Schieflagen umfassendere Maßnahmen erfordern. Gerade in Zeichen der Coronakrise und den damit verbundenen Konjunktureinbußen werden in vielen Großunternehmen vier- bis fünfstellige Mitarbeiterzahlen abgebaut (siehe auch Beeger 2020; Mersch und Merx 2020, S. 18 ff.) Im Mittelstand werden die absoluten Zahlen pro Unternehmen deutlich geringer sein, über die enorme Anzahl an KMU gesehen kommt man auf ähnliche Werte. In der Berichterstattung dominieren dabei die Folgen für die betroffenen Mitarbeiter, was durchaus seine Berechtigung hat, da der Arbeitnehmer zunächst einmal seinen Arbeitsplatz mit der regelmäßigen Gehaltszahlung, den zusätzlichen Leistungen (insbesondere ein Dienstwagen und ähnliche Statussymbole) und auch oft genug seine Selbstbestätigung, sein soziales Netzwerk und damit seine persönliche Existenz in Frage gestellt bekommt. Der guten Ordnung halber ist eine Kündigung oft genug auch für die meisten Vorgesetzte keine einfache Angelegenheit, da sie durchaus um diese Umstände wissen (siehe auch Scheppe et al. 2020).

6.7.2 Die Anlässe einer Kündigung

Wie bereits zu Eingang des Abschn. 6.7 genannt, gibt es verschiedene Anlässe für eine Kündigung durch den Arbeitgeber (wie auch durch den Arbeitnehmer). Neben dem Auslaufenlassen eines befristeten Vertrags bzw. dem Eintritt in den Ruhestand sind die drei Formen (siehe auch Herms 2018, S. 31 ff.):

- **Betriebsbedingt**: der Betrieb sieht keine Möglichkeit mehr für eine wirtschaftlich sinnvolle Beschäftigung des Arbeitnehmers, wobei hier ggf. auch Kriterien der Sozialauswahl zu beachten sind
- **Personenbedingt**: der Arbeitnehmer ist aufgrund seiner Disposition nicht oder nicht mehr in der Lage, die vereinbarte Leistung zu erbringen (bspw. ein Verkehrspilot verliert das Augenlicht, ein Bäcker kann aufgrund einer Mehlstaublunge nicht mehr in der Backstube arbeiten, ein Orchestermusiker verliert sein Gehör)
- **Verhaltensbedingt**: der Arbeitnehmer hat in seinen Verhaltensweisen das Vertrauen des Arbeitgebers verspielt (z. B. durch Diebstahl oder vorsätzliche Beschädigung von Firmeneigentum) oder durch Verhaltensweisen den betrieblichen Frieden nachhaltig gestört (z. B. tätlicher Angriff auf Kollegen); eine verhaltensbedingte Kündigung kann ein Arbeitnehmer seinerseits auch aussprechen, wenn der Arbeitgeber wesentliche Pflichten vernachlässigt, z. B. die fortgesetzte Nichtauszahlung von Gehalt oder das untätige Zusehen bei Mobbing und anderen persönlichen Attacken durch Kollegen bzw. Vorgesetzte

Regelmäßig sind arbeitsvertraglich vereinbarte Kündigungsfristen einzuhalten. In dieser Zeit sollte der Arbeitnehmer vom Arbeitsrecht her weiterbeschäftigt werden, damit dieser seine Arbeitsmarktfähigkeiten nicht verliert. Für Maßnahmen der Arbeitssuche (z. B. Vorstellungsgespräche) hat der Arbeitnehmer ein Recht auf Freistellung und auf Nutzung arbeitsvertraglich zugesicherter Leistungen, z. B. die private Nutzung eines Dienstwagens. Allerdings kann in den Fällen, in denen eine Fortsetzung des Arbeitsverhältnisses nicht mehr zumutbar ist, ergänzend eine fristlose Kündigung ausgesprochen werden mit der Wirkung der sofortigen Freistellung.

Aus personalwirtschaftlicher Erfahrung heraus wird unabhängig von solchen arbeitsrechtlichen Feinheiten bevorzugt eine sofortige Freistellung angestrebt, unter Anrechnung von Überstunden und verbliebenen Arbeitstagen. Zum einen wirkt hier die Befürchtung, dass der Arbeitnehmer aus Rache heraus vielleicht Schädigungen vornimmt (z. B. die Installation eines Schadvirus im EDV-System), zum anderen ist den meisten Personalverantwortlichen bekannt, dass ein gekündigter Mitarbeiter in der Regel derart emotional angegriffen ist, dass eine hochwertige Arbeitsleistung kaum noch zu erwarten ist und womöglich auch noch Kollegen mit der eigenen Stimmungslage konfrontiert, mit allen Folgen für das Betriebsklima. Von daher kann man auch sofort auf die Arbeitsleistung verzichten.

Für den Arbeitgeber gilt beim Aussprechen einer Kündigung ein Prüfschema, das über die rechtliche Wirksamkeit entscheidet:

6.7 Personalfreisetzung und Alternativen

- Welcher Anlass, welcher Grund besteht für die Kündigung, und hat dieser bei einer arbeitsrechtlichen Auseinandersetzung Bestand?
- Hat der Arbeitnehmer besondere Schutzrechte (Mutterschutz, Jugendschutzrechte, Behindertenschutzrechte)?
- Gibt es Fristen, die zu beachten sind (insbesondere Kündigungsfristen)?
- Gibt es Alternativen, und wenn ja, warum wurden diese verworfen?
- Wurde der Betriebsrat konsultiert und liegt dessen Stellungnahme vor? Ist bei Mitarbeitern mit Beeinträchtigungen auch die Hauptfürsorgestelle gefragt worden?
- Wie kann der rechtswirksame Zugang sichergestellt werden?

Das Missachten einer dieser Punkte kann zu einer Unwirksamkeit der Kündigung oder zumindest aber zu einer längeren arbeitsgerichtlichen Auseinandersetzung führen.

6.7.3 Die Änderungskündigung

Eine Veränderung der arbeitsvertraglich vereinbarten Rahmenbedingungen, insbesondere der Gehaltshöhe und/oder der Beschäftigungsinhalte und Beschäftigungsorte, stellt eine Abänderung des Arbeitsvertrags dar und darf prinzipiell nur im Einvernehmen erfolgen. Sind Vorteile für den Arbeitnehmer damit verbunden (z. B. Beförderungen und damit einhergehend höheres Gehalt), wird dies in der Regel kaum auf Ablehnung stoßen. Sind hingegen Verschlechterungen (Gehaltskürzungen, Einschränkungen in den Zuständigkeiten, Verlagerung des Arbeitsortes an einen weiter entfernten Ort) enthalten, wird der Arbeitnehmer hier vermutlich nicht gleich zustimmen. Allerdings kann es in bestimmten Fällen vorkommen, dass einem Arbeitnehmer, dem eine betriebsbedingte Kündigung bevorsteht, eine Alternative im Haus angeboten wird, zu schlechteren Anstellungsbedingungen. In dieser Kombination spricht man regelmäßig von einer „Änderungskündigung" (siehe Halfwassen 2020). Gründe hierfür können veränderte betriebliche Anforderungen und Abläufe ebenso sein wie Änderungen in der Leistungsfähigkeit eines Mitarbeiters (ein Produktionsmitarbeiter verliert durch einen selbst verschuldeten Arbeitsunfall eine Hand, womit er für die Tätigkeit nicht mehr geeignet ist). Der Arbeitnehmer soll aber mit Rücksicht auf seine Situation oder auch seine Verdienste um das Unternehmen oder ein vielleicht vorhandenes Spezialwissen nicht einfach freigesetzt werden. Vielmehr möchte man ihm ermöglichen, auch weiterhin im Unternehmen arbeiten zu können.

Grundsätzlich wird man hier eine Kündigung aussprechen, verbunden mit dem Angebot der Weiterbeschäftigung zu anderen Konditionen. Der Arbeitnehmer hat eine Frist von drei Wochen, dieses Angebot anzunehmen oder die Kündigung zu akzeptieren. Auch hierbei ist der Betriebsrat vorab zu hören (siehe auch Molkenbur 2012).

6.7.4 Die Durchführung eines Kündigungsgesprächs

Kündigungsgespräche sind für alle Beteiligten eine emotionale Herausforderung, bei denen die Reaktion des Betroffenen selten vorhersehbar ist. In der Ratgeberliteratur wie auch in der betrieblichen Praxis haben sich aber fünf verschiedene „typische Verhaltensweisen" herauskristallisiert, die sich aus Sicht des Vorgesetzten mit bestimmten Reaktionen beantworten lassen, wie in Abb. 6.7 verdeutlicht wird

Generell sollten Kündigungsgespräche nicht allzu lange gestaltet werden und möglichst auch frei von so genanntem Small Talk bleiben. Ein Richtwert von 10–15 Minuten kann als üblich angesehen werden. Zudem gehört es zur Fairness, die zugesicherten Leistungen (Zeugnis, abschließende Gehaltsabrechnung, ggf. Zahlung einer Abfindung) zeitnah zu erfüllen.

Für betroffene Mitarbeiter gilt es nach einer Kündigung zu überlegen, welche Schritte rasch zu einer dauerhaft zufriedenstellenden Berufstätigkeit führen können. Dazu gehören:

Verhaltensweise des Mitarbeiters	Sinnvolle Reaktionsmöglichkeiten des Vorgesetzten	Weitere Handlungsempfehlungen
Freude, Euphorie („endlich kann ich Euren Sch … laden verlassen!")	Bestätigung der Kündigung, Bitte um Unterschrift auf Kopie des Kündigungsschreibens	Positiven Ausstieg suchen
Wenig überrascht, da bereits Abmahnung vorliegt	Bestätigung der Kündigung, Bitte um Unterschrift auf Kopie des Kündigungsschreibens	Ggf. Frage „Was werden Sie jetzt machen?" Möglicherweise folgt Kündigungsschutzklage – entsprechend das Gespräch dokumentieren
Schweigen	Rückfrage, ob der Inhalt verstanden wurde, ggf. Bitte um Gegenzeichnung der Kündigung und Aufforderung zum Gehen	Sofern Arbeitnehmer trotzdem im Raum bleibt, Raum verlassen und Arbeitnehmer durch Werkschutz oder andere geeignete Kräfte entfernen lassen
Appell an Mitgefühl, in Verbindung mit der Bitte, die Kündigung nochmals zu überdenken	Hart und klar bleiben, keine Möglichkeit im Betrieb offerieren, keinen Verhandlungsraum öffnen	Sofort freistellen
Flucht, evtl. mit anschließender Krankmeldung	Aktennotiz anfertigen, Kündigung schriftlich durch Boten der Firma zustellen lassen	Krankmeldung könnte erfolgen, um Aufschub zu gewinnen, auf alle Fälle Zustellung durch Zeugen absichern

Abb. 6.7 Empfehlungen zu den Verhaltensweisen in Kündigungsgesprächen (eigene Erstellung)

- Eine Bestandsaufnahme zur aktuellen Situation, mit einer Definition eigener Stärken, Kompetenzen und Qualifikationen, und ihr Abgleich mit der Arbeitsmarktlage, hinsichtlich der Bedürfnisse zukünftiger Arbeitgeber
- Der Überlegung, was an der bisherigen Tätigkeit bzw. Branche interessant und erfüllend war und demzufolge auch in einer neuen Tätigkeit gegeben sein sollte
- Die Überlegung, welche Gehaltsforderungen und sonstigen Anstellungsbedingungen bei der gegebenen Arbeitsmarktlage durchsetzbar sind, z. B. anhand von online recherchierbaren Gehaltsvergleichen
- Die Aktivierung des eigenen Netzwerkes (z. B. andere Mitglieder von Berufsverbänden, Kontakte und „Kontakte von direkten Kontakten" in Social Media-Netzwerken wie xing, LinkedIn und Experteer), wo sich Beschäftigungschancen bieten – einer Faustregel zufolge werden zwei Drittel der Stellen nicht über offene Ausschreibungen vergeben, sondern über Kontakte und Begegnungen; bis hin zum Besuch von Branchenveranstaltungen mit Direktansprache von interessanten Arbeitgebern
- Die Frage, in welcher Form ein Ortswechsel in Frage kommt, wenn man am aktuellen Wohn- bzw. Beschäftigungsort keine weitere Perspektive erkennt, und in welcher Form die Familie diesen Schritt mittragen wird
- Eventuell auch dier Überlegung, ob der Gang in die Selbständigkeit einen Ausweg aus der Situation anbieten könnte

Was sich auf dem Papier logisch und strukturiert präsentiert, ist in der Praxis allerdings für Betroffene deutlich schwerer zu handhaben. Eine Kündigung bedeutet für viele zunächst einmal den Verlust von Perspektiven, Sozialbeziehungen, Gehalt und Selbstbestätigung, was ähnlich dem Verlust eines nahen Angehörigen verarbeitet werden muss, mit einer Phase der Trauer und einer Phase der Neuorientierung. Hierbei können externe Coaches und Beratungsangebote hilfreich sein, wie man in Abschn. 6.7.7 zum Outplacement erkennt.

6.7.5 Die Mitwirkung der Arbeitnehmervertretung in der Personalfreisetzung

Bei den verschiedenen personalwirtschaftlichen Maßnahmen haben Arbeitnehmervertretungen, gemeinhin als Betriebsrat bekannt (im öffentlichen Dienst Personalrat, in der Wohlfahrtspflege und den Kirchen Mitarbeitervertretung genannt), in verschiedenem Umfang Mitwirkungsrechte. Diese reichen von Informations- und Vorschlagsrechten bis hin zu dem Recht, die Zustimmung zu bestimmten betrieblichen Entscheidungen als Basis für ihre Wirksamkeit zu geben oder zu verweigern.

Generell ist davon auszugehen, dass der Betriebsrat bei Kündigungen aller Art zu hören ist und die Stellungnahme dem Arbeitnehmer mit der Kündigung zuzuleiten ist. Eine Kündigung des Arbeitnehmers ohne vorhergehende Anhörung ist unwirksam, entsprechend ist bei Existenz eines Betriebsrates die Stellungnahme beizufügen. Eine arbeitsgerichtliche

Auseinandersetzung im Anschluss kann für den Arbeitnehmer insbesondere dann Erfolgsaussichten versprechen, wenn der Betriebsrat die Kündigung als nicht gerechtfertigt ansieht. Hingegen wird man bei gravierendem Fehlverhalten des Arbeitnehmers durchaus von einer Billigung durch den Betriebsrat ausgehen können.

Bei einer größeren Anzahl an betriebsbedingten Kündigungen hat der Betriebsrat zudem die Möglichkeit, an den Kriterien der „sozial ausgewogenen Auswahl" sowie den Unterstützungsleistungen für die zu kündigenden Mitarbeiter (z. B. Höhe der Abfindung, Einrichtung einer Auffanggesellschaft nach § 110 f. SGB III) mitzuwirken. Hierbei gilt es, einen Kriterienkatalog aufzustellen, welche Mitarbeiter besondere Schutzbedürfnisse haben, z. B. wegen schwieriger Vermittelbarkeit auf dem Arbeitsmarkt oder besonderen Fürsorgeaufgaben (§ 1 KSchG i. V. m mit § 95 BetrVerfG; siehe auch Willing o. J.). Entsprechend werden in Unternehmen mit einer starken Arbeitnehmervertretung die Maßnahmen nur im Einvernehmen mit dem Betriebsrat zu treffen sein, was insbesondere bei umfangreicheren Stellenstreichungen der Fall sein dürfte. Am Beispiel der Commerzbank AG erkennt man dies deutlich. Dort stehen zur Jahresmitte 2020 bis zu 11.000 Arbeitsplätze zur Disposition, wobei die Arbeitnehmerseite im Aufsichtsrat ebenso wie der Betriebsrat aufgrund einer unzureichenden Informationspolitik die Umsetzung nicht mitträgt (vgl. Kröner 2020, S. 30). Und auch die beim Autobauer Daimler AG aufgerufenen 30.000 Arbeitsplätze dürften ohne Einvernehmen mit der Arbeitnehmervertretung kaum abzubauen sein (vgl. Hucko und Freitag 2020), ähnlich zur Situation beim Wettbewerber Traton (vgl. o.V. 2020d, e).

In Österreich gelten ähnliche Rechtsvorschriften, auf Basis §§ 101–105 ArbVerfG. In der Schweiz fehlen entsprechende Regelungen.

6.7.6 Ausgewählte Abfindungsregelungen

Gerade in den befürchteten Kündigungswellen vor Konjunktureinbrüchen, z. B. im Gefolge der aktuellen Corona-Krise, finden Ratschläge zum Verhandeln einer Abfindung reichlich Eingang in die Medien (z. B. bei Obmann 2020). Die dort gemachten Ratschläge können hilfreich sein und verweisen zumeist auf den Erfahrungswert von „ein halbes bis ein volles Monatsgehalt pro Beschäftigungsjahr", der sich mit etwas Verhandlungsgeschick noch steigern lässt. Allerdings muss man sich auch darüber im Klaren sein, dass es im deutschen Arbeitsrecht nach § 1a KSchG zwar die Möglichkeit einer Abfindung gibt, aber keinen generellen Anspruch.

Abfindungen sind vom Gedanken her eine Hilfestellung bei der Neuorientierung und sollen die Kosten für Bewerbungsverfahren und einen gegebenenfalls notwendigen Umzug abfedern. Sie sind ab bestimmten Rahmenwerten zu versteuern und werden bei der Gewährung von Arbeitslosengeld angerechnet.

In der Schweiz ist die „Abgangsentschädigung" nach Art. 339b Obligationenrecht i. V. m. den jeweiligen Gesamtarbeitsverträgen der jeweiligen Branchen auf Arbeitnehmer über 50 Jahre beschränkt und wird in der Regel durch anderweitige Leistungen ersetzt. In

Österreich gibt es ein Anrecht auf eine „Abfertigung" nach §§ 23, 23a Angestelltengesetz, wobei die Handhabung vom Beginn des Anstellungsvertrages abhängt – es gibt andere Regelungen für „Altverträge", die vor dem 1. Jänner 2003 geschlossen vor. In Südtirol wird die im italienischen Arbeitsrecht vorgesehene „trattamento di fine rapporto" auf Basis eines Regierungsdekrets Nr. 252 vom 05.12.2005 ausgezahlt, in Höhe eines halben bis ganzen Monatsgehalts pro Beschäftigungsjahr und unabhängig vom Kündigungsgrund.

6.7.7 Das Outplacement

Outplacement, teilweise auch als „Newplacement" bezeichnet, stellt eine Beratungsleistung dar, bei der eine Personalberatung bei der beruflichen Neuorientierung hilft. Dabei wird eine externe Beratung beauftragt (vgl. Hillebrecht und Peiniger 2018, S. 226 ff.):

- Gemeinsam mit dem zu entlassenden Arbeitnehmer eine Bestandsaufnahme zu machen
- Eine Bewerbungsstrategie zu definieren und geeignete Schritte einzuleiten (z. B. Bewerbungen erstellen, Netzwerke aktivieren, proaktiv mögliche Arbeitgeber kontaktieren)
- Vorstellungsgespräche auszuwerten, sofern eine Absage erfolgt
- Die Möglichkeit einer Existenzgründung oder beruflichen Neuorientierung in anderen Berufsfeldern oder Branchen zu prüfen
- Ggf. auch mit dem persönlichen Umfeld über die Herausforderungen und möglichen Unterstützungen zu sprechen

Outplacementprozesse dauern in der Regel sechs bis zwölf Monate und werden von guten Erfolgsquoten begleitet (vgl. BDU 2013, S. 6 f.). Zudem helfen sie regelmäßig, langwierige arbeitsrechtliche Auseinandersetzungen zu vermeiden. Die Finanzierung übernimmt das Unternehmen, rechnet in der Regel aber diese Leistung ganz oder teilweise auf die Abfindung an. Im Hinblick auf die Vorteile ist eine Outplacement-Regelung zumeist eine sinnvolle Alternative zu einer reinen Abfindungsregelung (Siemann und Bertschat 2020, S. 28 f.) und wird inzwischen in vielen Unternehmen als selbstverständliches Angebot gesehen (siehe auch Schareika 2020).

6.8 Die Organisation des Personalwesens

6.8.1 Die Grundüberlegungen der Organisation des Personalwesens

Ähnlich den allgemeinen Vorlagen zur Organisation eines Unternehmens können Personalabteilungen nach verschiedenen Prinzipien organisiert werden, was in Abhängigkeit von der Unternehmensgröße (Klein-, mittelgroßes oder Großunternehmen) und Unternehmensstruktur (ein geschlossenes Unternehmen oder eine Unternehmensgruppe oder gar ein Konzern, ein oder mehrere Standorte, in einem oder in mehreren Ländern aktiv, mit einem oder mit mehreren oder gar diffusen Produktangeboten) zu sehen ist (siehe auch Prollius 2019, S. 14 ff., 84 ff.). Zu den gängigen Organisationsformen zählen (vgl. Jung 2017, S. 30 ff.; Petry 2013, S. 1263 ff.):

- Die Linienorganisation, auch als „Stab-Linien-Organisation" oder funktionale Organisation bekannt
- Die Spartenorganisation, auch als divisionale Organisation bekannt
- Die Matrixorganisation
- Die HR-Service-Organisation

Daneben existieren noch verschiedene Mischformen und Sonderentwicklungen, die hier aufzuführen zu weit führen würde, z. B. die hybride Personalorganisation. Grundsätzliches Prinzip jeder Organisationsform ist die Überlegung, wie die Erfüllung der personalwirtschaftlichen Funktionen am besten verlaufen kann (siehe auch Hillebrecht 2018, S. 137 ff.).

Bei einer bei einer **Linienorganisation** wird zunächst eine funktionale Aufteilung in Bereiche wie Marketing, Produktion, Einkauf und Personal vorgenommen. Bei größeren Unternehmen kann die Personalarbeit wiederum anhand der spezifischen Funktionen wie Personalverwaltung, Personalentwicklung und Personalmarketing weiter untergliedert werden. Bestimmte einzelne Funktionen, die von einer Person wahrgenommen werden (z. B. rechtliche Beratung: Justiziariat) können als zusätzlicher „Stab" an die Abteilungsleitung angedockt werden, so dass diese Erweiterung als „Stab-Linien-Organisation" gilt. Die Linienorganisation findet sich oftmals in mittelgroßen Unternehmen sowie traditionell verfassten Unternehmen mit eng definierten Kommunikationssträngen, die an einem oder wenigen Standorten sitzen. Vorteilhaft ist die Konzentration der Fähigkeiten auf die jeweiligen Funktionsträger und die relativ gute Koordinationsfähigkeit. Allerdings ist diese Organisationsform insbesondere bei großen Unternehmen bzw. Unternehmen mit mehreren Standorten schnell überfordert, weil der Informationsaustausch aufwändig ist und vieles auf den längeren Wegen auch verloren oder verändert werden kann.

Bei einer divisionalen bzw. **Spartenorganisation** werden zunächst interne Zielgruppen (z. B. kaufmännische Mitarbeiter, journalistische Mitarbeiter, technische Mitarbeiter, Führungskräfte) definiert, denen jeweils funktionale Ebenen zugeordnet werden. Diese Organisationsform findet sich v. a. in Großunternehmen und sorgt dafür, dass die einzelnen Funktionsträgermit hoher Sachkunde sehr spezialisiert auf die Bedürfnisse ihrer jeweiligen Zielgruppe eingehen können. Man verbindet diese Organisation oft mit dem sogenannten „Personalreferenten-Schema". Eine bestimmte Person („Personalreferent") nimmt für eine bestimmte Zielgruppe die notwendigen Funktionen wahr. Jedoch entstehen hierdurch ein sehr hoher Koordinationsaufwand und ein nicht unbeträchtlicher Verwaltungsapparat. Die divisionale Organisationsform kann auch bei Unternehmen mit verschiedenen Standorten oder gar umfangreicheren Auslandsstandorten entsprechend dieser Bedürfnisse weiter aufgefächert werden.

Die **Matrix-HR-Organisation** bildet eine Verbindung von divisionaler und die funktionaler Organisationsform dar. Einzelne Funktionsträger werden in der Personalabteilung angesiedelt, konzentrieren sich aber in ihrer Aufgabenerfüllung auf bestimmte unternehmensorganisatorische Zuordnungen (z. B. Einkauf, Fertigung, Vertrieb) als auch personalwirtschaftliche Aufgaben (Personalentwicklung, Lohn + Gehalt). Die kurzen Kontaktwege und flexiblen Reaktionsmöglichkeiten in Verbindung mit einer funktionsspezifischen Ausprägung des Personalwesens gelten als Vorteile und sollen einen hohen Wissensstand und Anwendungsbezug garantieren. Nachteilig ist die doppelte Führungsstruktur, da die einzelnen Funktionen sowohl mit der HR-Leitung als auch mit der Fachabteilung zwei Vorgesetzte besitzen, die sich auch einmal widersprechen können bzw. die bei Führungsaufgaben ein Ausweichen des Funktionsträgers erlaubt – er kann darauf verweisen, dass der andere Vorgesetzte hier andere Vorstellungen hat. Eine Matrixorganisation im Personalwesen kann daher nur funktionieren, wenn sich die Führungskräfte auf beiden Seiten, sowohl in der Personal- als auch der Fachabteilung, in ihren inhaltlichen und Zielvorstellungen entsprechen. Mit der hybriden Personalorganisation versucht man, die Schwächen der Matrix-Organisation auszugleichen. Zwar werden auch hier personalwirtschaftliche Funktionen entsprechend den Anforderungen der Fachabteilung aufgegliedert. Allerdings verbleibt das Führungsrecht allein bei der Personalleitung, womit eine Eindeutigkeit in Führungsentscheidungen gegeben ist.

Das Konzept des **HR Service-Modells** geht auf die Frage ein, wie in größeren Unternehmen mit mehreren Standorten bzw. in Konzernen mit mehreren Unternehmen ein Ausgleich zwischen Zentralisation und Rationalisierung einerseits und flexiblen Lösungen vor Ort andererseits gefunden werden kann. Der Leitgedanke hierbei ist, dass zentralisierbare Dienstleistungen wie Lohn- und Gehaltsabrechnung, Spesen, Verwaltung der betrieblichen Altersversorgung und der Standard-Trainingsleistungen etc. an einem Ort angeboten werden, womit sich aufgrund der Größeneffekte spürbare Rationalisierungsmöglichkeiten offerieren. Das individuelle Tagesgeschäft vor Ort soll hingegen entsprechend den Bedürfnissen des jeweiligen Standortes bzw. Unternehmens erledigt werden, z. B. Personalplanung, Personalauswahl etc. Ein dritter Bereich, der z. B. arbeitsrechtliche Beratung, Trainingsleistungen etc. umfassen kann, wird vom Zentralbereich als „fakultative Wahlleistung" angeboten, im Rahmen eines „Center of Expertise"-Konzeptes. Den jeweiligen Standorten bzw. Unternehmen steht es damit frei, diese Leistung selbst zu erstellen oder aber entsprechend bestimmter Überlegungen wie Kosten, Wissensstand etc. in der Zentrale einzukaufen.

6.8.2 Das HR Business Partner-Konzept

1997 stellte Dave Ulrich unter dem Namen „The Human Resource Champion" ein Konzept vor, das kurz gesagt die Personalabteilung von einer reinen Verwaltungsabteilung hin zu einem aktiven Gestalter bringen sollte, zu einem strategischen Partner der Unternehmensleitung und der anderen Fachabteilungen des Unternehmens. Naheliegend wird dies als „HR Business-Partner-System" bezeichnet, mit vier Zieldimensionen (vgl. Ulrich 1997, S. 23 ff.):

- Strategische Handlungskompetenz entwickeln, als Berater nicht nur in personalwirtschaftlichen Fragen
- Administrative Kompetenz, durch hohe Servicequalität bei wirtschaftlich wettbewerbsfähigen Aufwendungen
- Als „Mitarbeiter-Champion" den Angestellten des Unternehmens stets gute Services zu liefern, die einen Wechsel zu einem anderen Unternehmen verhindern
- Den organisationalen Wandel mitgestalten und vorantreiben, um die Wettbewerbsfähigkeit der Organisation zu stärken

In der Konsequenz bedeutet dies, sich als Unternehmen im Unternehmen zu begreifen und wettbewerbsfähige Arbeitsergebnisse zu liefern, die sowohl von der Unternehmensleitung, den einzelnen Fachabteilungen und den Mitarbeitern selbst anerkannt werden. Dies kann dazu führen, dass man sich an Angeboten externer Dienstleister (z. B. beim Thema Recruiting: Personalberater) orientiert und preiswerter und/oder schneller bzw. ergebnisorientierter arbeitet. Und wenn externe Wettbewerber die geforderten Services preiswerter und/oder schneller zu leisten im Stande sind, sollte dann ggf. auch das externe Angebot wahrgenommen werden und eigene Kapazitäten entsprechend abgebaut werden. Hierdurch soll die Personalleitung Ressourcen frei bekommen für konzeptionelle und strategische Zuarbeiten. Zudem wird damit der Aufbau bzw. Betrieb unproduktiver bzw. zu aufwändiger Kapazitäten verhindert.

6.8.3 Externe Personalverwaltung

Externe Personalverwaltung, vom Recruiting angefangen über die Verarbeitung von Mitarbeiterdaten und die Abwicklung von Lohn- und Gehaltszahlungen bzw. Spesenabrechnungen bis hin zur Personalentwicklung und Freisetzung, ist inzwischen in vielen Fällen ein übliches Vorgehen. Die entsprechenden Stichworte sind z. B. Payrolling, Shared Services und andere. Unternehmen können sich damit eigene Personalabteilungen ersparen, begeben sich aber auch in die Abhängigkeit von externen Anbietern. Von daher ist eine entsprechende Entscheidung für eine externe Personalverwaltung eine sorgfältige Abwägung hinsichtlich der Kosten ebenso wie der anderen Begleitumstände vorzunehmen. Eine Vertiefung dieses Themas erfolgt in Kap. 9.

6.8.4 Die Berufsfelder im Personalwesen

Klassische Berufsfelder im Personalwesen sind:

- Personalleitung, als verantwortliche Person für die Personalwirtschaft eines Unternehmens, mit mehreren zugeordneten Mitarbeitern
- Personalreferent, als Mitarbeiter in einer Personalabteilung mit relativ weitreichenden Entscheidungsbefugnissen entweder für bestimmte Themengebiete (z. B. Personalent-

wicklung, Personalentsendung Ausland, Rekrutierung) oder für bestimmte Unternehmensbereiche (z. B. für bestimmte Abteilungen oder Standorte oder auch aufgeteilt auf gewerbliche, kaufmännische, technische und leitende Mitarbeiter) zuständig
- Sachbearbeitung im Personalwesen, z. B. für Lohn- und Gehaltsabrechnung

Je nach Unternehmen kann es auch zur Zuordnung von Querschnittsfunktionen kommen, z. B. als Referent für Personal-Controlling (siehe auch Bröckermann 2016, S. 5–23). Voraussetzung ist neben einer geeigneten Ausbildung in der Regel die Bereitschaft, sich auf unterschiedlichste Bedingungen einzulassen und auch ein gewisses Maß an Sozialkompetenzen zu erwerben, z. B. in der Moderation von Besprechungen, in der Fähigkeit zum Umgang mit entsprechender Informationstechnologie usw. (vgl. Rowold 2015, S. 1 ff.).

Ein zunehmender Bedarf dürfte zudem im Bereich der Personaldienstleistungen (siehe Kap. 9) entstehen, weil viele Aktivitäten zunehmend ausgelagert werden. Spezielle Berufsbilder wie der Kaufmann/die Kauffrau für Personaldienstleistungen, der Fachwirt/die Fachwirtin für Personaldienstleistungen oder der Fachwirt/die Fachwirtin für Personalwirtschaft mit IHK-Prüfung sind hierfür ebenso Ausdruck wie die spezialisierten Studienangebote rund um Personalwirtschaft und Personaldienstleistungen, z. B. der Master-Studiengang mit einer Spezialisierung in Personalwirtschaft an verschiedenen privaten und öffentlichen Hochschulen.

6.9 Digitalisierung in der Personalverwaltung

Stichworte wie Industrie 4.0 oder digitale Arbeitswelt verweisen auf das Faktum, dass viele betriebliche Arbeitsläufe durch automatisierte Routinen in EDV-Anwendungen übernommen werden, von der Gehaltsanweisung über die Verarbeitung der Arbeitszeiterfassung und Spesenabrechnungen bis hin zur Erstellung von Schulungsplanungen und Arbeitszeugnissen (siehe auch Appel und Wahler 2020, S. 12 ff.; DGFP und Kienbaum 2017; Kutsche 2020, S. 19; Petry 2018, S. 43 ff.), wobei aktuelle Ereignisse diese Digitalisierung weiter vorantreiben werden (vgl. Bös 2020; Hofmann et al. 2020, S. 10 ff.). Moderne IT-Anwendungen sind in der Lage, die Personalverwaltung und den Personaleinsatz mit vielen anderen Bereichen des Unternehmens zu verknüpfen und damit zeitgleich mit der Durchführung bestimmter Aktionen (z. B. Verbuchung von Rechnungen, Planung von Aufgaben wie einen Messeauftritt oder die Entwicklung von Produkten oder die Durchführung von Projekten) zeitgleich die personalwirtschaftlichen Konsequenzen aufzuzeigen.

Mitarbeiter erhalten dazu eine App-Anwendung zur Verwendung auf ihrem Mobilgerät, mit der sie ihre Arbeitszeiterfassung, Meldungen von Arbeitsunfähigkeit, Buchungen von Personalentwicklungsmaßnahmen oder Urlaubstagen sowie weitere persönliche Daten (Stammdaten wie Namen und Familienstand; Kontonummern für die Gehaltsabrechnung) vornehmen können. Notwendige Schulungen (z. B. im Rahmen gesetzlicher Vorgaben) lassen sich mit Nachverfolgung des erfolgreichen Absolvierens ebenso aufspielen wie firmeninterne Mitteilungen und Anordnungen (z. B. zu besonderen Infektionsschutzmaßnahmen im Rahmen von Infektionswellen). Letztendlich wird damit der Arbeitnehmer zu seiner eigenen Personalverwaltung.

Einen besonderen Stellenwert wird das Thema HR Analytics (siehe auch Abschn. 6.5.5.) entwickeln. Dazu können Anwendungen, wie z. B. die SAP-Module HANA oder HCM, ausführliche Analysen anbieten und Handlungsvorschläge anbieten (vgl. Wickel-Kirsch und Petry 2019, S. 13 ff.), nämlich:

- Früherkennung von Trends in der Personalstruktur und -höhe
- Steuerung von Personalentscheidungen, wie Personalaufbau oder -abbau oder Personalentwicklungsmaßnahmen
- Beobachtung der Risiken zum Ausfall von Mitarbeitern
- Reporting mit definierten Schlüsselwerten („Key Performance-Indikatoren")

Über die entsprechend aufbereiteten Daten lassen sich Trends deutlich schneller erkennen, insbesondere im Risiko-Controlling, und darauf aufbauend Chancen wie z. B. die Umsetzung zwischen verschiedenen Abteilungen oder die Übernahme von Auszubildenden besser nutzen.

Daneben erlauben digitalisierte Anwendungen auch die Gewinnung von freien Mitarbeitern auf Zeit, für begrenzte Aufgaben oder Projekte. Das Stichwort vom „crowd sourcing" findet seine entsprechende Anwendung, die zum Phänomen des Crowdworking (siehe auch Abschn. 11.3) führt – der Gewinnung wechselnder Mitarbeitergruppen für bestimmte, genau definierte Arbeitsschritte. Dabei können Kriterien wie Zuverlässigkeit (anhand der vorhandenen Rezensionen), Preiswürdigkeit und relevante Erfahrungen in vergleichbaren Aufgaben zugrunde gelegt werden.

Ein weiterer Aspekt dürfte die Rationalisierung der Personalauswahl darstellen. Chatbots können Auswahlgespräche übernehmen und dabei – auf entsprechender Datenbasis – auch diskriminierungsärmer Entscheidungen treffen. (siehe z. B. Egorov et al. 2020, S. 782 ff.; Fellner 2019, S. 2; Zaborowski 2020, S. 219 ff.). Von daher gehen die Verbände der Personal- und HR-Manager davon aus, dass zukünftige Personalmanager v. a. Kenntnisse im Bereich digitaler Anwendungen besitzen müssen (vgl. BPM 2019; Bruch et al. 2019), nicht zuletzt, um die neuen Gefährdungen durch die digitalisierte Arbeitswelt besser zu erkennen und zu bewältigen (vgl. Ducki 2019, S. 1–13).

6.10 Arbeits- und Wiederholungsfragen zu Kapitel 6

1. Warum ist Personal ein betrieblicher Produktionsfaktor?
2. Was versteht man unter Workforce Management?
3. Begründen Sie, warum Arbeit gezielt eingesetzt werden muss!
4. Was sind und wozu dienen chronometrische und chronologische Arbeitszeitmodelle?

5. Wie setzt sich Entlohnung zusammen, und wie kann man Entlohnung variieren?
6. Welche Arten von Tarifverträgen gibt es?
7. Was spricht für, was spricht gegen erfolgsabhängige Entlohnung?
8. Wann muss ein Unternehmen Arbeitskraft generell freisetzen?
9. Welche Möglichkeiten der Personalfreisetzung bestehen grundsätzlich?
10. Welche Kündigungsanlässe gibt es aus Sicht des Unternehmens?
11. Was ist eine außerordentliche Kündigung, und wann ist diese aus Unternehmenssicht angezeigt?
12. Was ist eine Abmahnung? Welche Elemente muss eine Abmahnung enthalten?
13. Was ist eine Änderungskündigung? Und warum sprechen Unternehmen eine Änderungskündigung aus?
14. Welche Organisationsformen der Personalarbeit gibt es? Nennen Sie dazu jeweils einen Vorteil!

Literatur

Abrell B (2015) Führen in Teilzeit. SpringerGabler, Wiesbaden

Aebischer J (2010) Handbuch für ein wirksames Gehaltsmanagement. Praxium, Zürich

Amerland A (2018) Homeoffice steigert die Produktivität, Beitrag vom 13.08.2018. www.springer-professional.de/personalmanagement/gesundheitspraevention/homeoffice-steigert-die-produktivitaet/15784342. Zugegriffen am 03.07.2020

Appel W, Wahler M (2020) Chancen und Risiken der HR-Digitalisierung. DGFP Personalführung 68(4):12–19

Baker R (2020) Personalization to work. KoganPage, London/New York

BDU Bund Deutscher Unternehmensberater (2013) Outplacementberatung in Deutschland 2012/2013, als PDF veröffentlicht im Juni 2013. www.bdu.de/media/351585/studie-outplacementberatung-in-deutschland-2012.pdf. Zugegriffen am 22.07.2020

Beeger B (2020) Mit voller Wucht, Beitrag vom 11.05.2020. www.faz.net/aktuell/wirtschaft/wie-die-corona-krise-auf-den-arbeitsmarkt-durchschlaegt-16764462.html. Zugegriffen am 10.07.2020

BMFSFJ Bundesministerium für Familien, Senioren, Frauen und Jugend (2018) Väterreport, als PDF im Mai 2018. www.bmfsfj.de/blob/127268/2098ed4343ad836b2f0534146ce59028/vaeterreport-2018-data.pdf. Zugegriffen am 09.07.2020

Boelcke U et al (2018) Wie lohnend sind Investitionen in die Gesundheit der Mitarbeiter? Der Betriebswirt 59(4):17–22

Bontrup H (2004) Volkswirtschaftslehre, 2. Aufl. Oldenbourg, München

Bös N (2020) Corona treibt die Digitalisierung, Beitrag vom 09.07.2020. www.faz.net/aktuell/karriere-hochschule/buero-co/homeoffice-und-videokonferenzen-corona-treibt-die-digitalisierung-16853684.html. Zugegriffen am 10.07.2020

BPM Bundesverband der Personalmanager (2019) Die 10 HR-Trends 2019, Beitrag vom 10.01.2019. www.bpm.de/sites/default/files/bpm_hr_trends_2019_final.pdf. Zugegriffen am 10.07.2020

Braun E, Hillebrecht S (2016) Arbeitsbuch Burnout für Führungskräfte, Betriebsräte und Unternehmensberater. R. Hampp, Mering

Bröckermann R (2016) Personalwirtschaft, 7. Aufl. Schäffer-Poeschel, Stuttgart

Bruch H et al (2019) People Management 2025, als PDF. www.dgfp.de/fileadmin/user_upload/DGFP_e.V/Medien/Publikationen/Studien/HR_Management_2025.pdf. Zugegriffen am 10.07.2020

Bruch H et al (2020) New Leadership – Führungsformen der Zukunft. In: Schwuchow K, Gutmann J (Hrsg) HR-Trends 2020. Haufe, Freiburg/Brsg, S 159–168

Buchenau M-W, Tyborski R (2020) ZF kürzt Arbeitszeit und verzichtet auf Kündigungen – Druck auf Conti wächst, Beitrag vom 24.07.2020. www.handelsblatt.com/unternehmen/industrie/autoindustrie-zf-kuerzt-arbeitszeit-und-verzichtet-auf-kuendigungen-druck-auf-conti-waechst/26033918.html. Zugegriffen am 25.07.2020

Buchhorn E (2014) Rolle rückwärts, Beitrag vom 25.02.2014. www.manager-magazin.de/magazin/artikel/frauen-mutter-und-karriere-a-954204.html. Zugegriffen am 09.07.2020

Budras C (2020) Karriere ist kein Verhütungsmittel mehr, Beitrag vom 22.01.2020. www.faz.net/aktuell/karriere-hochschule/buero-co/arbeitende-muetter-das-wunder-der-vereinbarkeit-16588726.html. Zugegriffen am 09.07.2020

Cristea IC, Leonardi PM (2019) Get noticed and die trying: signals, sacrifice, and the production of face time in distributed work. Organiz Sci 30(3):474–644

Dämon K (2015) Wenn Homeoffice zum Karrierekiller wird, Beitrag vom 22.04.2015. www.wiwo.de/erfolg/beruf/arbeiten-von-zu-hause-wenn-home-office-zum-karrierekiller-wird/11665968.html. Zugegriffen am 03.07.2020

Deloitte Consulting (2019) Fluktuation und deren Auswirkung auf Unternehmen, als PDF 2019. www2.deloitte.com/content/dam/Deloitte/at/Documents/consulting/at-deloitte-fluktuationsstudie-2019.pdf. Zugegriffen am 07.07.2020

Dembowski A (2018) Studie – 56 % empfinden Muttersein wirkt sich negativ auf die Karriere aus, Beitrag von 2018. https://fondsfrauen.de/studie-56-empfinden-muttersein-wirkt-sich-negative-auf-die-karriere-aus/. Zugegriffen am 09.07.2010

DGFP und Kienbaum (2017) HR-Strategie und Organisation 2017, veröffentlicht als PDF im Mai 2017. http://assets.kienbaum.com/downloads/HR-SO_Kienbaum_2017-2.pdf. Zugegriffen am 19.07.2020

Ducki A (2019) Digitale Transformation – von gesundheitsschädigenden Effekten zur gesundheitsförderlichen Gestaltung. In: Badura B et al (Hrsg) Digitalisierung – gesundes Arbeiten ermöglichen. Springer, Berlin, S 1–13

Edwards MR, Edwards K (2019) Predictive HR analytics, 2. Aufl. Kogan Page, London/Philadelphia

Egorov E et al (2020) Opportunities and chances of using chatbots in HR. In: Popkova E, Sergi BS (Hrsg) Scientific and technical revolution – yesterday, today and tomorrow. Springer, Wiesbaden, S 782–791

Fauth-Herkner A (o. J.) Führen in Teilzeit – die 5 wichtigsten Hinderungsgründe und Lösungsansätze, Beitrag. www.haufe.de/personal/haufe-personal-office-platin/fuehren-in-teilzeit-5-die-wichtigsten-hinderungsgruende-und-loesungsansaetze_idesk_PI42323_HI2723706.html. Zugegriffen am 04.07.2020

Fellner K (2019) Moderne Personalauswahl. Springer, Wiesbaden

Fischer K, Guldner J (2020) Beitrag vom 16.01.2020. www.wiwo.de/my/erfolg/management/hierarchiefreie-zone-die-wahrheit-ueber-agiles-arbeiten/25438448.html?ticket=ST-14555038-YdjQuL7fQrgAXiNIPyO5-ap2. Zugegriffen am 06.07.2020

Gaugler E (2008) Mitarbeiter als Mitunternehmer – eine personalpolitische Strategie. In: Wrona T (Hrsg) Strategische Managementforschung. Gabler, Wiesbaden, S 227–237

Gruber H et al (2018) Leitfaden für die Gefährdungsbeurteilung. DC, Bochum

Gutenberg E (1970) Grundlagen der Betriebswirtschaftslehre, Band 1-Die Produktion, 24. Aufl. Springer, Berlin

Halfwassen K (2020) Wie Sie Gehalt, Arbeitszeiten oder Aufgaben eines Mitarbeiters ändern können, Beitrag vom 09.01.2020. www.impulse.de/recht-steuern/rechtsratgeber/aenderungskuendigung/7296214.html. Zugegriffen am 22.07.2020

Hamel G, Zanini M (2019) Das Ende der Bürokratie. Harv Bus Mngr 1:22–29

Herms S (2018) Die Kündigung, 4. Aufl. Haufe, Freiburg/Brsg
Hillebrecht S (2018) Sabbaticals für die Personalentwicklung. SpringerGabler, Wiesbaden
Hillebrecht S, Peiniger A-A (2018) Grundkurs Personalberatung, 6. Aufl. SpringerGabler, Wiesbaden
Hirschi E (2020) Höllenschicht für die Kapsel, Beitrag vom 20.07.2020. www.zeit.de/2020/30/nespresso-kaffeeroesterei-arbeitsbedingungen-romont-schweiz. Zugegriffen am 23.07.2020
Hofmann J et al (2020) Arbeiten in der Corona-Pandemie – Auf dem Weg zum New Normal, als PDF veröffentlicht am 09.07.2020. http://publica.fraunhofer.de/eprints/urn_nbn_de_0011-n-5934454.pdf. Zugegriffen am 10.07.2020
Hucko M, Freitag M (2020) Bis zu 30.000 Jobs in Gefahr, Beitrag vom 22.07.2020. www.manager-magazin.de/unternehmen/autoindustrie/daimler-ag-ola-kaellenius-historischer-mega-sparplan-a-4752f951-acdd-4bfe-b911-410867e84bf6. Zugegriffen am 23.07.2020
Ivanov A (2020) Stress durch zu viele Informationen, Beitrag vom 28.07.2020. www.karriere.de/meine-skills/homeoffice-stress-durch-zu-viele-informationen/26030674.html. Zugegriffen am 31.07.2020
Jung H (2017) Personalwirtschaft, 10. Aufl. Oldenbourg, München
Karle M (2019) Fluktuation managen – Ermittlung der Fluktuationsquote, Beitrag vom 19.12.2019. www.haufe.de/personal/haufe-personal-office-platin/fluktuation-managen-5-ermittlung-der-fluktuations-quote_idesk_PI42323_HI955687.html. Zugegriffen am 07.07.2020
Kasten A (2019) Leitende Angestellte. In: Abeln C (Hrsg) Handbuch für Führungskräfte, 3. Aufl. SpringerGabler, Wiesbaden, S 1–8
Koenen J (2020) MTU baut Arbeitsplätze ab. Handelsblatt, Nr. 126 vom 07.07.2020, S 23
Kolb M (2010) Personalmanagement, 2. Aufl. SpringerGabler, Wiesbaden
Kontio C (2017) Warum Homeoffice Milliarden sparen kann, Beitrag vom 17.07.2017. www.handelsblatt.com/unternehmen/beruf-und-buero/the_shift/jobs-fuer-digitale-nomaden-warum-home-office-milliarden-sparen-kann/20206328.html?ticket=ST-11496255-KHRryHRc0v6bF2Ep3fMg-ap2. Zugegriffen am 03.07.2020
Kröner A (2020) Betriebsrat auf Konfrontationskurs. Handelsblatt, Nr. 124 vom 01.07.2020, S 30
Kunz A (2020) Nach der Krise könnte fast jeder dritte Büroarbeitsplatz überflüssig werden, Beitrag vom 31.05.2020. www.welt.de/wirtschaft/karriere/article208655781/Homeoffice-Fast-jeder-dritte-Buero-Arbeitsplatz-koennte-ueberfluessig-werden.html. Zugegriffen am 30.09.2020
Kutsche K (2020) Statt Exceltabelle. Süddeutsche Zeitung, Nr. 145 vom 26.06.2020, S 19
Ladwig DH, Domsch ME (2017) Chancen und Risiken bei der Implementierung von Teilzeitführung. In: Karlshaus A, Kaehler B (Hrsg) Teilzeitführung. SpringerGabler, Wiesbaden, S 115–126
Landschek E, Brenscheidt F (2020) Im Schichtdienst sollte man keine 40 Stunden arbeiten. Beitrag vom 15.01.2020. www.zeit.de/arbeit/2019-11/schichtarbeit-gesundheit-risiken-sozialleben. Zugegriffen am 20.07.2020
Langhoff T, Satzer R (2017) Schichtarbeit in der Produktion, Working Paper Nr. 43 vom Juli 2017. www.boeckler.de/pdf/p_fofoe_WP_043_2017.pdf. Zugegriffen am 20.07.2020
Lott Y (2019) Weniger Arbeit, mehr Freizeit? In: WSI-Report Nr. 47 vom März 2019. www.boeckler.de/pdf/p_wsi_report_47_2019.pdf. Zugegriffen am 02.07.2020
Lott Y (2020) Work-Life-Balance im Home-Office – was kann der Betrieb tun? WSI-report Nr. 54 vom Januar 2020. www.boeckler.de/pdf/p_wsi_report_54_2020.pdf. Zugegriffen am 03.07.2020
Lott Y, Eulgem L (2019) Lohnnachteile durch Mutterschaft. WSI-Report Nr. 49 vom Mai 2019. www.boeckler.de/pdf/p_wsi_report_49_2019.pdf. Zugegriffen am 09.07.2020
Mattheis S, Ruimin Z (2015) Die Firma der Zukunft hat keine Angestellten mehr. Beitrag vom 14.05.2015. www.wiwo.de/unternehmen/industrie/haier-chef-zhang-ruimin-die-firma-der-zukunft-hat-keine-angestellten-mehr-/11740152.html. Zugegriffen am 30.06.2020
Meifert M (2019) Keine Einbahnstraße – Agilität und Zeitsouveränität. DGFP-Personalführung 67(10):60–63

Mersch T, Merx S (2020) Das große Aufräumen. Personalwirtschaft 3:18–25
Meyer M et al (2019) Krankheitsbedingte Fehlzeiten in der deutschen Wirtschaft im Jahr 2018. In: Badura B et al (Hrsg) Fehlzeitenreport 2019. Springer, Wiesbaden, S 413–477
Molkenbur J (2012) Die Änderungskündigung. Rieder, Münster/Westf
Müller-Hagedorn L (1990) Einführung in das Marketing. WBG, Darmstadt
Nasca D (2019) Personal-Controlling oder HR-Controlling, Beitrag vom 18.02.2019. www.haufe.de/controlling/controllerpraxis/personalcontrolling/personalcontrolling-definition_112_483884.html. Zugegriffen am 06.07.2020
Neuner R (2019) Psychische Gesundheit bei der Arbeit, 3. Aufl. SpringerGabler, Wiesbaden
o.V. (2014) Das Home-Office verliert an Bedeutung, Beitrag vom 19.02.2014. www.handelsblatt.com/unternehmen/beruf-und-buero/buero-special/diw-studie-das-home-office-verliert-an-bedeutung/9505976.html?ticket=ST-11420042-PuXh79AjjEdEr6M42VuH-ap2. Zugegriffen am 03.07.2020
o.V. (2019a) Geringere Fehlzeiten, aber mehr Belastung – wie gesund ist Homeoffice? Beitrag vom 17.09.2019. www.manager-magazin.de/unternehmen/karriere/home-office-aok-studie-ueber-belastungen-und-vorteile-a-1287224.html. Zugegriffen am 03.07.2020
o.V. (2019b) Hohe Fluktuation beunruhigt Schweizer Unternehmen, Beitrag vom 16.04.2019. www.organisator.ch/hohe-mitarbeiterfluktuation-beunruhigt-schweizer-unternehmen/. Zugegriffen am 23.07.2020
o.V. (2020a) Recht auf Homeoffice-Arbeitsplatz – kommt das Gesetz? Beitrag vom 05.05.2020. www.haufe.de/personal/arbeitsrecht/homeoffice-was-beim-arbeiten-von-zuhause-zu-beachten-ist_76_301172.html. Zugegriffen am 03.07.2020
o.V. (2020b): Mitarbeiter im Homeoffice befürchten einen Karriereknick, Beitrag vom 15.05.2020. www.haufe.de/personal/hr-management/studie-homeoffice-in-der-corona-krise-vergleich-zum-buero_80_516216.html. Zugegriffen am 03.07.2020
o.V. (2020c) Mütter verdienen über das Erwerbsleben hinweg deutlich weniger als kinderlose Frauen, Beitrag vom 22.06.2020. www.handelsblatt.com/politik/deutschland/bertelsmann-studie-muetter-verdienen-ueber-das-erwerbsleben-hinweg-erheblich-weniger-als-kinderlose-frauen/25938738.html?ticket=ST-16769407-FWxGUmfJkiXQh7bN5ye6-ap6. Zugegriffen am 09.07.2020
o.V. (2020d) MAN-Betriebsratschef bestätigt Jobabbau bei LKW-Hersteller, Beitrag vom 22.07.2020. www.manager-magazin.de/unternehmen/autoindustrie/traton-tochter-man-abbau-von-6000-stellen-bei-lkw-bauer-von-betriebsrat-bestaetigt-a-d1381369-dd3e-4704-8c99-ef312ff39abb. Zugegriffen am 23.07.2020
o.V. (2020e) LKW-Konzern MAN streicht 6000 Stellen, laut Betriebsrat auch Standort Steyr betroffen, Beitrag vom 22.07.2020. www.derstandard.at/story/2000118907585/lkw-konzern-man-streicht-6-000-jobs-auch-standort-steyr. Zugegriffen am 23.07.2020
Obmann C (2020) Gekündigt in der Coronakrise – mit diesen Ratschlägen steigern sie ihre Abfindung, Beitrag vom 09.07.2020. www.handelsblatt.com/unternehmen/beruf-und-buero/buero-special/arbeitsrecht-gekuendigt-in-der-coronakrise-mit-diesen-ratschlaegen-steigern-sie-ihre-abfindung/25991526.html. Zugegriffen am 10.07.2020
Peters D-B (2019) Das Weisungsrecht des Arbeitgebers. C.H. Beck, München
Petry T (2013) Die HR-Organisation. wisu Wirtschaftswissenschaftliches Studium 43(10):1263–1265
Petry T (2018) Digital HR. In: Kochhan C, Moutchnik A (Hrsg) Media-Management. SpringerGabler, Wiesbaden, S 42–55
Prollius G (2019) Auf dem Weg zur HRM-Führungskraft. UVK, München
Rau K (2020) Wenn die Kollegen über den Lohn bestimmen, Beitrag vom 12.09.2020. www.wiwo.de/erfolg/beruf/gehaltsverhandlung-wenn-die-kollegen-ueber-den-lohn-bestimmen/26179132.html. Zugegriffen am 16.09.2020

Reccius S (2019) Studie zeigt die wahren Auswirkungen des Homeoffice, Beitrag vom 22.04.2019. www.wiwo.de/erfolg/beruf/exklusive-zew-studie-studie-zeigt-die-wahren-auswirkungen-des-homeoffices/24231044.html. Zugegriffen am 03.07.2020

Redmann J (2019) Vergütungssysteme gestalten – agil, rechtssicher und nicht-monetär. Haufe, Freiburg/Brsg

Reimann A (2020) Bei Bosch sinken Arbeitszeit und Gehalt, Beitrag vom 23.07.2020. www.wiwo.de/unternehmen/industrie/wegen-corona-bei-bosch-sinken-arbeitszeit-und-gehalt/26031916.html. Zugegriffen am 24.07.2020

Reindl C (2018) HR-Analytics, Beitrag vom 19.02.2018. www.haufe.de/personal/hr-management/data-driven-hr/hr-analytics-people-analytics-vs-personalcontrolling_80_442986.html. Zugegriffen am 07.07.2020

Rowold J (2015) Human resource management, 2. Aufl. SpringerGabler, Wiesbaden

Samuelson PA, Nordhaus WA (2016) Volkswirtschaftslehre, 5. Aufl. Finanzbuch, München

Schareika N (2020) Nach der Kündigung ist vor dem Gehaltsplus, Beitrag vom 09.07.2020. www.wiwo.de/erfolg/management/die-helfer-nach-dem-jobverlust-nach-der-kuendigung-ist-vor-dem-gehaltsplus/25982416.html. Zugegriffen am 10.07.2020

Schellig N, Brehme T (2020) Krisen-Modell „Homeoffice" – Blaupause für die Digitalisierung, Beitrag vom 26.05.2020. www.haufe.de/immobilien/wirtschaft-politik/digitales-buero-wie-sieht-der-alltag-nach-der-krise-aus_84342_517018.html. Zugegriffen am 03.07.2020

Scheppe M et al (2020) Abschied mit Anstand – wie die Trennung von Mitarbeitern gelingen kann, Beitrag vom 09.07.2020. www.handelsblatt.com/unternehmen/beruf-und-buero/buero-special/kuendigung-abschied-mit-anstand-wie-die-trennung-von-mitarbeitern-gelingen-kann/25988024.html. Zugegriffen am 10.07.2020

Schneider G (2017) Die Gefährdungsbeurteilung. Erich Schmid, Berlin

Schulte C (2011) Personal-Controlling mit Kennzahlen, 3. Aufl. Vahlen, München

Siemann C, Bertschat M (2020) Abfindung ist keine Lösung. Personalwirtschaft (3):28–29

Sprenger RK (2014) Mythos Motivation, 20. Aufl. Campus, Frankfurt am Main

Statistisches Bundesamt (2013) Erfüllungsaufwand im Bereich Mutterschutzgesetz, Bericht vom Juni 2013, als PDF. www.destatis.de/DE/Themen/Staat/Buerokratiekosten/Publikationen/Downloads-Buerokratiekosten/mutterschutzgesetz.pdf?__blob=publicationFile. Zugegriffen am 09.07.2020

Statistisches Bundesamt (2018) Arbeitsmarkt auf einen Blick, als PDF im November 2018. www.destatis.de/DE/Themen/Arbeit/Arbeitsmarkt/Erwerbstaetigkeit/Publikationen/Downloads-Erwerbstaetigkeit/broeschuere-arbeitsmark-blick-0010022189004.pdf?__blob=publicationFile. Zugegriffen am 07.07.2020

Taylor FW (1911/2006) The principles of scientific management. New York: Cosimo, Nachdruck von: London: Harper & Brothers

Telle J (2019) Mitarbeiterrabatte aus steuerrechtlicher Sicht, Beitrag vom 10.09.2019. www.business-wissen.de/artikel/mitarbeiterrabatt-personalrabatt-aus-steuerlicher-sicht/. Zugegriffen am 04.07.2020

Uhle T, Treier M (2019) Betriebliches Gesundheitsmanagement. Springer, Wiesbaden

Ulrich D (1997) Human resource champions. Harvard Press, Boston

Vogelsang T (2020) New Work = New Pay? – Spotboni in Form von Freizeit. DGFP-Personalführung 68(6):17–21

Weißenrieder J (2019) Nachhaltiges Leistungs- und Vergütungsmanagement, 2. Aufl. SpringerGabler, Wiesbaden

Wickel-Kirsch S, Petry T (2019) People analytics – evolution oder revolution. DGFP-Personalführung 67(11):12–17

Willing E (o. J.) Sozialplan, Beitrag. www.betriebsrat.de/portal/betriebsratslexikon/S/sozialauswahl.html. Zugegriffen am 20.07.2020

Wirges F et al (2020) HR analytics. SpringerGabler, Wiesbaden
Zaborowski H (2020) Der Mensch im digitalisierten Recruiting. In: Verhoeven T (Hrsg) Digitalisierung im Recruiting. SpringerGabler, Wiesbaden, S 215–229
Zdrowomyslaw N (2007) Personal-Controlling. DBV, Gernsbach

Internationaler Personaleinsatz – oder: Ru xiang suí sú (Mit Betreten des Dorfes, folge den örtlichen Regeln)

Inhaltsverzeichnis

7.1	Das Fallbeispiel	206
7.2	Zur internationalen Wirtschaftskooperation	206
	7.2.1 Der Rahmen der internationalen Wirtschaftskooperation	206
	7.2.2 Unternehmerische Entscheidungen in internationalen Wirtschaftskooperationen	208
	7.2.3 Konsequenzen für den internationalen Personaleinsatz	209
7.3	Ein Exkurs zur Länderkunde am Beispiel VR China	210
	7.3.1 Der Wirtschaftspartner China	210
	7.3.2 Die kulturelle Basis Chinas	211
	7.3.3 Das Social Credit System Chinas	211
7.4	Die Kultur als Einflussgröße	213
	7.4.1 Der Begriff der Kultur	213
	7.4.2 Ausgewählte Studien zu kulturindividuellen Verhaltensweisen	214
	7.4.3 Das Konzept der interkulturellen Kompetenz	216
7.5	Die Personalauswahl für den internationalen Einsatz	216
	7.5.1 Grundsätze der Personalauswahl für den internationalen Einsatz	216
	7.5.2 Die Formen des internationalen Personaleinsatzes	217
	7.5.3 Internationaler Einsatz aus Mitarbeitersicht	218
	7.5.4 Die Führung im Kontext einer internationalen Mitarbeiterschaft	220
7.6	Personalführung im Zeichen einer ausländischen Eigentümerstruktur	220
7.7	Arbeits- und Wiederholungsfragen zu Kapitel 7	224
Literatur		225

Zusammenfassung

Eine globale Wirtschaft mit weltweiten Bezugs- und Absatzmärkten lebt von der Fähigkeit der Unternehmen, Fach- und Führungskräfte mit internationaler Orientierung und interkulturellen Kompetenzen für die Steuerung der internationalen Warenströme einzusetzen. Die Personalarbeit ist darauf angewiesen, geeignet qualifizierte Mitarbeiter zu gewinnen und zu begleiten. Als Basis für die globalen Wirtschaftsaktivitäten gilt das Verständnis für kulturelle Eigenarten, die anhand mehrerer gängiger Modelle erläutert werden. Zudem wird eine Konkretisierung anhand des bedeutendsten asiatischen Wirtschaftspartners China vorgenommen.

7.1 Das Fallbeispiel

Im Rahmen eines Beratungsprozesses wurde der J. Weizenfeld-Gruppe empfohlen, in Zukunft auch Holzspielwaren aus der VR China zu importieren. Die Einkaufspreise könnten um ca. 60–80 % sinken, gegenüber den Kosten einer eigenen Produktion. Da die Spielwarenbranche in den letzten Jahren unter erheblichen Kostendruck geraten ist und höhere Preise von den Kunden nur begrenzt akzeptiert werden, was auch für die Fortexistenz der J. Weizenfeld-Gruppe von entscheidender Bedeutung sein kann, steht das Unternehmen nunmehr vor folgenden Alternativen:

1. Beschaffung in China, durch eigene Einkäufer oder Einkaufsagenturen
2. Einrichtung einer Produktionsstätte in China (mit eigenem Personal und Personal, das vor Ort gewonnen wird)
3. Beibehaltung der eigenen Produktion in Deutschland, mit den entsprechenden betriebswirtschaftlichen Folgen

Damit verbunden sind auch Fragen zum Personaleinsatz, denn der Einkauf in einem Land außerhalb des eigenen Kulturraums erfordert „interkulturelle Kompetenzen", also die Fähigkeit, mit Menschen aus anderen Kulturräumen wertschätzend und zielorientiert so umzugehen, dass eine für das eigene Unternehmen profitable Situation entsteht (siehe auch Festing et al. 2011, S. 50 ff.). Der guten Ordnung halber: dauerhaft profitabel wird diese Beziehung nur dann sein, wenn die Geschäftspartner auf der Gegenseite eine ähnliche Einschätzung treffen, eine win-win-Situation ist damit anzustreben. Hierzu wird nunmehr der personalwirtschaftliche Rahmen abgesteckt.

7.2 Zur internationalen Wirtschaftskooperation

7.2.1 Der Rahmen der internationalen Wirtschaftskooperation

Die Internationalisierung des Warenaustausches wird seit vielen Jahren mit zwei Begriffen beschrieben:

- **Globalisierung**: als Ausdruck für die Ausdehnung von Beschaffungs- und Absatzmärkten sowie Fertigungsnetzwerken auf weltweite Zusammenhänge
- **Weltwirtschaft**: als Manifestation dieser Ausdehnung

7.2 Zur internationalen Wirtschaftskooperation

Für diese weitgehende Internationalisierung sind Vorteile hinsichtlich breit gefächerter Beschaffungs- und Absatzmärkte erkennbar – ein Unternehmen bzw. eine Volkswirtschaft ist nicht mehr von wenigen Märkten abhängig, sondern kann Beschaffungs- und Absatzrisiken breiter streuen und gleichzeitig durch die erhöhten Produktions-, Absatz- bzw. Beschaffungsmengen so genannte „economics of scale" realisieren – die Stückkosten sinken aufgrund der Verteilung der Fixkosten auf größere Ausbringungsmengen. Im Sinne von Adam Smith (1776/1974) mehrt dies den Wohlstand der Nationen, weil damit auch Gelder für andere Verwendungszwecke freigesetzt werden. Eine regionale Herstellung, ein regionaler Warenhandel würde demzufolge viele Waren verteuern und die Nachfrager auch auf eine geringere Auswahl festlegen.

Andererseits entstehen mit zunehmender Globalisierung auch zusätzliche, neue Gefährdungslagen, durch das Einwandern invasiver Tier- und Pflanzenarten (z. B. der chinesischen Wollhandkrabbe oder dem sibirischen Riesenbärenklau in Mitteleuropa; in Australien sehr deutlich an den Beständen eingebrachter Kaninchenbestände abzulesen), durch die höhere Fragilität der Logistiknetze und weiterer Faktoren. Zudem muss das jeweilige Land auch bereit sein, sich für dadurch entstehende neue kulturelle Einflüsse zu öffnen und entsprechende Kenntnisse zu erwerben, die weit über die Beherrschung der jeweiligen Fremdsprache hinausgehen.

Nun ist Internationalisierung kein Phänomen der Neuzeit (siehe Lang 2016, S. 1 ff.), auch in der Antike gab es bereits länder- und kulturraumübergreifende Handelsbeziehungen, wenn man beispielsweise an die Handelsbeziehungen zwischen dem römischen Reich und Persien denkt oder an die mittelalterliche Seidenstraße zwischen Europa und China. Die Hanse als Handelsorganisation im Ost- und Nordseeraum ist hier ebenso anzuführen wie die „Große Ravensburger Handelsgesellschaft", die Leinenprodukte aus dem Voralpenraum über die Alpen in den Süden brachte und im Gegenzug Gewürze, Nahrungsmittel und Seidenstoffe aus dem Mittelmeerraum nach Süddeutschland einführte. Allerdings sind importierte Güter nunmehr keine Luxusgüter mehr, die auf wenige Angehörige der Eliten beschränkt bleiben. Vielmehr kann inzwischen die breite Masse an importierten Waren teilhaben und auch selbst durch die Transportnetze andere Länder aufsuchen, zu Urlaubszwecken ebenso wie für die persönliche Fortbildung oder berufliche Zwecke.

Bedeutsam an der modernen internationalen Wirtschaftskooperation ist des Weiteren die Tatsache, dass Waren verhältnismäßig schnell von einem Kontinent zum anderen verbracht werden und zudem eine weitgehende technische Standardisierung insgesamt einen sehr eng miteinander verwobenen Warenaustausch ermöglichen, bei dem mehrere Wirtschaftsstufen auf das Engste synchronisiert sind.

Zur Synchronisation gehört neben der technischen Infrastruktur auch ein breites Regelwerk, das Rechtssicherheit für die Beteiligten schaffen soll, in Form von standardisierten Abwicklungsverfahren, einheitlichen Zollregelungen und der gesellschaftsrechtlichen Ausgestaltung von Filialen und Unternehmensbeteiligungen bis hin zum Schutz geistigen Eigentums, in Gestalt von Patenten und Geschmacksmustern sowie Urheberrechten auf immaterielle Güter. Dafür sorgen Handelsabkommen wie GATT (General Agreements on Trade and Tariffs), TRIPS (Agreement on Trade Related Aspects on Intellectual Property

Rights, siehe BMWZE o. J.) usw., zumeist im Rahmen der Zusammenarbeit in der Welthandelsorganisation (WTO) aufgestellt.

7.2.2 Unternehmerische Entscheidungen in internationalen Wirtschaftskooperationen

Auslandsaktivitäten können entsprechend des Kapital- und Personaleinsatzes und des damit einhergehenden Risikos in verschiedene Stufen eingeteilt werden:

> **Kapitel- und Personaleinsatz bei Auslandsaktivitäten**
> - Ein einfacher Import bzw. Export beschränkt die Auslandsaktivitäten auf ein Mindestmaß, entsprechend fällt ein relativ geringer Personaleinsatz an, allerdings sind die Einflussmöglichkeiten auch relativ gering, und die Erlöspotenziale hängen von der Menge der gehandelten Güter ab
> - Die Vergabe von Lizenzen kann ebenso relativ wenig Aufwand bedeuten (es reicht das Ausüben von Kontrollen), wird aber auch relativ geringe Erlöspotenziale bergen
> - Die Beteiligung an einem Joint Venture oder die Gründung eines Tochterunternehmens vor Ort erhöht den personellen und finanziellen Aufwand sehr deutlich, damit geht das Unternehmen auch ein deutlich höheres wirtschaftliches Risiko ein im Falle des Scheiterns, allerdings können die Aktivitäten vor Ort deutlich besser beeinflusst werden, zu überlegen ist in diesem Fall, in welcher Form Personal vor Ort zu gewinnen ist
> - Der Zusammenschluss von mehreren Unternehmen über Ländergrenzen hinweg; z. B. ist die Fusion der niederländischen Margarine Unie N.V. mit der britischen LeverSunlight plc zu UniLever N.V./plc ein derartiges Beispiel, ein weiteres die Zusammenführung der schwedischen ASEA AB mit der Schweizer Brown, Boveri & Cie. AG zum Elektrokonzern ABB Ltd.; dies dürfte die wirtschaftlich und personell schwierigste Form sein, weil hier zwei völlig verschiedene Kulturen aufeinander prallen und auch Personalanpassungen vorzunehmen sind, abgesehen von der Berücksichtigung der handels- und steuerrechtlichen Unterschiede, damit einher gehen die im internationalen Geschäft am weitesten gehenden Risiken

Unternehmen können innerhalb dieses Rahmens für sich selbst entscheiden, welchen Weg sie gehen wollen. Sie werden dabei zumeist nach Grundsätzen betriebswirtschaftlicher Pragmatik handeln, also anhand der erkennbaren Erlöspotenziale, im Vergleich zu den erwarteten zusätzlichen Aufwendungen, in Form von Management- und Kontrollaufwand, Chancen und Risiken eines Know-how-Transfers u. dgl. m. Entsprechend wird auch

7.2 Zur internationalen Wirtschaftskooperation

der Personaleinsatz gesteuert (vgl. Treffer 2016, S. 15 ff.). Dabei gilt gerade für internationalen Personaleinsatz:

- Es entsteht zunehmende Komplexität, aufgrund der aufgefächerten Einsatzorte und Bedingungen der Zusammenarbeit
- Arbeitsteams müssen länder- und kulturraumübergreifend zusammen arbeiten, damit entsprechende Kenntnisse und Kompetenzen besitzen, die neben Sprachkenntnissen auch die Bereitschaft zum Eingehen auf andere Settings umfasst
- Ggf. liegt eine Personalrekrutierung in anderen Ländern bzw. Kulturräumen nahe, um den Spezifika Rechnung zu tragen
- Die Unternehmenskultur kann sich entsprechend verändern, da Einflüsse aus anderen Ländern aufgenommen werden und auch berücksichtigt werden müssen, im Interesse des Zusammenhalts der Belegschaft
- Eine Auslandsentsendung ist notwendig und wünschenswert, um die Zusammenarbeit im Unternehmen zu verbessern, was neben einer angemessenen Vorbereitung und Betreuung vor Ort auch eine angemessene Betreuung nach Rückkehr („Reintegration") beinhaltet – nach der Zeit der Anpassung vor Ort sind entsandte Mitarbeiter oft in ihren Verhaltensweisen „verändert" und müssen demzufolge mit den Rahmenbedingungen im Ausgangsland wieder vertraut werden

7.2.3 Konsequenzen für den internationalen Personaleinsatz

In Ratgebern zum internationalen Wirtschaftsaustausch wird auf verschiedene Verhaltenskodices hingewiesen, die Gersteland (2011, S. 22 f.) in die beiden „Goldenen Regeln" für Handlungsreisende zusammenfasst:

- Der Besucher muss die Regeln des Gastlandes verstehen und akzeptieren – ein unbewusstes Missachten gefährdet den Geschäftserfolg, ein bewusstes Missachten wird darüber hinaus als Arroganz angesehen und womöglich mit weitreichenden Konsequenzen bedacht sein
- Der Verkäufer muss sich dem Käufer anpassen, denn der Käufer hat meistens die Wahl zwischen Annahme oder Nichtannahme und möglicherweise auch anderen Alternativen von Anbietern, die sich besser präsentieren

Die Folgen für den Geschäftserfolg vor Ort sind:

- Die Kommunikation ist entsprechend zu gestalten, mit Wertschätzung für die jeweiligen Personen und ihre kulturellen Hintergründe auf der Gegenseite
- Produkte und Dienstleistungen sind entsprechend der kulturellen Normen zu gestalten, damit sie überhaupt verstanden werden, einen echten Mehrwert bieten und den Käufer nicht in Missliebigkeiten bringen
- Die örtliche Gesetzgebung vor Ort ist zu respektieren

Für die Vorbereitung und den Einsatz des Personals bedeutet dies:

- die Unterschiede und Gemeinsamkeiten zu kennen
- sich auf die Bedingungen vor Ort bewusst einzulassen, und damit auch ein Kooperations- bzw. Führungsverhalten zu entwickeln, das diesen Bedingungen gerecht wird
- ggf. auch auf eine Teamzusammenstellung zu achten, die Mitarbeiter vor Ort mit Mitarbeitern aus dem Stammland verbindet, um hier Synergien zu nutzen
- insgesamt also eine Verbindung zwischen der eigenen Kultur und der Kultur des Gastlandes zu suchen

Welche Implikationen dies nach sich zieht, sei mit dem nachfolgenden Exkurs zum Wirtschaftsstandort China beispielhaft skizziert.

7.3 Ein Exkurs zur Länderkunde am Beispiel VR China

7.3.1 Der Wirtschaftspartner China

Die Volksrepublik China hat seit 1979 eine beachtenswerte Entwicklung vollzogen. Von einem eher ans Subsistenzwirtschaft ausgerichteten Land mit einer teilweise prekär zu nennenden Versorgungslage wurde eine Volkswirtschaft, die zunächst als verlängerte Werkbank der Welt viele Vorproduktionen und Zulieferungen übernahm, dann aber schnell eine hochindustrialisierte Produktionswirtschaft entwickelte und seit einigen Jahren als Exportweltmeister gilt (vgl. o.V. 2010, 2014). Inzwischen ist die VR China auch für Deutschland ein sehr bedeutsamer Wirtschaftsfaktor (vgl. Stocker 2018) – das Außenhandelsvolumen umfasste 2019 die Summe von 209 Mrd. Euro. Damit ist China seit nunmehr vier Jahren der wichtigste Außenhandelspartner, noch vor den Niederlanden und den Vereinigten Staaten von Amerika (vgl. destatis 2020). Für Österreich ist China ein wichtiger, aber im Vergleich zu den EU-Ländern nachrangiger Handelspartner (vgl. WKO 2020, S. 1 f.), ebenso für die Schweiz (BfS 2020).

Entsprechend dieser Bedeutung werden nicht nur ausführliche Handelsbeziehungen unterhalten, sondern auch Niederlassungen vor Ort gegründet bzw. Partnerschaften mit vor Ort ansässigen Partnern gegründet, was nicht allein im Automotive-Bereich der Fall ist. Und zunehmend werden auch Unternehmen in Europa von chinesischen Eigentümern übernommen, z. B. der Betonpumpenspezialist Putzmeister GmbH, der Maschinenbauer Krauss-Maffei, Teile von Osram unter dem neuen Firmennamen Ledvance, die Autozulieferer Kiekert und Grammer, die Flughafengesellschaften in Schwerin und im Hunsrück („Frankfurt-Hahn"), der Modehändler Tom Tailer sowie die Privatbank Hauck & Aufsäser KGaA (vgl. Bertelsmann-Stiftung 2018, S. 25 ff.; ergänzend Baron und Yin-Baron 2018, S. 274; Brück und Kiani-Kress 2019, S. 60). In Österreich wurden zum Jahresanfang 2019 ungefähr 100 Unternehmen in chinesischer Hand gezählt, u. a. der Skihersteller Atomic, der Mobilfunkbetreiber Orange und der Wäschespezialist Wolford (vgl. o.V. 2019). Ebenso wurden in der Schweiz ca. 80 Unternehmen mit chinesischen Eigentümern gezählöt. Zu ihnen zählen u. a. der Flaschenfabrikant Sigg, die Maschinenbauer Steiger und Saurer sowie der Fassadenbauer Designteam Schmidlin (vgl. Wu und Ziegler 2019; ergänzend Millischer 2017).

Alle diese Beispiele zeigen auf, dass es bei interkulturellem Management nicht zwangsläufig um eine Entsendung in das Ausland gehen muss. Es kann auch umgekehrt der Fall sein, wenn die neuen Eigentümer Mitarbeiter in die Tochtergesellschaft in Deutschland, der Schweiz oder Österreich entsenden, um neue Vorgaben umzusetzen, die Zusammenarbeit im Konzern zu intensivieren oder auch temporär auf deutsche Fachkräfte zurückgreifen, weil im eigenen Stammwerk bestimmte Kompetenzen fehlen (vgl. Humbik 2020). Bei der Begegnung verschiedener Kulturen gibt es einige Besonderheiten zu beachten, die nunmehr betrachtet werden.

7.3.2 Die kulturelle Basis Chinas

Im Verhältnis zu den meisten anderen Nationen auf der Erde kann China auf eine beeindruckte Tradition als beständiger Kulturraum zurückblicken, mit ca. 3500 bis 4000 Jahre Entwicklungsgeschichte. Über lange Jahre war China eine herausragende Macht, im eigenen Weltbild das „Land der Mitte", und es wird diese Stellung in den nächsten Jahren mit sehr hoher Wahrscheinlichkeit auch wieder einnehmen. Als wesentlicher kultureller Bezugspunkt gilt die Lehre von Konfuzius bzw. Kon Fu-Tse, der mit seinen Lehren von den vier Werten Mitmenschlichkeit, Gerechtigkeit, kindlicher Pietät und der Befolgung bestimmter Riten sowie den Lehren von der Ordnung als Basis des Lebens, dem Studium als Voraussetzung für das Verständnis der Ordnung, dem Respekt vor den Vorfahren, dem Unterordnung der Schüler unter ihre Lehrer, der Loyalität und der Wahrung von Harmonie in sich selbst, in der Familie, im Dorf und im Staat wesentlich die chinesische Mentalität prägte. (vgl. Clart 2014, S. 608 ff.; Schuman 2016, S. 9 ff.). Die hohe Bedeutung von Hierarchien und familiären Netzwerken erscheint als direkte Auswirkung der konfuzianischen Lehre, aber auch der Stellenwert von Symbolen, bis hin zu einem – aus westlicher Sicht – als Aberglauben anmutenden Verhalten. Manches mag mit Sicht von außen als merkwürdig oder gar unverständlich erscheinen – letztendlich wird es jedem Besucher, jeder Besucherin eines anderen Landes überall auf der Welt so ergehen, dass sich nicht alles gleich erschließt oder gar als sinnvoll darstellt.

7.3.3 Das Social Credit System Chinas

Neben traditionellen, kulturbedingten Verhaltensweisen kommt in den letzten Jahren ein neues, technologiegetriebenes System zur Steuerung der Verhaltensweisen in China zu Tragen. Die staatlichen Behörden entwickelten ein Gratifikations- bzw. Sanktionssystem namens „Social Credit System". Grundsätzlich erhalten alle Bürger ein „Grundguthaben" von 800 Punkten. Die Bürger werden in ihren Alltagshandlungen danach bewertet, ob sie sich als vorbildliche Mitbürger auszeichnen (z. B. das Einhalten von Verkehrsregeln, die pünktliche Rückzahlung von Darlehen, der regelmäßige Besuch bei pflegebedürftigen Eltern oder ein Engagement für die Gesellschaft) oder aber durch bestimmte Verhaltensweisen wie übermäßiger Konsum von Alkohol, Missachtung von Verkehrsregeln, politisch unerwünschte Äußerungen negativ auffallen. Entsprechend bekommen sie auf ihrem Punktekonto Gutschriften oder Abzüge. Insbesondere ein Absinken unter ein bestimmtes Level von 600 SCS-Punkten hat gravierende Folgen, z. B. durch das Verbot, Flugzeuge oder Schnellzüge zu benutzen oder eine deutlich erschwerte Gewährung von Krediten (vgl. Sommer 2018, S. 26 f.; Strittmatter 2018, S. 180 ff.). Ein noch tieferes Absinken soll zu weiteren Sanktionen führen – Kontaktpersonen der betreffenden Deliquenten werden vor einem Telefonanruf auf den Sozialstatus hingewiesen, und eine zu häufige Kontaktierung dieser Personen kann ebenfalls zu Punkteabzug führen, womit insbesondere regierungskritische Journalisten kriminalisiert und isoliert werden (vgl. Sartorius 2020).

Besondere Wirksamkeit entfaltet dieses Überwachungssystem durch die allgegenwärtige Präsenz von Überwachungstechnik, bis hin zur digitalen Auswertung von Einkäufen über die digitalen Zahlungsströme (vgl. Strittmatter 2018, S. 180 ff.; siehe auch Scheuer 2018, S. 10 ff.; Zand 2019). Ebenso werden Unternehmen aus dem so genannten Westen mit nicht ganz transparenten Vorgaben zur korrekten Unternehmensführung konfrontiert. Hier gilt ein Katalog von ca. 300 nicht genau durchschauenden Kriterien rund um IT-Strukturen, Umweltschutz, Steuern und ähnlichem (vgl. Heide et al. 2019b, S. 6 f.; ergänzend AHK 2019; Deuber 2018; Heide et al. 2019a, S. 29). Mitarbeiter europäischer Firmen in China werden sich folglich auf zwei Überlegungen einlassen müssen:

- Inwieweit akzeptieren sie diese Überwachung von Personen und Unternehmen, um die Geschäftstätigkeit in China nicht zu gefährden
- Welche Auswirkungen hat dies für die Kommunikation und den Austausch sensibler Unterlagen zwischen dem chinesischem und dem Heimatstandort?

Diese beiden Fragen gelten aber prinzipiell für jede Auslandsentsendung. Wer z. B. in den USA geschäftlich ist, wird sich den dortigen Gepflogenheiten unterwerfen müssen, die z. B. bestimmte für Europa selbstverständliche Verhaltensweisen dort schon unter Strafe stellen kann. Man kann an den Genuss von Alkohol in der Öffentlichkeit denken oder auch bestimmte Formen zwischenmenschlicher Verhaltensweisen, die in Europa als Ausdruck von Nähe und Vertrautheit üblich sind, in Nordamerika aber als unangemessene Belästigung gelten können. Auf alle Fälle liegt es nahe, bei der Personalauswahl und Personalführung derartige Rahmenbedingungen zu berücksichtigen und gegebenenfalls durch entsprechende Unterweisungen und andere Maßnahmen sicherzustellen. Auch das Fehlverhalten von Managementkräften wird in dieser Hinsicht mit einem Sanktionskatalog (z. B. Nachschulungen, Ermahnung, Rückbeorderung, Entlassung) untermauert sein. Andererseits wird man auch entsprechend der Anpassungsnotwendigkeiten eine gewisse „Hardship"-Zulage gewähren müssen und weitere Unterstützung gewähren, z. B. für mit-

7.4 Die Kultur als Einflussgröße

7.4.1 Der Begriff der Kultur

Als Kultur wird allgemein ein Set von Verhaltensweisen, Werten und Normen definiert, an die sich die Mitglieder einer Kulturgemeinschaft halten und mit deren Hilfe sie den Umgang miteinander gestalten. Dies kann die Rolle von Mann und Frau betreffen, die Bedeutung der Familie und den Umfang, wer alles zur Familie gehört, die Art und Weise, wie man bestimmte Lebensphasen und die Übergänge zwischen den einzelnen Phasen gestaltet, was als wichtig angesehen wird und was zu vermeiden ist usw. (vgl. Lewis 2018, S. 17 ff.; Schugk 2014, S. 23 ff.). In Island beispielsweise sind viele Menschen von der Existenz von Trollen und Elfen überzeugt (vgl. Islandreisen.Info o. J.), weswegen der Straßenbau möglichst von Sachkundigen begleitet wird, die Wohnorte derartiger Wesen erkennen und damit verhindern können, dass es durch unpassende Routenbestimmung zu Problemen zwischen der Welt der Menschen und der Welt der Elfen und Trolle kommt – für die meisten Europäer oder Nordamerikaner vermutlich eine seltsame Vorstellung. Der zentrale Punkt ist: wer diese Kulturelemente kennt, kann am Leben der Kultur teilnehmen, wer sie nicht kennt, ist quasi „draußen", also nicht kompatibel mit der jeweiligen Gesellschaft und damit auch nicht interaktionsfähig (siehe auch Schugk 2014, S. 24 ff.). Schlimmstenfalls ist man damit von wichtigen Ressourcen abgeschnitten oder wird gar bewusst negiert.

Analog wird auch das Berufsleben von der jeweiligen Kultur geprägt, die über soziale Ordnungen und Verhaltensweisen, über religiöse oder anderweitige Verhaltensnormen das Miteinander am Arbeitsplatz und den Sinn und Zweck wirtschaftlichen Handelns prägt. Von daher ist es auch sinnvoll, Leistungskriterien kulturspezifisch festzulegen – was in der einen Kultur als vorbildliches, proaktives und eigenständiges Engagement gilt, kann in anderen Ländern als missliebiges Handeln an allen Führungsvorgaben vorbei verstanden werden (siehe Knappert 2013, S. 14 ff.). In muslimisch geprägten Ländern wird man möglicherweise mit einem Verbot von Zinszahlungen bzw. -forderungen konfrontiert sein, weswegen für solche Anliegen ein spezielles „islamic banking" sich etabliert hat (vgl. Hassam und Mahlknecht 2011). In China gelten z. B. spezifische Regeln für die Übergabe von Visitenkarten und die Verwendung von Geschenken. In vielen arabischen und asiatischen Ländern wird man eine andere Form der Darstellung von Frauen finden, im Vergleich zu Mitteleuropa oder Nordamerika, weil es hierzu andere Auffassungen von Schicklichkeit und angemessenem Verhalten gibt. Das Verhältnis von Vorgesetzten und Mitarbeitern ist in Skandinavien anders als in Südeuropa oder in asiatischen Ländern, weil hier bestimmte Grundsätze von Gleichheit herrschen, die dort mit ihren eher partriarchalischen Vorstellungen nicht gelten.

Entsprechend thematisieren verschiedene Untersuchungen die Unterschiede zwischen den einzelnen Ländern, um betroffenen Arbeitskräften Verhaltenshilfen zu geben.

7.4.2 Ausgewählte Studien zu kulturindividuellen Verhaltensweisen

Eine große Anzahl an Studien untersucht kulturspezifische Verhaltensweisen im beruflichen Kontext, um insbesondere bei interkultureller Zusammenarbeit die Schranken abzusenken. Erste Ansätze finden sich z. B. bei Kluckhohn und Kelly (1945, S. 145 ff.) bzw. in der Weiterentwicklung bei Kluckhohn und Strodtbeck (1961, S. 11 ff., ergänzend Schugk 2014, S. 148 f.), die das Verhältnis des Menschen zu sich und seiner Umwelt sowie seinen Mitmenschen, zur Zeitorientierung und den Aktivitäten beschreibt.

Die vermutlich größte Bekanntheit erreichte die Hofstede-Studie, die in den 70er-Jahren des letzten Jahrhunderts zunächst vier, dann fünf und inzwischen sechs Dimensionen definierte, mit denen sich kulturelle Unterschiedene definieren lassen, namentlich (vgl. Hofstede et al. 2010, S. 28 ff.; ergänzend Blom und Meier 2016, S. 52 ff.; Schugk 2014, S. 42 ff.):

Kulturelle Untereschiede nach der Hofstede-Studie
- Hohe vs. geringe Machtdistanz zwischen Führungskräften und Mitarbeitern
- Kollektivismus vs. Individualismus, im Sinne der Stellung von einzelner Person und Kollektiv
- Maskulinität vs. Feminität, im Sinne einer eher diplomatischen, auf Konsens ausgerichteten oder eher konfrontativen, auf Wettbewerb ausgerichteten Kultur
- Unsicherheitsvermeidung vs. -akzeptanz, mit starker oder weniger starker Absicherung gegen Risiken, durch Planung und Risikoprüfung
- Langzeit- vs. Kurzeitorientierung, im Sinne von Handlungszeitspannen, für die geplant und gearbeitet wird
- Genussorientierung vs. Verzicht/Zurückhaltung beim Konsum, als Hinweis auf die Bereitschaft, Geld sofort für persönliche Zwecke auszugeben oder für spätere Zwecke und Risikovorsorge anzulegen

Mit der Ansiedlung einzelner Länder auf diesen verschiedenen Dimensionen gibt sich ein nach nationalen Eigenarten, Werten und Verhaltensweisen individuelles Profil, wie Führungskräfte und Mitarbeiter miteinander umgehen (vgl. Schugk 2014, S. 168 ff.). So kann es in Schweden hilfreich sein, sich als Vorgesetzter mehr als Moderator der Gruppe zu sehen, denn als Verkünder strikter Richtsätze. Letzteres wäre eher in autoritär geprägten Kulturen ratsam, v. a. im asiatischen und arabischen Raum. Andererseits haben auch autoritäre Kulturen Instrumente und Strukturen, wie sich Vorgesetzte mit Untergebenen beraten und deren Meinung einholen und somit einen für alle verbindlichen Konsens finden. Mitarbeiter, die in ein entsprechendes Land entsandt werden, sind demzufolge gut

7.4 Die Kultur als Einflussgröße

beraten, sich mit diesen Eigenarten auseinanderzusetzen und eigenes Verhalten an diese Erwartungen anzupassen.

Vergleichbar definiert das GLOBE-Projekt (Global Leadership) sechs Dimensionen (vgl. Brodbeck 2008, S. 20 f.; House et al. 2013, S. 22 ff.; siehe auch Lang und Baldauf 2016, S. 60 ff.; Schugk 2014, S. 239 ff.), die als Veränderungsbereitschaft, Teamorientierung, Partizipationskultur, Humanorientierung, Autoritätsorientierung und Autonomieorientierung bezeichnet werden.

Das Kulturkonzept nach Hall (vgl. Hall und Hall 1990, S. 3 ff.; ergänzend Schugk 2014, S. 149 ff.) adressiert vier Dimensionen: Kontextorientierung (hoher oder niedriger Kontext), Raumorientierung (welches Umfeld gilt als persönlicher Raum, wie ist er zugänglich bzw. zu schützen), Zeitorientierung (monochrome oder polychrome Aufgabenerledigung) sowie Informationsgeschwindigkeit. In der Erklärung ist es etwas anders ausgestaltet als das Hofstede-Konzept, wird aber von ähnlichen Überlegungen geprägt. Von daher kann man auch die Überlegungen von Fons Trompenaars gut verstehen, der als Hofstede-Schüler die Ansätze von Hall und Hofstede zusammenführte und sieben Dimensionen (vgl. Trompenaars 2012; siehe auch Schugk 2014, S. 210 ff.) definierte. Diese sind hier nicht weiter vorzustellen.

Einen etwas anders gelagerten Ansatz verfolgte Lewis, der Kulturen anhand ihrer Aufgabenerledigung und ihres Zeitverständnisses in einem Dreieck ansiedelt (vgl. Lewis 2018, S. 21 ff.). So gibt es Kulturen, die Dinge nacheinander angehen, und solche, die Aufgaben bevorzugt nebeneinander verfolgen. Auch anhand des kontextuellen Verständnisses und der Bereitschaft zur proaktiven oder reaktiven Verhaltensweise können Unterschiede gesehen werden. Folglich werden mehrere Dimensionen ausgeklammert, die die Modelle von Hofstede, Hall oder Trompenaars als wichtig ansehen.

Allen genannten Ansätzen ist gemein, dass sie Unterschiede thematisieren. An sich besitzt dieser Ansatz seine Berechtigung, da Vertreter der einen Kultur für andere Ansichten und Verhaltensweisen sensibilisiert und sich geeignet einstellen können. Offen bleibt aber die Frage, in welcher Form es Gemeinsamkeiten gibt, und hier kann als Kontrastprogramm der Ansatz nach Stefanie Rathje gesehen werden, die auf Gemeinsamkeiten zwischen Personen abhebt, da letztendlich in jeder Kultur vergleichbare Alltagsprobleme zu lösen sind, z. B. die Frage nach der Aufgabenerledigung bei Produktions- oder Verkaufsprozessen, bei der Behandlung von kritischen Kundenanfragen oder auch bei Auseinandersetzungen in einem Arbeitsteam. Rathje hebt dabei ab auf kulturverbindende und kulturvereinende Elemente, die beide Parteien miteinander teilen (vgl. Rathje 2006, S. 15 ff.; ergänzend Brandl und Neyer 2013, S. 25 ff.), womit sie auf die Grundannahme zurückgreift, dass in jeder Kultur unabhängig von ihrer spezifischen Ausprägung einige allgemein gültige Probleme zu lösen sind, z. B. die von Kooperation in bestimmten Situationen, von gemeinsamer Unterhaltung und gemeinsamer Problemlösung. In der konkreten Anwendung kann man z. B. bei einer Geschäftsbesprechung zwischen zwei bisher unbekannten Personen auf gemeinsame Interessen (z. B. es wird erkennbar, dass die eine Seite Anhänger eines Fußballvereins ist, also spricht man zunächst über Sport bzw. Fußball) zu sprechen kommen, um auf dieser Basis eine gemeinsame Verständigungsbasis zu finden. Dies setzt aber voraus, dass es in beiden Kulturen als angemessen gilt, sich über derart private Themen zu unterhalten. Folglich wird man nicht umhinkommen, sich trotz aller möglichen Schnittmenge auch mit den Unterschieden zu beschäftigen.

7.4.3 Das Konzept der interkulturellen Kompetenz

Wenn Kompetenzmodelle in mehr oder weniger umfassenden Formen verschiedene Dimensionen der Sach- bzw. Fachkompetenz, der Methodenkompetenz, der sozialen und der persönlichen bzw. Selbstkompetenz definieren, kommt das Stichwort der interkulturellen Kompetenz in der Regel nicht als eigenständige Kompetenzendimension vor (vgl. Cnyrim 2016, S. 6 ff.; Hielzki 2019, S. 18; Schließmann 2014, S. 54 ff). Auch wenn auf den ersten Blick v. a. die soziale Kompetenz angesprochen sein mag, nämlich als Verständnis für andere Menschen und Bereitschaft zur Interaktion mit ihnen, sind auch persönliche Kompetenzen (Stressresistenz, wenn etwas nicht im gewohnten Sinne funktioniert; siehe auch Hoben 2015, S. 15 ff.) oder auch Methodenkompetenz (Anwendung von Methoden, die im jeweiligen kulturellen Kontext akzeptiert sind) angesprochen (siehe auch Thomas 2011, S. 15 ff.). Von daher ist es durchaus berechtigt, interkulturelle Kompetenz als eine Querschnittskompetenz anzusehen, die verschiedene Kompetenzdimensionen berührt. Dabei kann man sowohl kulturübergreifende als auch kulturspezifische Elemente finden (vgl. Rathje 2006, S. 5 f.).

Im Hintergrund steht die Frage, wie eine Person eine fremde Kultur einschätzt und demzufolge mit den Unterschieden umzugehen bereit ist. So findet man teilweise die Bereitschaft, eine andere Kultur als freundlich und Bereicherung anzusehen, Elemente dieser Kultur zu übernehmen und in der eigenen Handlungsweise zu berücksichtigen (vgl. Lewis 2018, S. 24 ff.). Hier wird man relativ leicht Schnittmengen mit Vertretern der anderen Kultur finden und sowohl für sich als auch für die Gegenseite Synergien öffnen. Teilweise können Kulturbestandteile auch als fremd oder gar feindlich wahrgenommen werden, auf die mit Ablehnung, Widerstand und Rückzug oder gar offener Bekämpfung reagiert wird (vgl. Lewis 2018, S. 24 ff.). Entsprechend wird man diesen Personenkreis als weniger geeignet für interkulturelle Einsätze ansehen müssen.

7.5 Die Personalauswahl für den internationalen Einsatz

7.5.1 Grundsätze der Personalauswahl für den internationalen Einsatz

Unternehmen stehen vor der Frage, in welcher Form sie Personal für ihre internationalen Tätigkeiten beschaffen, die sowohl als Fach- bzw. Führungskräfte qualifiziert sind als auch interkulturelle Kompetenzen besitzen und damit erfolgreich mit ihren Geschäftspartnern

7.5 Die Personalauswahl für den internationalen Einsatz

und Mitarbeitern vor Ort zusammenarbeiten können (vgl. Festing et al. 2011, S. 213 ff.; Lang 2016, S. 78 ff.). Je nach Unternehmensorganisation und Verhaltensgrundsätzen können dafür drei verschiedene Strategien zum Einsatz kommen:

> **Drei Grundsätze für die Personalauswahl im internationalen Bereich**
> - Die ethnozentrische Auswahl, bei der man nur Personal aus dem Stammland des Unternehmens verwendet und ggf. auf die jeweiligen Einsätze vor Ort vorbereitet, hier verfolgt man die Idee, dass man das eigene Personal am besten kennt und einschätzen kann und demzufolge am leichtesten vertrauen kann
> - Die polyzentrische Auswahl, bei der man prinzipiell nur Personal aus dem jeweiligen Einsatzland auswählt, wobei hier der Aspekt im Vordergrund steht, Personen zu gewinnen, die sich vor Ort sicher auskennen
> - Eine regio- oder geozentrische Auswahl, bei der Personal unabhängig von kultureller Herkunft oder Verortung ausgewählt wird, bei der die Überlegung gilt, dass es vor allem auf die Persönlichkeit als solche und ihre Eignung für die Organisation ankommt, weniger auf eine spezifische kulturelle Prägung

Jede dieser drei Strategien hat individuelle Vor- und Nachteile, hinsichtlich dem kulturellen Fit mit dem jeweiligen Gastland, den Kosten und den Einflussmöglichkeiten. Grundsätzlich sollte ein Unternehmen prüfen, in welcher Form es am besten im jeweiligen Zielmarkt agieren kann, welche Erfordernisse die Aufgabenstellung vor Ort besitzt und welche Rahmenbedingungen vom Gastland gesetzt werden, z. B. durch aufenthaltsrechtliche Vorgaben. Zudem wird auch der Grad des Engagements vor Ort Einfluss nehmen – wer vor Ort eine umfangreichere Produktion aufbaut, wird eher zu einer polyzentrischen Personalauswahl greifen, als jemand, der nur Vertriebskräfte in geringer Zahl vor Ort benötigt.

Sofern Arbeitsteams über Landesgrenzen hinweg gebildet werden sollen, kommen weitere Aspekte zum Tragen, insbesondere die Frage, wer aus politischen bzw. kommunikativen Gründen unbedingt Mitglied sein muss, wer aufgrund seiner Fachkunde unverzichtbar ist und wer z. B. aufgrund einer bestimmten Teamrolle bzw. den damit verbundenen Eigenschaften hilfreich sein kann. Dieser Aspekt soll hier nicht weiter vertieft werden.

7.5.2 Die Formen des internationalen Personaleinsatzes

Je nach Dauer und Intensität des Einsatzes vor Ort unterscheidet man in:

- **Dienstreisen** (kurzfristiger Einsatz von mehreren Tagen Dauer, zu Vertriebs-, Betreuungs- oder Informationsaufgaben vor Ort)

- **Abordnungen** von mehreren Wochen oder Monaten Dauer, zumeist im Rahmen von Projekt- oder Montageaufgaben, das Arbeitsverhältnis im Entsendeland bleibt bestehen, einschließlich der steuer- und sozialversicherungsrechtlichen Konsequenzen
- **Versetzungen**, von zumeist mehr als einem Jahr Dauer, die auch steuer- und sozialversicherungsrechtliche Pflichten vor Ort nach sich zieht, zumeist in Verbindung mit einem Arbeitsvertrag nach örtlichem Recht

Jede dieser Einsatzformen erfordert vom Arbeitgeber eine unterschiedlich intensive Form der Vorbereitung. Während bei kurzen Dienstreisen eine Aufklärung über die Bedingungen vor Ort und gegebenenfalls eine Gesundheitsberatung ausreichen wird, können bei Abordnungen schon interkulturelle Unterweisungen zum richtigen Umgang mit den Kollegen und der Bevölkerung vor Ort notwendig werden. Bei Versetzungen wird zudem auch die Frage nach der familiären Einbettung zu stellen sein, so dass hier z. B. Informationsbesuche vor der Versetzung, Relocation-Service, umfangreichere vertragliche Absicherungen (z. B. zum Rückkehrrecht und zur Anrechnung auf die Betriebszugehörigkeit und betriebliche Altersversorgung) oder auch Betreuungsprogramme während des Auslandseinsatzes unabdingbar sind. Nicht zuletzt wird man auch auf ein Rückführungsprogramm achten müssen, wenn z. B. nachhaltige Erkrankungen des Mitarbeiters oder politische Risiken im Aufenthaltsland eine schnelle Rückholung erfordern.

7.5.3 Internationaler Einsatz aus Mitarbeitersicht

Betroffene Mitarbeiter werden sich vor einem internationalen Personaleinsatz verschiedene Fragen stellen. Diese beginnen mit der Attraktivität des Ziellandes und den örtlichen Rahmenbedingungen (z. B. Lebensbedingungen, Kriminalitätsrisiko), gehen über die Frage der persönlichen Entwicklungsmöglichkeiten (Karriereförderung, Vertiefen interkultureller Kompetenz) und reichen bis hin zur Frage, in welcher Form die Familie Interessen hat (Einbindung in ein soziales Umfeld, Schulbesuch der Kinder, Berufstätigkeit des Partners, gesundheitliche Umstände der Familie, generelle Bereitschaft zum Auslandsaufenthalt). Gerade wenn die Familie im Herkunftsland verbleiben will, kommen eher kurzfristige Auslandseinsätze oder vielleicht auch noch Abordnungen über mehrere Monate durchaus in Frage (das Phänomen der „Flexpartriates" nach Demel und Mayrhofer 2013, S. 20 ff.), aber keine längeren Versetzungen. Möglicherweise werden auch weitere Unterstützungsleistungen (z. B. Vermietung des Eigenheims während der Abwesenheit) ein wesentliches Kriterium sein, ob man sich auf einen Auslandsaufenthalt einlässt. Folglich sind verschiedene Assistenz- und Vorbereitungsmaßnahmen sinnvoll (vgl. Kumbruck und Deroven 2016, S. 89 ff.; Hoben 2015; Treffer 2016, S. 42 ff.), z. B.:

- Bereitstellung von Informationsmaterial aller Art
- Interkulturelle Trainings und Sprachkurse, einschließlich Rollenspiele und Übungen zur Erhöhung der Resilienz und Beweglichkeit („Ambiguitätstoleranz")

7.5 Die Personalauswahl für den internationalen Einsatz

- Austausch mit Kollegen, die bereits im betreffenden Zielland waren, hinsichtlich ihrer Erfahrungen und Empfehlungen
- Informationsbesuche vor Ort („look-and-see-trip"), möglichst zusammen mit den Familienmitgliedern, die mitziehen sollen
- Vorbereitende Projekte, die im Dialog mit Kollegen aus dem zukünftigen Einsatzland erfolgen, um die Mentalität des Ziellandes kennenzulernen
- Kontaktanbahnung mit Kollegen vor Ort
- Arbeitsplatzangebot für Lebenspartner
- Kontakthalteprogramm, für regelmäßige Heimfahrten und Treffen mit Kollegen des Entsendestandortes und ergänzende Services (z. B. Eigenheim-Verwaltung am Entsendungsstandort)

Je nach Durchdringung der länderspezifischen Informationen und Aktivierung des Mitarbeiters kann man verschiedene Ansätze im interkulturellen Training unterscheiden:

- Informationsorientierte Maßnahmen: Informationen über die Zielkultur, vorrangig kognitive Wissensvermittlung, die sich durch den Teilnehmer gegebenenfalls vor Ort überprüft und weiterentwickelt werden kann, bieten erste Einblicke und Hilfestellungen
- Kulturorientierte Maßnahmen mit genereller Sensibilisierung durch Selbsterfahrungs- und Simulationsspiele, betonen neben der Wissenskomponente auch die emotionale Seite, um Selbstsicherheit und eine positive Einstellung zum internationalen Einsatz zu gewinnen
- Interaktionsorientierte Maßnahmen: Annäherung an möglichst reale Situationen, mit Rollenspielen (mit Personen aus Zielkultur) und Erkundungsreisen, um einen eigenen Eindruck zu gewinnen und eigene Denkweisen und Verhaltensweisen entsprechend anpassen zu können
- Verstehensorientierte Maßnahmen: Programmierung hin auf die neue Kultur, mit so genannter „Kulturassimilation": Material wird bearbeitet und entsprechend erläutert/erweitert, so dass Artefakte vorliegen, die auch weitergegeben oder vom Bearbeiter als Nachschlagewerk genutzt werden können

Trotz aller Vorbereitungsmaßnahmen wird man nicht ausschließen, dass es einen „culture clash" gibt, einen Zusammenprall verschiedener Kulturvorstellungen auf Seiten des entsandten Mitarbeiters wie bei den Kollegen vor Ort. Oftmals machen entsandte Mitarbeiter eine Entwicklung in verschiedenen Auf- und Ab-Stationen mit, die von anfänglicher Euphorie über Entmutigung und Frustration angesichts enttäuschter Erwartungen hin zu einer Akklimatisierung vor Ort (oder auch einem Abbruch des Auslandseinsatzes) reichen können. Zum Ende des Auslandseinsatzes kommt möglicherweise ein Abschiedsschmerz zum Tragen und erhebliche Schwierigkeiten bei der Rückgewöhnung an die Bedingungen im Entsendeland, weil sie z. B. nicht mehr den Handlungsfreiraum haben wie am Entsendeort, oder weil bestimmte Privilegien entfallen. Mehr als einmal entschließen sich Expats dann, die nächste Möglichkeit zu einer erneuten Entsendung zu nutzen.

7.5.4 Die Führung im Kontext einer internationalen Mitarbeiterschaft

Soweit Führungskräfte im internationalen Kontext eingesetzt werden, erhöht sich die Komplexität der Aufgabe. Neben den Führungsaufgaben als solcher kommt die Herausforderung, auf unterschiedliche Kulturkontexte eingehen zu müssen und damit das Führungsverhalten angemessen zu variieren. Hierauf stellen insbesondere die Kulturmodelle wie jenes von Hofstede et al. (2010) oder Erin Meyer (2018) ab – wer aus einer Kultur mit geringen Hierarchieunterschieden in eine Kultur mit großen hierarchischen Abstufungen wechselt, wird sein Verhalten deutlich verändern müssen.

Ein zweiter Punkt: gerade bei kleineren Niederlassungen müssen Führungskräfte zudem eine weit größere Bandbreite an fachlichen Aufgaben überwachen, als sie es aus ihrem Stammland gewöhnt sind. Von daher wird hier neben dem sozialen und persönlichen Kompetenzenkatalog auch der fachliche Anspruch deutlich vielfältiger sein, sozusagen den fachlichen Allrounder erfordern.

7.6 Personalführung im Zeichen einer ausländischen Eigentümerstruktur

Die meisten Publikationen und Lehrbücher wenden sich allem Anschein nach der Frage zu, was in der Unternehmens- und Mitarbeiterführung passiert, wenn man eigene Arbeitnehmer in das Ausland entsenden will. Allerdings fehlt hier ein wichtiger Baustein, nämlich die Frage, wie sich die Unternehmens- und speziell die Mitarbeiterführung verändert, wenn ein Unternehmen im Inland in ein Beherrschungsverhältnis durch Eigentümer aus dem Ausland gerät. Dies ist schon seit vielen Jahren üblich, hat aber im Kontext der chinesischen Investitionsvorhaben in Europa an neuer Bedeutung gewonnen. Die Bandbreite möglicher Folgen umfasst:

- Es ändert sich nicht viel, weil die neuen Eigentümer im Sinne der ungestörten Unternehmensentwicklung nicht weiter eingreifen
- Es ändern sich einige Elemente, weil die Eigentümer neue strategische Vorgaben erstellen und die Unternehmenskultur in Richtung der eigenen Unternehmenskultur prägen wollen, z. B. durch Entsendung eigener Führungskräfte und Fachkräfte in die neue Tochtergesellschaft, oder auch die durch Abordnung von Mitarbeitern der Tochtergesellschaft in die neue Mutter, um sich mit den dortigen Arbeitsweisen und Vorstellungen vertraut zu machen, die mit ihren Eindrücken im Tochterunternehmen Abläufe und Verhaltensweisen beeinflussen
- Es ändert sich sehr viel, weil mit der neuen Eigentümerstruktur die Führungsmannschaft ausgetauscht wird, neue Formen der Berichterstattung und Planung oder Produktion Einzug halten, bestimmte Arbeitsschritte bzw. Abteilungen abgezogen oder neue Produkte und Produktionslinien integriert werden usw.

7.6 Personalführung im Zeichen einer ausländischen Eigentümerstruktur

Anhand des Musterunternehmens J. Weizenfeld GmbH & Co. KG sei diese Überlegung durchgespielt. Die beiden Gesellschafter und Geschäftsführer, Johannes Weizenfeld und Renate Weizenfeld-Gieselbauer, streben in den nächsten Monaten einen Rückzug aus der operativen und juristischen Verantwortung an. Bei Johannes Weizenfeld zeigen sich zunehmend Anzeichen von stressbedingten Erkrankungen, die einen beschleunigten Rückzug angeraten erscheinen lassen. Bei seiner Schwester Renate Weizenfeld-Gieselbauer ist der Wunsch vorhanden, mit Mitte 50 nochmals ein neues Lebenskonzept zu verfolgen und gemeinsam mit ihrer Tochter einen Reiterhof zu eröffnen, auch weil ein interessantes Grundstück mit geeigneten Baulichkeiten in der Nachbarschaft zum Verkauf steht. Im Kreis der Familienmitglieder findet sich keine Person, die an einer Übernahme unternehmerischer Verantwortung interessiert ist. Von daher wurde bei der Gesellschafterversammlung vor einem Jahr beschlossen, das Unternehmen (in Gestalt der Betriebs-GmbH!) innerhalb der nächsten Monate zu veräußern. Inzwischen liegen dank der Vermittlung externer Berater zwei Angebote vor. Ein Bieter ist eine luxemburgische Private Equity-Gesellschaft namens Lux Big-Invest S.a.r.l., mit Sitz in Hesperingen. Der zweite Bieter ist ein chinesischer Misch-Konzern aus Shendong, Hong Ri Ventures Ltd.

Das Angebot aus Luxemburg beläuft sich auf ca. 42 Millionen Euro, zu zahlen in zwei Tranchen in diesem und im nächsten Jahr. Eine Arbeitsplatzgarantie oder sonstige Zusagen lehnt Lux Big-Invest ab, da ein erheblicher Sanierungsbedarf gesehen wird. Eine mittelfristige Veräußerung bzw. Börsenplatzierung würde von einer entsprechenden Handlungsfreiheit abhängen.

Der chinesische Interessent bietet 54 Millionen Euro an, zu zahlen innerhalb von drei Wochen. Eine Arbeitsplatzgarantie für die nächsten drei Jahre sowie ein langfristiger Mietvertrag für die Gebäude sind Bestandteil des Angebots, da Hong Ri Ventures am Sitz der J. Weizenfeld GmbH & Co. KG die Europa-Zentrale zu errichten plant. Zudem ist Hong Ri Ventures als zuverlässiger Lieferant von Bekleidung seit ungefähr zwanzig Jahren mit der J. Weizenfeld GmbH & Co. KG im intensiven Kontakt. Von daher bevorzugen die beiden Eigentümer das Angebot aus China und informieren ihre Belegschaft entsprechend über die Pläne.

Für die Mitarbeiter stellt sich nun die Frage, in welcher Form sich die Zusammenarbeit im Unternehmen ändern würde. Dies kann man anhand der unterschiedlichen Führungsstile im deutschen Sprachraum und in China erkennen, wie in Abb. 7.1 dargestellt.

Der guten Ordnung halber: eine derartige Aufstellung lässt sich auch im Vergleich mit Führungskulturen anderer Länder vornehmen.

Im konkreten Beispiel J. Weizenfeld GmbH & Co. KG wird anhand der Aufstellung zu vermuten sein, dass eine von chinesischen Eigentümern geprägte Führungskultur auf weniger Dialog und stärkere, kaum hinterfragte Ausführung von Anweisungen setzen wird, also gravierende Veränderungen anstehen. Was auch möglich ist, aber aus Gründen der Vereinfachung einmal außen vor gelassen wird: Es kann natürlich auch sein, dass die neue Führungscrew sich auf den Einsatz vorbereitet hat und versuchen wird, entsprechend der in Deutschland üblichen Verhaltensweisen zu agieren, so dass die Umstellung für die Belegschaft vor Ort relativ leicht sein könnte. Unter der Prämisse, dass in Zukunft stärker

	„typisch deutsch"	„typisch chinesisch"
Gesellschaftliches Leitbild	• Hoher Individualitätsgrad und Selbstverwirklichung • Hohe Verantwortung des einzelnen für seine eigene Position • Ggf. sorgen staatliche Einrichtungen für Absicherung • Kulturbasis in einer Mischung aus antiken Denkweisen (d.h. hellenistische/römische und christliche Kulturlinien)	• Kollektivistische Orientierung, v.a. in Bezug auf die (weitere) Familie und Netzwerke („Guanxi") • Betonung der „natürlichen" Ordnung mit klaren Hierarchien und Verantwortungen • Kulturbasis in einer Mischung aus Konfuzianismus und chinesischer Interpretation des Kommunismus
Kommunikationsstil	• Direkt, situationsbezogen • Schriftliche Vereinbarungen haben hohe Verbindlichkeit • Konstruktives Feedback ist Anerkennung und Ansporn • Diskussionen sind notwendig, wenn es die Sache erfordert	• Indirekt, kontextbezogen • Schriftliche Vereinbarungen sind interpretationsbedürftig/ auslegungsfähig • Kritisches Feedback kann als Streit angesehen werden • Gerade bei jüngeren Mitarbeitern ein stark aus-geprägtes, patriotisch geformtes Selbstbewusstsein
Arbeitsweisen	• Monochronologisch: ein Problem nach dem anderen • Sorgfältig geplant und logisch aufeinander aufbauend • Unsicherheit vermeidend • Hohe Bedeutung von Pünktlichkeit • Mittelfristiger Planungshorizont (ca. 5-7 Jahre) • Starke Trennung zwischen Arbeits- und Privatleben • Selbstbeherrschung ist wichtig • Werte sollten allgemein verbindlich sein • Ergebnisbezogenes Arbeiten • Tendenziell höhere Bindung der Mitarbeiter an das Unternehmen	• Polychronologisch: mehrere Aufträge/Aufgaben gleichzeitig, je nach Dringlichkeit • „ausprobieren" in Verbindung mit strategischen Überlegungen, Unsicherheit wird durchaus einbezogen und situativ ausgeglichen • Pünktlichkeit wird relativ gesehen • Langfristige Orientierung („über Generationen hinaus greifen") • Arbeits- und Privatleben sind nicht trennscharf zu sehen • Verbindung aus ergebnis- und beziehungsbezogenem Arbeiten • Selbstbeherrschung ist wichtig, ebenso das Ansehen der anderen („Mianzi") • Werte können situativ aus-gelegt werden • Tendenziell niedrigere Bindung der Mitarbeiter an das Unternehmen
Führungsverständnis	• Hierarchisch, mit klaren Verantwortlichkeiten • geringe Machtdistanz • mittlere Bedeutung von Positionen und Titeln, v.a. zu Beginn einer (Geschäfts-)Beziehung wichtig • Übertragung von Verantwortung ist Ausdruck von Vertrauen und soll genutzt werden	• hierarchisch, mit Letztverantwortung bei oberster Führungsperson • große Machtdistanzen • sehr hohe Bedeutung von Positionen und Titeln • eher geringe Übertragung von eigenständiger Verantwortung

Abb. 7.1 Deutsche und chinesische Kommunikations- und Führungsstile im Vergleich (eigene Erstellung auf Basis von Cultural Atlas o. J.; EssaysUK 2018; Lewis 2018; Metz und Gunkel 2013, S. 14 ff.; Meyer 2018; Ott und Czajer 2016; Polfuß 2014, 2016; PWC 2013; Smith 2017)

Führungsstil	• je nach Führungstyp verschiedene Führungsstile, von laissez-faire bis dialogisch	• Klare Kommunikation mit Zielen und Lob für Zielerreichung, wobei die Art der Kommunikation ebenso wichtig ist wie der Inhalt • Präsenz und Erreichbarkeit signalisieren
Problematische Wahrnehmungen in der jeweils anderen Kultur	• Planloses Arbeiten/zu wenig Sorgfalt bei chinesischen Arbeitskräften • Feedback chinesischer Führungskräfte ist zu wenig fassbar • Mangelnde Bereitschaft zur Übernahme von Verantwortung und Eigeninitiative bei chinesischen Mitarbeitern und mittleren Führungskräften • Umständliche Arbeitsweisen • Fehlende Ziel- und Prozessorientierung • Fehlender Respekt für Compliance-Regelungen und ihre Begründung	• Deutsche Feedback-Kultur gilt als aggressiv/Streit • Deutsche Manager gelten als zu wenig erreichbar/ investieren zu wenig in den sozialen Zusammenhalt • Deutsche Manager lassen Schnelligkeit und Flexibilität vermissen • Führungsverhalten lässt eindeutige Hierarchie vermissen • Führungskräfte zeigen zu wenig Geduld • Deutsche haben zu wenig Interesse an den Menschen hinter den Prozessen
Karrierebild	• Bedeutung des Themas Karriere verschwimmt – sowohl Karriereorientierung als auch „Nicht-Karriere" bzw. Fachkarriere sind für Arbeitnehmer denkbar	• Regelmäßiger Aufstieg zeigt Erfolg und muss sich auch in den Titeln zeigen • Indirekt auch Nachholbedarf beim Konsum gegenüber dem Westen

Fig. 7.1 (Fortsetzung)

nach chinesischer Mentalität geführt wird, sollten die Mitarbeiter also proaktive Handlungen tunlichst unterlassen und bei Initiativen verstärkt Rückendeckung durch Vorgesetzte suchen. Problemsituationen können aber auch ganz im Sinne der chinesischen Mentalität stärker operativ gelöst werden, so lange der Umsatz stimmt. Führungsgrundsätze würden also unverbindlicher werden, auf die Gefahr hin, dass man an bestimmten Stellen zunächst einmal in Unklarheit gelassen wird und zu einer Kultur der Vermeidung von Fehlentscheidungen und der Abwälzung von Verantwortung nach oben greifen wird.

Relativ schnell wird ersichtlich, dass es an einigen Stellen unterschiedliche Verhaltensweisen geben kann, die auch zu Konflikten führen (siehe auch Hirn 2018; Polfuß 2014, S. 78 ff.; PWC 2013, S. 36 ff., 64 ff.). Für die Mitarbeiter dürfte dies eine doppelte Belastung bedeuten, zum einen in der Veränderung langjährig eingeübter Verhaltensweisen, die möglicherweise mit dem Gefühl flankiert sind, im „eigenen Unternehmen im eigenen Land" zu Umstellungen gezwungen zu sein. Selbstredend dürfte dies für jede Form von Unternehmensübernahmen weltweit gelten, ist also nicht auf ein bestimmtes Land beschränkt. Zum anderen dürften sich bei den betroffenen Arbeitnehmern hinsichtlich der Zukunft des Unternehmens und der Sicherheit des eigenen Arbeitsplatzes einige Fragen ergeben. Allerdings kann eine Übernahme durch einen neuen Eigentümer auch neue Perspektiven versprechen, weil z. B. die bisherigen Eigentümer keine belastbare finanzielle Ausstattung gewährleisteten oder weil mit der Übernahme durch einen ausländischen Eigentümer auch neue Absatzchancen denkbar werden. Das Beispiel der Adam Opel GmbH ist überdeutlich – war die Übernahme in der Weltwirtschaftskrise 1929 durch den amerikanischen Autokonzern die Rettung vor der Auflösung (vgl. Köhler 2017), führte das Management spätestens seit den 90er-Jahren des letzten Jahrhunderts das Unternehmen immer stärker in die Krise, so dass eine Übernahme durch den französischen Mitbewerber PSA Group inzwischen vielen als letzte Chance und Rettungsanker erscheint, unabhängig vom trotzdem notwendigen Stellenabbau (vgl. o.V. 2017). Auch das Lernen von den Arbeitsweisen der jeweils anderen Seite kann für beide Seiten gewinnbringend und hilfreich sein (siehe auch Gu 2014, S. 109 ff.).

Die bisherigen Erfahrungen deutscher Belegschaften mit chinesischen Eigentümern zeigen eine breite Vielfalt auf (siehe auch Bertelsmann-Stiftung 2016, S. 7 ff.; Joho 2018), die in positiven Beispielen wie dem Münchner Maschinenbauunternehmen Krauss-Maffei (vgl. Seipel 2019, allgemeiner Ankenbrand 2015; Schweitzer 2019, S. 25 ff.) ebenso zu finden sind wie in weniger erfreulichen Beispielen, konkret der ehemaligen Osram-Tochter Ledvance, der Maschinenfabrik Schiess, dem Betonpumpenhersteller Putzmeister oder der Augsburger KUKA AG. Diese Unternehmen berichten von massivem Arbeitsplatzabbau, Austausch wichtiger Führungskräfte oder gar einer Insolvenz (vgl. Fromm 2018, S. 32; Göbel und Reccius 2019, S. 48 f.; Höpner und Fasse 2019, S. 7; Joho 2018). Bei dem zuletzt genannten Beispiel, der KUKA AG, versucht man inzwischen, durch die Installation einer Vermittlerin zwischen deutschen und chinesischen Unternehmenskultur eine bessere Passung zu erzielen (vgl. Jung 2019, S. 73). Von daher wird man im Zuge zunehmender Investments aus dem asiatischen Raum gut beraten sein, in Europa über die Konsequenzen solcher Engagements nachzudenken, hinsichtlich des Verständnisses für die „andere" Art der Personalführung und der Zusammenarbeit zwischen deutschen Arbeitnehmern und ausländischen Vorgesetzten.

7.7 Arbeits- und Wiederholungsfragen zu Kapitel 7

1. Welche Grundformen internationaler Zusammenarbeit bieten sich für Unternehmen?
2. Was ist „Kultur", und in welcher Form kommt sie bei internationalen Einsätzen zum Tragen?
3. Worauf basieren die Kulturansätze von Hoofstede, E. Meyer und S. Rathje, und in welcher Form können sie bei der Vorbereitung auf eine Auslandsentsendung zum Tragen kommen?
4. Welche Interessen verfolgen Arbeitgeber und Arbeitnehmer bei einer Auslandsentsendung (je 3 benennen)? Und welche Unterstützungsleistung können Arbeitgeber anbieten? (3 Möglichkeiten nennen und kurz erläutern)
5. Welchen Aspekten muss die Entgeltpolitik bei Auslandsentsendungen gerecht werden?
6. Zeigen Sie auf, was das Social Credit System Chinas bedeutet, und welcher Form es Arbeitnehmer aus dem Ausland beeinflussen kann!

Literatur

AHK Deutsch-Chinesische Außenhandelskammer (2019) Practical Guide to China's Corporate Social Credit System, als PDF im Dezember 2019. https://china.ahk.de/de/. Zugegriffen am 30.12.2020

Ankenbrand H et al (2015) China kauft sich in Europa und Amerika ein, Beitrag vom 04.02.2015. www.faz.net/aktuell/wirtschaft/unternehmen/china-kauft-sich-in-europa-und-amerika-ein-13524204-p3.html. Zugegriffen am 18.02.2020

Baron S, Yin-Baron G (2018) Die Chinesen – Psychogramm einer Weltmacht. BPB, Bonn (im Original: Berlin Ullstein)

Bertelsmann-Stiftung (2016) China 2030 – Szenarien und Strategien für Deutschland, Gütersloh: Eigenverlag 2016, als PDF-Publikation. www.bertelsmann-stiftung.de/fileadmin/files/BSt/Publikationen/GrauePublikationen/Studie_DA_China_2030_Szenarien_und_Strategien_fuer_Deutschland.pdf. Zugegriffen am 06.08.2019

Bertelsmann-Stiftung (2018) Kauft China systematisch Schlüsseltechnologien auf? Gütersloh: Eigenverlag 2018, als PDF-Publikation. www.bertelsmann-stiftung.de/fileadmin/files/BSt/Publikationen/GrauePublikationen/MT_Made_in_China_2025.pdf. Zugegriffen am 06.08.2019

BfS Bundesamt für Statistik (2020) Außenhandel der Schweiz 2019, datiert 2020. www.bfs.admin.ch/bfs/de/home/statistiken/industrie-dienstleistungen/aussenhandel/handelsbilanz-einfuhr-ausfuhr.html. Zugegriffen am 29.06.2020

Blom H, Meier N (2016) Interkulturelles Management. NWB, Herne

BMWZE Bundesministerium für Wirtschaftliche Zusammenarbeit und Entwicklung (o. J.) Das Übereinkommen über handelsbezogene Aspekte des intellektuellen Eigentums (TRIPS), Beitrag o.D. www.bmz.de/de/themen/welthandel/welthandelssystem/WTO/TRIPS/index.html. Zugegriffen am 18.06.2020

Brandl J, Neyer A-K (2013) Hilfreich oder Hinderlich – Kulturvorbereitungstrainings für multinationale Teamarbeit. Personal Quarterly 65(4):26–30

Brodbeck FC (2008) Die Suche nach universellen Führungsstandards – Herausforderungen im globalen Dorf. Wirtschaftspsychologie aktuell 1:18–22

Brück M, Kiani-Kress R (2019) Geschäftsprinzip Glück. Wirtschaftswoche Nr. 40 vom 27.05.2019, S 60–61

Clart P (2014) Religionen und Religionspolitik. In China Fischer D et al (Hrsg) Länderbericht China. BPB, Bonn, S 607–640

Cnyrim A (2016) Business-Toolbox für interkulturelles Training. Stark, Hallbergmoos

CulturalAtlas. (o. J.) Cultural Profils, Beitrag. https://culturalatlas.sbs.com.au/countries. Zugegriffen am 09.07.2019

Demel B, Mayrhofer W (2013) Dimensionen des Karriereerfolgs – was Flexpartriates von Expatriates unterscheidet. Personal Quarterly 65(4):20–25

Destatis Deutsches Statistisches Bundesamt (2020) Die Volksrepublik China ist erneut Deutschlands wichtigster Handelspartner, Pressemitteilung vom 26.06.2020. www.destatis.de/DE/Themen/Wirtschaft/Aussenhandel/handelspartner-jahr.html. Zugegriffen am 29.06.2020

Deuber L (2018) Deutsche Unternehmen fürchten um ihre Zukunft, Beitrag vom 20.06.2018. www.wiwo.de/politik/ausland/china-deutsche-unternehmen-fuerchten-um-ihre-zukunft/22709140.html. Zugegriffen am 06.08.2019

EssaysUK (2018) Comparing China and Germany's Business Cultural Differences. Beitrag vom 04.01.2018. www.ukessays.com/essays/management/contrasting-china-and-germany-cultural-differences-management-essay.php?vref=1. Zugegriffen am 08.07.2019

Festing M et al (2011) Internationales Personalmanagement, 3. Aufl. SpringerGabler, Wiesbaden

Fromm T (2018) China-land. In: Süddeutsche Zeitung, Nr. 98 vom 28.04.2018, S 32

Gersteland RR (2011) Cross-cultural business behavior, 5. Aufl. CUP, Kopenhagen

Göbel J, Reccius S (2019) Kamikaze auf Mandarin. In: Wirtschaftswoche Nr. 34 vom 16.08.2019, S 46–49

Gu X (2014) Die Große Mauer in den Köpfen – China, der Westen und die Suche nach Verständigung. Körber-Stiftung, Hamburg

Hall ET, Hall MR (1990) Understanding cultural differences. Yarmouth, ME

Hassam K, Mahlknecht M (2011) Islamic capital markets. WileyFinance, New York

Heide D et al (2019a) China treu geblieben. In: Handelsblatt, Nr. 207 vom 28.10.2019, S 28–29

Heide D et al (2019b) Unter verschärfter Beobachtung. In: Handelsblatt, Nr. 118 vom 24.06.2019, S 6–7

Hielzki L (2019) Vorträge für schlafende Chinesen. In: Süddeutsche Zeitung, Nr. 105 vom 06.05.2019, S 18

Hirn W (2018) Chinas Bosse. Campus, Frankfurt am Main

Hoben M (2015) Belastungen und Ressourcen bei Auslandsentsendungen. SpringerGabler, Wiesbaden

Hofstede G et al (2010) Cultures and organizations. McGrawHill, New York

Höpner A, Fasse M (2019) Bedingt erfolgreich. In: Handelsblatt, Nr. 231 vom 29.11.2019, S 7

House RJ (2013) Strategic leadership across cultures. Sage, London

Humbik F (2020) Opel versetzt deutsche Mitarbeiter befristet in französische PSA-Werke, Beitrag vom 12.07.2020. www.handelsblatt.com/unternehmen/industrie/autobauer-opel-versetzt-deutsche-mitarbeiter-befristet-in-franzoesische-psa-werke/25997160.html. Zugegriffen am 13.07.2020

Islandreisen.Info (o. J.) Elfen und Trolle – Insel der magischen Wesen, Beitrag. www.islandreisen.info/de/island-infos/island-lexikon/elfen-trolle. Zugegriffen am 23.07.2020

Joho K (2018) Ich gehe nicht gern, ich bin traurig. Beitrag vom 18.11.2018. www.wiwo.de/unternehmen/industrie/kuka-chef-reuter-geht-unfreiwillig-ich-gehe-nicht-gern-ich-bin-traurig/23684818.html. Zugegriffen am 08.06.2019

Jung A (2019) Miss Verständnis. In: Der Spiegel, Nr. 22 vom 25.05.2019, S 73

Kluckhohn C, Kelly WH (1945/1972) The concept of culture. In: Linton R (Hrsg) The science of the man in the world crisis. New York, S 78–106 (deutsch übersetzt und erweitert: Das Konzept der Kultur, Düsseldorf: ECON 1972)

Kluckhohn FR, Strodtbeck FL (1961) Variations in value orientations. Row, Peterson, Oxford

Knappert L (2013) Global performance management – globale standards nicht unkritisch global übernehmen. Personal Quarterly 65(4):8–13

Köhler, M (2017) Als Opel schon einmal übernommen wurde, Beitrag vom 07.03.2017. www.faz.net/aktuell/rhein-main/wirtschaft/opel-uebernahme-durch-peugeot-erinnert-an-uebername-durch-gm-14912467.html. Zugegriffen am 22.07.2020

Kumbruck C, Derboven W (2016) Interkulturelles Training, 3. Aufl. Springer, Wiesbaden

Lang EM (2016) Global Staffing. SpringerGabler, Wiesbaden

Lang R, Baldauf N (2016) Interkulturelles Management. SpringerGabler, Wiesbaden

Lewis RD (2018) When cultures collide, 4. Aufl. Nicholas Brealey, London

Metz A, Gunkel M (2013) China schweigt – wie westliche Expatriates erfolgreich mit Chinesen kommunizieren. Personal Quarterly 65(4):14–19

Meyer E (2018) Die Culture Map – Ihr Kompass für das internationale Business. VCH Wiley, Heidelberg

Millischer S (2017) Über 80 Schweizer Firmen in chinesischer Hand, Beitrag vom 02.10.2017. www.handelszeitung.ch/unternehmen/uber-80-schweizer-firmen-chinesischer-hand?gclid=Cj0KCQjwoub3BRC6ARIsABGhnyYNX5YXWObfbq_yMYdx_Q6CtN1YenqL5jMIsCodxOyy-C4ukHAaxTZYaAuQnEALw_wcB. Zugegriffen am 29.06.2020 o.V. (2010) China ist neuer Exportweltmeister, Beitrag vom 10.01.2020. www.zeit.de/wirtschaft/2010-01/export-china-deutschland. Zugegriffen am 18.06.2020

o.V. (2014) China ist jetzt die größte Handelsnation der Welt. Beitrag vom 14.01.2014. www.faz.net/aktuell/wirtschaft/exportweltmeister-china-ist-jetzt-die-groesste-handelsnation-der-welt-12745612.html. Zugegriffen am 18.06.2020

o.V. (2017) Aufatmen bei den Opelanern, Beitrag vom 07.04.2017. www.handelsblatt.com/unternehmen/industrie/opel-verkauf-an-peugeot-aufatmen-bei-den-opelanern/19624784.html?ticket=ST-9054375-mn7CwihdahV6ydflsTwd-ap1. Zugegriffen am 22.07.2020

o.V. (2019) Nun auch Atomic – Diese heimischen Unternehmen sind in chinesischer Hand. Beitrag vom 09.03.2019. www.kleinezeitung.at/wirtschaft/5592293/Nun-auch-Atomic_Diese-heimischen-Unternehmen-sind-in-chinesischer-Hand. Zugegriffen am 29.06.2020

Ott-Göbel B, Czajer J (2016) Führung in China – möglichst viel Hierarchie, Beitrag vom 18.06.2016. www.haufe.de/personal/hr-management/fuehrung-in-china-moeglichst-viel-hierarchie_80_370710.html?emos_sid=AXKFBYvcBNiaexkh5V*2veo1zFCQD2cm&emos_vid=AVYiCFzzqo_XNtOhrxjpAV0OVcwzcYM*. Zugegriffen am 05.06.2020

Polfuß J (2014) Deutsch-Chinesischer Knigge. XinXii Self Publishing, Berlin

Polfuß J (2016) Wie chinesische Mitarbeiter ticken, Beitrag vom 16.08.2016. www.haufe.de/personal/hr-management/fuehrung-in-china-wie-chinesische-mitarbeiter-ticken_80_370696.html. Zugegriffen am 05.06.2020

PWC PriceWaterhouseCoopers (2013) Erfahrungen deutscher Unternehmen mit chinesischen Investoren, als PDF veröffentlicht im August 2013. www.pwc.de/de/internationale-maerkte/assets/pwc-studie-chinesische-investoren-sorgen-fuer-neue-arbeitsplaetze-in-deutschland.pdf. Zugegriffen am 29.06.2020

Rathje S (2006) Interkulturelle Kompetenz – Zustand und Zukunft eines umstrittenen Konzepts. Zeitschrift für interkulturellen Fremdsprachenunterricht 11(3):1–16. http://stefanie-rathje.de/wp-content/uploads/2014/08/Rathje_Interkulturelle-Kompetenz_2006.pdf. Zugegriffen am 22.07.2020

Sartorius K (2020) Chinas social credit system. Beitrag vom 11.05.2020. www.heise.de/ct/artikel/Social-Scoring-in-China-4713878.html. Zugegriffen am 20.07.2020

Scheuer S (2018) Der Masterplan – Chinas Weg zur Hightech-Weltherrschaft. Herder, Freiburg/Brsg.

Schließmann C (2014) Leistungspotenziale im Fadenkreuz. SpringerGabler, Wiesbaden

Schugk M (2014) Interkulturelle Kommunikation, 2. Aufl. Vahlen, München

Schuman M (2016) Konfuzius – Der Mann und die Welt, die er schuf. Kösel, München

Schweitzer E (2019) Die neue Normalität für Deutschland und China – die Chancen nutzen. In: Zhang Y (Hrsg) China und Deutschland: 5.0. de Gruyter, Berlin, S 25–32

Seipel H (2019) China – die neue Weltmacht, Fernsehfilm des NDR, ausgestrahlt am 16.09.2019 im ARD-Programm und wiederholt am 10.02.2020 auf ARD-Alpha. https://programm.ard.de/TV/daserste/china%2D%2D-die-neue-weltmacht/eid_281062041158213. Zugegriffen am 13.02.2020

Smith A (1776/1974) Der Wohlstand der Nationen: eine Untersuchung seiner Natur und seiner Ursachen (nach der 5. Aufl., London, 1776). C.H. Beck, München

Smith L (2017) What to expect of chinese business culture. Beitrag vom 15.03.2017. www.career-china.com/blog/Chinese-Business-Culture.html. Zugegriffen am 09.07.2019

Sommer T (2018) China first – Die Welt auf dem Weg ins chinesische Jahrhundert. C.H. Beck, München

Stocker F (2018) Chinas schwierige Lust auf „Made in Germany". Beitrag vom 07.08.2018. www.welt.de/finanzen/article180759224/China-haelt-den-deutschen-Export-am-Laufen.html. Zugegriffen am 18.06.2020

Strittmatter K (2018) Die Neuerfindung der Diktatur, 4. Aufl. Piper, München

Thomas A (2011) Interkulturelle Kompetenz. SpringerGabler, Wiesbaden

Treffer A (2016) Internationale Personaleinsatzstrategien und Mobilitätsbereitschaft. SpringerGabler, Wiesbaden

Trompenaars F (2012) Riding the Waves of Culture, 3. Aufl. Nicholas Brealy International, London

WKO Wirtschaftskammer Österreich (2020) Österreichs Außenhandelsergebnisse Jänner-Dezember 2019. Broschüre vom März 2020. http://wko.at/statistik/Extranet/AHstat/AH_12_2019v_Bericht.pdf?_ga=2.181888481.734211479.1593441864-1053659198.1583692671. Zugegriffen am 29.06.2020

Wu J, Ziegler S (2019) Chinesische Firmen kaufen Schweizer Traditionsunternehmen. Beitrag vom 16.12.2019. https://dievolkswirtschaft.ch/de/2019/12/chinesische-firmen-kaufen-schweizer-traditionsunternehmen/. Zugegriffen am 29.06.2020

Zand B (2019) 60 Kameras für 500 Meter Straße. Beitrag vom 05.06.2019. www.spiegel.de/video/ueberwachungsstaat-in-china-kameras-und-roboter-in-peking-video-99027578.html. Zugegriffen am 05.06.2019

Führung   8

Inhaltsverzeichnis

8.1	Die Grundlagen der Führung	230
	8.1.1 Zur Ausgangssituation	230
	8.1.2 Ausgewählte Begriffe der Führungslehre	230
8.2	Die Rahmenbedingungen der Führung	231
	8.2.1 Die Aufgaben der Führung	231
	8.2.2 Das Führungsverständnis	232
	8.2.3 Typische Führungsstile	235
	8.2.4 Die Insignien der Führung	236
8.3	Die strategische Führungsarbeit	238
8.4	Die operative Führungsarbeit	240
	8.4.1 Führungsphilosophien als Ausgangspunkt	240
	8.4.2 Konkrete Führungsaufgaben in Auswahl	241
	8.4.3 Führungsarbeit der Zukunft	242
8.5	Die Beurteilung von Führungsleistung	242
8.6	„Leadership Pairing" – Führung in geteilter Funktion	243
8.7	Betriebliches Gesundheitsmanagement	244
8.8	Führung und Mitbestimmung	245
8.9	Die Perspektive Führung aus Arbeitnehmersicht	246
8.10	Arbeits- und Wiederholungsfragen zu Kapitel 8	247
Literatur		248

Zusammenfassung

Führung wird als eine Einstellung zum Einsatz und zur Anleitung von Arbeitskräften verstanden und durch die operative Leitungsarbeit umgesetzt. Hierzu können bestimmte Prinzipien als Orientierung und verschiedene Instrumente zur Umsetzung verwendet werden. Besonderes Augenmerk gilt den Verhaltensweisen einer Führungskraft in bestimmten Situationen, z. B. in konkreten Führungsgesprächen oder im Konfliktmanagement im eigenen Zuständigkeitsbereich oder in bestimmten Fällen der Personalbetreuung. Ergänzend werden die Mitwirkungsmöglichkeiten der Arbeitnehmervertretung in der Unternehmensführung thematisiert, da der Personalarbeit hier regelmäßig eine Schnittstellenfunktion zukommt.

8.1 Die Grundlagen der Führung

8.1.1 Zur Ausgangssituation

Das Musterunternehmen J. Weizenfeld GmbH & Co. KG ist hat sich aus einem 1834 gegründeten Handwerksunternehmen heraus entwickelt. Zunächst als Allround-Schreinerei über viele Generationen hinweg tätig, überstand es mehrere Wirtschaftskrisen und Umbrüche und beschäftigte in Schnitt ca. 20–40 Mitarbeiter. In den 80er-Jahren des 20. Jahrhunderts hatte der Vater der beiden derzeitigen Inhaber, Karl Joseph Weizenfeld (1935–2015), durch eine Spezialisierung zunächst auf das Geschäftsfeld Kindertagesstätten-Ausstattung und darauf aufbauend die Entwicklung von familienorientierten Versandhandelsaktivitäten und Spielwaren, den Grundstein für die Entwicklung zu einem Unternehmen mittlerer Größe gelegt. Aktuell werden ca. 550 Mitarbeiter (in VZÄ: 450) in allen vier Geschäftsfeldern beschäftigt, das Unternehmen erzielte im letzten Geschäftsjahr einen Umsatz von 90 Mio. Euro, was die exponentielle Entwicklung der letzten dreißig Jahre deutlich aufzeigt.

Aufgrund der Entwicklung aus einem inhabergeführten Handwerksbetrieb wurden im Alltagsbetrieb bisher sehr viele Entscheidungen „nach Tagesform auf Zuruf" getroffen, auf der Basis der Überlegung des Inhabers, ob die jeweiligen Ideen zum Unternehmen passen. Die strategische Planung und Führung unterlagen allein dem sehr charismatisch auftretenden Inhaber bzw. nach seinem Ausscheiden den beiden Kindern Johannes Weizenfeld und Renate Weizenfeld-Gieselbauer. Die Entscheidungsfindung auf Basis von Erfahrung und „aus dem Bauch heraus" wurde weitgehend beibehalten. Inzwischen wird deutlich, dass eine strukturierte, einheitliche Führungsarbeit nach fixierten Vorgaben erforderlich wird, die beiden Inhaber sind inzwischen mit einer Vielzahl an Einzelentscheidungen konfrontiert, die sie nicht mehr treffen wollen. Gleichzeitig erhoffen sie sich auch, die unternehmerische Initiative bei den Mitarbeitern zu stärken und damit auch die Motivation und Bindung an das Unternehmen zu erhöhen. Nicht zuletzt soll damit der Übergang zu den neuen Eigentümern (wie in Kap. 7 beschrieben) erleichtert werden, der zum Ende des laufenden Geschäftsjahres vorgesehen ist.

8.1.2 Ausgewählte Begriffe der Führungslehre

Einige wichtige Begriffe aus der Führungslehre bedürfen einer Definition, damit sie eindeutig verwendet werden können. Diese sind:

8.2 Die Rahmenbedingungen der Führung

Wichtige Begriffe aus der Führungslehre

- **Führung**, als die Bereitschaft, für andere Menschen Verantwortung zu übernehmen und sie auf die Erreichung von bestimmten Zielen auszurichten, auf Basis einer bestimmten Einstellung zur Aufgabenerfüllung und der Rolle der Menschen, die bei der Aufgabenerfüllung mitwirken
- **Leitung**, als das Alltagsgeschäft der Führungsarbeit, durch Weisungen, Kontrolle und weitere Formen der Präsenz und Intervention im Kreis der zu führenden Arbeitskräfte
- **Führungsverständnis**, als das Selbstverständnis hinsichtlich der eigenen Rolle im Führungskontext und der Art und Weise, wie auf die anvertrauten Arbeitskräfte eingewirkt wird
- **Führungsstil**: die Art und Weise, wie auf die anvertrauten Arbeitskräfte eingewirkt wird
- **Führungserfolg**, als das Ergebnis der Führungsarbeit
- **Führungskreis**: die Arbeitskräfte, die mit Führungsaufgaben betraut sind und über strategische Entscheidungen aller Art mitbestimmen, je nach Hierarchiestufe oft auch mit verschiedenen Level-Kennziffern versehen (z. B. Führungskreis 1: neben Geschäftsführung auch Abteilungsleitungen oder Hauptabteilungsleitungen, Führungskreis 2: neben Geschäftsführung und Abteilungsleitungen auch die Führungskräfte der nächst niedrigen Hierarchiestufe)

Zugegebenermaßen wird man in der Literatur und in der Praxis teilweise leicht variierende Definitionen finden, die hier nicht weiter vorgestellt werden.

8.2 Die Rahmenbedingungen der Führung

8.2.1 Die Aufgaben der Führung

Führungskräfte sind damit betraut, Verantwortung für größere Bereiche und Abschnitte einer Organisation und den damit verbundenen Arbeitsprozessen zu übernehmen, mit anderen Worten: den verlässlichen Vollzug dieser Arbeitsprozesse abzusichern. Dies nehmen sie mithilfe zugeordneter Arbeitskräfte vor, womit sie neben Kompetenzen der Selbstorganisation auch soziale Kompetenzen benötigen. Um das Unternehmen an die zukünftigen Herausforderungen anzupassen, gehört daneben die Beobachtung der Umwelt und die Ableitung von Entwicklungsrichtungen und -maßnahmen mit zum Aufgabenkatalog, womit auch analytische und strategische Kompetenzen für eine erfolgreiche Führungsarbeit notwendig sind (siehe auch Berthel und Becker 2017, S. 165 ff.; Bröckermann 2017, S. 242 ff.; Steimer und Eisenbeiß 2004). Allgemein gilt: je höher eine Führungskraft in der betrieblichen Hierarchie angesiedelt ist, desto wichtiger werden die organisatorischen und strategischen Aufgaben und die damit verbundenen Kompetenzen.

Mit diesen Aufgaben sind eine bestimmte Arbeits- und Ausführungsweise sowie adäquate Verhaltensweisen verbunden. Aus soziologischer Sicht spricht man hier von einer „Rolle", also der Zusammenfassung zu einem Bündel an Erwartungen (siehe auch Zoller und Nussbaumer 2019, S. 50 ff.). Zur Führungsrolle gehört die längerfristige Planung der Aktivitäten des eigenen Bereichs, die konkrete Aufgabenzuweisung an bestimmte Arbeitskräfte im eigenen Zuständigkeitsbereich, anhand von persönlicher Eignung und Interessen.

8.2.2 Das Führungsverständnis

8.2.2.1 Das klassische Führungsverständnis

Eines der ersten Werke zur Führungslehre, erstellt vom französischen Bergwerksdirektor Henri Fayol, definierte fünf Aufgaben einer Führungskraft (vgl. Fayol, zit. nach Ulrich und Fluri 1995, S. 225 ff.; ergänzend Jung 2017, S. 441 ff.):

> **Fünf Aufgaben einer Führungskraft nach Herni Fayol**
> - Vorschau und Planung („prévoir")
> - Organisation (organiser)
> - Leitung (commander)
> - Koordination (coordonner)
> - Kontrolle (contrôler)

Jeder dieser fünf Topoi enthält einen hohen Kommunikationsanteil, da Planungsüberlegungen mit anderen Führungskräften oder auch Mitarbeitern diskutiert werden müssen, organisatorische und koordinierende Handlungen in der Regel auf dem Austausch mit den Partnern im Unternehmen oder auch außerhalb beruhen, Leitung über Anweisungen und Feedback funktioniert und nicht zuletzt auch Kontrolle auf dem Austausch über Leistungskennziffern und Erfolgsmaßstäbe erfolgt. Letztendlich gilt: je höher die hierarchische Stellung, desto höher der kommunikativ-informatorische Teil der Tätigkeit.

Andere klassische Werke sehen ähnliche Aufgabenbereiche, wie es z. B. der „Scientific Management"-Ansatz von Frederick Taylor (1903, S. 1337 ff.) postuliert. Beide Ansätze implizierten einen Satz an Normen der Führungsarbeit, wie z. B. eine Aufgabenteilung und klaren Abgrenzung mit dem Zweck der höheren Produktivität, eine einheitliche Führung mit klaren Anweisungen und eine Einordnung der Systemangehörigen in die Regeln der Zusammenarbeit, damit das System funktioniert.

Letztendlich gelten diese fünf Aufgaben vom Grundsatz her auch noch heute, da Führungskräfte gegenüber ihren Vorgesetzten die Verantwortung für die ordnungsgemäße Aufgabenerfüllung des Zuständigkeitsbereichs übertragen bekommen. Diese Aufgaben können in einen Regelkreis übertragen werden, als Ausdruck dafür, dass Führungsarbeit kein statischer, sondern ein dynamischer Prozess ist. Entsprechend der jeweiligen Situation wird eine Führungskraft demzufolge die Situation als solche im Hinblick auf die Bedeutung für den eigenen Verantwortungsbereich und die strategischen Aufgaben prüfen und entsprechende Handlungen ergreifen. Auf eine nähere Darstellung der verschiedenen Theorien und Ansätze kann mit Verweis auf die einschlägige Literatur (z. B. bei Jung

2017, S. 410 ff.) hier verzichtet werden. Im Musterunternehmen J. Weizenfeld GmbH & Co. KG erkennt man eine sehr strikte Organisation (siehe Kap. 2) nach einzelnen Unternehmensbereichen. Die Bereichsleitung nehmen ihre Aufgaben für sich wahr und haben dazu auch verschiedene Prozessstrukturen (z. B. Rechnungswesen und Controlling, Personalwesen) jeweils für sich aufgebaut. Jede Bereichsleitung kann damit quasi unabhängig von den anderen Bereichen handeln und hat alle notwendigen Ressourcen im eigenen Zuständigkeits- und Verfügungsbereich. Eine Zusammenlegung von Unterstützungsfunktionen würde diese aus dem Verantwortungsbereich der Bereichsleitungen herausnehmen und entsprechend den Leitungsaufwand komplexer gestalten, was das bisherige Führungskonzept mit klarer Zuständigkeit und eigenständiger Funktion eines jeden Bereichs in Frage stellt. In Zukunft wird damit ein stärkeres kollegiales Zusammenwirken gefordert sein, womit sich die Führungskultur verändert und möglicherweise auch die bisherigen Bereichsleitungen nicht mehr mithalten können. Als Argument für die organisationale Veränderung wird aber auf den wirtschaftlichen Druck hingewiesen, der die Existenz des Unternehmens schon in kürzerer Zeit in Frage stellt. Mit anderen Worten: Durch die vierfach vorhandenen Parallelstrukturen entstehen Kosten, die bei einer zentralisierten Bereitstellung deutlich zu senken sind. Selbstredend, ohne dies weiter vertiefen zu wollen, würde ein neuer Eigentümer hier relativ schnell an eine Umstrukturierung gehen.

8.2.2.2 Die Sandwich-Position einer Führungskraft

Entsprechend den Fähigkeiten und dem Einsatzwillen der zugeordneten Arbeitskräfte werden Führungskräfte ihre Führungsaufgabe erfüllen und ihren Handlungsfreiraum nutzen. Sie sind aber, und das ist in diesem Zusammenhang besonders hervorzuheben, nicht allein Vorgesetzte und damit Herr (oder Herrin) ihrer Aufgabenerfüllung. Sie sind stets in einer so genannten „Sandwich-Position", wie es Abb. 8.1 ausdrückt, da sie innerbetrieblich sowohl von der übergeordneten Hierarchieebene als auch von den eigenen Mitarbeitern gewissen Erwartungen ausgesetzt sind und diese ausgleichen müssen. Die Erwartungen ihrer Vorgesetzten bzw. der Unternehmensleitung (bzw. als Geschäftsführung oder Vorstand einer Kapitalgesellschaft den Erwartungen ihrer Unternehmenseigner) betreffen die Umsetzung der Unternehmensziele im zugewiesenen Verantwortungsbereich, in Gestalt von bestimmten Umsatz- oder Produktionszielen oder auch anderen Prozesserfolgen. Die Zusammenarbeit mit Mitarbeitern erfordert eine Rücksichtnahme auf die Belange der zugeordneten Arbeitskräfte, die z. B. auf Einhaltung ihrer Arbeitszeitregeln bestehen können, auf eine Rücksichtnahme auf ihre familiären Belange oder auch die Durchsetzung ihrer Vorschläge auf höherer Ebene.

Neben den innerbetrieblichen Ebenen kommen noch zwei außerbetriebliche Ebenen hinzu, die Erwartungen an eine Führungskraft stellen. Im beruflichen Kontext sind dies insbesondere Lieferanten oder Kunden, mit denen eine Führungskraft in Verbindung steht, und die z. B. eine verlässliche Einkaufsbeziehung sowie ordnungsgemäße Zahlungsabwicklung bei Lieferungen oder auch eine verlässliche Warenlieferung und flexibles Eingehen auf spezifische Wünsche erwarten. Möglicherweise ist die Führungskraft auch Mitglied in Berufs- oder Branchenverbänden, die einen Input und andere Formen der Be-

Privates Umfeld	Innerbetriebliches Umfeld	Berufliches, außerbetriebliches Umfeld
	Erwartungen der Vorgesetzten (bei Geschäftsführung bzw. Vorstand: Erwartungen der Stakeholder)	
Erwartungen der Familie (Verdienst und Versorgung, gemeinsame Zeit, …) Erwartungen des erweiterten sozialen Umfeldes (Freunde u.ä.: gemeinsame Zeit, ggf. Bereitstellung von Ressourcen wie Netzwerke/Beziehungen)	FÜHRUNGSKRAFT - Erfüllung von Arbeitszielen - Karrierevorstellungen - Bestätigung	Erwartungen externer Bezugspersonen (Lieferanten, Kunden) Erwartungen von Berufsverbänden (Engagement, Bereitstellung von Beziehungen etc.)
	Erwartungen der zugeordneten Arbeitskräfte, z. B.: - Ressourcenbereitstellung - Einsatz für Mitarbeiter- und Abteilungsbelange - Rücksichtnahme auf Work-Life-Balance-Erwartungen	

Abb. 8.1 Die Sandwich-Position einer Führungskraft (eigene Erstellung)

teilung erwarten. Im Privatleben wird eine Familie oder ein Freundeskreis erwarten, dass gemeinsame Zeit verbracht wird. Hinzu kommt in vielen Fällen eine finanzielle Versorgung oder auch die Öffnung des persönlichen Netzwerkes.

Von daher wird eine Führungskraft relativ viel Zeit mit Kommunikation und mit dem Ausgleich der unterschiedlichen Interessen verbringen (siehe auch Zoller und Nussbaumer 2019, S. 137 ff.).

8.2.2.3 Führungsverständnis im Wandel

In den letzten Jahrzehnten zeigt sich eine Veränderung in den Erwartungen an die Führung, die mit den Stichworten „transaktionale Führung" und „transformatorische Führung" am häufigsten beschrieben werden (siehe grundlegend Bass 1991, S. 19 ff.). Führungsarbeit soll die Beteiligung und Selbstverantwortung der Mitarbeiter stärken und in den Vordergrund rücken und damit die Motivation erhöhen. Im ersten Fall werden Führungsanweisungen von den zugeordneten Arbeitskräften, im Rahmen der zugewiesenen Handlungsfreiräume. Im zweiten Fall übernehmen die Mitarbeiter weitestgehend die situationsgerechte Ausführung und entwickeln Eigeninitiative in der Durchführung, auf der Basis einer allgemeiner gehaltenen Zielvorstellung. Mitarbeiter können auf Störungen oder Planabweichung selbstverantwortlich reagieren und darüber hinaus auch proaktiv Arbeitsziele von sich aus vorschlagen, wenn die Ergebnisse auf die Zielvorstellungen des Unternehmens einzahlen. Man verspricht sich damit eine höhere Motivation und auch eine schnellere Reaktion der jeweiligen Arbeitskraft. Andererseits geht die Arbeitskraft damit auch in ein höheres Risiko, da die Rückversicherung nach oben fehlt. Die Führungskraft wird damit quasi zu einer Art „Coach" (vgl. Ibarra und Scuolar 2020, S. 22 ff.; von Schumann und Böttcher 2016), der die zugeordneten Arbeitskräfte zu eigenverantwortlichem, selbstgesteuerten Arbeitsweisen ermutigt und durch eher indirekte Interventionen nur sanft lenkt (siehe auch Berner 2015, S. 90 ff.; Mahlmann 2019, S. 155 ff.). Nicht zuletzt der durch die Corona-Pandemie induzierte Wandel zu mehr Heimarbeit bzw. zum mobilen Arbeiten wird hierfür einen wesentlichen Antrieb leisten (vgl. Lichtblau und Eichhorst 2020).

8.2.3 Typische Führungsstile

Je nach persönlichen Präferenzen und Kompetenzen, aber auch entsprechend der Organisationskultur mit ihren Vorgaben und Verhaltenserwartungen, entwickeln Führungskräfte eine individuelle Art der Führung, die man auch als Führungsstil bezeichnet (vgl. Berthel und Becker 2017, S. 175 ff.; Jung 2017, S. 421 ff.). Einer der ersten Ansätze stammt von Kurt Lewin et al. (1939) und definiert die drei Führungsstile autoritär (mit klaren Anweisungen, ohne Widerspruch oder Diskussion), demokratisch (mit Einbezug der Mitarbeiter) und laissez-faire (im Prinzip lässt die Führungskraft ihre Mitarbeiter nach Gutdünken walten). Bei derartigen eindimensionalen Modellen steht das Verhalten der Führungskraft gegenüber den zugeordneten Arbeitskräften im Vordergrund.

Andere Führungsstile heben neben der sozialen Dimension auf die Wahrnehmung von Sachaufgaben ab, wie z. B. das Verhaltensgitter nach Blake und Mouton (1964; zur Erweiterung: Breisig 2016, S. 144 ff.). Hier gibt es prinzipiell vier verschiedene Möglichkeiten:

> **Verhaltensgitter nach Blake und Mouton**
> - Geringe Sozial- und geringe Aufgabenorientierung
> - Geringe Sozial, aber hohe Aufgabenorientierung
> - Geringe Aufgaben-, aber hohe Sozialorientierung
> - Mittlere Aufgaben- und Sozialorientierung
> - Sowohl hohe Sozial- als auch hohe Aufgabenorientierung

Im Gegensatz zur eindimensionalen, rein beschreibenden Modellbildung wird man bei zweidimensionalen Modellen sehen, dass hier ein Idealzustand (in Gestalt der hohen Sozial- und Aufgabenorientierung) postuliert wird, den eine Führungskraft anstreben soll. Damit wird impliziert, dass bei einer suboptimalen Aufgabenerfüllung eine Führungskraft folglich Entwicklungsmaßnahmen erhalten soll. Inwiefern auch ein Führungsstil, der z. B. rein an Sachaufgaben oder am Teamzusammenhalt orientiert ist, auch erfolgreich sein kann, weil die Aufgabenstellung eine derartige Priorisierung erfordert, wird hier nicht weiter debattiert.

Schließlich gibt es noch eine Vielzahl an mehrdimensionalen Führungsstilen, die an bestimmten Werten und Motiven einer Führungskraft festgemacht werden. Dies findet sich im Ansatz der „Big Five" nach Costa und McGrae (1987) oder im Bündel der 19 Kriterien nach Baumgarten (1977). Hier werden individuelle Veranlagungen und Kompetenzen im Hinblick auf die spezifische Aufgabenstellung analysiert und ein entsprechendes Führungsstil-Diagramm abgeleitet, das demzufolge auch individuelle, situativ geprägte Veränderungsfelder definiert.

Unabhängig von der empirischen Evidenz der einzelnen Modelle gilt, dass jeder dieser Führungsstile hat seine individuellen Vorteile und Nachteile. Grundsätzlich sollten Führungskräfte die Führungsstile anwenden, die zu ihrer Persönlichkeit und der sie umgebenden Organisationskultur passen (siehe auch Zoller und Nussbaumer 2019, S. 35 ff.). Alles andere wäre nicht authentisch und damit nicht sehr wirkungsvoll, im Sinne des angestrebten Führungserfolgs. Im Nebeneffekt werden aber auch Arbeitskräfte den Zuständigkeitsbereich der Führungskraft verlassen, wenn sie sich mit dem ausgeübten Führungsstil nicht identifizieren können. Unabhängig davon gilt aber auch, dass Führungskräfte sich in ihrem Führungsverhalten entwickeln können, mithilfe gezielter Fortbildung und Coaching, aber auch durch Selbstreflektion anhand des erhaltenen Feedbacks ihrer Mitarbeiter.

8.2.4 Die Insignien der Führung

Führungskräfte füllen auf verschiedene Arten ihre Führungsrolle aus. Während der eine Typus als authentische Person überzeugt und damit quasi „aus sich heraus" wirkt, eine charismatische Rollenerfüllung ausübt, wirken andere aufgrund ihrer zugewiesenen oder selbst erarbeiteten Ressourcen. Entsprechend wird ihre Autorität gebildet über (siehe auch Baumann-Habersack 2017, S. 37 ff.; Jung 2017, S. 411 ff.):

- **Charismatische Autorität**, aufgrund der eigenen Persönlichkeit und Ausstrahlung
- **Amtsautorität**, aufgrund übertragener Kompetenzen und damit verbundener Amtsinsignien
- **Ressourcenautorität**, als „Fachautorität" oder „Expertenautorität" nur unzureichend beschrieben, z. B. auf Basis eines erfolgskritischen Wissens („Wissensautorität"), z. B. im Bereich Informationstechnologie oder auf Basis eines Zugangs zu bestimmten Netzwerken („Netzwerkautorität", z. B. Social Media-Influencer und Multiplikatoren)

In allen drei Fällen ist mit der Autorität eine bestimmte Macht verbunden, die näher zu betrachten ist, wobei der erste und der dritte Punkt schnell erklärt sind. Bei charismatischen Führungskräften wirken diese aus sich heraus und finden Arbeitskräfte, die für sie arbeiten wollen und Anweisungen entgegennehmen und ausführen. Charismatische Führungsfiguren, wie man sie z. B. in religiösen Gurus oder Musikstars findet, aber auch in

8.2 Die Rahmenbedingungen der Führung

bestimmten Unternehmensgründern (man denke an bestimmte Bekleidungsunternehmen, Drogeriemarktketten oder auch Werkstattlieferanten) entwickeln oftmals eine Art Kult um sich herum, die die Einzigartigkeit ihrer Person betonen.

Bei Ressourcenautorität gründet die Macht auf dem Zugang zu bestimmten Ressourcen, und wer an diesen Ressourcen teilhaben möchte, ist mehr oder weniger gezwungen, die Ressourcenkompetenz anzuerkennen und allfällige Anweisungen auszuführen – alles andere würde die gewünschte Teilhabe verhindern. Wer ein EDV-Problem hat, wird die EDV-Anlage nur nutzen können, wenn man sich den Wünschen der Fachkraft beugt. Alles andere ist kontraproduktiv. Als Insignien ihrer Führungsrolle gilt oft, dass sie sich aufgrund ihrer Bedeutsamkeit der klassischen Einordnung in Hierarchien verweigern – in Stereotypen gesprochen, gilt der verstrubbelte und ungepflegte EDV-Techie hier als ebenso bildhaftes Beispiel wie die Influencerin, die sich in Naturschutzgebieten über alle Zugangsbeschränkungen hinwegsetzt, um die ideale Position für ihre Aufnahme zu finden.

Der zweite Punkt hingegen ist diffiziler zu erfassen. Eine Amtsautorität ist in der Regel durch eine Wahl oder Bestimmung übertragen und mit bestimmten Insignien verbunden. Bei Bürgermeistern kennt man die Amtskette, bei Offizieren und Unteroffizieren bewaffneter Organe die Dienstgradabzeichen, bei Bürokratien verschiedene Amtstitel, ähnlich den Federn im Kopfschmuck indigener Einwohner. In Organisationen können darüber hinaus noch weitere Insignien von Macht und Amtsautorität erkannt werden. Diese sind z. B. (siehe ergänzend Breyer-Mayländer 2020, S. 53 ff.):

- Büroausstattungen (eine bestimmte Bürofläche, ggf. eine bestimmte Anzahl an Fenstern, die Größe des Schreibtischs, die Ausführung des Bürostuhls)
- Budgetrahmen (Höhe und Struktur, Verfügungsrahmen)
- Personalisierte Sachmittelausstattungen (z. B. Dienstwagen, ggf. auch in variierenden Klassen und Ausstattungen, ggf. auch mit oder ohne Chauffeur – als Schnittmenge mit der Mitarbeiterausstattung, eine bestimmte Ausstattung mit Mobilgeräten)
- Ein bestimmter Mitarbeiterstab (z. B. ein eigenes Sekretariat, eine bestimmte Anzahl an zugeordneten Mitarbeitern)
- Geldmittelausstattung (Gehaltshöhe, Anteil und Höhe variabler Gehaltsbestandteile, geldwerte Leistungen wie z. B. die Übernahme von Kosten für Golfclub- oder Verbandsmitgliedschaften)
- Persönliche Ausstattung mit hohem Wert (insbesondere die Güte und Qualität von Bekleidung und Schuhwerk, persönlichem Schmuck und Uhren sowie Accessoires wie Handtaschen, aber auch anderweitiger demonstrativer Konsum wie z. B. eine bestimmte Freizeit- und Urlaubsgestaltung)
- Nonmaterielle Insignien, z. B. akademische Titel oder Bezeichnungen bestimmter gesellschaftlicher Klassen (Adelsprädikate, in Österreich auch Ehrentitel aller Art)
- Verhaltensweisen (z. B. raumgreifende Körpersprache, aber auch ein bestimmter gehobener Sprachgebrauch, die Verwendung bestimmter Schlüsselwörter oder auch schlichtweg das Beharren auf dem „letzten Wort" in einer Besprechung, siehe hierzu Hillebrecht 2020, S. 45 ff.)

Personen, die mit diesem System vertraut sind, werden entsprechend ihre Machtinsignien einsetzen und bei Beförderungen einfordern. Gleichzeitig werden sie auch darauf achten, dass Personen auf niedrigeren Hierarchiestufen diese Symbole nicht widerrechtlich aneignen. Von daher gehört zu einem erfolgreichen Umgang mit Führungspositionen auch das Verständnis von Führungsinsignien und deren sachgerechtem Einsatz. In den regelmäßigen Planungs- und Strategiegesprächen geht es demzufolge oftmals auch um die verbesserte Zuteilung von Machtinsignien, weil sich darüber die hierarchische Einstufung und das Selbstwertgefühl vieler Führungskräfte bestimmt.

8.3   Die strategische Führungsarbeit

Als strategische Führung gilt die Durchführung der Planungs-, Steuerungs- und Kontrollprozesse, die sich auf einen längeren, zumeist auf drei bis fünf Jahre ausgerichteten Horizont erstrecken (siehe auch Webb 2020, S. 38 ff.) – mit allen Folgen für die langfristige Ausrichtung des Unternehmens. Hierzu werden bestimmte Personenkreise aufgrund ihrer Expertise und ihrer Handlungsvollmacht einbezogen. Generell kennt man

---

Planungs-, Steuerungs- und Kontrollprozesse
- Top-down-Planungs-Prozesse, bei denen die Unternehmensleitung ihre Ziele und Handlungspläne aufstellt und an die nachgeordneten Ebenen weitergibt, zur Präzisierung und operativen Umsetzung
- Bottom-up-Prozesse, bei denen Vorschläge von den sachkundigen Mitarbeitern erstellt werden, aufgrund ihrer Vertrautheit mit den Kundenwünschen bzw. Einkaufs- und Produktionsprozessen, und diese dann auf den höheren Ebenen aggregiert und zu allgemeineren Handlungsplänen zusammengestellt werden
- Wirbelstrom- oder diskursive Verfahren, bei denen die verschiedenen Ebenen ihre jeweiligen Ideen in die innerbetriebliche Entscheidungsfindung einbringen und dann zu einem gemeinsamen Handlungsplan zusammengefügt werden, wobei erfahrungsgemäß hier oft die mittlere Managementebene die Moderation und Zusammenführung übernimmt

---

Jedes Verfahren besitzt Vor- und Nachteile und muss daher im Kontext der jeweiligen Branche und Unternehmensgröße gesehen werden. Top-Down-Verfahren haben den Vorteil einer einheitlichen Vorgabe und klaren Zielsetzung, wobei individuelle Einsichten der Betroffenen oft genug nicht ausreichend berücksichtigt werden. Zielsetzungen bezüglich organisatorischer Umstrukturierungen oder zur Erhöhung von Gewinnen bzw. Marktanteilen werden sich in der Regel nur durch eine Anordnung von oben umsetzen lassen.

Bottom-up-Verfahren sind hochgradig auf die operativen Bedürfnisse des Unternehmens bezogen und damit aktuell, lassen aber oft genug eine einheitliche Vorgabe und klare Koordination vermissen. Diskursive Verfahren setzen auf eine hohe Motivation aller Be-

8.3 Die strategische Führungsarbeit

teiligten, weisen aber auch dem Mittelmanagement eine Macht zu, die dieser Ebene eigentlich nicht zukommt. Besonders gut lassen sich Innovationen oder neue Formen der Marktbearbeitung über bottom-up-Verfahren einbringen. Aber auch Verbesserungen von Arbeitsprozessen werden oftmals von den unteren Ebenen angestoßen, aufgrund der Vertrautheit mit den Problemen derzeitiger Arbeitsprozesse.

Im Bereich der Personalführung kommt dabei der strategischen Planung bestimmte Aufgaben zu, wie z. B. (siehe auch Berthel und Becker 2017, S. 771 ff.):

- Planungen zu den Produktions- und Absatzmengen und dem dafür erforderlichen Personalstand (quantitativ und qualitativ)
- Planungen zu Unternehmensstandorten und dem dafür notwendigen Personalstand
- Planungen zu organisatorischen Veränderungen (z. B. Ausgliederungen, Rationalisierungsmaßnahmen etc.)
- Veränderungen in der Rolle des Personals und dem dafür erforderlichen Personalentwicklungsbedarf

Strategische Planungen werden in der Regel einmal jährlich erstellt und mit dazugehörigen Budgets und langfristigen Szenario-Rechnungen verbunden. Von daher wird das Musterunternehmen J. Weizenfeld GmbH & Co. KG in Zukunft verschiedene regelmäßige Planungsrunden im Frühjahr und Herbst veranstalten, bei dem neben den Mitgliedern der Geschäftsleitung auch die Bereichsleitungen anwesend sind. Zur organisatorischen Stärkung in einem zunehmenden Wettbewerb, und unter Einsatz der Rationalisierungspotenziale der Digitalisierung (vgl. IHK München 2018, S. 19 ff.) werden in den ersten beiden strategischen Runden sowohl Maßnahmen der Kostensenkung als auch der verbesserten Marktbearbeitung in den Fokus gerückt, konkret

- Eine organisatorische Zusammenfügung von Serviceeinheiten, in einem eigenen Verwaltungsbereich (Personal, Rechnungswesen und Controlling), die entsprechenden 16 Stellen aus den Funktionen Buchführung und Controlling sowie 5 Stellen im Bereich Personalverwaltung (siehe Abb. 2.3/Stellenplanung) könnten vermutlich bei zentraler Bearbeitung in maximal 10–12 Stellen umgewandelt werden
- Die Überlegung, wie durch eine Auslagerung von bestimmten Arbeitsprozessen sowohl Geld gespart als auch die Reaktionsgeschwindigkeit erhöht werden kann, konkret wird dabei an den Logistik-Bereich gedacht, der aufgrund seiner derzeitigen bereichsorientierten Organisation viele Redundanzen enthält, man geht davon aus, dass die zusammen genommen 72 Stellen laut Stellenplanung in Abb. 2.3 bei einer zentralen Lagerlogistik auf ca. 40 Stellen reduziert werden kann; alternativ steht die Vergabe an einen externen Logistikdienstleister zur Prüfung an

Mittelfristig soll zudem überprüft werden, in welcher Form der Kundendienst-Bereich durch den Einsatz von Künstlicher Intelligenz verschlankt werden kann. Hier sieht man ein Einsparpotenzial von ca. 25–30 % der Stellen im Kundendienst-, Dispositions- und Marketingbereich.

8.4 Die operative Führungsarbeit

8.4.1 Führungsphilosophien als Ausgangspunkt

Die operative Führungsarbeit dient der Umsetzung der Unternehmensvorgaben im betrieblichen Alltag. Führungskräfte erteilen Anweisungen, intervenieren bei konkreten Anliegen (z. B. speziellen Kundenwünschen oder Reklamationen, Störungen im Liefer- oder Produktionsprozess, Konflikten im Mitarbeiterkreis, Kontrolle von spezifischen Mitarbeiterleistungen).

Im Prinzip liegt hier Leitungsarbeit vor, auf Basis einer bestimmten Führungsphilosophie. Gängige Ansätze finden sich in den „management-by-Konzepten", namentlich (vgl. Bröckermann 2017, S. 262 ff.):

Management-by-Konzepte
- Dem Management by Exception („Führungseingriff nur in Ausnahmen"): Arbeitskräfte bekommen im Rahmen von Standardprozessen einen eigenen Handlungs- und Ermessenspielraum, mit dem sie die Arbeitsroutinen selbständig bewältigen und im Rahmen definierter Abweichungsbereiche auch selbständig steuernd eingreifen, nur bei deutlich abweichenden Ereignissen wird die vorgesetzte Ebene befragt; zum Beispiel in den Verkaufs-Outlets der J.Weizenfeld-Gruppe die Verkaufstätigkeiten, bei denen die Verkaufskräfte die Kundenberatung und den Service weitgehend selbständig durchführen und nur bei erheblichen Störungen (z. B. Kunden erwarten hohe Rabatte bei größeren Einkäufen oder unterschiedliche Auffassungen zu einer Reklamation) an ihre Filialleitung herantreten; aber auch in innerbetrieblichen Servicebereichen wie der IT-Organisation, im Rechnungswesen oder in der Personalverwaltung oft gegeben
- Dem Management by Objectives („Führung durch allgemeine Zielvorgaben"): Arbeitskräfte erhalten von den Führungskräften einen Zielrahmen vorgegeben, den sie eigenständig ausfüllen und umsetzen können, mit individuellen Arbeitsweisen und Arbeitsschwerpunkten, sehr häufig im Vertrieb anzutreffen; in der Weiterentwicklung der Führung mit Zielvereinbarung wird auf eine stärkere Mitwirkung der Mitarbeiter gesetzt
- Management by Delegation („Führung durch Aufgabenübertragung"), als Führungsansatz, bei dem bestimmte Aufgabenfelder einzelnen Arbeitskräften entsprechend ihrer Eignung und ihres Interesses zur Erledigung nach eigenem Ermessen übertragen werden und Ergebnisse in einem vereinbarten Zeitraum zu melden sind, was sich z. B. häufig in Projektarbeiten zeigt

Jeder dieser Ansätze besitzt seine eigene Berechtigung, in Abhängigkeit von Aufgabenart (Routinetätigkeiten vs. Projektarbeit), Eignung und Interesse der Arbeitskräfte und vor allem der Fähigkeit der Führungskraft, sich bei Bedarf selbst zurücknehmen oder einbringen zu können. Von daher kann es keine Musterlösung im Sinne eines „one size fits all" geben, auch wenn bestimmte Ratgeberbücher dies immer wieder vorschlagen. Erfolgreiche Führungsarbeit bedeutet demzufolge, in der jeweiligen Situation eine angemessene Handlungsweise zu finden und bei einer Fehleinschätzung zu korrigieren.

8.4.2 Konkrete Führungsaufgaben in Auswahl

Im Führungsalltag tauchen regelmäßig eine bestimmte Anzahl an Aufgaben auf, denen sich eine Führungskraft widmen soll, insbesondere

- Die Vermittlung von Unternehmens- und Abteilungszielen an die zugeordneten Mitarbeiter, wozu z. B. Informationsgespräche oder Mitarbeitergespräche nach dem System der „Führung mit Zielvereinbarung" dienen können, dazu gehört auch eine angemessene Informationspolitik, damit die Mitarbeiter alle notwendigen Informationen zur Beurteilung eines bestimmten Arbeitsauftrages haben
- Die Definition der eigenen Ziele im Unternehmen und deren Umsetzung im betrieblichen Alltag (siehe auch Berger 2018, S. 127 ff.)
- Die Erteilung von Handlungsaufgaben, als ureigenste Führungsaufgabe, je nach Grad des Handlungsspielraums als Wunsch geäußert oder als Weisung erteilt
- Damit verbunden die Delegation von Aufgaben, die möglichst eine motivierende Übergabe umfassender Aufträge sein sollte, aber kein Abschieben ungeliebter Aufgaben (oder zumindest eine angemessene Mischung aus beidem)
- Die Intervention bei Problemen, bis hin zum Konfliktmanagement (z. B. Auseinandersetzungen im Mitarbeiterkreis, Mobbing-Vorwürfe, Auseinandersetzungen mit zugeordneten Mitarbeitern, Auseinandersetzungen mit anderen Abteilungen oder externen Partnern); wobei Konflikte nicht per se schlecht sind, sondern häufig genug die Möglichkeit zur Verbesserung von betrieblichen Prozessen bieten (siehe auch Sprenger 2020, S. 58 f.);
- Die Kontrolle der erzielten Arbeitsergebnisse, im Rahmen von Jahresgesprächen oder auch zu einzelfallbezogenem Feedback, verbunden mit Anerkennung oder negativer Kritik aller Art

Für Mitarbeitergespräche gilt dabei die Regel, dass jedes Gespräch vorbereitet werde sollte, damit alle relevanten Informationen einfließen können. Durch angemessene Verhaltensweisen werden Führungskräfte zu Vorbildern, die Entscheidungen in einem überschaubaren Zeitraum treffen und für ihre Mitarbeiter die notwendige Handlungssicherheit herstellen (siehe auch Stelter 2020, S. 20 ff.)

Auch muss überlegt werden, in welcher Form Ergebnisse dokumentiert werden sollten, weil z. B. disziplinarische Maßnahmen anstehen können.

8.4.3 Führungsarbeit der Zukunft

Zukünftige Führungsarbeit verändert sich in verschiedenen Richtungen, wobei das veränderte Führungsverständnis nicht nur Anlass für diese Veränderungen sein muss, sondern oft genug auch Ergebnis von veränderten Führungsaufgaben ist. Dazu zählen insbesondere

- Die steigende Bedeutung von Projektarbeit, bei der je nach Zielsetzung unterschiedlich große Arbeitsgruppen aus unterschiedlichen Unternehmensbereichen bestimmte Aufgaben erfüllen (z. B. eine Rationalisierungsaufgabe oder eine Produktinnovation), was auch das Aufeinandertreffen unterschiedlicher Arbeitsweisen bedingt; im Beispiel der J. Weizenfeld-Gruppe z. B. die Umstellung der IT-Struktur auf externe Datenhaltung („Daten-Cloud") oder die Einführung eines neuen Produktprogramms
- Die Zunahme agiler Arbeitsweisen, bei denen die Projekte keine genauer spezifizierten Vorgaben mehr enthalten, sondern nur noch grob umrissene Zielvorstellungen (vgl. Armutat et al. 2016; allgemeiner Thomaschewski und Völker 2019)
- Die Berücksichtigung unterschiedlicher Herkünfte und Selbstdefinitionen der Arbeitskräfte, als „Diversity Management" (Becker 2015; Rahnfeldt 2019) bezeichnet, was zum einen einer immer vielfältiger zusammengesetzten Belegschaft geschuldet ist, aber auch Chancen z. B. im Bereich von Produktinnovationen, Zugängen zu bestimmten Zielmärkten oder auch in der Krisenbewältigung bietet (vgl. Kewes 2020).
- Die Notwendigkeit, bei digitalisierten Arbeitsweisen eine der neuen Arbeitsorganisation angepasste Führungsarbeit zu entwickeln, z. B. in Form anderer Auftragsvereinbarung, Arbeitszeitorganisation, Besprechungen und Teamarbeitsweisen oder Feedback-Strukturen (vgl. Conrads 2020, S. 3 ff.; Rau und Scholl 2020; allgemein Harwardt 2019, S. 105 ff.), weil eine Einwirkung aus der Ferne durch Medien die persönliche Interaktion deutlich beeinflusst, und damit auch die Motivation (siehe auch McGregor und Doshi 2020, S. 34 ff.),

Die Führungskraft wird sich also in ihren Arbeitsweisen darauf einstellen müssen, dass sie weniger über eine hierarchische Stellung und die damit verbundenen Machtmittel agieren kann. Vielmehr wird eine Führungskraft stärker auf moderierende und indirekt intervenierende Arbeitsweisen einlassen müssen, was u. a. mit einem Verlust an Einfluss- und Korrekturmöglichkeiten einhergeht. Für die einzelnen Arbeitskräfte bedeutet dies, dass sie stärker für sich selbst Führungsverantwortung wahrnehmen und dazu proaktive Arbeitsweisen einüben muss. Und die Führungsebene wird in der Notwendigkeit stehen, über die Auswahl geeigneter Personen von Fall zu Fall auf die Auftragsdurchführung einzuwirken.

8.5 Die Beurteilung von Führungsleistung

Die Beurteilung von Führungsleistung stellt insbesondere auf den Erfolg in der Wahrnehmung der Führungsverantwortung ab, womit weniger fachliche Leistungen evaluiert werden. Im Vordergrund stehen vielmehr persönliche Kompetenzen (z. B. Selbstorganisation,

Stressresistenz, Affektbeherrschung) und soziale Kompetenzen (Eingehen auf verschiedene Menschen, Moderationsfähigkeit, Konfliktfähigkeit usw.). Die entsprechende Arbeitsleistung kann auf verschiedene Arten beurteilt werden:

> **Beurteilung von Führungsleistung**
> - Situationsbezogen, in bestimmten Führungssituationen oder auch mit Hilfe von speziellen Instrumenten wie Planspielen, Assessment Center-Verfahren oder Management-Diagnostik
> - Im Rahmen regelmäßiger Beurteilungsgespräche durch deren Vorgesetzte (90-Grad-Beurteilung)
> - Ggf. auch durch Einbezug der Eindrücke der Mitarbeiter (180-Grad-Feedback), von Kollegen auf gleicher Hierarchiestufe (270-Grad-Feedback) oder auch mithilfe externer Partner, z. B. Lieferanten oder Kunden oder Experten (360-Grad-Feedback)

Neben klassischen Kennzahlen wie Umsatz oder Kosten im jeweiligen Zuständigkeitsbereich können zudem Kennwerte wie Fluktuationsquoten, Krankenstand/AU-Tage, Anzahl von Beschwerden oder Arbeitsgerichtsverfahren, durchschnittliche Verweildauer, Anzahl der Verbesserungsvorschläge oder die Stimmung in einer Mitarbeiterbefragung herangezogen werden.

Die Zweckmäßigkeit der verwendeten Instrumente wie auch der angelegten Beurteilungsmaßstäbe wird regelmäßig kritisch hinterfragt (z. B. bei Bühner 2015, S. 18 ff.). allerdings muss man sich auch darüber im Klaren sein, dass die Spezifizität der jeweiligen Führungssituation nicht immer standardisierbare Wege erlaubt. Von daher wird man in der entsprechenden Situation adäquate Ansätze wählen und die entsprechenden Grenzen akzeptieren müssen.

8.6 „Leadership Pairing" – Führung in geteilter Funktion

Im Hinblick auf die Arbeitszeitwünsche vieler Arbeitskräfte, aber auch gerade im Hinblick auf die Förderung von Frauen mit familiären Verpflichtungen, wird seit einiger Zeit über Job Sharing in Führungspositionen diskutiert (vgl. Hoffmeyer 2020, S. 55; Holst et al. 2015, S. 15 ff.; Kaehler und Karlshorst 2017; Katterbach und Stöwer 2019). Die Kritik an geteilter Führung richtet sich zum einen an der Tatsache aus, dass Führung viel Kommunikationsarbeit umfasst und eine zeitlich begrenzte Anwesenheit die Zeit für Kommunikation einschränkt. Zum anderen können bei unzureichender Abstimmung auch unterschiedliche Einschätzungen und Entscheidungen entstehen, die für Verunsicherung bei den Mitarbeitern und bei den externen und internen Partnern sorgen kann. Vorteilhaft ist allerdings, dass sich Führungstandems gegenseitig austauschen und beraten können, sie sich bei Erkrankung und Urlaub vertreten und vor allem für Personen mit Familienaufgaben eine gute Möglichkeit der Verbindung von Karriere und Privatleben bieten.

8.7 Betriebliches Gesundheitsmanagement

In Ergänzung zu den grundsätzlichen Aspekten des betrieblichen Gesundheitsmanagements sind verschiedene Führungsaufgaben zu thematisieren. Prinzipiell sind Führungskräfte für die Sicherstellung von Arbeitsbedingungen zuständig, die keine übermäßige gesundheitliche Gefährdung ausüben. Dazu gehört sowohl eine regelmäßige Überprüfung der Arbeitsplätze („Bedingungen und Verhältnisse", im Hinblick auf Arbeitsplatzsicherheit) als auch die Überwachung des Verhaltens der einzelnen Arbeitskräfte, z. B. das Einhalten der Arbeitsschutzvorschriften (z. B. das Tragen von Arbeitsschutzbekleidung, das Verwenden von Hilfs- und Schutzeinrichtungen). Dabei kommt den Führungskräften eine besondere Verantwortung zu, in Gestalt ihrer Vorbildwirkung (vgl. Uhle und Treier 2019, S. 35 ff.).

Neben klassischen Gefahren (z. B. schadhafte Maschinen oder Büroeinrichtungen) können aber auch die Gesamtumstände zu einer Gefahr führen, z. B. eine beständige Überforderung, die zu Suchterkrankungen oder Burnout-Erkrankungen führt. Ursachen hierfür sind z. B. (siehe auch DHS 2016, S. 104 ff.):

- Überfrachtung mit zu vielen Aufgaben
- Kaum ausreichende Zeit für Selbstorganisation und Erholungspausen
- Widersprüchliche, überfordernde und schnell wechselnde Arbeitsaufträge
- Fehlende Anerkennung bzw. v. a. auf Fehler abstellende Kritikkultur

Anhand eines konkreten Beispiels aus der Musterfirma J. Weizenfeld GmbH & Co. KG sei dies verdeutlicht. Der Einkaufsleiter für den Carina-Versand, Bruno Bär, zeigt schon seit einigen Monaten immer wieder merkwürdige Ausfälle. Bei Besprechungen wirkt er oft abweisend und reagiert bei Kritik schnell unwirsch, teilweise mit beleidigenden Inhalten. So bügelt er Hinweise auf steigende Retouren und Kundenreklamationen regelmäßig ab mit Kommentaren „Ihr seid doch unfähig, auch mal was beim Kunden durchzusetzen", „Ihr Schizos wollt alles billig haben, aber keine Verantwortung tragen", „Ihr A … haut mir mit einem Satz zehn Jahre erfolgreiche Arbeit in die Tonne", „Wer säuft denn mit den Chinesen, wenn es an das Verhandeln geht" usw. Er zieht sich teilweise stundenlang auf die Toilette zurück, der Bekleidungszustand hat sich schleichend verändert – aus einem gepflegten, à la mode gekleideten Herrn wurde jemand, der seine Bekleidung wochenlang trägt und auch mit verschmutzten, teilweise zerrissenen oder abgenutzten Textilien zu Kundengesprächen fährt. Insider werden anhand dieser zugegebenermaßen sehr stark geschnitzten Beschreibung (auch die Wortwahl wird vom Autor nicht gebilligt – er war Zeuge einer entsprechenden Veranstaltung) relativ schnell auf eine Suchtkrankheit schließen. Insbesondere im Zusammenhang mit privaten Problemen (z. B. Überschuldung, Trennung von Lebenspartnern) können Suchterkrankungen entstehen, weil sich die Personen durch das Gefühl einer permanenten Überforderungen Ventile suchen, in Gestalt von Alkohol- oder Medikamentenmissbrauch oder auch andere Suchterkrankungen, z. B. Spielsucht oder exzessiver Medienkonsum einschlägiger Angebote (gewaltdominierende oder gewinnorientierte Spiele, Pornographie etc.). In bestimmten Fällen mag dies auch mit weiteren Delikten einhergehen, wie Unterschlagung, da die Finanzierung von Sucht teilweise erhebliche Geldmittel erfordert.

Die Führungsaufgabe lautet in diesem Fall eine Absicherung gegen gefährdende Umstände, in anderen Worten: Prävention. Dazu gehören eine Schulung für Führungskräfte ebenso wie auch Unterstützungsangebote (Coaching, Supervision) und regelmäßiger Kontakt zu Mitarbeitern. Das Framing bietet eine an Gesundheiterhaltung orientierte Unternehmenskultur, die Leistungsbereitschaft mit Leistungsgrenzen (z. B. regelmäßiger Urlaubsantritt, Teilnahme an gesundheitsorientierten Angeboten, Begrenzung von Überstunden, in größeren Unternehmen auch betriebliche Sozialarbeit) verbindet. Aufgabe der Mitarbeiter ist es aber auch, seinerseits Unterstützungsangebote zu nutzen und die Freizeit auch tatsächlich für Erholung und Gesundheitspflege zu nutzen, z. B. durch regelmäßige Bewegung und ausgewogene Ernährung oder auch die Pflege von Sozialkontakten.

8.8 Führung und Mitbestimmung

Im Rahmen der Mitbestimmung haben die Mitarbeitervertretung verschiedene Möglichkeiten zur Einwirkung auf die Unternehmensführung. Dabei nehmen oft, aber nicht immer, Gewerkschaften die Vertretung der Arbeitnehmerseite wahr. Für die Gestaltung der Mitbestimmung gilt in Deutschland das Betriebsverfassungsgesetz sowie ergänzende Bestimmungen in verschiedenen weiteren Rechtsquellen. In Österreich findet innsbesondere das Arbeitsverfassungsgesetz Anwendung. Die Schweiz kennt eine arbeitnehmerbasierte Mitbestimmung nicht.

Grundsätzlich zeigt sich, dass Arbeitnehmervertretungen neben der Mitwirkung in vielen operativen Aufgaben (siehe Abschn. 6.9.) auch in strategischen und Führungsaufgaben Gestaltungsmöglichkeiten haben. Diese umfassen:

Gestaltungsmöglichkeiten der Arbeitnehmervertretung
- Die Mitwirkung bei grundsätzlichen Verhaltensregeln im Betrieb, in so genannten „Betriebsvereinbarungen" (z. B. zur Arbeitszeiterfassung, zum Überstundenausgleich, zur Vereinbarung von Betriebsferien und Kurzarbeit)
- Die Einrichtung eines gemeinsamen Wirtschaftsausschusses
- die halbjährlichen Betriebsversammlungen
- ggf. die Beteiligung an einem Aufsichtsrat, bei dem Arbeitnehmervertretern je nach Unternehmensgröße und anzuwendendem Mitbestimmungsrecht ein Drittel bis die Hälfte der Sitze zustehen kann
- und nicht zuletzt die Möglichkeiten der Arbeitnehmervertretung, eigenständig Zukunftskonzepte zu erarbeiten, z. B. zur Umstellung von Produktionsprozessen

Im operativen Bereich werden Betriebsratsmitglieder insbesondere aktiv in folgenden Fällen:

- Einstellung und Kündigung von Mitarbeitern
- Einsichtnahme in Personalakten
- Rückkehrgespräche nach längeren Erkrankungen, im Rahmen des betrieblichen Eingliederungsmanagements

Für die Unternehmensführung und speziell für die einzelnen Führungskräfte hat die Existenz eines Betriebsrates durchaus gravierende Auswirkungen. Bei wichtigen Entscheidungen ist Einvernehmen mit den Arbeitnehmern zu erzielen, zumindest sind diese zu involvieren. Die unternehmerische Freiheit und das Dispositionsrecht der Vorgesetzten sind damit deutlich eingeschränkt. Allerdings zeigt sich auch immer wieder, dass sensible Entscheidungen, z. B. zu Umstellungen im betrieblichen Ablauf, zu Arbeitszeitverlängerungen oder Sanierungstarifverträgen oder auch betriebsbedingten Entlassungen, durch die Mitwirkung von Betriebsräten deutlich erleichtert werden. Nicht zuletzt können proaktiv orientierte Betriebsräte auch ihrerseits Ideen aus der Mitarbeiterschaft aufgreifen und als Zukunftskonzepte der Unternehmensleitung vorschlagen.

Es gibt viele Unternehmen, v. a. im Mittelstand, in denen keine Arbeitnehmervertretung existiert oder aber die Inhaber die Bildung einer „alternativen Vertretung" (z. B. beim Würzburger Modehändler s.Oliver die Institution „For us", vgl. Haug-Peichel und Hillebrecht 2020) unterstützen. Gerade in Unternehmen, die wirtschaftlich gut dastehen und in denen selbstbewusste, gut ausgebildete Arbeitnehmer dominieren, wird oftmals auf die Bildung eines Betriebsrates verzichtet (siehe auch Behrens und Dribbusch 2014, S. 144 ff.). Beispiele hierfür finden sich insbesondere in der IT-Branche (siehe Freiberger und Hertel 2020, S. 15).

8.9 Die Perspektive Führung aus Arbeitnehmersicht

Für viele Arbeitskräfte mit Hochschulausbildung stellt sich über kurz oder lang die Frage, ob sie eine Führungsposition anstreben sollen. Mit dieser Option sind neben höheren Verdiensten auch Erwartungen wie ein vergrößerter Gestaltungsraum, die Ausübung von Macht und Einfluss oder auch der Wunsch nach Status und sozialer Anerkennung oder persönlicher Entwicklung verbunden. Auch für Unternehmen ist es immer wieder erfreulich, über Beförderungen von Arbeitskräften eine Anerkennung für gezeigte Leistung und erkannte Potenziale aussprechen zu können. Andererseits zeigt sich bei vielen Arbeitskräften inzwischen eine gewisse Abneigung, Führungsverantwortung zu übernehmen (vgl. Jansen 2015, S. 74 f.; o.V. 2019). Die Gründe hierfür sind vielfältig:

- Unzureichendes Zutrauen in die eigenen Fähigkeiten
- Fehlende Unterstützung im betrieblichen Umfeld oder im familiären Kreis

- Unzureichende Gratifikationsstrukturen, vor allem im Hinblick auf die höhere Zeitbelastung und andere zusätzliche Faktoren (Auseinandersetzung mit Mitarbeitern usw.)
- Fehlende Passung zu privaten Zielen, insbesondere wenn die Beförderung mit einer räumlichen Veränderung verbunden ist
- Der Wunsch, weiterhin inhaltliche Arbeit zu leisten, die in einer Führungsposition nicht gegeben ist
- In bestimmten Fällen auch keine Möglichkeit, die erforderlichen Qualifikationen zu erwerben (z. B. bestimmte Sachkundenachweise)

Von daher sollten Arbeitskräfte für sich prüfen, was angeboten ist, in welcher Form dies mit den eigenen Kompetenzen und Qualifikationen vereinbar ist, und ob die eigene Sichtweise auf die Karriereoption vom Umfeld geteilt wird. Allerdings ist das private Umfeld nach eigener Erfahrung parteiisch, da sie einen emotional geprägten Blick auf die Arbeitskraft hat („Mein Sohn/meine Tochter/mein Mann/meine Frau ist dafür besonders gut geeignet, weil …" bzw. „Der/die kann das doch gar nicht, bei mir daheim bringt er/sie das doch auch nicht") oder verfolgt möglicherweise auch eigene Interessen im Ratschlag. Von daher kann Coaching an dieser Stelle einen hilfreichen Input liefern und sollte bei entsprechenden Anfragen stets im Blick behalten werden, trotz der damit verbundenen Kosten im zumeist dreistelligen Euro- oder Franken-Bereich.

8.10 Arbeits- und Wiederholungsfragen zu Kapitel 8

1. Nennen Sie zwei Beispiele für die klassische Beschreibung der Führungsaufgaben und illustrieren Sie diese anhand der wesentlichen Merkmale!
2. Nennen Sie drei Führungsprinzipien nach Henri Fayol und erläutern Sie diese, anhand des Beispiels „Aufstellung des Personalbudgets für das kommende Geschäftsjahr"!
3. Nennen Sie drei „Management-by"-Konzepte mit ihren Merkmalen und zeigen Sie auf, ob eines dieser Prinzipien in der gegebenen Situation sinnvoll anwendbar ist (hier wird eine Situation vorgegeben)
4. Was versteht man unter einem Führungskreislauf? Welche Aufgaben lassen sich daraus ableiten?
5. Worin unterscheiden sich ein-, zwei- und vieldimensionale Führungsstile? Und welche Vorteile hat jeder dieser Ansätze?
6. Was versteht man unter der „Sandwich-Position" der Führungskräfte?
7. Welche Rolle spielen Beurteilungen im Führungskontext?
8. Nennen Sie drei Aufgabenfelder operativer Führungsarbeit und zeigen Sie die konkrete Aufgabenleistung der Führungskraft auf!
9. Gehen Sie auf die Frage ein, in welcher Form Führungskräfte Aufgaben delegieren sollen und wie es dabei zu Konflikten kommen kann!
10. Gehen Sie auf die Möglichkeiten ein, wie Führungskräfte Feedback an ihre Mitarbeiter geben können!

11. Welche Fehlerquellen bestehen bei einem Beurteilungsgespräch? Nennen Sie dazu jeweils mindestens ein Beispiel und eine Möglichkeit, damit umzugehen?
12. Welche Problematiken entstehen bei Teilzeit- bzw. Job Sharing-Konzepten von Führungsaufgaben (jeweils mindestens eines nennen), und wie lassen sich diese Problematiken lösen?
13. Zeigen Sie auf, in welcher Form Führungsleistung beurteilt werden kann und warum die Beurteilung von Führungsleistung wichtig ist!
14. Nennen Sie zwei Probleme bei der Beurteilung von Arbeits- bzw. Führungsleistung und zeigen Sie auf, wie man damit umgehen kann!
15. Beschreiben Sie, was man unter dem Diversity-Konzept versteht, welche Vorteile (mindestens zwei) ein Unternehmen davon hat und welche besonderen Anforderungen dadurch entstehen!
16. In der aktuellen Berichterstattung wird immer wieder eine „anonymisierte Bewerbung" gefordert. Beschreiben Sie, was man darunter versteht, mit Vor-/Nachteilsdiskussion, und überlegen Sie in einem gegebenen Beispiel, ob anonymisierte Bewerbungen hier sinnvoll sind!
17. Ihnen wird vorgeschlagen, gemeinsam mit einem Kollegen eine Führungsposition in geteilter Aufgabenwahrnehmung (jeweils 50 % Arbeitszeit) wahrzunehmen, um besser auf familiäre Belange Rücksicht nehmen zu können. Zeigen Sie die Vor- und Nachteile dieses Vorschlags auf!
18. Zeigen Sie auf, warum betriebliches Gesundheitsmanagement eine Führungsaufgabe ist, und nennen Sie die drei Säulen des BGM!
19. Zeigen Sie auf, in welcher Form Mitarbeitervertretungen sich in die Führungsarbeit einbringen können!
20. Stellen Sie die Wirkung der Mitbestimmung auf die Führungsarbeit dar

Literatur

Armutat S et al (2016) Agile Unternehmen – agiles Personalmanagement, DGFP-Praxispapier 1/2016. www.dgfp.de/fileadmin/user_upload/DGFP_e.V/Medien/Publikationen/Praxispapiere/201601_Praxispapier_agileorganisationen.pdf. Zugegriffen am 29.07.2020

Bass BM (1991) From transactional to transformational leadership: Learning to share the vision. Organ Dyn 18(3):19–31

Baumann-Habersack FH (2017) Mit neuer Autorität in Führung, 2. Aufl. SpringerGabler, Wiesbaden

Baumgarten R (1977) Führungsstile und Führungskriterien. W. de Gruyter, Berlin

Becker M (2015) Systematisches Diversity Management. Schäffer-Poeschel, Stuttgart

Behrens M, Dribbusch H (2014) Arbeitgebermaßnahmen gegen Betriebsräte – Angriffe auf die die betriebliche Mitbestimmung. WSI-Mitteilungen 2:140–147

Berger P (2018) Führung. SpringerGabler, Wiesbaden

Berner W et al (2015) Ermutigende Führung. Schaeffer-Poeschel, Stuttgart

Berthel J, Becker FG (2017) Personal-Management, 11. Aufl. Schäffer-Poeschel, Stuttgart

Blake RR, Mouton JS (1964) the managerial grid: the key to leadership excellence. Gulf Publishing, Houston

Breisig T (2016) Personal, 2. Aufl. nwb, Herne
Breyer-Mayländer T (2020) Erfolgsfaktor Macht im Management. SpringerGabler, Wiesbaden
Bröckermann R (2017) Personalwirtschaft, 7. Aufl. Schäffer-Poeschel, Stuttgart
Bühner M (2015) Sinn und Unsinn bei der Auswahl von Führungskräften. In: Welpe IM et al (Hrsg) Auswahl von Männern und Frauen als Führungskräfte. SpringerGabler, Wiesbaden, S 17–31
Conrads R (2020) Gute Arbeit 4.0 – Was könnte „gute Arbeit" unter den Bedingungen der Arbeit 4.0 bedeuten? In: Freiling T et al (Hrsg) Zukünftige Arbeitswelten. SpringerGabler, Wiesbaden, S 3–39
Costa P, McGrae R (1987) Validation of the five factor model of personality across instruments and observers. J Pers Soc Psychol 52(1):81–90
DHW Deutsche Hauptstelle für Suchtfragen (2016) Suchtprobleme am Arbeitsplatz, Berlin, als PDF im Juli 2016. www.dhs.de/fileadmin/user_upload/pdf/Broschueren/Suchtprobleme_am_Arbeitsplatz.pdf. Zugegriffen am 31.07.2020
Freiberger H, Hertel C (2020) Auf sich allein gestellt. In: Süddeutsche Zeitung, Nr. 159 13.07.2020, S 15
Harwardt M (2019) Management in der digitalen Transformation. SpringerGabler, Wiesbaden
Haug-Peichel J, Hillebrecht S (2020) Ein Betriebsrat hätte mildern können, Beitrag vom 20.06.2020. www.mainpost.de/ueberregional/wirtschaft/mainpostwirtschaft/oekonom-hillebrecht-zu-soliver-betriebsrat-haette-mildern-koennen;art9485,10460180. Zugegriffen am 14.07.2020
Hillebrecht S (2020) Kommunikation und Medien. In: Druck, 2. Aufl. Duncker und Humblot, Berlin
Hoffmeyer M (2020) Den Stress halbieren. In: Süddeutsche Zeitung, Nr. 134 vom 13.06.2020, S 55
Holst E et al (2015) Führungskräfte-Monitor 2015. DIW, Berlin. www.diw.de/documents/publikationen/73/diw_01.c.510264.de/diwkompakt_2015-100.pdf. Zugegriffen am 29.07.2020
Ibarra H, Scuolar A (2020) Führen wie ein Coach. Harv Bus Mngr 7:22–31
IHK München (2018) Auswirkungen der Digitalisierung auf den Arbeitsmarkt, als PDF veröffentlicht im Juli 2018. www.ifo.de/DocDL/ifo_Studie_Digitalisierung-Arbeitsmarkt_IHK_Impulse.pdf. Zugegriffen am 30.07.2020
Jansen SA (2015) Führung oder Ent-Führung? Brandeins 3:74–75
Jung H (2017) Personalwirtschaft, 10. Aufl. Oldenbourg, München
Kaehler B, Karlshorst A (2017) Führung in Teilzeit, Beitrag vom 22.07.2017. www.humanresourcesmanager.de/news/karriere-in-teilzeit.html. Zugegriffen am 30.07.2020
Katterbach S, Stöwer K (2019) Besser führen in Teilzeit. SpringerGabler, Wiesbaden
Kewes T (2020) Gerade in Krisen profitieren Unternehmen von Diversity, Beitrag vom 20.07.2020. www.handelsblatt.com/unternehmen/beruf-und-buero/the_shift/studie-zu-diversity-gerade-in-krisen-profitieren-unternehmen-von-vielfalt/26011848.html. Zugegriffen am 24.07.2020
Lewin K et al (1939) Patterns of aggressive behavior in experimentally created social climates. J Soc Psychol 10:271–301
Lichtblau V, Eichhorst W (2020) Die Art, Mitarbeitende zu führen, hat sich verändert. Beitrag vom 29.07.2020. www.zeit.de/arbeit/2020-07/arbeiten-corona-homeoffice-buero-digitalisierung-praesenzkultur-werner-eichhorst/komplettansicht. Zugegriffen am 30.07.2020
Mahlmann R (2019) Führungsstile und -methoden gezielt einsetzen, 2. Aufl. Beltz, Weinheim
McGregor L, Doshi N (2020) Motivieren aus der Ferne. Harv Bus Mngr 7:34–388
o.V. (2019) Kein Bock mehr auf Karriere, Beitrag vom 09.11.2019. www.faz.net/aktuell/karriere-hochschule/buero-co/karriere-warum-kaum-einer-noch-chef-werden-will-16474198.html. Zugegriffen am 30.07.2020
Rahnfeldt C (2019) Diversity management. SpringerGabler, Wiesbaden
Rau K, Scholl A (2020) Wer digital kommuniziert, fühlt sich weniger verantwortlich. Beitrag vom 22.07.2020. www.wiwo.de/my/erfolg/beruf/fuehrung-im-homeoffice-wer-digital-kommuniziert-fuehlt-sich-weniger-verantwortlich/26023864.html. Zugegriffen am 30.07.2020
von Schumann K, Böttcher T (2016) Coaching als Führungsstil. SpringerGabler, Wiesbaden
Sprenger RK (2020) Ein Unternehmen ist organisierter Konflikt. Harv Bus Mngr 5:58–59

Steimer S, Eisenbeiß S (2004) Kriterien des Führungserfolgs unter besonderer Berücksichtigung der Führungszufriedenheit, als PDF. http://www-1v75.rz.uni-mannheim.de/Publikationen/MA%20Beitraege/04-01/2004-01_04_steimer_eisenbeiss.pdf. Zugegriffen am 30.12.2020
Stelter D (2020) Die Mutter aller Krisen. Harv Bus Mngr 6:20–29
Taylor FW (1903) Shop management, shop management. Trans Am Soc Mech Eng 28:1337–1480
Thomaschewski D, Völker R (2019) Agiles Management. Kohlhammer, Stuttgart
Uhle T, Treier M (2019) Betriebliches Gesundheitsmanagement, 4. Aufl. SpringerGabler, Wiesbaden
Ulrich P, Fluri E (1995) Führung, 7. Aufl. P. Haupt, Bern
Webb A (2020) Planen wie eine Zukunftsforscherin. Harv Bus Mngr 6:38–41
Zoller K, Nussbaumer S (2019) Persönlichkeitsbewusste Mitarbeiterführung. SpringerGabler, Wiesbaden

Personaldienstleistungen und Personalmanagement

Inhaltsverzeichnis

9.1 Die Funktion der Personaldienstleistung ... 252
9.2 Die Zeitarbeit ... 252
    9.2.1 Eine Definition der Zeitarbeit ... 252
    9.2.2 Die Vertragstypen in der Zeitarbeit ... 255
    9.2.3 Die volkswirtschaftliche Bedeutung der Zeitarbeit ... 255
    9.2.4 Die Kalkulation in der Zeitarbeit ... 258
    9.2.5 Betriebswirtschaftliche Beurteilung der Zeitarbeit aus Arbeitgebersicht ... 260
    9.2.6 Der Rahmen der Gehaltsgestaltung bei Zeitarbeit ... 261
    9.2.7 Besondere Formen der Zeitarbeit ... 261
    9.2.8 Eine Zusammenschau wichtiger assistierender Personaldienstleistungen ... 263
9.3 Beratende Personaldienstleistungen ... 263
    9.3.1 Wesentliche Charakteristika der beratenden Personaldienstleistung ... 263
    9.3.2 Die Arbeitsweisen in der Personalvermittlung ... 265
    9.3.3 Die Arbeitsweisen in der Personalberatung ... 266
    9.3.4 Die Arbeitsweisen in der privaten Arbeitsvermittlung ... 269
    9.3.5 Eine Zusammenschau der verschiedenen beratenden Personaldienstleistungen ... 270
9.4 Beschäftigungschancen in der Personaldienstleistung ... 271
9.5 Arbeits- und Wiederholungsfragen zu Kapitel 9 ... 272
Literatur ... 272

Zusammenfassung

Personaldienstleistungen sind im Rahmen eines effizienten und effektiven Personalmanagements nicht mehr wegzudenken. Sie übernehmen eine Vielzahl an Aufgaben, primär im Bereich des Recruitings bzw. der Personalbereitstellung. Die Spezialisierung auf diese Aufgabenstellung verschafft ihnen eine weitgehende Expertise und

Kostenvorteile. Hinzu kommen seit vielen Jahren verschiedene Services im Bereich der Personalverwaltung und Personalbetreuung, bis hin zu einem Outplacement, wenn Unternehmen sich von Mitarbeitern trennen wollen. Die Vielfalt der Personaldienstleistungen und ihre volkswirtschaftliche Bedeutung verschaffen Hochschulabsolventen verschiedene, attraktive Arbeitsmarktchancen.

9.1 Die Funktion der Personaldienstleistung

Personaldienstleistung ist eine externe Dienstleistung in personalwirtschaftlichen Fragen, insbesondere bei der Beschaffung, dem Einsatz, der Verwaltung und der Freisetzung von Personal. Je nach Zielgruppe gibt es Serviceangebote für Arbeitgeber und für Arbeitnehmer. Arbeitgeber werden insbesondere die Suche nach Personal, die Ausgestaltung der Vertragsbeziehungen, die Freisetzung von Personal oder strategische Aufgaben in der Personalführung und -verwaltung auf externe Expertise übertragen. Arbeitnehmer ihrerseits können auf Beratung rund um ihre Karrieregestaltung und die Suche nach Arbeitsplätzen sowie die persönliche Entwicklung aus sein.

Man kann zwischen assistierenden und beratenden Personaldienstleistungen unterscheiden (vgl. Hillebrecht 2019, S. 13 ff.). Bei beratenden Personaldienstleistungen wird eine projektorientierte Zusammenarbeit vereinbart, die ein temporär auftretendes Problem des Auftraggebers löst und in ihrer inhaltlichen Ausgestaltung v. a. in der Hoheit des Dienstleisters verbleibt, z. B. die Suche von Personal oder die Erteilung von Beratungsleistungen rund um Personalgewinnung bzw. -freisetzung, Vertragsgestaltung und Karriere. Bei assistierenden Personaldienstleistungen ordnet sich der Anbieter in die Prozessgestaltung und damit unter die Hoheit des Auftraggebers ein. Er wird zum Erfüller relativ genau vorgegebener Arbeitsschritte und ist damit im Prinzip ein ausgelagerter Teil betrieblicher Verwaltungsprozesse. Abb. 9.1 ordnet die einzelnen Angebotsfelder entsprechend ein.

Der gesamte Sektor der Personaldienstleistung dürfte in Deutschland, Österreich und in der Schweiz ca. 100.000–120.000 Mitarbeitern direkt und ca. 1,2 Mio. Zeitarbeitnehmern einen Arbeitsplatz anbieten, so dass sich auch für Studienabsolventen in diesem Bereich interessante Perspektiven ergeben.

9.2 Die Zeitarbeit

9.2.1 Eine Definition der Zeitarbeit

Zeitarbeit, auch Arbeitnehmerüberlassung, Personal-Leasing oder in der Schweiz Temporärarbeit genannt, ist eine Form der Beschäftigung, bei der drei Parteien involviert sind.

9.2 Die Zeitarbeit

Beratende Personaldienstleistungen	Assistierende Personaldienstleistungen
Zielgruppe Unternehmen („Unternehmen zahlt")	Zielgruppe Unternehmen („Unternehmen zahlt")
<ul><li>Executive Search („Headhunting"): Suche von Fach- und Führungskräften</li><li>Private Arbeits-/Personalvermittlung nach § 296 ff. SGB III, in CH nach Art. 2ff. AVG</li><li>Gehalts- und Vertragsberatung*</li><li>Personalbeurteilung und Potentialanalyse</li><li>individuelle und kollektive Personalentwicklung (Coaching, Mentoring, HR-bezogene Schulungen und Trainings, Konzepte, ...)</li><li>strategische Personalberatung</li><li>Konfliktberatung (Moderation/Mediation)</li><li>personalbezogene Rechtsberatung*</li><li>Outplacement</li><li>Transfermaßnahmen nach § 110 SGB III</li></ul>	<ul><li>Gewerbliche Arbeitnehmerüberlassung (auch „Personalleasing", „Zeitarbeit", „Temporärarbeit)</li><li>Interims-Management (synonym: Management auf Zeit, On-Site-Management)</li><li>Outsourcing von Personalverwaltung (Lohn-/Gehaltsbuchhaltung, Reisekostenabrechnung, Zeugniserstellung, Bewerbermanagement, ...), auch „Payrolling" genannt</li></ul>
Zielgruppe Arbeitnehmer („Arbeitnehmer zahlt", tw. unter Beteiligung Dritter, z.B. Arbeitsagentur)	Zielgruppe Arbeitnehmer (AN trägt seine Arbeitsleistung bei)
<ul><li>Personalvermittlung (§ 421g SGB III, SGB IX/§ 18 SGB III/§ 2 SGB IX), in CH nach Art. 2ff. AVG</li><li>Gehalts- und Vertragsberatung*</li><li>Potentialanalyse und Entwicklungsberatung</li><li>Karriere- und Bewerbungsberatung</li><li>Personalbezogene Rechtsberatung*</li><li>individuelle PE (Coaching, Mentoring, Schulungen und Trainings)</li></ul>	<ul><li>*bei Gewerblicher Arbeitnehmerüberlassung bietet das PDL-Unternehmen als Arbeitgeber Arbeit, Berufserfahrung/-chancen und Gehalt gegen Mitarbeit an; was inhaltlich-systematisch nicht direkt dem Marketing-Prozess zugerechnet wird*</li></ul>

*) kann in D tw. auf bestimmte Personenkreise beschränkt sein, aufgrund des Rechtsdienstleistungsgesetzes

Abb. 9.1 Allgemeines Schema der Personaldienstleistungen (eigene Erstellung)

Beteiligt sind demzufolge drei Parteien. Entsprechend beschreibt man den Kern der Arbeitnehmerüberlassung als ein Dreiecksverhältnis zwischen:

- dem **Arbeitnehmer**, der seine Arbeitskraft zur Verfügung stellt („Zeitarbeitnehmer", auch „Leiharbeitnehmer" oder „Temporärarbeiter")
- dem **Verleiher** („Zeitarbeitsunternehmen", auch „Temporärarbeitsunternehmen")
- und dem **Entleiher** („Auftraggeber").

Dabei stellen Zeitarbeitskräfte ihre Arbeitskraft zur Verfügung, um dafür Gehaltszahlungen (inklusive Sozialversicherungsbeiträgen) und berufliche Erfahrungen zu erhalten. Das Zeitarbeitsunternehmen vermittelt die Zeitarbeitnehmer in Unternehmen mit Arbeitsbedarf, diese stellen den Arbeitsplatz und damit auch berufliche Erfahrungen bereit. In summa bedeutet dies: Arbeitnehmerüberlassung ist eine Form der externen Personalbeschaffung und wird immer dann gewählt, wenn

- das Unternehmen keine geeigneten Mitarbeiter findet
- Der Zugriff auf einen externen Anbieter Kosten- und/oder Zeitvorteile bietet (preisgünstigere Beschaffung, schnellere Beschaffung an Stelle von eigener Ausschreibung und Auswahlverfahren)
- Der Einsatz der Arbeitskraft von vorne herein begrenzt erscheint, z. B. aufgrund der Erkrankung von Stammmitarbeitern oder einer saisonalen Nachfrageschwankung (das Beispielunternehmen verzeichnet für den Bereich des Verssandhandels im Rahmen des Weihnachtsgeschäft zumeist für die Monate Oktober, November und Dezember eine derart hohe Auslastung, die die eigene Mitarbeiter nicht allein bewältigen können, aber das Einstellen zusätzlicher Mitarbeiter erscheint im Hinblick auf die absehbare saisonale Nachfrage nicht gerechtfertigt)
- Das Unternehmen den Mitarbeiter zunächst erproben möchte, ohne gleich die Pflichten als Arbeitgeber einzugehen

Abschließend sei an dieser Stelle ein Hinweis gegeben: In der deutschen Gesetzgebung wird zumeist der Begriff der „Leiharbeit" verwendet. Wenn man die Konnotation des Wortes „Leihe" im juristischen Kontext betrachtet, bezeichnet dies die vorübergehende Nutzung und Rückgabe einer Sache im vorherigen Zustand. Bei einem Arbeitnehmer kann man weder von einer Sache sprechen noch davon ausgehen, dass er nach der „Ausleihe" im gleichen Zustand zurückgegeben wird. Er ist in der Zeit der Beschäftigung auf alle Fälle älter geworden und vermutlich auch erholungsbedürftig, von einem „gleichen Zustand" kann man da kaum sprechen. Es geht um eine Zusammenarbeit auf Zeit. Von daher haben die Schweizer mit ihrer Bezeichnung „Temporärarbeit" den Kern deutlich besser erfasst.

Zum Schutz der betroffenen Arbeitnehmer, die in dieser Konstruktion schnell zum Spielball zwischen den beiden anderen Parteien werden könnte, gelten für sie einige Schutzrechte:

Schutzrechte für Zeitarbeitnehmer
- Arbeitnehmerüberlassung ist sowohl in Deutschland (§ 1 AÜG-D), als auch in Österreich (§ 5 AÜG-A) als auch in der Schweiz (Art. 12 ff. AVG) erlaubnispflichtig und wird von der Arbeitsverwaltung überwacht
- In Deutschland ist die Überlassungsdauer mittlerweile auf maximal 18 Monate begrenzt
- Zeitarbeitnehmer dürfen nicht gegenüber der Stammbelegschaft nicht diskriminiert werden („equal treatement", z. B. gleicher Zugang zu betrieblichen Sozialeinrichtungen) und müssen ein vergleichbares Gehalt beziehen („equal pay"), sofern für sie nicht eigenständige Tarifverträge bestehen
- Sofern der Verleihbetrieb seinen Arbeitgeberpflichten (Gehaltszahlung, Beitragszahlungen zu den Sozialversicherungen) nicht mehr nachkommt, tritt der Entleihbetrieb in diese Arbeitgeberpflichten ein (§ 10 AÜG-D)

Inwiefern diese Schutzrechte auch in der Praxis Bestand haben, ist durchaus unterschiedlich zu beobachten.

9.2.2 Die Vertragstypen in der Zeitarbeit

Die Zeitarbeit kennt verschiedene Vertragstypen in der Arbeitnehmerüberlassung

- Den **Einzel-Überlassungsvertrag**: für jeden Personaltransfer wird ein eigenständiger Vertrag geschlossen
- Den **Rahmen-Überlassungs-Vertrag**: eine Rahmenvereinbarung zur Bandbreite der zu überlassenden Arbeitnehmer und korrespondierenden Bedingungen, wird abgeschlossen, auf dieser Basis fordert der Entleihbetrieb mehr oder weniger umfangreiche Mitarbeiterzahlen an
- Das **Campus-Management** (manchmal auch „on-site-management"): Der Verleihbetrieb hat Büro auf dem Gelände des Vertragspartners, mit entsprechender Einbindung in die Personalplanung und den Personaleinsatz, so dass der Verleihbetrieb nach eigener Einschätzung und ggf. auf Aufforderung des Entleihers die Personalbereitstellung durchführt
- Das **Master-Vendor-Konzept**: eine vertragliches Bevorzugen in allen Fällen der Arbeitnehmerüberlassung, bei der ein Unternehmen als Hauptvertragspartner auftritt und eigenes Personal einsetzt, nach Bedarf und zur Ergänzung aber auf weitere Verleiher zurückgreift („second level-supplier/second tier-supplier"), aber auch die Abrechnung gegenüber dem Entleiher zentral vornimmt und dem nachgeordneten Verleiher nur seinen Anteil weiter gibt

Teilweise können die Entleihbestimmungen auch vorsehen, dass in den ersten Monaten der Bereitstellung eine Vermittlungsprovision vom Entleiher zu zahlen ist, wenn er den Zeitarbeitnehmer in die eigene Stammbelegschaft übernimmt.

Für die Bereitstellung von Zeitarbeitskräften wird in der Regel ein Einsatzkonzept erstellt, das in Abb. 9.2 musterhaft skizziert wird, anhand der Lagerlogistik der Beispielfirma J. Weizenfeld GmbH & Co. KG.

Teilweise werden auch Qualifizierungskonzepte vorgeschaltet, wenn die bereitzustellenden Arbeitskräfte noch besondere Kenntnisse benötigen, z. B. bei Logistikkräften den Gefahrstoffnachweis oder die Berechtigung zur Bedienung von Flurförderfahrzeugen (der berühmte „Staplerschein").

9.2.3 Die volkswirtschaftliche Bedeutung der Zeitarbeit

Wie bereits erwähnt, ist die Zeitarbeit eine durchaus respektable Größe in der Volkswirtschaft. Man kann davon ausgehen, dass ca. 2–3 % aller regulär Beschäftigten bei einem Zeitarbeitsunternehmen angestellt sind. Die Abb. 9.3 gliedert dies für die DACH-Länder auf.

In der gesamtwirtschaftlichen Beurteilung wird man aber nicht nur auf die reinen Zahlengrößen achten, sondern auch auf die Vor- und Nachteile für das Funktionieren des

Zeitarbeits-unternehmen	Ruck & Zuck Temporär GmbH, Niederlassung Würzburg, Genehmigung durch Agentur für Arbeit, Nürnberg (Hauptsitz Ruck & Zuck Temporär GmbH), vom 12.04.2016 (wird in Kopie angehängt)
Kunde	J. Weizenfeld GmbH &Co. KG, Estenfeld, Bereich Lagerlogistik
Arbeitskräftebedarf	Entsprechend Stellenplan Abteilung interne Logistik: 5 Fachkräfte Logistik, mit Staplerschein, mit 39,5 Stunden pro Arbeitswoche, entsprechend Tarifvertrag Groß- und Außenhandel
Einsatzzeitraum	<ul><li>.1. Oktober bis 31. Dezember, zum Ausgleich von saisonbedingten Auslastungen, in der Zeit 28.-31.12 für Inventur</li><li>Mithin 5 MA * 39,5 h* 13 Wochen = 2.567,5 Stunden</li><li>Toleranzrahmen: +/- 75 Stunden</li><li>Arbeit erfolgt in zwei Schichten (Frühschicht 6.00-13.30 Uhr, inkl. 30 min Pause; Spätschicht 12.30 Uhr bis 20.00 Uhr, inkl. 30 min Pause)</li><li>Bei Erkrankung oder anderweitigem Ausfall eines ZeitAN entsprechende Nachgestellung durch das Zeitarbeitsunternehmen</li></ul>
Abrechnung	<ul><li>Über digitale Zeiterfassungssysteme vor Ort</li><li>Datenübermittlung wird durch Entleiher sicher gestellt</li><li>Überstunden am Abend (ab 20.00 Uhr bis 06.00 Uhr am Folgetag) und am Wochenende (am Samstag ab 16.00 Uhr, sonn- und feiertags ganztägig) werden mit einem Zuschlag von 25 % auf den Verrechnungssatz abgegolten</li></ul>
Vergütungssatz	<ul><li>Auf Basis Tarifvertrag Zeitarbeit Logistik, Stufe 2 (€ 10,72 pro Arbeitsstunde), mit Nachtzuschlägen, keine Sonntagsarbeit</li><li>Verrechnungssatz: 180 % des Arbeitnehmer-Brutto-Lohns = € 19,30</li></ul>
Ansprechpartner/in	<ul><li>Entleiher: Logistikleitung, Anton Wendig, gleichzeitig weisungsbefugt gegenüber Zeitarbeitnehmern</li><li>Zeitarbeitsunternehmen „Ruck & Zuck Temporär GmbH: Disponentin Filiale Würzburg, Anja Pasquale</li></ul>
Sonstige Vereinbarungen	<ul><li>Persönliche Schutzausstattung (Sicherheitsschuhe) wird durch Zeitarbeitsunternehmen gestellt, alle weiteren Schutzmaßnahmen zu Lasten des Entleihers</li><li>Entleiher führt zu Einsatzbeginn eine Sicherheits- und Verhaltensbelehrung durch, die die teilnehmenden Zeitarbeitskräfte anschließend durch Unterschrift bestätigen – eine Nichtteilnahme oder eine Verweigerung der Bestätigung berechtigt den Entleiher zum sofortigen Zurückschicken der betreffenden Arbeitskräfte, ebenso eine Missachtung der Schutzvorschriften (z. B. Nichtanlegen der persönlichen Schutzausrüstung im gekennzeichneten Gefahrenbereich)</li><li>Sofern Zeitarbeitskräfte dreimal zu spät zum Dienst erscheinen, können sie sofort dem Verleihbetrieb zurück geschickt werden</li><li>Zugang zur Mitarbeiterkantine wird gestattet, zu Mitarbeitertarif</li><li>Verleihbetrieb organisiert bei Bedarf für den Hinweg zur Frühschicht bzw. den Rückweg nach der Spätschicht einen Transportdienst</li><li>Bei Übernahme: ein Arbeitnehmer gebührenfrei, für jeden weiteren Arbeitnehmer wird eine Vermittlungsprovision in Höhe von 950 Euro pro Arbeitskraft zzgl. MwSt. fällig, innerhalb von 15 Tagen nach Abschluss des Arbeitsvertrags</li></ul>

Abb. 9.2 Muster für ein Einsatzkonzept in der Zeitarbeit (eigene Erstellung)

9.2 Die Zeitarbeit

	Deutschland	Österreich	Schweiz
Anzahl der Zeitarbeitsunternehmen	51.400 Unternehmen	1100 Unternehmen	Ca. 1000 Unternehmen
Anzahl der Zeitarbeitnehmer	945.000 Arbeitnehmer	Ca. 96.000 Arbeitnehmer	Ca. 90.500 Arbeitnehmer
Die fünf größten Unternehmen der Zeitarbeit im jeweiligen Markt	1. Randstad 2. Adecco 3. Manpower 4. Persona Service 5. I.K. Hofmann	1. Trenkwalder 2. Hofmann 3. Randstad 4. Adecco 5. Manpower	1. Primework 2. Universal 3. Joker 4. Adecco 5. Kelly
Umsatz im jeweiligen Markt	Ca. 20 Mrd. €	Ca. 1,9 Mrd. €	Ca. 8,8 Mrd. CHF

Abb. 9.3 Übersicht über die Marktbedeutung der Zeitarbeit (Stand: Dezember 2018, eigene Erstellung)

volkswirtschaftlichen Systems (vgl. Strotmann 2009, S. 83 ff.). Als wesentliche Vorteile der Zeitarbeit gelten:

Vorteile der Zeitarbeit
- Es ist ein Ausdruck von unternehmerischer Freiheit, die Beauftragung nach eigenem unternehmerischen Ermessen zu entscheiden
- Zeitarbeit ist ein wesentlicher Hebel zum Ausgleich von konjunkturellen Schwankungen oder betrieblichen Erfordernissen, insbesondere dann, wenn eine dauerhafte, gleichmäßige Auslastung nicht wirtschaftlich möglich erscheint
- Auch schlechter qualifizierte Mitarbeiter oder Mitarbeiter ohne ausreichende aktuelle Berufserfahrungen („schlecht vermittelbare Arbeitnehmer") erhalten eine Chance auf dem Arbeitsmarkt
- Es besteht ein so genannter „Klebeeffekt", d. h. es werden je nach Branche zwischen 7 und 40 % der Arbeitnehmer in die Stammbelegschaft übernommen, nachdem sie ihre Eignung unter Beweis gestellt haben
- Nicht zuletzt werden für Zeitarbeitnehmer, vergleichbar zu anderen regulären Anstellungsverhältnissen, Lohn und Gehalt sowie Steuern und Beiträge zu Sozialversicherungen gezahlt, was deutlich besser erscheint als die Beschäftigung von Solo-Selbständigen (Stichwort „Scheinselbständigkeit") auf Basis von Werkverträgen, die für ihre Sozialversicherung vollständig allein aufkommen müssen

Kritische Positionen nehmen hingegen vor allem folgende Nachteile wahr:

Nachteile der Zeitarbeit
- „reguläre" Mitarbeiter können verdrängt und durch kostengünstigere Zeitarbeitnehmer ersetzt werden, damit entsteht auch Lohndumping
- Zeitarbeitnehmer können nur unter erschwerten Bedingungen in die betriebliche Gemeinschaft integriert werden, teilweise werden sie auch bewusst vom gleich-

berechtigten Zugang zu betrieblichen Ressourcen (Kantine, interne Stellenausschreibungen) ferngehalten
- Ihre Chancen auf dem Arbeitsmarkt werden dauerhaft geringer
- Zeitarbeitnehmer erfahren stärkere mentale Belastungen, durch die unsicheren Arbeitsverhältnisse
- Teilweise wurden Zeitarbeitnehmer auch als „Streikbrecher" genutzt
- Gerade in wirtschaftlich schwierigen Zeiten werden Zeitarbeitnehmer als erstes abgebaut und haben damit schlechtere Perspektiven

In der Zusammenschau wird man folglich die Vor- und Nachteile sorgfältig abwägen müssen und ggf. auch durch gesetzliche Schutzrechte oder auch freiwillige Branchenvereinbarungen eingreifen können (siehe auch Jäger 2020, S. 12 ff.). Allerdings muss man akzeptieren, dass Zeitarbeit inzwischen ein etabliertes Instrument des Arbeitsmarktes darstellt. Zudem wird man aus der Zeitarbeit auch Impulse für die „neue Arbeitswelt" erhalten, die mit den Stichworten „Crowd Sourcing" und „Crowd Working" etikettiert werden (siehe Kap. 11).

9.2.4 Die Kalkulation in der Zeitarbeit

Die Kalkulation der Zeitarbeit unterliegt einigen Spezifika, die auf der regulären Bestimmung der Personalkosten aufbaut, aber weitere Positionen wie einen Aufschlag für Personaldisposition, Rücklagen für die Zeit der „Nicht-Ausleihe" und einen Gewinnaufschlag integriert. Ein vereinfachtes Schema für die Kostensatzkalkulattion wird in Abb. 9.4 vorgestellt.

In diese Kalkulation können noch weitere Positionen einbezogen oder auch andere Prozentwerte verwendet werden, wenn z. B. das jeweilige Personal umfangreichere Fortbildungen erhält, aufwändigere betriebliche Leistungen usf. (siehe auch Bretscheider 2012, S. 3 ff.) Entsprechend gelten als Anhaltswerte:

- Arbeitnehmer im Bereich einfacherer Tätigkeiten werden typischerweise mit einem Aufschlagssatz zwischen 1,6 und 1,8 bereitgestellt, in besonders wettbewerbsintensiven Situationen wurden allerdings auch schon Verrechnungssätze von 1,52 berichtet, die vermutlich kaum ausreichen, mehr als nur die Kosten zu decken
- Fachkräfte im kaufmännischen und gewerblichen Bereich sowie in Pflegeberufen können mit Aufschlagssätzen von ca. 1,8–2,0 überlassen werden
- Im höherwertigen Senioren- und Krankenpflegebereich und im höherwertigen technischen Bereich (z. B. IT-Fachkräfte) lassen sich Kalkulationssätze von bis zu 2,3 durchsetzen

9.2 Die Zeitarbeit

Position	Prozentwert und Rechenfaktor mit Bezug auf AN-Brutto	Eingesetzter Wert
Gesamt-Preis für eine Arbeitsstunde Leiharbeit	200 % = 2,00	€ 24,00
+ Gewinnaufschlag	10 % = 0,10	€ 1,20
+ Aufschlag für „Nicht-Verleih"	10 % = 0,10	€ 1,20
+ Aufschlag für Akquisition und Disposition	30 % = 0,30	€ 3,60
= Gesamtgehaltskosten	150 % = 1,50	€ 18,00
+. sonstige Sozial- und Personalverwaltungskosten des Arbeitgebers (Lohnfortzahlung, Urlaubsgeld, freiwillige Sozialleistungen etc.)	28 % = 0,28	€ 3,36
= Arbeitgeber-Bruttogehaltskosten („AG-Brutto")	122 % = 1,22	€ 14,64
+ Arbeitgeberanteile an den Sozialversicherungen (jeweils 50 % an RV, KV, PV, AV; UV zu 100 %), zusammen ca. 22 %	22 % = 0,22	€ 2,64
= Arbeitnehmer-Bruttogehalt („AN-Brutto")	**100 % = 1,00**	**€ 12,00**
./. Steuern nach Steuertabelle (0-42 %) und Arbeitnehmer-Anteile an den Sozialversicherungen (jeweils 50 % Anteil an RV, KV, PV, AV, zusammen ca. 22 % vom Brutto-Gehalt) Hier aufgrund Steuersatz mit 10 % Steuerabzug angesetzt	22 % 10 %	€ 2,64 € 1,20
= Arbeitnehmer-Netto	68 % = 0,68	€ 8,16

Abb. 9.4 Kostensatzkalkulation für Zeitarbeit (mit abgerundeten Werten auf Basis eines Stundenlohns von 12,00 Euro – Aufteilung der SV-Anteile ist vereinfacht; eigene Erstellung)

Diese Werte sind wie erwähnt als Orientierungsrahmen zu betrachten. Die konkreten Sätze können von den unterschiedlichsten Kriterien abhängen, z. B.

- Der örtlichen Wirtschaftslage
- Der örtlichen Konkurrenzlage (Anzahl und Qualifikation des Wettbewerbs)
- Dem Verhandlungsgeschick aller Beteiligten
- Kriterien der Markterschließung auf Seiten des Verleihbetriebs (z. B. Gewinnung von Marktanteilen, Gewinnung von besonders prestigeträchtigen Einsatzbetrieben, die Ausstrahlungskraft im Recruiting von Mitarbeitern entwickeln)
- Die Bestimmung des „Pufferwertes" für die Zeit von „Nichteinsatz" und ähnlichen, nicht verrechenbaren Zeiten
- Der Dauer der Überlassung und der Anzahl der zu überlassenden Mitarbeiter
- Der Gestellung begleitender Services und Dienstleistungen und deren Honorierung

Daraus wird sich ein konkreter Wert ergeben. Bei einem sehr intensiven Wettbewerbsverhältnis aus Sicht der Personaldienstleistung wird man den Zuschlagsfaktor relativ niedrig ansetzen, um einen marktfähigen Preis anbieten zu können. Allerdings fehlt dann auch eine Reserve für Zeiten der Nichtbeschäftigung, so dass die betreffenden Zeitarbeitskräfte in der Regel dann auch „aus betrieblichen Gründen" relativ schnell freigesetzt werden. Kann man hingegen den Pufferbetrag durchsetzen, wird man die entsprechenden Arbeitskräfte fortbeschäftigen und diese Zeit vielleicht auch für Fortbildung und für eine stimmige Gehaltsstruktur einsetzen können. Damit wird man als Arbeitgeber durchaus interessanter und wird sich im Recruiting deutlich besser darstellen.

9.2.5 Betriebswirtschaftliche Beurteilung der Zeitarbeit aus Arbeitgebersicht

Studien gehen davon aus, dass bei der Berücksichtigung aller Kosten (neben Gehalt und Arbeitgeberanteilen an den Sozialversicherungen auch alle Verpflichtungen aus dem Einarbeiten und der Verwaltung) die Zeitarbeit Kosten verursacht, die ca. 15,20 % über denjenigen für Stammpersonal liegen (vgl. Lehmann und Bouncken 2012). Allerdings können Überlegungen wie leichtere Freisetzbarkeit, Aufwand für die Personalsuche usw. ebenso wichtig werden. Ein Arbeitgeber, der vor der Entscheidung steht, Zeitarbeitskräfte einzusetzen oder Stammpersonal einzustellen, wird seine Überlegungen daher in zwei Richtungen führen. Zum einen sind die Personalgesamtkosten ein wichtiges Kriterium, zum anderen werden auch „weitere Überlungen" sein Kalkül bestimmen. Abb. 9.5 zeigt diese wesentlichen Kriterien auf.

	Einsatz eigener Arbeitnehmer	Einsatz von Zeitarbeitnehmern
Direkte, auf den Einsatz bezogene Personalkosten	• Arbeitslohn mit Arbeitgeberanteilen an den Sozialversicherungen • Kosten der Personalverwaltung (Einstellung, Betreuung, ...) • Kosten bei Ausfall der Arbeitsleistung (Urlaub, Erkrankung, Fortbildung)	• Verrechnungssatz • Betreuungskosten
Weitere Überlegungen	• Höhere Loyalität • Qualifikation besser bestimmbar und steuerbar • Schwierigere Freisetzung	• Betreuungsaufwand geringer • „Probearbeiten ohne größeres Risiko"/einfachere Freisetzung bei Nichterfüllung • Generell leichtere Nichterfüllung • Verleihbetrieb muss Ersatz stellen, wenn bereit gestellte Arbeitskraft nicht erscheint oder nicht vereinbarte Leistung erbringt • Niedrigere Loyalität und Berechenbarkeit

Abb. 9.5 Kriterien zur Einsatzentscheidung für Zeitarbeit (eigene Erstellung)

Entsprechend dieser Überlegungen muss daher von Fall zu Fall eine entsprechende Entscheidung getroffen werden. So kann bei einem kurzfristigen Ausfall einzelner Mitarbeiter der klassische Beschaffungsweg zu lange dauern, so dass Zeitarbeit hier schneller und damit besser geeignet ist. Hingegen wird man bei einer Beschäftigung über mehr als ein Jahr Dauer durchaus darüber nachdenken, ob es nicht besser ist, jemanden fest einzustellen.

9.2.6 Der Rahmen der Gehaltsgestaltung bei Zeitarbeit

Der Grundsatz der Diskriminierungsfreiheit sieht u. a. vor, dass bei vergleichbaren Arbeitsleistungen ein vergleichbares Gehalt zu zahlen ist, es sei denn, dass – so die deutsche Regelung nach §§ 3a, 8 AÜG – durch einen Tarifvertrag eine eigenständige Gehaltsstruktur zwischen Gewerkschaften und Zeitarbeitgebern vereinbart wurde (siehe auch Wolf et al. 2017). Dies gilt per Stand Februar 2020 für folgende Branchen:

- Chemie
- Kautschuk-Industrie
- Textil- und Bekleidungsindustrie
- Holz- und Kunststoffverarbeitung
- Papier- und Pappe-Erzeugung und -verarbeitung, inklusive Tapetenerzeugung
- Bergbau und Rohstoffgewinnung
- Logistik
- Druckindustrie
- Eisenbahnverkehrswesen

In Österreich sind hierzu „Kollektivverträge", in der Schweiz eigenständige „Gesamtarbeitsverträge" für die jeweiligen Branchen zu beachten.

9.2.7 Besondere Formen der Zeitarbeit

Als besondere Formen der Zeitarbeit gelten:

> **Besondere Formen der Zeitarbeit**
> - Die Ingenieurdienstleistungen, bei denen im Rahmen „höherwertiger" Zeitarbeit technisches Fachpersonal befristet in die Dienste eines Entleihers tritt
> - Die Industriedienstleistungen, bei denen komplette Arbeitsprozesse (z. B. Instandhaltung von Maschinen, Produktionsanlagen, Immobilien, Regalpflege oder interne Logistik und Lagerhaltung von C-Artikeln) im Bereich des Auftraggebers von bestimmten Unternehmen übernommen werden; eine besondere Form findet

> sich in den Beschäftigungseinrichtungen von Menschen mit Einschränkungen, die hier sowohl wichtige Arbeitsschritte im Wirtschaftsleben übernehmen als auch unter besonderer Betreuung in das Arbeitsleben integriert werden können, Auftraggeber können damit gleichzeitig ihren Beschäftigungspflichten nach § 154 SGB IX i. V. m. § 223 SGB IX nachkommen (siehe auch Enders 2018, S. 257 ff.)
> - Das Interim Management, bei dem Führungskräfte auf Zeit in die Dienste eines Betriebs treten, auf der Basis eines freien Beratervertrags, um z. B. Projekte durchzuführen oder den Ausfall von wichtigen Funktionsträgern bis zur Bestellung eines Nachfolgers zu übernehmen (zur Abgrenzung des Interim Management von der Zeitarbeit siehe Alewell 2006, S. 991 ff.)

Des Weiteren können Zeitarbeitsunternehmen auch durch die Übernahme zusätzlicher Dienstleistungen in der Personalverwaltung Mehrwert für ihre Kunden schaffen und Umsätze generieren. Dies sind insbesondere das Managed Service Providing und der Payrolling-Service.

Managed Service-Providing-Dienstleistungen gehen über die First-Tier-Zusammenarbeit insofern hinaus, als das MSP-Zeitarbeitsunternehmen sich allein auf die Organisation und Abwicklung der Zusammenarbeit zwischen Entleiher und den personalstellenden Zeitarbeitsunternehmen konzentriert. Eigene Zeitarbeitnehmer sind damit nicht mehr involviert, und man begibt sich in die Rolle des Maklers, der für den Entleiher geeignete Anbieter aussucht, kostenorientierte Einsatzkonzepte verhandelt und die Abrechnung zentral vornimmt. Der Entleiher kann damit einen branchenkundigen Partner gewinnen und Kosten sowie eine eigene Organisation einsparen.

Payrolling-Service: tritt das Zeitarbeitsunternehmen als Arbeitgeber für den Auftraggeber auf und übernimmt die Abwicklung der Personalverwaltung, insbesondere die Arbeitsverträge und die Lohn- und Gehaltsbuchhaltung. Sofern also die J. Weizenfeld GmbH & Co. KG einen Payrolling-Dienstleister z. B. mit der Verwaltung des Lagers betrauen würde, würde das Payrolling-Unternehmen die Mitarbeiterrekrutierung, die Personaldisposition und die gesamte Personalverwaltung des Lagerpersonals von der J. Weizenfeld GmbH & Co KG übernehmen. Die J. Weizenfeld GmbH & Co. KG zahlt eine Pauschale, die sich anhand des Arbeitsanfalls, des durchschnittlichen Lohnniveaus und weiterer Parameter errechnet. Wer genauer hinsieht, wird größere Überschneidungen mit der Industriedienstleistung sehen, und dies ist in der Tat auch der Fall.

Ein relativ unbekannter, aber dennoch herausragender Anbieter ist die SPS, ein Tochterunternehmen der Schweizer Post. Sie bietet im Rahmen des Dokumenten- und Prozessmanagements u. a. digitale Personalverwaltung auf Basis der Software-Lösungen SAP-HCM bzw. KIDICAP an und kann damit klassische Funktionen der Personalabteilung übernehmen, auf Basis einer umfassenden digitalen Infrastruktur (vgl. SPS o. J.). Ergänzung finden derartige Dienstleistungsangebote „Recruitment Process Outsourcing"-Anbietern, die als spezialisierte Unternehmen die gesamten Auswahlstufen und die Vertragsausfertigung übernehmen und sich dazu insbesondere digitaler Hilfsmittel bedienen, z. B. Chatbots zur Führung von Auswahlgesprächen (vgl. Dudler 2020, S. 101 ff.) oder einer datenbasierten Analyse von Unterlagen und Gesamtperformance im Prozess (vgl. Pesch 2020, S. 16).

In einer Weiterentwicklung bzw. Zusammenführung der beiden Serviceangebote Payrolling und Managed-Service-Providing entstehen Dienstleister, die die gesamte operative Personalverwaltung für den Auftraggeber übernehmen. Dies umfasst die Durchführung von Rekrutierungsmaßnahmen (in der Regel auf der Basis digitalisierter Bewerbungsabläufe, die diskriminierungsfreie Auswahl garantieren sollen) über die Führung der Personalakten, der Verwaltung der Personalentwicklung bis hin zu den Arbeitsschritten bei Personalfreisetzung bzw. Kündigung durch den Arbeitnehmer.

Die Vorteile einer derartigen Auslagerung bestehen darin, dass man keine eigene Personalverwaltung mehr benötigt und das Risiko für eine ausreichende, aber wirtschaftlich gestaltete Personalstruktur auf den Dienstleister überträgt. Allerdings begibt man sich auch in eine höhere Abhängigkeit, so dass v. a. eine erfolgskritische Infrastruktur hier nicht unbedingt fokussiert werden sollte.

9.2.8 Eine Zusammenschau wichtiger assistierender Personaldienstleistungen

Wie bereits zu Eingang erwähnt, wird bei assistierenden Personaldienstleistungen der Leistungsprozess vollständig dem Arbeitsprozess des Auftraggebers untergeordnet, wenngleich auch der Auftraggeber einige Pflichten zu erfüllen hat. Allerdings unterscheiden sich die einzelnen assistierenden Personaldienstleistungen im Hinblick auf bestimmte Merkmale, die in der Synopse in Abb. 9.6 verdeutlicht werden.

Die individuellen Bezeichnungen ergeben sich folglich nicht aus einzelnen, in sich schlüssigen Systematiken, sondern aufgrund einer Kombination verschiedener Leistungselemente und teilweise auch Abrechnungsmodalitäten.

9.3 Beratende Personaldienstleistungen

9.3.1 Wesentliche Charakteristika der beratenden Personaldienstleistung

Bei beratenden Personaldienstleistungen kauft sich der Auftraggeber projektbezogen zusätzliche Kompetenz ein. Dies betrifft insbesondere (vgl. Hillebrecht und Peiniger 2018, S. 4 ff.):

> **Kompetenzen beratender Personaldienstleistungen**
> - Die verschiedenen Formen der Personalbeschaffung (Personalvermittlung, Personalberatung/Head Hunting)
> - Beratungsleistungen rund um Personalstrategie, Personalentwicklung u. ä., bis hin zur Durchführung von Mitarbeiterbefragungen aller Art
> - Fortbildungsleistungen aller Art (Führungsseminare, Trainings, Coaching)
> - Outplacementberatung
> - Karriereberatung, Vergütungs- und Vertragsberatung, die sich sowohl an Arbeitnehmer als auch Arbeitgeber richten können

	Kernleistung und Berechnungsbasis	Besondere Leistungsmerkmale
Zeitarbeit (allgemeine Arbeitnehmerüberlassung)	Bereitstellung von Arbeitskraft im Betrieb des Auftraggebers, auf Basis einer arbeitszeit-basierten Abrechnung (pro Einsatzstunde bzw. Einsatztag)	Bereitstellung von Arbeitskraft mit definierter Qualifikation Personal arbeitet im Betrieb des Auftraggebers, nach Weisung des Auftraggebers
Ingenieur dienst-leistung: (a) technische Zeitarbeit, b) technische Entwicklungsarbeit	a) Bereitstellung von technischer Facharbeitskraft, auf Basis einer arbeitszeit-basierten Abrechnung, b) Bereitstellung von kompletten Entwicklungsleistungen, auf Basis einer Vollkalkulation Ingenieurdienstleister kann Personal flexibel nach Bedarf einsetzen	a) + b) Bereitstellung von hochwertiger technischer Facharbeit, bei a) Personal arbeitet im Betrieb des Auftraggebers, nach Weisung Auftraggeber bei b) Personal arbeitet im Betrieb des Auftragnehmers, auf Weisung des Auftragnehmers
Industriedienst-leistung (z. B. Wartung, innerbetriebliche Logistik, Regal-auffüllung und Inventur, Reinigung)	Bereitstellung von Prozessleistungen im Betrieb des Auftraggebers, Abrechnung nach Arbeitsstunden, Personal-einsatz steht im Belieben des Dienstleisters	Übernahme definierter Arbeitsprozesse, wobei die Personalaus-wahl allein dem Auftragnehmer unterliegt, und das Einsatzkonzept auf Basis allgemeiner Einsatzvorgaben erfolgt (Zeitpunkt und Umfang der Leistung)
Payrolling (Lohn- und Gehaltsabrechnung, allgemeine Personal-verwaltung)	Bereitstellung von Personalverwaltungsservices, Abrechnung nach Aufwand, Personaleinsatz steht im Belieben des Dienstleisters	Bereitstellung von Prozesskapazitäten, zur Ausnutzung von Rationalisierungspotenzialen
Interim Management	Einsatz von leitenden Kräften im Betrieb des Auftraggebers, Abrechnung auf Basis von Einsatztagen	Bereitstellung von Leitungs-/Managementkräften, für Projekte oder ausgefallene Management-kräfte

Abb. 9.6 Wesentliche Merkmale verschiedener assistierender Personaldienstleistungen

Grundsätzlich treffen zwei gleichberechtigte Partner aufeinander, da die Auftragsdurchführung in das Ermessen des Dienstleisters gestellt ist. Faktisch wird die Marktmacht darüber entscheiden, wie stark die Gleichberechtigung ausfällt. Externe Personalbeschaffung ist immer dann das Mittel der Wahl, wenn (vgl. Heidelberger und Kornherr 2014, S. 24 ff.; Hillebrecht und Peiniger 2018, S. 26 ff.):

- Der Auftraggeber keine eigenen Kapazitäten hierfür hat
- Der Personalberater bzw. -vermittler einen größeren und/oder besser geeigneten Kandidatenpool ansprechen kann (bzw. der Arbeitsvermittler einen größeren Kreis potenzieller Arbeitgeber zu kontaktieren versteht)

- Bestimmte Umstände eine externe Beauftragung nahe legen (z. B. das eigentlich wettbewerbsrechtlich verbotene Abwerben von Mitarbeitern bei der Konkurrenz oder der Wunsch, auf dem Markt selbst nicht in Erscheinung zu treten, vielleicht auch, weil der Auftrag ein „dirty job" ist)
- Die Berater eine besondere Kompetenz hat (z. B. Personalbeurteilungsdiagnostik, Zugang zu einem bestimmten Netzwerk), die im Unternehmen nicht vorhanden ist, und teilweise auch zusätzliche Services bzw. Wissen anbieten kann, die im Unternehmen nicht oder nicht in dieser Form vorhanden sind
- Eine besondere Wertigkeit der Stellenbesetzung ausdrücken möchte

Hinsichtlich der Charakteristik lohnt sich ein näherer Blick auf die Personalberatung im engeren Sinne, in Abgrenzung zur Personalvermittlung.

9.3.2 Die Arbeitsweisen in der Personalvermittlung

Personalvermittler sind v. a. gefragt bei der Suche nach Arbeitskräften, bei denen generalisierbare Tätigkeiten erwartet werden, also dem Bereich von Helfertätigkeiten, Fachkräften und Führungskräften auf der Ebene Gruppenleitung. Anders gesagt: Sie werden bei der Besetzung von Stellen gefragt, die von den Tarifverträgen abgedeckt werden und damit im Gehaltsniveau bis ca. 50.000, in bestimmten Fällen vielleicht bis ca. 75.000 Euro pro Jahr liegen. Faktisch kommt dies auch in entsprechenden Arbeitsweisen zum Tragen:

- Auftragsvereinbarung mit dem Auftraggeber (ca. 1–2 Stunden Aufwand)
- Durchsicht der eigenen Bewerberkartei (ca. 1–3 Stunden Arbeitsaufwand)
- Ggf. öffentliche Ausschreibung, über Zeitungsanzeigen (v. a. bei Helfertätigkeiten – hier hat die Zielgruppe nicht immer Online-Zugang), Online-Ausschreibungen und Newsletter (ca. 2–3 Stunden Aufwand)
- Sichtung der eingegangenen Bewerbungen und Erstellen einer Liste an geeigneten Kandidaten (ca. 2–5 Stunden Aufwand), die beim Auftraggeber präsentiert wird (ca. 1–2 Stunden Aufwand)
- Begleitung bei Vorstellungsgesprächen (ca. 2–6 Stunden Aufwand)
- Abwicklung der Absagen, ggf. auch Empfehlungen zur Einarbeitung ausgewählter Kräfte (ca. 1–3 Stunden Aufwand)

Hierfür wird bei Erfolg ein Honorar von 3000 Euro bis zu maximal ca. 5000 Euro fällig, für einen Arbeitsaufwand von vielleicht 20–30 Stunden Arbeitszeit. Da die Durchsicht von sozialen Netzwerken inzwischen auch in Personalabteilungen ohne größeren Aufwand erfolgen kann, entsteht hier die vermutlich größte Konkurrenz für Personalvermittler, die dieser Konkurrenzlage inzwischen durch teilweise erhebliche Preissenkungen begegnen (siehe auch Neumann 2020, S. 167 ff.).

9.3.3 Die Arbeitsweisen in der Personalberatung

Während Personalvermittlung in der Regel erfolgsbezogen vergütet wird und damit als Gewerbe anzusehen ist, wird Personalberatung in Deutschland als „freier Beruf" nach § 18 EStG angesehen, der eine höherwertige, intellektuell geprägte Dienstleistung zugrunde legt. Die inhaltliche Begründung: Die Beurteilung herausgehobener Fach- und Führungskräfte erfordert komplexere Verfahren, die eine entsprechende wissenschaftliche Fundierung und differenziere Betrachtung voraussetzen. Hier werden teilweise auch aufwands- bzw. arbeitsstundenbezogene Honorierungen angesetzt, und die Angebotspalette umfasst neben der Rekrutierungsunterstützung auch weitere Beratungsdienste, z. B. die bereits angeführte Vertrags- oder Vergütungsberatung, Consulting-Leistungen rund um Personalthemen und benachbarte Gebiete. Entsprechend bewegen sich die Honorierungen auch in anderen Höhen. Personalberater hingegen werden in Gehaltshöhen über denjenigen der Personalvermittler aktiv und rechnen dafür auch meistens Honorierungen ab ca. 10.000 Euro pro Auftrag ab, teilweise in einer Kombination aus Fest- und variablem Erfolgshonorar. Diese Honorierung wird mit dem üblicherweise höheren Aufwand begründet, der in der Such- und Ansprachestrategie begründet ist. Personalberater werden entsprechend der Aufgabenstellung und dem realisierbaren Honorar überlegen, ob die relevanten Kandidaten aus einem eigenen Netzwerk heraus angesprochen werden können, auf gezielte Direktansprache hin aktiviert werden können oder ob vielleicht auch andere Wege zu gehen sind. Zudem wird auch der Beurteilungsprozess umfangreicher sein, der meistens zwei Gespräche und vielleicht auch noch Eignungsdiagnostik oder die Prüfung von Referenzen beinhaltet. Der dafür erforderliche Aufwand fängt bei ca. 4 bis 5 Tagewerken an und kann auch schon mal bis zu 20 Tagewerken betragen, wobei ein Tagewerk je nach Berater 8–10 Arbeitsstunden umfasst. Der Arbeitsablauf in der Personalberatung lässt sich am besten anhand von zwei typischen Aufgabenstellungen im Vergleich in Abb. 9.7 aufzeigen. In Beispiel 1 geht man von der Nachfolgeregelung für die Marketingleitung für den Carina-Versand des Musterunternehmens J. Weizenfeld GmbH & Co. KG aus, weil die derzeitige Stelleninhaberin sich auf eine neue Herausforderung einlässt und das Haus in drei Monaten verlassen wird. Basis hierfür ist die Stellenbeschreibung aus Abschn. 2.3. bzw. 3.3. Bei Beispiel 2 hingegen wird zugrunde gelegt, dass die beiden geschäftsführenden Gesellschafter mittelfristig sich aus der aktiven Unternehmensleitung zurückziehen wollen und hierzu eine familienexterne Geschäftsführung installieren wollen. Dazu wird eine Persönlichkeit gesucht, die zunächst als drittes Mitglied in der Geschäftsführung v. a. Aufgaben in der Markt- und Unternehmensentwicklung übernimmt und nach einer gewissen Zeit der Bewährung den Vorsitz der Geschäftsführung übertragen bekommt.

Die Aufstellung zeigt, dass unterschiedliche Aufgabenstellungen unterschiedliche Vorgehensweisen erfordern und auch bei höherwertigen Positionen die Auswahlentscheidungen mit mehr Auswahlinstrumenten durchgeführt werden. Dies findet seine Berechtigung im Einfluss, den Mitglieder der Geschäftsführung bzw. des Vorstands bei Aktiengesellschaften und Genossenschaften auf den Unternehmenserfolg bzw. -misserfolg ausüben

9.3 Beratende Personaldienstleistungen

	Beispiel 1: Marketingleitung Carina-Versand	Beispiel 2: Mitglied in der Geschäftsführung, für Markt- und Unternehmensentwicklung
Aufgaben	• Marketingleitung für Carina-Versand: Marktforschung • Führung einer Abteilung mit ca. 2-5 Mitarbeitern	• Mitglied in der Geschäftsführung, d.h. Bestellung zum/r Geschäftsführer/in, mit entsprechender persönlicher Haftung • Verbesserung der Marktstellung und der Unternehmens-prozesse (=Rationalisierung), Mit-Verantwortung für ca. 550 Mitarbeiter • Anpassung des Unternehmens an die zukünftigen Herausforderungen, ggf. auch Vorbereitung eines Verkaufs an familien-externe Eigentümer
Gehaltsniveau => realisier-bares Honorar der Personal-beratung	• € 90.000-110.000 p.a. plus Dienstwagen Audi A4 oder vergleichbar, ggf. Leistungsprämie d.h. ca. € 10.000-12.000 Honorar durchsetzbar	• Basisgehalt ca. €220.000-260.000, plus Dienstwagen Klasse Audi A6 oder vergleichbar, variable Zulagen in fünf- bis sechs-stelliger Höhe möglich und erwartet d.h. bei ca. 30 % vom Jahres-gehalt als Honorar = € 78.000
Voraus-setzungen	• Marketing-orientierte Fachwirt-ausbildung oder Studium, fünf Jahre Berufserfahrung	• Möglichst Studium in wirtschafts-nahen Fächern, solide Berufs-erfahrung im Konsumgütermarkt (möglichst familienzentrierte Güter) von mindestens 10-12 Jahren, Führungserfahrung auf Ebene Prokurist oder Geschäfts-führung, Personalverantwortung für mindestens 50-80 Mitarbeiter
Such- und Aus-wahlstrategie der Personal-beratung	• Überprüfung Stellenbeschreibung und Texten Stellenausschreibung (ca. 2-5 Stunden) • Durchsicht des Bewerber-pools (ca. 2 Stunden) • Durchsicht sozialer Netz-werke (ca. 4-8 Stunden) • Sichtung Unterlagen (ca. 6-10 Stunden) und Definition „Long list" (formal geeignete Kandidaten) • Vorab-Telefonate (ca. 4-6 Stunden) und Definition der	• Ausführliche Analyse der Rahmenbedingungen, Erstellen einer Stellenbeschreibung und Geschäftsverteilungsplan sowie Anforderungsprofil (ca. 6-10 Stunden) • Durchsicht des Bewerberpools (ca. 2 Stunden) • Sourcing-Strategie mit Aktiv-Ansprache über Telefon (ca. 15-25 Stunden), ggf. auch offene Ausschreibung • Durchsicht der Bewerbungs-unterlagen und Erstellen „long

Abb. 9.7 Arbeitsweisen in der Personalberatung (eigene Erstellung)

	„short list" (diese Kandidaten werden vorgestellt) • Vorbereitung und Begleitung Vorstellungs-gespräche vor Ort (ca. 6-10 Stunden) • Handlungsempfehlung und Bericht (ca. 1-3 Stunden)	list" (formal geeignete Kandidaten) • Erstgespräche per Telefon und persönlich (ca. 10-20 Stunden) • Einholen von Referenzen und ggf. auch Auskunft über Creditreform, Bürgel usw. • Erstellen short list" (diese Kandidaten werden vorgestellt) (2 Stunden) • Erstgespräche mit short list-Kandidaten beim Auftraggeber und Handlungsempfehlung (ca. 12-20 Stunden) • Zweitgespräche mit den 2-3 am besten geeignet erscheinenden Kandidaten (ca. 10-15 Stunden) • Vertrags-/Vergütungs-beratung (ca. 2-4 Stunden) • Abschlussbericht (8 Stunden)
Vermutlicher Aufwand	• Ca. 5-7 Tagewerke, mit einem Honorar von € 1.500 pro Tagewerk = ca. € 7.000-€ 11.000; => Angebotspreis vermutlich € 12.500 zuzüglich Sach-kosten	• Basis: Ca. 90-120 Stunden Arbeit, allerdings werden die Gespräche in der Regel von zwei Beratern geführt (entsprechende Stunden-verdopplung) plus Pflege und Aktivierung Kontaktnetz plus Sach-kosten für Ausschreibung, psychologische Analysen und Reisen

Fig. 9.7 (Fortsetzung)

können. Es ist zudem nicht unüblich, sich bei herausragenden Positionen auch „hinter dem Rücken" des Bewerbers über die Person zu erkunden, ob die wirtschaftlichen Verhältnisse geordnet sind (die genannten Institutionen Creditreform oder Auskunftei Bürgel können hier hilfreich sein) oder ob Vorstrafen im arbeitsrelevanten Bereich vorliegen (z. B. Bilanzfälschung und Betrug). Gerade für solche Aufgaben sind Personalberater hilfreiche Partner – ein selbst suchendes Unternehmen kann sich hier ebenso schnell in die Bredouille bringen, wie bei einer Direktansprache am Arbeitsplatz des Wettbewerbers (siehe auch Hillebrecht und Peiniger 2018, S. 105 ff.). Inwiefern hierbei ethische Richtlinien wie die „Grundsätze ordnungsgemäßer Personalberatung" des Bundesverbandes Deutscher Personalberater (BDU, 20) eingehalten werden, wird sicher von den jeweiligen Unternehmen und ihren spezifischen Arbeitsweisen abhängen. Verpflichtend sind sie letztendlich nur für die Mitglieder der entsprechenden Verbände, wenngleich sie prinzipiell für alle Unternehmen selbstverständlich sein sollten.

Andere Verfahren, die früher häufiger genannt wurden, sind inzwischen allerdings aus der Mode gekommen – graphologische Gutachten finden schon länger keine Anwendung mehr. Nicht zu unterschätzen ist aber nach wie vor das gute Kontaktnetzwerk, auch als „old boys network" bekannt, das man aus der Studienzeit oder anderen Ausbildungsabschnitten oder vielleicht auch aus der Jugendarbeit von Parteien und Wohlfahrtsorganisationen hat. Empfehlungen werden von Personalberatern ebenso gerne aufgenommen wie Visitenkarten, die man bei Kongressen und Messen einsammelt, oder – bei bestimmten hochbezahlten Fachkräften – Veröffentlichungen in Fachmedien und Fachblogs.

Die geschilderten Verfahrensweisen sind relativ komplex, so dass insbesondere die Personalberatung im High End-Bereich über 120.000 Euro Jahresgehalt bisher kaum Konkurrenz durch die Selbstrecherche der Arbeitgeber in sozialen Netzwerken erfahren hat. Allerdings spürt die Personalberatung im Bereich von 60.000–120.000 Euro Jahresgehalt durchaus diese Konkurrenz – hier erkennen Brancheninsider schon seit längerem einen massiven Verdrängungswettbewerb (siehe auch Hillebrecht 2019, S. 54 f.; Leendertsje et al. 2013; Löwer 2010; Steppan 2015; Sträuli 2012).

9.3.4 Die Arbeitsweisen in der privaten Arbeitsvermittlung

Bei der privaten Arbeitsvermittlung ist zum einen zu sehen, dass es mit der öffentlichen Arbeitsvermittlung – in Deutschland durch die Agentur für Arbeit, in Österreich durch den Arbeitsmarktservice Austria (AMS), in der Schweiz durch die kantonalen Arbeitsämter – einen privilegierten Anbieter gibt, der aus Steuermitteln und den Beiträgen der Arbeitslosenversicherung finanziert wird. Zum anderen sieht gerade die Gesetzgebung den Arbeitssuchenden als besonders schutzbedürftig an, so dass es hier rigide Anforderungen an die Honorarberechnung und bestimmte Arbeitsweisen gibt. Von daher soll zunächst einmal die Honorarstruktur betrachtet werden. In Deutschland kommen die indirekten Begrenzungen des § 45 SGB III zum Tragen. Sie erlauben eine maximale Höhe von 2000 bzw. 2500 Euro bei Langzeitarbeitslosen und ist nur im Erfolgsfall fällig. Zur finanziellen Absicherung des Arbeitssuchenden kann dieser einen „Aktivierungs- und Vermittlungsgutschein" (AVGS) beantragen, der diese Vermittlungsgebühr abdeckt. Nebenbei bemerkt: Der AVGS kann auch bei AZAV-akkreditierten Bildungsanbietern für Fortbildungsmaßnahmen eingesetzt werden (siehe Bundesagentur für Arbeit o. J.).

In Österreich ist es grundsätzlich untersagt, von Arbeitskräften ein Honorar für eine Arbeitsvermittlung zu verlangen (§ 5 I AMFG). In der Schweiz hingegen ist eine relativ komplexe Regelung getroffen worden, die sich nach den Artikeln 4, 9 und 20 AVG i. V. m. GebV-AVG aus einer Einschreibegebühr in Höhe von maximal 45 Schweizer Franken und einer erfolgsbezogenen Provision von 5 Prozent des ersten Brutto-Jahreslohnes zusammensetzt.

Anhand dieser Honorarvorgaben ist offensichtlich, dass die Arbeitsprozesse strukturiert und standardisiert erfolgen müssen, um dem Arbeitsvermittler ein auskömmliches Einkommen zu erlauben. Diese Arbeitsprozesse beruhen in der Regel auf folgender Struktur

- Erstgespräch mit arbeitssuchender Person, zu Zielvorstellungen, Berufserfahrungen und Qualifikationen
- Potenzialanalyse
- Erstellung eines Bewerberprofils, zur Vorlage bei potentiellen Arbeitgebern
- Vorstellung verschiedener Kandidaten bei potenziellen Arbeitgebern
- Information an arbeitssuchende Personen über interessierte Arbeitgeber und zielführende Verhaltensweisen
- Nachgespräch nach absolvierten Vorstellungsterminen

Entsprechend der Kostenstrukturen in der Personaldienstleistung wird man für diesen Prozess im Durchschnitt gesehen ca. 12–15 Arbeitsstunden maximal einsetzen dürfen, um die genannten Honorare nicht zu überfordern.

9.3.5 Eine Zusammenschau der verschiedenen beratenden Personaldienstleistungen

Grundsätzlich verstehen sich beratende Personaldienstleister als Dienstleistungspartner für einen überschaubaren, definierten Zeitraum, in dem sie nach eigenem Ermessen ihre Arbeit durchführen. Die unterschiedlichen Arbeitsweisen, die in ihren Bezeichnungen zum Ausdruck kommen, beziehen sich dabei auf verschiedene besondere Merkmale, die in Abb. 9.8 schematisiert aufbereitet sind.

	Kernleistung und Berechnungsbasis	Besondere Leistungsmerkmale
Personalberatung	Ansprache und Beurteilung geeigneter Kandidaten, auf Basis einer nach Aufwand und/oder nach Erfolgskomponenten gestalteten Abrechnung, Zugriff auf Pool bzw. Netzwerke, die dem Auftraggeber nicht offen stehen, ggf. auch Aufträge am Rande der Legalität machbar	Beratungscharakter, Angebot ergänzender Beratungsleistungen. In Deutschland „freier Beruf" nach § 18 EStG, in Österreich Anschlussmöglichkeit an Beraterabteilung bei der Wirtschaftskammer
Personalvermittlung	Ansprache und Beurteilung geeigneter Kandidaten, auf Basis einer erfolgsorientierten Vergütung (aufgrund Wettbewerb zumeist im unteren bis mittleren vier-stelligen Bereich) Zugriff auf Pool bzw. Netzwerke, die dem Auftraggeber nicht offen stehen	Honorar auf Erfolgsbasis, entsprechende Leistungsmotivation und Möglichkeit zur „Mehrfachbeauftragung" verschiedener Vermittler durch Auftraggeber. In Deutschland und Österreich Gewerbe mit entsprechenden Anmeldepflichten
Arbeitsvermittlung	Beurteilung von Arbeitnehmern und auf dieser Basis Ansprache geeigneter Arbeitgeber, auf Basis einer erfolgsorientierten Vergütung	Honorar auf Erfolgsbasis (in D und CH gedeckelt, in A allein vom Arbeitgeber zu tragen)

Abb. 9.8 Wesentliche Merkmale verschiedener beratender Personaldienstleistungen (eigene Erstellung)

Auffällig ist: Gerade aufgrund der erfolgsbasierten Honorargestaltung bei Personal- und Arbeitsvermittlung und aufgrund der zunehmenden Konkurrenz durch digitale Anwendungen – zu denken sind an die professionellen Netzwerke wie xing, LinkedIn und experteer sowie Vermittlungs-Apps aller Art – werden Personalvermittlung und Arbeitsvermittlung unter sehr starken Rationalisierungsdruck gestellt. Auch Outplacementberatung scheint inzwischen in der Online-Welt angekommen zu sein (vgl. Schareika 2020). Diesem kann man meistens nur noch mit einer Standardisierung von Leistungselementen begegnen, womit die Kernleistung vermutlich mittelfristig obsolet werden wird. Personalberatung hingegen wird sich durch das ergänzende Bündel an Beratungsleistungen vermutlich in den nächsten Jahren gegen digitale Konkurrenz gut zur Wehr setzen können (siehe auch Neumann 2020, S. 167 ff.).

9.4 Beschäftigungschancen in der Personaldienstleistung

Für Berufseinsteiger oder -umsteiger stellen die Personaldienstleister eine Vielzahl an interessanten Beschäftigungschancen bereit. Sie bieten sich v. a. dann an, wenn man mit Fokus Personalwirtschaft arbeiten möchte und die schrumpfende Angebot an klassischen Personalfunktionen in der Industrie berücksichtigt, oder wenn man als Seiteneinsteiger persönliche und fachliche Kenntnisse neu einbringen will. Gerade Personen, die genauere Einblicke in bestimmte Branchen oder Funktionsebenen haben, können als Personalberater bestens reüssieren, haben sie doch zum einen ein Netzwerk und zum anderen gute Kenntnisse darüber, welche fachlichen Anforderungen und Qualifikationen eine bestimmte Arbeitsstelle erfordert. Die Palette der Berufsfelder reicht demzufolge von Praktika und Einstiegsstellen bis hin zu Aufgaben auf Basis einer langjährigen Tätigkeit. Abb. 9.9 gliedert dies näher auf.

Einsatz-/Berufsfelder	Typische Inhalte
Praktika Werkstudententätigkeiten	• Praktika in allen Bereichen • Assistenztätigkeiten
Zeitarbeit und ähnliche assistierende Services	• Zeitarbeit (Disponent/in, Niederlassungsleitung, Bereichsleitung, intern auch Verwaltungsleitung) • Industrie- und Ingenieurdienstleistung (Recruiter, Disponent/in, Niederlassungsleitung
Personalvermittlung und Personalberatung i.e.S.	• Personalvermittlung • Assistenztätigkeiten in der Personalberatung (Researcher, Junior Consultant) • Leitende Tätigkeiten in der Personalberatung (Senior Consultant, Partner/in, Inhaber/in)
Personalberatung i.w.S.	• Coach • Moderator/in • Mediator/in
Arbeitsvermittlung	• Private Arbeitsvermittler/in • Arbeitsvermittler/in bei der Arbeitsverwaltung (D: Agenturen für Arbeit, A: Arbeitsmarktservice Austria; CH: kantonale Arbeitsämter und Bundesarbeitsamt)

Abb. 9.9 Beschäftigungsfelder in der Personaldienstleistung (eigene Erstellung)

In dieser Aufstellung wurden aus gutem Grund die Ausbildungswege zum/r Personaldienstleistungskauffrau/-mann bzw. zum/r Fachwirt/in für Personaldienstleistungen außen vor gelassen, da sie außerhalb der Hochschulen erfolgen. Wie die Bezeichnung aber deutlich macht, bieten auch sie eine gute Grundlage für Tätigkeiten in der Personaldienstleistung.

Voraussetzungen für die Mitarbeit in der Personaldienstleistung sind neben guten personalwirtschaftlichen Kenntnissen (bzw. der Bereitschaft, sich diese zu erwerben), auch hinreichende fachliche Kenntnisse in den relevanten Branchen sowie die Bereitschaft, sich auf die verschiedenartigsten Personen einlassen zu können, dabei ein hohes Maß an Stressresistenz und Hartnäckigkeit zu entwickeln und sich selbst gut organisieren zu können (vgl. Hillebrecht und Peiniger 2018, S. 14 ff.; Truchseß und Brandl 2019, S. 15 ff.). Wer diese Voraussetzungen mitbringt, wird hier schnell interessante und vielfältige Aufgaben finden.

9.5 Arbeits- und Wiederholungsfragen zu Kapitel 9

1. Zeigen Sie den wesentlichen Unterschied zwischen assistierenden und beratenden Personaldienstleistungen auf!
2. Begründen Sie, warum im deutschen Arbeitsrecht die Arbeitnehmerüberlassung an eine Genehmigung der Arbeitsagentur gebunden ist!
3. Was versteht man unter der Dreiecksbeziehung in der Zeitarbeit?
4. Was passiert mit einem Arbeitnehmer, wenn das Zeitarbeitsunternehmen insolvent wird?
5. Ist ein Zeitarbeitsverhältnis ein „reguläres Beschäftigungsverhältnis"?
6. Welche Möglichkeit haben die Sozialversicherungsträger, wenn ein Zeitarbeitsunternehmen die Beiträge zur Sozialversicherung nicht abführt?
7. Nehmen Sie Stellung zur Frage „Zeitarbeit ist Gift für den regulären Arbeitsmarkt"! Nennen Sie dazu zwei Vorteile und zwei Nachteile und beurteilen Sie diese Frage anhand des gegebenen Beispiels
8. Ein Unternehmen mit 45 Mitarbeitern steht vor der Frage, die Personalverwaltung auf einen externen Dienstleister zu übertragen. Diskutieren Sie die Vorteile und Nachteile (je mind. 2) und entscheiden Sie in einem gegebenen Fall, was Sie machen werden!
9. Stellen Sie die Funktion des Outplacements dar!

Literatur

Alewell D (2006) Zeitarbeit und Interim Management in Deutschland – ein empirischer und institutioneller Vergleich. Schmalenbachs Zeitschrift für betriebswirtschaftliche Forschung 58(3):991–1913

Bretscheider U (2012) Kalkulation in der Zeitarbeit. Edition Aumann, Coburg

Literatur

Bundesagentur für Arbeit (o. J.) Akkreditierung und Zulassung, Beitrag. www.arbeitsagentur.de/bildungstraeger/akkreditierung-zulassung. Zugegriffen am 25.06.2020

Dudler L (2020) Wenn Chatbots übernehmen. In: Verhoeven T (Hrsg) Digitalisierung im Recruiting. SpringerGabler, Wiesbaden, S 101–111

Enders K (2018) Behinderte Menschen – Berufliche Integration und Überlassung. In: Schwaab MO, Durian A (Hrsg) Zeitarbeit – Chancen, Erfahrungen, Herausforderungen, 2. Aufl. Gabler, Wiesbaden, S 257–266

Heidelberger M, Kornherr L (2014) Handbuch der Personalberatung, 2. Aufl. Vahlen, München

Hillebrecht S (2019) Führung von Personaldienstleistungsunternehmen, 3. Aufl. SpringerGabler, Wiesbaden

Hillebrecht S, Peiniger A-A (2018) Grundkurs Personalberatung, 6. Aufl. SpringerGabler, Wiesbaden

Jäger A (2020) Zeitarbeit für Anfänger und Fortgeschrittene, 2. Aufl. Selbstverlag, o.O

Leendertsje J et al (2013) „Für wirklich gefragte Leute ist LinkedIn ein Alptraum", Beitrag vom 27.02.2013. www.wiwo.de/unternehmen/dienstleister/personalberatung-fuer-wirklich-gefragte-leute-ist-linkedin-ein-albtraum/7788510.html. Zugegriffen am 25.06.2020

Lehmann C, Bouncken R (2012) Aktuelle Ergebnisse der Zeitarbeitsforschung, online veröffentlichtes Begleitmaterial zum Vortrag am 27.02.2012. https://docplayer.org/17138011-Aktuelle-ergebnisse-der-zeitarbeitsforschung-christian-lehmann-prof-dr-ricarda-b-bouncken-berlin-27-september-2012.html. Zugegriffen am 26.05.2020

Löwer C (2010) Headhunter leiden unter digitaler Konkurrenz, Beitrag vom 27.10.2010. www.zeit.de/karriere/bewerbung/2010-10/soziale-netzwerke. Zugegriffen am 25.06.2020

Neumann O (2020) Auswirkungen der Digitalisierung auf Personalberatungen. In: Verhoeven T (Hrsg) Digitalisierung im Recruiting. SpringerGabler, Wiesbaden, S 149–161

Pesch U (2020) Der andere Weg zur Fachkraft. Personalwirtschaft 4:14–16

Schareika N (2020) Nach der Kündigung ist vor dem Gehaltsplus, Beitrag vom 09.07.2020. www.wiwo.de/erfolg/management/die-helfer-nach-dem-jobverlust-nach-der-kuendigung-ist-vor-dem-gehaltsplus/25982416.html. Zugegriffen am 10.07.2020

SPS Swiss Postal Services (o. J.) HR-Services & Payroll-Factory, Beitrag. www.swisspostsolutions.com/de/loesungen/was/outsourcing-von-geschaeftsprozessen/hr-services-und-payroll-factory. Zugegriffen am 29.06.2020

Steppan R (2015) Keilerei im Keller, Beitrag vom 19.06.2015. www.spiegel.de/karriere/headhunter-top-ten-der-personalberater-in-deutschland-a-1039371.html. Zugegriffen am 25.06.2020

Sträuli R (2012) Sind HR und Personalberater Partner oder Konkurrenten, Beitrag vom 30.11.2012. www.hrtoday.ch/de/article/sind-hr-und-personalberater-partner-oder-konkurrenten. Zugegriffen am 25.06.2020

Strotmann H (2009) Beschäftigungswirkungen der Zeitarbeit aus gesamtwirtschaftlicher Perspektive. In: Schwaab M-O, Durian A (Hrsg) Zeitarbeit – Chancen, Erfahrungen, Herausforderungen, 2. Aufl. Gabler, Wiesbaden, S 83–104

Truchseß N, Brandl M (2019) Erfolgreich in der Personalvermittlung, 2. Aufl. SpringerGabler, Wiesbaden

Wolf R et al (2017) Die Neuregelungen zur Zeitarbeit. GDA, Berlin

Das gesellschaftliche Umfeld der Arbeit 10

Inhaltsverzeichnis

10.1 Industrial Relations – Die Beziehungen zwischen Arbeitgeber und Arbeitnehmer 276
10.2 Der Staat und sein Einfluss auf die Arbeit 279
    10.2.1 Staatliches Wirken im Arbeitsmarkt 279
    10.2.2 Die Sozialversicherungen 280
    10.2.3 Der Arbeitsschutz als gesellschaftliche Aufgabe 281
    10.2.4 Die Arbeitsgerichtsbarkeit 283
    10.2.5 Einige weitere staatliche Handlungsfelder 284
10.3 Die Interessenvertretung der Arbeitnehmer 287
10.4 Arbeits- und Wiederholungsfragen zu Kapitel 10 288
Literatur 289

Zusammenfassung

Arbeit ist nicht allein ein Topos innerhalb eines Unternehmens bzw. innerhalb den Unternehmen einer Volkswirtschaft. Das gesellschaftliche Umfeld der Arbeit ist als „Umgebungsfaktor" der Rahmen aller Arbeitstätigkeiten von Arbeitnehmern und Arbeitgebern. Dabei geht es um die Gestaltung der Beziehung zwischen diesen beiden Parteien ebenso wie um den Rechtsrahmen, den eine Gesellschaft für die Beziehungen zwischen Arbeitgebern und Arbeitnehmern setzt und die Frage, warum ein Staat gesetzgeberisch in die freie unternehmerische Tätigkeit eingreifen darf. Nicht zuletzt gibt es weitere gesellschaftliche Institutionen, die auf die Ausgestaltung von Arbeitsbeziehungen Einfluss nehmen.

10.1 Industrial Relations – Die Beziehungen zwischen Arbeitgeber und Arbeitnehmer

Die Beziehungen zwischen Arbeitgeber und Arbeitnehmer, nichts anderes meinen die Bezeichnungen „Industrial Relations" bzw. „Labour Relations", umfassen die Art und Weise, wie beide Seiten ihr Verhältnis zueinander gestalten, wie sie sich gegenseitig wahrnehmen und welche Erwartungen sie jeweils an die andere Seite formulieren, hinsichtlich Gehaltsgestaltung und -zusammensetzung, Arbeitszeitgestaltung und -abfolge, sowie weitere Rahmenbedingungen, wie der Mitbestimmung in betrieblichen Angelegenheiten (siehe auch Breisig 2016, S. 88 ff.). Diese Beziehungen beeinflussen in ihrem Kern die Arbeitsleistung im Betrieb und finden daher in Praxis und Theorie breite Beachtung, wobei der konkrete Inhalt und Umfang immer wieder variiert.

Aus Gründen der Vereinfachung legen wir folgende Definition zugrunde: Industrial Relations bzw. sind alle ökonomischen, sozialen und gesellschaftlichen Austausch-, Kooperations- und Konfliktprozesse zwischen Arbeitgebern und Arbeitnehmern und ihren Interessenvertretungen (d. h. ihren Verbänden), innerhalb einer Branche, eines Staatsgebietes oder eines transnationalen Wirtschaftsraumes. Dies kann auf der Ebene des Betriebs erfolgen, zwischen einem Arbeitnehmer oder eine Gruppe von Arbeitnehmern (Belegschaft, Belegschaftsvertreter wie z. B. Betriebsrat) und ihrem Arbeitgeber. Die Beziehungen können auch auf einer übergeordneten Ebene erfolgen, zwischen den Arbeitnehmern allgemein und ihren Interessensvertretern (in erster Linie den Gewerkschaften) sowie den Arbeitgebern in toto und ihren Interessensvertretern, also den Arbeitgeberverbänden. Teilweise wird hier auch die Begrifflichkeit der Labour Relations in dem Sinne verwendet, dass „Labour Relations" die Beziehungen auf Betriebsebene etikettieren, „Industrial Relations" die Beziehungen auf der gesamtwirtschaftlichen Ebene.

Carsten Wirth (2000, S. 45 ff.) entwirft hierzu ein Mehrebenen-Modells (in Abb. 10.1 schematisiert), bei dem die konkrete Ausgestaltung eine „negotiated order" darstellt, also ein individuell verhandeltes System, das einerseits nach Stabilität verlangt, andererseits einer gewissen Dynamik unterworfen ist.

	Arbeitgeberseite	Arbeitnehmerseite
Gesamtwirtschaftliche Ebene Industrial Relations i.e.S.	• Arbeitgeber in toto • Arbeitgeberverbände	• Arbeitnehmerschaft insgesamt • Gewerkschaften
Betriebliche Ebenen Labour Relations i.e.S.	• Obere Ebene: Betriebs-/Unternehmensleitung • Untere Ebene: einzelne Führungskräfte	• Arbeitnehmervertretung im Betrieb • Untere Ebene: Belegschaft, einzelne Arbeitnehmer

Abb. 10.1 Mehrebenen-Modell der Arbeitsbeziehungen (eigene Erstellung auf Basis von Wirth 2000 S. 53 ff.)

10.1 Industrial Relations – Die Beziehungen zwischen Arbeitgeber und Arbeitnehmer

Zur konkreten Analyse sind verschiedene Aspekte hervorzuheben:

- Grundsätzliches Verständnis vom Stellenwert der Beziehungen zwischen Arbeitgeber und Arbeitnehmer (gegenseitig ergänzend und dialogisch oder konfrontativ-abgrenzend), also der Philosophie, die sich z. B. in einem bestimmten Führungsverständnis oder einem bestimmten Verständnis von Personalentwicklung und Entgeltpolitik niederschlägt
- Hierarchieebenen und Hierarchieausgestaltung zwischen Arbeitgeber und Arbeitnehmer, die mit mehr oder weniger Distanz und bestimmten Umgangsformen ausgestaltet werden können, als Beispiele sei hierzu auf die unterschiedlichen Arten der Führung in Schweden (partnerschaftlicher Führungsstil, Führungskraft eher als Moderator, allgemein übliches Duzen) und Südeuropa (Vorgesetzter, insbesondere Unternehmensinhaber als „Patron", der als sakrosankte Persönlichkeit über den Mitarbeitern steht und das letzte Wort in Diskussionen hat, aber auch die Verpflichtung, sich um das Wohlergehen seiner Mitarbeiter quasi wie ein Familienvater zu kümmern)
- Beziehungsqualität zwischen Arbeitgeber und Arbeitnehmer (Arbeitsfrieden und Arbeitskonflikte), die sich insbesondere in der Zahl der durch reguläre und irreguläre Arbeitskämpfe verlorenen Arbeitstage niederschlägt, wobei Deutschland in einem entsprechenden Vergleich eher im Mittelfeld liegen, die Schweiz und Österreich sogar am Ende (vgl. Lesch 2017), damit also als Länder mit einem sehr hohen Arbeitsfrieden gelten, im Gegensatz z. B. zu Frankreich

Diese kann man dabei in personelle und sachliche Arbeitsbeziehungen einordnen. Als sachliche Arbeitsbedingungen gelten insbesondere:

- Der technologische Rahmen (z. B. Fertigungstechnologien, der Einfluss von digitalen Medien etc.)
- Konjunkturelle und Wettbewerbseinflüsse
- Arbeitsrechtlicher Rahmen
- Sachliche und finanzielle Ausstattung des Unternehmens
- Produktportfolio des Unternehmens
- Organisation des Unternehmens und seiner Abläufe

Als personelle Arbeitsbedingungen gelten u. a.

- Das betriebliche Verhalten von Arbeitnehmern, Kollegen, Vorgesetzten
- Die Bereitschaft zur Kooperation der innerbetrieblichen Akteure

Je nach Herkunft der Einflussfaktoren kann man dabei zusätzlich auch in endogene und exogene Bedingungen unterscheiden.

Aufgabe der Unternehmensleitung wie auch der einzelnen Führungskräfte, der betroffenen Arbeitnehmer sowie ihrer Vertretung ist es, im gegebenen Rahmen einen möglichst reibungslosen Ablauf herzustellen und bei Auseinandersetzungen eine sachorientierte Lösung zu finden. Allerdings kann dies sich je nach Machtstellung der beteiligten Seiten durchaus auch einmal zu Lasten einer Seite auswirken. Als klassisches Beispiel für eine sehr arbeitnehmerfreundlich ausgestaltete Arbeitsbeziehung gilt der Volkswagen-Konzern, aufgrund der starken Stellung der Gewerkschaften im Unternehmen (vgl. z. B. Grohs 2007, S. 199 ff.). In anderen Fällen, insbesondere in mittelständisch geprägten Unternehmen mit einer starken Inhaberpersönlichkeit an der Spitze, können hier sehr hierarchische Arbeitsbeziehungen entstehen, die schnelle Entscheidungen ermöglichen, aber auch das Betriebsklima entsprechend beeinflussen. Ein Paradebeispiel hierfür war die 2011 insolvent gegangene Drogeriemarktkette Schlecker, die in ihren besten Zeiten eine fünfstellige Anzahl Mitarbeiter beschäftigte, aber relativ hierarchisch-paternalistisch geführt wurde (vgl. o.V. 2004, 2012).

Weitere Unternehmen, die an dieser Stelle hervorzuheben sind, sind:

- dm Drogeriemarkt GmbH & Co KG Karlsruhe, auf der Basis der anthroposophischen Weltanschauung des Inhabers wird eine dialogorientierte, konfliktarme Führungskultur gepflegt, die auch besondere Fördermaßnahmen für Auszubildende beinhaltet (vgl. Lehnen und Werner 2018; Schmincke 2003)
- SAP AG, die lange auf der Basis einer dialogorientierten Kultur die Verantwortung der einzelnen Mitarbeiter betonte (vgl. Obmann 2015) und auch sehr lange, als einziges DAX-30-notierte Unternehmen auf einen Betriebsrat verzichtete (vgl. o.V. 2006)

Anhand dieser Beispiele lassen sich ebenso Überlegungen zur Qualität und Gestaltung von Arbeitsbeziehungen ablesen wie anhand weiterer Hinweise, z. B. zur Bereitschaft von Arbeitgebern, sich den geltenden Tarifen in ihrer Branche zu unterwerfen. Wenn sich in den letzten 20 Jahren die Anzahl der Unternehmen nahezu halbiert hat und nunmehr nur noch 40 % sich den geltenden Tarifverträgen verpflichten (vgl. IAB 2018), ist dies ein deutlicher Hinweis auf die Qualität der Arbeitsbeziehungen.

Hierbei ist auch die Verbreitung und die Einflussmöglichkeiten von Betriebsräten zu sehen. Während Großunternehmen mit mehr 2000 Mitarbeitern in der Regel einen Betriebsrat aufweisen, findet sich im Bereich kleinerer und mittlerer Unternehmen ein relativ geringer Verbreitungsgrad von Betriebsräten (vgl. IAB 2018; für Österreich ähnlich: Hofer 2016). Dies kann ein Zeichen gegenseitiger Wertschätzung sein und Ausdruck der Tatsache, dass bei überschaubaren Unternehmensgrößen ein direkter Kontakt zwischen Arbeitgeber und einzelnen Arbeitnehmern leichter möglich ist, im Vergleich zu den eher anonymen Strukturen größerer Unternehmen. Bei Unternehmen, die sehr stark von einer Inhaberpersönlichkeit geprägt sind oder auch als neu gegründete Start-ups eine neuartige Unternehmenskultur zelebrieren wollen, zeigt sich auch oft eine so genannte „alternative Vertretung", auch „Kulturrat", „Mitarbeiter-Board" oder „Employee Comitee" genannt (vgl. DPM 2019). Dies ist eine Art Mitarbeiterbeirat, der ebenfalls aus Wahlen unter den Mitarbeitern hervorgeht und von Fall zu Fall von der Unternehmensleitung kontaktiert wird, aber auch Eigeninitiativen entwickeln kann. Diese Form der Mitarbeitervertretung

10.2 Der Staat und sein Einfluss auf die Arbeit

kann bei einem Dialog auf Augenhöhe ebenso wirksam sein wie ein verfasster Betriebsrat, kann aber auch bei entsprechender Einordnung durch die Unternehmensleitung eher zu einer Art „zahnloser Tiger" mutieren. Zumindest hat diese Vertretungsform den Vorteil, dass die hier geschlossenen Vereinbarungen nicht die bindende Kraft einer Betriebsvereinbarung entwickeln, sondern leichter anzupassen sind (siehe auch Miller und von Alvensleben 2016; Stettes 2008). Zumindest zeigt sich nach einer – inzwischen eher veraltet zu nennenden – Studie, dass Unternehmen mit einer Mitarbeitervertretung bessere wirtschaftliche Kennziffern aufweisen, als Unternehmen ohne Betriebsrat (vgl. Döring 2013).

10.2 Der Staat und sein Einfluss auf die Arbeit

10.2.1 Staatliches Wirken im Arbeitsmarkt

Der Staat kann in seinen verschiedenen Ausprägungen vielfältigen Einfluss auf die Erbringung der Arbeitsleistung nehmen. Zuvorderst ist die Gesetzgebung zu nennen, mit den Aspekten

- Des **Verfassungsrechts** (nach Art. 12 Grundgesetz die freie Berufswahl und nach Art. 12 GG das Recht, sich Vereinigungen zur besseren Durchsetzung anzuschließen, der sog. „Koalitionsfreiheit"; (in Österreich ähnlich in Art. 6 I und 18 im Staatsgrundgesetz; die Schweiz formuliert in Art. 41 ihrer Verfassung ein Sozialziel im Sinn von „Arbeit ermöglichen", Art. 27 wiederum garantiert eine freie Berufsausübung))
- Die breit gefächerte **Arbeitsgesetzgebung**, mit Regelungen zur Arbeitszeitgestaltung, zum Kündigungsschutz, zu Schutzrechten bestimmter Personenkreise (z. B. werdende und stillende Mütter, Minderjährige, behinderte Mitarbeiter), zur Berufsbildung, zur sicheren Gestaltung von Arbeitsplätzen etc.
- Die **Sozialgesetzgebung**, die sich eng mit der Arbeitsgesetzgebung verzahnt (z. B. zur Ausgestaltung und Finanzierung der Sozialversicherungen, zur Rückeingliederung von erkrankten und behinderten Mitarbeitern oder Arbeitslosen etc.)
- Das **Betriebsverfassungsrecht**, das die Unternehmensführung an bestimmte Einflüsse der Arbeitnehmer bzw. ihrer Vertreter bindet, einschließlich der Arbeitnehmervertreter in verschiedenen Organen (was insbesondere für Kapitalgesellschaften und Genossenschaften gilt)
- Das **Datenschutzrecht**, das sich auch auf die Datenverarbeitung rund um den Arbeitsplatz auswirkt
- **Staatliche Einrichtungen rund um die Arbeitswelt**, insbesondere die Arbeitsverwaltung und die Arbeitsgerichtsbarkeit, die Sozialversicherungen, die Aufsichtsbehörden zum Arbeitsschutz etc., ergänzend die Beteiligung an supranationalen Einrichtungen wie der Weltarbeitsorganisation (ILO), der Europäischen Kommission usw.
- In bestimmten Fällen auch die staatlich verfasste Einrichtung von **Pflichtvertretungen der Arbeitnehmer**, den so genannten „Arbeitskammern" in Österreich und im Saar-

land, in denen Arbeitnehmer mit Aufnahme der Berufstätigkeit Pflichtmitglied werden, analog zu den Kammern auf Arbeitgeberseite
- Als philosophischer Überbau das Postulat der „sozialen Marktwirtschaft", die der prinzipiell freien Wirtschaftsverfassung in einem Rahmen setzt, um schwächere (Arbeits-) Marktteilnehmer gegen die Stärkeren schützen soll

Sicher finden sich noch weitere Regelungen, die in unmittelbarer oder mittelbarer Weise in die Arbeitswelt eingreifen, z. B. in Form der Gewerbeordnung. Sie in ihrer Fülle und Bandbreite hier darzustellen, würde den Rahmen des Sinnvollen sprengen. Grundsätzlich gilt aber, dass mit diesem umfassenden Eingriff der Staat einerseits sein Interesse an einer für alle Beteiligten gewinnbringenden Arbeitswelt zeigt, andererseits auch dem Faktum gerecht wird, dass Arbeit für seine Bürgerinnen und Bürger einen wesentlichen Teil der Lebensführung und der gesellschaftlichen Teilhabe.

Der Staat formuliert damit sein Interesse am Bürger als zufriedener Bürger, der über Arbeit und die damit verbundene Entlohnung Zufriedenheit erfährt, der zum Erhalt seiner Zufriedenheit und dauerhaften Leistungsfähigkeit auch vor einer übermäßigen Beeinträchtigung geschützt werden muss. Diese könnte im ungünstigsten Fall seinen Pflichten als Bürger (z. B. Zahlung von Steuern, Mithilfe bei Notfällen aller Art, Mitwirkung an der demokratischen Meinungsbildung) nicht mehr nachkommen und damit auch die gemeinschaftliche Ordnung in Frage stellen. Nebenbei wird ein Staat auch Interesse an den Ergebnissen der Arbeit in Gestalt der Versorgung der Bürger und Organisationen mit Gütern haben und an einem ausreichenden Steueraufkommen – Arbeit lässt sich bekanntlich relativ leicht besteuern.

10.2.2 Die Sozialversicherungen

Über die Sozialversicherungen wird der Staat zum Akteur am Arbeitsmarkt. Er definiert über die entsprechende Gesetzgebung, welche Rechte und Pflichten die einzelnen Beteiligten haben. Ergänzend wird über die Sozialgesetzgebung die Arbeitnehmerschaft möglichst umfassend gegen die Risiken der Lebensführung abgesichert, worin die soziale Absicherung der Erwerbstätigkeit einen besonderen Stellenwert hat. Zu nennen sind in Deutschland die zwölf Sozialgesetzbücher (SGB I-XII), in Österreich das Allgemeine Sozialversicherungsgesetz (ASVG) und weitere Bestimmungen, in der Schweiz der Allgemeine Teil des Sozialgesetzbuches (ATSG) sowie die spezifischen Regelungen, z. B. zur Unfallversicherung oder zur Arbeitslosenversicherung oder auch zu der Familienausgleichskasse.

Die Finanzierungsmodalitäten ähneln sich in Deutschland und Österreich dahingehend, dass in den meisten Fällen Arbeitgeber und Arbeitnehmer die Beiträge hälftig tragen. Nur die zur Unfallversicherung obliegen allein dem Arbeitgeber. Hinzu kommen staatliche Zuschüsse aus dem jeweiligen Bundeshaushalt. In der Schweiz ist die Bandbreite variabler. Die Krankenversicherung geht allein zu Lasten des Arbeitnehmers, die Beiträge zur

Alters- und Arbeitslosenversicherung ist hälftig zu tragen und die Unfallversicherung sowie die Kasse zum Ausgleich familiärer Zusatzbelastungen („Familienzulage") ist allein vom Arbeitgeber zu tragen.

Die hälftige Teilung der Sozialversicherungsbeiträge, eine Struktur seit Einführung der ersten Sozialversicherungen im 19. Jahrhundert, sollte in zwei Richtungen wirken (siehe auch Stolleis 2003, passim). Zum einen sollten die Beiträge solidarisch getragen werden, also sowohl vom Arbeitgeber als auch vom Arbeitnehmer. Damit waren die effektiven Abzüge beim Arbeitnehmer formal nicht ganz so hoch, auch wenn die Arbeitskostenkalkulation der Arbeitgeber die gesamten Sozialversicherungskosten den Arbeitskosten zurechnet. Zum anderen wurde, in Verbindung mit der Mitwirkung von Arbeitgeber- und Arbeitnehmervertretern in den Sozialversicherungsträgern, beiden Seiten auch ein Interesse an einer mäßigen, vertretbaren Entwicklung der Sozialversicherungsbeiträge unterstellt.

Die nachfolgende Abb. 10.2 schematisiert das System der Sozialversicherungen und die einzelnen Merkmale der jeweiligen Bereiche.

Das Interesse an einer umfassenden Sozialversicherung basiert auf der Überlegung, dass zum einen das individuelle Risiko der Arbeitsfähigkeit am besten von einer Gemeinschaft zu tragen ist. Dies sei anhand der Überlegungen zum Arbeitsschutz näher dargelegt.

10.2.3 Der Arbeitsschutz als gesellschaftliche Aufgabe

Das aus dem Grundgesetz abgeleitete Grundrecht auf Leben und körperliche Unversehrtheit (Art. 2 GG) gilt auch und besonders im Arbeitsleben. Daneben können durch die Senkung von betrieblichen Störungen, auf Basis von Arbeitsunfällen, entsprechende Kosten vermieden werden, in Gestalt von ausgefallener Arbeit, beschädigten Betriebsmitteln etc. Aber auch die volkswirtschaftliche Dimension ist zu beachten: wenn durch Arbeitsunfälle und Arbeitsunfähigkeit allein in Deutschland insgesamt 708,3 Mio. Arbeitstage im Jahr 2018 ausgefallen sind, ist dies mit einem Schaden von ca. 145 Mrd. Euro gleichzusetzen (vgl. BAUA 2020). Dazu zählen u. a. Produktionsausfälle, Kosten für Heilung und Rehabilitation der Arbeitnehmer sowie entgangene Steuereinnahmen. Durch entsprechenden Arbeitsschutz lassen sich hier sicher noch wirtschaftliche Verbesserungen realisieren.

Zum anderen können landesweit einheitliche Sozialstandards vergleichbare Wettbewerbsbedingungen schaffen und eine verlässliche Richtschnur schaffen. Am Beispiel des Arbeitsschutzes in Deutschland lässt sich dies gut illustrieren. Die Basis ist das Arbeitsschutzgesetz, ergänzt um diverse technische Normen zum sicheren Einsatz von Maschinen, Arbeitsmaterial usw. (vgl. Schade 2010, S. 148 ff.) Das Arbeitsschutzgesetz verpflichtet daher den Arbeitgeber, auf die sichere Arbeitsbedingungen zu achten, sie regelmäßig zu kontrollieren und seine Arbeitnehmer keine übermäßigen Belastungen auszusetzen. Dazu ist eine regelmäßige Gefährdungsbeurteilung vorzunehmen (§§ 3–5 ArbSchG). Ergänzend werden durch die Träger der Unfallversicherung (die berühmten „Berufsgenossenschaften") sowie durch die Gewerbeaufsicht (z. B. hinsichtlich der hygienischen Bedingungen) regelmäßig Überprüfungen vorgenommen.

	Deutschland	Österreich	Schweiz
Absicherung bei Arbeitslosigkeit	Arbeitslosenversicherung über die Bundesanstalt für Arbeit	Arbeitslosenversicherung über den Arbeitsmarktservice Austria (AMS)	Über die Arbeitslosenversicherung
Absicherung bei Krankheit	Über die Krankenkassen (gesetzliche und private Kassen)	Über die Österreichische Gesundheitskasse oder weitere Kassen	Über die Krankenversicherung
Altersruhegeld („Renten und Pensionen")	Über die Rentenkassen: Deutsche Rentenversicherung, Bundesknappschaft etc., ergänzend die Kassen nach Ständerecht	Pensionsversicherungsanstalt	AHV/IV Alters- und Hinterbliebenenversicherung, Invalidenversicherung
Absicherung bei Pflegebedürftigkeit im Alter	Pflegeversicherungen, bei den Krankenkassen	Freiwillige Zusatzversicherung bei der Pensionsversicherungsanstalt	Pflegeversicherung
Absicherung bei Arbeitsunfällen	Unfallversicherungen über die Berufsgenossenschaften	Durch die Allgemeine Unfallversicherungsanstalt	Unfallversicherung, ggf. in Verbindung mit Invalidenversicherung
Finanzierung	Jeweils hälftig durch Arbeitnehmer und Arbeitgeber, Unfallversicherung allein durch Arbeitgeber Bundeszuschüsse bei der Rentenversicherung	Unfallversicherung allein durch Arbeitgeber, ansonsten anteilig Arbeitgeber und Arbeitnehmer sowie ggf. Bundeszuschüssen	Durch Arbeitnehmer, mit gestaffelten Arbeitgeberanteilen (bei KV freiwillig, bei AV hälftig) und teilweise Bundeszuschüssen, bei Familienzulagen gesamt durch Arbeitgeber
Aufsicht und Geschäftsführung	Paritätisch besetzte Gremien (Arbeitnehmer- und Arbeitgeber-Vertreter), Ausnahme: Unfallversicherung, durch Wahlen der Arbeitnehmer und Arbeitgeber mitbestimmt	Durch eingesetzte bzw. delegierte Personen, von Arbeitgeber- und Arbeitnehmerorganisationen	Bundesamt für Sozialversicherungen

Abb. 10.2 Übersicht der Sozialversicherungsträger in D-A-CH (eigene Zusammenstellung)

Der Arbeitsschutz greift dabei auf zwei Dimensionen zu, den sozialen und den technischen Arbeitsschutz. Als technischen Arbeitsschutz versteht man alle Maßnahmen, die auf die technischen Umstände der Arbeitserbringung abzielen. Diese umfassen sichere und hygienische Arbeitsplätze und werden sichergestellt über (siehe auch Schade 2010, S. 148 ff.):

- Arbeitsstättenverordnung
- Arbeitssicherheitsgesetze

- Unfallverhütungsvorschriften (z. B. zum Tragen persönlicher Schutzausstattung wie Helme und Sicherheitsschuhe, aber auch der Ausweis von Gefahrenbereichen, das Verhindern gefährlicher Werkzeugbedienung usw.)
- Arbeitsschutz-Organisation (z. B. die Beauftragung von Werks- und Betriebsärzten)
- Die Vorgaben für die Sicherheit von Geräten (Gerätesicherheitsgesetz, technische Normen und deren Überprüfung)
- Vorgaben für den Umgang mit Gefahrstoffen (Gefahrstoffverordnung, Biostoffverordnung, …)

Der soziale Arbeitsschutz soll Arbeitnehmer vor übermäßiger Beanspruchung durch das Erwerbsleben bewahren. Dazu zählen insbesondere (vgl. Schade 2010, S. 154 ff.)

- Arbeitszeitregelungen (Arbeitszeitengesetz) und die Überwachung von allgemeinen Regelungen zu den Arbeitszeiten (z. B. Betriebsvereinbarungen über die Mitbestimmung nach dem Betriebsverfassungsgesetz)
- Der Schutz besonders schutzbedürftiger Personengruppen (Minderjährige, werdende und stillende Mütter, Behinderte)

Gerade weil man davon ausgehen muss, dass bei einem nicht geregelten Zustand die Arbeitnehmer als der schwächere Part nicht ihre eigenen Interessen ausreichend wahren können, muss an dieser Stelle durch gesetzliche Vorgaben und unabhängige Prüfung der Schutz sichergestellt werden.

10.2.4 Die Arbeitsgerichtsbarkeit

Das Arbeitsleben hält immer wieder Rechtsfragen bereit, die aufgrund ihrer Umstände möglicherweise nicht vor einem regulären Zivilgericht zu lösen sind, mangels ausreichender Sachkunde der Richter. Hinzu kommt, dass man Arbeitnehmer nicht an der Wahrung ihrer Rechte hindern möchte, in dem sie bei einem normalen Zivilgericht ein gewisses Prozesskostenrisiko tragen müssten. Von daher hat sich eine eigene Arbeitsgerichtsbarkeit in vielen Ländern ausgebildet, die in Deutschland in der ersten Instanz auch von einer Anwaltspflicht befreit ist und unabhängig vom Ausgang des Verfahrens nicht das volle Prozesskostenrisiko birgt. Die Instanzen sind in Deutschland (vgl. Schade 2010, S. 248 ff.):

- Das örtliche Arbeitsgericht
- Das Landesarbeitsgericht
- Das Bundesarbeitsgericht in Erfurt

Darüber hinaus können bei besonderen Fragen, die verfassungsmäßige Rechte betreffen, auch noch das Bundesverfassungsgericht und der Europäische Gerichtshof angerufen werden. In Österreich wird die Arbeitsgerichtsbarkeit – mit Ausnahme im Bundesland

Wien mit einem eigenständigen Arbeits- und Sozialgericht – auf Basis des Arbeits- und Sozialgerichtsgesetzes durch die Landesgerichte und den weiteren Instanzen Oberlandesgericht und Oberster Gerichtshof ausgeübt. In der Schweiz ist es den Kantonen überlassen, wie sie die Arbeitsgerichtsbarkeit organisieren, so dass hier unterschiedliche Modelle existieren. Interessant ist allerdings das Institut der Schlichtungsstelle nach Art. 197 ZPO, die bei einem Streitwert bis zu 30.000 Schweizer Franken vor einem Gerichtsverfahren anzurufen ist. Sowohl in Deutschland als auch in Österreich als auch in den betreffenden Schweizer Kantonen werden die Spruchkammern in der Regel in einer Mischung aus Berufsrichtern und Vertretern jeweils der Arbeitgeber- als auch der Arbeitnehmerseite zusammengestellt, so dass hier die gesamte Vielfalt der juristischen Anforderungen, der betrieblichen und der Arbeitnehmersicht einfließen kann.

10.2.5 Einige weitere staatliche Handlungsfelder

Neben den direkten arbeitsrechtlichen und arbeitsverwaltenden Handlungsfeldern greift das staatliche Handeln noch in weiteren Feldern in die Arbeitswelt ein. Dies betrifft in erster Linie:

- **Steuersätze und -erhebung** (Höhe und Struktur von Lohnsteuersätzen, um geringer bezahlte Arbeit attraktiver zu machen, aber auch die Höhe und Struktur von Verbrauchssteuern, z. B. Mehrwertsteuerermäßigungen auf Presseprodukte und Lebensmittel, um eine preiswerte Grundversorgung zu gewährleisten, sog. „Luxussteuern" auf bestimmte hochwertige Verbrauchsgüter, wie z. B. erhöhte Umsatzsteuersätze auf Autos in Österreich, den Niederlanden oder Finnland, um Importprodukte stärker zu regulieren)
- **Subventionierung von Arbeit** (direkte Subventionierung durch Zuschüsse an Arbeitnehmer wie z. B. die „Berlin-Zulage" in Westberlin bis 1990 oder die Aufstockungsbeträge bei prekären Beschäftigungsverhältnissen, indirekte Subventionierung durch gezieltes Einkaufen bei inländischen Unternehmen, auch wenn diese im Angebotspreis über anderen Anbietern liegen)
- **Infrastrukturpolitik**, zur Förderung der Wirtschaftsentwicklungen in bestimmten Regionen, durch Herstellung oder Verbesserung von Verkehrswegen, Datenleitungen, Sozialeinrichtungen, usw.
- **Ansiedlungspolitik**, zur Unterstützung benachteiligter Regionen (z. B. Ansiedlung einer e-Auto-Fabrik in Süd-Ost-Brandenburg, einer eher strukturschwachen Region)
- **Forschungspolitik/Technologieförderung**: über die Förderung besonders innovativer oder zentraler Produktfelder, die auf einer bestimmten besonderen Kompetenz in dieser Branche aufbauen
- **Verbote und Regulierungen** aller Art, z. B. zum Anbau von Genuss- und Rauschmitteln, zu umweltschädlichen Produkten etc., womit bestimmte Arbeiten quasi illegal werden

10.2 Der Staat und sein Einfluss auf die Arbeit

Bei staatlichen Eingriffen in die Arbeitswelt stehen dabei sowohl volkswirtschaftliche als auch politische Überlegungen dahinter. Politische Überlegungen gehen in die Richtung, was ein Staat, was eine Regierung als besonders wünschenswert oder auch als weniger wünschenswert ansieht und demzufolge fördern, begrenzen oder auch verhindern will. Bei volkswirtschaftlichen Überlegungen geht es um die Förderung der Wirtschaftsleistung in einem bestimmten Gebiet. Der Begriff des „Gebiets" ist dabei mehrschichtig zu verstehen. Es kann sich um das Staatsgebiet generell und damit die Volkswirtschaft eines Landes insgesamt handeln, aber auch die Förderung von bestimmten Regionen allgemein (z. B. bestimmte, besonders förderwürdige Regionen) oder bestimmten Wirtschaftszweigen (z. B. Automobilwirtschaft, Solarenergie, Finanzwirtschaft, Landwirtschaft) handeln.

So kann ein Blick auf die Wirtschaftsregion Mainfranken (im Prinzip deckungsgleich mit dem östlichen Teil des Regierungsbezirks Unterfranken) die hohe Bedeutung der Automobilzulieferer für die Wirtschaftskraft der Region aufzeigen. Diese umfassen Unternehmen wie Preh GmbH in Bad Neustadt/Saale, FAG-Kugelfischer GmbH, ZF Sachs AG und SKF AB in Schweinfurt, F.S. Fehrer Automotive GmbH sowie Leoni Bordnetze AG in Kitzingen, Cummins Deutschland GmbH in Marktheidenfeld, Bosch-Rexroth GmbH in Lohr usw., um nur eine Auswahl zu nennen. Ebenso besitzt die Gesundheitswirtschaft eine herausragende Bedeutung, wenn man z. B. an die diversen Kliniken, Reha-Einrichtungen und Kurhäuser in Bad Neustadt, Bad Bocklet, Bad Kissingen, Bad Brückenau, Bad Mergentheim und Würzburg denkt. Analog kann man an die hohe Bedeutung der Medien- und Werbewirtschaft in München, Köln oder Frankfurt/Main und Hamburg denken, oder an die bereits zum Bild gewordene, breite start-up-Landschaft in Berlin.

Für Unternehmen auf der Suche nach Arbeitskraft wie auch für Arbeitnehmer sind damit direkte Folgen verbunden:

- Die Beschäftigungschancen können in einem relevanten Berufsfeld sehr gut sein, so lange die entsprechende Branchenkonjunktur positiv verläuft, ebenso wie Unternehmen davon ausgehen können, bei Stellenbesetzungen auf ein breites, einschlägig qualifiziertes Bewerberpotenzial zurück greifen zu können
- Für Arbeitnehmer hat dies den Vorteil, eine bestimmte berufliche Karriere ohne Wohnsitzwechsel wahrzunehmen – wenn in einem Unternehmen keine weitere Entwicklung mehr möglich ist, wird man im Tagespendelbereich relativ leicht in einem anderen Unternehmen der Branche eine geeignete Stelle finden
- Allerdings können eine Vielzahl an Arbeitgebern auch die Arbeitskosten hoch treiben, wenn sie im engen Wettbewerb um Fachkräfte stehen, was sich in einem Bündel aus Sozialleistungen oder auch in verschiedenen Arbeitszeitmodellen (Teilzeitmodelle, Home-Office-Regelungen, Sabbaticals) niederschläft
- Infrastrukturmaßnahmen des Staates (z. B. die Einrichtung von Gründerzentren oder die Schwerpunkte der Aus- und Fortbildungslandschaft) werden ebenso durch besonders ausgeprägte Cluster geprägt. Im oberfränkischen Lichtenfels gibt es eine Berufsfachschule für Korbflechterei, die auf die entsprechende Handwerkslandschaft um Lichtenfels rekurriert, in touristisch interessanten Orten wie Bernkastel-Kues oder Bad

Reichenhall finden sich Hotelfachschulen, und ebenso dürfte es kein Zufall sein, dass in Schwäbisch Gmünd eine Fachhochschule für Produktgestaltung angesiedelt ist – am gleichen Ort hat auch ein namhafter Hersteller von Spielwaren seinen Sitz.
- Andererseits haben konjunkturelle Einbrüche oder das Verschwinden bestimmter Branchen erhebliche Auswirkungen auf die Wirtschaftskraft der entsprechenden Regionen, von sinkenden Steuereinnahmen über Konsumausgaben bis hin zur Lebenszufriedenheit und Innovationskraft. Das Ruhrgebiet und das Saarland kämpfen noch heute mit den Folgen des Niedergangs des Kohlebergbaus und der Eisen- und Stahlgewinnung, und entsprechendes wird man auch bei der abnehmenden Bedeutung der Automobilwirtschaft für die Region Mainfranken oder auch das Umfeld um Stuttgart erwarten dürfen, einer zweiten Wirtschaftsregion mit starker Ausrichtung auf die Automotive-Industrie. Und auch Arbeitnehmer haben Probleme, wenn ihr Berufsfeld in einer ganzen Region wegfällt, da sie keine Ausweichmöglichkeiten mehr im Tagespendelbereich sehen – dies macht entweder eine Umschulung notwendig, oder den Wechsel in eine deutlich niedriger qualifizierte Tätigkeit oder auch den weiträumigen Umzug – alles Entscheidungen mit erheblichem persönlichen Risiko.

Aus Sicht eines Studenten, einer Studentin gehen damit einige Entscheidungen einher:

- Suche nach einer Praktikumsstelle bzw. Einstiegsstelle im näheren Umfeld, in eine der üblichen Branchen mit allen benannten Vor- und Nachteilen
- Oder überörtliche Mobilität, um der Branchenfalle zu entgehen, mit den entsprechenden Folgen für das Privatleben (Wegfall des familiären Netzwerks und der regionalen Sozialbeziehungen zu Vereinen etc., aber auch Chance zum Erschließen neuer persönlicher Beziehungen und persönlicher Weiterentwicklung)

So kann man für Absolventen eines Studiums bzw. einer höherwertigen Ausbildung laut einer Studitemps-Studie erkennen (vgl. Studitemps o. J.; ergänzend Diekmann 2019)

- Junge Fachkräfte ziehen tendenziell aus Ostdeutschland, Norddeutschland und Nordrhein-Westfalen weg, es entstehen damit Abwanderungsregionen
- Bevorzugte Orte für den Berufseinstieg sind Baden-Württemberg, Bayern, Hamburg und Berlin

Die Folgen für die Sozialstruktur sind offensichtlich (vgl. Bangel et al. 2019; Bertelsmann-Stiftung o. J.; Diekmann 2019):

- Ganze Landstriche „entvölkern sich", d. h. durch den Wegzug der jüngeren Bewohner und das kontinuierliche Ableben älterer Bürger nimmt die Bevölkerung deutlich ab
- Die entvölkerten Regionen sind für Unternehmen als Standort zunehmend uninteressant, da das Arbeitskräftereservoir und auch die regionale Nachfrage sinken
- Damit gehen regelmäßig auch sinkende Steuereinnahmen einher
- Die öffentliche Hand wiederum zieht sich aufgrund der nachlassenden Steuerkraft aus den Regionen zurück, durch Abbau von Verwaltung und öffentlicher Infrastruktur (Krankenhäuser und weitere Dienstleistungen)

- Damit geht eine nachlassende Attraktivität als Wohn- und Arbeitsort einher, und ein gewisser sich selbst verstärkender Kreislauf beginnt

  Vice versa gilt für die Zuwanderungsregionen

- Eine hohe Auswahl an jungen Fachkräften sorgt für eine gute Ausgangslage der Unternehmen am Arbeitsmarkt
- Allerdings steigt durch den Zuzug der Bedarf an Wohn- und Verkehrsraum, mit Folgen für Miet- und Kaufpreise bei Immobilien, zunehmend überlasteten Infrastruktureinrichtungen usw., so dass der Bedarf an staatlichen Hilfeleistungen ebenso steigt wie ein Verdrängungswettbewerb im Wohnraum und gerade Personen mit geringerem Einkommen sich diese Orte bzw. Regionen kaum noch leisten können
- Die steigenden Immobilienpreise wiederum machen spekulative Anlagen in Immobilien interessanter, was ebenso für steigende Wohnkosten sorgt
- Die steigenden Wohnkosten sorgen für einen Umzug in die weiter entfernte Umgebung, womit Arbeitnehmer immer mehr Zeit für den Arbeitsweg aufwenden, die z. B. für familiäre Belange fehlt

Von daher wäre es aus gesamt- wie einzelwirtschaftlicher Sicht interessant, wenn hier eine Entzerrung stattfinden würde, z. B. durch gezielte Ansiedlung und ergänzende Förderung von Unternehmen in strukturschwachen Regionen, Verlagerung von Behörden in die entsprechenden Regionen, Umzugsförderung bei Arbeitnehmern etc. Gegenteilige Forderungen, z. B. die Konzentration auf leistungsstarke Regionen und die Vernachlässigung von so genannten Randregionen, wie sie die ursprünglich angedachte Handlungsempfehlung des Zukunftsrates der Bayerischen Staatsregierung nahe legt (vgl. Zukunftsrat 2010, S. 49–53; in einer Fortschreibung nicht mehr enthalten: Zukunftsrat 2012) und daher durchaus zu Recht kritisch hinterfragt worden (vgl. Blume 2015; McKinsey und Company 2015) – der Staat hat hier andere Aufgaben als ein auf Gewinn ausgerichtetes Unternehmen, dass sich von prima vista defizitären Bereichen trennen sollte.

10.3 Die Interessenvertretung der Arbeitnehmer

Entsprechend des Grundrechtekatalogs im Grundgesetz können Arbeitnehmer (wie auch Arbeitgeber) sich zur Durchsetzung ihrer Interessen sich nach Art. 9 GG zu „Koalitionen" zusammenschließen, also zu Gewerkschaften bzw. Arbeitgeberverbänden. In Österreich mit seiner durch mehrere Rechtsquellen gebildeten Verfassung wird die Vereinigungsfreiheit über Art. 12 StGG und die pauschale Übernahme der Europäischen Menschenrechtserklärung garantiert, die eine Koalitionsfreiheit in Art. 11 gewährt. Die Schweiz spricht dies in Art. 28 SBV aus. Interessant ist dabei die Unterscheidung in eine „Positive Koalitionsfreiheit" (d. h. dem Recht, einer Gewerkschaft beizutreten) und einer „negativen Koalitionsfreiheit" (dem Recht, einer Gewerkschaft fernzubleiben), denn nur dadurch wird eine wirkliche Koalitionsfreiheit ausgesprochen. Die negative Koalitionsfreiheit greift bei so genannten „closed shops", also

Unternehmen, bei denen der Abschluss eines Arbeitsvertrags an den Beitritt zu einer Gewerkschaft unabdingbar gekoppelt ist. Gerade aus Großbritannien wurden hierzu zahlreiche Beispiele berichtet (vgl. Dickens und Hall 2003, S. 124 ff.; Dunn und Gennard 1984, S. 16), aber auch in kontinentaleuropäischen Unternehmen wird hinter mehr oder weniger vorgehaltener Hand immer wieder über zum Teil recht prominente Beispiele wie VW gesprochen (Hahn 2008; Hardt und Hoffmann 2005). Die Rechtsprechung des Europäischen Gerichtshofes hat dies bereits 1999 für prinzipiell unzulässig erklärt (Az.: 52562/99 und 52620/99).

Auf supranationaler Ebene hat dies in Art. 5 der Europäischen Sozialcharta, in Art. 11 der Europäischen Menschenrechtskonvention (EMRK) sowie in den Vereinbarungen Nr. 11, 87, 89 und 135 der Internationalen Arbeitsorganisation (ILO) seinen Niederschlag gefunden, wobei die Umsetzung in nationales Recht sicher sehr unterschiedlich gehandhabt wird.

Prinzipiell ist die Koalitionsfreiheit berechtigt. Wenn man sich die Verhandlungsmacht eines einzelnen Arbeitnehmers im Verhältnis zu einem Unternehmen ansieht, können Arbeitnehmer relativ schnell in die schwächere Position fallen, insbesondere dann, wenn sie über jederzeit austauschbare Qualifikationen und Erfahrungen verfügen. Von daher besteht ein grundsätzliches Interesse daran, hier eine angemessene Verhandlungsmacht aufzubauen. Zudem ist es für Unternehmen möglicherweise leichter, einmal für eine größere Anzahl an Arbeitnehmern Arbeitsbedingungen festzulegen, als sie in jedem einzelnen Fall neu zu definieren. Auch die Gegenseite hat ein Recht auf Zusammenschluss, aus Gründen der Parität und Fairness, aber auch aus Gründen der Wettbewerbsgerechtigkeit. So kann es z. B. für Unternehmen in einer angespannten Situation interessant sein, zu wissen, dass andere Unternehmen in der Region ihre wirtschaftliche Stärke nicht ausnutzen, um wichtige Mitarbeiter mit dem Angebot anderer Gehaltsstrukturen abzuwerben. Wenn sich alle Unternehmen einer Region einem einheitlichen Regelwerk unterwerfen, so erhofft man sich zumindest auch einen etwas faireren Wettbewerb um Arbeitskräfte. Die Realität zeigt allerdings oftmals eine andere Richtung. Ungefähr 40 % aller Arbeitnehmer in Deutschland werden inzwischen nach einem Verfahren außerhalb der Tarifvereinbarungen bezahlt (vgl. Schneider und Vogel 2018, S. 3 ff.). Der Hintergrund sollte zumindest die Arbeitnehmerschaft nachdenklich stimmen: Wenn Unternehmen aus einem Arbeitgeberverband austreten, dann ist oftmals das Interesse, eine Entlohnung unterhalb des allgemeinen Tarifregelwerks zu zahlen, um Kosten zu sparen. Und hier stellt sich auch die Frage, inwiefern dies mit einer nachlassenden Bereitschaft zusammenhängt, sich einer Gewerkschaft anzuschließen (siehe auch Hassel und Schröder 2018, S. 2 ff.; ergänzend Dieke und Lesch 2017).

10.4 Arbeits- und Wiederholungsfragen zu Kapitel 10

1. Nennen Sie drei Beteiligte des Umsystems der Arbeit!
2. Warum interessiert sich der Staat für die Gestaltung der Arbeit und der Arbeitsbeziehungen?
3. Welche Aspekte hat der Arbeitsschutz?
4. Nennen Sie drei Merkmale eines ergonomisch gestalteten Arbeitsplatzes!

5. Was versteht man unter „Industrial Relations", und warum sollte sich die Personalwirtschaft mit diesem Thema beschäftigen?
6. Was umfasst das System der Sozialversicherungen in Deutschland, und wie finanzieren sie sich?
7. Nennen Sie drei Merkmale der Arbeitsgerichtsbarkeit!
8. Was versteht man unter „Arbeitsfrieden"?
9. Stellen Sie dar, was man unter der Koalitionsfreiheit versteht und warum dies als Grundrecht gilt!
10. Mitbestimmung greift in Grundrechte ein – begründen Sie dies!
11. Welche Funktionen erfüllen Gewerkschaften in einem freiheitlichen System?

Literatur

Bangel C et al (2019) Die Millionen, die gingen, Beitrag vom 02.05.2019. www.zeit.de/politik/deutschland/2019-05/ost-west-wanderung-abwanderung-ostdeutschland-umzug. Zugegriffen am 14.04.2020

BAUA Bundesanstalt für Arbeitsschutz und Arbeitsmedizin (2020) Wirtschaftliche Schäden durch Arbeitsunfähigkeit 2018, PDF vom Februar 2020. www.baua.de/DE/Themen/Arbeitswelt-und-Arbeitsschutz-im-Wandel/Arbeitsweltberichterstattung/Kosten-der-AU/pdf/Kosten-2018.pdf?__blob=publicationFile&v=3. Zugegriffen am 04.04.2020

Bertelsmann-Stiftung (o. J.) Deutschland zwischen Wachstum und Schrumpfung, PDF-Präsentation o. D. www.bertelsmann-stiftung.de/fileadmin/files/user_upload/Deutschland_zwischen_Wachstum_und_Schrumpfung.pdf. Zugegriffen am 14.04.2020

Blume M (2015) Warum wir Bayern als Ganzes entwickeln müssen. In: Franke S (Hrsg) Fachkräftesicherung im ländlichen Raum, Arbeitsmaterialien Nr. 101 der Hanns-Seidel-Stiftung. Eigenverlag, München, S 69–73. www.hss.de/download/publications/AMZ_101_Fachkraeftesicherung.pdf. Zugegriffen am 14.04.2020

Breisig T (2016) Personal, 2. Aufl. NWB, Herne

Dickens L, Hall M (2003) The State – Labour Law and Industrial Relations. In: Edwards P (Hrsg) Industrial Relations: Theory and Practice in Britain, 2. Aufl. Blackwell, Malden/Oxford, S 124–156

Dieke S, Lesch H (2017) Gewerkschaftliche Mitgliederstrukturen im europäischen Vergleich. IW-Trends 44(3). www.iwkoeln.de/fileadmin/publikationen/2017/358017/IW-Trends_03_2017_Dieke_Lesch-Gewerkschaftliche_Mitgliederstrukturen.pdf. Zugegriffen am 14.04.2020

Diekmann F (2019) Die extreme Landflucht der Jungen, Beitrag vom 12.10.2019. www.spiegel.de/wirtschaft/soziales/deutschland-die-extreme-landflucht-der-jungen-und-ihre-gruende-a-1292981.html. Zugegriffen am 14.04.2020

Döring T (2013) Wer sind die neben Osterloh? Beitrag vom 25.04.2013. www.handelsblatt.com/unternehmen/management/macht-der-betriebsraete-betriebe-mit-betriebsrat-produktiver/8118662.html. Zugegriffen am 22.06.2020

DPM Digital People Management (2019) Alternative Mitbestimmung – Workshop, Beitrag vom 13.08.2019. https://digitalpeoplemanagement.de/alternative-mitbestimmung-workshop/. Zugegriffen am 22.06.2020

Dunn S, Gennard J (1984) The Closed Shop in British Industry. Macmillan, London

Grohs S (2007) „5000 X 5000" bei VW: Dammbruch für die Arbeitsbeziehungen oder Musterbeispiel unternehmerischer Verantwortung? In: Imbusch P, Rucht D (Hrsg) Profit oder Gemeinwohl? SpringerVS, Wiesbaden, S 199–228

Hahn J (2008) Straflose Gewerkschaftsbestechung, Beitrag vom 15.08.2008. www.faz.net/aktuell/wirtschaft/recht-steuern/reform-gefordert-straflose-gewerkschaftsbestechung-1666393.html. Zugegriffen am 14.04.2020

Hardt C, Hoffmann J (2005) Landesversorgungsanstalt VW, Beitrag vom 25.02.2005. www.handelsblatt.com/unternehmen/industrie/inniges-verhaeltnis-zwischen-gewerkschaft-und-konzern-landesversorgungsanstalt-vw/2478576.html?ticket=ST-5404627-kKTp9h0S4BbzvSuk5B2M-ap4. Zugegriffen am 14.04.2020

Hassel A, Schröder W (2018) Gewerkschaften 2030, Report Nr. 44 des Wirtschafts- und Sozialwissenschaftlichen Instituts der Hans-Böckler-Stiftung vom November 2018. Eigenverlag, Düsseldorf. www.iwkoeln.de/fileadmin/user_upload/Studien/Report/PDF/2018/IW-Report_15_2018_Tarifbindung.pdf. Zugegriffen am 14.04.2020

Hofer G (2016) Wo ist der Betriebsrat? Beitrag vom 07.05.2016. www.diepresse.com/4983875/wo-ist-der-betriebsrat. Zugegriffen am 22.06.2020

IAB (2018) Tarifbindung – der Abwärtstrend hält an, Beitrag vom 24.05.2018. www.iab-forum.de/tarifbindung-der-abwaertstrend-haelt-an/. Zugegriffen am 04.04.2020

Lehnen C, Werner G (2018) Mitarbeiter sind keine Kostenfaktoren, Beitrag vom 02.04.2018. www.personalwirtschaft.de/fuehrung/artikel/interview-goetz-werner-new-work-experience-2018.html. Zugegriffen am 04.04.2020

Lesch H (2017) Internationaler Arbeitskampfvergleich. IW-Kurzbericht 71, als PDF. www.iwkoeln.de/fileadmin/publikationen/2017/362204/IW-Kurzbericht_71_2017_Internationaler_Arbeitskampf.pdf. Zugegriffen am 04.04.2020

McKinsey & Company (2015) Bayern 2025 – Alte Stärke, neuer Mut. Eigenverlag, München, Beitrag von 2015. https://ttwportal.vhs-bayern.de/web/ttwbvv.nsf/id/bvv_DE_Infoworkshop-Digitalisierung-und-Arbeit/$file/150324_Bayern%20Gesamtreport%200900.pdf. Zugegriffen am 14.04.2020

Miller M, von Alvensleben V (2016) „Alternative Mitarbeitervertretungen können sinnvoller sein als ein Betriebsrat", Beitrag vom 23.08.2016. www.haufe.de/personal/arbeitsrecht/betriebsratsverfassungsgesetz-alternative-zum-betriebsrat_76_371806.html. Zugegriffen am 22.06.2020

o.V. (2004) Anton Schlecker wird 60, Beitrag vom 22.10.2004. www.handelsblatt.com/unternehmen/management/kritik-ueber-knallharten-fuehrungsstil-anton-schlecker-wird-60-jahre-alt/2422184.html?ticket=ST-1419461-ogLHstvcJo5Wsj5jsLGu-ap1. Zugegriffen am 04.04.2020

o.V. (2006) Betriebsrat wider Willen, Beitrag vom 22.06.2006. www.manager-magazin.de/digitales/it/a-422926.html. Zugegriffen am 04.04.2020

o.V. (2012) Anton Schlecker ist Deutschlands unbeliebtester Manager, Beitrag vom 12.03.2012. www.spiegel.de/wirtschaft/unternehmen/umfrage-anton-schlecker-bekommt-schlechteste-note-a-821711.html. Zugegriffen am 04.04.2020

Obmann C (2015) Wir legen Wert auf Selbstreflexion, Beitrag vom 13.02.2015. www.handelsblatt.com/unternehmen/it-medien/sap-personalchef-stefan-ries-auf-die-spitze-wartet-ein-pflichtcurriculum/11370208-2.html. Zugegriffen am 04.04.2020

Schade F (2010) Arbeitsrecht. Kohlhammer, Stuttgart

Schmincke P (2003) Der Kuschelkonzern, Beitrag vom 08.01.2003. www.welt.de/print-welt/article329405/Der-Kuschelkonzern.html. Zugegriffen am 04.04.2020

Schneider H, Vogel S (2018) Tarifbindung der Beschäftigten in Deutschland, Arbeitsbericht 15/2018 des Instituts der Deutschen Wirtschaft. Eigenverlag. Köln. www.iwkoeln.de/fileadmin/user_upload/Studien/Report/PDF/2018/IW-Report_15_2018_Tarifbindung.pdf. Zugegriffen am 14.04.2020

Stettes O (2008) Betriebsräte und alternative Formen der Mitbestimmung – Ergebnisse aus IW-Zukunftspanel. IW-Trends Nr. 3 vom 25.09.2008. www.iwkoeln.de/fileadmin/publikationen/2008/53613/trends03_08_5.pdf. Zugegriffen am 22.06.2020

Stolleis M (2003) Geschichte des Sozialrechts in Deutschland. Lucius und Lucius/UTB, Stuttgart

Studitemps (o. J.) Fachkraft-Studie, Beitrag. https://studitemps.de/magazin/category/fachkraftstudie/page/4/. Zugegriffen am 14.04.2020

Wirth C (2000) Industrielle Beziehungen als „negotiated order". Industrielle Beziehungen – Zeitschrift für Arbeit, Organisation und Management 7(1):43–68. https://nbn-resolving.org/urn:nbn:de:0168-ssoar-344403. Zugegriffen am 04.04.02020

Zukunftsrat der Bayerischen Staatsregierung (2010) Zukunftsfähige Gesellschaft – Bayern in der fortschreitenden Internationalisierung, Bericht vom September 2010. https://www.staedtebund.gv.at/fileadmin/USERDATA/staedtetag/2011/tagungsunterlagen/BerichtdesZukunftsratsZukunftsfaehigeGesellschaft.pdf. Zugegriffen am 14.04.2020

Zukunftsrat der Bayerischen Staatsregierung (2012) Ein Blick in Bayerns Zukunft – Herausforderungen – Chancen – Ansätze, Bericht von 22.02.2012. www.bayern.de/wp-content/uploads/2014/08/Bericht-Zukunftsrat-2011.pdf. Zugegriffen am 14.04.2020

Arbeitswelt der Zukunft 11

Inhaltsverzeichnis

11.1	Zukunftsprognosen als Arbeitsinstrument	294
11.2	Die Digitalisierung und ihr Einfluss auf die zukünftige Berufswelt	296
	11.2.1 Das Phänomen Home-Office als Indikator	296
	11.2.2 Die Dimensionen der Digitalisierten Arbeitswelt	298
11.3	Das Crowdworking als eine zukünftige Arbeitsform	301
	11.3.1 Das Prinzip des Crowdworking	302
	11.3.2 Die Ausprägungen des Crowdworking	302
	11.3.3 Neue Unternehmensorganisation auf Basis des Crowdworking	305
11.4	Das Konzept des „New Work"	306
11.5	Der Strukturwandel als Herausforderung für die zukünftige Arbeitswelt	306
11.6	Zentrale Herausforderungen durch die Digitalisierung	308
11.7	Arbeits- und Wiederholungsfragen zu Kapitel 11	310
Literatur		310

Zusammenfassung

Die letzten 20 Jahre waren durch verschiedene technologische Neuerungen gekennzeichnet, die summarisch mit dem Begriff Industrie 4.0 zusammengefasst werden. Damit wird die Tatsache einer zunehmenden Digitalisierung und Vernetzung beschrieben, die Routinetätigkeiten immer stärker auf digitale Anwendungen überträgt und damit auch vielfach menschliche Arbeit verändert oder gar überflüssig macht. Von daher sind Arbeitskräfte gut beraten, sich mit den Arbeitsbedingungen der Zukunft zu beschäftigen, um einen Platz im Wirtschaftsgefüge zu behalten.

11.1 Zukunftsprognosen als Arbeitsinstrument

Die Publikumszeitschrift machte zum Jahresanfang 2019 mit der Titelgeschichte „Arbeiten Sie doch, wo Sie wollen" auf (Spiegel Nr. 2/2019 vom 05.01.2019; ergänzend Maisch und Techel 2019, S. 8 ff.; Nezik 2019) und zeigte dazu einen Skifahrer, der mit einem Laptop im Skilift sitzt. Auch wenn diese doch recht freie Interpretation der mobilen Arbeit journalistischer Zuspitzung geschuldet sein man, verweist sie auf zwei wesentliche Elemente zukünftiger Arbeitsgestaltung:

- Zum einen die Möglichkeit, dank mobiler Kommunikationstechniken so genannte Bürotätigkeiten an jedem Ort dieser Welt erledigen zu können, soweit es dort einen Anschluss an das Kommunikationsnetz gibt
- Zum anderen auf die Entgrenzung der Arbeit – wann Arbeit aufhört (oder beginnt) und Privatleben zum Ausgleich beginnt (bzw. auch wieder aufhört), ist nicht mehr klar definiert, man kann quasi auch im Laufe eines gemütlichen Wochenendes mit Freunden oder Familie schnell mal einige dienstliche Mails beantworten, Anfragen von Vorgesetzten durchsehen oder Ideen für die kommende Arbeitswoche skizzieren.

Die Diskussion über das Für (z. B. bei vbw 2017; ergänzend Meifert 2019, S. 60 ff.) und Wider (zentral u. a. Vobruba 2006, S. 2661 ff.) der modernen Arbeitswelt ist damit sicher weder abschließend noch neu. Schon im Spielfilm „Modern Times" mit Charlie Chaplin aus dem Jahr 1936 wird dies thematisiert, und auch die Abhandlungen zum wissenschaftlichen Sozialismus haben neben der Ausbeutung des abhängig Beschäftigten auch und gerade diese Entgrenzung aufgegriffen (siehe Marx 1844/1985). Im Grundsatz verschwimmen hier mehrere Dimensionen ineinander:

- Das Recht auf selbstbestimmte Arbeitsleistung, das ein zentrales Grundrecht in einer freiheitlichen Gesellschaftsordnung darstellt, und sowohl die Berufsausübung als solche wie auch den Zeitpunkt adressiert, und – im Rahmen des Grundrechts der Freizügigkeit – auch den Ort der Berufsausübung umfassen kann
- Persönliche Erwägungen, wie z. B. die gewünschte Vereinbarkeit von Familie und Berufsausübung
- Die Notwendigkeit, sich in eine arbeitsteilige Gesellschaft problemarm einfügen zu können, insbesondere auf Nachfrageschwankungen in bestimmten Branchen oder auf Auslastungsschwankungen in einzelnen Betrieben besser eingehen zu können
- Die Überlegung, die Masse der einzelnen Arbeitnehmer vor den Zumutungen einer übermächtig empfundenen Arbeitgeberseite zu schützen, weil sie ansonsten ausgebeutet werden, also um den gerechten Lohn und weitere schützenswerte Güter gebracht werden
- Die Betrachtung der ethischen Seite, inwieweit sich der Staat oder ein Arbeitgeber in das Privatleben eines Mitarbeiters bzw. Bürgers einmischen darf, von Vance Packard bereits 1964 sehr eindringlich gestellt (vgl. Packard 1964)

11.1 Zukunftsprognosen als Arbeitsinstrument

- Die sicher gerechtfertigte Aufgabe, für die Erholung des Menschen ausreichende Freiräume zu gewährleisten
- Und mögliche weitere Überlegungen, z. B. diejenige nach neuen, sinnstiftenden Arbeitsformen (vgl. Schröder und Nachtwei 2020)

Wie so oft wird man auch hier keine klare, letztverbindliche und dauerhafte Antwort finden können. Ereignisse wie die Corona-Pandemie im Frühjahr 2020 sorgen dafür, dass relativ schnell Beschäftigungsstrukturen sich verändern und Arbeitsformen wie das Home-Office eingeführt werden (vgl. o.V. 2020e, f), und das nächste einschneidende Ereignis wird auch wieder eigene Prägungen erzeugen. Für eine sachorientierte Position und für die eigene Lebensplanung dürfte es aber naheliegen, sich mit einigen Rahmenbedingungen näher zu beschäftigen und darauf abgestimmt eine eigene Antwort zu finden. Viele Unternehmen handhaben dies vergleichbar, wenn sie sich anhand von Szenario-Analysen, Risikoanalysen und vergleichbare Instrumente auf mögliche Entwicklungen in absehbarer Zeit (in der Regel 3–5 Jahre) einstellen und Investitionen, Entscheidungen zum Personalstand, zur Produktionsplanung usw. vorbereitet. Zu den zentralen Rahmenbedingungen dürften zweifelsohne gehören (siehe auch BMBF 2016, S. 6 ff.):

- Die **demographische Entwicklung**, mit dem steigenden Anteil älterer Menschen, aufgrund zurückgehender Geburtenzahlen und dem steigenden Durchschnittslebensalter
- Einem sich **verändernden Rollenverständnis** der Geschlechter, aber auch zu bestimmten Lebensaltersstufen (z. B. die Bereitschaft vieler Älterer, über die gesetzliche Rentengrenze hinaus beruflich aktiv zu bleiben)
- Der **Digitalisierung** und ihrer Einflüsse auf die Arbeitswelt, worauf in Abschn. 11.2 noch einzugehen ist, z. B. hinsichtlich der Organisation von Arbeitsprozessen, dem Wert von individueller Arbeit oder der Finanzierung der Sozialsysteme
- Die Frage der **Gesundheit und der Gesunderhaltung**, um auch bei steigendem durchschnittlichen Lebensalter und einer weiteren Verschiebung der Altersgrenze für den gesetzlichen Ruhestand diese längere Berufslebenszeit auch aktiv nutzen zu können
- Die weitere Entwicklung der **Individualisierung**, einem Kennzeichen der westlichen Industriegesellschaften, sowohl im Hinblick auf die individuelle Lebenszielgestaltung („satisfizer" vs. „maximizer") als auch im Hinblick auf die Zuwanderung, die zu einem erheblichen Teil aus Gesellschaften mit starken familiär-kollektiven Wertesystemen erfolgt, und den damit verbundenen Konfliktpotenialen, vielleicht aber auch als Impuls, sich wieder stärker auf subsidiäre Strukturen unterhalb der staatlichen Institutionen einzulassen

Jeder dieser „Megatrends" – als ein Megatrend wird eine Entwicklung beschreiben, die nach derzeitigem Stand ca. 25–30 Jahre Bestand haben und damit eine komplette Generation beeinflussen wird – hat Auswirkungen auf Angebot und Nachfrage nach Arbeitskraft im allgemeinen, nach spezifischen Qualifikationen und Kompetenzen im Besonderen. Sie verdienen daher eine nähere Betrachtung, als Anregung für die Gestaltung des weiteren Berufslebens.

11.2 Die Digitalisierung und ihr Einfluss auf die zukünftige Berufswelt

11.2.1 Das Phänomen Home-Office als Indikator

Die Zukunft der Berufe, bereits bei Weihser (2014) ein Thema, wirft seit kurzem erhebliche Wellen. Schlagwörter wie Home-Office, Self Employment, Crowd Working, New Work, Work-Life-Balance oder Digitalisierter Workflow kennzeichnen eine Entwicklung, die sowohl zu einer Neugestaltung betrieblicher Arbeitsprozesse als auch zu einer Neubewertung von Arbeit führen (vgl. z. B. Astheimer 2017; Bruch et al. 2019, S. 56 ff.; Lorenz 2020; Maisch und Techel 2019, S. 8 ff.; McKinsey Global Institute 2019, S. 2 ff.; vbw 2017; S. 3 ff.). Augenfällig werden ihre Auswirkungen im Zeichen der Covid-19-Pandemie im Frühjahr 2020, die zu einer massiven Verlagerung vieler Tätigkeiten in die häusliche Quarantäne führte (siehe auch Bauer 2020a, b; Hodge 2020; Hoffmann 2020; o. V. 2020a, e). An dieser Stelle liegt zunächst ein Exkurs mit einer Fallstudie zum Home-Office nahe.

Wenn Arbeitgeber ihren Arbeitnehmern in Zukunft verstärkt die Nutzung des heimatlichen Arbeitszimmers ermöglichen, werden sie in verschiedener Form gewinnen (siehe Abb. 11.1): Sie sparen Mietkosten für Büroräume, die in Ballungsräumen schnell in vierstellige monatlich Beträge pro Arbeitsplatz übergehen (vgl. Hulverscheidt et al. 2020, S. 17). Arbeitnehmer werden private EDV-Technik und Räume für die Arbeitsleistung einbringen, wofür dem Arbeitnehmer zusätzliche Kosten entstehen. Nebentätigkeiten für andere Auftraggeber werden leichter möglich, da die ständige soziale Kontrolle durch Kollegen und Vorgesetzte entfällt, womit auch die Versuchung steigen könnte, schneller eine interessanter erscheinende Tätigkeit bei einem anderen Arbeitgeber anzunehmen. Nicht zuletzt sparen sich Arbeitnehmer lange Pendelstrecken, gerade in Ballungsräumen ein klarer Pluspunkt und möglicherweise auch der Anreiz, in weniger teure ländliche Wohnlagen umzuziehen. Unklar ist die Frage der Arbeitssicherheit, weil sowohl hausinternen Überprüfungen als auch die Prüfer der Aufsichtsbehörden (Arbeitsschutz/Berufsgenossenschaften) nur mit gewissen Vorbehalten private Räume betreten dürfen. Und nicht zuletzt werden zwischenzeitlich auch die Folgen der sozialen Isolation deutlich – digitale Kontakte bieten anscheinend keine gleichwertigen Qualitäten wie persönliche Begegnungen (vgl. Guldner 2020).

Die Erfahrungen mit den Home-Office-Regelungen während der Corona-Epidemie zeigen zumindest eine deutlich steigende Produktivität, wobei allerdings auch zu sehen ist, dass das Arbeitsvolumen der zu Home-Office gedrängten Personen aufgrund der Wirtschaftsentwicklung deutlich zurückging (vgl. o.V. 2020d). In Verbindung mit neuen Perspektiven, z. B. der Möglichkeit gemeinsamer Mahlzeiten im Familienkreis (vgl. Martin-Jung et al. 2020, S. 21), wird sich zweifelsohne eine Verschiebung im Arbeitsleben ergeben, die möglicherweise auch bestimmten Bevölkerungsgruppen neue Berufs- und Lebenschancen offeriert. So werden z. B. berufstätige Mütter als mögliche Gewinner genannt, da sie sich in kürzester Zeit mit neuen Kommunikationstechniken vertraut gemacht haben, um familiäre mit Arbeitspflichten besser zu vereinbaren (vgl. Hoffman 2020).

11.2 Die Digitalisierung und ihr Einfluss auf die zukünftige Berufswelt

	Arbeitgebersicht	Arbeitnehmersicht
Vorteile	• Höhere Zufriedenheit des Arbeitnehmers, aufgrund der besseren Verbindung von Arbeits- und Privatleben • Bei Erstattung von Pendelkosten: geringere Kosten • Wegfall der Notwendigkeit für Dienstwagen in vielen Fällen	• Wegfallende Arbeitswege • Einrichtung der Arbeitsumgebung nach eigenem Ermessen/-ästhetischen Vorstellungen • Leichtere Verbindung von Berufs- und Privatleben (z. B. Kindererziehung, elder care) • Wegfall der Wegezeit und der Kosten für das Pendeln
Fragliches	• Höherer Koordinationsaufwand für Besprechungen • Wegfallende Innovationen und Informationsaustausch durch Wegfall der Kaffeeküchen-Kontakte („Fayol'sche Brücken") • Haftung für Datenschutz/-sicherung und Arbeitsschutz/ sichere Arbeitsplätze • Geringere Kontrolle über konkrete Arbeitsleistung und Arbeitszeit, evtl. Notwendigkeit zu neuen Arbeitszeitmodellen • Ggf. Notwendigkeit zu neuen Vergütungsmodellen, die die veränderten Rahmenbedingungen spiegeln (z. B. Bindung an das Unternehmen, Kostenerstattung für dienstlichen Einsatz privater Arbeitstechnik und Räume)	• Kostenübernahme für Bürotechnik und Raumkosten des Arbeitszimmers • Abnehmende Sozialkontakte • Möglicherweise abgeschnitten von informellen Informationen/Zugängen zu Karriere- und Förderoptionen • Entgrenzung zwischen Arbeit und Privatleben • Abtrennung von betrieblichen Ressourcen aller Art (Technik, Technik-Support, Netzwerke,…) • Nachfrage nach neuen Arbeitszeitmodellen • Ggf. Notwendigkeit zu neuen Vergütungsmodellen, die die veränderten Rahmenbedingungen spiegeln

Abb. 11.1 Vorteile von und Anfragen an Home-Office-Regelungen (eigene Erstellung)

Sie erfordert letztendlich eine Neubewertung im umfassenden Sinne, angefangen von Gehaltsmodellen bis hin zum Stellenwert im Lebensablauf. Dass Anglizismen von vielen Menschen im nichtenglischen Sprachraum unterschiedlich verstanden werden können, ist nur ein kleiner Teil der Fragen, die die neuen Etiketten für Arbeitnehmer, Arbeitgeber und Gesetzgebung aufwerfen – bekanntlich ist in Großbritannien das „Home-Office" die Regierungsbehörde, die man im deutschen Sprachraum als Innenministerium kennt, und womit sich diese etwas sonderbare Übersetzung in eine Reihe anderer unglücklicher Übertragungen (z. B. „public viewing" – eigentlich die öffentliche Aufbahrung einer Leiche, „Payback" als Bezeichnung für Rache, „handy" als Adjektiv zur Bezeichnung eines attraktiven Mannes usw.) einreiht.

Um diese Fragen für sich als Arbeitnehmer wie auch als Arbeitgeber oder auch als Mitglied einer regierungsnahen Institution (d. h. Arbeitsverwaltung, Gesetzgebung, Arbeitsgerichtsbarkeit, öffentlich-rechtliche Sozialversicherungen), wird.

11.2.2 Die Dimensionen der Digitalisierten Arbeitswelt

Generell kann man unter „digitalisierter Arbeitswelt" drei Bereiche ansprechen (siehe auch vbw 2017, S. 5 ff.; ergänzend Maisch und Techel 2019, S. 9 ff.):

> **Drei Bereiche der digitalisierten Arbeitswelt**
> - Die Darstellung vieler (Routine-)Arbeitsprozesse als elektronische, online-gestützte Arbeitsprozesse, in Abgrenzung zu manuell ausgeführten Tätigkeiten, konkret z. B. die Erfassung von Reisekosten-Belegen per Hand oder per Scanner, die viele entsprechende Arbeitstätigkeiten von Menschen auf maschinelle Anwendungen verlagert
> - Die dadurch induzierten Veränderungen in der individuellen Arbeitswelt, angefangen von der Erfassung der Arbeitszeit (händisch mit einer Stempelkarte und deren Übertragung durch Lohn-Gehaltsbuchhalter in die Zeiterfassung vs. Elektronische Erfassung mittels Funkchips u. ä. und der automatisierten Weitergabe in Datenbanken), Zugangskontrollen (statt Portier automatisierte Barrieren), Personalverwaltung (statt Erfassung von Erkrankungen oder Urlaub mit Meldezetteln direkte Eingabe in Online-Anwendungen), Personalentwicklung (statt Präsenzseminare online-gestützte Tutorials mit automatisiertem Feedback) usw., bis hin zur Frage, welche Arbeitsaufgaben einem Menschen neben automatisierten Aufgabenerfüllung neben der „Künstlichen Intelligenz" (siehe auch Schröder und Nachtwei 2020) verbleiben
> - Die damit zusammenhängenden Veränderungen in der Arbeitswelt generell (Verschiebung von realen Arbeitsteams in einem Besprechungs-/Arbeitsraum zu virtuellen Arbeitsteams, die sich mit Collaboration Tools wie Asana, Trello und Zoom oder Webex finden und austauschen), einem Wegfall vieler Arbeitsplätze und der Veränderung ganzer Berufsbilder sowie dem damit einhergehenden veränderten Qualifikationsprofil

Verschiedene Studien gehen davon aus, dass in den nächsten fünf bis zehn Jahren je nach Branche und Berufsfeld zwischen 10 und 50 % aller bisherigen Arbeitsplätze der Digitalisierung zum Opfer fallen werden, aber gleichzeitig in anderen Bereichen eine Vielzahl an neuen Beschäftigungsmöglichkeiten entstehen werden (vgl. Frondhoff et al. 2019, S. 16 f.; McKinsey Global Institute 2019, S. 3; Siems 2016). Der Wegfall wird insbesondere in den Bereichen erfolgen, in denen Routinetätigkeiten erfolgen, z. B. in der Industrie- und Handwerksproduktion und in standardisierbaren Dienstleistungen, wie z. B. dem Verkauf und der Lagerlogistik. Hingegen können Berufe, in denen eine komplexe Interaktion erfolgt, wie z. B. bestimmte Bereiche der persönlichen Pflege (Kranken- und Altenpflege, Sozialarbeit usw.). Zugleich entsteht auch ein erhöhter Bedarf an Personen, die mit den digitalisierten Anwendungen gestalterisch umgehen können. In zwei Merksätzen verkürzt:

- Je weniger Routinetätigkeiten ein Berufsfeld umfasst, desto sicherer dürfte der Arbeitsplatz werden, da Routinetätigkeiten von Maschinen leichter auf gleichbleibendem Niveau ausgeführt werden können
- Je mehr menschliche, spezifische Interaktion enthalten ist, desto sicherer wird ein Arbeitsplatz sein – Einfühlungsvermögen und Mitgefühl sind Leistungen, die Kunden bzw. Kollegen immer noch eher von einem Menschen erwarten, als von einer Maschine – das potenziell gegebene „Mit-Erleben" dürfte nach wie vor ein zentraler Faktor für einen authentischen, hilfreichen Service sein

Dass nebenbei persönlicher Kontakt und damit persönliches „Erleben" mit allen positiven wie negativen Folgen entfällt (siehe auch Bauer 2020b), sei der Vollständigkeit zuliebe erwähnt. Folglich werden Menschen im Privatbereich wohl noch stärker auf persönliche Interaktion achten müssen, um ihre psychische Gesundheit zu erhalten.

Anhand des Musterunternehmens J. Weizenfeld GmbH & Co. KG, das für den Kundenservice (Bestellungen, Beschwerden etc.) ein Call Center unterhält, lässt sich das gut verdeutlichen. Wenn die Unternehmensleitung einerseits attraktive Arbeitsplätze mit Vollzeit-Arbeitsverträgen anbieten will, wird sie sich damit andererseits aufgrund der typischen Arbeitsanfälle einer aufwändigen Personalplanung und relativ hohen Personalkosten aussetzen (siehe auch Flach und Hillebrecht 2000, S. 23 ff.). Typischerweise fallen viele Anrufe vor 09:00 Uhr, in der Mittagspause zwischen 12 und 14 Uhr sowie nachmittags ab ca. 16:00 Uhr an. Auf der Basis eines Vollzeitvertrags mit 8 Stunden täglicher Arbeitszeit wird sich dieser Zeitraum kaum sinnvoll auslasten lassen, abgesehen von der Notwendigkeit, bestimmte Service-Levels („nach dem vierten Klingeln muss der Anruf angenommen werden") zu garantieren, um dem Kunden überhaupt einen akzeptablen Service anzubieten. Teilzeitverträge hingegen sind nur bedingt geeignet, einen kostenbewussten, leicht zu organisieren Ausweg zu bieten. Von daher versprechen automatisierte Chat-Bots eine gute Hilfestellung, zu äußerst geringen Kosten eine First-Level-Linie zu ziehen, die zumindest 60–70 % aller Kundenanfragen abdeckt, die bereits länger geprüft wurde (vgl. Braun 2003) und demzufolge inzwischen ausgereift ist. Anfragen zum Stand einer Bestellung bzw. Reklamation oder auch die Aufgabe einer Bestellung lassen sich hier auffangen. Konkrete Detailfragen werden dann anhand von Nachfragen des Chatbots erkannt und an menschliche Gesprächspartner weitergeleitet, die sich dann um eine individualisierte Lösung bemühen. Telefonkräfte, die sich in allen Bereichen auskennen, werden überflüssig, detaillierte Anfragen landen direkt in der zuständigen Fachabteilung. Die Kostenersparnis kann im Beispiel eines großen Telefonnetzbetreibers mit ca. 100 Mio. Euro monatlich beziffert werden (vgl. Martin-Jung 2020, S. 26).

Für Arbeitnehmer dürfte an dieser Stelle naheliegen, in welcher Form man sich auf diese Entwicklung vorbereiten kann. Neben einer hohen Vertrautheit mit der zugrundeliegenden Technologie kommt es auch auf die Neugestaltung der Arbeit an (siehe auch

Schröder und Nachtwei 2020). Der Verband der Bayerischen Wirtschaft hat hierzu einige Empfehlungen ausgearbeitet, die in der nachfolgenden Abb. 11.2 vorgestellt werden

Digitalisierte Prozesse in der Automobilwirtschaft, als weiterem Anwendungsbeispiel, erstrecken sich in Zukunft über die gesamte Interaktion. Das klassische Modell eines Fahrzeugerwerbs, bei dem der Halter sich die Zusammenarbeit mit Werkstätten und Lieferanten selbst zusammenstellt, wird abgelöst durch ein Bereitstellungsmodell einer Mobilitätslösung. Die Nutzung des Fahrzeugs wird digital überwacht und anhand der Nutzungsgewohnheiten und Abnutzungsgrade individuell in die Vertragswerkstatt des Herstellers gerufen. Zeitgleich findet in dieser Interaktion im Werk eine Produktanpassung an die erkannten Nutzungsbedingungen statt, z. B. die Auslegung von Verschleiß- und Komfortteilen. Ein Markenhersteller wird damit sich nicht mehr allein über Qualitätsmerkmale wie Design und technische Leistungsfähigkeit positionieren, sondern auch und gerade über die Fähigkeit, zu sinnvollen Abonnementpreisen eine verlässliche, hochwertige Mobilitätslösung bereit zu stellen, die in erster Linie bequem für den Nutzer ist. Im Nebeneffekt wird dies auch eine deutliche Einschränkung für freie Werkstätten und Ersatzteillieferanten bedeuten, da sie nicht mehr Teil des Systems sind, was hier aber nicht weiterzuverfolgen ist. Die Mitarbeiter eines Automobilherstellers müssen, um auf diese Anforderungen einzugehen, generell ihre Fähigkeiten im Bereich des Projektmanagements und der Netzwerkbildung erhöhen – ständiges Lernen und Neujustieren der Arbeitsprozesse ist ein unabdingbares Muss (siehe z. B. Bruch et al. 2019, S. 56 ff.; Maisch und Techel 2019, S. 13). Im Kundenkontakt geht es zum einen um die Bindung des Kunden, zum anderen um die Fähigkeit, werksintern für eine hohe, an den Kunden ausgerichtete Qualität zu sorgen. Ein Verkäufer ist damit nicht mehr in erster Linie Verkäufer, sondern Organisator eines komplexen Netzwerks, mit Prozess- und Projektkompetenz, der sowohl intern gegenüber den Produktionsmitarbeitern wie auch extern gegenüber dem Kunden jederzeit eine gute Leistung garantieren kann.

Neben den geschilderten Chancen zeigt sich damit aber auch ein Phänomen, das bereits in der Fallstudie zu Eingang des Abschn. 11.2. angesprochen wurde und an dieser Stelle näher zu hinterfragen ist: Die immer wieder angeführte Entgrenzung von Arbeits- und Privatleben. Home-Office oder mobile office-Regelungen, die zum ersten Mal in der Corona-Zeit im Frühjahr 2020 flächendeckend eingesetzt wurden, werden sich bei vielen Unternehmen als Normalzustand durchsetzen (siehe auch Bernau 2020; Martin-Jung et al. 2020, S. 21; o.V. 2020c). In klassischen Arbeitsverhältnissen mit einem Arbeitsplatz beim Arbeitgeber (unabhängig von Büro- oder Produktionstätigkeit) wird durch das Pendeln und das Betreten des Arbeitsortes klar, dass man nun im Arbeitsleben ist und hier seine Energie hauptsächlich einzubringen hat. Bei Rückkehr nach Hause betrat man wortwörtlich die Privatsphäre und konnte sich seinen privaten Interessen und Verpflichtungen widmen. Ein Zugriff des Arbeitgebers war in dieser Zeit nur auf vertraglich vereinbarte Bereitschaftszeiten oder allfällige Notsituationen eingeschränkt. Mit diesen neuen Arbeitsformen wird aber auch eine neue Form der Bereitschaft und der umfassenden Indienststellung in die Interessen des Arbeitgebers einhergehen. Die „9-9-6"-Formel des Alibaba-Gründers Jack Ma (vgl. z. B. o.V. 2019; Ququing und Zhong 2019) fordert sehr

Branchen	Auswirkungen der Digitalisierung	Mögliche neue Berufsbilder – als Perspektive für Arbeitnehmer
Hotellerie	• Buchungen über Plattformen • Automatisierte Anfragen-Bearbeitung • Ausstattung der Resorts mit W-LAN • Preisbildung kontextuell (Auslastung, Zugangsform, …)	• Plattform-Manager in Tourismusverbänden: Beratung der Mitglieder zur Angebotsgestaltung und zum Kundenkontakt
Versicherungen	• Angebotstransparenz • Abschluss und Fulfillment über Plattformen	• Außendienst als Beziehungsmanager/in: Lebensbegleiter der Kunden mit der Aufgabe, Risiken zu minimieren (z. B. Gesundheit, Mobilität, Finanzen…)
Medienwirtschaft	• Plattformen als Angebotsträger • Individualisierung des Medienkonsums	• Neue Publisher-Formen: Influencer, Community Manager • Vertrieb wird zur ganzheitlichen Medienberatung, wie eine virtuelle Existenz stimmig zum realen Angebot gestaltet wird
Bauwirtschaft	• Neue Planungs- und Gestaltungsformen: BIM Building Information Management • Neue Formen des Gebäudemanagements	• BIM Manager • BIM Coordinator • BIM Modeler (statt Architekten und Bauingenieure)

Abb. 11.2 Veränderungen bei Berufsbildern und Perspektiven für Arbeitnehmer (eigene Erstellung auf Basis von vbw 2017)

plakativ diesen ultimativen Einsatz, bei dem vermutlich auch verstärkt auf freie Mitarbeit gesetzt wird, weswegen ein Seitenblick auf das Phänomen des Crowd Working sinnvoll ist.

11.3 Das Crowdworking als eine zukünftige Arbeitsform

Auch wenn es sicher viele weitere neue oder veränderte Arbeitsformen in Zukunft geben wird, sei auf die Arbeitsform des Crowdworking vertiefend eingegangen. An dieser Arbeitsform lässt sich beispielgebend darstellen, welche Chancen und Herausforderungen sich für die zukünftige Arbeitswelt aufgrund der fortschreitenden Digitalisierung ergeben, und in welcher Form sich Arbeitgeber wie Arbeitnehmer darauf einstellen können. Zudem wird man im Hinblick auf die im vorhergehenden Abschnitt aufgeworfenen Möglichkeiten des Home-Office auch eine deutliche Absenkung der Barriere sehen können, für mehr als einen Arbeitgeber gleichzeitig zu arbeiten – wer daheim sitzt, kann in einem gewissen Rahmen selbst entscheiden, welche Aufträge für wen und wann bearbeitet werden. Eine Controllerin könnte demzufolge zwischen zwei Auswertungen für ihren Arbeitgeber ohne großen Aufwand eine Stunde für Eingabearbeiten für ein Bewertungsportal vornehmen, ein Gestalter zwischen der Erstellung eines PDF-Prospektes und der Programmierung eines neuen Webauftritts auch mal die Entwicklung eines Reiseprospektes für eine Ferienregion einschieben. Was dies für die Gesundheit eines Menschen bedeutet, wird bereits an verschiedenen Stellen thematisiert, z. B. bei Maisch und Techel (2019).

11.3.1 Das Prinzip des Crowdworking

Crowdworking ist eine Fortführung des Prinzips „Crowd Sourcing", also einer Form von Ressourcenbeschaffung aus einer mehr oder weniger anonymisierten, vergleichbaren und austauschbaren Beschaffungsgrundlage (vgl. Poppe 2017, S. 69 ff.; ergänzend Wolf und Dabrowski 2017). Wer als Unternehmen eine bestimmte Anzahl an Rohstoffen (z. B. Gussteile, Basischemikalien, Büropapier, Laptops) beschaffen will, die sich standardisieren lassen, wird in erster Linie auf Verfügbarkeit, Flexibilität in der Leistung und Preis-Leistungs-Verhältnis setzen. Die Ausschreibung wird in Online-Plattformen vorgenommen. Wer liefern will, muss einen entsprechenden Kriterienkatalog erfüllen. Analog gilt für das Crowdworking, dass hier bestimmte, mehr oder weniger genau beschreibbare Dienstleistungen einer bestimmten Anzahl an Menschen angeboten werden, mit der Aufforderung, sich für eine Mitarbeit zu bewerben. Den Zuschlag erhält, wer freie Kapazitäten im fraglichen Zeitraum hat und gewisse finanzielle Anforderungen (Einhalten eines Budgets) erfüllt (siehe auch Mrass et al. 2018, S. 139 ff.). Als großer Vorteil wird dabei neben der breit gefächerten Beschaffung auch die Verbindung von Wissen und Netzwerken gesehen (siehe Poppe 2017, S. 203 ff.) – das Etikett der „Schwarmintelligenz" ist sicher angemessen. Unklar hingegen ist bisher die arbeitsrechtliche Stellung von Crowdworkern. Je nach Arbeitsumfang und hauptsächlichen Auftraggebern wird man hier alle möglichen Schattierungen von Freiberuflichkeit bzw. selbständigem Gewerbe, Interim Management bzw. Zeitarbeit und Scheinselbständigkeit sehen können (vgl. Hillebrecht 2017, S. 7 f.; Wolf und Dabrowski 2017, S. 49 ff.; für die Schweiz Fischer-Rosinger 2020).

11.3.2 Die Ausprägungen des Crowdworking

Wichtig ist dabei, die beiden zentralen Varianten des Crowdworking zu unterscheiden. Bei echtem Crowdworking werden von einem Auftraggeber Aufträge an unternehmensexterne Zuarbeiter übertragen. Dazu werden Plattformen wie freelander.com, testbirds.de, mturk.com, upwork.com oder mylittlejob.com. Der bisher umfassendsten Studie zum Crowdworking im deutschen Sprachraum werden dabei v. a. jüngere, höher gebildete Personen tätig, die sich einen Nebenerwerb im Bereich mehrerer hundert Euro monatlich verschaffen (vgl. Leimeister et al. 2016, S. 12 ff.; zur Kritik an der Studie Al-Ani 2016).

11.3 Das Crowdworking als eine zukünftige Arbeitsform

Spielarten des Crowdworking
- **Open Innovation** – eine Form der Zusammenarbeit zur Verbesserung von bestimmten Produkten oder Prozessen bzw. zur Erfindung von neuen Problemlösungen
- **Social Forecasting** – die Befragung vieler Menschen, um Trendaussagen zu generieren
- **Crowd Sources Delivery**, als Auslieferung durch Privatpersonen bzw. Subunternehmer, um vor Ort keine eigenen Strukturen zu unterhalten, und in Corona-Zeiten z. B. auch ein wichtiges Hilfsangebot für Risikogruppen
- **Crowd Investing** bzw. **Crowd Funding**, um mit einer Vielzahl an kleineren Kapitalbeiträgen kapitalintensive Projekte zu stemmen – ein gutes Beispiel hierfür findet sich im Schweizer Online-Magazin „Republik" (vgl. o.V. 2020b)
- **Crowd Sourcing Information**, das Zusammentragen von Informationen von vielen Personen, um diese ggf. der Allgemeinheit unentgeltlich oder zumindest preiswerter bereitstellen zu können, wie es sich z. B. in Zeiten der Online-Enzyklopädie Wikipedia zeigt
- **Clickworking**, als Abwicklung von Dateneingabe durch viele Zuarbeiter an Online-Arbeitsplätzen (z. B. Produkttests und -vergleiche, Übertragen von Datenbeständen in andere EDV-Formate usw.)

Entsprechend werden auch die Angebote auf verschiedenen PlattformenCrow eingestellt, z. B. auf:

- Microtask-Plattformen („wer mäht das Gras in meinem Garten?")
- Marktplatz-Plattformen
- Design-Plattformen
- Testing-Plattformen
- Innovations-Plattformen
- Usw.

Bei unechtem Crowdworking verbleiben die Aufgaben im Unternehmen. Verfahrensweisen und Ziele sind vergleichbar dem echten Crowdworking, die Teilnahme ist aber auf interne Mitarbeiter begrenzt. Hier steht die Nutzung innerbetrieblicher Ressourcen, eine Förderung des innerbetrieblichen Austauschs und generell eine Motivation der Mitarbeiter im Vordergrund. Im Nebeneffekt können auch Menschen sich leichter für neue Aufgaben im Unternehmen interessieren und empfehlen und möglicherweise auch einer betriebsbedingten Kündigung bzw. Umsetzung vorbeugen.

Merkmale und Beispiele für beide Ausprägungen skizziert die Aufstellung in Abb. 11.3.

Zwei konkrete Beispiele können den Nutzwert für die Beteiligten verdeutlichen, zunächst eines für das echte, externe Crowdworking. Die Plattform Yoummday (kurz für

	Firmeninternes „unechtes" Crowdworking	Externes „echtes" Crodworking
Zielsetzung	• Auslastung innerbetrieblicher Ressourcen (Mitarbeiter, Produktionsanlagen) • Herstellung von Zusammenarbeit über Abteilungsgrenzen • Ggf. Innovationen bzw. Rationalisierungen • Ggf. Vermeidung betriebsbedingter Kündigung bzw. Umsetzung	• Optimierte Beschaffung von Ressourcen (Zulieferungen, Dienstleistungen, Arbeit) • Optimale Nutzung von Budgets bzw. den Ideen und Netzwerken von Lieferanten • Verlagerung von unternehmerischen Risiken auf externe Partner
Merkmale	• Firmeninterne Ausschreibung • Mitarbeiter können sich entsprechend freier Kapazitäten bewerben • Motivationswirkung	• Zerlegung in relativ kleine, überschaubare Arbeitsschritte bzw. Lieferungen, die möglichst standardisierbar sind • Arbeitsvergabe zumeist auf Plattformen, entsprechend freier Kapazitäten, Preisvorstellungen, Terminen, Referenzen und Bewertungen

Abb. 11.3 Abgrenzung von echtem und unechtem Crowdworking (eigene Erstellung)

„you made my day") offeriert u. a. die Möglichkeit, als freiberuflicher Call-Center-Agent zu arbeiten. Menschen mit privaten Verpflichtungen (Kindererziehung, elder care) oder auch Freiberufler mit vorübergehender Auftragsflaute können sich für bestimmte Zeiten als Mitarbeiter bewerben, und entsprechend werden Anrufe an ein Kundendienst-Zentrum auf die jeweilige Rufnummer umgeleitet. Voraussetzung hierfür ist neben freier Zeit lediglich ein Online-Zugang, um sich in die entsprechende Datei des jeweiligen Unternehmens einzuloggen. Das Unternehmen kann sich auf einen breit gefächerten Pool an Personen stützen, die keine weiteren Arbeitgeberverpflichtungen (Sozialversicherung, Arbeitsschutz, Urlaub etc.) nach sich ziehen. Die Mitarbeiter haben in bestimmten, von ihnen bestimmbaren Zeiten die Möglichkeit, von daheim aus einen Nebenverdienst zu generieren.

Als Beispiel für internes Crowdworking kann eine Aufgabe aus der Musterfirma J. Weizenfeld GmbH & Co. KG gewählt werden. Die Unternehmensleitung sucht Möglichkeiten, digitale Anwendungen für Kindertagesstätten zu entwickeln, die sich in die KiTa-Ausstattungen integrieren lassen. Die Projektleiterin, eine Dame aus der Marketingabteilung, schreibt im Intranet entsprechend das Projekt aus, mit der Aufforderung, dass sich Interessierte aus allen Abteilungen melden mögen. So können z. B. Personen aus dem IT-Bereich oder auch aus dem Versandhandel, die von daheim her sich die Frage stellen, wie Kindern digitale Anwendungen nähergebracht werden können, sich an diesem Projekt beteiligen und vielleicht auch für sich eine neue Perspektive im Unternehmen entwickeln.

11.3.3 Neue Unternehmensorganisation auf Basis des Crowdworking

Ein Nebeneffekt der externen Beschaffung von Arbeit ist die Möglichkeit, innerbetrieblich Kapazitäten und damit auch Personal abzubauen. Dies wird bereits in vielen Fällen schon seit längerem genutzt, bei Industrieunternehmen über die Auftragsvergabe an Zeitarbeitsunternehmen, Ingenieurdienstleister oder auch Industriedienstleister, oder in der Medienwirtschaft durch die Beauftragung von freien Mitarbeitern für bestimmte Beiträge, wie z. B. die Erstellung von Dokumentarfilmen, Reisereportagen usw.

Im Kern geht es dabei um eine Dreiteilung, in (siehe auch Stumpp 2019):

- Ein Management, das im inneren Zirkel angesiedelt wird und die dispositiven Entscheidungen trifft
- Darum herum gelegt einen zweiten Kreis, der aus fest angestellten Mitarbeitern besteht, die erfolgskritische Prozesse steuern, u. a. die Beschaffung und Steuerung der Crowdworker
- Einen äußeren, dritten Kreis an freien Mitarbeitern, die von Fall zu Fall nach Bedarf, Kompetenzen und Verfügbarkeit beschafft werden

Insbesondere wird die Anzahl der Mitarbeiter im zweiten Kreis deutlich abnehmen und auf die Anzahl beschränkt werden, die unbedingt erforderlich sind. Entsprechend werden mehr Aufträge an den dritten, äußeren Kreis weitergegeben.

Vorteilhaft für die Unternehmen ist neben der Absenkung von Arbeitskosten auch die Möglichkeit, entsprechend den sich verändernden Anforderungen im Wirtschaftsleben stets aktuelles Fach- und Problemlösungs-Know-how zu beschaffen. Mitarbeiter, die den Anforderungen nicht mehr genügen, verbleiben nicht im Unternehmen bzw. müssen nicht in aufwändigen Prozessen freigesetzt werden. Nachteilig ist hingegen die ebenfalls nachlassende Loyalität der freien Mitarbeiter, die ihre Kenntnisse auch zu vertraulichen Einsichten vermutlich an den nächsten Auftraggeber weitergeben und damit Wissensvorsprünge schnell zunichtemachen können. Und bei einem Mangel an geeigneten Mitarbeitern wird ein Unternehmen auch schnell an seine Leistungsgrenzen kommen. Von daher wird es in diesem Zusammenhang gerade bei Arbeitnehmern darauf ankommen, dass sie sich stets Kompetenzen und Qualifikationen erwerben, die aktuell und notwendig sind.

Eine abschließende Nebenbemerkung: klassische Organisations- und FachConsultants dürften auf dieser Basis zunehmend überflüssig werden, da Unternehmen die benötigte Expertise nicht mehr durch Unternehmensberatung, sondern über freie Projektmitarbeit einkaufen. Zu den Gewinnern der Entwicklung könnten aber Personaldienstleister werden, da sie in der Lage sind, kurzfristig Personal auf begrenzte Zeit bereitzustellen und die dazu erforderliche Personaladministration vorzunehmen – ihre ureigenste Kompetenz.

11.4 Das Konzept des „New Work"

Das Konzept des New Work geht auf den US-amerikanischen Denker Fritjof Bergmann (1977) zurück. Im Kern hat er eine Dreiteilung der Arbeit gefordert:

- Ein Drittel **Erwerbsarbeit,** die genug Einkünfte für einen „smarten Konsum" (mit anderen Worten: für die Sicherung der notwendigen Lebensbedürfnisse wie Grundnahrungsmittel, Wohnung und Gesundheitsversorgung) bietet
- Ein Drittel „**high tech self providing**" (d. h. die eigenständige Versorgung mit Nahrungsmitteln, durch die Bestellung eigener Gartenflächen, notfalls im Rahmen von urban gardening-Projekten)
- Ein Drittel **selbstbestimmte Arbeit** an neuen Ideen und kreativen Projekten, um sich selbst und die Gesellschaft voran zu bringen, in Form von künstlerischer Tätigkeit, Erfindungen usw.

Das Ziel sei, durch selbstbestimmte Arbeit mehr Lebensfreude und Sinnstiftung zu entwickeln und vor allem, einen Ausgleich zwischen den gesamten Lebensanforderungen und der Lebensfreude zu bewirken, also die so genannte „Work-Life-Balance" herzustellen. Verschiedene Autoren (z. B. Hackl et al. 2017, S. 3 ff.; Paech 2012; Schermuly 2019, S. 49 ff.; Väth 2016) griffen diesen Ansatz auf und entwickelten ihn im Kontext der modernen Lebenswirklichkeit weiter. Neben verschiedenen offenen Fragen (z. B. die nach der Finanzierung aufgrund wegfallender Steuereinnahmen oder die nach der Bewältigung von Großprojekten) zeigt sich, dass der Begriff des „New Work" inzwischen eine neue Bedeutung bekommen hat, wozu sicher auch die Einflüsse der technologischen Entwicklungen – in Gestalt von E-Mails, Internet und Smartphones bzw. Mobilgeräten generell – auch die Ideen von Denkrichtungen wie dem Kanban-System nach Taiichi Ohno (1988) und den agilen Arbeitsweisen auf der Basis des Scrum-Frameworks (Sutherland et al. 2011) mit verantwortlich sind (vgl. Maisch und Techel 2019, S. 10). Inzwischen versteht man unter dem New Work-Konzept eine bessere Vereinbarung von beruflichen Anforderungen mit privaten Wünschen und Notwendigkeiten, wie z. B. der nach mehr Zeit für Familie oder Hobbies, Reisen usw. Die Sinnstiftung einer Arbeit wird ebenso stärker fokussiert wie die Frage, in welcher Priorität Beruf und Privatleben zu sehen sind (siehe z. B. Neufeind 2018, S. 236 ff.; Schermuly 2019, S. 49 ff.). In welcher Form die drastischen Wirtschaftseinbrüche im Zeichen der Corona-Pandemie 2020 hier einen Schlussstrich ziehen oder auch eine neue Dynamik in diese Fragen bringen wird, bleibt abzuwarten.

11.5 Der Strukturwandel als Herausforderung für die zukünftige Arbeitswelt

Die Schlagwörter Globalisierung, Digitalisierung, Innovation und Change Management werden derzeit oft genug als Etiketten für den permanenten Wandel des Wirtschaftslebens genutzt. Allgemein verbindet man damit:

11.5 Der Strukturwandel als Herausforderung für die zukünftige Arbeitswelt

- Die weltweit mögliche Beschaffung von Waren und Dienstleistungen aller Art, entsprechend des Gebots des preiswertest möglichen Einkaufs
- Der schnelle Austausch von Informationen in Echtzeit und die jederzeit mögliche Verbindung zwischen Menschen
- Der hohe Dynamisierungsgrad in der angewendeten Technologie
- Die Notwendigkeit, sich als Unternehmen ebenso wie als Arbeitnehmer und als Bürger in allen Facetten an diesen beständigen Wandel sich ebenso beständig anzupassen

In der individuellen Wahrnehmung ergibt sich hieraus ein hoher Druck, der zudem durch Kriegs- und Krisennachrichten aus allen Weltteilen zusätzlichen Einfluss gewinnt – gerade wenn Bevölkerungsbewegungen im eigenen Land ankommen oder neue Erkrankungsbilder ohne erkennbare Therapiemöglichkeiten einzelne Personen konfrontieren, entstehen Unsicherheiten und das Gefühl von Hilflosigkeit. Chance und Risiko, Potenziale wie Gefährdungen gehen miteinander einher und schaffen einen Strukturwandel, der traditionell bewährte Berufsbilder und langjährige Arbeitsplätze schnell in Frage stellt. Hierzu sei auf den Fall „Brose-Werke" verwiesen, einem Unternehmen, dessen Wurzeln in den 20er-Jahren des vorher gehenden Jahrhunderts liegt bisher v. a. bekannte Autohersteller mit Tür-, Schließ- und Sitzsystemen ausrüstet. Entsprechend der weltweiten Produktion der Kunden sind die Brose-Werke inzwischen global vertreten, in den USA ebenso wie in der VR China. Am Stammsitz Coburg hat das Controlling festgestellt, dass der Krankenstand pro Arbeitnehmer 26 Tage pro Jahr beträgt und damit den bundesweiten Durchschnitt von 15,6 Tagen in der Industrie deutlich übertrifft (vgl. Hägele et al. 2019; Ritzer 2018). Von daher sieht die Unternehmensleitung nur die Möglichkeit, Arbeitsplätze abzubauen und zum Teil auch in Länder mit geringeren Arbeitskosten zu verlagern. Ergänzend müssen auch andere Kosten gesenkt werden, z. B. das Sportsponsoring für bekannte Vereine. Eine Änderung dieser Entscheidung scheint nur wahrscheinlich, wenn die örtliche Mitarbeiterschaft ihren Beitrag zur Senkung der Lohnkosten beiträgt. Andernfalls ist die Existenz des Unternehmens insgesamt und damit auch der verbleibenden Arbeitsplätze aus Sicht des Eigentümers fraglich (siehe auch Hussla und Müller 2018). Wie man auch immer diese Konfrontation beurteilen mag – Tatsache ist nun einmal, dass Unternehmen ihre Existenzberechtigung der Gewinnerzielung verdanken und das Management entsprechende Entscheidungen zu treffen hat, die oftmals auch zu Lasten der Arbeitnehmerschaft gehen.

Standortentscheidungen namhafter Industrieunternehmen werden vor diesem Hintergrund zu ambivalenten Ereignissen. Wenn Werke in Serbien Autozubehör – selbst inklusive der Logistikkosten – günstiger herstellen können und zudem Urlaubsregelungen und Krankenstand deutlich niedriger sind als an Standorten in Deutschland, und zudem die nachlassende Nachfrage im Automobilbereich zusätzlichen wirtschaftlichen Druck ausübt, sind der Abbau von Arbeitsplätzen und die Streichung von Sponsoring-Aktivitäten naheliegend. Damit gehen soziale Faktoren in der Region verloren, wie z. B. der Imagefaktor attraktiver Arbeitgeber oder ein breit aufgestelltes Kultur- und Sportleben. Auf der Habenseite kann man sicher den Erhalt eines Teils der Arbeitsplätze anführen.

Was in diesem Zusammenhang zunächst übersehen wurde, sind Veränderungen in der Nachfragestruktur bei vielen, bisher selbstverständlichen Konsumgütern. Wenn aus verschiedenen Gründen heraus der Besitz eines eigenen Autos nicht mehr attraktiv erscheint (fehlende Parkplätze in der Großstadt, Stau-Erfahrungen, hohe Mietkostenbelastung in Ballungsräumen) oder aus anderen Gründen nicht mehr notwendig wird (Mobilitätsmodelle mit Mitfahrdiensten, Angebot von öffentlichem Nahverkehr), bricht ein ganzer Markt weg. Wenn zudem durch neue Fahrzeugkonzepte (e-Mobilität) die Anzahl der Fahrzeugkomponenten deutlich sinkt (Entfall von Kupplung, Getriebe, Abgasanlage) und damit auch die notwendige Wertschöpfung, ergibt dies einen weiteren Grund für den Abbau von Arbeitsplätzen. Etwas verkürzt ausgedrückt kann man mit Verweis auf den Luftverkehr („dem Fluggast ist es egal, ob er in einer Boeing, einem Airbus oder einer Embraer transportiert wird – er will sicher und bequem ankommen"), könnte bei einer Verlagerung des Kurz- und Mittelstreckentransport auf Mobilitätsdienstleister auch die Notwendigkeit für Markenhersteller entfallen. Autozulieferer wie Bosch reagieren bereits, indem sie Plattformen entwickeln, auf die nur noch eine Karosserie aufgesetzt werden muss, mit allen Folgen für die Fertigungstiefe und das Arbeitsplatzangebot (vgl. Buchenau und Fasse 2020; Schäfer 2019). Ein Angebot von derzeit 1,75 Mio. Arbeitsplätzen, mit einer Wertschöpfung im Bereich zweistelliger Milliardenbeträge und einer entsprechenden Steuerbasis steht damit vor einem gravierenden Umbruch (vgl. Fichtner et al. 2019, S. 10 ff.). Und wenn zudem das automatisierte Fahren hinzukommen wird (siehe Esser und Kurte 2018), dürften auch weitere Berufsbilder wie die des Taxifahrers oder des Berufskraftfahrers vor dem Aus stehen. Andererseits dürften z. B. neue Formen des Manufakturwesens in Innenstadtlagen auch wiederum attraktive Arbeitsplätze anbieten (siehe hierzu Bettzieche 2020, S. 41), gerade im Hinblick auf die Konzepte des „New Work".

11.6 Zentrale Herausforderungen durch die Digitalisierung

In der Zusammenschau der genannten Entwicklungslinien werden verschiedene Selbstverständlichkeiten in Frage gestellt:

- Die derzeitigen Formen der Berufe und die Verlässlichkeit bzw. Stabilität bestimmter Arbeitsplätze
- Die Regeln für die Zusammenarbeit auf dem Arbeitsmarkt zwischen Arbeitgeber und Arbeitnehmer, aber auch für die Zusammenarbeit im Unternehmen, unter dem Stichwort „digital collaboration"
- Die Notwendigkeit einer umfangreichen, grundständigen Ausbildung für ein Arbeitsfeld, das schon Jahre später obsolet ist
- Die Ausgestaltung der schulischen Ausbildung
- Der leistbare Rechtsrahmen, den ein Staat setzen kann, um einen fairen Arbeitsmarkt zu ermöglichen

11.6 Zentrale Herausforderungen durch die Digitalisierung

- Das Verhältnis zwischen Arbeitgebern und Gewerkschaften („Sozialpartnerschaft") und das Selbstverständnis der Gewerkschaften
- Die Ausgestaltung und Finanzierung von staatlichen Sozialleistungen, insbesondere der Arbeitslosen- und Rentenversicherung

Klar dürfte sein, dass Arbeitgeber sich den Notwendigkeiten auf ihren Märkten anpassen und von ihren Mitarbeitern analog eine angemessene Anpassungsleistung verlangen werden. Dies bedeutet in erster Linie:

1. Die Bereitschaft zum lebenslangen Lernen
2. Die Neugestaltung der eigenen Arbeit, weniger eigenständige Handarbeit, mehr überwachende und zusammenführende Tätigkeiten
3. Die Bereitschaft zu anderen Arbeitszeitmodellen (ggf. mehr und flexiblere Teilzeit, bis hin zur Arbeit „auf Abruf") und wechselnden Arbeitsorten (Tele-Arbeit, Arbeit daheim)
4. Ergänzend neue Lebensarbeitszeit-Modelle zu entwickeln, mit Sabbaticals für Fortbildung, Erholung und Familienaufgaben und auch einer längeren Lebensarbeitszeit, und damit einhergehend die Notwendigkeit, noch stärker auf die eigene Leistungsfähigkeit und Gesunderhaltung zu achten
5. Damit einher gehend auch neue Formen der Gehaltsfindung, die sich z. B. aus einem Grundgehalt (als Vergütung für das Leistungspotenzial, auf Basis der Qualifikation zum Eintritt in das Unternehmen), einem über kürzere Fristen oder mehrere Jahre bezogenen Gehaltsbestandteil (z. B. Prämien für die Übernahme einer bestimmten Funktion, Beteiligungen am Eigenkapital) und einem Bündel an Nebenleistungen für alle Mitarbeiter (z. B. Beiträge zu einer betrieblichen Altersversorgung oder einer Auszeit-Kasse) zusammen setzen können (vgl. Koch und Schell 2020); mit neuen Gehaltsmodellen wird aber auch eine wesentliche Finanzierungsbasis für Sozialversicherungen und staatliche Leistungen ebenso schmaler
6. Entsprechend die eigene Vorsorge voranzutreiben, durch Eigentumsbildung, Anpassung von Konsumausgaben und nicht zuletzt der Möglichkeit, Raum für eigene wirtschaftlich verwertbare Tätigkeit (handwerklich, landwirtschaftlich) zu schaffen – der Nebenerwerbslandwirt bzw. –handwerker kann in diesem Zusammenhang eine Renaissance erleben.
7. Die Überlegung, wie soziale Vernetzung im familiären bzw. Freundeskreis verstärkt werden kann, zur gegenseitigen Unterstützung und als Ersatz für ein verringertes staatliches Netz

Zumindest die Punkte 1 bis 5 sind dabei sowohl vom Arbeitgeber als auch vom Arbeitnehmer zu gestalten und weisen damit beiden Seiten und ihren Organisationen eine neue Bedeutung zu.

Damit einhergehend wird sich auch die Personalarbeit entscheidend verändern müssen. Aus einer eher verwaltend ausgerichteten Funktion im Unternehmen wird HR-Management in die Rolle eines Mitgestalters, sogar eines proaktiven Beratungs- und Gestaltungs-Centers schlüpfen müssen (siehe auch Hahn 2018, S. 153 ff.; Holbeche 2017, S. 543 ff.) – anders ausgedrückt, wer einen „Mehrwert" bieten und damit seine Existenz im betrieblichen Gefüge begründen will, muss dies mit einem positiven Beitrag zum Unternehmenserfolg rechtfertigen. Personalarbeit wird sich demzufolge auf bestimmte Aufgaben verstärkt konzentrieren:

- Evaluierung menschlicher Arbeit im Unternehmen (Notwendigkeit, Wertschöpfung), bzw. anders formuliert: Eine geeignete Definition, welche „wertschöpfende Leistung" im Unternehmen von Mitarbeitern erbracht wird, wie diese gesichert und ausgebaut werden kann, womit das Personal-Controlling zusätzliche und umfassendere Aufgabenstellungen zugewiesen bekommt
- Darauf aufbauend eine geeignete Personalauswahl („best fit" als Stichwort, vgl. Holbeche 2017, S. 546 ff.) und Personalentwicklung, um die Beschäftigten in der Leistungsfähigkeit und Leistungserbringung zu unterstützen
- Eine entsprechende Bindung der Leistungsträger, damit die Investitionen in die Ressource Personal sich auch auf längere Zeit auszahlt; verbunden mit einer entsprechenden Gehaltsstruktur unter dem Schlagwort „New Pay" (Obmann 2020; ergänzend Koch und Schell 2020)
- Die Entwicklung einer Führungsstruktur, die Leistungsträger als Führungskräfte ihrer eigenen Leistung stärkt und klassische Führungskonzepte schrittweise reduziert – flexible Arbeitsmodelle vertragen sich nur begrenzt mit klassischen Hierarchie- und Kontrollstrukturen, womit auch klassische Führungsaufgaben und Führungskarrieren sich schrittweise verringern werden (siehe auch Bauer 2020a; Klovert 2019)

11.7 Arbeits- und Wiederholungsfragen zu Kapitel 11

1. Zeigen Sie auf, in welcher Form man eine mittelfristige Planung unter der Maßgabe realistischer Entwicklungslinien vornehmen kann!
2. Beschreiben Sie, was man unter Crowdworking versteht und welche Anforderungen diese Kooperationsform an Unternehmen und (freie) Mitarbeiter stellt!
3. Zeigen Sie auf, was man unter dem Konzept „New Work" von F. Bergmann versteht und welche Anforderungen dieses an die Arbeitnehmer stellt!
4. Was bedeutet Arbeit aus volkswirtschaftlicher, soziologischer und individueller Sicht (jeweils mit zwei Adjektiven beschreiben und kurz erläutern)
5. Zeigen Sie anhand eines Ansatzes auf, wie Gehaltsfindung unter „agilen Arbeitsumgebungen" funktionieren kann, und gehen Sie auf die Vor- und Nachteile ein!

Literatur

Al-Ani A (2016) Das Arbeiten auf Plattformen, Gewerkschaften und die eigentümliche Geschichte einer Studie. FIfF-Kommunikation 4:22–23

Literatur

Astheimer S (2017) Wenn der Ingenieur seine Pläne in der Badewanne entwickelt, Beitrag vom 17.09.2017. www.faz.net/aktuell/wirtschaft/me-convention/digitalisierung-veraendert-die-arbeitswelt-15191565.html. Zugegriffen am 22.05.2020

Bauer K (2020a) Das sind jetzt die Trends im Personalwesen, Beitrag vom 12.05.2020. www.derstandard.at/story/2000117373321/das-sind-jetzt-die-trends-im-personalwesen?ref=article. Zugegriffen am 15.05.2020

Bauer K (2020b) Homeoffice forever? Auf Dauer allein geht nicht, Beitrag vom 31.05.2020. www.derstandard.de/story/2000117794478/homeoffice-forever-auf-dauer-allein-geht-nicht. Zugegriffen am 01.06.2020

Bergmann F (1977) Neue Arbeit kompakt. Arbor, Freiburg/Brsg

Bernau V (2020) Wer sich jetzt nicht darauf einstellt, der wird nicht überleben. Beitrag vom 28.05.2020. https://www.wiwo.de/technologie/forschung/homeoffice-wer-sich-jetzt-nicht-darauf-einstellt-der-wird-nicht-ueberleben/25864744.html. Zugegriffen am 28.05.2020

Bettzieche J (2020) Urbane Fabriken. Süddeutsche Zeitung, Nr. 118 vom 23.05.2020, S 41

BMBF Bundesministerium für Bildung und Forschung (2016) Zukunft der Arbeit. BMBF, Berlin; PDF vom Juni 2016. www.bmbf.de/upload_filestore/pub/Zukunft_der_Arbeit.pdf. Zugegriffen am 23.05.2020

Braun A (2003) Chatbots in der Kundenkommunikation. Springer, Wiesbaden

Bruch H et al (2019) People Management 2025. DGFP Personalführung 52(11):56–63

Buchenau MF, Fasse C (2020) Zulieferer-Trio um Bosch greift etablierte Autobauer an, Beitrag vom 06.04.2020. www.handelsblatt.com/technik/thespark/baukasten-fuer-e-autos-zulieferer-trio-um-bosch-greift-etablierte-autobauer-an/25630510.html?ticket=ST-1027371-jzKSQLYGZFGsvNQ5orao-ap6. Zugegriffen am 19.05.2020

Esser K, Kurte J (2018) Autonomes Fahren, Studie im Auftrag des Deutschen Industrie- und Handelstages, als PDF. www.dihk.de/resource/blob/3924/b1d16ab3418ee25133fe2efdfa04c832/studie-autonomes-fahren-data.pdf. Zugegriffen am 21.05.2020

Fichtner U et al (2019) Motorschaden. Der Spiegel, Nr. 44 vom 26.10.2019, S 10–21

Fischer-Rosinger M (2020) Plattformarbeit vs. Personalverleih, Beitrag vom 18.06.2020. http://blog.hrtoday.ch/plattformarbeit-vs-personalverleih/. Zugegriffen am 29.06.2020

Flach B, Hillebrecht S (2000) Call Center-Lösungen für Klein- und Mittelbetriebe. Der Betriebswirt 41(1):23–28

Frondhoff B et al (2019) Roboter erobern die Firmenzentralen. Handelsblatt, Nr. 127 vom 05.07.2019, S 16–17

Guldner J (2020) Die deutschen Manager spüren die „Zoom-Müdigkeit", Beitrag vom 21.06.2020. www.wiwo.de/erfolg/management/geschaeftsreisen-deutsche-manager-spueren-die-zoom-muedigkeit/25929610.html. Zugegriffen am 22.06.2020

Hackl B et al (2017) New Work – Auf dem Weg zur neuen Arbeitswelt. SpringerGabler, Wiesbaden

Hägele C et al (2019) Brose-Gesellschafter beklagt illoyale Mitarbeiter, Beitrag vom 19.11.2019. www.mainpost.de/ueberregional/bayern/Brose-Gesellschafter-beklagt-illoyale-Mitarbeiter;art16683,10349571. Zugegriffen am 20.05.2020

Hahn N (2018) Human Resources for our digital future – die Rolle des HR-Managers in der Zukunft. In: Fortmann HR, Kolocek B (Hrsg) Arbeitswelt der Zukunft. SpringerGabler, Wiesbaden, S 153–166

Hillebrecht S (2017) Crowdworking als Herausforderung für die Personalentwicklung. In: Kreklau C, Siegers J (Hrsg) Handbuch der Aus- und Weiterbildung. Deutscher Wirtschaftsdienst, Ergänzungslieferung Nr. 290 vom 31. August 2017, Abt. 4000, Köln, S 1–16

Hodge K (2020) Hybrid working sets fresh challenge for collaboration tech, Beitrag vom 01.07.2020. www.ft.com/content/0f77fd34-aa65-11ea-abfc-5d8dc4dd86f9. Zugegriffen am 02.07.2020

Hoffman M (2020) „Eine historische Chance für Frauen", Beitrag vom 21.06.2020. www.spiegel.de/karriere/new-work-als-new-normal-nach-der-corona-krise-a-0d58ebca-95f0-44cd-aa05-dbf03c14e7a9. Zugegriffen am 25.06.2020

Holbeche L (2017) The future of HR. In: Rees G, Smith PR (Hrsg) Strategic human resources, 2. Aufl. Sage, London, S 532–579

Hulverscheidt C et al (2020) Sinnkrise im Büro. Süddeutsche Zeitung, Nr. 116 vom 20.05.2020, S 17

Hussla G, Müller A (2018) Brose-Mitarbeiter Machen Zugeständnisse, um Werk Coburg zu retten, Beitrag vom 11.12.2018. www.handelsblatt.com/unternehmen/mittelstand/familienunternehmer/nach-drohung-von-michael-stoschek-brose-mitarbeiter-machen-zugestaendnisse-um-werk-coburg-zu-retten/23745356.html. Zugegriffen am 12.06.2020

Klovert H (2019) Es geht um Sinn, nicht um Gewinn, Beitrag vom 20.03.2019. www.spiegel.de/karriere/manager-ueber-new-work-es-geht-um-sinn-nicht-um.gewin.a.1256919.html. Zugegriffen am 18.05.2020

Koch A, Schell S (2020) Neues Arbeiten, alte Vergütung? Beitrag vom 27.05.2020. https://hrtoday.ch/de/article/neues-arbeiten-alte-verguetung. Zugegriffen am 08.06.2020

Leimeister J-M et al (2016) Crowd Worker in Deutschland, Studie Nr. 323 der Hans-Böckler-Stiftung vom Juli 2016, als PDF. www.boeckler.de/pdf/p_study_hbs_323.pdf. Zugegriffen am 23.05.2020

Lorenz S (2020) New Work – Wie Sie erfolgreich remote führen, Pod-Cast-Serie. www.manager-magazin.de/unternehmen/karriere/new-work-wie-sie-erfolgreich-remote-fuehren-podcast-a-1306520.html. Zugegriffen am 22.05.2020

Maisch A, Techel A (2019) Die neue Welt der Arbeit. DEKRA-Solutions 1:8–13

Martin-Jung H (2020) Weißt Du, was ich meine? Süddeutsche Zeitung, Nr. 3 vom 04.01.2020, S 26

Martin-Jung H et al (2020) Der Weg zurück. Süddeutsche Zeitung, Nr. 129 vom 06.06.2020, S 21

Marx K (1844/1985) Ökonomisch-philosophische Manuskripte aus dem Jahr 1844 (=Marx Engels Werke Bd. 40). Dietz, Berlin (Ost)

McKinsey Global Institute (2019) The future of women at work – transitions in the age of automation, PDF vom Juni 2019. www.mckinsey.com/~/media/McKinsey/Featured%20Insights/Gender%20Equality/The%20future%20of%20women%20at%20work%20Transitions%20in%20the%20age%20of%20automation/MGI-The-future-of-women-at-work-Report-July-2019.ashx. Zugegriffen am 22.05.2020

Meifert M (2019) Keine Einbahnstraße – Agilität und Zeitsouveränität. DGFP-Personalführung 52(10):60–63

Mrass V et al (2018) Crowdworking-Plattformen als Enabler neuer Formen der Arbeitsorganisation. In: Fortmann HR, Kolacek B (Hrsg) Arbeitswelt der Zukunft. SpringerGabler, Wiesbaden, S 139–151

Neufeind M (2018) Wertewelten Arbeiten 4.0. In: Fortmann HR, Kolacek B (Hrsg) Arbeitswelt der Zukunft. SpringerGabler, Wiesbaden, S 235–241

Nezik A-K (2019) Wie es uns gefällt. Der Spiegel, Nr. 2 vom 05.01.2019, S 10–18

o.V. (2019a) Für Alibaba-Gründer Jack Ma ist die Überstunden-Kultur ein Segen, Beitrag vom 12.04.2019. www.spiegel.de/wirtschaft/unternehmen/alibaba-chef-jack-ma-verteidigt-chinesische-ueberstundenkultur-996-a-1262627.html. Zugegriffen am 22.05.2020

o.V. (2020a) Jeder Dritte wechselte in der Coronakrise ins Home-Office, Beitrag vom 13.05.2020. www.handelsblatt.com/dpa/arbeit-jeder-dritte-wechselte-in-corona-krise-ins-homeoffice/25827354.html. Zugegriffen am 15.05.2020

o.V. (2020b) Ziel erreicht – Schweizer Crowdfunding-Magazin „Republik" macht weiter, Beitrag vom 19.03.2020. https://meedia.de/2020/03/19/ziel-erreicht-schweizer-crowdfunding-magazin-republik-macht-weiter/. Zugegriffen am 22.05.2020

o.V. (2020c) Pandemie wird Büroleben neu formen, Beitrag vom 16.05.2020. www.wiwo.de/erfolg/beruf/trennwaende-sensoren-und-homeoffice-pandemie-wird-bueroleben-neu-formen/25833890.html. Zugegriffen am 28.05.2020 o.V. (2020d) Effizient dank Homeoffice? Die Firmen haben ihre Produktivität erhöht, Beitrag vom 08.06.2020. www.handelszeitung.ch/konjunktur/effizient-dank-home-office-die-firmen-haben-ihre-produktivitat-erhoht. Zugegriffen am 09.06.2020

o.V. (2020e) Viele Unternehmen planen mit mehr Homeoffice, Beitrag vom 09.07.2020. www.zeit.de/arbeit/2020-07/arbeiten-nach-corona-homeoffice-coronavirus-zukunft-normalitaet-fraunhofer-institut?wt_zmc=sm.ext.zonaudev.mail.ref.zeitde.share.link.x. Zugegriffen am 14.07.2020

o.V. (2020f) Homeoffice wirkt sich positiv auf die Produktivität aus, Beitrag vom 22.07.2020. www.zeit.de/arbeit/2020-07/corona-krise-homeoffice-positive-auswirkung-produktivitaet. Zugegriffen am 23.07.2020

Obmann C (2020) Gehaltsverhandlung ade? Warum New Work neue Vergütungsmodelle braucht, Beitrag vom 30.01.2020. www.handelsblatt.com/unternehmen/beruf-und-buero/buero-special/new-pay-gehaltsverhandlung-ade-warum-new-work-neue-verguetungsmodelle-braucht/25484888.html. Zugegriffen am 21.05.2020

Ohno T (1988) Toyota production system: beyond large-scale production. Productivity Press, New York

Packard V (1964) The Naked society. McKay, Philadelphia

Paech N (2012) Wege aus der Wachstumsfalle. Oekom, München

Poppe X-I (2017) Crowdworking im Entrepreneurship. SpringerGabler, zgl. Diss. Univ. Eichstätt-Ingolstadt, Wiesbaden

Quqing L, Zhong R (2019) ‚996' is China's version of hustle culture, Beitrag vom 29.04.2019. www.nytimes.com/2019/04/29/technology/china-996-jack-ma.html. Zugegriffen am 22.05.2020

Ritzer U (2018) 1500 Jobs in Gefahr, Beitrag vom 01.08.2018. www.sueddeutsche.de/wirtschaft/automobilzulieferer.1500-jobs-bei-brose-in-gefahr-1.4078743.html. Zugegriffen am 12.06.2020

Schäfer P (2019) E-Auto-Plattform von Automobili Pininfarina, Bosch und Benteler, Beitrag vom 23.09.2019. www.springerprofessional.de/fahrzeugtechnik/batterie/e-auto-plattform-von-automobili-pininfarina%2D%2Dbosch-und-benteler/17197202. Zugegriffen am 20.05.2020

Schermuly CC (2019) New Work – Gute Arbeit gestalten, 2. Aufl. Haufe, Freiburg/Brsg

Schröder N, Nachtwei J (2020) Verlustängste sind allgegenwärtig. Beitrag vom 09.06.2020. https://industrieanzeiger.industrie.de/management/verlustaengste-sind-allgegenwaertig/. Zugegriffen am 22.06.2020

Siems D (2016) Das Märchen vom digitalen Tod der Arbeitswelt, Beitrag vom 08.02.2016. www.welt.de/wirtschaft/article151947650/Das-Maerchen-vom-digitalen-Tod-der-Arbeitswelt.html. Zugegriffen am 22.05.2020

Stumpp S (2019) Management des Crowdsourcing-Prozesses im Unternehmen. Nomos, Baden-Baden

Sutherland J et al (2011) The power of scrum. CreateSpace, North Charleston

Väth M (2016) Arbeit – die schönste Nebensache der Welt. Gabal, Offenbach

Vbw Verband der Bayerischen Wirtschaft (2017) Neue Wertschöpfung durch Digitalisierung. Eigenverlag, München

Vobruba G (2006) Zur Soziologie der Arbeitsflexibilität. In: Rehberg K-S (Hrsg) Soziale Ungleichheit, kulturelle Unterschiede: Verhandlungen des 32. Kongresses der Deutschen Gesellschaft für Soziologie in München. Teilbd. 1und 2. Campus, Frankfurt am Main, S 2660–2672

Weihser R (2014) Wir fühlen uns berufen, Beitrag vom 08.04.2014. www.zeit.de/kultur/2014-03/work-life-balance-berufung-beruf. Zugegriffen am 05.05.2020

Wolf J, Dabrowski M (2017) Crowdworking und Gerechtigkeit auf dem Arbeitsmarkt? Schöningh, Paderborn

12 Lösungshinweise für Arbeitsfragen

Inhaltsverzeichnis

12.1 Musterlösungen zu den Wiederholungsfragen aus Kapitel 1 315
12.2 Musterlösungen zu den Wiederholungsfragen aus Kapitel 2 317
12.3 Musterlösungen zu den Wiederholungsfragen aus Kapitel 3 318
12.4 Musterlösungen zu den Wiederholungsfragen aus Kapitel 4 320
12.5 Musterlösungen zu den Wiederholungsfragen aus Kapitel 5 322
12.6 Musterlösungen zu den Wiederholungsfragen aus Kapitel 6 323
12.7 Musterlösungen zu den Wiederholungsfragen aus Kapitel 7 325
12.8 Musterlösungen zu den Wiederholungsfragen aus Kapitel 8 326
12.9 Musterlösungen zu den Wiederholungsfragen aus Kapitel 9 329
12.10 Musterlösungen zu den Wiederholungsfragen aus Kapitel 10 330
12.11 Musterlösungen zu den Wiederholungsfragen aus Kapitel 11 332

Hinweis: Die Lösungsvorschläge sind als Orientierung zu verstehen. Entsprechend des eigenen und Arbeitsstils können teilweise auch sinnverwandte Antworten richtig sein

12.1 Musterlösungen zu den Wiederholungsfragen aus Kapitel 1

1. Definieren Sie, was Arbeitsmotivation ist, stellen Sie zwei Motivationstheorien dar und vergleichen Sie diese hinsichtlich ihrer Eignung, Berufswahl und Karriereentscheidungen zu erklären!
   A) Arbeitsmotivation: = Die inneren Antreiber, die Menschen dazu bringt, eine Arbeitsleistung dauerhaft zu erbringen

Vergleich von Maslow, McClelland und Herzberg analog zur Tabelle; dabei sind insbesondere McClelland und Herzberg geeignet, auf das Arbeitsverhalten einzugehen (Entscheidung von Berufswahl und Karriereentscheidungen), Maslow hingegen unterstellt eine lineare Entwicklung, die so nicht mehr unbedingt gegeben sind

2. Zeigen Sie auf, warum Motivation und Arbeitsleistung keine statischen Größen sind!
   A) situative Gründe: Menschen beurteilen Situationen unterschiedlich
   B) Lebensentwicklungen der Person: Lernerfahrungen und sich verändernde Rahmenbedingungen/Bedürfnislagen verändern Bedürfnisse
   C) Können, Wollen und Höhe/Bedeutung der Konsequenzen verändern sich

3. Gehen Sie auf die Frage ein, warum Menschen unterschiedliche Karriereorientierungen haben und welche Folgen dies nach sich zieht!
   Unterschiedliche Werte und Normen, die sich im Lebenslauf verändernden Prioritäten, Begabungen und bisher erhaltene Belohnungen verändern Karriereorientierungen und beeinflussen Arbeitsleistung wie auch Berufswahl, anhand von zwei Beispielen erläutern

4. Zeigen Sie auf, wie das Austauschverhältnis zwischen Arbeitnehmer und Arbeitgeber funktioniert!
   Arbeitnehmer stellt Arbeitszeit, Arbeitskraft, Begabungen, Qualifikationen, mentales Engagement bereit, Arbeitgeber bietet Gehalt, Raum für persönliche Entfaltung, Sozialbeziehungen, Status etc. an

5. Was versteht man unter einem lebensphasenorientierten Ausbildungs- und Berufsverhalten?
   Menschen haben bestimmte Lebenszyklen wie z. B. Qualifizierungsphase, Berufseinstieg, Familiengründung, Karriereaufstieg, Karrieresicherung, etc., aber auch bestimmte Ressourcen (z. B. Unterstützung durch Familie, Gesundheit), entsprechend werden Ausbildungen, Berufe, Karriereoptionen genutzt, Arbeitgeber können durch Arbeitszeitregelungen, etc. darauf eingehen

6. Stellen Sie zwei Karrieremodelle vor, und zeigen Sie auf, welche Voraussetzungen dafür auf Arbeitgeber- und Arbeitnehmerseite erfüllt sein müssen!
   Zum Beispiel, Kaminkarriere/vertikale Karriere: Aufstiegsorientierung und Fortbildung bei Arbeitnehmern, entsprechende Hierarchiestufen und Perspektiven bei Arbeitgebern
   z. B. Projektkarriere: abwechslungsreiche Tätigkeit auf Seiten des Arbeitnehmers, ggf. auch Chance eine neue Stelle im Unternehmen kennenzulernen und das eigene Netzwerk zu stärken, auf Arbeitgeberseite wechselnde Aufgaben und regelmäßiges Monitoring des Arbeitnehmers unterstützen, interessante Projekte bieten

7. Nennen Sie drei verschiedene Anlässe, die eine berufliche Neuorientierung erfordern können, und zeigen Sie dazu jeweils eine Konsequenz auf (mit kurzer Beschreibung der Konsequenz)!
   Eigene Erkrankung: Umschulung, Berufsausstieg

Insolvenz des Arbeitgebers: Neue Stellensuche

Eigene Qualifikation nicht mehr marktgerecht: Ausstieg oder Umschulung

8. Zeigen Sie auf, was Crowdworking ist und wie Crowdworking klassische Arbeitnehmerverhältnisse verändert!

    Crowdworking ist das Zusammenarbeiten in wechselnden Zusammensetzungen, je nach Bedarf, zumeist in freien Tätigkeiten bzw. ohne feste formale Zuordnung

    Veränderung, weil es die klassische Arbeitsweise mit festen Aufgabenbeschreibungen und Zuständigkeiten sowie Unter-/Überordnung durchbricht, Arbeitsplatz wird weniger dauerhaft und damit weniger berechenbar

9. Gehen Sie auf die Bedeutung von Gesundheit im Arbeitsleben ein, in dem Sie das Ilmarinen-Modell skizzieren und für sich zwei Konsequenzen skizzieren
    - Darstellung Ilmarinen Haus der Gesundheit
    - eigene Gesunderhaltung durch Ernährung, regelmäßigen körperlichen Ausgleich, Einbindung in soziales Umfeld etc., Suche nach dem positiven Aspekten der Arbeit (70/30-Ansatz)

10. Was versteht man unter „employability"? Und was bedeutet das in Ihrem Fall?

    Sicherung der Beschäftigungsfähigkeit => immer die eigene Qualifikation, Gesundheit, Motivation sichern!

12.2 Musterlösungen zu den Wiederholungsfragen aus Kapitel 2

1. Grenzen Sie strategische, taktische und operative Planung voneinander ab!

    Strategisch: langfristig (bis fünf Jahre), allgemeiner Personalbedarf und Entwicklungsziele

    taktisch: mittelfristig (mehrere Monate bis max. 1 Jahr), Vorgaben für die nächste Zeit zum Personaleinsatz und den allgemeinen Aufgaben (z. B. Beschaffung von x Mitarbeitern in den nächsten Monaten)

    operativ: kurzfristig, wenige Tage bis Wochen, konkrete Abfolge von Aufgaben, z. B. wer welche Arbeiten in den nächsten Tagen wahrnimmt, welche Krankheitsvertretung usw.

2. Stellen Sie dar, was man unter Brutto- und Nettopersonalbedarf versteht und wie man beide Werte bestimmt! (ggf. werden Ausgangswerte in der Klausur benannt)

    Bruttopersonalbedarf: = Mitarbeiteranzahl, die für das Funktionieren des Unternehmens bzw. des Bereichs benötigt werden

    Nettopersonalbedarf: Anzahl an Mitarbeitern, die auf Basis des aktuellen Stands zuzüglich der Abgänge abzüglich der Zugänge noch benötigt werden (negative Zahl heißt „freisetzen")

3. Was versteht man unter quantitativer und qualitativer Personalplanung?

    Quantitativ: die Anzahl der Mitarbeiter, die benötigt werden, für bestimmte Bereiche

    Qualitativ: die Anforderungen/Qualifikationen, die ein Mitarbeiter in einem bestimmten Bereich aufweisen muss

4. Was ist eine Szenario-Analyse, und in welcher Form dient sie der Personalplanung?

    Aufstellung von verschiedenen Entwicklungsrichtungen (best case, normal case, worst case) mit Kennzahlen, z. B. Umsatz- und Mitarbeiterzahlen, dient zur Bestimmung von Handlungsmöglichkeiten und den damit verbundenen quantitativen Personalstandsziffern

5. Was versteht man unter Arbeitnehmer-Brutto, Arbeitgeber-Brutto und Personalgesamtkosten?

    AN-Brutto: Gehalt des Arbeitnehmers laut Arbeitsvertrag, vor Abzug von Steuern und Sozialversicherungsanteilen des Arbeitnehmers

    AG-Brutto: AN-Brutto zuzüglich des Arbeitgeberanteils an den Sozialversicherungen

    Gesamtkosten: alle mitarbeiterbezogenen Kosten, die mit der Beschäftigung des Mitarbeiters verbunden sind

6. Worin begründet sich die Unterscheidung zwischen Arbeitgeber-Brutto und Personalgesamtkosten?
    - AG-Brutto lässt sich direkt für jeden Mitarbeiter bestimmen und kalkulieren/budgetieren
    - Gesamtkosten lassen sich nur in allgemeiner Form (auf Unternehmens-/Abteilungsebene) kalkulieren

7. Was versteht man unter chronologischen und chronometrischen Arbeitszeitmodellen, und in welcher Form beeinflussen sie die Personalplanung?
    - chronologisch: die Anordnung der Arbeitszeit über den Tag bzw. die Arbeitswoche (z. B. Schichteinteilung)
    - chronometrisch: die Bemessung der Arbeitszeit eines Mitarbeiters insgesamt, auf längere Zeiträume bezogen (Umfang Wochen-/Monats-/Jahres-/Lebensarbeitszeit)

8. Was ist das Genfer Schema zur Analyse der Anforderungen, und auf welche Anforderungen stellt es ab?
    - analytische Aufgliederung der Anforderungen an und Belastungen einer Arbeitsstelle
    - stellt auf geistige und körperliche Anforderungen, Verantwortung und allgemeine Arbeitsbedingungen ab

9. Was ist eine Stellenbeschreibung?
    - Darstellung der Aufgaben eines Stelleninhabers und seiner organisatorischen Einbettung, im Kontext zu den benötigten Erfahrungen, Anforderungen und Qualifikationen, ggf. mit einer Darstellung der Vergütungsgruppe und weiterer Gehaltsleistungen (z. B. Dienstwagen)

12.3 Musterlösungen zu den Wiederholungsfragen aus Kapitel 3

1. Was ist das Grundprinzip des Personalmarketings?
    - Austauschverhältnis zwischen Arbeitgeber und Arbeitnehmer
    - Überlegungen, wie das Austauschverhältnis so gestaltet werden kann, dass man für die Gegenseite besonders attraktiv wird

12.3 Musterlösungen zu den Wiederholungsfragen aus Kapitel 3

2. Was stellt eine „employer brand" dar, und welchen besonderen Nutzwert hat diese?
   – eine „Marke" als Arbeitgeber: was bietet einem dieser Arbeitgeber, wofür steht dieser Arbeitgeber
   – Positionierung im Wettbewerb um Arbeitskräfte
3. Was ist die Funktion einer Stellenbeschreibung?
   – Darstellung der Aufgaben des Stelleninhabers und seiner organisatorischen Einbettung, ergänzt um die dafür erforderlichen Erfahrungen, Qualifikationen und Kompetenzen
4. Nennen Sie je zwei Vorteile der internen und der externen Stellenbesetzung!
   Intern: man kennt die Mitarbeiter, motiviert die Mitarbeiter, keine lange Einarbeitung
   extern: neue Ideen von außen, neues Netzwerk wird erschlossen, durchbrechen interner Seilschaften
   Hinweis: die Vorteile des einen Weges sind in der Regel die Nachteile des anderen Weges
5. Welche Inhalte sollte eine aussagekräftige Stellenausschreibung beinhalten?
   – wer sucht, wer wird gesucht, was soll idealer Bewerber/in können, was wird geboten, was muss man noch wissen, bis wann und an wen sind Bewerbungen zu richten, in welcher Form
6. Nennen Sie je drei sinnvolle Beschaffungswege für Management-Nachwuchs, mittlere Führungsebene (Abteilungsleitung u. ä.) und AG-Vorstände!
   – Management-Nachwuchs: Online-Anzeigen, Personalvermittlung, Hochschulkontakte
   – mittlere Führungsebene: Online-Anzeigen, Personalberater, Kontakte auf Messen
   – AG-Vorstände: Personalberater, persönliche Kontakte, Ansprache auf Messen etc.
7. Warum sollten Bewerber/innen ihre Bewerbungsunterlagen sorgfältig gestalten?
   Bewerbung ist erste Arbeitsprobe => Beispiel für eigenes Arbeiten
   sorgfältig gestaltete Bewerbung bietet alle Informationen in kurzer Zeit => Wettbewerbsvorteil
8. Skizzieren Sie einen idealen Verlauf eines Vorstellungsgesprächs!
   – Begrüßung und gegenseitige Vorstellung
   – Kandidat soll sich näher vorstellen mit Berufsweg und Entscheidungen
   – Fragen an den Kandidaten
   – Fragen des Kandidaten an das Unternehmen
   – Klärung offener Punkte
   – Informationen zum weiteren Ablauf Bewerbungsverfahren
   – Verabschiedung
9. Inwiefern können Arbeitsproben bei der Personalauswahl hilfreich sein?
   – zeigen Arbeitsvermögen auf
   – ergänzen Bewerbungsunterlagen
   – sollten aber in sachlichem Zusammenhang mit ausgeschriebener Stelle stehen
10. Skizzieren Sie die betriebswirtschaftlichen Folgen einer Fehlbesetzung!
    – Kosten der Minderleistung (z. B. verlorene Kunden, demotivierte Kollegen)

- Kosten der Entlassung
- Kosten der erneuten Besetzung
- Kosten betragen oftmals mehrere 10.000 Euro
11. Nennen Sie zwei Beispiele, wie man den Erfolg einer Stellenausschreibung beurteilen kann, und zeigen Sie die Grenzen des jeweiligen Kriteriums auf!
    - Anzahl der Bewerbungen: Menge sagt aber nichts über Qualität aus
    - Zeitdauer von Ausschreibung bis Besetzung: sagt aber nichts über die Qualität der Stellenbesetzung aus
    - Zusagen-Quote des Arbeitnehmers nach Vertragsangebot: sagt aber nichts über Verbleibe-Willigkeit des Arbeitnehmers oder die Zufriedenheit der Fachabteilung aus
    - Zufriedenheit der Fachabteilung mit Bewerber: sagt aber nichts aus über die formale Qualifizierung

12.4 Musterlösungen zu den Wiederholungsfragen aus Kapitel 4

1. Nennen Sie die Funktion und mindestens zwei Anlässe für eine Mitarbeiterbeurteilung!
    - Bewertung der Leistung des Mitarbeiters und Feedback zum Leistungsstand
    - Ansätze für die Personalentwicklung
    - Basis der Gehaltsfindung und der Karriereentwicklung
    - Bestätigung von zielführendem Verhalten und Korrektur von Fehlverhalten
    - …
2. Zeigen Sie auf, was Employability ist und wer alles Interesse an Employability hat!
    = Beschäftigungsfähigkeit aktuell und in Zukunft, Interesse haben der Arbeitgeber, der Arbeitnehmer selbst, die Gesellschaft
3. Welcher Problematik unterliegt die Personalbeurteilung?
    - es ist eine ex post-Beurteilung
    - Subjektive Einschätzungen
    - zu einem bestimmten Zeitpunkt
    - hypothetisches Konstrukt
4. Zeigen Sie zwei Ansätze für Personalbeurteilung auf!
    - Beurteilung durch Vorgesetzten: gezeigte Leistung
    - Beurteilung durch Experten: Arbeitsproben, Testverfahren, etc. als neutrale Beurteilung
5. Was ist Karriere, und stellen Sie zwei Karrieremodelle kurz vor!
    - Karriere ist der Verlauf des Berufslebens
    - Bsp. 1: vertikale Karriere: von einfachen Tätigkeiten in Führungspositionen aufsteigend (Gruppenleitung, Abteilungsleitung, Hauptabteilungsleitung, Geschäftsführung)
    - Bsp. 2: horizontale Karriere: auf gleicher Ebene, z. B. Sachbearbeitung

12.4 Musterlösungen zu den Wiederholungsfragen aus Kapitel 4

Einkauf zu Sachbearbeitung Personal zu Sachbearbeitung Marketing
6. Nennen Sie drei Karrieremodelle mit je einem Vorteil, und wie kann ein Unternehmen diese zur Mitarbeiterbindung einsetzen?
   - horizontale Karriere: Vorteil für Unternehmen: Führungskräfte kommen aus dem Unternehmen und kennen die operativen Vorgänge, motivieren Mitarbeiter
   - vertikale Karriere: Mitarbeiter sind bekannt, arbeiten entsprechend ihres Interesses auf fachlicher Ebene und können damit verschiedene Bereiche des Unternehmens kennenlernen und entsprechend das Wissen miteinander verknüpfen
7. Wie können Karrieremodelle auf die Lebensphasen der Mitarbeiter abgestellt werden?
   - z. B. durch vertikale Karriereschritte oder Projektkarriere vor Familiengründung, um zusätzliche Qualifikationen zu vermitteln, während der Familienphase eher Fach-karriere mit Teilzeitangeboten zur Vereinbarung mit Familie, nach Familienphase ggf. wieder vertikale oder horizontale Karriereangebote, je nach Neigung und Leistungsvermögen
8. Was versteht man unter strategischer Personalentwicklung?
   - System zur langfristigen Pflege und Stärkung der Leistungspotenziale bei den Mitarbeitern, abgeleitet aus den Handlungsplänen des Unternehmens und den Anforderungen der Umwelt, definiert Stellenwert
9. Definieren Sie, was Humankapital ist und begründen Sie die Notwendigkeit, das Humankapital zu bestimmen!

   Das im Mitarbeiter vorhandene Leistungsvermögen, zusammengesetzt aus seinem Wissen, seinen Qualifikationen und Kompetenzen, seinen Erfahrungen (Know how) usw.

   Notwendigkeit: Wissen um die Leistungspotenziale, Fähigkeit zur Steuerung der Leistungspotenziale
10. Wozu dient Personalentwicklung?
    - Förderung der Mitarbeiter/Stärkung der Employability
    - Anpassung der Kompetenzen und Qualifikation der Mitarbeiter an die aktuellen Anforderungen
    - Bindung der Mitarbeiter
11. Wie muss Personalentwicklung in Teamentwicklung und Organisationsentwicklung eingebettet werden?
    - sind komplementär zueinander
    - Teamentwicklung und Organisationsentwicklung basieren auf individueller PE
    - Organisationsentwicklung und Teamentwicklung geben auch Ziele für die Personalentwicklung vor
12. Nennen Sie drei Anlässe für Personalentwicklung!
    - Einstieg in das Unternehmen
    - Versetzung auf eine andere Position
    - Beförderung
    - regelmäßige Leistungsbeurteilung/Jahresgespräche und vereinbarte Ziele

13. Personalentwicklung kann an verschiedenen Orten stattfinden. Nennen Sie drei mit jeweils zwei Beispielen!
    - on the job: Unterweisung am Arbeitsplatz, eLearning am Arbeitsplatz
    - near the job: Qualitätszirkel im Unternehmen, Fördergruppen, firmeninterne Seminare
    - off the job: externe Seminare, externes Coaching, Lehrgänge und Studiengänge externer Bildungsanbieter, um den Ausstieg leichter zu bewältigen
14. Was versteht man unter strategischer Personalentwicklung?
    - System zur langfristigen Pflege und Stärkung der Leistungspotenziale bei den Mitarbeitern, abgeleitet aus den Handlungsplänen des Unternehmens und den Anforderungen der Umwelt, definiert Stellenwert
15. Was versteht man unter dem Personalentwicklungszyklus nach Becker?
    6 Schritte: Bedarfsanalyse, Zielsetzung, kreatives Gestalten, Durchführen, Erfolgskontrolle, Transfersicherung
16. Nach welchen Kriterien kann man Instrumente der Personalentwicklung untergliedern, und nennen Sie jeweils ein Beispiel dazu!
    Zum Beispiel, passive Lernmethoden (z. B. Vorlesung, Hören eines PodCasts), teilnehmerorientierte Methoden (z. B. Workshop, Planspiele), reflexiver Lernansatz (Coaching, Rollenspiel mit Reflexion), Sozialform (Einzellernen, Gruppenlernen)

12.5 Musterlösungen zu den Wiederholungsfragen aus Kapitel 5

1. Beschreiben Sie, was man unter Motivation, Zufriedenheit und Bindung versteht und wie diese im beruflichen Kontext voneinander abgegrenzt werden können!
   - Motivation: was einen zur Leistung antreibt
   - Zufriedenheit: Abgleich zwischen eigenen Beiträgen und erhaltenen Anreizen, im Abgleich mit anderen Referenzgrößen (z. B. Kollegen)
   - Bindung: affektiv, normativ, abwägend/rational bestimmte Anbindung an das Unternehmen
        Zusammenhang ist eine Wirkungskette/Abfolge
2. Welche Elemente kennzeichnen die Motivationsmodelle von Adams und Herzberg und vergleichen Sie beide entsprechend!
   - Adams: Vergleich Input-Output, soll im ausgeglichen Verhältnis stehen, ggf. entsprechende Anpassung
   - Herzberg: Zwei-Faktoren-Modell: Hygienefaktoren und Zufriedenheits-/Motivationsfaktoren
3. Zeigen Sie anhand des Modells von Hackman und Oldham auf, wie Aufgabenstellung, eigenes Erleben der Aufgabenstellung und Arbeitsergebnisse zusammenhängen können!
   Aufgabenmerkmale => erlebte psychologische Zustände => Leistung, im Abgleich mit eigenen Motivationslagen und Bedürfnissen, mit Zielsetzung, Leistung zu steigern

4. Stellen Sie dar, was Arbeitszufriedenheit und Commitment sind, welche Gemeinsamkeiten sie haben und welchen wesentlichen Unterschied!
   - Arbeitszufriedenheit beschäftigt sich mit dem Arbeitnehmer und dem von ihm ausgeübten Beruf
   - Commitment fokussiert die Bindung an das Unternehmen
   - beide zielen auf die Leistung am Arbeitsplatz ab, aber aus unterschiedlicher Perspektive
   - bei Arbeitszufriedenheit wird die Arbeitsfreude gestärkt, wenn auch in unterschiedlichen Unternehmen, Wechselwirkung Anerkennung und Leistung
   - bei Commitment geht man auf die Bindung an das Unternehmen, unabhängig von der ausgeübten Funktion
5. Gehen Sie auf die Frage ein, wie Absentismus, Präsentismus und Fluktuation mit Commitment verbunden sind und die Führung auf die damit verbundenen Probleme eingehen kann!
   - Absentismus: Mitarbeiter sind nicht anwesend (z. B. Erkrankung, oft Kurzzeiterkrankungen)
   - Präsentismus: Mitarbeiter sind anwesend, erbringen aber keine Leistung
   - Fluktuation: Wechsel in andere Arbeitsverhältnisse
   - Commitment ist die Bindung an das Unternehmen, wer eine hohe Bindung aufweist, wird seltener fehlen und auch seltener wechseln, allerdings können insbesondere Absentismus und Präsentismus auch mit einem starken normativen oder abwägendem Commitment zusammenhängen: Man muss zwar arbeiten gehen, vermeidet aber übermäßige Anstrengungen, weil man nicht mehr motiviert ist
   - Führung steht im Kontakt mit den Mitarbeitern, weiss um die Commitment-Bedingungen und greift bei Absentismus und Präsentismus entsprechend ein, z. B. Führungsgespräche, Disziplinarmaßnahme

12.6 Musterlösungen zu den Wiederholungsfragen aus Kapitel 6

1. Warum ist Personal ein betrieblicher Produktionsfaktor?
   - es bietet Arbeitsleistung
   - es ist Know-how-Träger
   - es verfügt über ein Netzwerk
2. Was versteht man unter Workforce Management?
   - kosten- und nutzenoptimaler Einsatz der Arbeitskraft ⇔ Wirtschaftlichkeit!
3. Begründen Sie, warum Arbeit gezielt eingesetzt werden muss!
   - Arbeit verursacht Kosten => Senkung der Kosten
   - Arbeit ist Leistungsfaktor => Maximierung der Leistung
   - ein fehlgeleiteter Einsatz kann auch die Mitarbeitermotivation beschädigen

4. Was sind und wozu dienen chronometrische und chronologische Arbeitszeitmodelle?
   – Bemessung der Arbeitszeit pro Zeiteinheit => Anpassung der Leistungsmenge insgesamt
   – Anordnung der Arbeitszeit => Anpassung an die Leistungsbedürfnisse konkret
5. Wie setzt sich Entlohnung zusammen, und wie kann man Entlohnung variieren?
   Entgelt durch Arbeitszeit, direkte und indirekte Erhöhung/Senkung
6. Welche Arten von Tarifverträgen gibt es?
   Manteltarifvertrag als allgemeine Definition von Arbeitsbedingungen wie Urlaubsanspruch, regelmäßige Arbeitszeiten pro Tag oder Woche, Rahmentarifvertrag/Gehaltsgruppen-Tarifvertrag zur Definition der einzelnen Gehaltsgruppen für ungelernte Kräfte, ausgebildete Kräfte, Kräfte mit besonderer Qualifikation und/oder Verantwortung, Gehalts-Tarifvertrag zur Regelung konkreter Gehaltshöhen, Ausbildungs-Tarifvertrag zur Regelung bestimmter Ausbildungsformen und der entsprechenden Ausbildungsvergütung, Branchen-Tarifvertrag für einzelne Branchen wie Logistik, Medien, Papier- und Pappeerzeugung, Chemie, …
7. Was spricht für, was spricht gegen erfolgsabhängige Entlohnung?
   – dafür: direkte Zuordnung Leistung zu Entgelt (insb. wenn beeinflussbar)
   – dagegen: möglicherweise falsche Leistungsanreize, Benachteiligung bestimmter Arbeitnehmergruppen
8. Wann muss ein Unternehmen Arbeitskraft freisetzen?
   – bei betrieblichen Gründen – fehlende Auslastung, Fortfall des Betriebsteils etc.
   – wenn Arbeitnehmer nicht mehr die Leistung erbringen kann
   – wenn Arbeitnehmer die betriebliche Ordnung unzumutbar stören
9. Welche Möglichkeiten der Personalfreisetzung bestehen grundsätzlich?
   – Abbau von Arbeitszeit
   – Auslaufen von befristeten Stellen
   – Abbau von Zeitarbeit
   – Kündigung
10. Welche Kündigungsanlässe gibt es aus Sicht des Unternehmens? (betriebsbedingt, personenbedingt, verhaltensbedingt)
11. Was ist eine außerordentliche Kündigung, und wann ist diese aus Unternehmens-sicht angezeigt?
    eine außerordentliche Kündigung ist eine Sonderform der verhaltensbedingten Kündigung, sie wird ausgesprochen, wenn die Aufrechterhaltung des Arbeitsverhältnisses bis zum Ablauf der Kündigungsfrist unzumutbar ist, z. B. weil die Arbeitskraft erheblichen Schaden verursachen kann, z. B. ein EDV-Mitarbeiter, der Fehlprogrammierungen vornehmen kann
12. Was ist eine Abmahnung? Welche Elemente muss eine Abmahnung enthalten?
    – Konfrontation mit Fehlverhalten, Hinweis auf vertragsgemäßes Verhalten, Aufforderung zur Besserung, Androhung der Kündigung, Hinweis, dass der Betriebsrat Kenntnis von der Abmahnung erhalten hat

13. Was ist eine Änderungskündigung? Und warum sprechen Unternehmen eine Änderungskündigung aus?
    – Kündigung mit Angebot eines anderen Arbeitsplatzes zu anderen Konditionen
    – Unternehmen will Mitarbeiter halten (aus sozialen oder Qualifikationsgründen)
14. Welche Organisationsformen der Personalarbeit gibt es? Nennen Sie dazu jeweils einen Vorteil!
    – Stab-Linie: klare Zuständigkeit und geregelte Abläufe
    – Matrix: hohe Flexibilität
    – Hybrid: gute Abstimmbarkeit auf unterschiedliche Aufgaben und Standorte
    – Service Delivery: Kundenorientierung, Kostentransparenz
    – HR Business Partner: Kundenorientierung, hohe Wirtschaftlichkeit

12.7 Musterlösungen zu den Wiederholungsfragen aus Kapitel 7

1. Welche Grundformen internationaler Zusammenarbeit bieten sich für Unternehmen?
   – Export/Import
   – Kooperationen
   – Joint Ventures und Beteiligungen
   – Gründung einer Tochtergesellschaft
2. Was ist „Kultur", und in welcher Form kommt sie bei internationalen Einsätzen zum Tragen?
   – Kultur ist ein Orientierungssystem für eine Gruppe von Menschen, ein Satz gemeinsamer Vorstellungen und Werte, prägt Verhaltensweisen bis hin zum Arbeitsverhalten und dem Konsumverhalten => wer gehört dazu, wer ist „draußen"?
   – bei interkulturellen Einsätzen kommt es auf das Verständnis für die andere Kultur an: Was sind Gemeinsamkeiten, auf die man aufbauen kann, was ist trennend, was zu beachten ist?
3. Worauf basieren die Kulturansätze von Hoofstede, E. Meyer und S. Rathje, und in welcher Form können sie bei der Vorbereitung auf eine Auslandsentsendung zum Tragen kommen?
   – Hoofstede und Meyer benennen verschiedene Dimensionen (z. B. Hierarchie, Zeitorientierung, Kulturverständnis), die je nach Land/Kultur unterschiedlich ausgeprägt sind und unterschiedliche Kulturprofile bilden: was ist im Ausland anders, was muss man demzufolge beachten?
   – Rathje geht auf Gemeinsamkeiten ein, um Anknüpfungspunkte für ein gemeinsames Verständnis zu schaffen
   – sinnvoll ist eine Kombination aus beiden Ansätzen: was sind Gemeinsamkeiten und kann entsprechend genutzt werden, was ist unterschiedlich und muss entsprechend beachtet werden?

4. Welche Interessen verfolgen Arbeitgeber und Arbeitnehmer bei einer Auslandsentsendung (je 3 benennen)? Und welche Unterstützungsleistung können Arbeitgeber anbieten? (3 Möglichkeiten nennen und kurz erläutern)
   a) Arbeitgeber: Vorbereitung auf Karriere, Personalentwicklung (Sprache, interkulturelle Kompetenzen), Incentive, Wissenstransfer, Kontrolle vor Ort
   b) Arbeitnehmer: Karriere vorantreiben, eigene Entwicklung (Sprache, interkulturelle Kompetenzen), etwas neues sehen, ggf. Absicherung Familie
   c) look and see trips: Information vor Ort, ob geeignet/attraktiv; Sprachkurs: Vorbereitung auf Sprache; Gesundheitscheck: Absicherung der Eignung; Relocation-Service: Hilfe beim Umzug; Kontakthalteprogramm: Sicherstellung der sozialen Beziehungen zur erfolgreichen Rück-Eingliederung, ...
5. Welchen Aspekten muss die Entgeltpolitik bei Auslandsentsendungen gerecht werden?
   – Attraktivität der Auslandsentsendung
   – Lebenshaltungskosten vor Ort, ggf. auch „repräsentative Aspekte"
   – Hardship-Zulagen
   – steuer- und sozialversicherungsrechtliche Fragen/Abzüge
6. Zeigen Sie auf, was das Social Credit System Chinas bedeutet, und welcher Form es Arbeitnehmer aus dem Ausland beeinflussen kann!
   – Das Social Credit System ist eine umfassende Bewertung von wünschenswerten/regelkonformen Verhaltensweisen und von regelwidrigen Verhaltensweisen, mit Bonus- und Malus-Regelungen
   – ein Verstoß kann eine Abwertung im sozialen Stellenwert mit sich bringen, bis hin zum Ausschließen von vielen Möglichkeiten gesellschaftlicher Teilhabe
   – ausländische Arbeitnehmer müssen mit doppelten Erschwernissen rechnen: sie kennen die Regeln oftmals nicht und können von Einheimischen daher auch als mögliche Gefahrenquellen gesehen werden

12.8 Musterlösungen zu den Wiederholungsfragen aus Kapitel 8

1. Nennen Sie zwei Beispiele für die klassische Beschreibung der Führungsaufgaben und illustrieren Sie diese anhand der wesentlichen Merkmale!
   – traditionell nach Henri Fayol mit den 5 Aufgaben Vorschau und Planung (Unternehmensplanung, Budgetierung, ...), Organisation (Definition von Prozessabläufen), Leitung (tägliche Entscheidungsarbeit), Koordination (Abstimmung der Abteilungsmitarbeiter), Kontrolle (Kontrolle der Zielerreichung)
   – Scientific Management nach F. Taylor: Genaue Vorgaben (Anweisung zu Arbeitsaufgaben), Detailliertes Zerlegen der Arbeitsschritte (detaillierte Übertragung von einzelnen Aufgaben auf bestimmte Mitarbeiter), Detaillierte Zielvorgaben (genaue Zielvorgaben für einzelne Aufgaben), Externe Kontrolle der Ressourcenverwendung und Zielerreichung (Meldung Soll-Ist an eigenen Vorgesetzten)

12.8 Musterlösungen zu den Wiederholungsfragen aus Kapitel 8

2. Nennen Sie drei Führungsprinzipien nach Henri Fayol und erläutern Sie diese (in einer vorgegebenen Situation)! Kurze Situationsbeschreibung, z. B. Streit unter Kollegen: Disziplin – Beachten der Regeln, Unterordnen des Einzelinteresses – Mitarbeiter sollen Eigeninteresse zurückstellen und damit Streit beenden, Einheitlichkeit der Führung – Mitarbeiter sollen Weisung der Vorgesetzten akzeptieren, Streit ist nicht nötig
3. Nennen Sie drei „Management-by"-Konzepte mit ihren Merkmalen und zeigen Sie auf, ob eines dieser Prinzipien in der gegebenen Situation sinnvoll anwendbar ist, Beispiel: Einkaufsreise in China – Management by Objectives ist anwendbar, da Ziel „Einkauf von bestimmten Produktarten mit 0,1 % Fehlerrate", Management by Exception ist nicht anwendbar, weil zu weit weg und zu spezifisch, Management by Delegation: ist anwendbar: Einkaufsentscheidung trifft nicht Geschäftsführung, sondern Einkäufer vor Ort
4. Was versteht man unter einem Führungskreislauf? Welche Aufgaben lassen sich daraus ableiten?

    Kreislauf aus Planen, Entscheiden, Durchführen, Kontrollieren, Steuern (o. ä.), Aufgaben für Führungskraft sind entsprechend zu definieren: Analysieren, Motivieren, …
5. Worin unterscheiden sich ein-, zwei- und vieldimensionale Führungsstile? Und welche Vorteile hat jeder dieser Ansätze?
    - eindimensionale Führungsstile sind einfach und auf die Aufgabendurchführung als solche gerichtet
    - mehrdimensionale Führungsstile beziehen auch Situation und Interessen der Mitarbeiter mit ein und können daher individueller, motivierender sein
6. Was versteht man unter der „Sandwich-Position" der Führungskräfte?
    - jede Führungskraft ist in die Interessen der übergeordneten Führungskraft und der zugeordneten Mitarbeiter eingebettet
    - zudem kommen Interessen der Kollegen, Lieferanten bzw. Abnehmer, der Familie etc.
7. Welche Rolle spielen Beurteilungen im Führungskontext?
    - geben Anhaltspunkte für die Zielvorgaben und bieten Möglichkeiten der Leistungskontrolle und Belohnung
8. Nennen Sie drei Aufgabenfelder operativer Führungsarbeit und zeigen Sie die konkrete Aufgabenleistung der Führungskraft auf!
    - Information
    - Mitarbeiterkontrolle
    - Anerkennung und Kritik
    - Konfliktsteuerung
9. Gehen Sie auf die Frage ein, in welcher Form Führungskräfte Aufgaben delegieren sollen und wie es dabei zu Konflikten kommen kann
    - Aufgabendelegation: Übertragung von Aufgaben, Mitarbeiter will ggf. die Aufgabe nicht oder anders ausführen

- Verantwortungsdelegation: Übertragen von Verantwortung, unklare Zuständigkeit bei Konflikten und Ergebnissen
10. Gehen Sie auf die Möglichkeiten ein, wie Führungskräfte Feedback an ihre Mitarbeiter geben können!
    - Anerkennung für Leistungen
    - Vergleich Soll-Ist
    - Kritik an Fehlverhalten und Aufzeigen von Möglichkeiten zur Verbesserung
11. Welche Fehlerquellen bestehen bei einem Beurteilungsgespräch? Nennen Sie dazu jeweils mindestens ein Beispiel und eine Möglichkeit, damit umzugehen?
    - Beurteilungsverzerrungen: Verhaltensweise wird aufgrund von Sympathie zu positiv gesehen: standardisiertes Feedback-Instrument
    - Wahrnehmungsverzerrungen: Verhalten in einem Kundengespräch zu negativ beurteilt, weil Info fehlt: zunächst vom Mitarbeiter erklären lassen
    - Gesprächsverzerrungen: ungünstige Formulierung/Begriff wird falsch verstanden: eindeutige Definition
12. Welche Problematiken entstehen bei Teilzeit- bzw. Job Sharing-Konzepten von Führungsaufgaben (jeweils mindestens eines nennen), und wie lassen sich diese Problematiken lösen?
    - Teilzeit: nicht genug Zeit vor Ort für Kommunikation – Definition Mindestzeit von z. B. 2/3 Zeit
    - Job Sharing: widersprüchliche Anweisungen – vorher Einigung auf Maßstäbe
13. Zeigen Sie auf, in welcher Form Führungsleistung beurteilt werden kann und warum die Beurteilung von Führungsleistung wichtig ist!
    - Definition der jeweiligen Führungsziele, z. B. Erreichung von Abteilungszielen,
    - Vorgaben für die Führung, Berufung von Führungskräften, Leistungslohn, ...
14. Nennen Sie zwei Probleme bei der Beurteilung von Arbeits- bzw. Führungsleistung und zeigen Sie auf, wie man damit umgehen kann!
    - Sympathie-/Antipathieeffekt: standardisierte Erhebungsverfahren
    - Beurteilung der zurückliegenden Wochen – regelmäßige Erfassung von Mitarbeiterleistung
15. Beschreiben Sie, was man unter dem Diversity-Konzept versteht, welche Vorteile (mindestens zwei) ein Unternehmen davon hat und welche besonderen Anforderungen dadurch entstehen!
    - Integration der Verschiedenheit von Mitarbeitern nach Geschlecht, ethnischer Herkunft etc.
    - bessere Markterschließung, mehr Innovationen, größerer Mitarbeiter-Pool
    - Führung muss gegenseitige Akzeptanz und Kohärenz absichern
16. In der aktuellen Berichterstattung wird immer wieder eine „anonymisierte Bewerbung" gefordert. Beschreiben Sie, was man darunter versteht, mit Vor-/Nachteilsdiskussion, und überlegen Sie in einem gegebenen Beispiel, ob anonymisierte Bewerbungen hier sinnvoll sind!
    - Bewerbungen ohne Namen und Lichtbild

- vorteilhaft: vorurteilsfreie Beurteilung möglich, nachteilig: teilweise können wichtige Details fehlen
- hier: konkrete Beurteilung im Beispiel mit Entscheidung

17. Ihnen wird vorgeschlagen, gemeinsam mit einem Kollegen eine Führungsposition in geteilter Aufgaben-wahrnehmung (jeweils 50 % Arbeitszeit) wahrzunehmen, um besser auf familiäre Belange Rücksicht nehmen zu können. Zeigen Sie die Vor- und Nachteile dieses Vorschlags auf!
    - vorteilhaft: besseres Kümmern um Familie, Vereinbarkeit von Familie und Beruf, Arbeitgeberattraktivität
    - nachteilig: weniger Einkommen, erhöhter Abstimmungsbedarf, mögliche Uneinigkeit in Führungsentscheidungen
18. Zeigen Sie auf, warum betriebliches Gesundheitsmanagement eine Führungsaufgabe ist, und nennen Sie die drei Säulen des Betrieblichen Gesundheitsmanagements!
    - Anhalten der Mitarbeiter zu gesundheitsfördernden Maßnahmen als strategische Aufgabe und Vorbild
    - Arbeitsschutz, Betriebliches Eingliederungsmanagement, betriebliche Gesundheitsförderung
19. Zeigen Sie auf, in welcher Form Mitarbeitervertretungen sich in die Führungsarbeit einbringen können!
    - Mitbestimmung: Zustimmung des Betriebsrats erforderlich
    - Mitwirkung: Betriebsrat kann sich an betrieblichen Entscheidungen beteiligen
    - Informationsrechte: Betriebsrat kann Auskünfte zu Führungsentscheidungen erwarten
20. Stellen Sie die Wirkung der Mitbestimmung auf die Führungsarbeit dar!
    - auf Unternehmensebene: Betriebsräte können Grundsätze mitgestalten
    - auf Abteilungsebene: Verhaltensweisen können beeinflusst werden
    - auf Einzelebene: Führungskräfte müssen sich in ihren Verhaltensweisen nicht nur gegenüber Vorgesetzten rechtfertigen, sondern auch gegenüber Betriebsrats-Mitgliedern (z. B. Betriebliches Eingliederungsmanagement/Rückkehrgespräche)

12.9 Musterlösungen zu den Wiederholungsfragen aus Kapitel 9

1. Zeigen Sie den wesentlichen Unterschied zwischen assistierenden und beratenden Personaldienstleistungen auf!
    - beratende Personaldienstleistung geschieht projektorientiert, auf „Augenhöhe" mit Auftraggeber/mit gewissen Freiheiten in der Ausführung
    - assistierende Personaldienstleitung führt Arbeitsroutinen aus und ordnet sich in die Arbeitsprozesse des Auftraggebers ein
2. Begründen Sie, warum im deutschen Arbeitsrecht die Arbeitnehmerüberlassung an eine Genehmigung der Arbeitsagentur gebunden ist!
    - es geht um Menschen und die Arbeitgeberfunktion, folglich muss hier ein Mindestmaß an Sachkunde und Zuverlässigkeit gegeben sein

3. Was versteht man unter der Dreiecksbeziehung in der Zeitarbeit?
   - Verleiher ist Arbeitgeber mit allen Pflichten (Gehaltszahlung, Sozialversicherungsbeiträge) und überträgt Arbeitskraft an Entleiher
   - Entleiher nimmt Arbeitskraft in Anspruch und stellt Arbeitsplatz zur Verfügung
   - Zeitarbeitnehmer wird vom Verleiher angestellt und arbeitet nach Anweisung des Entleihers an dem zugewiesenen Arbeitsplatz
4. Was passiert mit einem Arbeitnehmer, wenn das Zeitarbeitsunternehmen insolvent wird?
   - Entleiher tritt in die Rechte und Pflichten als Arbeitgeber ein
5. Ist ein Zeitarbeitsverhältnis ein „reguläres Beschäftigungsverhältnis"?
   - regelmäßige Gehaltszahlung an Arbeitnehmer
   - Sozialversicherungspflicht/Abführen von Sozialversicherungsbeträgen
6. Welche Möglichkeit haben die Sozialversicherungsträger, wenn ein Zeitarbeitsunternehmen die Beiträge zur Sozialversicherung nicht abführt?
   - Eintreiben der Forderungen beim Verleiher
   - Entzug der Genehmigung zum Verleih
   - Eintreiben der Forderungen beim Entleiher
7. Nehmen Sie Stellung zur Frage „Zeitarbeit ist Gift für den regulären Arbeitsmarkt"! Nennen Sie dazu zwei Vorteile und zwei Nachteile und beurteilen Sie diese Frage anhand des gegebenen Beispiels
   - Vorteile: Anpassen an Konjunktur, Arbeitnehmer erhalten Möglichkeiten zum Eintritt in den Arbeitsmarkt, Entleiher können Mitarbeiter ohne Risiko kennenlernen
   - Nachteile: Lohndumping, oft Mitarbeiter zweiter Klasse, schnellere Entlassung möglich
   - entsprechende Stellungnahme: pro oder kontra
8. Ein Unternehmen mit 45 Mitarbeitern steht vor der Frage, die Personalverwaltung auf einen externen Dienstleister zu übertragen. Diskutieren Sie die Vorteile und Nachteile (je mindestens zwei) und entscheiden Sie in einem gegebenen Fall, was Sie machen werden!
   - Vorteile: keine eigene Personalverwaltung, evtl. Kosten sparen
   - Nachteile: Datenübertragung, nur bedingte Kontrolle der Prozesse
   - auf dieser Basis eine Entscheidung dafür oder dagegen treffen
9. Stellen Sie die Funktion des Outplacements dar!
   - zur Entlassung anstehende Mitarbeiter nicht einfach freisetzen, sondern Hilfestellung bei der Suche nach neuer Aufgabe geben

12.10 Musterlösungen zu den Wiederholungsfragen aus Kapitel 10

1. Nennen Sie drei Beteiligte des Umsystems der Arbeit!
   - Arbeitgeber, Arbeitnehmer, Gesellschaft

12.10 Musterlösungen zu den Wiederholungsfragen aus Kapitel 10

2. Warum interessiert sich der Staat für die Gestaltung der Arbeit und der Arbeitsbeziehungen?
   – Fürsorge für Bürger (Bereitstellung von Arbeit und Einkommen, Arbeitsschutz)
   – Erzielen von Einkommen und damit Steuereinnahmen
   – Herstellen von Gütern für Konsum und staatliche Aufgaben
3. Welche Aspekte hat der Arbeitsschutz?
   – technischer Arbeitsschutz (z. B. Verhindern von Arbeitsunfällen)
   – sozialer Arbeitsschutz (z. B. Sicherung der Erholung)
4. Nennen Sie drei Merkmale eines ergonomischen Arbeitsplatzes
   – Blickachse Augen-Bildschirm Oberkante
   – Sitzposition
   – ausreichend Beleuchtung
   – Abstellmöglichkeit Füße
5. Was versteht man unter „Industrial Relations", und warum sollte sich die Personalwirtschaft mit diesem Thema beschäftigen?
   – Beziehungen zwischen Arbeitnehmer bzw. Gewerkschaften und Arbeitgeber
   – Sicherung des Arbeitsfriedens
6. Was umfasst das System der Sozialversicherungen in Deutschland, und wie finanzieren sie sich?
   – Arbeitslosenversicherung, Unfallversicherung, Rentenversicherung, Krankenversicherung, Pflegeversicherung, Finanzierung je hälftig Arbeitgeber und Arbeitnehmer (außer Unfallversicherung)
7. Nennen Sie drei Merkmale der Arbeitsgerichtsbarkeit!
   – Kostenteilung
   – in den unteren Instanzen kein Vertreterzwang
   – Besetzung mit Berufs- und Laienrichtern
8. Was versteht man unter „Arbeitsfrieden"?
   – Industrial Relations ohne wesentliche Arbeitskämpfe (Streik)
9. Stellen Sie dar, was man unter der Koalitionsfreiheit versteht und warum dies als Grundrecht gilt!
   – Recht der Arbeitnehmer und der Arbeitgeber, sich zu Koalitionen (Gewerkschaften, Arbeitgeberverbände) zusammen zu schließen, zur besseren Interessensvertretung
10. Mitbestimmung greift in Grundrechte (Eigentumsrechte der Unternehmenseigner) ein – begründen Sie dies!
    – eine Seite könnte zu mächtig sein, von daher muss der schwächeren Seite die Möglichkeit der Mitwirkung gegeben werden, insbesondere weil Arbeit und Arbeitseinkommen wesentliche Existenzgrundlagen sind
11. Welche Funktionen erfüllen Gewerkschaften in einem freiheitlichen System?
    – Hilfen bei der Interessensdurchsetzung der Arbeitnehmer
    – Beteiligung an der Wahrung von sozialen Standards

12.11 Musterlösungen zu den Wiederholungsfragen aus Kapitel 11

1. Zeigen Sie auf, in welcher Form man eine mittelfristige Planung unter der Maßgabe realistischer Entwicklungslinien vornehmen kann!
   - z. B. als Szenario-Analyse mit drei Fällen
   - Risiko-Analyse und Begegnungsstrategien
2. Beschreiben Sie, was man unter Crowdworking versteht und welche Anforderungen diese Kooperationsform an Unternehmen und (freie) Mitarbeiter stellt!
   - Zusammenarbeiten in wechselnden Teams, je nach Verfügbarkeit, Kompetenz etc.
   - Unternehmen: genaue Definition der Teilaufgaben, Bereitstellung entsprechender Infos, Koordination etc.
   - freie Arbeitnehmer: genaue Kenntnis der zu erfüllenden Aufgabe, freie Zeit, Möglichkeiten zur Koordination
3. Zeigen Sie auf, was man unter dem Konzept „New Work" von F. Bergmann versteht und welche Anforderungen dieses an die Arbeitnehmer stellt!
   - Drittelung der Arbeit in Erwerbsarbeit, Subsistenzwirtschaft und „freier Arbeit"
   - Arbeitnehmer muss sich entsprechend fortentwickeln und vernetzen
4. Was bedeutet Arbeit aus volkswirtschaftlicher, soziologischer und individueller Sicht (jeweils mit zwei Adjektiven beschreiben und kurz erläutern)
   - volkswirtschaftlich: Erzeugung von Gütern und Einkommen
   - soziologisch: Status, Beziehungsnetzwerk, Anerkennung
   - individuell: Einkommen, Anerkennung, Vernetzung/Begegnung mit anderen
5. Zeigen Sie anhand eines Ansatzes auf, wie Gehaltsfindung unter „agilen Arbeitsumgebungen" funktionieren kann, und gehen Sie auf die Vor- und Nachteile ein!
   - Agile Arbeitsbedingungen beziehen sich auf den Wegfall klassischer Verantwortung und Hierarchien => Notwendigkeit zu neuen Modellen der Gehaltsfindung
   - Vorteile: auf Basis eines bekannten Budgets wird nach Leistung vergütet, Leistung wird anerkannt, Kriterien müssen transparent sein
   - Nachteile: Gehaltsfindung belohnt z. B. kurzfristige Leistungsträger, die nicht länger bleiben (oder auch gerade die, die länger bleiben), zu hoher Leistungsdruck/ hoher sozialer Druck

Stichwortverzeichnis

A
Abfertigung 193
Abfindung 190, 192
Abgangsentschädigung 192
Abordnung 218
Absentismus 147
Abwanderungsregion 286
Active Sourcing 77
Änderungskündigung 75, 189
agile Arbeitsweise 306
AliBaba 50
alternative Arbeitnehmervertretung 278
Altersstrukturdaten 34
Anforderung 65
Anforderungsprofil 65
Angestellter
   leitender 167
Anreiz 6
Anreizsystem 149
Anstellungsvertrag 83
Arbeit
   Funktion 9
Arbeitgeber-Bruttogehalt 52, 54
Arbeitgebermarketing 71
Arbeitgeberpersonalgesamtkosten 52
Arbeitgeberverpflichtung 304
Arbeitnehmer-Bruttogehalt 51
Arbeitnehmererfindung 84
Arbeitnehmer-Nettogehalt 52
Arbeitnehmerüberlassung 166, 254
Arbeitnehmervertretung
   alternative 278
Arbeitsbeziehung 276
Arbeitsfrieden 277
Arbeitskonflikt 277
Arbeitskosten 285
Arbeitskraftreserve 48
Arbeitsleistung 8, 51, 157, 294
   Selbstbestimmung 294
Arbeitsmarkt 31
Arbeitsmengenbestimmung 38
Arbeitsplanung
   chronologische 44
Arbeitsplatzsicherheit 244
Arbeitsprobe 80
Arbeitsprozess 231
Arbeitsschutz 184, 281
Arbeitsteam 149, 209
Arbeitsunfähigkeit 39, 173
Arbeitsvertrag 51
Arbeitsweise
   agile 306
Arbeitszeit 84, 157
   variable, kapazitätsorientierte 48, 160
Arbeitszeiterfassung 49
Arbeitszeiterfassungssystem 49
Arbeitszeitnachweis 49
Arbeitszufriedenheit 143, 144
AROMA 27
Aufgabenbeschreibung 84
Aufgabenerfüllung 235
Aufsichtsrat 192
Aufstiegskarriere 113
Ausbildung 18, 125
Ausbildungsvergütung 2
Ausbildungsweg 272
Auslandsentsendung 209, 212
Außenhandelspartner 210

Austauschverhältnis 70
Auswahlraster 80
Auswahlstufe 80
Autorität 236

B
Bedürfnishierarchie 5
Beförderung 238
Belohnungssystem 103
Bemessungsgrenze 52
Benchmarking 33
Beruf
  freier 266
Berufsausbildung 18
Berufsausübung
  freie 10
Berufsbildungsgesetz 18
Beschäftigungschance 271
Beschäftigungsfähigkeit 16, 184
Best Case 37
Betreuungsprogramm 218
Betriebliche Gesundheitsförderung 184
Betriebliches Eingliederungsmanagement 184
Betriebliches Gesundheitsmanagement 12
betriebsbedingte Kündigung 188
Betriebsrat 52, 181, 189
Betriebsvereinbarung 279
Beurteilungsbogen 98
Beurteilungsfehler 100
Beurteilungskompetenz 180
Beurteilungsmaßstab 97, 243
Beurteilungsprozess 107
Bewerbungsmappe 80
Bewerbungsverfahren 3
Beziehungsqualität 277
Bildungsaufstieg 3
Bildungsurlaub 50
Bindungsbereitschaft 145
blended learning 132
Bottom-up-Prozess 238
Bottom-up-Rechnung 57
Brutto-Personalbedarfsplanung 33
Budgetierung 54, 55, 63

C
Cafeteria-System 165
candidate journey 90
Career Development 13, 91, 117

Chatbot 83, 162, 262
chronologische Arbeitsplanung 44
Coach 235
Crowd Sourcing 302
Crowd Working 3, 198, 301
Crowd-working-Plattform 3, 303
culture clash 219

D
Datenschutz 51
deferred Compensation 164
Dienstreise 217
Dienstvertrag 83
digital collaboration 308
Digitalisierung 295, 298
Diskriminierungsfreiheit 78, 261
Diskriminierungsklage 82
Diversity Management 149, 242

E
Eingliederungsmanagement
  betriebliches 184
Eintrittswahrscheinlichkeit 37
Elementarfaktor 155
Eltern-und-Kind-Arbeitsplatz 183
employability 16, 119
employee journey 71
employer branding 71
Entgeltfortzahlung 54
Entgrenzung 300
equal pay 254
equal treatment 254
Erfüllungsgrad 101
Evaluierungsmöglichkeit 130
Expertenbefragung 97
externe Personalverwaltung 196

F
Fachkarriere 113
Familienaufgabe 20
Fluktuation 148, 178
Fluktuationsquote 177, 243
Fortbildung 18, 126
freie Berufsausübung 10
freier Beruf 266
Freistellung 188
Führung

transaktionale 234
transformatorische 234
Führungslehre 232
Führungsphilosophie 240
Führungsrolle 232, 236
Führungsstil 147, 221
Führungsverantwortung 114, 162, 242
Führungsverhalten 220
Führungsverständnis 234, 242
Fürsorgepflicht 182
Fulltime Employee 26
Fulltime Equivalent 33
Funktion der Arbeit 9

G
Gefährdungsfaktor 186
Gehalt 85
Gehaltserhöhung 86
Gehaltserwartung 2
Gehaltshöhe 163
   maximale 58
Gehaltsmodell 297
Gehaltssenkung 86
Geldleistung 164
Genfer Schema 64
Gesamtarbeitsvertrag 166, 261
gesellschaftliche Teilhabe 280
Gesundheitsförderung
   betriebliche 184
Gesundheitsmanagement
   betriebliches 12
Gesundheitsschutz 182
Gleitzeit 47, 159, 162
Gleitzeitmodell 44, 47
Globalisierung 206, 306

H
Handel 41
Handlungsfreiraum 233
Handlungsvollmacht 167
Hardship-Zulage 212
HARVARD-Ansatz 29
Head Hunting 263
Heimarbeit 160, 295
Home Office 160, 183, 295, 296
Honorar 164, 266
Honorarvorgabe 269
HR-Business-Partner 195

HR-Service-Modell 195
human factor 9
Humankapital 118
hypothetisches Konstrukt 99, 107, 146

I
IG Metall 50
Industrial Relations 276
Industrie 4.0 197
Industriedienstleistung 261
Infografik-Lebenslauf 15
Ingenieurdienstleistung 261
Interim Management 262
interkulturelle Kompetenz 206, 216
interkulturelles Management 211
interkulturelles Training 219

J
Jahresgesamtleistung 39
Joint Venture 208

K
kapazitätsorientierte variable
   Arbeitszeit 48, 160
Karriere 10
Karriereerfolg 117
Karrierekonzept 115
Karriereoption 11
Karriereplanung 13, 16
Klebeeffekt 257
Koalitionsfreiheit 166, 287
Kollektivvertrag 166, 261
Kommunikation
   mobile 294
Kompetenz 13, 64, 121
   interkulturelle 216
Kompetenzenprofil 76
Konfliktmanagement 241
Konfuzius 211
Kontaktnetzwerk 269
Kostensatzkalkulation 258
Krankenstand 243
Kündigung
   betriebsbedingte 188
   personenbedingte 188
   Prüfschema 188
   verhaltensbedingte 188

Kündigungsfrist 82, 84, 188
Künstlersozialkasse 59
Künstlersozialversicherungsabgabe 59
Kultur 213
Kulturraum 211
Kulturunterschied 215

L
Labour Relations 276
Ladenlayout 42
Lebensarbeitszeit 119
Lebenslauf 14
Leiharbeit 254
Leistungsbereitschaft 40
Leistungsfähigkeit 29
Leistungslohn 164
Leistungsniveau 148
Leistungsprämie 56, 87
leitender Angestellter 167
Linienorganisation 194

M
Make-or-buy-Entscheidung 59
Managed Service Providing 262
Management
  by Delegation 240
  by Exception 240
  by Objectives 240
  interkulturelles 211
Master-Vendor-Konzept 255
Matrix-HR-Organisation 195
Megatrend 295
Menschenkenntnis 100
Michigan-Konzept 29
Mindestbedarf 42
Mindestbesetzung 61
Mitarbeiterbeteiligung 165
Mitarbeiterbeurteilung 96
Mitarbeiterbindung 119, 141, 175
Mitarbeitermotivation 118
Mitarbeiterqualifikation 118
Mitarbeiterrabatt 167
Mitarbeitervertretung 245
Mitarbeiterzufriedenheit 175
Mitbestimmung 245
Mitwirkungsrecht 191
mobile Kommunikation 294
Mobile Office 161

Mosaikkarriere 115
Motivation 5
Motivationsbündel 5, 142
Motivationspyramide 142
Motivationstheorie 141
Motivatoren 6
Mutter-und-Kind-Arbeitsplatz 183

N
Nebentätigkeit 296
nebenvertragliche Pflicht 85
Netto-Personalbedarf 34
New Work 296, 306

O
Onboarding 88
on-site-management 255
Organisationsform 194
Organisationskultur 99, 235, 236
organisatorisches Hilfsmittel 66, 74
Organizational Commitment 144
Outplacement 193
Overhead 63

P
Payrolling 262
Performanz 101, 121
Persönlichkeit 82, 236
Persönlichkeitstheorie 8
Personalbedarfsplanung 33
Personalbedarfsrechnung 156
Personalberatung 89
Personalbudget 33
Personal-Controlling 90, 170, 310
Personaldienstleistung 77, 197
Personaleinsatz 32
Personalentwicklung 96, 112
Personalentwicklungsmaßnahme 102
Personalentwicklungsplan 127
Personalentwicklungszyklus 129
Personalfreisetzung 186
Personalgesamtkosten 52, 173
Personalkosten 46, 51
Personalleitung 196
Personalmarketing 70
Personalplanung 28
Personalreferent 194, 196

Personalstruktur 172
Personalverwaltung
    externe 196
personenbedingte Kündigung 188
Pflicht
    nebenvertragliche 85
Planung 26
Potentiallohn 164
Präsentismus 148
Prävention 245
Principal-Agent-Theorie 141
Probezeit 88
Produktionsfaktor 154
Projektkarriere 115
Prüfschema bei Kündigung 188

Q
Qualifikation 13, 63, 120
Qualifizierungskonzept 255

R
Rationalisierungspotenzial 239
Regelarbeitszeit 158
Robotized Recruiting 83
Rolle 231
Rollenerwartung 112
Ruhestand 188

S
Sabbatical 12, 20, 50, 63, 149, 157, 162
Sachleistung 164
Sandwich-Position 233
Schicht 44, 159
Schichtenplanung 44
Schwarmintelligenz 302
Scoring-Modell 80
Self Employment 296
Senioritätsprinzip 114
Serviceangebot 252
SMART 27
Social Bot 41
Social Credit System 211
Social Media-Ausschreibung 76
Sozialauswahl 192
Sozialeinrichtung 52
Sozialstandard 281
Sozialversicherung 52, 280

Sozialversicherungsbeitrag 281
Spartenorganisation 194
Sprachkenntnisse 15
Stab-Linien-Organisation 33
Stammpersonal 260
Stellenausschreibung 74, 75
Stellenbeschreibung 65, 74, 84, 98
Stellenplanmethode 33
Suchterkrankung 244
Szenario-Rechnung 36

T
Target Costing 60
Tarifautonomie 166
Tarifregelwerk 288
Tarifverhandlung 50
Tarifvertrag 166, 278
Teamarbeit 8, 102, 109
Teilhabe
    gesellschaftliche 280
Teilzeitarbeit 158
Tendenzunternehmen 85
Top-Down-Prozess 238
Top-Down-Verfahren 56
transaktionale Führung 234
Transferstärke 131
transformatorische Führung 234
Trend Case 37

U
Umschulung 19, 126
Unfallversicherung 52
Unternehmenskultur 119, 140, 209, 224, 245
Unternehmensorganisation 217
Unterstützungsleistung 218

V
variable Vergütung 167, 168
Vergütung 84
    variable 167, 168
Vergütungsberatung 266
verhaltensbedingte Kündigung 188
Verhaltenskodex 209
Verhaltensweise 214, 223
Versetzung 218
Vertragsberatung 266
Vertrauensarbeitszeit 49

Vertretungsregelung 65
Vollzeitäquivalent 26, 33, 39
VUCA-Welt 123

W
Weiterbildung 19, 126
Wertschöpfung 155
Wirtschaftsregion 285
Workflow 182
Workforce Management 156, 169, 171
Work-Life-Balance 17
Worst Case 37

Z
Zeitarbeit 252
Zeitarbeitskraft 260
Zeitlohn 164
Zeitraum-Gehalt 164
Zielgruppe 71
Zielsetzung 28
Zielvereinbarung 107
Zielvorgabe 107
Zuwanderungsregion 287

The manufacturer's authorised representative in the EU is Springer Nature Customer Service Centre GmbH, Europaplatz 3, 69115 Heidelberg, Germany. If you have any concerns regarding our products, please contact ProductSafety@springernature.com

Printed and bound by CPI Group (UK) Ltd, Croydon, CR0 4YY

23/03/2026

02076747-0019